불교심리학 연구

불교 심리학 연구

상담가를 위한 새로운 심리학

STUDIES ON BUDDHIST PSYCHOLOGY

윤희조 저

불교심리학 이론에서
불교상담 방법론으로

불교를 심리학으로 읽고
상담을 불교로 답하다

씨아이알

저자 서문

필자가 불교심리학과 불교상담을 연구해온 과정은 문제를 만나고 문제를 해결하는 과정의 연속이었다. 물론 지금도 이 과정은 진행 중이다. 서구심리학과 서구상담에는 그럴듯한 이론체계가 있는데, 불교심리학과 불교상담에는 왜 그런 이론체계가 없을까 하는 문제의식에서 연속적인 주제로 시리즈 논문을 발표하게 되었고, 이를 바탕으로 한 권의 책을 저술하게 되었다. 앞으로 지금까지의 연구를 토대로 다양한 주제를 추가할 것이다.

불교상담을 처음 접하면서, 불교상담이라는 용어보다는 불교심리치료, 불교상담프로그램이란 용어를 많이 들었다. 불교상담이면 불교상담이지, 심리치료는 뭐고 상담프로그램은 뭐지라는 생각이 들었다. 불교에는 명상이라는 서구심리학에는 없는 요소가 있기 때문에 심리치료와 상담이 동일한 의미로 사용되지 않고, 심리치료가 상담을 포함하는 넓은 의미로 사용된다는 것을 이후에 알게 되었다. 매뉴얼과 프로그램의 도입은 불교상담에 대한 정의와 이론을 바탕으로 할 때 확고해질 수 있다는 것도 이후에 알게 되었다. 연구를 진행하면서 서구의 심리치료와 구분되는 불교심리치료, 불교상담의 가능성을 추구하게 되었고, 불교심리학과 불교상담 이론을 정립하는 데 주력하게 되었다. 지금의 이 책은 그 연구의 결과물이라고 할 수 있을 것이다.

불교심리학과 불교상담은 현대적인 질문에 대답할 수 있어야 그 효용 가치가 있을 것이다. 이제까지의 연구가 이론적인 탐구라면 앞으로의 탐구는 현대사회가 제시하는 질문에 대한 구체적인 대답이 될 것이다. 하지만 그 대답이 여전히 추상적이고 모호할 수 있고, 모든 질문에 대한 대답일 수는 없을 것이다. 그럼에도 불구하고 그러한 대답을 추구해야 하는 것이 학자의 임무라고 생각한다. 지금까지의 연구는 앞으로의 탐구를 위한 첫걸음이라고 생각한다. 대나무가 높이 올라갈 수 있는 이유는 마디가 있기 때문이라고 한다. 지금 한 마디를 맺음으로써 더 나아갈 수 있기를 바란다. 아직 연구가 진행 중이고 미진하다고 할지라도 하나의 매듭을 짓고자 하는 것은 새로운 발걸음을 떼기 위해서이다. 제현의 발전적인 질책을 바란다.

본 서는 3부로 이루어져 있다. 1부에서는 불교심리학을 다루고 있고, 2부에서는 불교상담을 다루고 있으며, 3부에서는 서구심리학과의 비교를 다루고 있다. 구체적인 내용은 해제에서 볼 수 있을 것이다. 각 장은 각각의 영역에서 시발점이 될 수 있는 연구라고 할 수 있을 것이다. 하나의 주제가 정해지면 몇 달씩, 길게는 해를 넘기면서 체계를 정립하고자 한 사유의 산물이고, 토론의 산물이다. 이를 바탕으로 더 구체적이고, 더 나아간 연구가 이루어지길 기대한다.

많은 분들에게 감사한다. 인간의 괴로움을 해결하는 근원적인 방법을 보여주고, 이 책의 모든 곳에서 인센티브를 주신 분, 그분에게 제일 먼저 감사드린다. 항상 격려를 아끼지 않은 덕해 스님, 황윤식 총장님, 이병찬 부총장님, 진관 스님, 김준범 처장님에게 감사를 전한다. 많은 사고의 계발을 보여준 인당한의원의 권기창 원장님에게 감사를 전한다. 본교의 정준영 교수님, 박성현 교수님, 조옥경 교수님, 원희랑 교수님, 성승연 교수님, 원희욱 교수님, 정지현 교수님에게 고마움을 전한다. 조효남 교수님, 신경희 교수님, 김진무 교수님, 안환기 교수님, 임인구 교수님, 효록 스님, 박성혜 교수님, 인경 스님, 심재관 교수님에게도 고마운 마음을 전한다. 지난 10년 동안 한국불교상담학회를 이끌어오신 백경임 회장님께 특별히 감사의 말씀을 전한다. 안양규 신임 회장님, 김세곤 교수님, 문진권 교수님, 범우 스님께도 감사를 전한다. 포교원장 지홍 스님, 불교상담개발원장 선업 스님에게도 감사를 전한다. 그리고 지난 학기 함께 논문을 읽어준 박사과정생들과 석사과정생들에게도 감사를 전한다. 이 책이 출판되도록 도움을 주신 씨아이알 출판사의 김성배 사장님, 박영지 편집장님, 최장미 선생님에게도 감사를 전한다.

2019년 6월

윤희조

차 례

저자 서문 _ v

해 제

1. 시간적 순서 3
2. 논리적 순서 12

제1부

불교심리학

1 불교심리학의 정의와 분류 35

1. 불교심리학의 정의 36
   1) 불교에서 마음을 주제로 하는 학문 36
   2) 마음의 의미와 기능 40
2. 불교심리학의 분류 43
   1) 불교마음학 - 마음 자체에 대한 탐구 43
      (1) 불교사의 관점 45
      (2) 불교철학의 관점 48

2) 불교심소학 – 마음의 기능에 대한 탐구 52
(1) 인지 54
(2) 정서 56
(3) 동기 57
(4) 성격 58
3) 불교심리치료 – 마음의 변화에 대한 탐구 60
(1) 수행심리학 60
(2) 불교심신의학 62
(3) 불교상담학 64

2 불교심리학에서 보는 네 가지 차원의 마음 71
1. 심(心)이라는 마음의 차원 73
2. 의(意)라는 마음의 차원 81
3. 식(識)이라는 마음의 차원 85
4. 심의식의 상관성 90
5. 성(性)이라는 마음의 차원 92
6. 마음의 전개 – 발생, 시공간성, 무모순성, 실재와 환 97

3 아비담마의 정서심리학 104
1. 정동, 느낌, 정서 106
2. 심리학에서 정서의 정의 110
3. 아비담마의 정서 114
1) 인지, 정서, 동기의 관계 114
2) 성냄을 원인으로 하는 마음과 마음작용 118
4. 심리학에서 정서의 분류 122
1) 분노 126
2) 공포 128
3) 슬픔 129

5. 아비담마에서 정서의 분류 130
1) 성냄 133
2) 질투와 인색 133
3) 후회 135

4 번뇌의 심리학 139
1. 영역의 관점에서 보는 번뇌 140
1) 서구심리학에서 번뇌의 위치 141
(1) 인지 – 기초적 인지와 고차적 인지, 지혜와 희론 141
(2) 정서 – 유익한 정서와 유해한 정서 143
(3) 동기 – 유익한 동기와 유해한 동기 145
(4) 성격 – 유익한 성격과 유해한 성격 147
2) 불교심소학에서 번뇌의 위치 150
2. 정의의 관점에서 보는 번뇌 153
1) 번뇌에 대한 본래적 정의 153
(1) 번뇌의 특징 154
(2) 번뇌의 기능 158
2) 번뇌에 대한 포괄적 정의 161
(1) 번뇌의 발생 163
(2) 근본번뇌 또는 수면 165
(3) 지말번뇌 또는 수번뇌 170

5 자성의 의미변화 177
1. 초기불교와 부파불교의 자성 178
1) 인식론적 구분근거로서 자성 178
2) 『구사론』에 나타난 자성의 용례 181
2. 『중론』의 자성 183
1) 나가르주나의 자성비판 183
2) 짠드라끼르띠의 세속자성과 승의자성 185

3. 『단경』의 자성 191
1) 자심(自心), 인심(人心) 그리고 본심(本心) 197
2) 청정자성 201
3) 반야자성 203

6 자성의 심리학 213
1. 선심리학의 분류 215
2. 선심학 218
1) 마음의 원래 모습 – 자성의 특징 219
2) 선심학에서 보는 존재의 특징 – 법론 222
3) 인간론 224
4) 선심학에서 보는 마음의 운동성 – 연기론 225
5) 선심학의 역동적 세계 – 세계론 226
3. 선심소학 – 마음의 기능 228
1) 반야 229
2) 중생심 231
4. 선심리치료 234
1) 목적론 235
2) 방법론 237
(1) 계정혜 237
(2) 무념, 무상, 무주 239

7 무아의 심리학 245
1. 불교에서 보는 무아 247
2. 심리학에서 보는 무아 253
1) 인지적 무아 253
2) 정서적 무아 257
3) 행동적 무아 260
4) 성격적 무아 262

3. 무아의 심리치료 264
1) 불교적 무아의 심리치료적 함의 264
2) 처계의 비실체성과 역동적 공간 267
3) 불교적 무아와 심리학적 자아 269
4) 무아상담과 자성상담 271

제2부
불교상담학

8 불교상담의 학문적 정체성 281
1. 불교상담의 정의 – 불교에 기반을 둔 상담 284
2. 불교심리학 – 마음을 주제로 286
3. 마음의 정의 287
4. 생멸하고 유지하는 법으로서 마음 289
5. 연기 – 마음의 운동기제 291
6. 마음에 따른 인간 – 기능적 존재와 가능적 존재 292
7. 불교심소학 292
8. 성격이론 294
9. 불교심리치료 295
10. 원인론과 방법론 297
11. 불교상담의 언어 – 이해(理解)와 이해(異解) 298
12. 불교상담의 기제 300
13. 불교상담기법 301
14. 불교상담가의 자세 또는 태도 303
15. 불교상담이 이루어지는 공간 303
16. 불교상담이론 304
17. 불교상담의 특징 308
18. 불교상담의 패러다임 309
19. 불교상담의 모토 309

9 불교상담의 정의와 이론 313
1. 불교상담의 정의 315
2. 불교상담의 주제로서 마음 318
1) 마음에 관한 두 가지 정의 319
2) 마음의 운동법칙으로서 연기 322
3) 연기에 의해서 드러나는 마음의 모습 324
3. 불교상담이론 327
1) 진단과 처방이론 – 사성제와 불이 328
2) 성격이론 – 성격 또는 인성 330
3) 정체성 이론 – 자아와 무아 332
4) 식의 중층성 이론 334
5) 정서와 몸이론 336
6) 봄의 이론 – 위빠사나와 견성 337
7) 말과 실재의 이론 – 지월과 무상 338

10 과정과 기법으로 보는 불교상담방법론 343
1. 불교상담의 특징 345
2. 불교상담가의 자세와 역동적 상담공간 349
3. 불교상담의 과정 352
1) 초기과정 353
2) 중기과정 355
3) 후기과정 360
4. 불교상담의 기제 360
5. 불교상담의 기법 363
1) 마음중심[中心] 364
(1) 알아차림 기법 365
(2) 반조 기법 367
2) 마음열기[開心] 368
(1) 정견 기법 369
(2) 연기 기법 371

3) 마음풀기[解心] 372
(1) 정행 기법 373
(2) 정사유 기법 375
(3) 정어 기법 377
(4) 대치 기법 379

11 불교상담의 두 모델, 사성제모델과 불이모델 384
1. 괴로움 또는 병의 현상론 385
2. 괴로움 또는 병의 원인론 390
3. 치유의 목적론 394
4. 방법론 399
5. 두 모델의 비교 406

12 불교의 언어, 불교상담의 언어 412
1. 불교의 언어 413
1) 언어의 발생 413
2) 유해한 언어, 유익한 언어 417
3) 존재의 언어, 생성의 언어 420
4) 지월(指月)의 언어 422
2. 불교상담의 언어 424
1) 언어와 의미 425
2) 목표지향적 언어 429
3) 근기와 차제의 언어, 침묵의 언어 431
4) 실재지향적 언어 434

제3부
불교심리학과 서구심리학

13 아비담마의 마음과 프로이트의 무의식 443

1. 아비담마의 마음 446
    1) 아비담마의 의(意) 448
    2) 과보의 마음 451
    3) 바왕가 453
2. 프로이트의 무의식 455
    1) 무의식의 존재증명과 의미 456
    2) 무의식의 내용과 특징 461
3. 의식과 무의식의 연속 465
4. 의식과 무의식의 불연속 468

14 프로이트의 자아와 아비담마의 마음작용 477

1. 프로이트의 심역과 기능 479
    1) 자아 480
    2) 이드 485
    3) 초자아 487
    4) 심역 간의 관계와 자아 490
2. 심역과 아비담마의 마음작용 493
    1) 자아와 취착 495
    2) 이드와 잠재성향 499
    3) 초자아와 양심과 수치심 502
3. 프로이트의 자아와 아비담마의 무아 503

15 불교와 수용전념치료 511

1. 수용전념치료 513
   1) 기능적 맥락주의 514
   2) 관계틀이론과 언어 518
   3) 고통의 정상성, 병리모델, 치유모델 521
2. 불교적 이해 524
   1) 맥락적 연기와 기능적 목표 524
   2) 괴로움의 원인으로서 언어와 긍정적 언어 527
   3) 괴로움의 편재성 532
   4) 수용전념치료의 전제에 대한 인식 가능성 537

색인 _ 543

해 제

STUDIES ON BUDDHIST PSYCHOLOGY

본 서에는 시간적 순서가 있고, 논리적 순서가 있다. 시간적 순서는 글을 쓴 순서이고, 필자가 가지고 있던 문제의식이 옮겨가는 궤적이다. 이는 발견의 맥락이라고 부를 수 있다. 논리적 순서는 정당화의 맥락에서 글을 배치하고 전개하는 순서이다. 본 서는 논리적 순서에 따라서 정리되어 있다. 이미 발견된 것을 논리적으로 배치하는 것이다. 제일 먼저 발견한 것이 나중에 위치할 수도 있고, 최근에 발견된 것이 앞쪽에 위치할 수도 있다. 예를 들어 불교심리학의 정의와 분류는 나중에 쓴 글이지만, 논리적 순서에서 보면 가장 먼저 위치한다. 수용전념치료와 관련된 장은 앞에 쓴 것이지만, 논리적 순서에서 보면 가장 나중에 위치한다. 해제에서는 먼저 시간적 순서에 따라서 본 서가 전개되는 과정을 이야기하고, 다음으로 논리적 순서에 따라서 각 장의 내용을 요약적으로 기술하고자 한다. 두 가지 관점에서 본서의 전체적인 모습을 미리 조감한다면, 이후의 본문을 읽는 데 도움이 될 것이다.

1. 시간적 순서

시간적 순서로 보면 프로이트와 관련된 **13장**과 **14장**이 먼저이다. 이는 필자가 가장 궁금했던 것이라고 할 수 있다. 본교에 상담심리학과가 있어서 상담 자체는 일찍부터 접할 수 있었다. 그러면서 드는 의문이 크게 두 가지가 있었다. 불교에서 이야기하는 무아와 상담심리학에서 이야기하는 자아의 문제, 유식불교에서 이야기하는 육식·칠식·팔식과 상담심리학에서 이야기하는 무의식의 문제가 그것이다. 불교상담학을 본격적으로 시작하면서 이 문제를 해결하지 않고서는 불교상담학을 시작할 수 없을 것 같았다. 두 편의 글을 쓰면서 불교상담학에 대한 연구를 시작하게 되었다. 자아와 무아, 의식과 무의식에 대한 불교적 관점과 상담심리학적 관점에 대한 견해는 이후 연구의 토대가 된다.

두 장은 구체적으로 무의식을 주제적으로 다루고 있는 프로이트의 「무의식에 관하여」, 자아와 이드를 주제적으로 다루고 있는 「자아와 이드」를 중심으로, 불교에서는 아비담마, 즉 상좌부불교의 심과 심소, 즉 마음과 마음작용을 중심으로 다루고 있다. 프로이트가 제시하는 2가지 마음의 지형학을 두 논문을 중심으로 살펴보고, 불교에서는 마음을 체계적으로 다루기 시작하는 아비담마에서 심·심소를 중심으로 다루고 있다. 이를 통해서 일반적으로 생각하듯이 자아와 무아가 반대개념이 아니라, 인접한 개념이고 소통할 수 있는 개념이라는 것을 살펴볼 수 있다. 각각의 분야에서 사용하는 용어가 반대처럼 보일지라도 유사한 내용을 함의하는 경우가 있고, 같은 용어를 사용할지라도 반대되는 내용을 표현하는 경우가 있다. 이는 유아와 무아의 소통가능성에 대한 제언이라고 할 수 있다.

프로이트는 무의식을 폭넓은 의미로 사용하는데, 이를 서술적, 역동적, 체계적 의미로 구분하고, 이에 대응할 수 있는 마음을 아비담마에서 제시하고 있다. 의(意), 과보의 마음, 바왕가라는 마음을 배대할 수 있다. 이는 기능에 따라서 배대한 것이라고 할 수 있다. 의식과 무의식은 연속적인지, 불연속적인지가 문제가 된다. 무의식의 지위를 어떻게 가져갈 것인지가 문제가 된다. 의(意), 과보의 마음, 바왕가를 시간 순으로만 보면 직전의 마음, 훨씬 과거의 마음, 전생의 마음일 수도 있는 마음으로 확장되어간다. 이들은 현재의 마음, 즉 식(識)과는 구별되지만 그럼에도 불구하고 이들은 식의 바로 앞뒤에서 식에 영향을 미친다. 이런 의미에서 연속적이면서 불연속적이라고 할 수 있다. 또는 구분되지만 영향을 미친다고 할 수 있다. 프로이트가 무의식을 발견한 것이 서구심리학의 토대가 되고 있는 상황에서 같은 문제를 불교적 관점에서 조명하고자 한 것이다. 단순히 유식불교에서 이야기하는 팔식과 프로이트의 무의식의 유사성을 찾는 것이 아니라, 무의식의 의미가 확대되는 과정에서 불교적으로 적합한 의미를 찾고자 한 것이다.

그 다음으로 쓴 글이 **15장**의 수용전념치료와 관련된 글이다. 불교학을 강의하면 가장 먼저 가르치게 되는 것이 사성제이다. 사성제 가운데 고성제는 이후의 집성제, 멸성제, 도성제의 토대가 된다. 오죽하면 고집성제, 고멸성제, 고멸도성제라고 부른다. 괴로움의 원인, 괴로움의 소멸, 괴로움의 소멸로 나아가는 방법이라고 한다. 이처럼 괴로움이 사성제의 주어가 되고 있다. 이러한 괴로움의 문제에 대해서 수용전념치료는 불교적 관점을 현대화할 수 있는 방법을 제시하고 있다. 수용전념치료를 창시한 헤이즈의 논문 가운데 'Buddhism and ACT'를 불교적 관점에서 비교분석하는 글을 쓰게 된 것이다. 그래서 제목에 '재고찰(Revisited)'이라는 용어를 사용하게 되었다. 이는 헤이즈가 엑트와 불교를 풀어낸 것에 대해서, 불교적 관점에서 불교와 엑트를 비교한 것이라고 할 수 있다. 엑트가 제시하는 병리모델과 치유모델은 불교의 사성제모델과 유사하다고 할 수 있다. 괴로움은 정상적이고, 편재한다는 테제는 고성제의 현대적 표현이라고도 할 수 있을 정도이다. 치유모델에서 심리적 유연성은 무아를 현대적 표현으로 설명하고 있는 것이다. 또한 엑트의 전제라고 할 수 있는 기능적 맥락주의, 관계틀이론은 연기적 세계관, 불교적 관점에서 바라보는 언어의 양가적 특징에 의해서 설명할 수 있다.

언어의 양가적 특징은 필자가 석사학위논문에서부터 천착해온 주제이기도 하다. 언어에 대한 관심 때문에 상담에 관심을 기울이게 된 측면이 있다. 필자는 학부 2학년부터 희랍어를 공부하기 시작했고, 이후 대학원에서 서양고대철학을 공부하게 되었고, 이후 불교를 공부하면서 산스끄리트어를 배울 때도 일주일 만에 문법책을 모두 볼 수 있었다. 서양철학을 공부하면서 항상 궁금했던 것이 서양철학의 시조라고 불리는 탈레스 이전에는 무엇이 있을까하는 것이었다. 불교를 공부하면서 이러한 의문이 풀리게 되었다. 특히 산스끄리트어를 보면서 사람들이 이래서 '인도유러피언어족'이라는 말을 하는구나 실감하게 되었다. 이러한 언어에 대한 관심 때문에 석·박사학위논문은 언어와 관련된 내용으로 작성하게 되었고, 이후에 언어로 이루어지는 상담심리학에 관심을 가지게 된 것은 자연스러운 과정이었을지도 모르겠다.

언어가 가지는 긍정적 측면과 부정적 측면을 동시에 알고 있는 것은 괴로움에서 벗어나는 지름길이기도 하다. 언어의 특징과 언어의 한계를 아는 것은 불교상담뿐만 아니라 상담 전반에서 중요한 작업이라고 할 수 있다. 언어는 달을 가리키는 역할만 하지 언어 자체가 달이 될 수는 없다는 사실에 대한 철저한 앎만이 언어에 끄달리지 않을 수 있게 한다. 아니면 항상 언어 속에서 분별과 희론을 만들어내고, 결국에는 자신이 만든 희론이라는 호랑이에게 잡아먹히게 된다. 이러한 관점에서 서술한 글이

12장의 '불교의 언어, 불교상담의 언어'이다. 이 글은 시간상으로는 후대이지만, 주제상으로는 엑트와 연관해서 살펴볼 수 있다. 불교에서는 기능에 따라서 유익한 언어와 유해한 언어를 구분할 수 있고, 언어의 한계는 달을 가리키는 것, 즉 지월(指月)이 전부이다. 언어 자체를 달로 보아서는 안 된다는 것이다. 이러한 관점에서 불교상담의 언어는 달(月), 즉 목표와 실재를 지향하는 언어이고, 이를 지향하기 위한 다양한 방법으로 제시되는 것이 근기의 언어, 차제의 언어, 실재지향의 언어, 침묵의 언어이다. 상담 장면에서 이루어지는 수많은 언어적 작업의 근원을 볼 수 있었으면 하는 바람에서 이 글을 작성하게 된 것이다.

이제 필자는 불교심리학과 불교상담의 이론적 체계를 세우고자 한다. 논문을 쓰면서 이러한 내용을 담고 있는 책의 번역도 동시에 진행하였다. 『불교심리학사전』, 『불교상담학개론』이 그 결과물이다. 불교상담은 불교심리학의 토대 위에서 이루어지는 것이므로 불교심리학에 대한 이론체계를 갖추는 것이 우선이었다. 이러한 이론체계를 서구심리학의 체계에 준해서 생각하게 되었다. 대부분의 심리학개론 서적에 인지, 정서, 동기, 성격이 포함되어 있었다. 필자는 정서부터 시작하였다. 인지에 대해서는 언어와 관련된 학위논문과 학술지논문을 통해서 어느 정도 정리되었다고 생각했기 때문이다. 정서심리학을 부파불교 특히 아비담마의 체계에서 살펴보았다. 정서와 인지와 동기는 불교적 관점에서 보면 심소와 연관이 되어 있고 이러한 심소를 가장 먼저, 체계적으로 다루고 있는 것이 아비담마이므로 이를 토대로 **3장**의 아비담마의 정서심리학을 저술하게 되었다. 아비담마의 분류를 성냄을 원인으로 하는 마음, 즉 진(瞋)을 중심으로

서구심리학의 개념에 맞추어 비교하고 있다. 불교상담에서 정서라고 할 수 있는 범주를 탐진치 가운데 진으로 본 것이다. 그리고 진의 범주에 포함되는 세부적인 정서를 논의하게 되었다.

불교심리학의 토대를 어디에 둘 것인지가 문제가 되었다. 이는 학생과의 만남에서부터 비롯된 오랜 고민이었다. 불교상담을 공부하고 싶어서 오는 학생들의 일성은 "교수님 저는 상담도 모르고 불교도 잘 모르는데 불교상담을 할 수 있을까요?"라는 것이었다. 불교의 범위가 광범위하므로 지레 겁을 먹는 경우가 많았다. 그래서 필자는 불교를 전부 공부하는 것은 힘든 일일 수 있지만, 그 가운데 하나, 즉 불교심리학만 공부하면 된다고 하면서 학생을 독려하였다. 학생들은 안심하고 공부를 시작하게 되었지만, 이제 불교심리학이 무엇인지를 밝혀야 하는 것은 오롯이 필자의 몫으로 남게 되었다. 이를 위해서 먼저 불교사를 살펴보았다. 불교 가운데 가장 많은 논의를 차지하는 것이 마음이고, 심리학이라는 용어 자체도 마음에 대한 탐구를 의미하는 것이다. 불교에서 마음을 주제로 하는 학문을 불교심리학으로 잡고 불교심리학을 불교사에서는 어떻게 다루는지 살펴보게 되었다. 이를 통해서 마음을 일원적 관점, 다원적 관점에서 다루고 있음을 알 수 있게 되었다. 이러한 바탕 위에 불교심리학의 정의, 불교심리학의 주제가 되는 마음의 의미와 기능, 불교심리학의 분류를 하게 되었고, 이들 세부적인 내용을 하나하나 채워나가게 되었다. 불교심리학은 불교마음학, 불교심소학, 불교심리치료로 구분할 수 있다. 그 가운데 불교심소학은 인지, 정서, 동기, 성격으로 나누어 고찰하고 있다. 이는 서구심리학의 인지심리학, 정서심리학, 동기심리학, 성격심리학에 배대할 수 있는 개념들이다. 이러한 기록이 담겨 있는 글이 **1장** 마음의 기능을 중심으로 한 불교심리학의 정의와 분류이다. 이후의 이론 체계는 이 논문을 중심으로 전개된다고 할 수 있다.

불교심리학의 주제가 되는 마음을 좀 더 구체적으로 다룬 글이 **2장** 불교심리학에서 보는 네 가지 차원의 마음이다. 불교심리학이라는 제한을 둔 것은 불교뿐만 아니라 다양한 분야에서 마음에 대한 논의가 워낙 광범위하게 이루어지기 때문에 필자가 제시하는 불교심리학의 관점에서 마음을 보는 것이다. 마음을 네 가지 차원, 즉 심·의·식·성(心意識性)에서 다루고 있다. 이렇게 네 가지 차원에서 마음을 다루는 것은 일원적 관점과 다원적 관점에서 본 분류라고 할 수 있다. 심의식은 다원적 관점에서, 성은 일원적 관점에서 마음을 보는 것이라고 할 수 있다. 그리고 마지막에는 마음의 전개, 즉 운동과 관련해서 마음의 발생, 특징, 마음을 바라보는 관점을 제시하고 있다.

불교사의 관점에서 불교심리학 연구의 사례로 제시하고 있는 것이 **5장**과 **6장**이다. 자성(自性)의 의미변화와 관련된 **5장**을 먼저 작성하였다. 자성은 언어와도 관련되지만, **6장**에서도 알 수 있듯이 일원적 관점을 대표하는 선심리학의 핵심 개념이기도 하다. 먼저 자성이 세 종류의 텍스트를 거치면서 다른 의미로 사용되는 것을 볼 수 있다. 이는 동일한 용어를 사용하더라도 그 의미가 다르다는 것을 보여주는 사례라고 할 수 있다. 부정되어야 할 용어로 사용되는 측면과 긍정적인 의미를 발견하고 드러내어야 하는 것으로 사용되는 측면이 함께 있다. 정작 중요한 것은 자성이 사용되는 맥락을 이해할 수 있어야 한다는 것이다. 특히 **6장**은 세 종류의 텍스트 가운데 후대의 텍스트인 『단경』을 자성의 심리학이라는 측면에서 자성의 역동성을 드러내고자 하였다.

불교심리학을 토대로 불교상담의 정의와 이론, 모델, 방법론을 제시하는 것이 **9장, 10장, 11장**이다. 이는 동양상담이라는 이름으로 불교, 유교, 도교, 요가를 동시에 기술하는 것에 대한 문제제기에서 출발한다. 이론에서 차이가 나는 것을 동양이라는 지역에 초점을 맞추어 일의적으로 정의하는 것은 문제가 있다. 이는 서양상담이라는 이름으로 프로이트에서부터 제3세대 상담까지를 하나로 묶어서 정의하는 것과 같은 것이라고 할 수 있다. 그러므로 각각의 이론으로 구분하여 기술할 때 자기 이론의 독특성이 타 이론과의 차별성으로 드러날 수 있을 것이다.

9장에서는 불교상담을 '불교에 기반을 둔 상담(BBC, Buddhism based counseling)'으로 정의하고, 불교상담이론으로 진단과 처방이론, 성격이론, 정체성이론, 식의 중층성 이론, 정서와 몸이론, 봄의 이론, 말과 실재의 이론을 기술하고 있다. 이 각각의 이론 하나, 하나가 장의 주제가 될 수 있을 만큼의 분량이지만, 이를 일단은 하나의 논문에서 보여주고서 이후에 세부적으로 기술할 수 있도록 하였다. 이들 이론 가운데 첫 번째 이론인 진단과 처방이론은 불교상담의 모델과 연관이 된다. 진단과 처방으로 제시되는 것이 사성제와 불이이다. 이러한 진단과 처방을 불교상담의 모델로 전개한 것이 **11장** 불교상담의 두 모델, 사성제모델과 불이모델이다. 여기에서는 『초전법륜경』과 『유마경』을 중심으로 두 모델에 대한 불교학적 근거를 제시하는 동시에 괴로움의 현상, 원인, 제거된 상태, 이를 위한 방법론이라는 네 가지 측면에서 두 모델을 기술하고 있다.

10장 불교상담방법론은 불교상담의 과정과 기제를 중심으로 기술하고 있다. 불교상담의 과정을 초기, 중기, 후기과정에서 실제로 이루어지는 것을 중심으로 기술하고 있다. 이러한 과정에서 치유가 일어나는 매커니즘을 기술하는 것이 불교상담의 기제이다. 열림의 기제와 제거의 기제가 지속적으로 불교상담의 과정에서 사용되는 것을 볼 수 있다. 이러한 기제를 토대로 불교상담의 기법이 제시되고 있다. 과정, 기제, 기법 셋은 서로 연기적으로 작용한다. 기법은 마음을 중심으로, 마음을 열고, 마음을 푸는 관점에서 볼 수 있다. 이러한 불교상담방법론의 토대에는 여전히 마음을 바라보는 두 가지 관점이 놓여 있다.

8장 불교상담의 학문적 정체성은 한국불교상담학회 학술대회에서 기조강연논문으로 작성하였다. 강연논문이므로 기존의 논의를 종합하면서, 원생들과의 대화형식으로 구성되어 있다. 목차가 가장 긴 글이기도 하다. 긴 목차는 불교심리학과 불교상담이 앞으로 연구할 주제이기도 하다. 원생들과의 대화는 지금까지 필자의 문제의식이 진행되어온 과정을 보여준다. **8장**은 시간상으로는 나중에 작성되었지만, 논리적으로는 2부의 첫 번째 논문이 된다.

4장 번뇌의 심리학은 사성제에서 보면 집성제에 해당하는 내용이다. 이는 심리적인 문제를 본격적으로 다루는 논문이라고 할 수 있다. 마음의 다양한 차원을 번뇌의 관점에서 살펴보고 있다. 불교에서 유해한 마음 전체를 표현하는 용어인 번뇌를 서구심리학적인 용어로 표현함으로써 둘 사이의 가교를 놓고자 한다. 번뇌의 영역과 정의를 통해서 심리치료에서 치료의 대상을 명확히 하는 것이라고 할 수 있다.

7장 무아의 심리학은 가장 최근에 쓴 글로 불교의 궁극적 목표에 해당하는 무아에 대해서 기술하고 있다. 무아에 대한 논의는 필자가 가장 먼저 가졌던 의문 가운데 하나이다. 프로이트와 관련한 2개의 글 가운데 「프로이트의 자아와 아비담마의 마음작용」에서 아, 자아, 무아를 구분하면서 자아와 무아의 이해 가능성을 기술하고 있다. 그리고 엡스타인의 책을 번역하면서 자아와 무아의 문제를 다루었다. 그럼에도 불구하고 자아와 무아에 대한 논의는 여전히 지속되고 있다. 이에 대해서 필자는 이 글에서 이러한 논의를 좀 더 진행시키고 있다. 불교에서 보는 무아를 오온무아, 제법무아, 연기무아로 구분하고 심리학적 관점에서는 이를 인지적 무아, 정서적 무아, 행동적 무아, 성격적 무아로 구분하여 다루고 있다. 무아의 범주에서 기초심리학 전반에 대해서 무아에 대한 논의가 가능할 수 있는 토대가 마련되고 있다. 불교에서는 무아를 통해서 내부, 외부 세계, 이들의 운동성을 다루고 있다. 즉 무아를 통해서 불교와 심리학의 토대를 새롭게 볼 수 있는 가능성을 제시한다. 7장은 무아의 전제 위에 불교와 심리학을 새롭게 볼 수 있는 가능성을 제시하는 동시에 1부 불교심리학을 마무리하는 장으로도 적당하다고 생각된다.

2. 논리적 순서

논리적 순서에서는 각 장을 요약하면서 논리적 연결성에 따라서 기술하도록 하겠다. **1장**에서는 불교심리학을 정의하고, 불교심리학을 분류하는 작업을 한다. 이러한 작업은 마음을 중심으로 이루어진다. 마음은 불교심리학과 불교상담의 전체 주제이면서, 불교의 주제이기도 하다. 또한 서구심리학의 주제와도 상통한다. 그러므로 마음에 대한 이해는 논리적 순서에서 가장 선행한다.

1장은 마음을 주제로 불교심리학을 정의하고, 마음의 기능을 중심으로 불교심리학을 범주화한다. 불교심리학은 '불교에서 마음을 주제로 하는 학문'으로 정의할 수 있다. 그리고 불교에서 마음은 '의(意)라는 감각기관을 통해서 아는 기능[識]을 하고, 이 기능을 중심으로 나머지 기능(느끼고, 생각하고, 의도하는)이 집적되어 있는[心] 기능복합체'라고 정의할 수 있다. 이러한 포괄적 정의와 함께 마음의 본래적 모습과 기능을 성(性)으로 정의하는 본래적 정의가 가능하다.

불교사의 관점에서 보면 마음의 아는 기능에 중점을 두는 일원적 경향성과 마음의 아는 기능을 포함한 마음의 다양한 기능에 중점을 두는 다원적 경향성이 있다. 불교철학에서 법, 연기, 세계, 인간은 마음과 연관된 개념으로 볼 수 있다. 불교사와 불교철학에 등장하는 마음 자체에 대한 연구영역을 불교마음학이라고 할 수 있다. 마음의 다양한 기능에 대한 연구는 오온에 등장하는 기능을 중심으로 심소의 차원에서 세부적으로 연구할 수 있다. 인지, 정서, 동기, 성격 등과 같은 마음과 심소의 다양한 기능에 대한 탐구를 불교심소학이라고 부를 수 있다. 이는 서구심리학의 기초심리학과 연관해서 탐구할 수 있다.

마음을 잘 기능하게 하거나 또는 마음의 원래 기능을 회복하게 하는 것은 불교심리치료의 영역에 해당한다. 자신의 변화에 초점을 맞추는 수행심리학, 마음과 몸의 상호연관적인 변화를 추구하는 불교심신의학, 내담자와 상담자의 변화를 함께 추구하는 불교상담학이 포함된다고 할 수 있다.

2장에서는 불교심리학을 정의하고 범주화하는 데 핵심적인 역할을 하는 마음에 대한 연구에 더 천착한다. 1장에서 마음을 다루고 있지만, 주제적으로 하나의 장에서 더 자세하게 다룰 필요가 있어서 독립적인 장으로 구성하였다.

2장은 마음을 심의식성(心意識性)이라는 네 가지 차원에서 어원을 중심으로 마음 자체에 대한 논의와 이로부터 전개되는 마음의 특징을 논의한다. 심(心)은 집적하는 기능을 한다. 심장이 머금고 운동하는 기능을 하듯이, 심은 기억을 머금고 기억을 하고 기억을 떠올리는 운동을 한다. 기억은 언어의 형태로 이루어진다. 심의 어원인 '쌓다'와 '생각하다'가 연결된다. 이러한 심은 유식불교에서는 팔식의 기능, 부파불교에서는 받는 마음의 기능을 한다.

심(心)의 소리(音)를 의미하는 의(意)는 심장이라는 토대를 바탕으로 소리와 진동수로 물들인다. 염오와 청정의 두 가지 색으로 식(識)을 물들인다. 의(意)의 '분위기'와 '화'라는 어원은, 식의 구분하여 아는 기능을 전반적인 정서적 분위기인 의(意)가 결정한다는 점에서 연결된다. 식(識)은 다양하게 구분하여 아는 기능을 한다. 이러한 기능을 통해서 만들어지는 흔적은 기억과 언어의 형태로 종자처럼, 향처럼 심(心)에 저장되고 유지되고 이숙된다. 심은 물질적 토대로서 하나이지만, 의는 염정 두 가지로 구분되고, 식은 무수하게 다양화된다.

성(性)으로서 마음은 마음의 원래 모습에 중점을 두고 있다. 마음의 원래의 모습은 실체적이지 않고, 고정되어 있지 않고, 움직이고 있다. 또한 마음은 비어 있고(emptiness), 열려 있고(openness), 연결되어 있고(connectedness), 둘이 아닌(non-duality, 不二) 모습을 띄고 있다. 마음의 가능성을 실현할 수 있는 특징을 불성(佛性)으로 표현하고 있다. 이러한 마음의 기능성과 가능성은 그 자체로 청정한 것이다.

마음은 유기체의 자기보존과 연관되어 있고, 시공간적으로 가장 넓은 범위를 감각할 수 있으며, 물리적인 과거·현재·미래의 순서가 아니라 주의를 기울이는 순서대로 배열된다. 사물과 언어의 질서와는 달리 마음에서는 고정점이 없으므로 무모순성이 성립한다. 모순처럼 보일 뿐 모순이 성립하지 않는다. 또한 마음은 고정점이 없으므로 실재이면서 환(幻)이 된다.

2장이 불교마음학에 대한 탐구라면, **3장**은 불교심소학에 대한 탐구라고 할 수 있다. 성냄, 즉 진심(瞋心)을 중심으로 마음의 다양한 기능을 탐구하고자 한다. 이는 불교심소학의 연구가능성을 보여준다. 심소의 다양한 기능에 대한 불교심리학적 탐구는 현대인의 마음의 기능에 대해서 다양한 관점을 제시할 수 있을 것이다.

심리학에서 정서는 정서의 기반, 정서의 요소, 정서의 표현이라는 측면에서 '신경생리학적 기반 위에서 인지와 느낌을 요소로, 표현하고, 동기를 불러일으키고, 적응하는 것'으로 정의할 수 있다. 기본정서를 기준으로 심리학의 정서를 분류할 때 기본정서는 보편성을 가지고, 문화적 관여가 최소한이고, 제한된 인지과정만 개입하고, 신경학적 근거와 생리학적 기제를 가지고, 개체발생 초기에 발현되고, 진화적으로 오래되고, 진화적 가치가 있고, 특징적인 표현양태와 전형적인 반응을 가지고, 적응과 부적응의 기능을 한다. 이러한 기본정서로는 분노, 공포, 슬픔, 기쁨이 있다.

아비담마에서 정서는 동기, 인지와 밀접하게 연관되어 있다. 이는 인지, 정서, 동기가 14가지 마음작용을 공통적으로 가진다는 것에서도 알 수 있다. 그리고 이들은 자아와 연관되어 있다. 아비담마의 부정적 정서는 '성냄을 원인으로 하는 마음'의 영역에서 볼 수 있다. 이는 '자극의 유무와 함께 불만족과 적의가 결합된 마음'으로 정의할 수 있다. 부정적 정서의 종류에는 8가지가 있다. 17가지 마음작용과 결합하는 성냄, 질투, 인색, 후회의 마음 4가지와 19가지 마음작용과 결합하는 성냄, 질투, 인색, 후회의 마음 4가지이다.

'성냄을 원인으로 하는 마음'에서 보는 아비담마의 정서의 특징을 보면, 부정적인 정서와 유익한 정서의 구분은 불교의 궁극목표에 도움이 되는지 여부에 달려 있다. 그리고 정서는 연속적이면서 다양한 층이 있고, 대상에 따라서 정서가 바뀌고, 대상과의 관계는 자아와 연관되어 있다. 부정적인 정서는 밀쳐내는 에너지와 연관되어 있다. 심리학에 비해서 정서의 부정적인 기능이 강조되고 있다. 그리고 아비담마의 부정적 정서에는 이차정서의 중요성이 부각된다.

4장은 불교심소학을 본격적으로 논의하고 있다. 번뇌라는 유해한 심소 전반을 영역과 정의의 관점에서 명확히 구분하고 있다. 번뇌가 서구심리학의 부정적 정서, 인지, 동기, 성격과 어떻게 연관되는지를 살펴볼 수 있다. 이를 통해서 서구심리학의 심리치료 대상이 불교심리학적으로 해석될 수 있음을 볼 수 있다.

괴로움의 소멸을 목표로 하는 불교에서 괴로움의 원인이 되는 번뇌에 대한 고찰은 핵심적이라고 할 수 있다. 먼저 서구심리학적 관점에서 번뇌는 인지, 정서, 동기, 성격의 영역이라는 것을 밝히고자 한다. 네 가지 영역 각각의 정의는 상호보완적인 형태를 가지고 있고, 각각에 대해서 다양한 분류가 가능하지만 기본, 복합의 분류가 토대가 된다고 할 수 있다. 불교 심소학적 관점에서 보면 촉작의수상사(觸作意受想思)라는 기본적인 심소에서 네 영역이 상호보완적인 정의의 형태를 가지고, 복합적인 심소는 유익과 유해로 나눌 수 있고, 그 가운데 유해한 인지, 정서, 동기, 성격의 영역을 번뇌의 영역이라고 할 수 있다. 번뇌의 영역을 다루는 번뇌의 심리학과 유익한 영역을 다루는 청정의 심리학이 가능하다.

번뇌를 본래적 정의와 포괄적 정의의 관점에서 볼 수 있다. 본래적 정의에서 번뇌는 '비여리작의(非如理作意)로 인한 괴롭힘'으로 정의할 수 있고, 번뇌를 부르는 다양한 이름에서 번뇌의 특징을 볼 수 있다. 번뇌는 끈적끈적하고 더럽히고, 조용히 베거나 폭포수처럼 흘러넘치는 특징을 동시에 가지고 있고, 멍에처럼, 매듭처럼, 족쇄처럼 묶어놓고, 집착하게 하고, 덮고 가린다. 그리고 이 번뇌는 감각기관에서 아상을 통해 발생하고, 비여리작의에 의해서 유지되고, 유익한 법으로부터 점점 멀어지고, 수번뇌를 파생시키고, 윤회로까지 확장되는 기능을 가진다.

포괄적 정의에서 번뇌는 근본번뇌 6가지와 수번뇌 20가지로 분류할 수 있다. 육근의 감각기능에 대한 비여리적 마음씀에 의해서 번뇌는 발생한다. 근본번뇌는 나와 나의 활동에서 볼 수 있고, 수번뇌는 근본번뇌에서 파생된 번뇌로 전형적인 형태를 가지고, 견혹·수혹이라는 번뇌의 예둔으로 구분할 수 있다.

3, 4장이 불교심리학의 심소를 통해서 불교가 제시하는 마음을 드러내고자 한다면, 5, 6장은 불교 안에서 자성(自性)의 개념 변화를 통해서 마음을 드러내고자 한다. **5장**은 부파불교, 중관불교, 선불교를 대표하는 텍스트에서 자성의 의미가 변화하는 것을 살펴봄으로써 마음이 일원적 또는 다원적으로 사용됨을 보게 된다.

초기불교와 상좌부불교 그리고 『대비바사론』에서 자성은 다르마를 구분하는 근거로서 인식론적 의미로 사용된다. 『구사론』에서 자성은 단독성의 용법에 의해서 실체론적 함의를 가지게 된다. 나가르주나는 『중론』에서 실체론적 함의를 가진 자성을 전적으로 부정한다. 그러나 짠드라끼르띠에 의해서 자성은 긍정적 의미의 승의자성과 부정적 의미의 세간자성으로 구분된다. 인과 연에 의해서 '만들어진 것'은 세간에서 인정하는 자성이고, '만들어지지 않은 것'은 승의적인 의미에서 자성이다. 이러한 승의자성에 대해서는 자성＝공성＝무자성＝진여의 공식이 성립한다. 초기불교부터 짠드라끼르띠까지 자성은 인식론적 지평 위에서 논의되지만, 『단경』에서 자성은 상태와 기능의 측면에서 새롭게 정립되면서, 항상 긍정적인 개념으로 사용된다.

『단경』에서 자성은 청정한 상태로서의 자성과 반야의 기능으로서의 자성으로 구분할 수 있다. 청정자성과 반야자성은 개개인의 자심 가운데 원래부터 있었지만, 다만 번뇌에 의해서 덮여 있을 뿐이다. 혜능은 짠드라끼르띠가 부정했던 세간자성을 자성중생으로 긍정적으로 인정한다. 그리고 만법이 개개인의 자심에 있는 것으로 자심도 또한 긍정한다. 단지 문제는 번뇌로 인해서 자심이 미혹하는지, 개오하는지의 여부이다. 청정자성은 자심의 본래 청정한 상태이지만 형상이 없고 이는 진여, 본심과 연관되어 있다. 이러한 청정자성의 상태에서 반야자성이 기능하게 된다. 반야자성은 이원적 구분을 하지 않기 때문에 부동, 공, 무자성이라는 특징을 가진다. 반야자성의 비추는 기능을 통해서 혜능은 삼독심을 제거하고, 불지에 도달하지만 어떤 것도 얻는 것이 없다. 반야자성은 본래 얻을 것이 없고, 형상이 없는 기능으로 작용한다.

6장은 더 구체적으로 자성의 심리학이라고 부를 수 있을 정도로 자성이 극대화되어 있는 텍스트인 『단경』을 통해서 마음을 살펴보고자 한다. 본래적 자성과 포괄적 자성의 역동성에서 마음의 역동성을 함께 볼 수 있다. 이를 통해서 선불교심리학 또는 선심리학의 가능성을 볼 수 있을 것이다. 또한 선심리학의 연구방법론의 한 관점도 보게 될 것이다.

불교심리학의 한 분야인 선심리학을 혜능의 『단경』을 중심으로 살펴보고자 한다. 선심리학은 불교심리학의 분류에 따라서 선심학, 선심소학, 선심리치료로 분류할 수 있다. 이러한 분류하에서 혜능의 선심리학은 자성의 심리학으로 볼 수 있고, 본래적 의미의 자성과 포괄적 의미의 자성의 역동성에 의해서 전개되는 것을 볼 수 있다.

선심학에서 심은 자성을 기반으로 드러난다. 본래적 자성이 드러나면 본심이 되고, 포괄적 자성이 드러나면 인심이 된다. 본래적 자성은 만법건립성, 불가득성, 불가명성, 청정성, 평등성, 자불성이라는 특징을 가진다. 법론에서 법은 불이이고 평등하지만, 인간론에서 인간은 근기의 예둔과 돈점에 따라서 범부와 성인, 하근기와 상근기로 나뉜다. 마음의 운동성을 보여주는 연기론에서 자성의 은현, 미오, 범성을 오가는 두 가지 의미의 자성의 역동성을 볼 수 있다. 세계관에서는 이러한 역동성으로 인해서 펼쳐지는 세계와 현상은 자성의 작용이라는 것을 볼 수 있다.

선심소학은 선심리학에서 전개되는 마음의 기능, 즉 반야와 중생심을 다룬다. 반야는 자성으로부터 발생하고 모든 사람이 가지고 있다. 형상이 없는 지혜인 반야는 전체와 하나를 동시에 아는 것이고, 수많은 번뇌를 지혜로 바꾼다. 또한 이법(二法)을 본래적 자성으로 나아가게 하는 것이 반야이다. 중생심은 이러한 반야의 기능을 덮고 있는 내부의 중생을 말한다. 중생심을 본래적 자성으로 나아가게 하는 것으로 참회와 서원이 있다.

선심리치료는 인간의 예둔과 법의 평등 사이의 괴리를 없애기 위해서 견성을 목적으로 제시하고 있다. 이러한 목표를 이루기 위한 방법론으로 혜능은 전통적인 계정혜의 방법론을 마음의 관점에서 새롭게 해석함과 동시에 자신의 고유한 방법론으로 삼무를 제시한다. 분별, 염오, 집착이 없는 무상·무념·무주의 방법론을 제시한다. 『단경』의 선심리학은 자성을 중심으로 전개된다는 의미에서 자성의 심리학이라고 할 수 있다.

7장은 1부 불교심리학을 마무리하는 장이다. 6장에서 다루는 자성과 마찬가지로 무아는 불교의 궁극목표이다. 이를 통해서 불교와 심리학이 지향하는 바를 볼 수 있다. 불교와 심리학 모두 무아의 토대 위에서 나와 세계를 바라볼 때 새로운 심리학이 가능하게 될 것이다. 서구심리학이 자아를 기반으로 심리학적 체계를 세웠다면, 무아에 기반을 둔 심리학적 체계를 새롭게 세우는 것이 가능하다. 이러한 가능성을 7장 무아의 심리학에서 볼 수 있을 것이다.

7장은 무아의 심리학의 가능성과 무아의 심리치료적 함의를 불교철학적 관점과 서구의 기초심리학적 관점에서 기술하고자 한다. 불교철학적 관점에서 무아는 오온무아, 제법무아, 연기무아로 볼 수 있다. 오온의 비실체성은 제법의 비실체성으로 나아가고, 이는 상호의존적 관계성과 운동성으로 나아간다.

기초심리학적 관점에서 무아는 인지적 무아, 정서적 무아, 행동적 무아, 성격적 무아로 볼 수 있다. 실체적 사고, 이분법적 사고, 분별적 사고, 희론적 사고, 당위적 사고, 나 중심 사고는 인지적 무아에 반대된다. 정서적 무아는 비실체적 정서, 비집착적 정서를 말한다. 행동적 무아는 즉비의 논리에 기반을 둔 행동이고, 자비희의 행동으로 귀결된다. 성격적 무아는 성인의 성격으로 볼 수 있다.

이러한 무아의 심리학을 기반으로 무아의 심리치료 또는 무아상담적 함의를 도출할 수 있다. 각각의 오온에 대해서 무아의 일의적 적용, 무아를 포함한 삼법인의 인정, 관계성과 상호의존성의 인식, 명과 관의 중요성 인식, 처계라는 감각과 공간의 비실체성과 역동성은 무아상담적 함의라고 할 수 있다. 서구심리학의 자아는 만들어진 것이고, 변화하는 것이고, 자아와 무아는 동일한 지평에 존재하는 않는다는 것도 무아상담적 함의라고 할 수 있다. 이러한 무아의 심리학은 무아의 관점에서 심리학을 새롭게 볼 수 있는 근원적 작업이라고 할 수 있다.

1부가 불교심리학을 주제로 다루고 있다면, **2부**는 불교심리학의 한 범주인 불교상담을 주제적으로 다룬다. **8장**은 불교상담의 학문적 정체성을 어디에서 찾을 수 있는지, 정체성을 어떻게 확립할 수 있는지를 살펴본다.

긴 세부 목차는 불교상담이 앞으로 다루어야 할 주제를 보여준다. 원생과의 문답형식의 논문기술은 필자의 문제의식의 흐름을 보여준다.

8장은 불교상담의 학문적 정체성을 확립하기 위한 연구이다. 필자가 불교상담을 정립하는 과정을 중심으로 8장을 서술하고 있다. 불교상담을 학문화하는 데 있어서 필요한 각종 항목을 기술하는 데 중점을 두고 있다. 먼저 불교상담의 정의를 불교에 기반을 둔 상담과 불교를 적용한 상담으로 구분하면서, 불교에 기반을 둔 상담을 불교상담으로 정의한다. 불교상담의 학문적 계통은 불교심리학을 기준으로 하는 것을 볼 수 있다. 불교심리학의 주제인 마음을 정의하고, 마음의 운동기제로서 연기를 제시하고, 마음의 담지자로서 인간을 기능적 존재와 가능적 존재로 구분하고 있다.

또한 불교심리학은 불교마음학, 불교심소학, 불교심리치료로 나눌 수 있다. 불교상담에서 사용되는 언어에 대한 논의와 불교상담의 기제와 기법에 대해서 논의하고 있다. 불교상담가가 가져야 할 자세와 불교상담이 이루어지는 공간에 대해서도 논의하고 있다. 불교상담이론, 불교상담의 특징, 불교상담의 패러다임과 불교상담의 모토에 대해서도 논의하고 있다. 이처럼 불교상담 전반에 걸친 주제에 관한 논의를 통해서 불교상담의 학문적 정체성을 마련하고자 한다.

9장은 불교심리학과 연계해서 불교상담의 정의를 시도하고, 불교상담의 이론을 제시한다. 불교상담의 정의와 이론은 이후의 불교상담방법론의 토대가 된다. 특히 불교상담이론은 불교상담의 가능성에 대한 고찰이라고 할 수 있다. 이는 이론의 한계가 방법론의 가능성을 함축하기 때문이다. 불교상담이론 각각에 대한 연구는 지속적으로 이루어질 필요가 있다고 할 것이다.

불교상담을 '불교심리학에 기반을 둔 상담'으로 정의하는 것은 불교상담의 주제와 정체성, 계통과 영역을 드러내는 정의라고 할 수 있다. 불교상담이론에서는 불교상담의 주제가 되는 마음에 대하여 '의(意)라는 감각기관을 통해서 아는 기능[識]을 하고, 이 기능을 중심으로 나머지 기능(느끼고, 생각하고, 의도하는)이 집적되어 있는[心] 기능복합체'라는 포괄적 정의와 '무아(無我), 공(空), 불이(不二), 불성(佛性), 청정(淸淨)을 특징으로 가지는 반야(般若)'라는 본래적 정의를 하고 있다. 이러한 정의는 마음에 대한 두 가지 경향성, 즉 다원적 경향성과 일원적 경향성에 기반을 두고 있다. 전자는 마음이 가지고 다양한 기능에 초점을 맞추고 있는 반면, 후자는 마음의 원래 기능, 즉 아는 기능에 초점을 맞추고 있다. 마음의 활동기제로서 연기, 연기에 따른 마음의 상태도 마음의 두 가지 관점에 따라서 두 가지 형태로 볼 수 있다.

불교상담이론 가운데 진단과 처방에 관련해서는 사성제의 관점에서 괴로움의 보편성과 소멸된 상태를 볼 수 있고, 번뇌즉보리라는 불이적 관점에서 볼 수 있다. 성격이론에서는 인간을 다양한 기능이 활동하는 기능적 존재, 마음의 원래 기능이 잠재해 있는 가능적 존재로 볼 수 있다. 정체성이론에서는 범부의 정체성과 성자의 정체성을 자아와 무아의 관점에서 볼 수 있고, 보는 기능에서도 마음의 두 가지 경향성을 볼 수 있다. 말과 실재의 관계에서는 지월(指月)적 기능과 무상(無相)적 기능을 통해서 마음의 두 가지 경향성을 볼 수 있다. 마음의 중층성 이론에서는 무의식이

의식과 밀접히 연관되어 있는 것을 볼 수 있고, 정서와 몸이론에서는 몸과 정서와 마음이 밀접히 연관되어 있는 것을 볼 수 있다. 이처럼 불교상담이론은 마음을 바라보는 두 가지 관점을 중심으로 전개할 수 있다.

10장은 불교상담의 과정과 기법을 중심으로 구체적인 불교상담방법론을 제시한다. 과정은 초기, 중기, 후기과정으로 제시되고, 기법은 마음중심, 마음열기, 마음풀기라는 범주로 제시된다. 이를 통해서 불교상담의 특징을 제시할 수 있다. 불교상담의 특징은 불교상담을 특징에 따라 정의한다고 할 수 있을 만큼 불교상담의 다양한 모습을 보여주고 있다.

불교상담방법론을 불교상담의 특징, 불교상담가의 자세, 불교상담의 과정, 기제, 기법을 중심으로 기술하고자 한다. 불교상담은 불교의 궁극적 목표를 지향하는 상담이고, 관점을 열어가는 상담이고, 유해한 심소를 제거하고 푸는 상담이고, 보편적인 주제를 근원적인 차원에서 다루는 상담이라는 특징을 가진다고 할 수 있다. 불교상담가의 자세로는 마음의 원래 모습에 대한 이해를 추구하여야 하고, 상담자 자신과 내담자에게 역기능적으로 작용하는 번뇌를 제거하려는 노력을 기울여야 한다. 상담자와 내담자가 만나는 공간은 생멸하고 열려가는 역동적 공간으로 볼 수 있다.

불교상담의 초기과정에서는 궁극적 목표를 지향하는 가운데 현실적 목표를 잡고, 내담자의 괴로움에 대해서 보편적이고 근원적 차원에서 이해와 인식을 열어간다. 중기과정은 열림과 제거의 기제를 상호보완적으로 행하는 과정이고, 후기과정은 이러한 과정을 이후에도 지속적으로 유지할 수 있도록 하는 과정이다. 불교상담에는 열림과 제거라는 두 가지 기제가 있다. 열림은 마음의 두 가지 경향성 가운데 일원적 경향성과 연결되고, 제거는 다원적 경향성과 연결되어 있다. 불교상담의 기법은 마음중심, 마음열기, 마음풀기의 차원에서 볼 수 있고, 구체적인 기법으로는 알아차림 기법, 반조 기법, 정견 기법, 연기 기법, 정행 기법, 정사유 기법, 정어 기법, 대치 기법이 있다.

11장은 이러한 특징을 가진 불교상담의 모델을 제시한다. 『초전법륜경』을 통해서 사성제모델을 제시할 수 있고, 『유마경』을 통해서 불이모델을 제시할 수 있다. 마음에 대한 두 가지 관점으로 인해서 두 가지 모델이 가능하다. 불교상담의 모델은 불교상담이론 가운데 첫 번째 이론인 진단과 처방이론을 확장한 것이라고 할 수 있다. 진단과 처방이라는 관점을 통해서 불교상담의 두 가지 모델이 가능하다는 것을 보게 된다.

불교상담의 두 가지 모델인 사성제모델과 불이모델을 『초전법륜경』과 『유마경』을 중심으로 현상론, 원인론, 목적론, 방법론의 항목으로 살펴보고자 한다. 사성제모델에서 괴로움과 병의 현상은 오취온이라는 몸, 마음, 관계의 현상으로 드러나는 반면, 불이모델에서 병의 현상은 심신이 불이적으로 연관되어 있으며, 비어 있음으로 드러난다. 사성제모델에서 병의 원인은 삼애로 드러나는 반면, 불이모델에서는 무명과 갈애, 허망전도분별번뇌, 연려로 드러난다. 대비(大悲)는 보살의 병의 원인이 된다. 대비는 불이모델의 특징으로 보살의 병의 원인이 되는 반면, 사성제모델 자체는 붓다의 대비로 인해서 설해진다. 불이모델에서 공과 대비는 괴로움의 현상인 동시에 괴로움의 원인이 된다는 것이 특이점이라고 할 수 있다.

사성제모델에서 병이 치유된 상태, 즉 목적론은 멸로 나아가는 차제적인 과정으로 드러나는 반면, 불이모델에서 목적은 아뇩다라삼먁삼보리심, 즉 법을 평등하게[等] 보고, 끝없이 나아가는 것이 올바른 과정이다. 열반으로 나아가기 위한 방법론으로 사성제모델은 올바른 관점을 기본으로 유익한 것을 증장하고 유해한 것을 손감하는 팔정도를 올바른 방법으로 제시한다. 아뇩다라삼먁삼보리심으로 나아가기 위한 방법론으로 불이모델은 법을 평등하게 보고, 끝없이 나아가는 것을 올바른 방법론으로 제시한다. 무법, 불이, 무분별, 환의 관점을 바탕으로 방편을 행하는 방법론이 제시된다. 두 모델은 내담자의 근기의 예둔에 따라서 적용되고, 두 모델은 상호증장적이고 상호보완적인 관계라고 할 수 있다.

12장은 상담에서 사용하는 핵심매체인 언어의 본성에 대한 연구이다. 불교에서 바라보는 언어와 이를 바탕으로 불교상담에서 사용하는 언어의 가능성을 타진하고 있다. 언어가 가지고 있는 한계와 가능성을 동시에 파악함으로써 언어적 상담의 한계와 가능성을 살펴보고자 한다. 이는 필자가 오랫동안 탐구해온 주제이기도 하다.

초기불교에서 언어의 발생은 근경식(根境識) 삼사화합(三事和合)을 통해서 느낌(受), 관념(想), 사유(尋), 희론(戱)으로 나아가는 연기적 과정을 거친다. 유식불교에서 언어는 파악되는 사물(境), 사물의 형상(相), 형상을 지시하는 명칭(名), 이 세 가지를 통일하는 정신작용, 즉 상(想), 식(識), 분별(分別)이라는 요소를 필요로 한다.

이렇게 만들어진 언어는 마음의 경향성을 표현하고 증폭하는 기능을 한다. 표현에는 명료화의 가능성과 왜곡의 가능성이 내재해 있다. 실재의 생멸성과 언어의 고정성의 균열로 인해서 유익한 언어와 유해한 언어의 가능성이 존재한다. 정어와 사어, 정구업과 사구업은 유익한 언어와 유해한 언어를 대표하고, 무쟁법과 유쟁법은 사회적 관계에서의 두 가지 언어의 기능을 대표한다. 유익과 유해는 목표를 염두에 둘 때 가능하다. 불교상담의 언어는 내담자의 괴로움의 제거라는 목표를 중심으로 하는 목표 지향적 언어를 추구한다.

문자의 고정성으로 인해서 의미의 생멸성을 담을 수 없으므로 말의 한계를 아는 것 자체가 불교상담의 언어가 가질 수 있는 이점이다. 불교상담의 언어는 내담자의 근기에 맞게 차제적으로 활용되어야 하고, 언어와 침묵은 반대가 아니라 하나의 목표를 위한 서로 다른 방법론이라고 할 수 있다.

언어의 고정성에 묶인 존재의 언어와 달리 실재의 생멸성을 보여주고자 하는 생성의 언어는 언어의 한계를 뛰어넘고자 하는 시도이다. 생성의 언어를 통해서 지월의 언어로 나아가고자 하는 것은 불교언어철학의 전제라고 할 수 있다. 『금강경』에서 즉비의 논리, 선불교의 불립문자의 논리는 이러한 전제를 보여주고 있다. 지월(指月)의 언어는 달을 가리키는 손가락의 역할을 하는 언어를 말한다. 실재 자체를 표현하지는 못하지만 실재를 가리키는 기능을 하는 언어를 말한다. 이러한 지월의 언어는 불교상담에서는 실재를 지향하는 언어를 사용하는 것을 말한다. 언어가 실재 자체는 아니다. 하지만 실재를 지향하는 언어이고 마음을 지향하는 언어이다.

제3부에서는 불교심리학과 서구심리학을 비교하는 논문을 싣고 있다. 필자가 가장 먼저 문제로 삼은 주제이기도 하다. 이를 통해서 불교심리학과 서구심리학의 소통가능성을 보고자 한다. 이 작업은 현재도 이루어지

고 있고 꾸준히 지속될 것으로 생각된다. 프로이트와 수용전념치료 이외에 융심리학, 아들러심리학, 실존치료, 인지행동치료, 게슈탈트치료 등을 불교심리학적 관점에서 비교하는 논문을 준비하고 있다. 이러한 작업은 기존의 서구심리학과 상담을 공부하는 연구자들이 불교심리학의 영역으로 나아갈 수 있는 가교역할을 할 것으로 기대한다.

13장은 아비담마의 마음과 프로이트의 무의식을 비교연구하고 있다. 이 작업은 붓다가 제시하는 마음과 프로이트가 제시한 무의식의 비교를 통해서 본격적으로 불교와 서구심리학을 잇는 브릿지를 형성해가는 작업이다. 이를 위해서 연속과 불연속이라는 관점과 『아비담맛타상가하』와 「무의식에 관하여」라는 텍스트를 선택하고 있다.

마음과 무의식은 불교심리학과 서양심리학을 정초하는 개념이라고 할 수 있다. 아비담마의 심의식(心意識)과 프로이트의 무의식을 연속과 불연속의 관점에서 비교하고자 한다. 아비담마에서 심(心)은 식(識)과 의(意)를 포함한다. 식(識)은 현재 아는 마음이고, 의(意)는 식(識)을 돕는 세 가지 마음을 말한다. 그러므로 아비담마의 심(心)은 86가지 식(識)과 3가지 의(意)로 이루어져 있다. 또 다른 분류에 의하면 과보의 마음은 해로운 마음과 유익한 마음의 결과이면서도 업과는 관련이 없는 이중적인 위치를 차지하는 마음이다. 과보의 마음은 경험되기 전까지 찰나생멸이라는 운동과 인과의 법칙에 의해서 연속적으로 활동한다. 바왕가는 존재를 지속하는 마음이면서 일반적인 인식과정의 전후에 위치한다.

의식과의 연속성의 정도에 따라서 서술적, 역동적, 체계적 의미의 무의식으로 구분가능하다. 특히 체계적 무의식은 의식의 특징인 갈등, 충돌,

부정, 의심, 확신, 시간성으로부터 벗어나고, 유동적이며, 자신의 법칙을 따른다. 이런 측면에서 의식과 불연속적인 반면, 의식과의 의사소통 가능성을 열어두고 있는 측면에서 의식과 연속적이기도 하다. 프로이트의 의식과 무의식은 연속과 불연속의 가능성이 동시에 존재한다. 의식과 무의식의 연속과 불연속의 문제는 무의식의 존재를 증명하는 과정에서부터 출현한다.

무의식의 세 가지 의미에 배대할 수 있는 아비담마의 개념을 의(意), 과보의 마음, 바왕가에서 찾을 수 있을 것이다. 의(意), 과보의 마음, 바왕가는 인식 가능하다는 점에서 연속적이나, 의식인 식(識)의 전후에 위치하면서 식(識)과는 구별되는 자신의 역할을 한다는 점에서는 불연속적이라고 할 수 있다.

14장은 불교의 핵심교리라고 할 수 있는 무아를 자아와 마음작용의 비교를 통해서 밝히고자 한다. 이를 위해서 영역과 기능이라는 관점을 제시하고 있다. 마음의 영역과 마음의 기능의 대비를 통해서 자아와 무아가 드러나게 된다. 자아와 무아는 서양심리학과 불교심리학의 핵심개념이라고 할 수 있다. 프로이트의 심역과 아비담마의 마음작용을 비교하면서, 일견 모순되어 보이는 두 개념의 소통 가능성을 모색하고자 한다.

프로이트의 자아는 지각, 기억의 잔재물, 억압된 것, 즉 의식, 전의식, 무의식의 측면을 모두 포함하고 있다. 자아는 이드의 표면에 있으면서 이드를 쾌·불쾌로 지각한다. 자아는 본능을 통제하고, 억제하고, 현실원칙으로 대치하려고 한다. 초자아가 무도덕적이면서 초도덕적이라면, 자아는 도덕적이려고 노력한다. 따라서 초자아는 양심이나 죄의식의 형태로 드러난다. 자아는 이드, 초자아와 의존관계에 있으면서 이율배반적이고 갈등적인 요구에 대한 중재자의 역할을 한다.

아비담마에서 자아는 견해에 의해서 만들어진 것으로 해로운 마음작용과 유익한 마음작용, 유신견과 무업견, 단견과 상견, 사견과 자만, 질투와 인색, 탐욕과 성냄 등 상반된 마음작용을 한다. 이는 프로이트의 자아의 기능과 유사하다고 할 수 있다. 이드의 기능은 잠재성향의 범주, 초자아의 기능은 양심과 수치심의 유무와 비견할 수 있다.

스펙트럼적인 관점에서 보면 실체성, 고착성, 유연성의 정도에 따라서 아트만, 오취온, 오온의 순서대로 배열할 수 있고, 이는 아, 자아, 무아에 대응시킬 수 있다. 프로이트와 아비담마는 모두 실체성, 아트만, 아를 부정한다. 나머지 심역과 의존관계에 있는 자아는 취착에 의한 마음작용의 모음인 오취온과 비교할 수 있다. 이는 취착 없는 마음작용만 가지고 있는 오온과 구별된다. 취착과 영역을 가지는 마음작용을 자아라고 한다면, 단지 마음작용만 하는 것은 무아라고 할 수 있다. 프로이트가 고착성, 오취온, 자아에 중점을 두는 반면, 아비담마는 오온, 무아에 최고의 가치를 부여한다.

15장은 서구의 구체적인 심리치료기법을 불교상담적 관점에서 살펴보고 있다. 그 예로 수용전념치료의 불교상담적 가능성은 서구심리학의 심리치료기법에 관한 불교심리학적 연구방법론의 토대가 될 수 있을 것이다. 엑트 이외에도 불교적 요소를 가지고 있는 서구의 다양한 방법론이 존재한다. 이들이 불교에 기반을 둔 상담인지, 불교를 적용한 상담인지를 구분하는 것은 중요하다. 수용전념치료의 창시자인 헤이즈는 「불교와 수용전념치료」라는 논문에서 수용전념치료의 병리모델과 치유모델에 나타난 개념을 중심으로 불교와 비교하고 있다. 수용전념치료의 철학적 전제인 기능적 맥락주의와 이론적 전제인 관계틀이론을 불교와 비교하고자 한다.

수용전념치료는 철학적으로 실용주의, 인식론적으로 맥락주의, 심리학적으로 기능적 맥락주의, 마지막으로 언어, 인지와 관련해서는 관계틀이론이 적용된 모델이라고 할 수 있다. 기능적 맥락주의에서 사건을 상호작용하는 전체로 다루는 것은 불교의 연기적 세계관과 비교할 수 있다. 그리고 성공적 기능 여부가 달려 있는 목표를 수용전념치료에서는 심리적 유연성으로 들고 있고, 불교에서는 무아와 비교할 수 있다. 연기와 무아는 일상적 인식을 넘어선 인식이라는 점에서 차이가 있다.

수용전념치료에서 언어를 설명하는 관계틀이론은 언어의 특성인 자의성으로 인해서 언어는 성취이면서 재앙일 수 있다고 주장한다. 이러한 언어는 인간의 괴로움의 중요한 근원으로 생각된다. 수용전념치료는 건강을 정상적으로 생각하는 것이 아니라, 괴로움을 정상적으로 생각한다. 불교의 사성제에서 괴로움은 편재하고 있고, 이러한 괴로움의 중요한 원인으로 언어를 들고 있다. 괴로움의 편재성은 괴로움을 세 가지로 구분하는 삼고성(三苦性)에 의해서 세 가지 느낌을 정합적으로 설명함으로써 가능해진다.

괴로움의 원인이 되는 언어는 망상 또는 희론이라는 부정적 언어를 말한다. 언어는 실체론적 세계관을 바탕으로 하므로 실재를 정확히 반영하지 못한다는 측면에서 부정적이지만, 실재를 가리킨다는 측면에서 긍정적이다. 긍정적 측면은 연기적 언어, 수행적 언어로 드러난다. 언어의 양가적 측면을 수용전념치료와 불교 모두 인정한다. 수용전념치료는 자신의 전제에 대해서 놓인 것으로 두고 가는 반면, 불교는 인식능력을 계발함으로 인해서 전제에 대한 인식 가능성을 제시한다.

불교심리학과 불교상담이 이 정도로 큰 틀에서 일단락되었기에 한 권의 책으로 발간하게 되었다. 각각의 주제에 대한 세부적인 연구나 새로운 주제 발굴은 이후의 연구가 될 것이다. 이 정도에서 매듭 하나를 짓고, 새로운 걸음을 떼고자 할 때 발판이 되었으면 하는 바람이다.

제1부

불교 심리학

STUDIES ON BUDDHIST PSYCHOLOGY

1 불교심리학의 정의와 분류

일본불교심리학회에서 편찬한 『불교심리학사전』에서 불교심리학에 대한 정의를 찾아볼 수 없다. 서양의 불교심리학, 불교와 심리학의 대화, 현대사상과 불교심리학, 불교심리학과 연관되는 대승불교의 주요 개념 등과 같은 항목은 있지만 정작 불교심리학을 정의하는 항목은 없다.[1] 또한 사전의 항목을 선정하는 데 있어서도 불교심리학이라는 학적 체계와 논리적 당위성을 가진 주제를 선정하였다기보다는 불교학계와 심리학계의 의사소통을 위한 기초지식을 공유하는 기반을 만드는 데 중점을 두고 있다.[2]

이러한 상황에서 불교심리학을 정의하고 분류하는 작업, 분류의 당위

1 이노우에 위마라, 카사이 켄타, 카토 히로키 편, 윤희조 역(2017), 『불교심리학사전』, 서울: 씨아이알.

2 이노우에 위마라, 카사이 켄타, 카토 히로키 편, 윤희조 역(2017) p.763.

성과 근거에 대한 탐구는 반드시 필요한 과정으로 생각된다. 본 서는 불교심리학을 마음을 중심으로 정의하고, 불교심리학의 영역을 마음의 기능을 중심으로 범주화하면서 불교심리학의 학적 토대를 마련하고자 한다. 먼저 불교심리학을 정의하면서 불교에서 보는 마음을 정의하고자 한다. 불교에서 사용하는 마음의 유의어를 통해서 마음의 의미와 기능을 파악할 것이다. 그리고 마음의 의미와 기능을 통해서 불교심리학의 주요 영역을 범주화하고자 한다. 먼저 불교사와 불교철학을 중심으로 마음 자체에 대해서 탐구하는 불교마음학이 있을 수 있다. 마음을 보는 관점에 따라 불교사를 두 가지 경향성으로 분류하면서 마음을 살펴보고, 불교철학에서 마음과 밀접하게 관련된 주제인 법, 연기, 세계, 인간을 살펴볼 것이다. 다음으로 심소와 함께 발생하는 마음의 다양한 기능을 불교적으로 연구하는 불교심소학에서는 대표적으로 인지, 정서, 동기, 성격을 살펴보고자 한다. 마지막으로 마음의 변화를 추구하는 불교심리치료를 수행, 신체, 상담의 측면에서 살펴볼 것이다.

1. 불교심리학의 정의

1) 불교에서 마음을 주제로 하는 학문

불교심리학(Buddhist psychology)은 불교와 심리학이 결합된 용어로 불교와 심리학의 접점을 영역으로 다룬다.[3] 분류적 정의의 차원에서 보면 심리학은 유개념, 불교는 종차를 의미한다고 볼 수도 있고, 불교는 유개념, 심리학은 종차를 의미한다고 볼 수도 있다. 이러한 도식에서 보면 불교와 심리학 둘 중 하나는 우위를 점하게 된다. 본 서는 우위가 드러나는 분류적 정의보다 주제를 중심으로 하는 주제적 정의에 따라서 불교심리학을 정의하고자 한다. 불교심리학을 '불교에서 마음을 주제로 하는 학문'으로 볼 경우 주제인 마음을 중심으로 불교와 심리학은 근접하게 된다. 마음이라는 주제는 불교와 심리학의 공통 영역이 된다. 그러므로 불교심리학은 '불교에서 마음을 주제로 하는 학문'으로[4] 정의할 수 있다.[5]

주제적 정의는 심리학을 정의하는 경우에도 사용되고 있다. 칼랏에 의하면 심리학은 '행동과 경험에 관한 체계적인 연구'로 정의할 수 있다. 심리학의 주제는 행동과 경험이 되는 것이고, 이것에 대한 연구를 심리학으로 정의하고 있다. 1920년대부터 심리학자는 마음을 연구한다는 환상에서 깨어났다고 한다. 마음은 관찰이 불가능하고, 마음은 사물이나 대상이 아니라 흐름이고 과정이기 때문에 마음 대신 행동과 경험을 심리학의 주제로 잡은 것이다.[6] 그러나 불교심리학은 마음을 주제로 잡고 있다. 마음

---

3 葛西賢太(2017), 「98 종교와 심리학」, 『불교심리학사전』, 서울: 씨아이알, pp.596-597.

4 이 정의는 범위, 계통, 주제를 정하는 정의라고 할 수 있다. 불교와 심리학이라는 범위, 학문적 계통, 마음이라는 주제를 보여준다. 정의와 관련해서 상좌부전통은 마음을 정의할 때 행위자, 도구, 행위의 측면에서 정의한다. 행위자의 측면에서 "대상을 안다고 해서 마음이라고 한다.", 도구의 측면에서 "이것으로 인해 안다고 해서 마음이라고 한다.", 행위의 측면에서 "단지 알고 있다는 그 자체가 마음이다."라고 정의한다. 이처럼 "대상을 알아차리는 것"을 마음으로 정의한다. 그러나 이러한 정의는 실재(reality)에 대해서는 유용한 정의이지만, 불교심리학이라는 학적 개념에 적용하기에는 난점이 있다. Anuruddha, 대림 스님, 각묵 스님 옮김(2002), 『아비담마 길라잡이』, 서울: 초기불전연구원, pp.98-100.

5 본 장에서는 마음을 주제로 하는 경우를 마음 자체, 마음의 다양한 기능, 마음의 변화를 중심으로 살펴보고 있다.

6 James W. Kalat 지음, 김문수, 강영신, 고재홍, 박소현, 박형생, 정윤경 옮김(2017),

을 주제로 잡은 이유는 마음의 기능성 때문이라고 할 수 있다. 관찰가능성이라는 기준보다는 영향과 효과를 가져 오는 기능성과 유효성에 초점을 맞추고 있다.

불교에서 마음을 어떻게 주제적으로 다룰 것인지에 대해서 세 가지 정도의 관점이 있을 수 있다. 먼저 불교에서 심리 또는 마음의 요소를 추출하는 경우, 두 번째 불교를 심리 또는 마음의 관점에서 보는 경우, 세 번째 마음의 관점에서 불교를 재편하는 경우가 가능하다. 뒤로 갈수록 불교심리학의 독자성이 잘 드러난다고 할 수 있다. 본 장에서는 두 번째와 세 번째 입장을 취하고자 한다. 불교사를 마음의 관점에서 구분하는 것, 불교철학을 마음의 측면에서 새롭게 해석하는 것, 불교의 개념을 서구심리학적 용어로 재해석하는 것이 이러한 입장에 해당된다고 할 수 있다.

불교심리학의 정의를 구성하고 있는 세 단어를 순차적으로 살펴보면 첫째 '불교'는 시공간적으로 축적된 붓다의 가르침 일반을 가리킨다. '시간적'으로는 불교사에 등장하는 각각의 불교유파를 말하고, '공간적'으로는 그곳에서 이루어진 각각의 불교유파의 가르침을 말한다. 붓다 한 사람의 가르침이 아니라 역사적으로 전개된 불교사와 불교철학을 말한다. 그러므로 불교심리학의 정의에 등장하는 '불교'는 불교사와 불교철학을 중심으로 한다고 할 수 있다. 마음에 대한 관점에 따라서 불교사는 다원적 경향성과 일원적 경향성으로 크게 구분할 수 있다. 전자를 대표하는 흐름으로 초기불교, 부파불교, 유식불교가 있고, 후자를 대표하는 흐름으로

『심리학개론 제10판』, 서울: 사회평론, p.31.

초기불교, 중관불교, 선불교가 있다. 초기불교는 두 흐름 모두의 시작에 놓을 수 있다.[7] 그리고 각 유파에서 법, 연기, 세계, 인간에 대한 교의는 마음과 연관된 불교철학이라고 할 수 있다. 불교사와 불교철학은 마음과 연관되는 한에서 불교심리학의 주요한 영역이 될 수 있다.

둘째 '마음(citta, 心)'은 마음의 의미, 기능, 유의어, 특징, 시공간성, 발생 연원, 종류, 활동영역, 원동력, 상호증장성, 뿌리, 중층성, 심소와의 관계 등 다양한 관점에서 접근할 수 있다. 마음과 관련된 전반적인 논의는 불교심리학의 주제이다. 이러한 전반적 논의를 본 장에서는 세 가지 영역으로 보고자 한다. 그러므로 셋째 마음을 '주제로' 다루는 학문영역으로 불교마음학, 불교심소학, 불교심리치료를 들 수 있다.[8] 불교마음학은 불교에서 마음 자체를 다루는 연구 분야라고 할 수 있다. 불교철학과 불교사를 중심으로 마음과 연관된 분야를 다룰 수 있을 것이다. 불교심소학은 불교에서 마음의 기능과 관련해서 발생하는 인지, 정서, 동기, 성격 등에 대한 연구를 말한다. 수행심리학, 불교심신의학, 불교상담학은 불교심리치료의 범주에 해당한다고 할 수 있다. 여기에서는 마음이 일으키는 변화에

---

7 마음을 다원적으로 또는 일원적으로 이해한다고 해서 각각의 불교유파에 하나의 경향성만이 존재한다는 것은 아니다. 특징적인 경향성에서 보았을 때 다원적이고, 일원적이라는 것이다. 부파불교와 유식불교는 5위75법, 5위100법의 분류, 89가지 마음의 분류, 8식의 분류 등은 다원적인 경향을 대표하는 것이고, 중관불교와 선불교의 무자성(無自性), 공(空), 즉심시불(卽心是佛) 등은 일원적인 경향을 대표하는 것이다. 티벳불교, 화엄불교, 천태불교, 정토불교는 차후의 연구에서 다루도록 하겠다.

8 첫째, 둘째, 셋째는 이하의 장에서 자세히 다룰 것이므로 여기서는 연관된 키워드만 밝히고 있다.

초점을 맞춘다. 자신의 변화, 몸의 변화, 내담자의 변화를 추구하는 연구 분야라고 할 수 있다. 이들 불교심리학의 영역은 서로 중첩되는 부분이 있지만, 연구의 어떤 지점에 초점을 맞추는지에 따라서 분류할 수 있을 것이다.

2) 마음의 의미와 기능

불교마음학이 마음 자체에 대해서 탐구한다고 할 때 마음의 의미에 대한 탐구는 우선시되어야 할 작업이다. 불교에서 마음의 유의어로 등장하는 용어를 중심으로 마음의 의미를 살펴볼 수 있다. 마음의 유의어로는 심의식(心意識) 그리고 성(性)이 주로 사용된다. 특히 심의식은 초기불교 이래 동의어로 사용되고 있지만[9] 심의식은 사용되는 용례에서 볼 때 각각은 전형적인 사용법이 있다. 우선 마음의 기능과 관련해서는 빨리어 식(識, viññāṇa)은 '구분하여 알다'라는 의미를 가진다.[10] 오온(五蘊)에서 식은 구분하여 아는 것으로 나머지 사온(四蘊)의 기능과 함께 한다. 나머지 사온은 느끼고(受), 생각하고(想), 의도하는(行) 마음의 다양한 기능을 대표한다. 식의 아는(識) 기능은 마음의 가장 기본적인 기능이라고 할 수 있다.

마음의 기능을 식(識)이라고 한다면, 이러한 기능을 하는 장소 또는 기관은 의(意)라고 할 수 있다. 의는 안이비설신의(眼耳鼻舌身意)라는 감각기관의 하나로 사용된다. 눈, 귀, 코, 혀, 몸과 함께 마음의 감각기관을 말한

---

9 Anuruddha, 대림 스님, 각묵 스님 옮김(2002) p.100.

10 PED pp.618-619. 한자어 식(識)은 점토판(戠)에 말(言)을 새기는 것을 의미한다.

다. 보고, 듣고, 냄새 맡고, 맛보고, 감촉하는 기능을 담당하는 감각기관과 마찬가지로, 아는 기능을 담당하는 감각기관이 의(意)이다. 한자어에서 심(心)은 심장으로 감각기관인 의(意)의 구체적인 장소의 역할을 한다.[11] 마음을 감각기관의 차원에서 보면 의(意)라고 할 수 있고, 마음의 기능의 차원에서 보면 식(識)이라고 할 수 있다.

심(citta)은 어근적으로 '생각하다(think)', '쌓다(accumulate, 積)'라는 의미를 가진다.[12] '생각하다'는 마음의 대표적인 기능 가운데 하나이므로 여기서는 '쌓다, 집적하다(cinoti)'는 어근에 주목하고자 한다.[13] 의와 식은 생멸을 반복하면서 알지만, 이러한 생멸의 흔적이 집적된 것을 심(心)이라고 한다. 그러므로 심은 이제까지 생멸한 감각기관과[14] 기능 전체를 일컫는

---

11 한자어 心은 삐침 별, 숨을 은, 점 주로 구성되어 있다. 보이지 않는 마음을 표현하기 위해서 마음의 기능이 가장 잘 드러나는 심장으로 표현하고 있다. 보이지 않는 바람의 경우에도 한자어 풍(風)은 돛을 단 배로 바람의 기능을 표시하는 것과 마찬가지이다.

12 PED p.266; 최봉수(1991), 「원시불교에 있어서 심·의·식 三法의 관계성 고찰」, 『가산학보』 창간호, pp.272-273; 兵藤一夫(1982), 「「心(citta)」の語義解釋ー特にヴァスバンドゥの立場を中心として」『佛教学セミナー』 36号, pp.21-39; 강명희(1996), 「初期經典에 나타난 識에 관한 研究」, 『회당학보』 Vol.4, pp.171-210.

13 이때의 '집적'은 현대적인 용어로 보면 '기억'에 해당하는 것이다. 이때에 집적이 순기능적으로 사용되면 유용하다고 할 수 있다. 반면 문제가 되는 것은 이러한 집적과 기억이 역기능적으로 사용되는 것이다. 기억과 알아차림은 동일한 용어에서 기원한다. 'sati'는 알아차림 또는 기억으로 번역된다. 두 가지 의미를 모두 포함하는 번역어로 억념(憶念)이 있다. 기억은 과거에 가깝고, 알아차림은 현재에 가깝다고 볼 수 있다. 그러나 과거의 기억이라고 할지라도 현재에 떠올리는 기억이므로 현재의 알아차림과 연관이 될 수밖에 없다. 문제는 기억을 현재에 떠올릴 때 현재에 초점을 맞추느냐, 과거의 개념에 초점을 맞추느냐의 차이라고 할 수 있다.

14 안이비설신이라는 모든 감각기관은 기능의 차원에서 생멸한다. 예를 들어 직전의 감각을 멸하지 못하면, 다음 감각을 받아들일 수 없다.

용어이다.[15] 그러므로 마음은 생멸의 연속성이라고도 할 수 있다. 현재의 생멸은 식이고, 생멸의 감각기관인 의는 직전의 마음이고, 이러한 생멸의 흔적 전체를 심이라고 한다. 그렇다면 불교에서 마음은 '의(意)라는 감각기관을 통해서 아는 기능[識]을 하고, 이 기능을 중심으로 나머지 기능(느끼고, 생각하고, 의도하는)이 집적되어 있는[心] 기능복합체'라고 정의할 수 있을 것이다.

이 정의가 마음의 유의어 가운데 심의식을 중심으로 한 것이라면, 또 다른 유의어로 사용되는 성(性)을 중심으로 마음을 정의할 수 있다. 선불교에서 이 단어 자체는 마음의 본래 특징, 마음의 근원 또는 근본을 의미하는 용어로 사용된다. 이때 성은 마음의 원래의 특징으로 공(空), 무아(無我), 불성(佛性), 반야(般若), 불이(不二), 청정(淸淨) 등을 가리킨다. 마음은 감각기관을 통해서 만들어진 다양한 업들의 흔적이 쌓여 있는 것을 말한다. 마음에 축적되어 있는 다양한 흔적과 업 가운데 마음의 원래 모습, 특징, 기능이라고 할 수 있는 것을 성(性)이라고 부른다.

기능과 관련해서는 마음의 다양한 기능 가운데 마음의 본래의 기능을

---

15 마음, 맘을 한국어 어원적으로 해석하는 경우를 볼 수 있다. 김동렬은 맘을 '머금는 것'으로 본다. 마음은 내 속에 뜻을 머금는 것을 말한다; 김동렬(2011), 『마음의 구조』, 서울: 바탕소, pp.102-103. 머금다는 의미는 유지한다는 의미로 볼 수 있다. 유지한다는 의미는 법의 어원적 의미와 같은 의미이다; 권도갑은 심(心)의 각각의 획을 수상행식으로 해석하고 있다; 권도갑(2015), 「마음이란 무엇인가」, 『마음의 세계』, 경기도: 공동체, pp.69-81. 서정범은 "마음은 언어로 나타난다. 따라서 마음은 본디 말의 뜻을 지니는 말일 수 있다. 그리고 심장의 뜻으로 쓰이기도 했다."라고 한다. 서정범의 견해는 종자가 저장될 때 명언종자로 저장된다는 유식의 견해와 유사하다고 할 수 있다; 徐廷範(2003), 『國語語源辭典』, 서울: 보고사, p.225.

말하는 것이 성(性)이 될 것이다. 마음의 아는 기능이 극대화된 꿰뚫어 아는 기능, 즉 반야(般若, paññā)가 마음의 본래의 상태가 될 것이다. 업과 관련해서는 수많은 업들이 떨어져 나간 상태, 즉 객진번뇌가 사라진 청정(淸淨)이 마음의 본래의 상태가 될 것이다. 집착과 분별과 관련해서는 괴로움의 원인이 되는 집착과 분별이 사라진 공(空)과 무아(無我)와 불이(不二)의 상태가 마음의 원래의 상태가 된다. 범부와 성인과 관련해서는 범부의 마음에서 벗어나 성인의 마음으로 나아간 상태가 마음의 원래 상태이다. 이러한 마음을 불성(佛性)이라고 한다. 범부도 가지고 있는 불성을 발현하는 것을 말한다.

심의식(心意識)에 의한 마음의 정의가 마음이 포괄하는 전체를 일컫는 정의라면, 성(性)에 의한 마음의 정의는 원래의 마음을 정의한다고 할 수 있다. 심의식에 의한 마음의 정의가 모든 범위를 포괄하는 포괄적 정의라면, 성에 의한 마음의 정의는 마음의 본래의 모습을 정의하는 본래적 정의라고 할 수 있을 것이다.

2. 불교심리학의 분류

1) 불교마음학 – 마음 자체에 대한 탐구

불교심리학은 마음 자체를 다루는 영역, 마음의 기능을 중점으로 다루는 영역, 마음의 치유적 기능을 중점으로 다루는 영역으로 나누어볼 수 있다. 이 가운데 마음 자체를 다루는 영역을 불교마음학(Buddhist mindology)이라고 부르고자 한다. 마음학이라고만 할 경우에는 마음을 주제로 다루는 다양한 영역까지 포괄해야 하는 난점이 있으므로, 불교를 마음학에 첨가함으로써 마음학의 범주를 제한한 것이다.[16] 불교에서 마음에 대한 논의는 불교사와 불교철학을 중심으로 이루어져 왔다. 불교마음학은 이를 불교심리학이라는 범주하에 마음의 관점에서 새롭게 재편하는 작업이라고 할 수 있다.[17]

---

16 마음학이라는 용어를 사용하는 저서는 두 권 정도가 있다. 『마음학』은 다양한 분야에서 마음이라는 주제에 대해서 십여 명의 학자들의 논문을 게재한 논문모음집이라고 할 수 있다. 『통합적 마음학』은 한 명의 저자가 주제를 중심으로 다양한 분야를 섭렵하면서 저술하고 있다. 마음학이라는 제목은 사용하지 않지만 『마음과 철학: 불교편』은 불교라는 영역 안에서 각각의 유파에서의 마음에 대해서 논의하고 있다. 신현정 외(2010), 『마음학－과학적 설명＋철학적 성찰』, 서울: 백산서당; 이기흥(2016), 『통합적 마음학』, 경기도: 공동체; 길희성 외(2013), 『마음과 철학: 불교편』, 서울: 서울대학교출판문화원.

17 이러한 관점은 기존의 관점과 상반된다고 할 수 있다. 역사적으로 심리학은 철학에서 분파된 학문이고, 불교에서도 불교철학과 관련된 논의가 불교심리학과 관련된 논의보다 오랜 역사를 가진다. 그러나 이는 시간적인 순서이고, 논리적 순서에 따르면 마음을 주제로 볼 때 마음을 다루는 영역은 불교심리학에 포함된다고 할 수 있다. 불교철학에서 주로 다루는 영역이라고 할지라도 마음을 다루고 있다면 그 영역에 한해서 불교철학의 논의는 불교심리학에 포함될 수 있을 것이다. 반대로 불교철학에서도 불교심리학의 논의를 포함할 수 있다. 불교심리학의 주제가 될 수 있는 논의를 불교철학적 관점에서 논의한다면 불교철학의 영역에 포함될 수 있다. 서양철학에서도 심리철학(philosophy of mind)은 철학의 중요한 분야로 자리 잡고 있다. 이러한 논의는 불교사에도 동일하게 적용될 수 있다. 불교의 역사적 전개 가운데 마음을 다루는 영역은 불교심리학의 영역에 포함될 수 있다. 불교사가 전개되면서 마음에 대한 논의가 변화하는 것은 불교심리학의 중요한 논의가 될 수 있다. 이처럼 불교철학, 불교사, 불교심리학은 서로 영역을 공유하고 있는 측면이 있다. 중요한 것은 어떤 관점에서 공유하는 영역을 파악하는지 여부라고 할 수 있다.

(1) 불교사의 관점

불교사는 전통적으로 시대와 지역에 따라서 집필되었다. 초기불교, 부파불교, 인도대승불교, 티벳불교, 중국불교 등으로 구분된다. 그러나 전통적인 시대적 지역적 구분이 아니라, 마음을 어떻게 보는가에 따라서 기존의 불교사를 불교심리학의 관점에서 볼 수 있다. 이때 적용할 수 있는 기준이 마음을 일원적으로 보는가, 다원적으로 보는가의 구분이다. 마음의 원래 기능에 중점을 두는지, 마음의 다양한 기능에 중점을 두는지에 따라서 구분할 수 있다. 본 절에서는 불교사에 등장하는 불교유파를 마음을 일원적으로 보는지, 다원적으로 보는지에 따라서 구분하고자 한다. 이는 불교사를 시대순, 지역별로 구분하는 전통적인 방식이 아니라 불교사를 마음의 관점에서 분류하는 것이라고 할 수 있다.

불교사는 마음과 관련하여 두 가지 흐름으로 볼 수 있다.[18] 초기불교, 부파불교, 유식불교로 이어지는 다원적 흐름과 초기불교, 중관불교, 선불교로 이어지는 일원적 흐름이다. 다원적 흐름이 마음을 세부적으로 나누는 것에 중점을 두고 있다면, 일원적 흐름은 마음을 하나로 파악하는 데 중점을 두고 있다. 즉 마음을 다원적으로 파악할 것인지, 일원적으로 파악할 것인지에 따라서 두 가지 흐름이 구분된다고 할 수 있다. 불교심리학에서는 다원론과 일원론에 따라서 불교사의 주요 유파의 흐름을 구분할 수 있다.

---

18 불교심리학의 관점에서 불교사를 재해석하는 것은 본 서에서 처음 다루고 있다. 이는 기존의 불교사를 바라보는 관점인 소승·대승의 관점, 시대적인 구분, 지역적인 구분과는 다른 관점이다. 두 가지 흐름의 유사성은 지적되어 왔지만, 명시적으로 마음의 관점에서 불교사를 해석하는 것은 본 서가 처음이라고 할 수 있다.

초기불교는 일원적 경향성과 다원적 경향성 모두의 뿌리 역할을 한다. 부파불교의 대표적인 부파인 유부와 상좌부는 모두 마음의 다원성에 중점을 두고 있다고 할 수 있다. 마음과 심소를 구분하고, 마음을 89가지로 구분하는 것은 마음의 다원성에 중점을 두고 있는 것이다. 유식불교는 부파불교적 경향성을 이어받으면서 오위백법, 팔식이라는 마음의 구분에 중점을 두고 있는 다원적 경향성에 중점을 두고 있다. 다원적 구분은 부파불교와 유식불교 모두에서 두드러진 특징이라고 할 수 있다. 마음의 다원성을 강조하는 흐름에서는 마음이 발생하는 모습(jati)과 마음이 머무는 장소(bhūmi)에 따라서 마음을 다원적으로 구분한다. 또한 마음을 육식, 칠식, 팔식으로 구분하는 것도 마찬가지이다. 마음에는 종류와 영역에 따라서 다양한 종류의 앎이 존재한다. 마음의 이러한 모습을 잘 드러내고 있는 것이 다원성을 강조하는 흐름이다.

이와는 달리 일원성을 강조하는 흐름에서 마음은 생멸하는 무아성 또는 무실체성을 가지므로 마음은 공성(空性), 불이성(不二性), 무자성(無自性)을 가진다고 한다. 인도대승불교 가운데 중관불교의 경우는 일원적 경향성을 대표한다. 반야를 중시하는 초기대승불교의 전통을 계승하고 있고, 이러한 경향성은 선불교로 이어진다. 궁극적 차원에서의 마음의 기능이라고 할 수 있는 반야(般若)를 강조하는 동시에 현실세계를 긍정하기 위해서, 중관불교는 이제(二諦), 즉 두 가지 진리라는 구조로 마음의 일원성을 보완하고 있다. 그러나 선불교에 이르면 마음의 일원성은 더욱 강조된다.[19] 현실의 일상적인 마음에서 궁극적인 마음을 발견하고 나아가서는 동일시하기에 이른다. 마음은 오로지 아는 기능을 하므로, 특히 불교에서 목표로 하는 '앎'을 잘 드러내고 있는 것이 일원성을 강조하는 흐름이다.

이러한 맥락하에서 각각의 유파에서 마음을 다루는 방식에 대한 연구는 불교심리학의 주요 연구주제가 될 수 있을 것이다. 즉 마음의 관점에서 '불교사'에 등장하는 유파의 마음이론은 불교심리학의 중요한 주제가 된다. 그러므로 선불교심리학 또는 선심리학,[20] 유식불교심리학 또는 유식심리학,[21] 아비담마심리학,[22] 초기불교심리학,[23] 중관불교심리학이 가능

---

19 중관불교에서 공(空)은 궁극적 차원의 실재를 설명하므로, 현실세계를 설명하기 위해서 이제의 구분을 두고 있다. 그러나 선불교는 한걸음 더 나아가 궁극적 실재와 현실적 실재가 동일하다는 것까지로 나아가게 된다. 즉심시불(卽心是佛), 평상심시도(平常心是道)라는 구절이 이러한 경향성을 대표하고 있다. 공과 이제의 관계에 대해서는 윤희조(2012)를 참조할 수 있다; 윤희조(2012), 『불교의 언어관』, 서울: 씨아이알, pp.249-280; 월암(2008), 『돈오선』, 서울: 클리어마인드, p.139.

20 선심리학은 일본을 중심으로 많은 연구가 진행되었고, 제1기 선의 심리학기(1893년 또는 1905년부터 1940년 때까지 약 40년간), 제2기 선과 심리학기(1950년대의 약 10년간), 제3기 조신·조식·조심의 심리학적 연구기(1960년대부터 1977년까지 약 20년간), 제4기 선심리학기(1978년부터 현재까지 약 30년간)로 나누어볼 수 있다. 각 시대별 자세한 문헌은 加藤博己(2002)를 참조할 수 있다. 加藤博己(2002), 「20世紀以前の禅心理学文献集(日本版)」, 『駒澤大学心理学論集』 4, pp.23-43; http://ci.nii.ac.jp/naid/110007481160; 加藤博己(2017), 「브릿지 28 선심리학: 연구의 역사」, 『불교심리학사전』, 서울: 씨아이알, pp.495-503.

21 오카노 모리야(岡野守也)는 "유식은 '대승불교의 심층심리학'이라고 평가하고, 특정 종교로서의 불교의 틀을 넘어 보편타당성이 있는 이론체계이며, 현대심리학과의 대화와 통합이 가능하다고 생각한다." 岡野守也(2017), 「브릿지 12 유식과 심리학」, 『불교심리학사전』, 서울: 씨아이알, p.224.

22 아비담마는 불교에서 본격적으로 마음에 대해서 다루기 시작한 유파라고 할 수 있다. 궁극적 실재 네 가지 가운데 세 가지가 마음과 관련이 있다. 궁극적인 실재를 중심으로 법을 다루는 체계는 현재까지도 이어지고 있다. 아비담마의 주제를 체계적이고 간결하면서도 빠짐없이 서술하고 있는 책으로 『아비담맛타 상가하』가 있다. Anuruddha, 대림스님, 각묵 스님 옮김(2002) pp.54-63.

23 초기불교심리학에서 요한슨의 저서는 괄목할 만하다. 초기불교에서의 마음과 관련된 주제를 잘 설명하고 있다. Johansson 지음, 허우성 옮김(2006), 『초기불교의

하다. 불교사의 관점에서 이러한 불교심리학의 영역이 가능하게 된다.

(2) 불교철학의 관점

불교심리학의 주제인 마음을 포괄하는 범주인 법, 연기, 세계, 인간 등은 철학적인 주제이므로 이러한 영역을 다루는 학문을 '불교철학'으로 부를 수 있다. 마음은 인간과 세계의 일부이고, 연기하는 존재[法]의 하나이다. 마음은 법과 연기와 세계와 인간과 함께 논의되므로 먼저 불교의 존재론인 법론, 연기론, 세계론, 인간론을 다루고자 한다. 우선 마음도 존재, 즉 법이므로 법의 특징을 마음도 가진다는 것을 살펴보고, 법과 마음이 움직이는 법칙이라고 할 수 있는 연기를 다루고자 한다. 세계관은 처에서 계가 열린다는 것을 중심으로 살펴보고, 인간을 기능적 존재와 가능적 존재라는 차원에서 살펴보고자 한다. 이를 통해서 마음이 인간에서 세계로 나아가는 모습을 볼 수 있을 것이다.

① 법론

마음은 법에 속하지만, 법은 마음 이외의 것도 포함하므로 법은 마음보다 넓은 개념이다. 불교에서 법은 실재(reality)이고,[24] 생멸하고 연기하는

역동적 심리학』, 서울: 경희대학교출판문화원.

24 실재(reality)와 실체(substance)는 구분된다. 실체는 고정불변의 대상을 말하며, 이러한 고정불변의 대상을 상정하는 것을 실체론(substantialism)이라고 부른다. 아뜨만(ātman)의 존재를 주장하는 우파니샤드의 사상은 실체론의 전형적인 예이다. 우파니샤드의 입장에서 아뜨만과 같은 실체는 실재하지만, 불교의 입장에서 아뜨만은 실재하지 않는다. 오히려 우파니샤드의 입장에서 비실재인 생멸하는 존

특징을 가진다. 법은 '유지하다(√dhṛ)'라는 어근을 가지고 있다.[25] 고정불변의 실체는 변화하지 않기 때문에 유지할 필요가 없다. 단지 생멸하고 운동하는 존재만이 유지할 필요가 있다. 생멸하고 유지하는 법(dhamma, 法)의 특징을 마음도 그대로 가진다.[26] 그러므로 마음은 항상 생멸하고 있으며, 유지하고 있으며, 운동하고 있다. 법에는 생멸하면서 유지하는, 즉 생멸과 유지가 함께 있다. 이러한 생멸과 유지는 마음의 모습이라고 할 수 있다. 법의 비실체성, 즉 무아는 마음이 기능으로 작용하게 되는 근본적인 이유가 된다. 마음은 실체가 아니므로 기능으로서 작용하게 된다.

법을 대상으로 하는 학문을 법론(dhammalogy, 法論)으로 부를 수 있다. 존재론이 '고정불변하는 실체로서의 존재에 대한 학문'이라면, 법론은 '생멸하는 법에 대한 학문'이라고 할 수 있다.[27] 존재론은 고정불변의 실체를

재가 불교의 입장에서는 실재이다. 실제로 있는 것이 어떤 것인지에 대한 입론을 세우는 실재론은 동일한 대상일지라도 관점에 따라서 실재의 여부를 달리한다.

25 Whitney, W. D.(1983), *The Roots, Verb-Forms and Primary Derivatives of Sanskrit Language*, Delhi: Montilal Banarsidass, p.84.

26 담마의 의미와 관련해서는 다음의 논문을 참조할 수 있다. 가이거의 논문은 담마를 자세하게 논의하고 있고, 브레르톤의 논문은 담마의 의미를 명확히 하고 있고, 게틴의 논문은 담마의 의미를 상좌부의 분류체계에 따라서 분류하고 있다. Geiger, W. & M.(1973), "Pāli Dhamma", *Kleine Schriften zur Indologie und Buddhismuskunde*, Wiesbaden: Franz Steiner Verlag Gmbh, pp.101-228; Brereton, P. J.(2004), "Dhārman in the Ṛgveda". *Journal of Indian Philosophy* Vol.32, Netherland: Kluwer Academic Publishers, pp.449-489; Gethin, R.(2004), "He who sees Dhamma sees Dhammas: Dhamma in Early Buddhism", *Journal of Indian Philosophy* Vol.32, Netherland: Kluwer Academic Publishers, pp.513-542.

27 존재론을 어원적으로 보면 영어의 be동사에 해당하는 희랍어 εἰμί의 현재분사인 ὄν의 소유격에 학문을 의미하는 logia가 붙은 형태이다. 존재론은 있는 것, 존재하는 것에 관한 학문을 의미한다. 존재론에서 존재는 학문의 대상 또는 주제를 의미한다. 그러므로 담마로기 또는 법론에서도 담마 또는 법은 학문의 대상 또는

다루기 때문에 실체의 변화와 관련된 학문이 필요 없다. 반면 법론은 생멸하는 법을 대상으로 다루기 때문에 변화와 관련된 학문이 따로 필요하게 된다. 법의 변화의 법칙을 드러내는 것이 연기론이다. 실재하는 법의 변화방식에 대한 학문이 연기론이다. 그러므로 철학에서 존재의 문제는 불교철학에서는 법과 연기의 문제라고 할 수 있다.

② 연기론

십이연기의 첫 번째 고리인 무명(無明)은 사성제를 알지 못하는 것이다. 이로 인해서 나머지 각지(各支)가 발생한다. 이러한 발생의 궁극에는 생노병사와 우비고뇌이다.[28] 이 연기는 생로병사와 우비고뇌라는 괴로움의 발생과 소멸의 과정을 설명하는 것이다. 무명(無明), 즉 알지 못함으로 인해서 연기가 발생하고, 명(明), 즉 앎으로 인해서 연기는 소멸하게 된다. 마음의 아는 기능이 연기의 생멸을 결정한다. 연기에 대한 순관과 역관을 통해서 인간은 연기에 구속되는 삶을 살기도 하고, 연기에 얽매이지 않는 삶을 살기도 한다. 인간의 괴로움으로 나아가는 연기의 시작점에 마음의 기능이 놓이게 된다. 마음의 아는 기능이 괴로움의 발생과 소멸에 결정적인 역할을 하게 된다. 이로 인해서 마음의 아는 기능을 계발하는 것은 중요한 과제로 등장하게 된다.

주제를 의미한다고 할 수 있다. 다음에 나올 심소학(cetasikalogy)도 심소(cetasika, 心所)를 대상 또는 주제로 하는 학문을 의미한다.

28 생로병사가 몸과 연관이 있다면, 우비고뇌는 마음과 심소와 연관이 있다. 우비고뇌로 대표되는 번뇌는 불교심소학의 주요 주제가 된다.

연기를 순차적 발생의 과정이 아니라, 상호연관된 모습으로 파악할 수 있다. 연기를 십이연기라는 순차적 조건발생이 아니라 조건적으로 발생된 법의 모습에서 보면, 연기의 각지는 더 이상 독립적으로 존재하지 않고 서로 의존하고 있는 것으로 보인다. 원인과 결과의 시간적 순서에 의한 이해가 아니라, 존재 자체가 이미 상호 연결되어 있고, 상호 의존되어 있는 모습을 드러내는 데 초점이 맞추어진다. 이때에는 오로지 연기를 보는 것만이 남게 된다. 즉 반야만이 남게 된다. 각지를 독립적으로 보지 않고 전체를 꿰뚫어볼 수 있는 아는 기능만이 존재하게 된다.

③ 세계론

연기에 의해서 마음이 세계로 나아가는 모습을 볼 수 있다. 연기의 각지 가운데 육입(六入)은 처(處), 즉 대상과의 만남의 공간으로 육내입처와 육외입처가 만나는 것을 말한다. 육내입처, 즉 여섯 가지 감각기관의 생멸로 인해서 육외입처, 즉 여섯 가지 감각대상의 생멸이 함께 이루어진다. 매순간 여섯 가지 감각기관의 생멸로 인해서, 감각대상의 세계의 생멸로 인해서 매순간 계(界)라는 세계가 열리게 된다. 법의 생멸과 연속이 연기, 세계, 인간에게도 함께 적용된다. 이는 마음에 대해서도 마찬가지이다. 생멸하는 감각기관인 의(意)을 통해서 생멸하고 아는 기능을 하는 식(識)과 연속하고 집적하는 기능을 하는 심(心)이 처와 계의 생멸을 보여주고 있다. 유의어에서 보아도 마음은 생멸과 유지의 기능을 가진다. 법도 어원적으로 생멸과 유지를 가지므로, 이러한 법과 마음에 의한 세계와 인간도 또한 생멸과 유지를 한다.

④ 인간론

오온은 인간의 대표적인 기능이고, 이러한 기능에서 '나'라는 고정불변의 어떤 것은 찾을 수 없다. 기능적 존재로서 인간은 마음의 다양한 기능, 즉 느끼고, 생각하고, 의도하는 기능을 포함하고 있다. 또한 인간은 마음의 원래 기능을 회복할 수 있는 가능적 존재로서 파악할 수 있다. 전자가 오온(五蘊)으로서의 인간이라면, 후자는 불성(佛性)으로서의 인간이다. 가능적 존재는 불(佛), 즉 앎의 극대화로서 깨달음을 실현할 수 있는 가능성을 잠재태로 가지고 있는 존재이다. 가능적 존재는 마음의 원래의 기능인 아는 기능 하나에 초점을 맞추고 있다. 기능적 존재와 가능적 존재 둘 다 마음의 기능에 초점을 맞춘다는 측면에서는 하나라고 할 수 있다. 그러나 다양한 마음의 기능에 중점을 두는지, 하나의 마음의 기능에 중점을 두는지에 따라서 둘을 구분하여볼 수 있다.

2) 불교심소학－마음의 기능에 대한 탐구

마음과 심소(心所, cetasika)의 구분은 불교심리학에서 중요한 함의를 가진다. 마음과 심소의 구분으로 인해서 마음 자체의 기능이 보존될 수 있고, 이로 인해서 마음이 수행의 주제가 될 수 있다. 그리고 마음을 보는 것이 원칙이 될 수 있고, 마음과 객진번뇌의 차이, 거울은 닦을 필요가 없다는 등 수많은 논의가 성립할 수 있다.[29] 마음의 아는 기능과 느끼고, 생각하고, 의도하는

29 마음 자체의 기능은 심소와 달리 모든 사람이 가지고 있다는 것은 불성의 가능성과 연결된다. 모든 사람이 가지고 있고 이미 사용하고 있으므로 마음을 안다는 것이 특별한 것이 아니라 이미 하고 있는 것을 아는 것일 뿐이다. 마음을 알기

심소 기능의 차이가 드러나게 된다. 심소의 다양한 작용을 살핌으로 인해서 마음 자체의 기능을 분명하게 알 수 있게 된다. 마음과 심소를 구분하는 두 가지 기준이 있다. 유익과 유해의 차원에서 마음과 심소를 구별하는 경우가 있고, 자성청정과 객진번뇌의 차원에서 마음과 심소를 구별하는 경우가 있다. 전자가 불교의 궁극 목표를 중심으로 유익과 유해라는 기준에 따른 분류라고 한다면, 후자는 원래의 마음인지 아닌지를 기준으로 분류하고 있다.[30]

불교심소학(Buddhist cetasikalogy)은 마음의 다양한 기능을 다룬다. 심소(心所)는 마음과 함께 생멸하면서 다양한 기능을 한다. 다양한 기능으로는 오온의 느끼고, 생각하고, 의도하는 기능이 대표적이다. 오온에 의해서 인간의 대표적인 기능이 드러났다면, 심소에 의해서는 세부적인 기능이 드러난다고 할 수 있다. 이는 오온 각각이 하나의 심리학의 주제가 된다면, 심소는 각각의 주제에 대한 세부적인 항목이라고 할 수 있을 것이다. 이러한 심소의 구분은 인간의 기능에 따른 구분에 준해서 볼 수 있다. 오온 가운데 수(受)는 정서, 상(想)은 인지, 행(行)은 동기라고 할 수 있다. 팔정도의 계정혜 관점에서 보면 계, 정, 혜는 동기, 정서, 인지에 배대할 수 있을 것이다. 마음의 뿌리인 탐진치(貪瞋痴)를 중심으로 살펴보면 탐·불탐, 진·부진, 치·불치는 순서대로 동기, 정서, 인지에 해당한다고 할 수 있다. 동기와 정서는 밀접하게 연결되어 있고, 인지는 둘의 전제가 된다. 인지의 중요성은 마음의 다양한 기능 가운데 아는 기능이 근본적인 기능

위해서 특별한 것을 할 필요가 없다는 것이 된다.

30 전자는 다원적 경향성과, 후자는 일원적 경향성과 연관된다고 할 수 있다.

이라는 것에서도 볼 수 있다. 그리고 오온 전반의 특이성과 고유성에 초점을 맞춘 성격에 대한 논의도 가능하다.

서구심리학은 기초심리학과 응용심리학으로 크게 구분할 수 있다. 기초심리학 영역에는 인지, 기억, 정서, 동기, 발달, 학습, 성격, 사회 등의 분야가 있다. 응용심리학에는 상담, 임상, 교육, 장애, 산업, 환경, 재해, 범죄, 건강, 신체, 스포츠, 의료, 간호, 복지, 정치, 법, 경제, 경영, 가족, 공동체, 문화, 종교, 예술, 초심리학 등이 있다.[31] 인간의 활동과 관련된 대부분의 분야에서 심리학이 적용되고 있음을 볼 수 있다. 불교심리학에서 마음의 기능을 중심으로 인지, 정서, 동기, 성격을 구분하는 것은 서구심리학의 관점에서 보면 기초심리학의 논의에 해당된다고 할 수 있다.

(1) 인지

인지심리학은 인간이 외부세계를 인식하고 기억하여 문제를 해결하는 인지과정을 연구하는 심리학이라는 의미와 인지적 시스템을 사용하는 인간의 마음을 밝히려는 심리적 시도라는 의미가 있다.[32] 그리고 인지심리학은 인지과정, 즉 지각, 주의, 대상의 정체 파악, 학습, 기억, 언어 이해와 산출, 추리, 판단, 결정, 문제해결 등 각종 사고, 지능, 의식, 정서 등의 심리적 과정들을 연구주제로 다룬다.[33]

---

31 加藤博己(2017), 「75 심리학의 분야」, 『불교심리학사전』, 서울: 씨아이알, pp.403-406.

32 하코다 유지, 츠즈키 타카시, 가와바타 히데아키, 하기와라 시게루 공저, 강윤봉 옮김(2014), 『인지심리학』, 서울: 교육을 바꾸는 책, p.26.

33 이정모 외(1999), 『인지심리학』, 서울: 학지사, pp.13-15.

불교의 인지심리학은 앎이 발생하는 과정, 앎의 다양한 종류, 통찰의 다층성, 성인의 앎과 범부의 앎 등을 연구주제로 할 수 있다. 인지의 발생에서는 마음과 함께 생멸하는 심소를 통해서 안다는 기능이 발생하는 과정을 볼 수 있고, 이렇게 발생한 인지는 유익한 심소와 결합하는지, 해로운 심소와 결합하는지에 따라서 희론적 흐름과 지혜적 흐름이 있다. 희론과 지혜는 인지의 대표적인 예이다. 희론적 사고의 흐름은 범부의 삶을 지속하게 하고, 지혜적 사고의 흐름은 성인의 삶으로 나아가게 한다.

인지의 다양한 종류와 관련해서는 식(viññāṇa, 識), 상(saññā, 想), 냐나(ñāṇa), 빤냐(paññā), 아빈냐(abhiññā), 빠린냐(pariññā), 안냐(aññā) 등이 있다.[34] 모두 '알다'를 의미하는 '냐(ñā)'를 포함하고 있다. 다양한 종류의 앎 가운데 어떠한 앎이 열리는가에 따라서 계가 다르게 열린다. 이러한 앎에 따라서 견해(diṭṭhi)도 다르게 열리고 정견과 사견의 차이가 발생한다. 정견(sammā-diṭṭhi, 正見)은 팔정도의 첫 번째이면서 완성이라고 할 수 있다. 사견의 대표적인 예인 유신견(sakkāyadiṭṭhi, 有身見)의 유무는 앎의 차원이 바뀌는 시금석이 된다. 정견의 경우 지혜적 흐름으로 나아가고, 사견의 경우 희론적 흐름으로 나아가게 된다. 불교심리학에서 인지는 궁극적인 목표인 열반과 해탈 또는 견성에 유익한지, 유해한지에 따라서 인지과정이 구분된다. 이러한 인지의 발생, 과정, 목표를 중심으로 불교인지심리학의 주제가 형성될 수 있을 것이다.

---

34 Premasiri, P. D.(1987), "Early Buddhist Analysis of Variety of Cognition", *Sri Lanka Journal of Buddhist Studies* Vol.1, Sri Lanka: Buddhist and Pali University of Sri Lanka; 붓다고사 스님 지음, 대림 스님 옮김(2004), 『청정도론 1』, 서울: 초기불전연구원, pp.100-108.

(2) 정서

서구심리학에서 정서는 정서의 기반, 정서의 요소, 정서의 표현이라는 측면에서 '신경생리학적 기반 위에서 인지와 느낌을 요소로 하고, 동기를 불러일으키고, 적응하는 것'으로 정의한다.[35] 정서는 밖으로 나아가는 운동(e-motion)으로 다양한 의도 가운데 하나이다. 정서는 밖으로 표출되는 것이기에 받아들이는 느낌이 토대가 되고 다른 의도와 결합되어 표현된다. 이러한 느낌은 이후에 다양한 정서와 결합하게 된다. 느낌이 곧 정서는 아니지만, 느낌은 정서의 핵심적인 요소이다.[36] 느낌에는 좋은 느낌, 괴로운 느낌, 좋지도 괴롭지도 않은 느낌의 세 종류가 있다. 이러한 느낌은 정신적으로도, 신체적으로도 드러난다. 정서는 점점 더 인지화되어가고 연결고리가 복잡해지면서 교류하는 것으로 나아간다. 그리고 기본적인 정서에서 이차적인 정서로 나아간다.

이차적인 정서는 주로 관계에서 벌어지는 정서이다. 관계에서 이루어지는 정서는 인간의 고유한 특징이라고 할 수 있다. 질투, 부러움, 부끄러움, 양심(hirī), 수치심(ottappa)과 같은 관계적 정서이다.[37] 문제는 기본정서

---

35 이러한 정서를 정의하기 위해서 클라인진나와 클라인진나는 그 당시까지 발표된 정서와 관련된 92가지 정의를 11가지 범주로 분류하고 이를 다섯 가지로 구분하여 정의를 내리고 있다. Paul R. Kleinginna, Jr., Anne M. Kleinginna(1981), "A Categorized List of Emotion Definitions, with Suggestions for a Consensual Definition", *Motivation and Emotion* Vol.5, No.4, pp.345-379; 윤희조(2015), 「성냄을 원인으로 하는 마음에서 보는 아비담마의 정서심리학」, 『동서철학연구』 제75호, pp.232-236.

36 정서의 정의, 느낌과 정서의 구분은 윤희조(2015, 233-238)를 참조할 수 있다.

37 공포에 대한 일차 인지정서로 위협(menace), 불안(anxiety)이 있고 이차 인지정서로 부끄러움(shame), 질투(jealousy), 부러움(envy)이 펼쳐진다. 이차 인지정서의 차원에서 자아 개념은 새로운 요소가 된다. 공포의 경우 자아 개념은 위험을 통합

가 아니라 두 번째 화살, 즉 이차적인 정서이다. 느낌과 마찬가지로 정서도 좋은 정서와 해로운 정서로 구분된다. 이러한 구분도 역시 불교의 궁극적 목표와 연관된다. 이러한 정서에는 해로운 정서의 바탕인 진(瞋)에서 수치심 없음과 양심 없음 등으로 나아가는 흐름이 있고, 유익한 정서의 바탕이 되는 부진(不瞋)에서 수치심과 양심, 사무량심 등으로 나아가는 흐름이 있다. 이러한 정서의 흐름을 기반으로 해서 불교의 정서를 연구하는 것이 불교의 정서심리학이 될 것이다. 또한 긍정적인 정서와 부정적 정서를 구분하여 그 각각을 탐구하고, 이들을 증장하거나 제거하는 데 필요한 방법론 등은 불교의 정서심리학의 연구주제가 될 수 있다.

(3) 동기

동기(motive)는 행동에 에너지와 방향을 제공하는 내적 과정인 욕구, 인지, 정서가 공유하는 공통적인 기반을 말한다. 동기의 근원에는 욕구, 인지, 정서와 같은 내적 동기와 외적 사건이 있다.[38] 불교에서 동기는 의도(cetanā, 思)를 말한다. 신구의(身口意) 삼업은 의도, 말, 몸으로 하는 행동을

적으로 파악하고 자신에 대한 가치 개념을 포함한다. 윤희조(2015) p.248.

38 John Marshall Reeve 원저, 정봉교, 현성용, 윤병수 공역(2003), 『동기와 정서의 이해』, 서울: 박학사, pp.6-7. 동기연구에는 아홉 가지 주제들이 다루어지고 있다. (1) 동기는 적응을 돕고, (2) 동기는 주의를 지배함으로써 행동에 영향을 주고, (3) 동기강도는 시간경과에 따라 변동하고, 행동의 흐름에 영향을 주고, (4) 동기는 접근 경향성과 회피 경향성을 포함하고, (5) 동기연구는 인간성의 내용을 밝혀주고, (6) 동기는 강도뿐만 아니라 유형에서 변동하고, (7) 우리는 항상 자신의 행동의 동기적 기초를 의식적으로 자각하지 않고, (8) 동기 원리들은 응용될 수 있고, (9) 좋은 이론은 더 실용적이다. John Marshall Reeve 원저, 정봉교, 현성용, 윤병수 공역(2003) p.27.

말한다. 오계(五戒)의 경우도 행동을 어떻게 할 것인지에 대한 지침을 준다. 십선업(十善業), 십불선업(十不善業)도 동기와 행동의 영역에 해당한다고 할 수 있다. 팔정도 가운데 계학(戒學)에 해당하는 정어, 정업, 정명은 행위의 영역과 관련이 있다면, 정정진(正精進)은 모든 행동과 동기에 대한 지침을 제시한다. 이미 일어난 선은 더욱 증장시키고 이미 일어난 악은 손감시키며, 아직 일어나지 않은 선은 일어나도록 하고, 아직 일어나지 않은 악은 일어나지 않도록 노력한다는 정정진은 모든 유익한 또는 해로운 마음과 심소에 대한 가이드라인이라고 할 수 있다. 불교의 궁극적 목표를 이루는 데 있어서 유익한 의도와 행동, 유해한 의도와 행동을 분류하고, 이를 증장시키거나, 손감시키는 것과 관련된 주제가 불교의 동기심리학의 연구주제에 포함될 수 있을 것이다.

(4) 성격

성격은 타고난 마음의 타입 또는 패턴을 말한다. 성격의 원어인 'personality'는 '인간됨'을 의미한다. 그 사람을 그 사람이라고 할 때 가장 특징적인 특성과 특질을 말한다. 그래서 일본에서는 성격이라는 용어 대신 '인격'이라는 용어를 사용한다.[39] 최근에는 성격을 '개인의 삶에 방향과 패턴을 부여하는 인지, 정서, 행동의 복합적 조직'으로 정의한다. 성격은 내적 속성이고, 통합성, 고유성, 일관성, 역동성을 지닌다고 한다.[40] 성격심리학은

---

39 井上ウィマラ, 葛西賢太, 加藤博己 篇(2012), 『仏教心理学キーワード事典』, 東京: 春秋社, p.206.

40 민경환(2002), 『성격심리학』, 서울: 법문사, pp.3-4. "성격은 내적 속성이다. 성격은

종종 심리학을 대표하는 영역으로 간주되며, 심리학의 다양한 영역에서 발견되는 지식을 성격의 틀 안에서 종합한다.[41]

이제까지 각각의 오온에 대응하는 심리학을 다루었다면, 불교의 성격심리학은 오온 전반을 다루는 심리학이라고 할 수 있을 것이다. 불교심리학에서 성격은 인지, 정서, 동기라는 오온 각각에 대한 논의를 일관적이고 고유한 성격으로 통합한 것이다.[42] 인간은 오온 각각의 기능에 의해서 활동을 하지만, 오온 전체의 특성과 고유성에 따라서 개별성이 드러날 것이다. 불교의 성격심리학에서 좋은 성격은 오온의 전체적인 기능이 잘 발휘되는 상황을 말한다.

서구심리학에서 정서와 인지와 동기와 성격은 가치중립적이다. 그러나 불교심소학은 오온의 기능을 중심으로 하면서 불교의 궁극목표를 전제로 하므로 목표에 도움이 되는지 여부에 따라서 유익한 인지와 정서와 동기와 성격 그리고 해로운 인지와 정서와 동기와 성격으로 구분된다. 이는 인지, 정서, 동기, 성격이라는 기능이 잘 기능하는지 여부에 달려 있다고 할 수 있다. 그러므로 불교심소학에서도 마음의 기능성 여부는 중요한 판단 기준이 되고 있다.

정신신체적 체계들, 즉 인지, 정서, 행동의 통합과정이다. 개인은 고유한 성격을 갖고 있다. 성격에는 일관성이 있다. 성격은 역동적이다. 성격은 이러한 5가지 요소를 들 수 있다."

41 민경환(2002) pp.7-8.

42 오온에서 온은 '무더기'로 번역된다. 무더기이면서 집적이기도 하고, 나아가서는 근간이 된다. 그 무더기의 패턴을 보여주는 것을 성격이라고 할 수 있다.

3) 불교심리치료－마음의 변화에 대한 탐구

불교심리치료(Buddhist psychotherapy)는 목표로 나아가는 변화를 이끌도록 마음을 계발하는 것이다. 이때 계발하는 것은 마음의 기능이다. 불교심리치료는 마음의 기능이 잘 발휘되도록 하거나, 마음의 원래 기능을 회복하는 것을 목표로 한다. 불교심리치료에서 자신의 변화를 주로 추구하는 경우는 수행심리학의 연구주제가 될 것이고, 마음과 몸의 변화를 함께 추구하는 경우는 불교심신의학의 연구주제가 될 것이다. 그리고 내담자와 자신의 변화를 함께 추구할 경우는 불교상담학의 연구주제가 될 것이다.

(1) 수행심리학

수행의 원어는 계발(bhāvanā)이다.[43] 없는 것을 새롭게 개발하는 것이 아니라 기존에 가지고 있는 것을 계발하는 것이다.[44] 우리에게 만약 마음의 원래 기능, 즉 아는 기능이 마음에 없다면, 우리는 아는 기능을 계발할 수 없을 것이다. 마음은 아는 기능을 가지고 있기 때문에 이를 계발하면 반야(paññā)라는 고차원의 아는 기능까지 계발할 수 있게 된다.[45]

---

43 수행(修行)을 한자로 풀이하면 행을 가지런히 하는 것이다. 수(修)라는 말 자체는 칼로 털을 가지런히 자르는 것을 말한다. 행(行)을 불교의 오온의 하나로 본다면, 수행은 불교적 용어로 볼 수 있을 것이다. 그러므로 수행심리학 앞에 불교를 붙이지 않아도 불교수행을 의미하는 용어로 수행심리학을 사용할 수 있을 것이다.

44 사전적 의미에서 보면 개발과 계발은 다르다. 계발은 이미 있는 것을 증장시키고 키우는 것이라면, 개발은 없는 것을 건설하고 세우는 것을 말한다.

45 불성(佛性)도 이러한 수행의 측면에서 볼 수 있다. 붓다가 될 수 있는 가능성을 원래 가지고 있기 때문에 모든 존재가 붓다가 될 수 있다는 것이다. 이는 붓다가 되기 이전의 존재, 즉 보살의 다른 표현이라고 할 수 있다.

수행심리학은 불교에서 마음과 심소를 계발하는 과정에서 드러나는 변화를 기술하는 학문이라고 할 수 있을 것이다. 이는 명상과 수행을 변화의 관점에서 정의한 것이라고 할 수 있다.[46] 마음 자체의 특징이 운동과 유지이므로, 마음을 계발하는 것은 그 운동성을 극대화하고 유지하는 것이다. 이러한 수행심리학은 범부의 마음에서 성인의 마음으로 나아가는 다양한 방법과 마음의 변화 과정과 기제를 기술하는 것을 목표로 한다. 수행심리학에서는 불교에서 말하는 다양한 수행법들을 다룰 수 있다.[47]

이러한 마음의 변화를 보는 심리학으로 수행심리학은 사성제의 도성제에 해당하는 것이라고 할 수 있다. 도(道)를 통해서 집(集)에서 멸(滅)로 나아가는 변화를 경험하게 된다. 열반과 깨달음과 같은 불교의 궁극목표를 성취하기 위하여 마음의 기능을 최대한 활용하는 것이라고 할 수 있다.

---

46 명상은 그 원어에서 보면 반성, 성찰, 다시 회복되는 것을 의미한다. 'meditation'은 우선 데까르트의 『성찰』이란 책이름으로 알려져 있다. 어원적으로 보면 라틴어 'medicare'에서 유래한 말로 치유라는 의미가 있다. 의학을 의미하는 'medicine'과 동일한 어근을 사용하고 있다. 또한 반성적 사고라는 의미의 'reflection'으로도 사용된다. 현재 명상이라는 용어가 사용되는 범위를 보면 다양한 종교전통에서 중립적으로 사용되고 있다.

47 그 가운데 위빠사나는 마음의 원래 특징인 아는 기능을 극대화시키고자 하는 것이고, 사마타는 고요함을 닦는 과정이라고 할 수 있다. 이를 위해서 집중이 필요하다. 집중 자체는 중립적이지만 위빠사나에 사용될 때 유익한 것이 된다. 이러한 과정을 통해서 성인의 마음으로 나아가는 과정을 보여주는 것이다. 이밖에도 다양한 방법이 존재한다. 이들을 모두 불교수행이라고 부를 수 있는 이유는 불교의 목표와 불교의 마음이해에 부합하는 방법론이기 때문이다. 이는 불교심리치료에 포함되는 불교상담과 불교심신의학에 대해서도 마찬가지이다.

(2) 불교심신의학

심신의학은 마음, 즉 정신적·정서적 과정이 신체 기능에 영향을 미칠 수 있다는 전제에 기초하여 몸과 마음이 조화를 이루게 하고 질병을 치료하고 예방하고자 하는 의학이다.[48] 좁은 의미의 심신의학(mind-body medicine)은 미국의 국립보건연구원(NIH) 산하 국립보완통합건강센터(NCCIH)에서 분류한 보완대체의학의 한 분야이다. 이완요법, 명상요법, 요가, 태극권, 심상요법, 최면요법, 바이오피드백, 인지행동치료, 예술치료 등이 주요기법으로 사용되고 있다. 넓은 의미의 심신의학은 질병의 원인으로 마음에 주목하고, 질병의 치료를 마음에 둔다는 전제를 공유하고 있는 의학을 말한다.[49]

불교도 이러한 전제를 공유하고 있다고 할 수 있다. 불교는 심신의 상호연관성을 전제한다. 불교에서 몸을 바라보는 관점은 심신의학적 관점과 동일하다고 할 수 있다. 십이연기에서 명색(名色)을 하나의 단어로 연결해서 식(識)과 상호 증장하는 구조를 가진다는 것도 이러한 심신연관성

---

48 신경희(2016), 『통합스트레스의학』, 서울: 학지사, p.51.

49 신체심리학도 심신의학의 범주에 포함된다고 할 수 있다. 신체심리학은 신체성을 중시하는 다양한 심리학과 심리치료를 총칭하고 심신일원론을 받아들이고 몸과 마음은 부단히 상호 영향을 주고받는다는 인식을 전제로 하고 있다. 신경생리학과 생물학적 객관성과 과학성을 중시하는 입장에서부터 주관성과 정신을 중심하는 입장까지 다양한 관점에서 연구가 이루어지고 있다. 기본적으로 심신의 균형과 통합을 염두에 둔다는 점에서는 공통적이라고 할 수 있다. 신체심리학은 신체심리학의 여명기를 거쳐, 제2세대(1950년대－1970년대), 제3세대(1970년대 후반－1990년대), 제4세대(1990년대 이후)에 걸쳐서 다양한 계보를 가지고 발전한다. 久保隆司(2017), 「브릿지 31 신체심리학: 심리치료에서 신체성의 복원」, 『불교심리학사전』, pp.563-571.

을 가능하게 한다. 수상행이라는 명(名)과 몸이라는 색(色)이 명색으로 묶여서 식(識)과 영향을 주고받는 구조이다. 오온의 분류에 있어서도 몸[色]은 나머지 마음의 기능과 나란히 다루어지고 있다. 심신을 이분법적으로 다루지 않고 있다.

불교에서 색(色), 즉 신체는 지수화풍의 사대(四大)로 이루어져 있다. 지(地)는 딱딱한 것, 땅에 속하는 것으로 대표적으로 음식이 여기에 속한다. 수(水)는 물을 말한다. 우리 몸 안에 있는 물에 의해서 흐름이 생겨나고 점성이 생겨난다. 온도를 말하는 화(火)에 의해서 인간의 생명을 유지해주는 항상성이 생겨난다.[50] 일정한 온도의 유지는 인간의 생명과 직결되어 있는 것이다. 풍(風)은 호흡과 움직임을 말한다. 보이지 않는 풍의 요소에 의해서 물의 흐름이 생긴다. 이 네 가지에 의해서 신체가 이루어져 있다. 지수화풍의 순서로 거친 것에서 세밀한 것으로 나아간다. 지수화풍을 현대적으로 옮기면 음식, 물, 움직임, 호흡을 말한다.[51] 이러한 것은 단순히

---

50 『맛지마 니까야』 43번경 「교리문답의 긴 경(Mahāvedalla Sutta)」에서 '수명은 온기를 조건으로 존재하고, 온기는 수명을 조건으로 존재한다'는 언급을 볼 수 있다.

51 이러한 심리학의 영역으로 현대에 대두되고 있는 것이 건강심리학이다. 신심의학이 심신의 연관성에 초점을 맞추고 있다면, 건강심리학은 심신의 건강을 유지하는 것에 초점을 맞추고 있다. "건강심리학은 건강의 증진과 유지, 질병의 예방과 치료, 건강·질병·기능장애에 관한 원인·진단의 규명, 이른바 건강시스템(건강관리조직)·건강정책의 분석과 개선 등에 대한 심리학영역의 특정 교육적·과학적·전문적 공헌 전부를 말한다."라고 정의하고 있다. 건강심리학에서는 건강을 저해하거나 촉진하는 요인에 관한 연구, 특정 질환과 생명, 심리, 사회적 요인의 상호관련에 관한 연구, 심리적, 행동적 개입에 관한 연구, 건강교육과 건강정책에 관한 연구, 치료상황에 관한 연구를 주요 연구주제로 다루고 있다. 또한 유전학과 신경면역학 등을 기반으로 건강을 유지하고 증진하는 연구도 전개되고 있다. 越川房子(2017), 「85 건강심리학」, 『불교심리학사전』, pp.477-480; 불교와

색뿐만 아니라 나머지 사온이 잘 기능하는 데 중요한 역할을 한다. 여기서도 몸의 기능성이 잘 유지되는지가 중요하다. 행(行)에 포함되어 있지만 몸과 관련된 아름다운 심소도[52] 또한 불교심신의학에서 함께 다루어야 할 분야로 볼 수 있을 것이다.

심신의학에서 질병의 핵심기제로 등장하는 스트레스는 불교에서도 고(苦), 즉 괴로움의 형태로 사성제의 출발점이면서 붓다의 문제의식의 기원이 된다. 이러한 측면에서 불교의 심신 문제는 넓은 의미의 심신의학의 범주에서 다룰 수 있을 것이다. 특히 불교의 심신 문제는 불교심신의학의 범주에서 다룰 수 있을 것이다. 몸과 마음의 관계, 정신건강과 질병의 문제, 스트레스 관리와 같은 분야가 연구주제가 될 수 있을 것이다.[53]

(3) 불교상담학

수행심리학이 개인의 심리적인 변화에 중점을 두고 있다면, 불교상담학은 이러한 개인의 심리적 변화를 바탕으로 타인의 심리적 변화를 돕는 작업을 위한 학문이라고 할 수 있다. 불교를 곁들인 상담(counseling with

---

정신신경면역학의 관계에 대한 최신 논문으로 윤희조, 신경희(2016)가 있다. 윤희조, 신경희(2016), 「불교와 정신신경면역학 : 생명과학의 새로운 패러다임의 가능성에 대한 일고찰」, 『동서철학연구』 제82호, pp.197-230.

52 오온의 색(色)과도 연관된 심소가 있다. 특히 몸의 경안(kāya-passaddhi), 몸의 가벼움(kāya-lahutā), 몸의 부드러움(kāya-mudutā), 몸의 능숙함(kāya-pāguññatā), 몸의 올곧음(kāya-ujukatā)과 같은 심소는 단순히 물질로서의 몸이 아니라 심신이 연관되어 있다는 차원에서 보면 몸과 연관되어 있다고 할 수 있다. Anuruddha, 대림 스님, 각묵 스님 옮김(2002) pp.229-232.

53 Padmasiri de Silva 저, 윤희조 역(2017), 『불교상담학개론』, 서울: 학지사, pp.16-19.

Buddhism)과 불교에 기반을 둔 상담(Buddhism based counseling)은 구분된다. 불교에 기반을 둔 상담은 불교에서 마음에 관한 이론을 다루는 체계, 즉 불교심리학을 상담이론으로 하는 상담이라고 할 수 있다. 그러므로 불교 상담학은 불교에 기반을 둔 상담으로 기존의 상담이론에 불교적 요소를 가미한 상담이 아니라, 불교심리학에 기반을 둔 상담체계로서 불교 자체가 가지고 있는 치유적 가능성을 극대화한 상담이라고 할 수 있다.

사성제 자체에 치유적 요소가 드러나고 있다. 이는 그 당시의 의학시스템 모델과 사성제의 교리체계가 동일한 체계를 이루고 있다는 점에서도 볼 수 있다.[54] 병인론으로서의 집(集)과 증상론으로서의 고(苦)와 목적론으로서의 멸(滅)과 회복을 위한 방법론으로서의 도(道)가 있는 것이다. 붓다의 가장 포괄적인 가르침인 사성제에서 이미 세계를 단순히 기술하는 것뿐만 아니라 이러한 세계로부터 벗어나는 방법까지 제시하고 있다. 고의 소멸을 목적으로 하기 때문에 사성제에는 기술(description)과 처방전(prescription)이 동시에 나타나고 있다. 그러나 열반즉생사(涅槃卽生死)의 모델에서는 사성제의 목표인 열반과 괴로움의 현실인 생사가 동일하다는 것을 아는 것만으로도 치유가 가능하다는 것을 제시한다. 이는 마음의 아는 기능을 극대화시킴으로써 법과 마음의 무아성(無我性)과 공성(空性)을 앎으로 심리치료가 진행되는 방법을 알려준다.

불교상담은 상담(相談)이므로 내담자와 상담자가 함께 변화하게 된다.

---

54 Anālayo(2015), *Compassion and Emptiness in Early Buddhist Meditation*, Cambridge: Windhorse Publications, p.11.

둘은 처(處)를 공유하고 계(界)를 열어가면서 상호 간에 변화가 일어나게 된다. 그러므로 상담자의 자세가 내담자에게 영향을 미치게 된다. 불교상담은 상담이 효과를 내게 되는 기제, 전개되는 과정, 불교상담의 특징, 불교상담가의 자세, 언어적 소통과 비언어적 소통, 마음과 심소를 다루는 방법, 불교상담의 이론자체 등을 연구주제로 다룰 수 있다.

표 1과 같이 불교심리학의 영역을 범주화해볼 수 있다. 영역은 크게 세 가지로 나누어볼 수 있다. 마음 자체에 초점을 두고 있는 영역, 마음의 기능에 초점을 두고 있는 영역, 불교심리치료의 영역이 있다. 불교에서 마음 자체에 대한 연구는 불교사와 불교철학을 중심으로 살펴볼 수 있고, 마음의 기능에 초점을 두는 경우는 불교의 오온을 중심으로 등장하는 심소의 다양한 기능을 기초심리학과 비교하면서 살펴볼 수 있을 것이다. 불교심리치료영역은 마음의 기능을 최대한 발휘하여 변화를 이끌어내는 것으로 수행심리학, 불교심신의학, 불교상담학으로 나누어볼 수 있을 것이다.

표 1 불교심리학의 범주화

분류	범주	주제	초점
불교 마음학	불교사	초기불교심리학, 아비담마심리학, 유식불교심리학, 중관불교심리학, 선불교심리학	마음의 다원성 일원성
	불교철학	법, 연기, 세계, 인간	
불교 심소학	마음의 기능	인지, 정서, 동기, 성격	마음의 다양한 기능
불교 심리치료	수행	수행과정에 따른 마음의 변화기제	수행자의 변화
	심신	몸, 건강, 웰빙, 스트레스, 질병	심신상관적 변화
	불교상담	상담과정에 따른 마음의 변화기제	내담자와 상담자의 변화

본 장은 불교심리학이라는 학문체계를 세우는 것에 중점을 두고 있다. 불교심리학을 '불교에서 마음을 주제로 하는 학문'으로 정의한다. 마음의 기능을 중점에 두고서 불교심리학의 영역을 범주화하고 있다. 이를 통해서 출발선상에 서 있는 불교심리학의 학문적 정체성을 밝히고 있고, 연구의 가이드라인을 제시하고자 한다. 불교심리학을 정의하고 범주화하는 이러한 작업은 불교를 마음이라는 주제를 통해서 새롭게 정립하는 것인 동시에 현대사회의 심리학적 요구에 부합하는 연구라고 할 수 있을 것이다. 또한 불교심리학을 통해서 마음에 대한 연구의 방향성과 불교심리학 정립의 한 예를 보여주고자 한다. 이는 더 나아가서 불교의 현대화 가능성과 불교의 본래적 치유가능성을 극대화하는 작업의 기반이 될 것이다.

참고문헌

Anuruddha, 대림 스님, 각묵 스님 옮김(2002), 『아비담마 길라잡이』, 서울: 초기불전연구원.

James W. Kalat 지음, 김문수, 강영신, 고재홍, 박소현, 박형생, 정윤경 옮김(2017), 『심리학개론 제10판』, 서울: 사회평론.

Johansson 지음, 허우성 옮김(2006), 『초기불교의 역동적 심리학』, 서울: 경희대학교출판문화원.

John Marshall Reeve 저, 정봉교, 현성용, 윤병수 공역(2003), 『동기와 정서의 이해』, 서울: 박학사.

Padmasiri de Silva 저, 윤희조 역(2017), 『불교상담학개론』, 서울: 학지사.

加藤博己(2002), 「20世紀以前の禅心理学文献集(日本版)」, 『駒澤大学心理学論集』 4, pp.23-43, http://ci.nii.ac.jp/naid/110007481160

加藤博己(2017), 「75 심리학의 분야」, 『불교심리학사전』, 서울: 씨아이알, pp.403-406.

加藤博己(2017), 「브릿지 28 선심리학: 연구의 역사」, 『불교심리학사전』, 서울: 씨아이알, pp.495-503.

葛西賢太(2017), 「98 종교와 심리학」, 『불교심리학사전』, 서울: 씨아이알, pp.596-597.

강명희(1996), 「初期經典에 나타난 識에 관한 硏究」, 『회당학보』 Vol.4, pp.171-210.

岡野守也(2017), 「브릿지 12 유식과 심리학」, 『불교심리학사전』, 서울: 씨아이알, pp.224-227.

久保隆司(2017), 「브릿지 31 신체심리학: 심리치료에서 신체성의 복원」, 『불교심리학사전』, 서울: 씨아이알, pp.563-572.

권도갑(2015), 「마음이란 무엇인가」, 『마음의 세계』, 경기도: 공동체, pp.69-81.

길희성 외(2013), 『마음과 철학: 불교편』, 서울: 서울대학교출판문화원.

김동렬(2011),『마음의 구조』, 서울: 바탕소.
민경환(2002),『성격심리학』, 서울: 법문사.
兵藤一夫(1982), 「「心(citta)」の語義解釋－特にヴァスバンドゥの立場を中心として」,『佛教学セミナー』36号, pp.21-39.
붓다고사 스님 지음, 대림 스님 옮김(2004),『청정도론 1』, 서울: 초기불전연구원.
徐廷範(2003),『國語語源辭典』, 서울: 보고사.
신경희(2016),『통합스트레스의학』, 서울: 학지사.
신현정 외(2010),『마음학－과학적 설명＋철학적 성찰』, 서울: 백산서당.
월암(2008),『돈오선』, 서울: 클리어마인드.
越川房子(2017),「85 건강심리학」,『불교심리학사전』, 서울: 씨아이알, pp.477-480.
윤희조(2012),『불교의 언어관』, 서울: 씨아이알.
윤희조(2015),「성냄을 원인으로 하는 마음에서 보는 아비담마의 정서심리학」,『동서철학연구』 제75호, pp.231-256.
윤희조(2016),「자성(自性)의 의미변화에 관한 일고찰－『구사론』,『중론』,『단경』을 중심으로」,『동서철학연구』 제81호, pp.153-180.
윤희조, 신경희(2016),「불교와 정신신경면역학 : 생명과학의 새로운 패러다임의 가능성에 대한 일고찰」,『동서철학연구』 제82호, pp.197-230.
이기흥(2016),『통합적 마음학』, 경기도: 공동체.
이노우에 위마라, 카사이 켄타, 카토 히로키 편, 윤희조 역(2017),『불교심리학사전』, 서울: 씨아이알.
이정모 외(1999),『인지심리학』, 서울: 학지사.
井上ウィマラ, 葛西賢太, 加藤博己 篇(2012),『仏教心理学キーワード事典』, 東京: 春秋社.
최봉수(1991),「원시불교에 있어서 심·의·식 三法의 관계성 고찰」,『가산학보』 창간호, pp.272-273.
하코다 유지, 츠즈키 타카시, 가와바타 히데아키, 하기와라 시게루 공저, 강윤봉 옮김(2014), 『인지심리학』, 서울: 교육을 바꾸는 책.

Anālayo(2015), *Compassion and Emptiness in Early Buddhist Meditation*, Cambridge: Windhorse Publications.

Brereton, P. J.(2004), "Dhārman in the Ṛgveda", *Journal of Indian Philosophy* Vol.32, Netherland: Kluwer Academic Publishers, pp.449-489.

Geiger, W. & M.(1973), "Pāli Dhamma", *Kleine Schriften zur Indologie und Buddhismuskunde*, Wiesbaden: Franz Steiner Verlag Gmbh, pp.101-228.

Gethin, R.(2004), "He who sees Dhamma sees Dhammas: Dhamma in Early Buddhism", *Journal of Indian Philosophy* Vol.32, Netherland: Kluwer Academic Publishers, pp.513-542.

Paul R. Kleinginna, Jr., Anne M. Kleinginna(1981), "A Categorized List of Emotion Definitions, with Suggestions for a Consensual Definition", *Motivation and Emotion* Vol.5, No.4, pp.345-379.

PED＝*The Pali Text Society's Pali-English Dictionary*, ed. by T. W. Rhys Davids and William Stede, London: The Pali Text Society, 1921-5/1986.

Premasiri, P. D.(1987), "Early Buddhist Analysis of Variety of Cognition", *Sri Lanka Journal of Buddhist Studies* Vol.1, Sri Lanka: Buddhist and Pali University of Sri Lanka.

Whitney, W. D.(1983), *The Roots, Verb-Forms and Primary Derivatives of Sanskrit Language*, Delhi: Montilal Banarsidass.

2 불교심리학에서 보는 네 가지 차원의 마음

불교심리학은 불교에서 마음을 주제로 하는 학문을 말한다. 이때의 마음은 불교적 관점에서 바라보는 마음이다. 연구자는 불교에서 마음의 유의어를 중심으로 마음을 정의하고 있다. 마음은 '의(意)라는 감각기관을 통해서 아는 기능[識]을 하고, 이 기능을 중심으로 나머지 기능(느끼고, 생각하고, 의도하는)이 집적되어 있는[心] 기능복합체'라는 포괄적 정의와 '공(空), 무아(無我), 불성(佛性), 불이(不二), 청정(淸淨)을 특징으로 가지는 반야(般若)'라는 본래적 정의를 통해서 정의할 수 있다.[1]

다른 한편으로 이 정의와 더불어 마음 자체에 대한 논의를 더욱 심도 있게 다룰 필요성이 있다. 불교심리학과 불교상담의 이론을 세우기 위해서 이들의 주제가 되는 마음을 논의하였지만, 마음 자체에 대한 논의가

1 윤희조(2017), 「마음의 기능을 중심으로 한 불교심리학의 정의와 분류에 대한 일고찰」, 『동서철학연구』 제85호, pp.213-215.

부족하다는 한계가 있었다. 본 장에서는 마음 자체에 대한 논의를 충분히 함으로써 관찰 불가능하다는 이유로 심리학의 대상에서 제외되고 있는[2] 마음을 상세하게 다루고자 한다. 불교 전체가 마음에 대한 논의라고 이야기하지만, 정작 마음 자체에 대한 논의는 쉽지 않고 또한 방대한 양을 가지고 있기 때문에 마음에 대해서 정리하기도 쉽지 않다. 따라서 마음을 불교심리학에 근거하여 마음 자체에 대한 논의로부터 점차 외연을 넓혀 가는 방식으로 논의하고자 한다. 우선 마음을 네 가지 차원에서 살펴보고 마음의 발생, 시공간성, 무모순성, 실재와 환과 관련된 주제를 중심으로 살펴보고자 한다.

네 가지 차원에서 마음은 모두 감각기관과 감각기능과 연관되어 있다고 할 수 있다. 먼저 감각기관의 차원에서 심(心)을 다루고자 한다. 감각기관으로서의 심을 집적이라는 기능과 관련하여 다루고 그 다음으로 이러한 감각기관의 활동을 의(意)의 차원과 식(識)의 차원에서 살펴보고자 한다. 그리고 마음의 본래의 기능과 관련해서 성(性)의 차원에서 마음을 다루고자 한다.

심의식(心意識)은 초기불교에서 동의어로 사용되지만 이들의 용례를 보면 마음을 다르게 보는 것을 알 수 있다. 이러한 용례의 차이를 통해서 심의식을 구분하고자 한다. 심의식은 마음의 특징을 나타내는 용어이고, 이 용어를 통해서 마음을 기능의 집합체로 정의할 수 있다. 반면 성(性)은

---

2 James W. Kalat 지음, 김문수, 강영신, 고재홍, 박소현, 박형생, 정윤경 옮김(2017), 『심리학개론 제10판』, 서울: 사회평론, p.31.

마음의 기능 가운데 가장 본래적인 기능을 마음으로 정의하는 것이다. 이를 마음의 본래적인 정의라고 할 수 있다. 성을 표현하는 용어를 통해서 본래적인 기능의 특징을 살펴보고자 한다. 그리고 본 장에서는 '마음'이라는 용어를 가장 넓은 의미로 사용하고자 한다. 심은 마음의 일부분이지, 심이 곧 마음은 아니다. 한자로는 마음 심(心)으로 마음과 심을 동일하게 이야기하지만, 의의 측면에서 마음, 식의 측면에서 마음, 성의 측면에서 마음이 구분되기 때문이다. 먼저 마음의 네 가지 차원을 어원을 중심으로 살펴보고자 한다.

1. 심(心)이라는 마음의 차원

심의 빨리어는 찟따(citta)이다. 찟따는 쩨따띠(cetati)라는 '생각하다(think)'로 번역되는 동사와 찌노띠(cinoti)라는 '쌓다(accumulate)'로 번역되는 동사가 함께 어원으로 사용된다.[3] '생각하다'는 상(想)에 해당하는 기능을 하는 것이고, '쌓다, 집적하다'는 모으는 기능, 즉 머금는 기능을 한다. '머금다'는 의미는 '유지하다'는 의미로 볼 수 있다. 유지하다(hold)는 의미는 법(dhamma)의 어원(√dhṛ)과 같은 의미이다. 한자로 보아도 심(心)은 심장이 피를 머금고 있는 모습을 하고 있다. 피가 모여 있는 곳이 심장(心腸)이다.[4]

---

3 두 동사 모두 산스끄리트어이고, 빨리어로 'citeti', 'cināti'가 사용된다.

4 피침 별, 숨을 은, 점 주, 점 주가 심(心)의 네 가지 획의 이름이다. 숨을 은은 보자기와 같은 것이고, 그 위에 별, 점, 점이라는 피가 모여 있는 모습을 형상하고 있다. 심장으로 피가 들어오고 나가듯이, 별과 점은 다른 방향을 향하고 있다.

심장은 피가 모여 있는 동시에 피가 계속 들어오고 나가는 역할을 하는 곳이다. 빨리어로 심장(hadaya)은 심의 토대(hadaya vatthu)로 마음의 물질적 기반으로서 심장을 의미한다.[5] 심장은 매순간 움직이고 있으므로 이를 토대로 하는 마음도 매순간 움직이고 있는 것이다. 그러면서도 머금고 유지하는 기능을 동시에 하고 있다. 쌓다(accumulate)는 것이 단순한 축적만을 의미하는 것이 아니라 머금고 있고, 머물러 있는 것을 말한다.

어원적으로 볼 때 우선 심(心)은 집적하는 장소로서의 역할을 한다. 의(意)와 식(識)이 지속적으로 연관되면서 수많은 업들이 만들어진다. 의와 식이 업을 만드는 역할을 중심으로 하는 반면, 이러한 업이 머물고 집적하는 역할은 심(心)이 한다고 할 수 있다. 몸적으로는 피를 머금고 피가 움직이고 있다면, 마음적으로는 무엇을 머금고 무엇이 움직이고 있는 것일까? '마음'이라는 용어 자체도 '모으다'는 의미가 있다. 이때 모으는 것은 기억을 모으는 것이라고 할 수 있다. 기억을 머금고 기억이 움직인다. 기억은 신구의(身口意) 세 가지, 즉 몸, 말, 의라는 차원의 마음에서 만들어진 업의 토대가 된다. 마음(mind)은 기억(memory, remembrance)과 밀접한 연관을 가지며 사용된다.[6] 기억을 메모리와 리멤버런스 두 가지로 번역하는 이유가 있다. 기억에는 기억을 하는 것과 기억을 떠올리는 것이 있다. 기억으로 넘어갈 때와 기억을 떠올릴 때는 서로 다른 기억이다. 전자를 메모리, 후자를 리멤버런스 또는 회상이라고 부를 수 있다. 전자는 마음을

---

5 PED pp.728b-729a.

6 https://www.etymonline.com/word/mind

낼 때이고 이때는 좋고 나쁨이 있다. 마음을 낼 때 기억을 하게 된다. 전자의 경우 범부는 좋고 나쁨에 의해서 왜곡되게 기억될 수 있다. 범부가 아닌 경우는 왜곡 없이 기억을 할 수 있다. 후자에는 좋고 나쁨의 구분이 정해져 있지 않다. 이 경우 회상하는 기억 자체에는 좋고 나쁨의 구분이 정해져 있지 않지만 회상하면서 탐진치에 의해서 물들 수 있다. 후자의 경우에도 범부는 탐진치와 함께 회상하기 때문에 왜곡이 일어날 수 있다. 범부의 경우는 기억이 탐진치에 의해서 왜곡되어 들어가고 왜곡되어 나온다. 그러므로 기억할 때, 회상할 때 두 번이 중요하다고 할 수 있다.[7]

기억을 쉽게 하는 수단은 언어이다. 기억은 마음과 유사하기 때문에 생멸하는 특징을 가지고 있다. 그러므로 소멸되기 쉽다. 이러한 소멸성을 극복하기 위해서 사용되는 것이 언어이다. 언어는 고정성(rigidness)을 특징으로 한다. 언어가 완결되는 사이에 실재는 이미 생멸하여 다른 것으로 변해버리므로, 그 실재 자체는 표현할 수 없다. 그러나 언어는 고정성 때문에 실재를 표현할 수 없다는 단점에도 불구하고 축적을 가능하게 한다.[8] 이러한 언어를 사용한 축적으로서의 마음은 생각하다(think)와 밀접하게 연관되어 있다. '축적하다'와 '생각하다'가 심(心)의 어원으로 함께

---

7 이 기억에 의해서 팔식(八識)이 형성되고, 이렇게 형성된 팔식의 이름을 이숙식이라고 하고, 이때 기억은 언어의 형태로 이루어지는데, 이 형태는 종자의 형태로 이루어진다고 할 수 있다. 또한 기억은 신구의의 토대가 되지만, 인지와 정서 둘의 토대가 된다. 인지의 형태로 기억되거나 정서의 형태로 기억된다. 인지는 종자의 형태로, 정서는 훈습의 형태로 기억될 수 있고, 기억이라는 말 자체는 함장 또는 저장이라는 용어로 사용될 수 있다.

8 언어의 고정성, 집적성에 대한 논의는 윤희조(2012)를 참조할 수 있다. 윤희조(2012), 『불교의 언어관』, 서울: 씨아이알.

사용되는 것을 여기에서 볼 수 있다. 마음이 기억의 상태일 때는 여전히 생멸하지만, 기억이 언어화될 때는 고정되어버린다. 이때 언어와 마음은 분리되고 둘은 역할을 달리하게 된다. 쌓다와 생각하다는 두 단어가 심과 연결되는 방식은 생각, 즉 언어에 의해서 쌓을 수 있다는 것이 된다.

기억을 나타내는 단어로 불교심리학에서는 염(sati, 念)이 있다. 한자로 보면 염은 현재(今)의 마음(心)이 아니다. 염은 마음(心)을 모으는 것(亼)을 말한다. 마음을 모으는 것이므로 기억이라는 의미가 가능하다. 산스끄리트어 어근(√smṛ)은 기억, 재인식, 알아차림(consciousness)의 의미를 가진다.[9] 재인식은 기억을 떠올리는 것을 의미하므로, 염은 기억과 알아차림이라는 크게 두 가지 용어로 번역할 수 있다.[10] 기억과 알아차림은 마음의 대표적인 기능을 말한다. 기억은 심(心)의 대표적인 기능이고, 알아차림은 식(識)의 대표적인 기능이다. 염이 식과 심의 기능을 동시에 담지하고 있기 때문에 정념(正念)인지, 사념(邪念)인지는 수행의 핵심이 된다.[11]

---

9 PED p.672b, p.697b. 서구의 컨셔서니스(consciousness)를 번역할 때 의식(意識)이라는 단어를 사용한다. 의식을 하나의 단어로 사용된다. 그러나 의와 식은 다른 역할을 한다. 그러므로 컨셔서니스는 의식으로 번역하지 않고, 알아차림으로 번역할 수 있다.

10 염(念)의 또 다른 대표적인 번역어로 마음챙김(mindfulness)이 있다. 이는 알아차림으로 볼 수 있다. 기억과 알아차림이라는 두 측면을 동시에 표현하는 번역어로는 억념(憶念)이 있다. 불교에서 기억에 대해서는 다음의 논문을 참조할 수 있다. Janet Gyatso ed.(1992), *In the mirror of memory : reflection on mindfulness and remembrance in Indian and Tibetan Buddhism*, Albany: State University of New York Press.

11 여기에서 기억의 왜곡 또는 인지의 왜곡이 중요한 역할을 하는 것을 볼 수 있다. 올바른 인지, 올바른 기억은 인지치료 이전에 불교에서 중요시되고 있다는 것을 볼 수 있다. 염은 기억을 하는 것과 기억을 떠올리는 것, 알아차리는 것을 의미한다면, 이는 마음의 대표적인 기능이라고 할 수 있다. 이러한 기능은 마음의 인지

이러한 기억이 저장되어 있는 것을 유식불교에서는 팔식(八識)으로 보고 있다. 팔식은 식의 차원이 아니라 심의 차원에 해당된다. 유식불교에서는 심의식(心意識)을 팔식, 칠식(七識), 육식(六識)에 배대하고 있기 때문이다. 팔식의 다양한 기능은 동의어를 통해서 살펴볼 수 있다. 팔식의 동의어로 알라야식, 이숙식, 유지식, 종자식, 함장식을 제시한다. 이러한 용어는 동의어라기보다는 팔식을 기능의 차원에서 다양하게 보는 것이라고 할 수 있다. 이는 심의식을 동의어로 사용하지만, 실제 용례에서 각각의 용어가 다양한 기능을 가지는 것과 마찬가지라고 할 수 있다. 알라야식(ālaya vijñāna)은 범부의 욕심에 의해서 축적된 마음, 즉 장소를 말한다. 이는 팔식으로 기억될 때 범부의 좋고 나쁨에 의해서 축적된다는 것을 말한다. 저장하는 장소라는 의미가 강하다. 심(心)의 쌓고, 머물고, 집적하는 기능을 대표하는 용어라고 할 수 있다. 이숙식(vipāka vijñāna, 異熟識)은 다르게 익은 식이라는 의미이다. 기억으로 저장할 때는 좋고 나쁨이 있지만, 기억 안에서는 이숙, 즉 다르게 된다. 기억을 끌어올릴 때는 이러한 것이 결정되지 않는다는 것이다. 즉 기억에서 끌어올릴 때는 좋고 나쁨이 결정되지 않은 상태로 끌어올린다는 의미이다. 이숙식은 받는 마음,

---

적인 측면과 연관이 있다고 할 수 있다. 또한 팔정도의 여덟 번째 정(定)은 집중을 의미한다. 이 과정에서 정은 많은 번뇌를 제거하고, 가라앉히게 된다. 이는 번뇌 가운데 정서적 번뇌와 특히 연관된다고 할 수 있다. 그러므로 팔정도의 마지막 둘은 인지와 정서를 다루는 것과 연관된다고 할 수 있다. 여기서의 인지는 상(想)과 연관되는 사고가 아니라, 사고 이전의 알아차림으로서의 인지를 말한다. 서구의 인지치료라고 할 때의 인지는 염이라기보다는 정견, 정사유라고 할 때의 견, 사유에 해당한다고 할 수 있다.

즉 행의 결과에 해당하는 마음을 말한다. 이숙식은 이러한 기억이 식의 결과로서 저장되는 것을 보여준다. 팔식의 역할로 유지하는 기능은 유지식(ādāna-vijñāna)에서 알 수 있다. 유지하는 것에는 신체까지도 포함된다. 그렇다면 팔식은 신체까지 포함하는 장소에서 유지되고 있다고 할 수 있다. 유지식은 신체를 유지하는 데 필요한 식으로 팔식이 작용하는 장소를 보여준다. 의와 식은 매순간 생멸하면서 업, 즉 결과로서의 마음을 만들어내는데 이는 결과로서의 마음으로 신체에 저장된다. 저장되는 식이라는 의미에서 함장식이라고 불리기도 한다. 그러므로 팔식에 대한 각각의 이름은 각각의 기능을 나타내는 용어라고 할 수 있다. 팔식의 기능에서 보면 기억은 신체에 종자의 형태로, 훈습의 형태로 함장되어 있다. 이때 욕망에 의해서 생긴 식은 좋고 나쁨이 없는 무기(無記)의 상태, 즉 이숙으로 함장된다.

상좌부불교에서는 마음을 발생하는 모습(jāti)에 따라서 내는 마음과 받는 마음으로 구분한다.[12] 내는 마음은 현재 내고 있는 마음으로 유익한(kusala) 마음, 해로운(akusala) 마음, 내기는 내는데 유익하지도 해롭지도 않고 기능만 하는 마음(kiriya)으로 구분된다.[13] 이러한 내는 마음의 결과로

---

12 상좌부불교에 따르면 마음을 해로운 것, 유익한 것, 과보인 것, 단지 작용만 하는 것의 네 가지 종류로 분류한다. 필자는 이를 생멸의 관점에서 해로운 것, 유익한 것, 단지 작용만 하는 것을 내는 마음으로, 과보인 것을 받는 마음으로 구분하였다. 이러한 관점에서 구분한 것은 마음의 근본적인 특징인 생멸의 관점에 따라서 둘로 구분한 것이다. Anuruddha, 대림 스님, 각묵 스님 옮김(2002), 『아비담마 길라잡이』, 서울: 초기불전연구원, p.107.

13 내는 마음과 받는 마음의 구분은 마음이 감각기관과 감각대상을 동시에 일컫는 용어라는 점에서 기인한다. 감각기관으로서의 마음에서 마음을 낸다면, 감각대상으로서의 마음에서 마음을 받는다고 할 수 있다. 즉 결과로서의 마음을 받는

서 받는 마음은 이숙(vipāka, 異熟)의 마음이라는 유익하지도 해롭지도 않은 마음이다.[14] 결과는 그것 자체로 중립적인 마음이다. 결과로서 받는 마음은 업의 측면에서 보면 업의 결과이고, 내는 마음은 업을 짓는 마음이다. 업을 짓는 마음과 업의 결과로서의 마음은 원인과 결과이다. 결과로서의 마음은 해롭지도 유익하지도 않다는 것은 중요한 함의를 가진다. 결과는 해롭지도 유익하지도 않기 때문에 결과의 마음 이후에 일어나는 내는 마음은 결과의 마음과 달리 자신의 선택에 따라서 새로운 마음을 선택할 수 있다. 결과로서의 마음은 유익하지도 해롭지도 않기 때문에 다음 찰나에 새로운 마음을 낼 수 있게 된다.

여기서 중요한 것은 내는 마음과 받는 마음을 분류할 때의 기준이다. 첫째, 생멸을 기준으로 하고 있다. 마음은 법의 성질을 가지므로 마음도 생멸의 특징을 가진다. 마음의 가장 큰 특징인 생멸에 따라서 마음의 분류가 가능하다. 마음의 생멸에 따라서 내는 마음과 받는 마음으로 구분된다. 둘째, 목표를 기준으로 하고 있다. 즉 목적 또는 지향점이 있는 분류이다. 열반, 멸성제라는 목표에 도움이 되는 유익한 마음과 도움이 되지 않는 해로운 마음으로 구분된다. 두 가지 기준에 따른 마음의 분류는 마음

것을 말한다. 받는 마음과 내는 마음은 생멸하면서, 원인과 결과의 관계에 있다. 이 구분은 생멸의 운동성과 연기의 법칙성을 따르고 있다.

14 이숙에서 숙(熟, pāka)은 요리된 것(pacati)을 의미하고, 이숙(異熟)은 다르게 요리된 것을 의미한다. 결과물로서 요리된 것 자체는 유익하지도 않고 해롭지도 않다. 즉 내는 마음이 유익하든 해롭든 결과로서의 이숙은 '다르다(異)'는 것이다. 그러므로 결과로서의 기억은 다르게 기억되고, 이해(理解)가 아니라 이해(異解)가 되는 것이다.

의 상위개념인 연기와 사성제에 부합한다. 가장 중요한 것은 어떤 마음을 내는가는 선택에 달려 있다는 것이다. 받는 마음 자체는 선악의 구분이 없기 때문에 이를 원인으로 다음 순간에 마음을 낼 때는 선택에 따라서 마음을 낼 수 있다는 것이다. 받는 마음 자체는 무기, 즉 선악의 구별이 없기 때문에 지금 현재에 내는 마음을 선택할 수 있다.

유익한 마음과 해로운 마음 가운데 어떤 마음을 내느냐에 따라서 심(心)의 차원이 달라진다. 내는 마음에 따라서 마음이 머무는 곳, 즉 차원이 달라진다. 마음은 생멸을 거듭하면서 마음을 내는데, 내는 마음의 내용에 따라서 마음의 차원이 달라진다. 계는 매순간 생멸한다. 여기서도 계는 심(心)의 생멸의 내용에 따라서 달라진다. 욕계심(kāmāvacara-citta, 欲界心), 색계심(rūpāvacara-citta, 色界心), 무색계심(arūpāvacara-citta, 無色界心), 출세간심(lokuttara-citta, 出世間心)으로 달라진다.[15] 매순간 어떤 마음을 내느냐에 따라서 새로운 계가 열린다. 여기서 중요한 함의는 마음의 차원은 내는 마음에 따른다는 것이다. 마음 가운데 어떤 마음을 내는가에 따라서 마음의 영역이 결정된다. 또한 계를 결정하는 것이 마음이다. 윤회의 계와 이를 벗어난 계 가운데 어떤 영역에 있을지는 마음에 달려 있다고 할 수 있다.[16] '계는 마음에 달려 있다'고 할 수 있다.

요약하자면 심이라는 마음의 차원은 신체와 밀접히 연관되어 있다. 심장의 머금음과 운동과 마찬가지로 심은 기억을 머금고, 기억을 하고 기억

---

15 Anuruddha, 대림 스님, 각묵 스님 옮김(2002) pp.103-106.

16 이는 마음의 우선성이라는 주제로 나아갈 수 있다. 이후에 마음이 중심이 되고, 마음이 우선이 되고, 마음이 전부라고 하는 논의로 나아갈 수 있다.

을 떠올리는 운동을 한다. 신구의 삼업, 인지와 정서의 토대도 기억에서 볼 수 있다. 이러한 기억은 종자와 훈습의 형태로 신체에 함장되고 이숙된다. 또한 기억은 내는 마음의 결과인 받는 마음을 말한다. 심이라는 마음의 차원은 물질적 토대이면서 의와 식이라는 마음의 차원이 활동하는 토대가 된다. 또한 의와 식이라는 마음의 차원이 활동한 결과를 머금는 것이기도 하다. 심은 운동과 유지라는 두 가지 활동을 지속적으로 전개하는 마음의 토대가 된다.

2. 의(意)라는 마음의 차원

의는 빨리어로 마노(mano)이다. '생각하다(think of)'라고 번역되지만 인도유러피언 어원에 따르면 멘(√men)은 희랍어 메노스(μένος)와 비교해 보면 '분위기(mood)', '화(anger)'를 의미한다. 그 이후에 '생각하다(think of)', '바라다(wish to)'는 의미로 사용된다.[17]

좀 더 자세한 의미는 용례에서 볼 수 있다. 불교에서는 기본적으로 심의식(心意識)을 동의어로 다루고 있지만,[18] 이들은 용례에서 차이가 난다. 일정한 맥락에서는 일정한 용어가 사용된다. 안이비설신의(眼耳鼻舌身意)

---

17 PED p.515b.

18 최봉수(1991), 「원시불교에 있어서 심·의·식 三法의 관계성 고찰」, 『가산학보』 창간호, pp.272-273; 兵藤一夫(1982), 「「心(citta)」の語義解釋ー特にヴァスバンドゥの立場を中心として」, 『佛教学セミナー』 36号, pp.21-39; 강명희(1996), 「初期經典에 나타난 識에 관한 研究」, 『회당학보』 Vol.4, pp.171-210.

라고 할 때 의(意) 대신 식(識)이나 심(心)을 사용하지는 않는다. 안이비설신의라고 할 때, 안이비설신(眼耳鼻舌身)은 각각의 대상인 색성향미촉(色聲香味觸)을 감각하는 감각기관 또는 감각기능을 말한다. 감각기관은 있지만 감각기능을 하지 못할 때는 감각기관이라고 말하지 않는다. 감각기능을 하는 감각기관을 말한다. 그러므로 의(意)는 감각기능에 초점을 맞추고 있다.

처(āyatana, 處)는 안이비설신의(眼耳鼻舌身意)이라는 여섯 가지 감각기관(六內入處)과 색성향미촉법(色聲香味觸法)이라는 여섯 가지 감각대상(六外入處)이 만나는 장소를 말한다.[19] 의(意)도 감각기능이므로 여섯 가지 처의 분류에 포함된다. 감각기관과 감각대상도 생멸하므로 매순간 새로운 처가 열린다. 지금의 감각기관과 감각대상에 의한 처는 직전의 처와는 다른 것이다. 이러한 처가 매순간 현현하고 있다. 이때의 처는 일체(一切)이므로 모든 것은 처이다. 즉 이 세상의 모든 것은 여섯 가지 감각기관과 그 대상일 뿐이라는 것이다. 이는 인간이 여섯 가지 감각기관을 가지고 있는 한에는[20] 사물을 분류하는 강력한 구분기준이 될 수 있다.

의(意)는 법(法)을 감각하는 감각기능을 말한다. 눈이라는 감각기관이 색깔 또는 모양을 보듯이, 의라는 감각기관이 법이라는 대상을 감각한다.

---

19 12처, 18계에 대해서는 이중표(2002)와 각묵 스님(2010)을 참조할 수 있다. 이중표(2002), 『근본불교』, 서울: 민족사, pp.124-167; 각묵 스님(2010), 『초기불교이해』, 울산: 초기불전연구원, pp.184-208.

20 감각기관을 중심으로 새로운 처가 열리므로 기본적인 감각뿐만 아니라 고차원적 감각에서도 감각적 용어를 사용한다. 견성에서도 '보다'는 감각을 사용하고, 위빠사나에서도 '보다'는 감각을 사용한다.

여기에서 감각기능이 어떤 기능인지가 문제가 된다. 우선 의(意)의 감각기관은 심장이다. 심장은 의(意)라는 감각기능의 물질적 토대가 된다.[21] 보는 감각기능이 눈이라는 감각기관을 물질적 토대로 가지듯이, 의라는 감각기능은 심장이라는 감각기관을 가진다.

여기에서 심장은 감각기관의 역할을 한다. 심장은 자체적인 신경시스템을 가지고 있고, 진폭이 두뇌보다 육십 배가 높다. 또한 두뇌보다 오천 배나 강한 에너지장을 발산한다.[22] 그러므로 심장의 진동수는 뇌의 진동수를 동조화 해버리게 된다. '머리로는 이해가 되는데 가슴으로는 안 된다'는 말은 심장의 진동수가 강하기 때문에 뇌의 진동수로는 심장의 진동수를 동조화시킬 수가 없다는 의미이다. 이러한 심장의 진동수가 '분위기', '화'와 같은 것이다. 의(意)라는 한자를 보면 '심장(心)의 소리(音)'이다.[23] 심장의 진동수를 말하는 것이다. 이러한 논의를 폭넓게 하자면 의라는 감각기능은 심장을 포함한 몸 전체로 확대될 수 있다. 단지 뇌에 의한 인식작용만이 마음의 기능이 아니라, 심장을 포함한 몸 전체의 기능이 의라는 감각기능이 될 수 있다.[24] 여기에서 의(意)는 동조화하는 기능

---

21 붓다고사 스님 지음, 대림 스님 옮김(2004), 『청정도론 2』, 서울: 초기불전연구원, pp.66-67, p.426.

22 미미 구아르네리 지음, 박윤정 옮김(2006), 『기분 좋은 심장이 수명을 늘린다』, 서울: 황금부엉이, p.199.

23 반대로 심장은 심의 장기, 즉 마음의 장기이다. 마음을 표현하는 신체기관이라는 의미이다. 마음과 몸이 접촉하는 신체기관으로 심장이 있고, 감각기관으로 의(意)가 있는 것이다.

24 여기에서 좀 더 논의가 확장되면 체화된 인지(embodied cognition)의 개념으로 나아갈 수 있다. 환경까지도 의(意)로 확장될 수 있다. 환경이 의(意)라는 감각기관

(attunement), 물들이는 기능(tinting)을 한다고 할 수 있다. 심장의 동조화와 마찬가지로, 의는 대상을 동조화하고 물들이는 기능을 한다. 물들이는 것은, 즉 좋고 나쁨이라는 두 가지 분위기로 물들이는 것이고, 물들은 결과화와 같은 정서, 나 중심적 정서로 드러난다.

감각기능인 의(意)의 대상인 법(dhamma)은 어원적으로 유지하다(√dhṛ)라는 의미를 가진다. 이는 고정불변의 실체(substance)도 아니고, 그렇다고 존재하지 않는 없음(nothingness)도 아니다. 생멸하면서 유지되고 있는 실재(reality)를 말한다. 생멸과 유지를 동시에 하고 있는 대상을 의(意)라는 감각기능이 감각하는 것이다. 여기에서 찰나 생멸하면서도 찰나 유지되는 감각대상의 예로 진동이 가능하다. 심장의 소리라고 할 때 소리도 진동의 일종이다. 생멸하고 유지하는 특징을 가진 법을 대상으로 이를 감각하는 기능이 의(意)이다.

감각기능으로서 의(意)는 항상 심장의 진동수에 영향을 받는다. 심장과 신체로부터의 '분위기'에 의해서 감각기능은 항상 영향을 받는다. 안이비설신에 의해서 감각된 색성향미촉(色聲香味觸)이 의(意)와 만날 때 의(意)에 의해서 영향을 받는다. 안이비설신 자체의 감각기관은 청정하지만, 의는 항상 영향을 받는다. 이러한 영향받음을 유식불교에서는 '염오(染汚)', 즉 '물듦'으로 표현한 것이다. 항상 나라는 몸과 마음 전체로부터 영향을 받기 때문에 칠식(七識)을 염오식(染汚識)으로 부른다.

에 영향을 받기 때문이다. 이와 관련해서는 박창환(2013)을 참조할 수 있다. 박창환(2013), 「세친 체화된 마음」, 『마음과 철학: 불교편－붓다에서 성철까지』, 서울: 서울대학교출판문화원.

유식불교에서 칠식을 마나스식(manas vijñāna)으로 부른다. 여기서 마나스는 의(意)를 말한다. 칠식과 함께 육식과 팔식이 작용한다. 이때의 칠식도 감각기능의 형태를 띤다. 감각기능은 항상 '나'라는 형태로 팔식을 물들이면서(染汚) 육식과 접촉한다. 이렇게 되면 마나스식이 깨끗해지지 않는 이상, 팔식은 왜곡되어 육식으로 현현하게 된다. 그러므로 유식불교에서는 칠식을 청정하게 하는 것, 즉 전식득지(轉識得智)가 지상과제가 된다.

요약하면 심(心)의 소리(音)를 의미하는 의(意)는 심장이라는 토대를 바탕으로 소리와 진동수에 영향을 받는다. 이때의 소리와 진동수는 '나'와 연관되어 있고, 이러한 연관성을 '염오'라고 부른다. 심 자체는 좋고 나쁨이 없지만, 의에서는 염오와 불염오가 있다. 나[我]와 연관될 때는 염오라고 부르고, 지(智)와 연관될 때는 불염오, 즉 '청정'이 된다. 의는 둘 중 어떤 것이든 간에 영향을 받는다. 소리 또는 진동수에 물들어 있는 것이다. 의에는 좋고 나쁨의 구분이 있지만, 식에서는 더욱 다양한 구분이 이루어진다.

3. 식(識)이라는 마음의 차원

식(識)에서는 감각기능이 더욱 분화하게 된다. 식은 어원적으로 '구분하여(vi) 알다(jña)'는 의미이다.[25] '구분하여 아는 것'이 분별만을 의미하지

25 PED p.618.

는 않는다. 분별은 상(想)을 만드는 작용을 거친 이후의 앎을 이야기한다. 구분하여 아는 것은, 가장 단순하게 이야기하면 반응하는 것(response)을 말한다. 즉 외부 대상에 대해서 유기체가 할 수 있는 가장 단순한 앎으로서 반응을 말한다.[26] 한자로 식은 찰흙판[戠]에 말[言]을 새기는 것을 말한다. 이것도 구분하여 알기 위한 원초적인 작업이라고 할 수 있다.

식의 감각기능은 구분하여 아는 기능이다. 구분하기 위해서는 지속적인 앎이 아니라 매순간 새롭게 아는 것이 필요하다. 매순간 알아차리는 것이 식의 고유한 기능이다. 이미 식 속에 생멸의 가능성이 전제되어 있다고 할 수 있다. 오온을 이야기할 때 색수상행식(色受想行識)이라고 한다. 식 대신 의 또는 심을 사용하지 않는다. 이때의 식도 매순간 알아차리는 기능을 한다. 그렇다면 이 오온은 용어 자체에서 생멸성이 드러나게 된다. 색수상행식은 신체적이고 물질적인 기능(rūpa 色), 받아들이고 느끼는 기능(vedanā, 受), 결합하고 생각하는 기능(saññā, 想), 의도하는 기능(saṅkhāra, 行), 구분하는 기능(viññāṇa, 識)으로 볼 수 있다. 신체, 느낌, 생각, 의도, 의식이라는 명사화된 표현으로는 기능성이 잘 드러나지 않으므로, 기능하는 동사의 형태로 볼 수 있다. 기능하는 존재로서 오온은 식(識)을 바탕으로 수(受)라는 인풋 과정을 통해서 들어오는 데이터를 상(想)이라는 과

---

26 가장 단순한 반응에서부터 가장 복잡한 기능까지가 아는 기능에서 형성된다. 아는 것과 관련된 단어만 20여 가지가 존재하는 것도 이러한 이유 때문이다. 기능은 다양하지만, 감각기관 자체는 하나이기 때문에 의는 하나의 단어만 있는 것이다. P. D. Premasiri(2006), *Studies in Buddhist Philosophy and Religion-Collected Papers of Professor P. D. Premasiri*, Singapore; Buddha Dhamma Mandala Society, pp.155-177; 붓다고사 스님 지음, 대림 스님 옮김(2004), 『청정도론 1』, 서울: 초기불전연구원, pp.100-108.

정에서 프로세싱하고 행(行)을 통해서 아웃풋을 하게 된다. 오온은 인풋-프로세싱-아웃풋(input-processing-output)의 과정을 거치면서 기능한다고 할 수 있다. 오온은 이러한 기능들이 함께 생멸하고 있는 역동적 심신 통합체라고 할 수 있다.

처(處)가 식과 함께 매순간 드러나고 있는 것이 계(界)이다. 계는 인간의 몸과 마음이 활동하는 곳을 말한다. 세간계, 즉 세계(世界)는 감각기관, 감각대상, 오온의 식(識)의 기능이 함께 함으로써 매순간 생멸하는 세계가 된다. 근경식(根境識)이라는 세 가지가 화합할 때 세계가 열리게 된다. 감각기관과 대상에 따라서 18종류의 계로 구분된다. 이 가운데 의(意)와 의에 의한 식, 즉 의식(意識)이 만드는 세계도 하나의 세계이다. 각각의 감각기관과 그 대상 그리고 식에 의해서 매순간 역동적 세계가 새롭게 열리게 된다. 처(處)를 중심으로 온(蘊)과 계(界)가 연결되어 있다. 온의 마음은 처에서 계와 만나고, 마음이 새롭게 열릴 때마다 계도 매순간 새롭게 열린다.

처계에 의한 세계관에는 첫째, 장소를 중심으로 한다는 특징이 있다. 감각기관과 감각 대상이라는 주체와 객체의 구분이 아니라, 둘이 만나는 영역이 중심이라고 할 수 있다. 둘째, 계(dhātu)는 법과 어원이 동일하다. 생멸하면서 유지되는 것이라는 특징을 가진다.[27] 문제는 이러한 역동적인 세계가 매순간 새롭게 열림에도 불구하고 이를 고정된 세계로 파악할 때 괴로움이 시작된다는 것이다. 인간에 대해서도 매순간 기능하는 존재일

---

27 서양철학에서 현존재(Dasein)의 존재론과 유사한 측면이 있고, 상담 장면에서 불교적 장소 개념의 도입은 유용할 수 있다.

뿐임에도 불구하고 이를 고정된 실체로 파악함으로써 괴로움이 시작된다. 이러한 역동성과 비실체성은 불교에서 원인과 결과의 법칙인 연기설에서 더욱 명료하게 드러난다.

연기에서도 식(識)이 사용된다. 무명(無明)으로 인해서 행(行)의 영향을 받는 식(識)이 매순간 생겨나고 있는 것이다. 이때 식을 발생시키는 것은 행이다. 이때의 행은 삼업을 말한다. 신구의(身口意)에서 만들어진 행위를 말한다. 여기에서 의(意)가 등장한다. 몸과 말과 의에 의해서 만들어진 행위를 바탕으로 식이 영향을 받는다. 식은 의에 의해서 영향을 받는다. 마나스식에 의해서 팔식과 육식이 영향을 받는 것과 동일한 원리이다. 그리고 연기에서 만들어지는 식은 매순간 생멸한다. 매순간 우리가 신구의(身口意)라는 감각기능을 통해서 만드는 행위는 우리의 식에 영향을 미치고 이것으로 인해서 명색(名色)이라는 몸과 마음에 영향을 미친다. 이때의 몸과 마음은 또 다시 식에 영향을 미친다. 식과 명색의 상호증장적 생산구조에 의해서 십이연기의 이후의 각지(各支)가 지속적으로 생성되게 된다.

뿌리의 차원에서 보면 탐진치(貪瞋痴)는 해로운 마음의 뿌리에 해당하고, 무탐(無貪), 무진(無瞋), 불치(不痴)는 유익한 마음의 뿌리에 해당한다. 여섯 가지는 마음의 영역을 정하는 데 결정적인 역할을 한다. 탐진치는 유해와 유익을 기준으로 구분한 것이라고 할 수 있다. 또한 탐진은 서로가 상호증장하는 구조를 가지고 있다. 동전의 양면처럼 탐이 있으면 진이 없고, 진이 있으면 탐이 없다. 그러나 이러한 동전의 양면은 서로가 서로를 키운다. 동전의 한 면만 커질 수 없듯이, 탐이 커질수록 진도 함께 커진다. 그리고 동전의 한 면이 보이면 나머지 면은 숨듯이, 탐이 드러나면 진은 숨고, 진이 드러나면 그 안에 탐이 숨는 것을 볼 수 있다.

연기와 함께 근경식(根境識) 삼사(三事)가 화합함으로써 새로운 촉수애취유생노사(觸受愛取有生老死)라는 나머지 각지(各支)가 만들어지는 형태를 볼 수 있다. 근이라는 감각기관, 경이라는 감각대상, 식이라는 감각기능이 함께 하면서 새로운 업이 지속적으로 생산된다. 이러한 새로운 업을 지속적으로 생산하는 것이 유기체의 특징이라고 할 수 있다. 이렇게 만들어진 업은 심의 형태로 저장된다. 심의식이 순환적으로 생멸과 유지를 지속해나가는 구조를 가지게 된 식(識)의 상호증장성은 식과 명색의 구조에서 가장 잘 드러난다.

식(識)은 명색(名色)과 상호증장적으로 식 자신에게 영향을 미친다. 이러한 상호증장을 도와주는 요소로 사식(四食)을 들 수 있다. 사식, 즉 자양분의 차원에서 음식은 몸의 자양분이지만, 접촉과 의도와 식은 마음의 자양분이다. 접촉을 통한 수많은 정보는 식에 영향을 주는 자양분 역할을 한다.[28] 이 접촉의 자양분(phassa āhāra, 觸食)은 십이연기의 촉에 해당한다고 할 수 있다. 의도의 자양분(manosañcetanā āhāra, 意思識)은 행을 말하는 것으로 십이연기의 행에 해당한다고 할 수 있다. 식의 자양분(viññaṇa āhāra, 識食)은 식자체가 식에 영향을 미친다는 의미이다. 이들 셋도 마음의 자양분이다. 십이연기의 차원에서 보면 행, 식, 촉이 자양분의 역할을 한다.

요약하면 식은 구분하여 아는 기능에 초점을 맞추고 있다. 심이 집적하

---

28 SN. II.11; Anuruddha, 대림 스님, 각묵 스님 옮김(2002) pp.611-612.

고, 기억하고, 유지하는 기능에 중점을 두고 있다면 의는 감각기능으로서 물들이고 동조하는 기능에 중점을 두고 있다. 이들 심의식은 모두 기능에 초점을 맞추고 있다. 기능을 중심으로 이들 셋을 볼 수 있는 반면, 심은 물질적 토대, 의는 안이비설신과 마찬가지로 감각기관의 역할도 하고 있는 것을 볼 수 있다.

4. 심의식의 상관성

심은 물질적 토대로서 집적의 역할을 한다. 집적과 유지의 역할을 하는 데 있어서 언어의 형태로 하는 것이 유리하다. 이때의 언어는 식의 기능과 함께 상(想)의 기능에 의해서 만들어진 것이 접적되는 것이다. 이것으로 심은 집적과 생각이 함께 사용되는 것을 볼 수 있었다. 심은 식의 결과가 언어의 형태로 저장되고, 심을 토대로 의(意)의 색조(tint)가 발생한다. 의는 색조로서 염오와 청정이라는 두 가지 색으로 식(識)을 물들인다. 즉 식을 구분하여 아는 기능의 전반적인 무드, 즉 분위기와 정서를 의(意)가 결정한다. 식 자체는 생멸하는 것으로 염정(染淨)이 없지만 의(意)에 의해서 물들게 된다. 심은 물질적 토대로서 하나이지만, 의는 염정 두 가지로 구분되고, 식은 무수하게 다양화된다.

식은 구분하여 아는 기능과 마찬가지로 느끼는 기능, 생각하는 기능, 의도하는 기능과 함께 다양하게 구분하는 기능을 만들어낸다. 이러한 기능의 흔적은 남게 된다. 식의 원인에 의해서 결과로서 남게 되는 흔적을 심(心)이라고 한다. 이 흔적이 기억과 언어의 형태로 종자처럼, 향기처럼 저장된다. 이러한 심은 저장되고 유지되고 이숙된다.

식은 다양하게 구분되지만 색조는 두 가지로 구분된다. 유익한 것과 해로운 것으로 구분된다. 의(意)에 의해서 식에 의한 인지, 수에 의한 정서, 상에 의한 생각, 행에 의한 동기가 목표에 유익한 것과 해로운 것으로 구분된다. 식은 의에 영향을 받는 식이 된다. 의(意)의 염오와 청정이 수행의 가능 근거가 된다. 심과 식은 자체로는 좋고 나쁨을 벗어나지만 오직 의(意)에만 염오와 청정의 구분이 있다.

프로이트는 의식, 전의식, 무의식을 구분한다. 이는 인식할 수 있는지의 여부에 따른 구분이다. 무의식은 독립적인 장소를 가지면서도 소통한다.[29] 모든 인간이 무의식을 가지고 있지만 무의식으로부터의 출구는 융(C. G. Jung)에 의하면, 무의식의 의식화이다. 심의식 구조에 의하면 심의식이 인식되든, 되지 않든 상관없이 의(意)의 색조를 염오에서 청정으로 바꾸는 것이 문제의 해결이 된다. 또한 프로이트에게는 무의식의 영역이 따로 존재할 수 있다. 의식되지 않은 영역이 항상 존재할 수 있기 때문이다. 반면 심의식 구조에서는 서로 연결되어 있기 때문에 현재의 식에는 항상 심과 의가 연결되어 있다. 문제해결의 관점에서 심의식 구조는 마음의 본래 기능을 확장하는 것을 목표로 한다. 식(識)의 기능이 확장되는 것이 문제해결의 실마리가 된다. 즉 괴로움의 해결이라는 측면에서는 식의 기능을 극대화함으로써 의(意)의 색조로부터 벗어나고자 한다. 일단 아는

29 윤희조(2014), 「연속과 불연속의 관점에서 본 아비담마의 마음과 프로이드의 무의식」, 『동서철학연구』 제71호, pp.239-244.

것은 염오로부터 벗어날 수 있는 첫걸음이 된다. 이 첫걸음 이후에 다른 단계가 있는 것이 아니다. 이것이 극대화되는 것이 전부가 되는 것이다. 이는 성(性)의 차원에서 볼 수 있다.

5. 성(性)이라는 마음의 차원

성(性)은 마음이 일어나는 모습, 마음의 원래의 모습을 말한다. 심의식이 각각 마음의 한 측면을 대표하고 있다면, 성도 또한 마음의 한 측면을 대표하고 있다. 불교심리학에서 마음은 실체(實體, substance)가 아니라, 실재(實在, reality)이다.[30] 고정적인 실체가 아니라 역동적 운동성을 특징으로 가진다. 이러한 운동성을 불교심리학에서는 마음의 원래 모습, 즉 실재로 본다. 고정적 실체가 없다는 측면에 초점을 맞추어 마음을 파악하는 것이 무자성(無自性)이다. 무자성은 실체성을 부정하는 것이다. 마음의 고정점 없음(rigidlessness)을 표현한 용어이다. 자성은 모든 법이 가지는 성질, 법의 고유한 성질을 말한다. 이러한 고유한 성질은 고정적이지 않다는 것이 무자성의 의미이다. 구분되는 고유한 성질을 가지더라도 고정적이고 실체적이지 않다는 것이다. 이러한 실체성에 대한 반론이 무자성이라고 할 수 있다.

---

30 실재와 실체의 구분은 윤희조(2017)를 참조할 수 있다. 윤희조(2017), 「마음의 기능을 중심으로 한 불교심리학의 정의와 분류에 대한 일고찰」, 『동서철학연구』 제85호, p.219.

이러한 고정점 없음, 실체 없음을 표현하는 또 다른 용어로 무아(無我)가 있다. 이는 우빠니샤드에서 이야기하는 고정불변의 실체로서 아트만이 없다는 것이다. 붓다가 실체 없음을 무아라는 용어로 주장한 것을 초기대승불교에서는 무자성으로 주장하고 있는 것이다. 무아는 단순히 자아가 없거나, 나가 없는 것이 아니다. 자아 또는 나도 다양한 심소가 결합되어 만들어진 유위법일 뿐이지 고정불변의 실체가 아니라는 것이다. 만들어진 것[有爲法]이기 때문에 소멸할 수 있고, 변화할 수 있다. 무아는 자아와 나의 유위성, 변화성, 생멸성에 주목하고자 하는 것이다.

또한 마음의 원래 모습이 아는 기능이다. 마음과 심소(cetasika, 心所)는 각각의 기능을 가지는데, 마음은 아는 기능을 가진다. 생각하는 기능, 느끼는 기능, 의도하는 기능이 심소의 대표적인 기능이라면, 마음은 아는 기능을 한다. 이러한 아는 기능은 마음의 본래 모습이다. 이러한 아는 기능을 마음의 원래 모습으로 파악하는 것이 반야(般若)이다. 반야는 대승불교의 출발점에 놓이는 용어로서 마음의 아는 기능이라는 본래적인 기능에 초점을 맞추고 있는 용어이다. 반야는 원어로 빤냐(paññā)이다. '냐(ññā)'는 알다는 의미이고, '빠(pa)'에 의해서 아는 것의 특징이 드러난다. 빤냐는 한꺼번에 쫙 아는 것이다. 전체에 대해서 통째로 아는 것을 말한다. 이러한 기능은 마음의 아는 기능을 극대화시켰을 때 가능한 앎이다. 지혜를 계발한다고 할 때 지혜가 빤냐이다. 지혜는 구분되는 앎이 아니라, 한번에 통째로 아는 것을 말한다. 이러한 앎의 가능성은 마음의 공성(空性), 즉 연결성에서 가능하다. 마음이 연결되어 있기 때문에 한꺼번에 아는 것이 가능해진다.

마음은 연결되어 있다. 마음의 연결성도 또한 마음의 원래 모습이다. 마음은 무실체적이고 고정점이 없으며 연결되어 있다. 마음이 연결되어 있는 모습 자체를 공(空)으로 표현한다. 공은 고정적인 실체가 없이 어떤 기능도 포용할 수 있기 때문에 비어 있음(emptiness)으로 표현되기도 한다. 비어 있음으로 인해서 다양한 기능이 가능하다. 방의 기능처럼 공은 비어 있음으로 인해서 다양한 기능성(functionality)이 가능해진다는 것을 표현한다. 또한 공은 열려 있음(openness)을 표현한다. 이러한 비어 있음이 방이라는 독립된 공간뿐만 아니라 모든 시공간으로 열려 있는 것을 말한다. 이러한 시공간적인 표현 이외에 마음의 기능에 대해서도 열려 있는 것을 말한다. 아는 기능에 대해서 열려 있는 것이다. 즉 열려 있는 앎이면서 다양한 앎의 가능성을 열어놓고 있는 것이다. 다양한 관점에서 앎이 가능하고, 나의 앎은 하나의 관점에서의 앎이라는 것을 아는 것이다. 나의 관점이 아니라 마음의 관점에서 앎은 다양한 가능성이 열려 있는 것을 말한다. 또한 공은 연결되어 있음(connectedness)을 말한다. 비어 있고 열려 있는 마음의 모습은 또한 연결되어 있다. 단선적인 원인과 결과뿐만 아니라 복합적이고, 중층적이고, 무진적으로 연결되어 있는 마음의 모습을 말한다. 이러한 연결성으로 인해서 마음은 아는 기능을 하고 통째로 아는 것, 즉 반야가 가능하다. 만약 마음이 연결되어 있지 않고 단절되어 있고 닫혀 있다면 반야의 기능은 가능하지 않다.

이러한 연결성을 표현하는 용어로 불이(不二)가 있다. 『유마힐소설경』에서 대표적으로 사용하는 불이라는 이 용어는 유마힐의 병과 중생의 병과 연관되어 있다. 유마힐은 불이법문으로 인해서 중생의 치병(治病)으로 나아가게 된다. 사물자체는 분별이 없지만 인간이 스스로 분별하는 생각을 내는 것이다. 이러한 전도몽상으로 인해서 욕탐과 번뇌가 발생하게 되고 이로 인해서 치병, 즉 해탈이 안 된다.[31] 불이법문에서는 반대 또는 모순처럼 보이는 것조차도 자성이 공하기 때문에 평등한 것이 된다. 그러나 평등하다고 해서 무차별적이지는 않다. 어떤 행위에서 방편과 지혜가 함께할 때 이는 보살의 행위로 나아가게 된다. 불이로 인해서 이분법적 구분을 해체하는 방법이 제공되고, 마음의 전체적인 연결성이 보인다.

또한 마음은 다양한 번뇌와 분리되어 있다. 번뇌를 만들어내는 것은 심소의 작용에 의해서이다. 심소의 작용에 의해서 만들어진 번뇌는 마음과 결합하게 된다. 번뇌를 외부에서 유입되는 것으로 파악하는 관점에서 마음은 청정한 것이 되고, 번뇌는 외부에서 유입된 번뇌가 된다. 마음의 청정성과 번뇌의 객진성이 드러난다. 『단경』에서는 마음은 원래 청정한 것이지만 망념에 의해서 뒤덮여 있기 때문에 망념을 걷어내면 마음은 저절로 청정해진다고 한다.[32] 『앙굿따라니까야』에서는 '이 마음은 청정하다. 그러나 이것은 본래적인 것이 아닌 번뇌에 의해 오염되어 있다.'[33] 이러한 마음의 청정성 또한 마음의 원래 모습이라고 할 수 있다. 마음의 기능 자체는 청정한데, 이러한 기능이 순기능을 하는지, 역기능을 하는지는 번뇌의 유무에 의해서 결정된다. 마음의 기능성 자체에 대한 평가로 청정성이 도출되고 있다.

---

31 http://tripitaka.cbeta.org/T14n0475 『維摩詰所說經』「文殊師利問疾品第五」

32 http://tripitaka.cbeta.org/T48n2008_001 『六祖大師法寶壇經』 T.48.353b10-11.

33 AN.VI.1-2.

마음의 원래의 모습을 평가하는 것으로 불성(佛性)이 있다. 불성은 붓다가 될 수 있는 가능성을 말한다. 붓다가 될 수 있는 가능성을 가지고 있는 인간을 보살이라고 한다. 이는 대승불교의 이상적 인간상이다. 대승불교에서는 붓다가 되는 것을 목표로 한다. 이러한 목표를 성취하기 위해서는 붓다가 전생에 보살로서 수행한 것이 주목을 받게 된다. 보살은 붓다가 될 수 있는 가능성을 가진 존재로서 자신을 정의하게 된다. 이러한 가능성은 불성에 의해서 담보될 수 있다. 붓다가 될 수 있는 가능성은 마음의 기능 가운데 붓다의 마음의 기능을 키우는 것을 말한다. 붓다의 마음의 기능 가운데 대표적인 것이 일체지(一切智)이다. 일체에 대한 앎, 즉 통째로 한번에 아는 것이다. 일체지는 빤냐를 대승불교적으로 표현한 용어이다. 일체에 대한 앎의 가능성을 함장하고 있는 것으로서 마음을 보고 있다. 이러한 불성으로 인해서 인간은 기능적 존재뿐만 아니라 가능적 존재로서 존재하게 되고 붓다가 될 수 있는 가능성을 확보하게 된다. 모든 인간이 붓다가 될 수 있는 가능성을 가지고 있음으로 인해서 이제 목표는 불성을 실현하는 것으로 옮겨가게 된다. 이때 실현해야 할 것은 새로운 어떤 것이 아니라 이미 가지고 있는 능력을 발현하는 것이다. 불성이 현현하는 것, 잠재태가 현실태로 바뀌는 것을 말한다.

요약하면 성(性)의 관점에서는 마음의 원래의 모습에 중점을 두고 있다. 마음의 원래 모습은 실체가 없이 고정되어 있지 않고, 움직이고 있다. 또한 마음은 비어 있고, 기능하고, 열려 있고, 연결되어 있고, 모순과 반대가 둘이 아닌 모습을 띄고 있다. 마음은 아는 기능을 하는데 이러한 기능이 극대화된 통째로 아는 기능이 가능해진다. 이러한 가능성을 가진 마음의 특징을 불성으로 표현하고 있다. 이러한 마음의 기능성과 가능성은 그 자체로 청정한 것이다. 마음의 이러한 원래의 모습은 마음을 성(性)의 관점에서 파악한 것이라고 할 수 있다.

6. 마음의 전개 – 발생, 시공간성, 무모순성, 실재와 환

마음을 감각기관과 감각기능이라는 측면에서 그 발생연원을 보면 생명체의 자기보존과 연관되어 있다. 생명체는 자신의 생존을 위하여 다양한 방법을 계발한다. 감각기관을 통하여 외부의 정보를 수집하는 것이 생존에 필수적이지만, 접촉이라는 방식으로 아는 것은 위험성이 매우 크다. 왜냐하면 접촉하는 동시에 잡아먹히는 경우가 가능하기 때문이다. 생명체는 접촉을 하지 않고 아는 방법을 점점 계발하게 된다. 그런 연유로 시각과 청각 같은 감각기관이 발달하게 된다. 인간에게는 이것보다 더 생존에 유리한 감각기관이 발달하게 된다. 마음은 기존에 계발된 어떤 감각기관보다도 넓은 감각범위를 포괄할 수 있는 감각기관이다. 이러한 감각기관으로서 마음은 자신이 포괄하는 범위 안에서 존재하는 모든 존재들을 감각할 수 있다.

그러므로 마음의 감각은 다른 어떤 감각기관보다 시공간적으로 넓은 범위를 감각할 수 있다. 예를 들어 눈은 물질적으로 보이는 것 너머를 감각할 수 없다. 반면 청각은 물질적으로 보이는 것 너머를 감각할 수 있지만 청각신호를 넘어설 수는 없다. 마음은 '주의'를 기울일 수 있는 것이면 어떤 것이든 감각할 수 있다. 시간적으로 나머지 감각기관은 과거·현재·미래의 순서로 감각할 수 있다. 좀 더 정확히 이야기하면 나머지 감각기관은 현재의 감각만 감각할 수 있다. 과거와 미래의 감각은 마음의 기능에 의해서 기억에 의존한다고 할 수 있다. 나머지 감각은 오로지 현재에만 존재하는 것이다.[34] 마음의 감각기관이 미래의 일에 먼저 주의를 기울이고 과거의 일에 나중에 주의를 기울일 경우, 마음에서는 미래가 과거가 되고, 과거가 미래가 된다. 즉 마음에서는 주의를 기울이는 순서가 시간의 순서가 된다고 할 수 있다. 이처럼 마음에서는 사건이 과거·현재·미래의 시간 순으로 배열되지 않는다. 주의를 기울이는 순서대로 배열된다.

이로 인해서 사물과 언어의 질서와는 다른 방식의 질서가 형성된다. 예를 들어 사물과 언어의 질서를 논리라고 한다면, 마음의 질서를 심리라고 할 수 있다. 리(理)라는 말 자체는 '옥의 속에 있는 결'을 말하는데, 마음의 결은 언어의 결과는 다르다는 것이다. 언어에서는 모순이 성립하지 않는 것이 가장 큰 원칙이다. 이러한 모순이 성립하기 위해서는 고정점이 성립해야 한다. 그러나 생멸하는 실재의 세계에서는 그러한 고정점이 성립할 수 없다. 생멸하는 마음의 세계에서는 고정점이 성립하지 않는다. 그러나 언어의 세계에서는 고정점이 성립한다. 그러므로 언어의 세계, 즉 논리에서는 모순이 성립할 수 있다. 그러나 실재의 세계 또는 마음의 세계에서는 고정점이 없으므로 모순이 성립할 수 없다. 즉 심리에서는 모순이 성립하지 않는다. 모순적으로 보일 뿐이지 모순이 아니게 된다. 언어와

---

34 그러므로 지금 여기에 집중하라는 것이다. 왜냐하면 과거와 미래는 마음의 기억의 기능이 포함되어 있기 때문이다. 기억은 왜곡되어 들어가고 왜곡되어 나올 수 있기 때문에 지금 여기의 감각만을 실재하는 것으로 보는 것이다.

논리의 세계에서는 모순이 가능하지만, 마음에서는 모순이 가능하지 않다. 단지 모순처럼 보일 뿐이다.

그러므로 이러한 마음의 무모순성의 자각은 언어와 논리의 차원에서 모순성을 와해시키는 역할을 할 수 있다. 언어를 통해서 또는 화두를 통해서 논리의 끝, 즉 아포리아(aporia)로 몰아붙인다. 이는 논리가 더 이상 성립할 수 없는 곳에서 심리가 성립하는 것을 보여주고자 하는 것이라고 할 수 있다. 이때 심리에서 마음의 무모순성이 드러나게 된다. 언어에서 성립하는 모순성이 마음에서는 성립하지 않게 된다. 모순처럼 보일 뿐 무모순성이 성립한다.[35]

부파불교에 따르면 마음은 네 가지 실재 가운데 하나이다. 물질, 마음, 마음부수, 열반이 실재하는 것이다. 실재는 고정불변의 실체가 아니라 생멸하면서 유지하는 특징을 가지는 것을 말한다. 고정되지 않기 때문에 무상하고, 실체가 없기 때문에 무아이다. 실체는 더 이상 실재가 아니다. 생멸하는 마음의 기능은 실재적이다. 기능적 관점에서 보면 마음의 기능은 원인과 결과의 기제에 따라서 효과를 가져오는 실재적인 것이다. 그러나 이러한 다양한 기능의 관점에서 마음을 보는 것이 아니라 마음을 연결되어 있는 하나의 실재로 파악하면 마음은 고정점이 없게 된다. 생멸하는 실재에는 고정점이 없기 때문이다. 이렇게 되면 고정점이 없기 때문에 환(幻)이라고 부를 수 있다. 마음을 몽환포영(夢幻泡影)으로 볼 수 있게 된

---

35 이러한 모순과 진실의 관계에 대해서는 다음의 논문을 참조할 수 있다. 윤희조(2008), 「『중론』에서 언어의 문제-그 모순 위의 진실의 세계」, 『회당학보』 Vol.13, pp.152-188.

다.[36] 마음은 실재인 동시에 환이 된다. 실재와 환이 동시에 성립하는 것이 모순적으로 보일지라도, 이는 무모순적이다. 실재이면서 동시에 환인 것이 모순적으로 보일 뿐이지 모순은 아닌 것이다.

심의식의 기능성 자체를 실재이면서 동시에 환으로 볼 수 있는 것까지 나아가야 마음의 모습을 본 것이라고 할 수 있다. 이는 마음을 포괄적 정의로 볼 것인가, 본래적 정의로 볼 것인가 하는 관점에 따른 것이다. 이 두 가지 정의가 마음의 일견 모순되는 두 측면을 파악한 것이지만, 이러한 모순도 단지 모순으로 보일 뿐이지 무모순적으로 성립한다는 것을 볼 수 있다.

요약하면 마음은 생존과 관련해서 가장 광범위한 시공간을 감각할 수 있는 감각기관으로 발생한 것이고, 마음은 시간 순이 아니라 주의를 기울이는 순으로 사건을 배열한다. 언어와 논리의 세계에서는 모순율이 성립되지만, 마음에는 고정점이 없기 때문에 마음의 세계에서는 모순율이 성립되지 않는다. 고정점이 없기 때문에 마음은 환이지만, 마음의 기능의 실재성으로 인해서 마음은 실재이다. 마음은 환이면서 실재라는 것이 무모순적으로 성립한다.

---

36 http://tripitaka.cbeta.org/T08n0235_001 『金剛般若波羅蜜經』 752b23. 마음을 실재로 보는 것은 부파불교전통에서 강하고, 마음을 환으로 보는 것은 대승불교전통에서 강하다고 할 수 있다.

본 장은 심의식의 어원을 중심으로 마음을 기능의 차원에서 밝히고 있다. 심이 가지고 있는 집적과 유지의 기능, 의가 가지고 있는 색조의 기능, 식이 가지고 있는 구분하여 아는 기능은 불교심리학에서 보는 마음의 대표적인 기능이라고 할 수 있다. 불교심리학의 관점에서 심의식 구조하에서 마음의 기능을 구체적으로 드러내는 것이 본 장의 특징이라고 할 수 있다. 또한 본 장은 심의식의 상호연관성을 밝히고 있다.

마음이 실재의 공, 무아, 불성, 불이, 청정의 특징을 드러내면서 자신도 또한 이러한 특징을 가지고 있다는 것을 성의 차원에서 보여주고 있다. 반야는 마음의 아는 기능을 극대화한 것인 동시에 마음의 본래 기능이다. 본 장은 이처럼 마음을 기능이라는 측면에서 일관적으로 네 가지 차원에서 파악하고 있다. 나아가서는 마음의 발생은 생존과 연관이 있고, 마음은 시공간적으로 주의가 가는 만큼이 공간이고, 주의의 순서가 시간의 순서이다. 또한 마음에는 모순처럼 보일 뿐 모순이 성립하지 않는 것을 볼 수 있고, 이로 인해서 마음은 실재이면서 동시에 환이라는 것을 알 수 있다. 이러한 마음의 특징은 마음의 모습을 이해하는 데 중요한 역할을 할 것이다.

참고문헌

각묵 스님(2010), 『초기불교이해』, 울산: 초기불전연구원.

강명희(1996), 「初期經典에 나타난 識에 관한 硏究」, 『회당학보』 Vol.4, pp.171-210.

미미 구아르네리 지음, 박윤정 옮김(2006), 『기분좋은 심장이 수명을 늘린다』, 서울: 황금부엉이.

박창환(2013), 「세친 체화된 마음」, 『마음과 철학: 불교편-붓다에서 성철까지』, 서울: 서울대학교출판문화원.

兵藤一夫(1982), 「「心(citta)」の語義解釋－特にヴァスバンドゥの立場を中心として」, 『佛教学セミナー』 36号, pp.21-39.

붓다고사 스님 지음, 대림 스님 옮김(2004), 『청정도론』, 서울: 초기불전연구원.

윤희조(2008), 「『중론』에서 언어의 문제－그 모순 위의 진실의 세계」, 『회당학보』 Vol.13, pp.152-188.

윤희조(2012), 『불교의 언어관』, 서울: 씨아이알.

윤희조(2014), 「연속과 불연속의 관점에서 본 아비담마의 마음과 프로이드의 무의식」, 『동서철학연구』 제71호, pp.223-248.

윤희조(2017), 「마음의 기능을 중심으로 한 불교심리학의 정의와 분류에 대한 일고찰」, 『동서철학연구』 제85호, pp.209-236.

이중표(2002), 『근본불교』, 서울: 민족사.

최봉수(1991), 「원시불교에 있어서 심·의·식 三法의 관계성 고찰」, 『가산학보』 창간호, pp.265-286.

AN＝*Aṅguttara Nikāya*, ed. by R. Morris and E. Hardy, London: PTS, 1985-1990.

Anuruddha, 대림 스님, 각묵 스님 옮김(2002), 『아비담마 길라잡이』, 서울: 초기불전연구원.

http://tripitaka.cbeta.org/T08n0235_001 『金剛般若波羅蜜經』

http://tripitaka.cbeta.org/T14n0475 『維摩詰所說經』

http://tripitaka.cbeta.org/T48n2008_001 『六祖大師法寶壇經』

https://www.etymonline.com/word/mind

James W. Kalat 지음, 김문수, 강영신, 고재홍, 박소현, 박형생, 정윤경 옮김 (2017), 『심리학개론 제10판』, 서울: 사회평론.

Janet Gyatso ed.(1992), *In the mirror of memory : reflection on mindfulness and remembrance in Indian and Tibetan Buddhism*, Albany: State University of New York Press.

PED＝*The Pali Text Society's Pali-English Dictionary*, ed. by T. W. Rhys Davids and William Stede, London: The Pali Text Society, 1921-5/1986.

SN＝*Saṃyutta Nikāya*, ed. by M.L. Feer, London: PTS, 1884-1904.

3 아비담마의 정서심리학

인지, 동기, 정서의 측면에서 인간을 이해하는 심리학에서 정서는 중요한 요소 가운데 하나이다. 심리학에서 사용하는 정서에 대한 정의는 윌리엄 제임스(William James)와 나아가서는 찰스 다윈(Charles Darwin)까지 거슬러 올라간다.[1] 그러나 대부분의 연구자가 불평하듯이 정서에 대한 정의는 일의적이지 않다. 이러한 연구들을 일일이 검토하는 것은 광범위한 연구가 될 것이다. 1981년에 클라인진나와 클라인진나에 의해서 정서의 기존 정의에 대한 개별적인 연구를 망라하는 연구가 발표되었다. 이를 토대로 심리학의 정서에 대한 최신 연구성과를 함께 살펴보고자 한다. 심리학에서 밝힌 정서에 대한 이러한 연구를 바탕으로 불교의 정서

---

1 Paul R. Kleinginna, Jr., Anne M. Kleinginna(1981), "A Categorized List of Emotion Definitions, with Suggestions for a Consensual Definition", *Motivation and Emotion* Vol.5, No.4, p.359.

에 대한 논의를 탐구하려고 한다. 불교학에서 정서에 대한 논의는 아직 초기 단계이고 낯선 개념으로 자리하고 있다. 불교의 다른 측면은 수많은 심리학자들에게 영향을 미쳤음에도 불구하고, 정서에 대한 탐구는 널리 알려져 있지 않다.[2]

먼저 심리학에서 정서와 연관된 정동, 느낌을 살펴보고, 이를 바탕으로 정서에 대한 정의를 시도할 것이다. 그리고 불교에서 어떤 마음과 마음작용이 정서의 범주에 해당될 수 있을지를 살펴볼 것이다. 다음으로 심리학에서 정서의 분류와 관련해서 이슈가 되었던 기본정서를 불교에서는 어떻게 적용할 수 있을지 살펴볼 것이다. 마음과 마음작용을 자세히 밝혀놓고 있는 아비담마의 분류를 통해서 아비담마에서 정서의 정의와 분류를 살펴볼 것이다. 특히 아비담마에서 성냄(瞋)을 원인으로 하는 마음과 아비담마의 성냄, 질투, 인색, 후회라는 마음작용을 중심으로 불교의 정서를 다루고자 한다. 이를 통해서 심리학과 구분되는 아비담마에서 정서의 정의, 아비담마에서 정서의 특징을 살펴보고자 한다. 이는 불교에서 정서에

---

2 Paul Ekman, Richard J. Davidson, Matthieu Ricard, and B. Alan Wallace(2005), "Buddhist and Psychological Perspectives on Emotions and Well-Being", *Current Directions in Psychological Science* Vol.14, No.2, p.59. 불교에서 정서를 다루는 국내논문으로는 2편 정도를 찾아볼 수 있다: 이필원(2012), 「초기불교의 정서 이해－인지심리학의 관점을 중심으로－」, 『인문논총』 제67집, pp.49-80. 김재성(2010), 「초기불교의 분노와 치유」, 『비폭력연구』 제4호, pp.19-46. 해외연구로는 빠드마시리에 의한 다음의 연구가 있다. Padmasiri de Silva(2014), *An Introduction to Buddhist Psychology and Counselling*, UK: Palgrave macmillan; Padmasiri de Silva(1976), *The Psychology of Emotions in Buddhist Perspective*, Buddhist Publication Society: Kandy · Sri Lanka, The Wheel Publication No.237.

관한 연구의 단초를 제공함과 동시에 불교에서 정서심리학의 가능성을 제시할 것으로 생각된다. 먼저 정서와 그 주변용어를 살펴봄으로써 정서의 의미를 명확히 하고자 한다.

1. 정동, 느낌, 정서

심리학에서 정서는 정동, 느낌과 구분된다. 정동(情動)으로 번역되는 'affect'는 라틴어 'affectus'에서 나온 말로 '어떤 영향에 의해서 만들어지는 몸과 특히 마음의 상태'를 뜻한다.[3] 정동은 영향을 받은 몸과 마음의 상태를 말한다. 정동은 외부의 자극에 의해서 영향을 받아 정(情)이 움직이는 것(動)을 말한다. 어원적으로 보면 정동은 대단히 넓은 의미를 가질 수 있다. 그러나 그린버그와 파이비오에 의하면 정동은 평가를 포함하지 않고, 단지 일어날 뿐이다. 정동은 자극에 대한 무의식적이고 생리적인 반응을 의미한다.[4] 정동은 그러므로 객관적인 평가가 가능할 수 있다는 점에서 의학 분야에서 많이 사용된다고 한다. 그래서 정동을 '객관적으로 드러난 감정'이라고도 한다.[5]

---

3 affectus (adf-), ūs, m. afficio. I. A state of body, and esp. of mind produced in one by some influence (cf. affectio, I.), a state or disposition of mind, affection, mood http://www.perseus.tufts.edu/hopper/text?doc=Perseus%3Atext%3A1999.04.0059%3Aentry%3Daffectus2

4 Leslie S. Greenberg, Sandra C. Paivio 지음, 이흥표 옮김(2008), 『심리치료에서 정서를 어떻게 다룰 것인가』, 서울: 학지사, pp.22-23.

5 최현석 지음(2011), 『인간의 모든 감정』, 서울: 서해문집, p.73.

느낌(feeling)은 이런 무의식적인 정동과정이 의식화된 산물이라고 할 수 있다. 느낌은 정동에 의한 생리적 감각을 자각하는 것을 포함한다. 느낌은 몸이 느끼는 경험들을 포함한다.[6] 이는 느낌을 몸이 느끼는 감각(sensation)으로 보는 것이다. 감각으로 번역될 수 있는 몸의 지각을 느낌이라고 한다. 다른 한편 느낌이 즐겁다, 괴롭다는 식으로 마음이 느끼는 감각이 있을 수 있다. 그러므로 느낌에는 몸의 감각과 마음의 감각 둘이 가능하다고 할 수 있다.

불교에서 느낌은 오온의 하나로 수(受) 또는 감수(感受)로 번역된다. 한자로는 '받는다'는 의미'와 '느끼다'는 의미가 함께 사용되고 있다. 한자적인 의미로 보면 느낌은 외부의 자극을 받아서 느끼는 것을 말한다. 빨리어 'vedanā'는 어원적으로 '알다(√vid)'라는 의미를 가진다. 느낌은 아는 것과 밀접히 연관되어 있다. 느끼는 것은 받은 것을 아는 것의 일종이다. '알다'는 의미는 느낌이 인지와 밀접히 연관되어 있다는 것을 보여준다. '받다'는 의미에는 몸으로 받는다는 의미와 마음으로 받는다는 의미가 함께 있다고 할 수 있다. 받은 것에 대해서 '좋은 것', '나쁜 것'으로 느낀다. 이는 외부로부터 받은 것이 유기체에게 두 가지 형태의 느낌으로 드러나는 것이다. 이런 식으로 느낌이 세부적으로 분류되는 것을 초기불교와 아비담마에서 볼 수 있다.

초기불교에서 느낌은 즐거운 느낌(sukha, 樂), 괴로운 느낌(dukkha, 苦), 즐겁지도 괴롭지도 않은 느낌(adukkhamasukha, 不苦不樂)으로 분류된다. 아

---

6 Leslie S. Greenberg, Sandra C. Paivio 지음, 이흥표 옮김(2008) pp.22-23.

비담마는 유기체를 몸과 마음으로 구분함으로써 느낌을 다섯으로 분류한다. 즐거운 느낌과 괴로운 느낌을 각각 육체적으로 즐거운 느낌(sukha)과 정신적으로 즐거운 느낌(somanassa)으로, 육체적으로 괴로운 느낌(dukkha)과 정신적으로 괴로운 느낌(domanassa)으로 구분한다. 이는 신체에 의해서 외부로부터 받는 느낌과 마음에 의해서 내부로부터 받는 느낌이 초기불교에서는 구분되지 않다가, 후대로 가면서 이들이 구분되기 시작했다고 볼 수 있다.

초기불교는 두 가지 느낌 이외에 즐겁지도 괴롭지도 않은 느낌을 설정하고 있다. 이를 통해서 느낌의 보편성을 획득하고 있다. 아비담마에서 느낌은 모든 마음현상에 공통적인 요소이지만, 모든 마음현상에 쾌·불쾌가 존재하는 것은 아니다. 예를 들어 느낌이 포함되지 않는 것처럼 보이는 순수한 인지의 경우에도 불교의 차원에서 보면 느낌은 존재한다. 이때 즐겁지도 않고 괴롭지도 않은 느낌이 존재하는 것이다. 또한 느낌에도 인지가 존재한다. 이때 인지는 기본적인 인지, 즉 '안다'라고 하는 마음의 기능과 관련한 인지로서 느낌 속에 항상 존재한다. 인지 없이 느낌을 경험하는 것은 불가능하고[7] 느낌 없이 인지하는 것도 불가능하다. 이렇게 인지와 느낌의 보편성은 불교 안에서 확보된다고 할 수 있다.

정동이 외부 자극에 대해서 영향을 받는 것이라면 느낌은 그것을 받아서, 즉 지각해서 느끼는 것을 말한다. 정동이 영향을 받는다는 의미라면, 느낌은 받은 것을 느끼는 것을 말한다. 느낌은 받는다는 의미에서 지각하

---

7 Leslie S. Greenberg, Sandra C. Paivio 지음, 이흥표 옮김(2008) pp.30-32.

다(sense)는 의미와 느끼다(feel)는 의미를 함께 가진다고 할 수 있다. '지각하다'는 의미는 영향을 받는다는 의미를 가지는 정동과 연관되고, '느끼다'는 의미는 느낌의 번역어 가운데 감(感)과 연관된다고 할 수 있다. 느낌은 정동이라고 하는 측면과 모든 정서가 가지고 있다고 할 수 있는 즐겁거나 괴로운 느낌을 동시에 표현하고 있다고 할 수 있다.

이를 좀 더 전개하면 오온(五蘊)의 색수상행식(色受想行識)에서 색(色)은 육체를 말하지만 단순히 물질적인 것을 의미하지 않는다. 색은 물질적인 감각을 말한다. 정동이 의식적으로 조절할 수 없다는 의미에서 무의식적이고 생리적이라면, 이는 색에 가깝다고 할 수 있다. 수(受)는 정동의 측면과 정서의 측면을 연결하는 지점에 있다고 할 수 있다. 수(受)가 가지는 '받다'는 의미는 정동과 가깝고, '느끼다'는 의미는 정서와 가깝다고 할 수 있다. 그리고 정동은 받는다는 점에서 하나이지만, 느낌은 즐겁다와 괴롭다는 두 가지, 이들이 신체와 정신으로 구분되어 네 가지로 구분되고, 정서는 무수하게 세분화된다.

정서를 세부적으로 나누기 이전에 차원으로 구분하는 것은 분트(W. Wundt)로부터 시작되고 있다. 분트는 내성법(introspection)을 통해서 정서를 쾌·불쾌, 긴장·이완, 흥분·우울의 3가지 차원으로 나누고 있다. 러셀의 정서원형모델(circumplex model of emotion)에서 정서적 경험들은 각성과 쾌·불쾌의 두 차원에 기반하고 있다.[8] 왓슨과 텔레간이 제시하는 다른

---

8 James A. Russell(1980), "A Circumplex Model of Affect", *Journal of Personality and Social Psychology* Vol.39, No.6, p.1167; 오경기 외 공저에서는 9명의 학자가 정서를 차원에 따라서 구분하는 것을 제시하고 있다; 오경기 외 공저(2014), 『심리학』, 파주: 정민사, p.331.

원형모델에서는 긍정적 감정과 부정적 감정이 두 차원을 이루고 있다. 분트 이후의 거의 대부분의 학자들은 정서를 쾌·불쾌의 차원과 각성·이완 차원으로 구분하는 것에 동의하고 있다.[9]

정서를 세부적으로 구분하기 이전에 쾌·불쾌의 차원에서 구분하는 것에서 정서가 아직 느낌과 연결되어 있다는 것을 볼 수 있다. 이렇게 볼 때 정동은 영향을 받는다는 의미에서 객관적인 신체적 특성으로 나타날 수 있으므로, 생리적이고 무의식적일 수 있다. 외부로부터 영향을 받아서 이를 지각하고 느끼는 것이다. 느낌에는 신체적인 차원과 마음적인 차원에서 쾌·불쾌가 있다. 정서는 쾌·불쾌의 차원으로 크게 구분할 수 있다는 점에서 느낌과 연결되어 있지만, 정서의 종류는 무수하게 세분화된다. 무수히 세분화된 정서 가운데 일차정서와 이차정서를 구분하는 것은 정서의 분류에서 살펴볼 것이다. 먼저 정서의 정의에 대해서 살펴보고자 한다.

2. 심리학에서 정서의 정의

'emotion'의 번역어로 '감정'과 '정서'가 대표적으로 사용된다. 심리학에서는 정서라는 번역어를 선호한다. 정서(emotion)는 어원적으로 보면 일종의 운동(motion), 특히 밖으로(e) 향하는 운동(motion)이다. 정서란 용어가

---

9 James W. Kalat, Michelle N. Shiota 지음, 민경환 외 옮김(2007), 『정서심리학』, 서울: 시그마프레스, pp.57-58; 원형모델에 대한 최신 연구 성과는 다음을 참조할 수 있다. Robert Plutchik 저, 박권생 역(1994), 『정서심리학』, 서울: 학지사, pp.127-140.

일상에서 처음 사용되었을 때는 소란 또는 소요를 의미했고, 천둥을 대기의 'emotion'이라고 일컬었다고 한다. 오늘날은 이 단어의 의미를 인간이 느끼는 요동치는 경험에 국한시키고 있다.[10] 그렇다면 정서는 밖으로 표현되고, 드러나고, 움직이는 것이다.

이러한 정서를 정의하기 위해서 클라인진나와 클라인진나는 그 당시까지 발표된 정서와 관련된 92가지 정의를 수집하여 각각의 정의가 강조하는 기본적인 특징들에 기초하여 정의를 11가지 범주로 분류한다. 11가지 범주는 강조하는 측면에 따라서 다섯으로 구분할 수 있다. 정서에서 강조하는 요소에 따라서 2가지 범주, 정서의 진행과정에 따라서 3가지 범주, 정서의 기능에 따라서 2가지 범주, 정서의 정의범위에 따라서 3가지 범주, 정서개념의 유용성에 따라서 1가지 범주로 구분하고 있다. 그러나 이 범주들이 상호배타적이지는 않다.

첫 번째 두 범주에는 주관적 또는 경험적 측면을 강조하는 정동적(affective) 정의와 인지적(cognitive) 정의가 있다. 정동적 정의는 흥분·우울, 쾌·불쾌의 느낌을 강조하고, 인지적 정의는 평가 또는 이름붙이는 과정을 강조한다. 정동적 범주는 정서에 필수불가결한 요소인 느낌을 강조하는 정의를 포함하고 있다. 그리고 느낌은 주관적이고 경험적인 것으로 정의된다. 정서를 단일한 차원에서 정의할 때 정동적 측면을 강조하는

---

10 Robert Plutchik 저, 박권생 역(1994) p.3; 고어에서는 '휘젔다(stir up)', '나가다(move out)', '제거하다(remove)', '뒤흔들다(agitate)'의 의미가 있다. http://www.etymonline.com/index.php?allowed_in_frame=0&search=emotion&searchmode=none

것이 가장 많다. 반면 인지적 정의는 인지적 요소가 정서의 유일한 측면이라는 것을 주장하는 것이 아니라, 가장 중요한 요소 가운데 하나로 본다는 것이다. 평가 과정을 강조하는 경우도 있고, 이름붙이는 과정을 강조하는 경우도 있다. 인지적 접근은 자극이 일어날 때 정서적 자극과 반응을 감지하고, 감지된 경험을 평가하고, 정서에 이름을 붙이고, 정서적 기억을 조사하고, 정서적 상황을 조절하는 등 개인은 다양한 형태의 정서활동을 한다는 것이다. 47가지 정의에서 정서의 요소로 인지적 요소를 언급하고 있다.[11] 즉 92가지 정의 가운데 반 이상이 정서에서 인지적 과정의 역할을 인식하고 있는 것이다.

두 번째 세 범주는 자극-유기체-반응 패러다임에 따라서 외부적 정서자극(external emotional stimuli)에 의해서, 정서의 생리학적 메커니즘(physiological mechanism)을 매개로, 정서적 표현행위(expressive behavior)로 나타나는 정서의 발생과정에 초점을 맞춘다.[12] 정서에서 자극-유기체-반응 패러다임은 자극이 유입되어 생리적 과정을 거쳐서 정서적 표현으로 드러나는 것을 말한다. 자극은 정서에 있어서 외부자극이 중요하다는 것을 강조한다. 유기체는 정서가 생물학적 메커니즘에 의존한다는 것을 강조하고, 반응은 외적으로 관찰가능한 정서적 표현을 강조한다.

세 번째 두 범주에는 정서의 기능에 초점을 맞추는 적응적(adaptive) 정

---

11 Paul R. Kleinginna, Jr., Anne M. Kleinginna(1981) pp.349-350. 여기서 정동적 정의에서 정동은 느낌과 유사한 의미로 사용되고 있다. 주관적 경험적 측면, 쾌·불쾌의 느낌은 느낌의 특징으로 거론한 것이다.

12 Paul R. Kleinginna, Jr., Anne M. Kleinginna(1981) p.349.

의와 부적응적(disruptive) 정의가 있다. 전자는 정서가 유기체의 요구를 만족시킬 가능성을 증가시킨다는 것이고, 후자는 정서가 부적응적이거나 해로운 결과를 낳는 잠재력을 가지고 있다는 것을 강조한다.[13]

네 번째 세 범주는 정의의 범위와 연관된다. 정서는 많은 측면을 가진다는 것을 강조하는 다면적(multiaspect) 정의, 정서를 다른 과정과 구별하려는 제한적(restrictive) 정의, 정서와 동기는 겹친다는 것을 강조하는 동기적(motivational) 정의가 있다. 마지막 다섯 번째 범주는 '정서'라는 개념의 유용성을 부정하거나 문제시하는 회의적인 입장을 말한다.[14]

정서는 단일한 차원이 아니라 다면적 차원이라는 것이 가장 강조되고 있다. 이 정의는 정서가 몇몇 중요한 요소를 포함한다는 것을 강조한다. 정동, 인지, 생리, 표현이 정서에서 가장 공통적인 요소이다. 클라인진나와 클라인진나에 의하면 정서에 대한 기존의 정의가 일관성은 없다고 할 수 있을지라도, 다면적 정의를 지지하는 경우가 최근 들어 통계적으로 유의미하게 증가하였고, 정동적 요소와 인지적 요소를 강조하는 경우가 또한 증가하였다. 이러한 다면적, 정동적, 인지적 경향성을 기반으로 전통적으로 정서의 중요한 측면을 모두 포함하면서도, 다른 심리적 과정과 구별할 수 있는 정의를 이들은 제안한다. "정서는 주관적 요소들과 객관적 요소들 사이의 복합적인 상호작용으로, 신경호르몬 체계에 의해서 매개된다. 정서는 자극의 느낌, 쾌·불쾌와 같은 정동적 경험을 발생시킬 수

---

13 Paul R. Kleinginna, Jr., Anne M. Kleinginna(1981) p.351.

14 Paul R. Kleinginna, Jr., Anne M. Kleinginna(1981) p.352.

있다. 정서는 정서와 관련된 지각효과, 평가, 명명과정과 같은 인지적 과정을 발생시킬 수 있다. 정서는 발생하는 조건에 대해서 광범위한 생리적 적응을 활성화시킬 수 있다. 정서는 항상은 아니지만 종종 표현적이고 목적지향적이며 적응적인 행동을 야기할 수 있다."[15]

이 정의에 의하면 정서는 다면적 정의, 정동적 정의, 인지적 정의, 생리학적 정의, 표현행위적 정의, 동기적 정의, 적응적 정의, 제한적 정의를 포함한다. 이들을 다시 정리해보면 정서의 기반, 정서의 요소, 정서의 표현이라는 세 측면에서 정서를 정의하는 것을 볼 수 있다. 정서는 신체적으로 생리학적, 신경학적 변화를 수반하면서, 인지와 느낌을 요소로 하고, 표현과 동기와 적응을 하게 한다. 즉 정서는 ① 신경생리학적 기반 위에서 ② 인지와 느낌을 요소로 ③ 표현, 동기, 적응을 하는 것으로 정의할 수 있다.

3. 아비담마의 정서

1) 인지, 정서, 동기의 관계

빨리어, 산스끄리트어, 티벳어와 같은 불교고전어에는 '정서'와 같은 단

---

15 Paul R. Kleinginna, Jr., Anne M. Kleinginna(1981) pp.353-355. Emotion is a complex set of interactions among subjective and objective factors, mediated by neural/hormonal systems, which can (a) give rise to affective experiences such as feelings of arousal, pleasure/displeasure; (b) generate cognitive processes such as emotionally relevant perceptual effects, appraisals, labeling process; (c) activate widespread physiological adjustments to the arousing conditions; and (d) lead to behavior that is often, but not always, expressive, goal-directed, and adaptive.

어가 없다고 한다. 이는 정동의 회로와 인지의 회로가 완벽하게 밀접히 관련되어 있어 정서와 동일시될 수 있는 뇌의 모든 영역은 또한 인지의 측면과도 동일시될 수 있다는 현대 뇌과학의 성과와 일관적이라고 할 수 있다. 이는 정서과정이라고 분리해서 말할 수 있는 과정이 없다는 것이다.[16] 이는 정서가 인지, 동기와 밀접히 연관되어 있다는 불교의 통찰을 보여주는 것이라고 할 수 있다. 위에서 보듯이 이는 불교만의 통찰이라고 할 수는 없다. 이미 심리학에서도 정서를 인지, 동기와 밀접하게 연관해서 설명하고 있는 것을 볼 수 있다. 그러나 불교에서 정서라는 용어는 없지만 정서를 다루는 영역은 존재한다. 이 영역의 특징을 통해서 불교에서 정서의 특징을 볼 수 있을 것이다.

이를 위해서 우선 마음(citta, mind)과 마음작용(cetasika, mental factor)을 구분할 필요가 있다. 불교에서 모든 마음은 '안다'는 기능을 가진다. 마음이 얼마나 또렷하게 아는지, 흐릿하게 아는지 또는 번뇌가 있는지, 없는지 등의 차이지 모든 마음은 '아는' 마음이다.[17] 마음은 마음의 기능에 따라서는 1가지 마음이지만, 마음의 차원과 발생에 따라서 89가지 또는 121가지로 분류된다. 차원에 따라서 마음은 욕계에서 생기는 마음 이외에 색계,

---

16 Paul Ekman, Richard J. Davidson, Matthieu Ricard, and B. Alan Wallace(2005) p.59.

17 마음작용으로 번역한 'cetasika'는 전통적으로 심소(心所)로 번역된다. 어원적으로는 '마음의', '마음에 속하는'의 의미를 가진다. 최근에는 '마음부수'라고 번역되는 경우도 있다. 마음을 따라 다니는 것이라는 의미이다. 필자는 마음의 역동성과 활동성을 드러내기 위해서 '마음작용'이라는 번역어를 채택하였다. 본 장은 아비담마에서 다루고 있는 52가지 마음작용을 기본으로 다루고자 한다. 마음작용은 마음과 함께 일어나고 함께 소멸하면서, 다양한 기능을 수행한다. 마음 자체는 한 가지 기능만 수행하지만, 마음과 마음작용이 결합될 때 다양한 기능이 일어나게 된다.

무색계, 출세간계에서 생기는 마음이 있다. 이 장에서는 일상적인 마음이 라고 할 수 있는 욕계의 마음만을 다루고자 한다. 마음은 발생에 따라서 일어나는 마음, 결과의 마음, 작용만 하는 마음으로 나눌 수 있다. 여기에 에서는 정서가 일어나는 것에 초점을 두므로 일어나는 마음을 다룰 것이다. 차원의 관점에서 마음을 보는 것은 마음이 수행에 의해서 계발하는 수직적인 관점이라고 할 수 있고, 발생의 관점에서 마음을 보는 것은 마음이 생멸하는 모습을 보여주는 수평적인 관점이라고 할 수 있다. 이 장에서는 89가지 또는 121가지 마음 가운데 성냄을 원인으로 하는 마음 8가지를 다루고, 52가지 마음작용 가운데 모든 마음에 공통적인 마음작용 7가지, 모든 마음에 항상 공통적이지는 않은 마음작용 5가지, 해로운 마음에 공통적인 마음작용 4가지, 성냄과 관련된 마음작용인 성냄, 질투, 인색, 후회 4가지, 탐욕과 관련된 마음작용인 탐욕, 사견, 자만 3가지, 어리석음과 관련된 마음작용인 의심 1가지를 다루고자 한다.

감각기관에 의해서 발생하는 마음의 세계를 욕계의 마음(kāmāvacara-citta, 欲界心)이라고 한다. 욕계의 마음 가운데 일어나는 마음에는 해로운 마음과 유익한 마음이 있다. 욕계에서 일어나는 해로운 마음에는 탐욕을 원인으로 하는 마음(lobhamūlacittāni, 貪心), 성냄을 원인으로 하는 마음(dosamūlacittāni, 瞋心), 어리석음을 원인으로 하는 마음(mohamūlacittāni, 癡心)이 있다. 육계에서 일어나는 유익한 마음은 불탐(不貪), 부진(不瞋), 불치(不癡)를 원인으로 일어나는 마음이다. 탐 · 진 · 치, 불탐 · 부진 · 불치는 마음이 일어나는 근본 원인이다.

일상적으로 일어나는 마음을 인지, 정서, 동기의 측면에서 본다면 욕계에서 일어나는 마음 가운데 성냄과 성냄 없음, 즉 진과 부진은 정서의 영역이라고 할 수 있고, 탐과 불탐은 동기의 영역이라고 할 수 있고, 치와 불치는 인지의 영역이라고 할 수 있다. 탐과 진은 함께 발생할 수 없지만 탐과 치, 진과 치는 항상 함께 발생한다. 그러한 의미에서 탐진치 가운데 치는 보다 근원적이라고 할 수 있다.

그러나 이러한 구분이 간단한 것만은 아니다. 탐심은 모든 행위의 근원적 동기의 역할을 한다. 탐심과 결합하는 마음작용 가운데 사견(diṭṭhi, 邪見), 자만(māna, 慢), 탐욕(lobha, 貪)이 있다.[18] 이들은 모두 자아의식과 관련되어 있다. 사견은 실재하지 않는 자아개념을 만들어내고, 이를 확장하고자 하는 마음현상이다. 자만은 이러한 사견을 토대로 비교하는 활동을 하는 마음현상이다. 탐욕은 어떤 것을 자아에게로 끌어들이는 마음현상이다. 인간의 다양한 지적 활동은 사견에 포함된다. 사견을 바탕으로 지적 활동이 이루어진다는 것이다. 그렇다면 탐심에는 동기의 측면과 인지의 측면이 함께 포함되어 있다고 할 수 있다.

치심과 결합하는 마음작용에는 의심(vicikichā, 疑)이 있다. 의심은 붓다의 진리에 대한 확신이 없는 상태로, 이로 인해서 무명이라고 하는 연기의 출발점에 서게 된다. 반면 의심이 사라지게 되면 성인의 경지, 즉 출세

---

18 탐심, 진심, 치심이라는 마음과 탐욕, 성냄, 어리석음이라는 마음작용은 구분된다. 탐욕을 원인으로 하는 마음, 성냄을 원인으로 하는 마음, 어리석음을 원인으로 하는 마음에서 탐욕, 성냄, 어리석음은 이들 마음의 특징을 대표하는 마음작용이다. 이러한 마음작용을 근본원인으로 하는 마음이다. 모든 해로운 마음은 이들 셋을 근본원인으로 한다. 성냄과 공통적이면서도 구분되는 특징을 가지는 4가지 마음작용은 아비담마의 정서의 분류에서 다룰 것이다.

간의 마음으로 가는 출발점에 서게 된다. 이때의 치심은 단순히 지적인 인지만이 아니라 괴로움의 세계로 나아가는 근본 동기가 되기도 하고, 성인의 세계로 나아가는 근본 동기가 되기도 한다. 또한 12연기에서 무명과 함께 연기의 원인으로 제시되고 있는 갈애는 탐욕이 강화된 형태라고 할 수 있다. 갈애에는 연기의 발생 순서상 무명이 포함되어 있다고 할 수 있다. 이처럼 치심은 동기의 측면과 정서의 측면이 각각 결합할 수 있다고 할 수 있다.

그리고 탐심과 진심은 동전의 양면처럼 작용한다. 둘은 구분되는 마음으로 함께 일어나지는 않지만 밀접한 관계를 맺고 있다. 탐심은 자아를 근본으로 생기는 마음이고, 자아의 탐심이 좌절될 때 생기는 마음이 진심이다. 탐심과 진심은 자아와 연관되어 있다고 할 수 있다. 전자가 자아의 증장과 관련된 것이라면, 후자는 자아의 손감과 관련된 것이라고 할 수 있다.

2) 성냄을 원인으로 하는 마음과 마음작용

성냄을 원인으로 하는 마음(瞋心)은 크게 2종류, 세부적으로는 8종류로 분류할 수 있다. 크게 '불만족이 함께 하고, 적의와 결합되고, 자극 없는 마음'과 '불만족이 함께하고, 적의와 결합되고, 자극 있는 마음'이 있다. 성냄에는 '불만족(domanassa)'이라는 느낌이 항상 함께 한다. 이때 불만족은 '정신적으로 괴로운 느낌'을 말한다. 정신적인 괴로움을 총칭하는 말이라고 할 수 있다. 불만족은 '낙담, 우울, 실의, 고뇌, 슬픔, 비통'도 포함하지만,[19] 보다 더 광범위한 불만족 일반을 말한다고 할 수 있다. 적의로 번역되는 'paṭigha'는 '무엇과 부딪히는 것'을 말한다.[20] 이때의 적의는 폭력적인 격분에서부터 미세한 짜증에 이르기까지 모든 등급의 반감을 다 포함한다.[21] 그리고 자극의 유무가 있다. 자극은 '행(saṅkhāra, 行)'을 말한다. '자극이 있는'은 유위(有爲)로 번역될 수 있고, '자극이 없는'은 무위(無爲)로 번역될 수 있다. '자극이 있는' 마음은 무엇인가와 결합되어 있는 마음이다. 다양한 방법과 결합되어 있는 것을 말하는데, 결합될 수 있는 것으로는 신구의(身口意), 즉 몸, 말, 생각이 있다. 이러한 것과 결합될 수도 있고, 안될 수도 있는 불만족과 적의가 결합되어 있는 마음이 진심이다. 이것이 진심(瞋心)의 정의이고, 아비담마에서 부정적 정서의 정의라고 할 수 있다. 긍정적 정서, 즉 부진(不瞋)은 따로 다루지 않고 불탐, 불치와 함께 '욕계의 유익한 마음'으로 다루어지고 있다. 그러므로 아비담마에서 정서적 영역의 특징을 볼 수 있는 것은 부정적 정서의 영역이라고 할 수 있다.

모든 마음은 마음작용과 함께 한다. 그러므로 성냄을 원인으로 하는 마음도 마음작용과 함께 발생한다. 성냄을 원인으로 하는 마음에서 자극이 있는 마음의 경우는 22가지 마음작용과 함께 발생하고, 자극이 없는 마음의 경우는 20가지 마음작용과 함께 발생한다. 우선 모든 마음에 공통적인 마음작용 7가지, 모든 마음에 항상 공통적이지는 않은 마음작용 5가

---

19 Anuruddha 지음, 대림 스님, 각묵 스님 옮김(2002), 『아비담마 길라잡이』, 서울: 초기불전연구원, p.120.

20 Paṭigha (m. & nt.) [paṭi + gha, adj. suffix of ghan = han, lit. striking against] 1. (ethically) repulsion, repugnance, anger 2. (psychologically) sensory reaction; PED p.393.

21 Anuruddha 지음, 대림 스님, 각묵 스님 옮김(2002) p.120.

지, 해로운 마음작용에 공통적인 마음작용 4가지가 있어야 한다. 이들 16가지 마음작용에 성냄, 질투, 인색, 후회의 마음작용이 각각 결합해서 17가지 마음작용이 된다. 이들이 '불만족이 함께 하고, 적의와 결합되고, 자극 없는 마음'과 결합하면 4가지 마음이 된다. 17가지 마음작용에 해태와 혼침을 더한 19가지 마음작용이 성냄, 질투, 인색, 후회의 마음작용과 각각 결합하면 '불만족이 함께 하고, 적의와 결합되고, 자극 있는 마음' 4가지가 된다. 이렇게 성냄을 원인으로 하는 마음은 세부적으로 8종류가 된다.[22]

먼저 모든 마음에 공통적인 마음작용은 촉(phassa, 觸), 작의(manasikāra, 作意), 수(vedanā, 受), 상(saññā, 想), 사(cetanā, 思), 집중(ekaggatā, 心一境), 생명기능(jīvitindriya, 命根)의 7가지이다. 다음으로 모든 마음에 공통적이지는 않은 마음작용은 일으킨 생각(vitakka, 尋), 지속적 고찰(vicāra, 伺), 결심(adhimokkha, 勝解), 정진(vīriya, 精進), 열의(chanda, 欲)의 5가지이다. 이들 5가지 마음작용은 결합하는 마음이 해로우면 해로운 마음작용의 역할을 하고, 결합하는 마음이 유익하면 유익한 마음작용의 역할을 한다. 이들은 아직 유익함과 해로움이 결정되어 있지 않다. 성냄은 해로운 마음작용에 속하므로 성냄과 결합하는 이들은 모두 해로운 마음작용을 하게 된다. 또한 해로운 마음작용이라면 반드시 함께 하는 마음작용으로 어리석음(moha, 癡), 양심없음(ahirika, 無慚), 수치심없음(anottappa, 無愧), 들뜸(uddhacca,

---

22 전체 마음작용과 마음 간의 결합양상은 다음을 참조할 수 있다. Anuruddha 지음, 대림 스님, 각묵 스님 옮김(2002) p.193, p.274; 해태(thīna, 懈怠)와 혼침(middha, 昏沈)의 마음작용에 의해서 자극의 유무가 결정된다. 자극이 없는 상태에서 마음은 해태, 즉 게으르고 혼침, 즉 가라앉게 된다.

掉擧)의 4가지가 있다.

앞으로 살펴보게 될 성냄, 질투, 인색, 후회라는 해로운 정서는 성냄을 원인으로 하는 마음과 위의 7가지, 5가지, 4가지 마음작용이 함께 한다. 그리고 성냄을 근본으로 하는 마음에서 자극의 유무에 따라서 해태와 혼침이라는 2가지 마음작용의 유무가 결정된다. 따라서 8가지 마음과 17가지 또는 19가지 마음작용이 함께 결합될 때 해로운 정서가 발생하게 된다. 정서의 차원 이외에 동기와 인지의 차원에서 함께 결합하는 마음작용 가운데 14가지 마음작용은 정서의 차원에서 결합하는 마음작용과 동일하다. 모든 마음에 공통적인 마음작용 7가지, 모든 마음에 공통적이지는 않지만 탐진치의 마음에 공통적인 마음작용 4가지, 해로운 마음작용에 공통적인 마음작용 4가지는 인지, 정서, 동기의 마음과 항상 결합한다.

마음과 마음작용이 결합되어 일어나는 현상을 마음현상이라고 한다면, 마음현상은 단순히 하나의 단일한 요소가 아니라 마음과 마음작용의 복합체라고 할 수 있다. 성냄이 심리학에서 기본정서(basic emotion)라고 할지라도 아비담마에서는 더 이상 쪼갤 수 없는 원자와 같은 의미의 기본정서는 아니다. 이미 성냄에는 17가지 또는 19가지의 마음작용이 포함되어 있기 때문이다. 기본정서는 단순히 하나의 요소로 이루어진 정서가 아니라는 것을 아비담마의 마음작용의 분석에서 볼 수 있다.

이를 정리하면 ① 아비담마의 정서는 동기, 인지와 밀접히 연관되어 있고, 이들은 자아와 연관되어 있고, 인지, 정서, 동기는 14가지 마음작용을 공통적으로 가진다. ② 부정적 정서는 자극의 유무와 함께 불만족과 적의가 결합된 마음으로 정의할 수 있다. ③ 부정적 정서의 종류에는 17가지 마음작용과 결합하는 4가지 성냄, 질투, 인색, 후회의 마음과 19가지 마음작용과 결합하는 4가지 성냄, 질투, 인색, 후회의 마음이 있다. 아비담마의 정서를 세부적으로 살펴보기 이전에 심리학의 정서를 기본정서를 기준으로 살펴보고자 한다.

4. 심리학에서 정서의 분류

일차정서(primary emotion)와 이차정서(secondary emotion) 개념을 중심으로 정서를 분류하고자 하는 노력은 맥두걸(W. McDougall) 이후 지속적으로 이루어지고 있다. 기본정서에 대한 17명의 연구를 정리하고 있는 켐퍼(T. D. Kemper)에 따르면, 일차정서의 숫자는 적게는 3개에서 많게는 11개까지 거론되고 있다. 공포(fear)와 분노(anger)는 모든 학자들이 일차정서로 제안하는 정서이다. 슬픔(sadness)과 기쁨(joy)도 한두 명의 학자를 제외한 모든 학자가 일차정서로 거론한다. 켐퍼 자신도 공포, 분노, 슬픔, 기쁨을 일차정서로 들고 있다. 이들을 일차정서로 간주하는 이유는 진화적으로 가치가 있고, 개체발생적으로 초기에 발생했으며 문화를 넘어서는 보편성, 다른 정서와 구별되는 패턴, 신경학적 근거가 있기 때문이라고 한다.[23]

칼랏과 시오타는 기본정서의 기준으로 5가지를 들고 있다. 기본정서에 대한 기준으로 가장 논란이 적은 기준은 기본정서는 보편적이어야 한다

23 Theodore D. Kemper(1987), “How Many Emotions Are There? Wedding the Social and the Autonomic Components”, *The American Journal of Sociology* Vol.93, No.2, pp.266-276.

는 것이다. 모든 사회에서 거의 모든 사람들에게 일어나야 한다는 것이다. 두 번째 기준으로 기본정서는 삶의 사건에 대한 특정한 원형적인 반응을 야기해야 한다. 만약 우리가 어떤 정서를 공유한다면 우리는 그 정서를 느끼는 능력을 진화시켜온 것이고, 만약 그 정서를 느끼는 경향이 진화했다면 그 정서는 어떤 공통된 문제를 다루는 데 유용한 것임이 틀림없다는 것이다. 세 번째 기준은 기본정서는 생애 초기에 분명해야 한다는 것이다. 네 번째 기준은 어떤 정서가 기본정서라면 얼굴표정이나 소리톤과 같이 그것을 표현하는 내장된 양식을 가진다는 것이다. 가장 설득력이 있는 다섯 번째 기준은 일차정서는 그 자신의 고유한 생리적 기반을 가져야 한다는 것이다.[24] 칼랏과 소이타의 기본정서에 대한 기준은 보편성, 기능성, 초기 개체발생, 특징적 표현형태, 생리적 기반으로 정리할 수 있다. 이는 켐퍼가 정리하고 있는 기준과 유사하다고 할 수 있다.

그린버그와 파이비오는 심리치료의 측면에서 정서를 일차정서, 이차정서, 도구정서(instrumental emotion)로 분류한다. 이들은 심리치료적 측면을 강조하므로 각각의 정서를 적응적 정서(adaptive emotion)와 부적응적 정서(disruptive emotion)로 분류한다. 이차정서와 도구정서에는 부적응적 정서만이 있다. 이차정서에는 부적응적 정서인 나쁜 느낌(bad feeling)과 복합느낌(complex feeling)이 있다. 정서는 다양한 근원에서 출현할 수 있다는 것, 발생 근원이 다르다면 같은 이름으로 불리는 정서라고 할지라도 서로 다르다는 것을 강조한다.[25] 예를 들어 기본정서로 분류되는 분노가 근원

---

24 James W. Kalat, Michelle N. Shiota 지음, 민경환 외 옮김(2007) pp.40-42.

에 따라서 이차정서 또는 도구정서로 분류될 수도 있다는 것이다. 이는 기본정서의 분류에 대한 새로운 관점을 제공한다고 할 수 있다. 이로 인해서 기본정서에 해당하는 정서가 다양한 층의 정서, 즉 이차정서, 도구정서, 일차인지정서, 이차인지정서로 분화되는 것을 볼 수 있다.

징크와 뉴웬의 최근 연구는 적응·부적응적 관점을 좀 더 발전시켜서 정서의 기능적 관점을 중심으로 발달론적으로 정서에 접근하고 있다. 그들은 정서를 초점 없이 표현하는 전정서(pre-emotion), 기본정서(basic emotion), 일차인지정서(primary cognitive emotion), 이차인지정서(secondary cognitive emotion)로 구분한다. 초점 없이 정서를 표현하는 전정서는 단순히 생물학적 반사가 아니라 상호작용하는 표현행위에 관여한다. 아직 구체적인 정서반응유형이 아닌 전정서는 편안함(comfort)과 괴로움(distress)이라는 단지 두 종류의 정서로 특징지어진다.[26] 전정서는 정서의 차원구분, 괴로운 느낌과 즐거운 느낌의 구분과 유사하다고 할 수 있다.

켐퍼, 그린버그와 파이비오와 마찬가지로 징크와 뉴웬도 분노, 공포, 슬픔, 기쁨을 기본정서(basic emotion)로 들고 있다. 기본정서는 실제상황에 초점을 맞춘 제한된 인지과정만 포함하는 단기적이지만 전형적인 반응이다. 그리고 기본정서는 개인과 문화 사이의 변화가 최소이고, 진화적으로 더 오래된 정서반응이다. 네 가지 정서는 삶에서 보편적으로 주어지는 도전에 반응하는 정서로서, 특정한 도전에 반응하기 위해서 지각, 평

---

25 Leslie S. Greenberg, Sandra C. Paivio 지음, 이흥표 옮김(2008) pp.59-67, p.14.

26 Alexandra Zinck, Albert Newen(2008), "Classifying emotion: a developmental account", *Synthese* 161, p.11.

가, 행동을 자연스럽게 조절한다. 다음으로 일차 인지정서는 최소한의 인지적 내용을 포함한다. 이때 인지적 내용은 정서에 의해서 유발된 행동의 원인과 관련이 있고, 그 유발된 행동을 설명하는 역할을 한다. 이러한 인지의 도움으로 인해서 정서표현은 다양해지고, 기본정서는 인지적으로 확장된다. 이차 인지정서는 높은 차원의 인지정서로서, 가장 복합적인 정서개념이 드러난다. 이차 인지정서는 문화적 정보와 개인의 경험에 의존하는 복합정서이다. 기본정서에서 일차 인지정서, 이차 인지정서로 나아가면서 정서패턴의 복합성은 증가된다.[27] 징크와 뉴웬에 의하면 기본정서는 진화적으로 오래된 반응, 보편적 도전에 대한 반응, 전형적 반응, 제한된 인지과정, 최소한의 문화적 관여를 특징으로 가진다. 정서를 기능적 측면에서 발달론적으로 기술하고 있다.

기본정서에 대한 연구를 정리하면 기본정서는 ① 보편성을 가진다. 그러므로 문화적 관여가 최소한이고, 제한된 인지과정만 개입한다. ② 신경학적 근거와 생리학적 기제를 가진다. ③ 개체발생 초기에 발현되고 진화적으로 오래되었으며, 진화적 가치가 있다. ④ 특징적인 표현양태와 전형적인 반응을 가진다. 그리고 ⑤ 도전에 대한 전형적인 반응으로 적응, 부적응의 기능을 한다. 대부분의 학자들이 일차정서 또는 기본정서로 동의하는 분노(anger), 공포(fear), 슬픔(sadness), 기쁨(joy) 가운데 부정적인 정서라고 할 수 있는 앞의 3가지 정서와 이에 대응하는 정서로 아비담마의 성냄을 원인으로 하는 마음을 살펴보고자 한다.[28]

---

27 Alexandra Zinck, Albert Newen(2008) pp.11-14.

1) 분노

분노는 어떤 사람에게 상처를 주거나 그 사람을 몰아내려는 욕구와 관련된 정서상태이다. 분노는 불쾌하고, 불공정하고, 바뀔 가능성이 있는 사건이나 상황에 대한 상당히 구체적인 반응이다. 분노는 공격으로부터 자신을 보호하고 방어하기 위한 생물학적 경향성에서 기인한다. 분노는 여러 가지 근원에 의해 자극되며 반응형태도 다양하다. 어떤 분노는 긍정적인 반면, 어떤 분노는 부정적이며 공격적이다. 또한 분노의 어떤 형태는 특정 종류의 사건에 대한 반응이고, 또 다른 형태의 분노는 보다 모호하고 누구든지 그때 주위에 있는 사람에게로 향한다. 후자는 '성마름' 또는 '짜증'의 형태로 경험할 수 있는 것이다. 또한 분노는 다른 사람들로 하여금 당신의 한계와 요구를 알게 해주는 기능을 한다.[29]

징크와 뉴웰에 의하면 분노, 공포, 슬픔 모두 첫 번째 단계는 괴로움(distress)이라는 비초점적으로 표현된 정서에서 시작된다. 괴로움은 부정적 상황에 대한 비초점적 반응이다. 분노의 기본정서는 생후 4~7개월 사

---

28 기본정서에 대해 최신 연구 가운데 The British Psychological Society 2014년 7월 22일자에 게재된 글래스고우 대학(The University of Glasgow)의 연구가 있다. 이 연구에서도 기본정서는 6가지가 아니라 4가지라고 주장한다. 행복, 슬픔, 공포, 놀라움, 분노, 싫어함의 6가지 가운데 공포와 놀라움은 갑작스런 위협을 피하는 반응의 범주에서 분화된 것이고, 분노와 싫어함은 안개 속에 있는 문제에 접근하는 반응의 범주에서 분화된 것이라고 한다. 그래서 연구팀은 행복, 슬픔, 접근, 회피를 4가지 기본정서라고 주장한다.
http://bps-research-digest.blogspot.co.uk/2014/07/study-of-dynamic-facial-expressions.html

29 Leslie S, Greenberg , Sandra C. Paivio 지음, 이흥표 옮김(2008) p.193; James W. Kalat, Michelle N. Shiota 지음, 민경환 외 옮김(2007) pp.159-60, p.167.

이에서 발달한다. 분노에 상응하는 전형적인 얼굴표정이 있듯이, 공포, 슬픔에도 전형적인 표현양식이 있다. 기본정서로서 분노는 억제와 기대나 목표가 좌절될 때 분명하게 드러난다. 그 분노의 원인은 상실과 방해의 상황이다. 기본 인지정서로서의 분노는 목표를 방해하는 것, 자신의 상황에 대해서 부정적인 것, 긍정적인 활동에 대한 부당한 방해를 알아차릴 것을 요구한다. 나아가서 좌절(frustration) 또는 짜증(annoyance)과 같은 일차 인지정서는 기대와 목표가 좌절되는 것과 어떤 상황에서 부적절하게 다루어지는 것을 가리킨다. 이차 인지정서의 단계인 격노(wrath) 또는 도덕적 분노(moral rage)는 사회적, 문화적 맥락에서 정의와 규범적 가치를 획득하고 자각할 것을 요구한다.[30]

분노를 일으키는 상황은 공포를 야기하는 상황들과 많이 겹친다. 어떤 사람이 당신을 해치려고 한다면, 당신은 분노와 공포가 섞인 감정으로 반응한다. 분노와 공포의 가장 큰 차이점은 힘에 대한 인식이다. 모욕을 당한 상황에서 당신이 힘을 가진 입장이라면 분노를 불러일으킬 것이지만, 힘이 없다면 공포를 느낄 것이다.[31]

---

30 Alexandra Zinck, Albert Newen(2008) pp.15-18: 기본정서를 다루는 저서 또는 논문 가운데 그린버그와 파이비오의 책과 징크와 뉴웬의 논문은 기본정서를 세부적으로 분류해서 다루고 있다. 전자는 심리치료적 측면에서 중요한 각각의 정서를 다양하게 다루는 반면, 후자는 네 가지 기본정서를 체계적으로 설명하고 있다.

31 James W. Kalat, Michelle N. Shiota 지음, 민경환 외 옮김(2007) p.128.

2) 공포

공포는 '위험에 대한 반응'으로 위험을 피하고 생존지향적인 기능을 수행하게 하는 매우 불쾌한 정서이다. 공포는 자신이나 자신이 사랑하는 사람이 위험하다고 자각할 때 나타나는 반응으로, 구체적인 자극에 대한 일시적 반응이므로 위협이 사라지면 재빨리 가라앉는다.[32] 공포에 대한 기본 정서는 생후 7~9개월에서 관찰된다.[33] 기본정서로서 공포는 잠재적인 공격, 약탈자, 적, 죽음과 같은 위협에 의해서 야기될 수 있는 위험에 도전하는 삶에서 일어난다. 공포는 자기보호에 초점을 맞춘 방어행동, 예를 들어 도피, 회피, 공격과 같은 상황에서 발생한다.

공포에 대한 일차 인지정서로 위협(menace), 불안(anxiety)이 있고 이차 인지정서로 부끄러움(shame), 질투(jealousy), 부러움(envy)이 펼쳐진다. 이차 인지정서의 차원에서 자아개념은 새로운 요소가 된다. 공포의 경우 자아개념은 위험을 통합적으로 파악하고 자신에 대한 가치개념을 포함한다. 이차인지정서인 질투는 개인적인 관계를 매우 중요하게 평가하는데, 상대방에 의해서 이것이 위협받는 것으로 해석될 때, 상실의 공포와 결합되는 것에 기반을 두고 있다. 부러움의 정서는 어떤 대상이나 사건을 다른 이는 소유하고 있지만 자신은 가지지 못하고 있다는 것을 아는 것과 함께, 그 대상이나 사건을 평가하는 것이다. 이것은 자신이 적절하지 못한 대우를 받고 있다는 강한 공포와 함께, 정의롭지 못하다고 평가되고, 자신

---

32 James W. Kalat, Michelle N. Shiota 지음, 민경환 외 옮김(2007) p.127; Leslie S, Greenberg, Sandra C. Paivio 지음, 이흥표 옮김(2008) p.273.

33 Alexandra Zinck, Albert Newen(2008) p.15.

에게 핵심적인 맥락에 있는 어떤 사람에 의해서 제시되는 위협의 공포와 결합된다.[34] 분노와 공포 둘 다 밀쳐내려는 정서와 밀접히 연관되어 있다. 슬픔도 분노나 공포만큼 강력한 힘으로 밀쳐내는 것은 아니지만, 밀쳐내는 작용을 한다.

3) 슬픔

슬픔은 상실감에 대한 정서적 반응이다. 슬픔을 유발하는 상황은 불쾌하고, 외부에서 기인하며, 통제 불가능한 것이다.[35] 생후 2~3개월에 처음으로 관찰된다. 기본정서로서 슬픔은 강한 부정적인 방해의 상황, 예를 들어 긍정적인 조건이나 자극으로부터 분리, 상실, 적당하지 않은 자기효능감 등에서 발생한다. 실망(disappointment)과 낙담(dejectedness)이 기본정서이다. 슬픔에 대한 기본 인지정서인 실망은 변화 또는 상황조절에 대한 가능성을 잃어버리는 것과 어떤 기대를 충족시키지 못하는 것을 알아차리는 것을 포함한다. 이것은 개인이 능동적으로 상황을 향상시킬 기회를 상실한 채 내버려지는 것이다. 결과적으로 부정적인 조건으로 인한 상황을 단지 견뎌야 한다. 이차인지정서의 차원인 비탄(grief)은 대상의 상실에 대한 재인식과 그것을 그리워하는 것을 포함한다. 상황을 변화시키는 것이 불가능하거나 되돌리는 것이 불가능하다는 인식을 함께 포함한다. 이러한 인식내용은 비탄이라는 정서의 특징인 긴장으로 인해서 강한 동요

---

34 Alexandra Zinck, Albert Newen(2008) pp.16-18.

35 James W. Kalat, Michelle N. Shiota 지음, 민경환 외 옮김(2007) pp.192-193.

가 발생한다.[36] 또한 단기간의 공포와 장기간의 불안이 구분되고, 어떤 사건에 대한 분노와 더 오랜 시간 지속되는 '심술궂음'과 일생 동안의 성격 특질로서의 분노가 구분되는 것처럼, 당장의 슬픔과 만성적인 우울을 구분할 수 있다.[37]

5. 아비담마에서 정서의 분류

그린버그와 파이비오 또는 징크와 뉴웬의 경우 기본정서와 이차정서의 관계를 트리구조로 묘사한다.[38] 이러한 트리구조는 정서의 특징이 구분된다는 것을 전제로 한다. 아비담마의 경우 정서는 연속적인 스펙트럼이라고 할 수 있을 것이다. 정서의 정의에서 정서를 구체적으로 기술하는 것이 아니라 불만족을 느끼는 정도에 따라서, 적의의 정도에 따라서, 자극의 유무와 정도에 따라서 다양한 정서가 가능하게 된다.

마음작용 가운데 탐욕은 좋아하는 것을 지향해서 끌어들이는 에너지를 지속적으로 유지하는 것이고, 성냄은 싫어하는 것에 저항해서 밀쳐내는 에너지를 지속적으로 유지하는 것이다. 앞에서 보았듯이 탐욕을 원인으로 하는 마음작용은 정서라기보다는 인지와 동기에 가깝다고 할 수 있다. 예를 들어 비교하는 마음, 집착하는 마음, 자아를 만드는 마음은 인지적

---

36 Alexandra Zinck, Albert Newen(2008) pp.16-17.

37 James W. Kalat, Michelle N. Shiota 지음, 민경환 외 옮김(2007) p.188.

38 Alexandra Zinck, Albert Newen(2008) p.18; Leslie S. Greenberg, Sandra C. Paivio 지음, 이흥표 옮김(2008) pp.62-63.

마음작용에 가깝다고 할 수 있다. 탐욕으로 인해서 '나'의 개념을 비교하고 증장시키는 역할을 한다.[39]

성냄을 원인으로 하는 마음은 대상을 밀쳐내는 역할을 지속적으로 한다. 대상과 자신과의 관계에 따라서 세 가지 경우가 있다. 대상이 자신보다 힘이 강한 경우, 대상과 자신이 힘이 비등한 경우, 대상이 자신보다 약한 경우 또는 대상이 상실된 경우가 있을 수 있다. 대상이 강한 경우는 공포의 형태로 대상을 밀쳐낸다. 대상이 드러나 있는 경우가 공포라면, 대상이 드러나지 있지 않은 경우는 불안의 형태로 나온다. 대상과 자신이 비슷할 경우에는 화, 분노, 질투, 인색의 형태로 표현된다. 대상이 자신보다 약할 경우는 경멸, 대상이 상실된 경우에는 슬픔과 후회의 형태로 나타난다.[40]

아비담마에서는 정서라고 불리는 마음현상을 망라하여 분류하는 것이 기본 목표가 아니다. 불교의 궁극목표인 열반을 성취하는 데 도움이 되는 마음현상과 방해가 되는 마음현상을 밝힘으로써 도움이 되는 마음현상은

---

39 탐욕을 원인으로 하는 마음작용 가운데 52가지 마음작용에는 포함되지 않는 다양한 정서가 있다. 갈애(taṇhā), 갈망(rāga), 감각적 욕망(kāmacchanda), 탐욕(abhijjhā), 애착(āsajjana), 취착(upādāna), 허영(mada, upset, mentally unbalanced state, disturbance of mind through passion, conceit)과 같은 것이 있다; 파아옥 또야 사야도 지음, 정명 스님 옮김(2009), 『업과 윤회의 법칙』, 서울: 향지, p.80.

40 52가지 마음작용에 포함되지 않는, 성냄을 원인으로 하는 마음작용으로 다음과 같은 것이 있다. 악의(byāpāda, ill-will, malevolence), 화(kodha, anger), 적의(vera, hatred, revenge, hostile action), 잔인(vihiṁsā), 무료함(kosajja, idleness, sloth, indolence), 참을성 없음(akkhanti, intolerance), 슬픔(soka, grief, sorrow, mourning), 비판(parideva, lamentation, wailing), 불만족(domanassa, dis-tress, dejectedness, melancholy, grief as mental pain), 절망(upāyāsa, (a kind of) trouble, turbulence, tribulation, unrest, disturbance, unsettled condition); 파아옥 또야 사야도 지음, 정명 스님 옮김(2009) p.82.

더욱 증장시키고, 방해가 되는 마음현상은 이것의 생멸을 앎으로써 이것으로부터 벗어나고자 한다. 이러한 목표를 중심으로 6가지 근본원인에 따라 마음과 마음작용을 분류한 것이다.

심리학의 분노, 공포, 슬픔에 아비담마의 성냄, 질투와 인색, 후회를 각각 대응시킬 수 있지만, 목표의 차원에서 보면 차이가 난다. 이러한 목표를 가지고 성냄의 범주를 분류하는 것과 정서라는 현상 전체를 범주화하려는 시도는 근본적인 의도에서 차이가 있을 수 있다. 아비담마의 성냄과 관련된 정서는 해로운 정서와 관련되므로 일차정서라기보다 이차정서의 특징을 강하게 가진다고 할 수 있다. 왜냐하면 보편적이고 생리적인 일차정서보다 이차정서가 더욱 해로울 수 있기 때문이다. 마음작용의 분류가 단순히 현상적인 분류가 아니라 궁극목표에 대해서 해로운가, 유익한가를 기준으로 하기 때문에 전형적인 해로움이 선택된 것이다. 성냄이라는 공통적인 모습을 띠면서 자신의 고유한 모습을 가지고 있는 것으로 성냄, 질투, 인색, 후회의 마음작용이 선택된 것이다.

성냄을 원인으로 하는 마음에서 본 아비담마의 정서의 특징을 정리하자면 ① 부정적 정서와 유익한 정서는 불교의 궁극목표에 도움이 되는지, 도움이 되지 않는지에 따라서 구분된다. ② 정서는 연속적이다. ③ 부정적 정서는 밀쳐내는 에너지와 연관되어 있다. ④ 대상에 따라서 정서가 바뀌는 것을 볼 수 있다. ⑤ 대상과의 관계는 자아와 연관되어 있다. ⑥ 정서의 부정적인 기능이 강조된다. ⑦ 아비담마의 정서에는 심리학의 기본정서와 이차정서가 함께 있다.

1) 성냄

성냄(dosa, hatred, 瞋)은 심리학에서 분노(anger)에 위치한다고 할 수 있다. 분노는 긍정적인 측면과 부정적인 측면을 동시에 가지고 있다. 심리학의 일차적인 적응정서로서의 분노는 긍정적인 역할을 한다. 그러나 불교의 성냄은 부정적인 역할을 한다. 이 정서로 인해서 자신과 타인이 모두 해롭게 된다. 그리고 성냄에는 여러 층이 있다. 성냄은 미세한 짜증에서부터 격노까지 일컬을 수 있는 개념이라고 할 수 있다. 성냄은 일의적으로 사용되는 것이 아니라 다층적으로 사용되는 것을 볼 수 있다. 분노의 다층적인 측면은 심리학에서 분노가 부정적으로, 긍정적으로, 일차인지정서로, 이차인지정서로 사용되는 것과 유사하다고 할 수 있다. 그러나 분노의 강도에 따라서 다른 개념으로 나누어지는 것은 아비담마의 마음작용이 더 잘 보여주고 있다고 할 수 있다.

또 하나의 초점은 성냄을 비롯한 나머지 해로운 마음작용에서 자아라는 개념이 중요한 역할을 한다는 것이다. 인지적 측면에서 탐욕, 사견, 자만에 의해서 만들어진 자아 개념은 성냄, 질투, 인색, 후회에서도 밀쳐내는 주체의 역할을 한다고 할 수 있다. 이는 심리학에서 이차인지정서에서 자아가 새로운 요소로 개입되는 것과 유사하다. 그러나 아비담마에서 자아의 부정성은 더욱 근원적이라고 할 수 있다.

2) 질투와 인색

질투(issā, envy)와 인색은 심리학에서 공포의 이차 인지정서에 해당한다. 이차 인지정서이므로 인지적 내용이 들어가 있다. 하지만 질투와 인색은 공포의 측면에서 보는 것과 다르다고 할 수 있다. 질투와 인색은 타인이 가진 것 또는 자신이 가지지 못한 것을 타인과 비교할 때 나타나는 정서이다. 이는 자아의 인지와 자아를 통한 비교의 인지가 이미 포함되어 있다. 질투는 사물 또는 사실을 있는 그대로 볼 수 없을 때 나타나는 현상이다. 사물을 있는 그대로 볼 수 있을 때는 함께 기뻐함, 함께 슬퍼함과 같은 유익한 마음작용이 나타나지만, 그렇지 못할 때 질투와 인색이 나타난다.[41] 자아를 개입시킴으로 인해서 사물이나 상대편을 폄하해서 보게 되는 것이다. 이는 상실이나 위협의 공포라기보다 있는 그대로를 보지 못하는 관점에서 비롯된다고 할 수 있다.

인색(macchariya, avarice, stinginess)은 나의 것을 남과 함께 하기 싫어하는 마음작용이다. 이것도 또한 함께 기뻐함, 함께 슬퍼함을 피해가는 것이다. 질투가 남의 성공과 관련된 것이라면, 인색은 나의 성공과 관련된 것이다. 남의 성공에 대한 나의 태도 가운데 해로운 태도가 질투라면, 나의 성공에 대한 나의 태도 가운데 해로운 태도가 인색이라고 할 수 있다. 질투와 인색은 사회적 관계에서 해로운 정서라고 할 수 있다. 그러므로 질투와

---

41 함께 기뻐함(喜, muditā)과 함께 슬퍼함(悲, karuṇā)은 질투와 인색의 반대에 위치하는 유익한 마음작용이라고 할 수 있다. 사무량심, 즉 네 가지 아무리 많아도 좋은 마음인 자비희사(慈悲喜捨) 가운데 함께 기뻐함과 함께 슬퍼함은 있는 것을 있는 그대로 보기 때문에 가능한 것이다. 남의 성공을 성공으로 보기 때문에 함께 기뻐할 수 있고, 남의 아픔을 아픔으로 볼 수 있기 때문에 함께 슬퍼할 수 있는 것이다. 있는 그대로 본다는 측면에서 이들은 인지와도 연관되어 있다. 그리고 사무량심의 첫 번째 마음인 자애(慈, mettā)는 분노를 다스리는 역할을 한다. 그러므로 사무량심을 계발하는 것은 부정적인 정서를 대치하는 수행으로 자리잡게 된다.

인색은 동전의 양면처럼 자아와 타인에 대한 태도와 관련되어 있다.

3) 후회

후회(kukkucca, worry, remorse)는 마음작용 가운데 가장 폭넓은 범위를 가지고 있는 정서 가운데 하나이다. 단어 어원 그대로 하면 악작(惡作), 즉 잘못한 것을 말한다. 잘못한 것으로 인한 지금 현재의 감정상태 전반을 가리킨다. 후회는 이미 지난 과거에 대한 것이므로 지금 여기에서는 자신보다 약한 대상에 대한 마음작용이라고 할 수 있다. 과거에 내가 행한 행위에 대한 마음상태 일반을 가리킨다. 해야 되는 것을 하지 않은 것과 하지 않아야 되는 것을 하는 것이 포함된다. 걱정, 안절부절, 가책, 상심, 후회, 회한, 이로 인한 슬픔 등 과거에 대한 것이 모두 여기에 포함된다고 할 수 있다. 악작 가운데 하나로 슬픔이 나타난다고 할 수 있다. 슬픔과 관련된 비탄, 회한 등의 슬픔의 이차 인지정서와도 연관이 있다.

심리학에서 정서에 대한 정의와 분류는 오랜 역사를 두고서 이루어져온 반면, 불교학에서 정서에 대한 연구는 새롭게 시작하고 있는 단계이다. 정서는 인지, 동기와 밀접히 연관되어 있다는 점은 두 전통 모두에서 마찬가지이다. 심리학에서는 정서를 세 차원, 즉 정서의 기반, 요소, 표현에서 '신경생리학적 기반 위에서 인지와 느낌을 요소로 표현하고, 적응하고, 동기를 일으키는 것'으로 정의한다. 불교에서 정서는 '성냄을 원인으로 하는 마음'의 영역에서 볼 수 있고, 정서는 '자극의 유무와 함께 불만족과 적의가 결합된 마음'으로 정의할 수 있다.

심리학에서 일차정서와 이차정서를 기준으로 정서를 분류할 수 있는 반면, 아비담마에서는 마음작용을 기준으로 정서를 분류할 수 있다. 일차정서가 분노, 공포, 슬픔, 기쁨 네 가지라면 아비담마에서 정서의 영역에 있는 마음작용은 성냄, 질투, 인색, 후회 네 가지이다. 일차정서는 보편성, 신경생리학적 기제, 초기 개체발생, 전형적인 표현양태를 특징으로 가진다. 아비담마의 네 가지 마음작용은 부정적인 정서와 연관이 있고, 밀쳐내는 에너지와 연관되어 있다. 부정적인 정서와 긍정적 정서를 구분하는 기준은 불교의 목표에 있다. 이들은 연속적이면서 다양한 층으로 이루어져 있고, 대상에 따라서 정서가 바뀐다. 그리고 대상과의 관계는 자아와 연관되어 있다는 것을 볼 수 있다. 또한 마음의 다른 영역, 즉 인지와 동기의 영역도 자아를 매개로 정서와 연결되어 있는 것을 볼 수 있다.

참고문헌

Anuruddha 지음, 대림 스님, 각묵 스님 옮김(2002), 『아비담마 길라잡이』, 서울: 초기불전연구원.

James W. Kalat, Michelle N. Shiota 지음, 민경환 외 옮김(2007), 『정서심리학』, 서울: 시그마프레스.

Leslie S. Greenberg, Sandra C. Paivio 지음, 이흥표 옮김(2008), 『심리치료에서 정서를 어떻게 다룰 것인가』, 서울: 학지사.

Robert Plutchik 저, 박권생 역(1994), 『정서심리학』, 서울: 학지사.

김재성(2010), 「초기불교의 분노와 치유」, 『비폭력연구』 제4호, pp.19-46.

오경기 외 공저(2014), 『심리학』, 파주: 정민사.

이필원(2012), 「초기불교의 정서 이해－인지심리학의 관점을 중심으로－」, 『인문논총』 제67집, pp.49-80.

최현석 지음(2011), 『인간의 모든 감정』, 서울: 서해문집.

파아옥 또야 사야도 지음, 정명 스님 옮김(2009), 『업과 윤회의 법칙』, 서울: 향지.

Alexandra Zinck, Albert Newen(2008), "Classifying emotion: a developmental account", *Synthese* 161, pp.1-25.

Andrew Ortony, Terence J. Turner(1990), "What's Basic About Basic Emotions?", *Psychological Review* Vol.97, No.3, pp.315-331.

Bhikkhu Bodhi ed.(1999), *A comprehensive manual of abhidhamma: the abhidhammattha sangaha of acariya anuruddha, Kandy*, Sri Lanka: Buddhist Publication Society.

http://bps-research-digest.blogspot.co.uk/2014/07/study-of-dynamic-facial-expressions.html

http://www.etymonline.com/index.php?allowed_in_frame=0&search=

emotion&searchmode=none

http://www.perseus.tufts.edu/hopper/text?doc=Perseus%3Atext%3A1999.04.0059%3Aentry%3Daffectus2

James A. Russell(1980), "A Circumplex Model of Affect", *Journal of Personality and Social Psychology* Vol.39, No.6, pp.1161-1178.

Padmasiri de Silva(1976), *The Psychology of Emotions in Buddhist Perspective*, Buddhist Publication Society: Kandy·Sri Lanka, The Wheel Publication No.237.

Padmasiri de Silva(2014), *An Introduction to Buddhist Psychology and Counselling*, UK: Palgrave macmillan.

Paul Ekman, Richard J. Davidson, Matthieu Ricard, and B. Alan Wallace(2005), "Buddhist and Psychological Perspectives on Emotions and Well-Being", *Current Directions in Psychological Science* Vol.14, No.2, pp.59-63.

Paul R. Kleinginna, Jr., Anne M. Kleinginna(1981), "A Categorized List of Emotion Definitions, with Suggestions for a Consensual Definition", *Motivation and Emotion* Vol.5, No.4, pp.345-379.

PED= *The Pali Text Society's Pali-English Dictionary*, ed. by T. W. Rhys Davids and William Stede, London: The Pali Text Society, 1921-5/1986.

Theodore D. Kemper(1987), "How Many Emotions Are There? Wedding the Social and the Autonomic Components", *The American Journal of Sociology* Vol.93, No.2, pp.263-289.

4 번뇌의 심리학

붓다는 괴로움의 소멸이라는 문제의식으로 자신의 깨달음과 교화의 여정을 시작한다. 붓다의 깨달음은 사성제라는 형태를 통해서 전형적으로 드러난다. 사성제에 따르면 괴로움의 원인은 집(集)으로 제시된다. 집은 탐진치로 대표되는 번뇌라고 할 수 있다. 그리고 번뇌를 멸함으로써 괴로움으로부터 벗어날 수 있음을 보여준다. 괴로움의 소멸은 번뇌의 소멸로 귀결된다. 그러므로 번뇌에 대한 올바른 이해는 괴로움에서 벗어날 수 있는 첫걸음이라고 할 수 있다.

서구심리학에서 번뇌에 대응하는 용어를 찾기는 쉽지 않다. 본 장은 서구심리학에서 기초심리학으로 불리는 인지, 정서, 동기, 성격심리학을 통해서 번뇌의 위치를 찾아보고자 한다. 불교심리학에서 가장 중요시하고, 잘 다루어야 할 것이 번뇌이므로 이에 대한 서구심리학의 대응개념과 처리방안을 불교심리학과 비교하는 것은 의미가 있을 것으로 생각된다. 번뇌라는 용어가 단지 불교만의 용어가 아니라 서구심리학적으로 전사될 수 있다면, 불교에 대한 현대적 접근이 용이해질 것으로 생각된다.

번뇌의 영역은 인지, 정서, 동기, 성격의 측면을 모두 포함하고 있는 것으로 보인다. 네 가지 측면이 유해한 측면과 유익한 측면으로 나누어질 수 있고 부정적인 측면이 번뇌와 연관되어 있다는 것을 보고자 한다. 이를 바탕으로 번뇌의 기능과 특징을 통해서 번뇌에 대한 본래적 정의를 시도하고, 번뇌의 발생, 분류, 소멸을 통해서 번뇌에 대한 포괄적 정의를 시도하고자 한다. 이를 통해서 '번뇌의 심리학'을 보고자 한다. 이는 기존의 불교학적 관점에서 번뇌를 설명하는 것과는 달리 서구심리학의 성과를 활용함으로써 번뇌를 비롯해서 불교심리학에서 다루어지는 마음의 다양한 기능을 현대적인 관점에서 다루게 될 것이다.

1. 영역의 관점에서 보는 번뇌

불교심리학의 범주 가운데 마음의 기능을 탐구하는 불교심소학(Buddhist cetasikalogy)은 인지, 정서, 동기, 성격을 대표적인 주제로 다룬다. 서구심리학의 구분에 준해서 볼 때 이러한 연구주제는 기초심리학의 차원에서 다루는 주제라고 할 수 있다. 이들 주제들의 정의를 살펴보면 서로의 관계에 대해서 볼 수 있다. 인지, 정서, 동기, 성격에도 두 가지 차원을 볼 수 있다. 즉 유익과 유해의 차원을 볼 수 있다. 또한 인지, 정서, 동기에 있어서 기본적인 인지와 복합적인 인지, 기본정서와 복합정서, 기본동기와 복합동기를 볼 수 있다. 이러한 인지, 정서, 동기의 연관성과 이들의 복합체로서 성격의 측면에서 번뇌를 파악해야 한다. 번뇌를 파악하고자 할 때 어떤 영역에서 보아야 번뇌를 온전히 파악할 수 있을지에 대해서 논의해 보고자 한다.

1) 서구심리학에서 번뇌의 위치

(1) 인지－기초적 인지와 고차적 인지, 지혜와 희론

인지심리학에서 인지(cognition)는 앎을 다룬다. 앎이라는 마음의 기능의 활동이라고 할 수 있는 지각, 주의, 표상, 기억, 언어를 다룬다.[1] 불교에서 마음의 기능은 '앎'이다. 마음과 심소가 결합하면서 다양한 기능이 출현하지만, 마음 자체의 기능은 앎이다. 마음 자체의 기능인 앎에서부터 다양한 심소가 결합함으로 인해서 복합적인 앎까지 다양한 층위의 앎이 존재한다. 단순하게 지각하는 앎부터 복합적인 언어적, 명제적, 추론적 앎까지 존재한다. 이처럼 인지를 크게 두 가지로 구분할 수 있고, 그 사이에 다양한 스펙트럼이 가능하다. 먼저 지각하는 앎 또는 알아차림으로서 인지(①)가 가능하다. 이는 대상에 대해서 존재를 인지하는 앎을 말한다. 이는 기초적인 인지라고 할 수 있다. 이러한 앎을 전제로 이미지를 만들고, 언어가 포함되면서 명제적 앎으로서 인지(②)로 나아간다. 이는 고차적인 인지라고 할 수 있다.[2] 정서에 인지가 포함된다고 할 때의 인지는

---

1 이는 인지심리학 관련 텍스트가 다루고 있는 주요 주제이다. E, Bruce Goldstein 지음, 도경수, 박태진, 조양석 옮김(2017), 『인지심리학』, 서울: Cengage Learning; 하코다 유지, 츠즈키 타카시, 가와바타 히데아키, 하기와라 시게루 공저, 강윤봉 옮김(2014), 『인지심리학』, 서울: 교육을 바꾸는 책; 이정모 외(1999), 『인지심리학』, 서울: 학지사.

2 기초적인 인지와 고차적인 인지의 구분은 『인지심리학』에서 볼 수 있다. 고차원

기초적인 인지와 고차적인 인지 둘 다 포함할 수 있지만, 기초적인 인지는 반드시 포함되므로, 기초적인 인지를 정서의 요소라고 할 수 있다. 이는 정서 자체를 알아차리는 기능을 한다.

십이연기적 관점에서 살펴보면 무명(無明)에서 나머지 각지(各支)가 성립하므로 알아차리는지, 알아차리지 못하는지에 따라서 나머지가 결정된다. 알아차리면 무명이 명(明)이 되고, 알아차리지 못하면 무명은 여전히 무명이 된다. 원래적 의미에서 무명은 사성제에 대한 앎이지만, 각지의 순서에 따라서 보면 행(行)의 발생을 알아차리지 못하면[無明] 행으로부터 시작하는 나머지 각지가 시작된다. 그리고 십이연기가 진행되면서 알아차림으로써의 인지는 복합적인 인지로 나아가게 된다. 수애취유(受愛取有)의 과정처럼, 수상심희(受想尋戱)의 과정으로 나아가게 된다.[3] 이처럼 연기의 과정에서도 기초적인 인지와 고차적인 인지가 함께 작용하고 있다고 할 수 있다.

또한 인지를 목표에 따라서 분류할 수 있다. 지혜적 인지와 희론적 인지가 가능하다. 마음이 제대로 활동함[如理作意, yoniso manasikāra]으로 인해서 인지대상을 바르게 알아차리고[念, sati] 바르게 앎[正知, sampajañña]

적 인지심리학이란 제목하에 제2부에서 인지, 사고, 감정을 다루고 있다. ①과 ②는 기초적인 인지와 고차적인 인지를 구분하기 위한 표시이다. 하코다 유지·츠즈키 타카시·가와바타 히데아키·하기와라 시게루 공저, 강윤봉 옮김(2014) p.225.

3 연기의 과정에서 수애취유(受愛取有)로 나아가는 과정을 정서적인 과정이라고 할 수 있다면, 인지적인 과정을 수상심희(受想尋戱)로 표현할 수 있다. 이는 『꿀덩어리 경』에서 복합적인 인지라고 할 수 있는 희론이 발생하는 과정을 수상심희의 과정으로 설명하는 것에서 볼 수 있다. 『맛지마 니까야』 18번째 경 「꿀덩어리 경」, 대림 스님 옮김(2012), 『맛지마니까야 1』, 울산: 초기불전연구원, pp.490-494.

으로써 통째로 앎[慧, paññā]으로 나아가는 흐름이 있다. 이와는 달리 마음이 제대로 활동하지 못함[非如理作意, ayoniso manasikāra]으로 인해서 인지 대상을 제대로 알아차리지 못하고[失念] 희론(戱論, papañca)으로 나아가는 흐름이 있다. 이처럼 인지는 발생과정에 따라서 기초적인 인지(①)와 고차적인 인지(②), 목표에 따라서 지혜와 희론으로 볼 수 있다.

(2) 정서－유익한 정서와 유해한 정서

서구심리학에서 정서(emotion)는 '신체적으로 생리학적, 신경학적 변화를 수반하면서 인지와 느낌을 요소로 하고, 표현과 동기와 적응을 하게 한다'고 한다. 즉 정서는 '신경생리학적 기반 위에서 인지와 느낌을 요소로 표현하고, 동기를 불러일으키고, 적응하는 것'으로 정의할 수 있다.[4] 정서를 정서의 기반, 정서의 요소, 정서의 표현이라는 세 측면에서 볼 수 있다. 여기에서 정서는 인지와 느낌을 요소로 가지고 동기를 불러일으키는 것을 볼 수 있다. 이처럼 정서는 인지, 느낌, 동기를 포함하는 넓은 개념이다.

정서를 일차정서와 이차정서, 기본정서와 복합정서로 구분하는 것은 발생에 따른 분류라고 할 수 있다. 일차정서는 진화적으로 가치가 있고, 신경학적 근거가 있고, 개체 발생적으로 초기에 발생하고, 문화를 넘어서는 보편성을 가지고 있고, 다른 정서와 구별되는 패턴이 있다. 기본정서는

4 Paul R. Kleinginna, Jr., Anne M. Kleinginna(1981), "A Categorized List of Emotion Definitions, with Suggestions for a Consensual Definition", *Motivation and Emotion* Vol.5, No.4, pp.345-379.

모든 사회에서 모든 사람에게 일어나야 하고, 특정한 원형적인 반응을 야기하고, 생애초기에 분명해야 하고, 내장된 양식이 있어야 하고, 가장 중요한 것으로는 고유한 생리적 기반을 가져야 한다는 것이다. 이러한 일차정서 또는 기본정서로 분노, 공포, 기쁨, 슬픔이라는 4가지를 보는 것이 일반적이다.[5] 일차정서 또는 기본정서는 ① 신경학적 근거와 생리학적 기제를 가진다. ② 개체발생 초기에 발현되고 진화적 가치가 있다. ③ 보편성을 가지므로 문화적 관여가 최소한이고 제한된 인지과정만 개입한다. ④ 특징적인 표현양태와 전형적인 반응을 가진다. ⑤ 도전에 대한 전형적인 반응으로 적응, 부적응의 기능을 한다. 발생의 차원에서 정서를 구분할 때 ①②는 신체와 관련되고, ③④는 인지와 관련되어 있다. 신경생리학적 기제, 즉 신체적인 기제와 인지의 개입여부가 기본정서와 복합정서를 구분하는 기준이 된다.

그리고 동기와 적응과 관련된 구분법이 가능하다. 이는 일차정서와 기본정서를 구분하는 기준 가운데 ⑤와 연관이 있다고 할 수 있다. 특히 정서중심치료에서는 정서를 네 가지, 즉 적응적인 일차정서, 부적응적 일차정서, 이차적인 반사정서, 도구적 정서로 구분한다.[6] 일차정서와 이차정서의 구분을 포함하면서 이를 세부적으로 적응, 부적응, 도구의 관점에서 보고 있다. 동일한 정서라고 할지라도 적응적인지, 부적응적인지에 따라

---

5 윤희조(2015), 「성냄을 원인으로 하는 마음에서 보는 아비담마의 정서심리학」, 『동서철학연구』 제75호, p.244.

6 Rhonda N. Goldman, Leslie S. Greenberg 공저, 김현진, 에스더 박, 양명희, 소피아 박, 김은지 공역(2018), 『정서중심치료 사례개념화』, 서울: 학지사, pp.45-48.

서 분류가 다르게 된다. 동일한 정서현상이라고 할지라도 다르게 분류된다. 이때의 적응, 부적응의 기준은 목표와 관련해서는 유익한 정서와 유해한 정서로의 구분이 가능하다. 인지와 마찬가지로 정서의 경우도 일차정서와 이차정서, 유익한 정서와 유해한 정서로의 구분이 가능하다. 십이연기의 관점에서도 마찬가지이다. 수상심희(受想尋戱)의 과정은 고차적인 인지로 나아가는 것을 보여주는 동시에 희론적 인지로 나아가는 것을 보여준다고 한다면, 수애취유(受愛取有)의 과정은 복합적인 정서로 나아가는 것을 보여주는 동시에 유해한 정서로 나아가는 것을 보여준다. 정서에 대해서 여리작의하면서 정서활동을 할 경우에는 유익한 정서가 되고, 정서에 대해서 비여리작의하면서 정서활동을 할 경우에는 유해한 정서가 된다. 정서를 대하는 태도에 따라서 유익한 정서가 되기도 하고 유해한 정서가 되기도 한다.

(3) 동기－유익한 동기와 유해한 동기

동기(motive)는 행동에 에너지와 방향을 제공하는 내적 과정인 욕구, 인지, 정서가 공유하는 공통적인 기반을 말한다. 동기의 근원에는 욕구, 인지, 정서와 같은 내적 동기와 외적 사건이 있다.[7] 동기는 인지와 정서의

---

7 John Marshall Reeve 원저, 정봉교, 현성용, 윤병수 공역(2003), 『동기와 정서의 이해』, 서울: 박학사, pp.6-7. 동기연구에는 아홉 가지 주제들이 다루어지고 있다. (1) 동기는 적응을 돕고, (2) 동기는 주의를 지배함으로써 행동에 영향을 주고, (3) 동기 강도는 시간 경과에 따라 변동하고, 행동의 흐름에 영향을 주고, (4) 동기는 접근 경향성과 회피 경향성을 포함하고, (5) 동기연구는 인간성의 내용을 밝혀주고, (6) 동기는 강도뿐만 아니라 유형에서 변동하고, (7) 우리는 항상 자기 행동의 동기적

기반인 동시에 동기의 근원에는 인지와 정서가 놓여 있다. 즉 동기와 인지·정서의 선후관계는 순환적으로 형성되어 있다. 동기는 인지와 정서가 공유하는 공통적인 기반이면서 인지와 정서의 근원이기도 하다. 그리고 동기에는 내적 욕구와 외적 사건이 포함되어 있다. 행동을 일으키는 내외적인 방향성이 동기에 포함되어 있다. 동기에는 내적, 외적이라는 운동의 방향성이 제시되고 있다. 이러한 동기에는 기본적인 동기에서부터 복합적인 동기까지 다양한 스펙트럼이 가능하다. 이는 인지와 정서가 기본적인 인지와 정서로부터 복합적인 인지와 정서에 이르기까지 다양한 것과 마찬가지이다. 신체적인 유지와 생존이라는 동기로부터 사회문화적인 동기에 이르기까지 복합적이다.

또한 어떤 목표에 도움이 되는 방향성으로 나아가게 하는 동기와 그러한 방향성으로 나아가는 것을 방해하는 동기가 있다. 이는 지혜적 인지와 희론적 인지가 있고, 적응적 정서와 부적응적 정서가 있는 것과 마찬가지이다. 인지, 정서, 동기에 있어서 유사한 구분기준이 적용되는 것은 그만큼 이들의 유사성을 입증하는 계기가 될 수 있다. 이를 십이연기에서도 볼 수 있다. 동기 또는 의도는 오온에서 행(行)의 전형적인 기능이라고 할 수 있다. 행은 마음에 의해서 형성된 것(mental formation), 행해지는 모든 것(doing), 행위의 방향성(行)이라는 해석이 가능하다. 십이연기의 두 번째 각지인 행(行)에 의해서 애취(愛取)라는 동기적 요소가 발생하고, 여

기초를 의식적으로 자각하지 않고, (8) 동기원리들은 응용될 수 있고, (9) 좋은 이론은 더 실용적이다. John Marshall Reeve 원저, 정봉교·현성용·윤병수 공역(2003) p.27.

기서 발생하는 애취는 다시 연기의 두 번째 각지인 행으로서의 역할을 하게 된다. 동기에 의해서 동기가 만들어지고, 다시 동기에 의해서 다시 동기가 만들어지는 순환적 구조를 볼 수 있다. 순환구조를 거치면서 더욱 복합적인 동기로 나아간다. 행(行)에서 다양한 동기가 발생한다고 할 수 있다. 이러한 동기를 목표중심적으로 구분할 경우 불교에서는 크게 두 가지로 나눈다. 불교의 궁극적 목표, 즉 괴로움의 소멸[滅]에 도움이 되는 것을 선업(善業), 도움이 되지 않는 불선업(不善業)으로 구분하는 것이 가능하다. 업 또는 행의 신구의(身口意) 세 가지 차원 가운데 마음의 차원에서 선업과 불선업은 유익한 동기와 유해한 동기를 전형적으로 보여준다.

(4) 성격－유익한 성격과 유해한 성격

성격을 '개인의 삶에 방향과 패턴을 부여하는 인지, 정서, 행동의 복합적 조직'으로 정의한다. 성격은 내적 속성이고, 통합성, 고유성, 일관성, 역동성을 지닌다고 한다.[8] 카버와 사이어는 유보적인 태도를 취하면서 성격을 '한 개인의 독특한 행동과 사고 및 감정의 양상을 창조해내는 개인 내부의 심리·신체적 체계의 역동적인 조직'으로 정의한다.[9] 두 정의 모두

---

8 민경환(2002), 『성격심리학』, 서울: 법문사, pp.3-4. "성격은 내적 속성이다. 성격은 정신신체적 체계들, 즉 인지, 정서, 행동의 통합과정이다. 개인은 고유한 성격을 갖고 있다. 성격에는 일관성이 있다. 성격은 역동적이다. 성격은 이러한 5가지 요소를 들 수 있다."

9 Charles S. Carver, Michael F. Scheier 공저, 김교헌, 심미영, 원두리 공역(2005), 『성격심리학－성격에 대한 관점들』, 서울: 학지사, p.31. "성격은 조직이고, 일종의 과정이고, 물질적 신체와도 연결되어 있고, 세상과 어떻게 관계를 맺는지를 결정하도록 도와주고, 재현과 일관성을 특징으로 하는 양상으로 드러나고, 다양한 방식의

에서 성격은 인지, 정서, 행동과 밀접히 연관되어 있다. 성격(性格)은 '마음이 일어나는 차원'이다. 마음이 일어나는 차원으로 제시된 것이 인지, 정서, 행동이라는 것이다.[10] 5요인모델에서 성격의 기본적인 구조는 5개의 상위 요인들로 통합된다고 한다. 신경성은 정서에 초점을 맞추고, 성실성은 행동을 크게 다루고 있고, 개방성은 대부분 인지로 측정되고, 외향성은 행동과 정서가 혼합되어 있고, 우호성은 행동, 정서, 인지의 세 가지 경로 모두 균형을 맞추고 있다.[11] 5요인의 바탕에도 인지, 정서, 행동이 포함되어 있다.

여기에서 중요한 것은 이러한 인지, 정서, 행동에 대해서 각자가 어떤 선택을 하는가 하는 점이다. 어떤 영역에서 어떤 선택을 지속적으로 일관되고 고유하게 하는지에 따라서 개인의 성격이 결정된다고 할 수 있다. 선택에 따라서 다양한 스펙트럼의 성격이 가능하다. 선택의 방법으로는 불교적 관점에서 보면 궁극 목표에 유익한 방법과 유해한 방법이 있을 수 있다. 즉 유익한 성격과 유해한 성격이 가능하다. 이러한 성격을 가지고 있는 사람을 성인과 범부라고 할 수 있다. 성인과 범부의 차이는 궁극

행동, 사고, 감정으로 드러난다."라고 요약해서 설명한다.

10 행동은 불교적 관점에서는 행을 의미하고 행은 의도에서 행동까지 넓은 의미를 포함하고 있다.

11 Charles S. Carver, Michael F. Scheier 공저, 김교헌, 심미영, 원두리 공역(2005) pp.110-118. 5요인이라고 할 때 5요인은 다양한 인지, 정서, 동기, 행동 가운데, 즉 업 가운데 어떤 특정한 업에 중점이 주어지는 것을 말한다. 어떤 이는 외향·내향이라는 차원에 중점을 두는 반면, 어떤 이는 정서·신경성이라는 차원에 중점을 두는 등의 방식이다. 반면 유익·유해의 방식은 모든 업에 대해서 어떤 선택을 하는가에 따라서 성격을 구분하는 방식이라고 할 수 있다. 전자가 영역에 관심을 두고 있다면, 후자는 모든 영역에서 어떤 선택을 하느냐에 관심을 두고 있다.

목표에 유익한 선택을 지속적으로 일관되게 하는지의 여부이다.[12] 유해한 방법으로는 탐진치의 방법이 대표적이다. 탐진치 각각의 성향에 대해서 세부적으로 유해한 선택이 또한 가능하다.[13]

탐진치는 오온으로 볼 때 행(行)에서 등장한다. 번뇌는 느낌적 요소[受]와 인지적 요소[想], 동기적 요소[行]가 다양하게 형성[mental formation]되어 가는데 그 가운데 탐진치의 성향으로 형성되는 것을 말한다. 형성의 배율에 따라서 각자의 성격이 드러나게 된다. 행은 행동, 의도뿐만 아니라 다양한 형성이므로, 인지·정서·동기의 복합체로서 성격과 유비할 수 있다. 그러므로 번뇌는 단순히 인지, 정서, 동기의 측면을 가지지만 이 가운데 하나만이라고 할 수 없고, 이것들이 복합적으로 형성된 것으로 보아야 할 것이다. 그런 의미에서 번뇌는 인지, 정서, 동기 그리고 이들의 복합체로서 성격 모두에 해당된다고 할 수 있다. 그러므로 이들의 복합체로서 성격에서 번뇌를 볼 때 전체적인 모습이 드러날 수 있을 것이다.

번뇌가 활동하는 영역은 인지, 정서, 동기, 성격의 영역 모두이지만 번

---

12 두 가지 분류법은 다양한 차원에서 볼 수 있다. 『맛지마 니까야』 15번째 경 「추론경」에서는 가르치기 어려운 자질과 가르치기 쉬운 자질의 구분을 볼 수 있고, 19번째 경 「두 가지 사유 경」에서는 감각적 욕망, 악의, 해침과 관련된 사유와 출리, 악의없음, 해치지 않음과 관련된 사유의 구분을 볼 수 있다. 대림 스님 옮김(2012), 『맛지마니까야 1』, 울산: 초기불전연구원, pp.454-463, pp.497-498.

13 붓다고사 스님 지음, 대림 스님 옮김(2004), 『청정도론 제1권』, 서울: 초기불전연구원, p.309. 탐은 단순히 탐한다는 하나만을 나타내는 것이 아니라 속임수, 사기, 자만, 삿된 욕심, 크나큰 욕심, 만족하지 않음, 맵시내기, 치장하려는 욕심, 등의 법(심리현상)이 자주 일어난다. 성내는 기질을 가진 자에게는 노여움, 적의, 얕봄, 비교함, 질투, 인색 등의 법들이 자주 일어난다. 어리석은 기질을 가진 자에게는 해태, 혼침, 들뜸, 근심, 의심, 천박하게 거머쥠, 버리기를 싫어함 등의 법들이 자주 일어난다.

뇌는 이 넷을 대하는 태도라고 할 수 있다. 인지 자체는 유익·유해가 없지만 인지를 대하는 방식에 따라서 희론적 인지, 지혜적 인지가 된다. 정서, 동기, 성격에 대해서도 이들을 대하는 방식에 따라서 유익하기도 하고 유해하기도 하다. 유해한 태도 가운데 대표적인 것이 탐진치이다. 탐의 방식은 나쪽으로 끌어당기는 방식이고, 진의 방식은 밀치는 방식이고, 치의 방식은 모른 채 거르는 방식이다. 이와는 반대되는 방식이 여리작의(如理作意)의 방식이다. 그러므로 영역의 관점에서 번뇌를 보면 번뇌의 활동 범위는 인지, 정서, 동기, 성격 모두라고 할 수 있다. 달리 말하면 마음이 기능하는 곳 모두를 자신의 활동영역으로 삼고 있다. 번뇌는 이 활동무대에서 유익과 유해가 결정되어 있는 것이 아니라, 선택에 따라서 이들을 대하는 태도가 달라지고, 이 태도에 의해서 유익과 유해가 결정된다.

2) 불교심소학에서 번뇌의 위치

불교심소학에서 제시하는 심소 가운데 모든 심소에 기본적으로 포함되는 심소가 있고, 어떤 특별한 심소에만 포함되는 특별한 심소가 있다. 유익한 심소이든 유해한 심소이든, 모든 심소에 항상 포함되는 심소는 7가지 또는 5가지이다. 7가지든 5가지든 작의(manasikāra, 作意), 촉(phassa, 觸), 수(vedanā, 受), 상(saññā, 想), 사(cetanā, 思)는 항상 포함하고,[14] 7가지에는 명근(jivitindriya, 命根), 심일경(ekaggatā, 心一境)이 추가적으로 포함된다.[15]

---

14 『대승백법명문론(大乘百法明門論)』 T31n1614.0855b15-c20. http://tripitaka.cbeta.org/T31n1614_001

15 Anuruddha 지음, 대림 스님, 각묵 스님 옮김(2002), 『아비담마 길라잡이』, 서울: 초기불전연구원, p.193.

이들은 마음이 기능할 때 항상 따라 다니는 심소이다. 이 심소는 그 기능이 유익하든 유해하든 모든 심소에 포함된다. 유해한 심소의 경우에는 번뇌심소(煩惱心所)와 수번뇌심소(隨煩惱心所)가 있다. 번뇌심소를 기반으로 수번뇌심소가 발생하게 된다. 즉 근본번뇌로부터 지말번뇌가 발생하게 된다. 번뇌심소는 근본번뇌에 해당되고, 수번뇌심소는 지말번뇌에 해당된다. 근본번뇌 6가지로부터 지말번뇌 20가지가 파생된다. 근본번뇌에는 탐(lobha, 貪), 진(dosa, 瞋), 치(moha, 癡), 견(diṭṭhi, 見), 만(māna, 慢), 의(vicikicchā, 疑)가 있다. 근본번뇌 가운데 일정한 근본번뇌로부터 파생되는 수번뇌 20가지가 나온다.

기본적인 기능을 살펴보면 작의(作意)는 '마음(manas)의 활동(kāra)'을 말한다. 이때의 마음은 직전의 마음이다. 바로 직전 마음의 활동으로 인해서 현재의 마음이 작동하게 된다. 그렇다면 작의는 무엇인가로 인해서 바로 직전의 마음이 움직이게 되고, 이로 인해서 다음 순간에 주의를 기울이는 것을 말한다. 이를 통해서 대상과 접촉[phassa, 觸]이 일어나고, 이를 통해서 외부 대상을 받아들이게[vedanā, 受] 되고, 이를 통해서 지각[saññā, 想]이 형성되고, 의도[cetanā, 思]가 형성되게 된다. 받아들이는 것을 느낌으로 해석하면 느낌, 지각, 의도가 발생하게 된다. 이전의 마음이 있고, 이 마음이 외부대상 또는 내부대상과의 접촉을 통해서 느낌, 지각, 의도가 생기는 것이다. 이것이 마음의 기본적인 기능이다. 이때의 기능을 앎이라고 부르지만 실제로는 주의, 느낌, 지각, 의도가 모두 포함되어 있다고 할 수 있다. 이것이 동시적으로 작용할 때 이를 앎이라고 표현하는 것이다. 모든 마음에 공통적으로 포함되는 기능에 이미 이들이 모두 들어가 있다. 그러므로 불교심소학에서 인지, 정서, 동기가 밀접히 연관되어 있다는 것은 기본적인 마음기능에서부터 볼 수 있는 기본전제라고 할 수 있다.

서구심리학적인 개념으로 보자면 지각으로서 인지, 의도로서 동기, 느낌으로서 정서가 마음의 기본 기능에 포함된다고 볼 수 있을 것이다. 인지, 정서, 동기의 다양한 스펙트럼 가운데 가장 기본적인 형태만이 기본기능에 포함되고 있다. 지각, 느낌, 의도는 인지, 정서, 동기 가운데 가장 기본적인 형태라고 할 수 있다. 서구심리학의 정의에서 볼 때 인지, 정서, 동기가 밀접히 연결되어 있는 것처럼, 불교심리학에서도 인지, 정서, 동기는 밀접히 연결되어 있다고 할 수 있다. 그렇다면 번뇌의 심리학은 인지, 정서, 동기를 전제로 전개된다고 할 수 있다. 즉 번뇌에도 인지, 정서, 동기가 모두 포함되어 있다고 할 수 있다. 이러한 기본적인 기능은 근본번뇌 6가지와 수번뇌 20가지에도 포함된다. 그러므로 26가지 번뇌도 인지, 정서, 동기를 모두 포함하고 있다. 번뇌는 여기서 한 걸음 더 나아가서 인지, 정서, 동기가 복합적인 형태를 띠면서 동시에 유해한 형태를 띠게 된다. 복합적인 인지, 정서, 동기이면서 유해한 인지, 정서, 동기이다. 인간을 오온으로 구분할 경우 수상행(受想行)은 심소법에 해당한다고 할 수 있다. 수상(受想)은 원래 행의 부분인데, 특별히 따로 구분하고 있는 것이다. 그렇다면 심소법 전체를 행(行)이라고 할 수 있다. 일차적인 느낌, 일차적인 인지 자체에는 분별이 없고 번뇌가 없지만, 이들이 형성[formation]되면, 함께 모이면[saṅkhāra], 반연[攀緣]하면 번뇌로 나아갈 수 있다.

표 1 인지, 정서, 동기, 성격의 불교심리학적 구분

불교심리학 / 서구심리학	인지	정서	동기	성격
촉작의수상사	기초적 인지	일차정서	기본 동기	기본 성격
번뇌의 심리학	유해한 인지	유해한 정서	유해한 동기	유해한 성격
청정의 심리학	유익한 인지	유익한 정서	유익한 동기	유익한 성격

이러한 분류는 몇 가지 함의를 가질 수 있다. 먼저 심소법을 통해서 번뇌를 볼 때 번뇌의 영역이 인지, 정서, 동기, 성격인 것을 더 명확히 알 수 있다. 두 번째로 촉작의수상사에서 인지, 정서, 동기, 성격이 상호출자적인 정의라는 것을 더 분명하게 알 수 있다. 세 번째로 심소법에서 번뇌의 심리학과 대비되는 청정의 심리학의 가능성을 보게 된다. 네 번째로 인지, 정서, 동기, 성격을 유익과 유해라는 두 가지 축으로 구분함으로 인해서 이들의 연결성을 볼 수 있는 동시에, 두 가지 축 사이에 다양한 스펙트럼이 있는 것을 동시에 볼 수 있다. 다섯 번째로 유해와 유익이 본래적으로 존재하는 것이 아니라 번뇌적 기능, 번뇌적 선택을 하는지 청정적 기능, 청정적 선택을 하는지에 따라서 결정된다. 인지, 정서, 동기, 성격 자체는 가치중립적이라고 할 수 있다.

2. 정의의 관점에서 보는 번뇌

1) 번뇌에 대한 본래적 정의

번뇌에 대한 두 가지 정의, 즉 본래적 정의와 포괄적 정의가 가능하다.

본래적 정의는 번뇌의 핵심을 따라서 정리하는 것을 말한다. 본래의 특징과 기능을 살펴봄으로써 번뇌를 정의할 수 있다. 사성제의 틀에서 집성제를 번뇌라고 할 때 번뇌는 고성제, 즉 괴로움을 불러일으키는 것을 말한다. 낄레사(kilesa)의 원어가 끌리스(√kliś), 즉 '괴롭히다'인 것도 이와 연관되어 있다.[16] 또 하나는 '더럽히다'는 의미가 가능하다.[17] 이는 원래의 상태를 청정한 것으로 보기 때문에 가능한 해석이라고 할 수 있다. 번뇌를 '더럽히다'로 정의할 경우에 번뇌의 반대어가 '청정'이 될 수 있다. 본래적 정의에서 번뇌는 괴롭히는 것, 더럽히는 것이라는 정의가 가능하다. 번뇌의 특징과 기능에 대해서는 번뇌를 지칭하는 다양한 이름을 통해서 번뇌의 특징을 살펴볼 수 있고, 번뇌의 기능은 번뇌의 10가지 활동을 통해서 살펴볼 수 있다.

(1) 번뇌의 특징

번뇌(kleśa, kilesa, defilement, 煩惱)는 산스끄리트어로 '괴롭히다(√kliś)'는 의미이다. 빨리어로는 '더럽히다'는 의미가 강하다. 점액질이 많은 쩍쩍 달라붙는 오염원을 말한다. 한자로는 머리가 뜨거운 모습을 말한다. 영어로는 정리(file)가 되지 않은 상태, 정렬을 벗어나는 것, 흩어져 있는 것을

---

16 Whitney, W. D.(1983), *The Roots, Verb-Forms and Primary Derivatives of Sanskrit Language*, Delhi: Montilal Banarsidass, p.27; √kliś, distress. PED p.217. Kilesa, (and klesa) [from kilissati] 1. stain, soil, impurity, fig. affliction; in a moral sense, depravity, lust. Its occurrence in the Piṭakas is rare; in later works, very frequent, where it is approx. tantamount to our terms lower, or unregenerate nature, sinful desires, vices, passions.

17 kilesa:m. [cf. kilissati, Sk. BSk. kleśa] 煩惱, 染, 欲念. 水野弘元 著(2005)에서 보면 괴롭힘[煩惱]과 더럽힘[染]의 의미가 드러나고 있다. 水野弘元 著(2005), 『增補改訂パーリ語辭典』, 東京: 春秋社, p.105.

말한다. 이러한 번뇌는 26가지, 24가지, 11가지 등 다른 이름으로 불린다.[18] 번뇌를 부르는 다양한 이름을 통해서 번뇌의 특징을 살펴볼 수 있다. 이를 통해서 번뇌가 다양한 스펙트럼에서 분포하는 모습을 볼 수 있다. 본 절에서는 9가지 이름, 즉 루(āsava, 漏), 폭류(ogha, 暴流), 속박(yoga, 軛), 매듭(gantha, 繫), 취착(upādāna, 取), 장애(nivaraṇa, 蓋), 족쇄(saṁyojana, 結), 잠재성향(anusaya, 隨眠), 오염(kilesa, 染, 煩惱)의 분류를 통해서 번뇌를 살펴보고자 한다.[19] 이는 단순히 번뇌를 부르는 다른 이름이 아니라, 번뇌의 특징을 잘 포착하고 있는 이름이라고 할 수 있다. 즉 각각의 이름에서 번뇌의 특징을 볼 수 있다.

먼저 루는 '새다', '베어나다'의 의미가 있다. 배에 물이 베어드는 비유와 술항아리에서 거품이 베어나는 비유가 있을 수 있다. 베어드는 것과 베어나는 것이 모두 가능하다.[20] 이는 번뇌가 외부로부터 조용히 베어드는 특징을 포착한 것이면서 몸과 마음에서 밖으로 베어나는 특징을 가지고 있다는 것을 보여준다.[21] 이러한 루에는 감각적 욕망(kāma), 존재(bhāva),

---

18 26가지는 『유가사지론』 8권 T30n1579.0314b20-23에서, 24가지는 『대승아비달마집론』 4권 T31n1605.0676b24-27에서, 11가지는 『대승의장』 5권 T44n1851.0561b21-26에서 제시하고 있다.

19 9가지로 분류한 것은 『아비담마 길라잡이』의 분류를 따른 것이다. Anuruddha, 대림스님, 각묵 스님 옮김(2002), 『아비담마 길라잡이』, 서울: 초기불전연구원, pp.591-600.

20 榎本文雄(1983), 「初期仏典におけるāsava(漏)」, 『南都佛教』 50, pp.17-28. 榎本文雄(2017), 「22 루」, 『불교심리학사전』, 서울: 씨아이알, pp.108-109. 따라서 유입(influx), 유출(outflux)이 모두 가능하다.

21 경전에서는 가장 높은 곳까지 흘러간다는 의미로 사용되고 있다. 존재의 루는 존재 자체의 특징에서 베어나는 것이다.

사견(diṭṭhi), 무명(avijjā)이 있다. 조용히 베는 것과는 반대로, 폭류는 엄청난 속도로 몰아치는 것을 말한다. 즉 동일한 번뇌도 루가 될 수 있고, 폭류가 될 수 있다. 번뇌는 고요히 움직이는 것에서부터 난폭하게 움직이는 것까지 모두 가능하다는 것이다. 그리고 이들 감각적 욕망, 존재, 사견, 무명의 네 가지 요소는 속박, 즉 멍에[軛]이기도 하다. 소[牛]의 등에 얹혀 있는 멍에를 말한다. 소로 하여금 함부로 움직이지 못하게 행동을 제약하는 것이다. 이 네 가지 요소들은 조용히 또는 난폭하게 또는 제약하는 것이다. 번뇌는 이러한 특징을 가지고 있는 것이다.

매듭[繫]은 묶여 있는 것이다. 이는 정서적으로 묶여 있을 수도 있고, 인지적으로 묶여 있을 수도 있다. 간탐(慳貪, abhijjhā)과 악의(惡意, vyāpāda)에 묶여 있을 수 있고, 계율과 의식이라는 당위 또는 이것이 진리라는 독단적인 신념에 묶여 있을 수 있다. 이러한 것에 묶여 있음으로 인해서 이로부터 자유롭지 못하게 되는 것이 번뇌의 특징이다. 여기에서 좀 더 나아가게 되면 취착하게 된다. 취착[取]은 '이쪽으로 끌고 오는 것(upa-ā-√dā)'을 말한다.[22] 이는 나의 방향으로 끌고 오는 특징을 말한다. 감각적 욕망, 사견, 당위에 대한 집착, 자아에 대한 집착이 여기에 해당한다. 이들은 모두 밀어내는 것이 아니라 나에게로 끌고 오는 방향성을 보여준다.

이제까지는 모두 네 가지 요소를 가지고 있었다면, 장애[蓋]는 다섯 가지로 구성되어 있다. 장애는 덮개에 의해서 가려져 있는 것을 말한다. 특히 선정에 들어가기 위해서 이들 덮개를 걷어내는 것이 중요하다. 번뇌는

---

22 윤희조(2012), 『불교의 언어관』, 서울: 씨아이알, p.240.

족쇄[結]의 역할을 한다. 족쇄와 멍에는 같은 어근(/yuj)을 가진다. 멍에처럼 족쇄도 수갑의 역할을 한다. 번뇌가 수갑처럼 도망을 못 가게 묶어 놓고 있는 것이다. 족쇄는 번뇌에서 벗어나지 못하도록 꽉 잡아놓고 있는 것이다. 족쇄는 족쇄의 반대인 벗어남[解脫, liberation]으로 나아가지 못하게 하는 역할을 한다. 범부의 단계를 벗어나지 못하게 하기 때문에 족쇄는 성인의 경지를 이루기 바로 직전까지도 묶어놓는다. 마지막으로 잠재성향[隨眠]은 '함께 눕는 것'을 말한다.[23] 함께 눕고 함께 일어나는 특징을 가지고 있다. 이는 기회가 되면 번뇌는 항상 발생할 수 있다는 것이다. 잠재성향은 은현하기 때문에 끊기가 쉽지 않다. 쉽게 끊어지지 않고 은현하므로 항상 살펴야 한다는 의미가 내포되어 있다.

이들 번뇌의 특징을 보면 다음과 같이 정리할 수 있을 것이다. 번뇌는 끈적끈적하고 더럽히는 특징을 가지고, 조용히 베어나거나 베어드는 특징과 폭포수처럼 한번에 흘러넘치는 특징을 동시에 가지고 있다. 이러한 번뇌는 멍에처럼, 매듭처럼, 족쇄처럼 인지와 정서와 동기와 성격의 모든 면에서 제약을 가하고, 묶어놓고, 옴짝달싹 못하게 하는 특징을 가지고 있다. 번뇌는 집착하게 하고, 덮고 가리고, 더럽히는 역할을 한다. 이는 번뇌의 이름이면서 번뇌의 특징이라는 것을 볼 수 있다.[24] 이를 통해서

---

23 PED p.44. Anusaya, [anu+śī, seti Sk. anuśaya has a diff. meaning] (see Kvu trsl. 234 n. 2 and Cpd. 172 n. 2). Bent, bias, proclivity, the persistance of a dormant or latent disposition, predisposition, tendency. Always in bad sense. 水野弘元 著(2005) p.26. anusaya:m. [Sk. anuśaya<anuseti] 随眠, 煩悩, 使. Whitney, W. D.(1983) p.174; √śī lie.

24 이러한 예는 종종 볼 수 있다. 동의어라고 하지만, 동의어의 용례와 사용처를 보면 동의어가 기능을 나타내는 경우가 있다. 마음의 동의어로 심의식이 있는데,

번뇌를 세 가지 차원에서 다시 정리할 수 있다. 먼저 번뇌의 구체적인 모습이다. 번뇌는 조용히 움직이기도 하고, 폭포수처럼 움직이기도 하고, 베어들기도 베어나기도 하는 활동을 한다. 두 번째로 번뇌에 대한 비유이다. 번뇌는 멍에, 매듭, 족쇄의 비유로 볼 수 있다. 즉 번뇌는 제약하고, 묶어두고, 벗어나지 못하게 한다. 세 번째로 번뇌의 전형적인 특징이다. 번뇌는 집착하게 하고, 더럽히고, 가리고, 기회가 되면 언제든 발생한다.

(2) 번뇌의 기능

이러한 특징을 가진 번뇌는 다음과 같은 역할과 기능을 한다. 번뇌 십사(十事)라고 불리는 활동을 한다. 여기에서 번뇌가 발생하고 지속되고 확대되는 과정을 볼 수 있다. ① 번뇌의 뿌리를 견고하게 하고, ③ 감관이 아상(我相)을 일으키기에 적합하도록 토대를 조성한다. ①③에서 번뇌는 번뇌의 뿌리, 즉 발생적 근원을 공고하게 하는데, 그 발생적 근원이 감관이고, 그 내용이 아상이라는 것을 볼 수 있다.

⑥ 비여리작의(非如理作意)를 취하여 번뇌는 자신을 유지하는 데 필요한 자양분을 공급하고, ⑦ 인식대상에 대해서 여실하게 지각을 못하거나 이성을 상실함으로써 미혹되게 한다. ⑥⑦에서 비여리작의로 인해서 번뇌가 유지되는 것을 볼 수 있다.

② 마음의 흐름을 통해 번뇌가 계속 존속되게 한다. ⑨ 선(善)의 영역으

이들 각각은 마음의 다양한 기능을 나타내는 용어이기도 하다. 팔식을 나타내는 다양한 용어가 팔식의 다양한 기능을 표현하는 용어가 되고 있다. 이처럼 번뇌의 다양한 이름이 또한 번뇌의 다양한 특징을 표현하는 용어로 사용되고 있다.

로부터 멀어지게 하며, ⑩ 자신이 속한 경계로부터 벗어나지 않는 한 마음을 속박하기 위해 지속적으로 세력을 확장한다. ④ 근본번뇌로부터 파생되는 등류의 수번뇌를 만들어낸다. ②⑨⑩④에서 번뇌는 지속되고, 확장되고, 선(善)으로부터 멀어지고, 수번뇌를 만들어내는 것을 볼 수 있다. 이러한 번뇌는 더 나아가서는 윤회를 낳게 하는 역할도 한다. ⑤ 윤회를 낳는 업(業有)을 초치하고, ⑧ 식의 흐름을 거듭 인식 대상에 집착하게 하거나 생사윤회로 이끈다.[25]

즉 번뇌는 감각기관에서 아상을 통해서 발생하고, 작의(作意, manasikāra) 가운데 비여리작의(非如理作意, ayoniso manasikāra)에 의해서 유지되고,[26] 이렇게 유지된 번뇌는 유익한 법으로부터 점점 멀어지고, 수번뇌를 파생하고, 윤회로까지 확장된다. 다양한 번뇌의 이름과 활동[名事]을 통해서 번뇌에 대한 본래적 정의를 할 수 있다. 이름을 통한 다양한 특징 가운데 가장 대표적인 특징을 '괴롭히다(distress)'라고 할 수 있고,[27] 활동을 통한 다양한 기능 가운데 대표적인 기능을 '비여리작의(非如理作意)'라고 할 수

---

25 권오민 역주(2002), 『아비달마구사론 3』, 서울: 동국역경원, pp.853-854. 박창환(2012), 「구사론주(kośakāra) 세친(Vasubandhu)의 번뇌론: 『구사론』 5장 「수면품」 k.5-1의 경량부 번뇌 종자설을 중심으로」, 『불교사상과 문화』 제4호, pp.89-90.

26 PED p.522, p.560. manasikāra attention, pondering, fixed thought; manasikaroti (etc.) to fix the mind intently, to bear in mind, take to heart, ponder, think upon, consider, recognise; yoniso manasikāra "fixing one's attention with a purpose or thoroughly," proper attention, "having thorough method in one's thought"; ayoniso manasikāra disorderly or distracted attention

27 이러한 근거는 『구사론』에서도 찾아볼 수 있다. 뇌란(惱亂)이라는 용어로 번뇌를 설명한다. 권오민 역주(2002) p.952

있다.[28] 마음을 쓰는데 이치에 맞지 않게 쓰기 때문에 나머지 모든 기능을 하게 된다. 이를 통해서 아상(我相)이 만들어지고, 유익한 법으로부터 멀어지며 수번뇌를 만들어 윤회로 나아가게 된다. 작의(作意)는 심소법에서 보면 모든 심소법에 해당되지만, 비여리작의로 인해서 번뇌가 되고, 여리작의로 인해서 청정으로 나아간다. 작의를 통해서 기본기능[작의]과 복합기능[비여리작의, 여리작의]의 연결성을 볼 수 있고, 마음[意]과의 연결성을 볼 수 있다. 그리고 마음씀[作意]에 인지, 정서, 동기, 성격이 모두 포함되어 있다. 이러한 영역이 모두 마음에 포함되어 있다. 그리고 마음씀은 기본적인 활동에 반드시 필요한 요소이고, 마음의 활동에 처음부터 함께하므로 번뇌의 경우도 빠른 시기에서부터 시작된다고 할 수 있다.

따라서 번뇌를 본래적으로 정의하면 '비여리작의로 인한 괴롭힘', 좀 더 풀어서 보면 '이치에 맞지 않게 마음 씀으로 인해서 괴로운 것'으로 정의할 수 있을 것이다. 영역의 차원에서 번뇌의 심리학이 유해한 인지, 정서, 동기, 성격의 영역이라면, 본래적 정의에서 괴롭힘은 번뇌의 유개념이고, 비여리작의는 종차이다. 다양한 괴롭힘 가운데 마음을 바르게 사용하지 못함으로 인해서 괴로운 것을 번뇌라고 한다는 정의이다. 인지, 정서, 동기, 성격의 영역에서 비여리작의로 인한 유해한 인지, 정서, 동기,

---

28 비여리작의의 중요성은 다음에서도 볼 수 있다. 권오민(2003), 『아비달마불교』, 서울; 민족사, p.217; "보다 본질적으로 번뇌가 생겨나게 되는 까닭은, 존재본성에 대한 통찰이 결여되었기 때문이다. 좀 더 구체적으로 말하면 그것이 아직 수행도에 의해 끊어지지 않았고, 그 같은 번뇌의 대상이 나타났으며, 그에 대한 올바르지 못한 생각(非理作意)이 일어났기 때문이다."

성격을 번뇌라고 할 수 있다. 포괄적 정의에서 번뇌는 수면과 수번뇌의 구분에 의한 번뇌의 분류에서 보게 될 것이다.

2) 번뇌에 대한 포괄적 정의

이제까지 번뇌의 영역을 통해서 서구심리학의 관점에서 번뇌의 위치를 보게 되었다. 번뇌에 대한 본래적 정의는 공간적인 평면적 작업이라고 한다면, 번뇌의 발생, 발생에 따른 분류, 소멸을 보여주는 번뇌에 대한 포괄적 정의는 시간이 포함되는 역동적 작업이라고 할 수 있다. 정의의 방법 가운데 포괄적 정의는 피정의항을 열거함으로써 정의하는 방법을 말한다. 전체 번뇌를 분류적으로 보여줌으로써 번뇌를 정의하는 것이다. 번뇌의 분류를 번뇌의 발생, 근본번뇌와 수번뇌의 구분, 번뇌의 소멸의 차원으로 나누어볼 수 있다.[29] 이러한 구분 방식이 가능한 것은 번뇌를 대하는 목적을 보면 알 수 있다. 불교에서 번뇌는 끊는 것[斷滅]을 목표로 한다. 그러므로 번뇌의 발생과 소멸에 자연스럽게 관심을 가지게 되고, 발생과 소멸에 따라서 이들을 분류할 수 있게 된다. 먼저 번뇌를 삼성(三性)의 구분에 따라서 볼 수 있다. 다음으로 번뇌를 근본번뇌와 수번뇌의 차원에서 볼 수 있다.

사물을 성질에 따라서 선(善), 불선(不善), 무기(無記)의 삼성(三性)으로 나눌 수 있다. 무기에는 유부무기(有覆無記)와 무부무기(無覆無記)가 있다.

---

29 번뇌의 소멸과 관련된 논의는 방대한 논의가 되므로, 이는 다른 논문에서 다루고자 한다.

유부무기는 아직 불선은 아니지만 불선과 상응하는 것을 말한다. 무부무기는 아직 선은 아니지만 선과 상응하는 것을 말한다. 유부무기든 무부무기든 아직 선, 불선은 아니고 가능성만 가지고 있는 상태이다.[30] 삼성의 차원에서 번뇌는 불선과 유부무기를 합한 것을 지칭한다. 번뇌의 반대를 청정이라고 한다면 청정은 선과 무부무기를 합한 것을 지칭한다. 번뇌[染]와 청정[淨]은 선, 불선보다 범위가 넓다고 할 수 있다. 번뇌와 청정으로 불교심소학의 전체 심소를 포괄할 수 있게 된다. 그러므로 불교심소학을 청정의 심소학, 번뇌의 심소학으로 나누어볼 수 있다. 불선(不善)과 상응할 수 있는 가능성을 나타내는 유부무기는 번뇌가 될 수 있는 잠재적인 번뇌를 말한다. 이러한 잠재적인 번뇌와 이미 드러나 있는 번뇌를 합쳐서 번뇌라고 한다. 범위에서 보자면 번뇌는 유부무기와 불선을 합한 것이라고 일컫는다.

아직 드러나 있지 않은 번뇌는 감각기관의 감각기능에 숨어 있는 것이다. 이는 십사(十事) 가운데 ③에서도 볼 수 있다. 감각기능에 불선하게 될 수 있는 경향성이 잠재되어 있다. 어떤 사물을 볼 때, 들을 때, 불선하게 보고 듣는 경향성을 말한다. 과거의 기억에 대해서도 마찬가지이다. 불선하게 기억하고, 기억을 떠올리는 경향성을 말한다. 인간을 기능적 존

30 선, 불선이 정해져 있지 않는 것으로 단지 작용만 하는 마음, 이숙이 있다. 이숙(기억)은 칠식(七識)을 거치면서 선악이 정해진다. 기억 자체는 선악이 없고, 기억이 떠오를 때 어떤 심소와 결합하느냐에 따라서 선악이 결정된다. 무의식에 대해서도 마찬가지이다. 무의식은 자체적으로 활동을 하지만 선악의 결정은 의식화되면서 이루어진다고 할 수 있다.

재라고 할 때 기능에서 번뇌가 발생하기도 하고, 청정이 발생하기도 한다는 것이다. 즉 기능이 바탕이 된다는 것이다. 기능적 존재이므로 기능에 범부적 가능성과 성인적 가능성이 함께 포함되어 있는 것이다.

(1) 번뇌의 발생

서구심리학에서 마음의 기능이라고 할 수 있는 정서의 정의에 신경생리학적 기제가 포함된다는 것은 심신불이론적, 심신연기론적 관점에서 몸과 마음의 관계를 파악하는 것으로 볼 수 있다. 연기적 관점에서 명색(名色)과 육입(六入)이라는 몸적 요소와 행(行)과 식(識)이라는 마음적 요소가 인과적 관계로 이루어지고 있는 것을 볼 수 있다. 명색(名色), 육입(六入)이라는 신체적 토대를 가지고 있다. 특히 명색은 몸과 마음이 복합되어 있는 신체를 말하고, 육입은 감각기관을 토대로 하는 감각기능을 말한다. 이러한 신체와 육입이라는 감각기능에서 정서가 발생한다. 신경생리학적 토대는 명색과 육입을 통해서 볼 수 있다.

번뇌를 비롯한 다양한 심소는 감각기능에 의해서 만들어지는 것을 볼 수 있다. 감각기능은 또한 그 이전의 행(行)이라는 심소에 의해서 영향을 받는다. 이러한 영향이 감각기능(六入)에 영향을 미치게 되고, 이로 인해서 느낌과 정서와 인지와 동기와 성격이 발생하게 된다. 여기서 느낌은 수(受)에 해당하고 애취(愛取)를 번뇌라고 할 때, 십이연기의 과정에서 정서적 번뇌와 인지적 번뇌 모두가 발생한다. 십이연기에서 번뇌로부터 괴로움이 발생하는 것은 사성제에서 괴로움이 집(集)에서 일어나는 것과 동일한 과정이라고 할 수 있다. 집에서 고가 발생하는 것이 사성제의 고성제와 집성제의 과정이라면, 십이연기에서는 애취(愛取)라는 번뇌에 의해서 유생노사(有生老死)라는 괴로움으로 나아가는 것이다.

번뇌 또는 정서의 신체의존성을 유식불교에서는 아다나식(ādāna vijñāna) 또는 집지식(執持識)으로 표현한다. 신체에 붙어 있는 식이라는 의미이다. 이는 초기불교에서부터 강조되고 있다. 육근을 청정하게 해야 한다든지, 육근을 단속해야 한다고 하는 것에서 볼 수 있다. 이러한 육근이 단순하게 감각과 지각기능만을 하는 것이 아니라 업을 형성하는 작용을 하게 되고, 업의 형성작용은 번뇌의 뿌리가 된다. "다채로운 세계의 모습은 업으로부터 생겨난다. 이러한 업들은 수면의 영향하에서 축적되며, 수면이 없이는 존재를 생성하는 능력을 발휘할 수 없게 된다. '수면은 생사윤회의 뿌리이다.'라고 하는 것이다."[31] 업, 즉 신구의(身口意)의 행위 자체 내지는 행위할 수 있는 능력 자체가 번뇌의 원인이 된다.

유식불교에서 세친(世親, Vasubandhu)은 우리에게 잔존해 있는 수면이 모든 번뇌 발생의 근본 원인임을 분명히 한다. 번뇌는 이러한 수면(隨眠)이 존재하고 이 수면의 발현을 촉발하는 지각대상이 있으며, 이 대상에 대한 부적절한 주의력이 어우러질 때 발생하게 되는 것이다. ① 수면의 존재, ② 지각대상의 촉발, ③ 인간의 잘못된 노력이라는 세 가지 요소로 인해서 번뇌가 발생하게 된다.[32] 여기서 인간의 잘못된 노력은 본래적 정

31 권오민 역주(2002) p.853. 박창환(2012) pp.83-84.

32 권오민(2003), 『아비달마 불교』, 서울: 민족사, p.217; 말하자면 일체의 수면번뇌는 번뇌 자체의 힘과 대상, 그리고 올바르지 못한 생각이라는 세 가지 원인에 의해 생겨나는 것이다.

의에서 비여리작의와 같은 의미이다. 육근에 내재한 잠재력인 수면(anuśaya)은 번뇌가 발현된 상태를 거쳐서 번뇌로부터 파생된 수번뇌(upakleśa)로 나아가게 된다. 우리가 현재 일으키는 번뇌는 인간의 심신[六根]에 부정적인 영향을 미치고 번뇌종자를 남기게 된다. 이 번뇌종자는 조건이 갖추어지면 언제든지 다시 새로운 번뇌를 일으킬 수 있는 잠재력을 갖추게 된다. 이때 번뇌종자는 육근에 다름 아니다. 육근 가운데 마음[意根]은 다시 물질적 토대인 감각기능[根]과 감각대상[境]에 의거하여 발생한다는 점에서 결국 번뇌종자의 담지주체는 오근(五根), 즉 몸이 된다.[33] 번뇌의 발생에 대해서 연기에 의해서 살펴보든 유식불교에 의해서 살펴보든, 몸 또는 육근에 기초하고 있다. 유식불교에서도 심신연기론을 볼 수 있다. 육근은 결국 오근에 기초하게 된다. 이처럼 번뇌의 발생은 마음의 기능에서부터 시작된다고 할 수 있다. 마음의 기능의 바탕에는 신체가 토대로 존재한다. 마음이 기능할 때 이미 비여리작의(非如理作意)라는 인간의 부적절한 행에 의해서 기능이 올바르지 못하게 작용한다.

(2) 근본번뇌 또는 수면

아비담마에서 잠재성향(anusaya, 隨眠)은 다른 번뇌의 개념과 마찬가지로 번뇌의 여러 동의어 가운데 하나이다. 즉 수면도 번뇌의 다양한 이름 가운데 하나이다. 이는 유부에서도 마찬가지이다. 수면을 단지 번뇌의 여러 동의어 가운데 하나로 인정할 뿐 수면을 근본적이라고 인정하지 않는

---

33 박창환(2012) pp.147-150.

다. 유부는 수면을 다만 다른 번뇌들처럼 현현된 심소법의 하나로만 인정한다. 『구사론』「수면품」은 수면을 미세(微細), 수축(隨逐), 수증(隨增), 수박(隨縛)으로 설명한다. ① 수면은 미세한 심리현상이다. ② 수면은 따라다닌다. ③ 수면은 상응과 소연의 방법에 의해서 자란다. ④ 수면은 쫒아다니면서 속박한다. 즉 미세한 수면은 증장하고, 쫒아 다니면서 속박한다. 그러나 세친(世親)의 유식불교에서 수면의 개념은 달라진다. 종자상태의 수면은 "번뇌를 일으키는 몸과 마음의 잠재력"을 말한다. 즉 수면은 인간의 심신에 내재된 번뇌의 잠재력을 말한다.[34] 세친이 수면을 '인간개체가 가지는 번뇌발생의 능력'이라고 하는 것은 결국 인간의 감각기능(indriya, 根)이 가지는 잠재력을 말하는 것이 된다. 근은 우리 육신에 포함된 감각능력 전체를 함의한다. 다시 말해 수면이란 감각대상에 대한 우리 감각기능의 잠재적인 대응양태를 일컫는 말이다.[35] 이처럼 수면을 바라보는 관점이 변하게 된다. 수면은 현현한 다른 번뇌와는 달리 잠재되어 있는 번뇌이고, 수면이 현현하면서 다양한 번뇌(upakleśa, 隨煩惱)들이 출현하게 된다.

유식불교의 5위 100법의 체계에서 번뇌심소에는 탐, 진, 치, 견, 만, 의(貪瞋癡見慢疑)라는 6수면이 있다. 탐진치 자체는 근본적인 것으로 생각되고 있다. 탐진치는 탐진치의 반대인 불탐·부진·불치와 함께 여섯 가지 근본

---

34 권오민 역주(2002) pp.940-941. 박창환(2012) pp.111-117.

35 박창환(2012) pp.132-135. 세친에게 있어 아라한이란 번뇌의 뿌리인 수면, 즉 육근에 내재된 번뇌발생의 잠재력을 수행력을 통해 모두 끊어낸 성자를 일컫는다. 아라한은 청정한 근을 소유하고 번뇌의 뿌리인 수면을 소진시켰기 때문에 감각대상과 접촉한다고 해서 다시 번뇌가 촉발되는 일은 구조적으로 불가능한 것이다. 한마디로 그는 '토대의 전회'를 이룬 존재인 것이다.

원인이 된다. 탐(lobha, 貪)과 진(dosa, 瞋)은 근원적인 에너지의 흐름이라고 할 수 있다.[36] 나에게 좋으면 끌어당기고, 나에게 싫으면 밀쳐낸다. 당기고 밀치는 힘을 말한다. 감각적 욕망으로 번역되는 탐은 전형적인 잡아당기는 힘을 말한다. 그 힘의 정도의 차이에 의해서 다양한 분류가 가능하다. 진은 밀쳐내는 힘을 말한다. 분노의 경우가 대표적으로 밀쳐내는 힘이다. 광분, 격분과 같이 강력하게 밀쳐내는 힘에서부터 짜증처럼 미세하게 밀쳐내는 힘도 있다. 또한 불안, 우울과 같이 부정적으로 밀쳐내는 힘이 작용하기도 한다. 탐과 진은 전형적인 힘의 원근을 의미한다. 마음의 원래의 흐름은 연기의 법칙에 따라서 흘러야 되는데, 원심력과 구심력에 의해서 강제로 작용하는 것을 탐진이라고 한다. 이러한 탐진의 원심력과 구심력의 중심은 '나'이다. 나를 중심으로 나에게 도움이 되는 것과 도움이 되지 않는 것을 구분하고 원심력과 구심력이 작용한다. 이때 '나'는 오취온(五取蘊)을 말한다. 오온이라는 연기의 흐름에 따른 색수상행식의 기능적 존재가 취(取)라는 탐진의 영향을 받아서 취착된 존재를 말한다. 이러한 오취온의 존재에는 6가지 근본수면이 함께 하고 있다.

치(moha, 癡)는 탐진의 근원이라고 이야기한다. 치는 근원적으로 모르는 것을 말한다. 탐진이 발생하는 것도, 소멸하는 것도 알지 못한 채 기존

---

36 '행동에 에너지와 방향을 제공하는 욕구'라는 구절에서 보듯이, 욕구와 탐진은 유사한 것을 볼 수 있다. 탐진의 두 가지 에너지 흐름이 욕구와 밀접히 연관되어 있는 것을 볼 수 있다. 욕구는 내는 마음과 연관되기 때문에 탐진을 대상에 대한 반응이라는 차원에서 보면, 내는 마음과 밀접히 연관되어 있을 수 있다. 윤희조(2017), 「마음의 기능을 중심으로 한 불교심리학의 정의와 분류에 대한 일고찰」, 『동서철학연구』 제85호, p.225.

의 습관대로 계속 영향력을 받는 것이다. 그러므로 치, 즉 알지 못함이 중요하다. 자신이 의도적으로, 알면서 탐진을 행하는 것이 아니라 모른 채 탐진을 행하는 것을 말한다. 모르기 때문에 나머지 모든 번뇌가 발생할 수 있는 토대가 된다. 알면서도 번뇌를 행하고 영향을 받을 수 있지만, 알지 못한다면 번뇌로 인한 괴로움은 더 커지게 되고, 고칠 수 있는 기회는 더욱 상실되게 된다. 불교적 관점에서는 사성제를 모르는 것을 무명(無明)이라고 한다. 현대적인 관점에서 무명은 이러한 번뇌가 만들어지는 것을 알아차리지 못하는 것을 말한다. 모르기 때문에 더 크게 당한다고 할 수 있다. 성(城)을 수비하는데, 수비가 부실해서 성을 빼앗길 수도 있지만, 공격을 당하는지조차 모른 채 성을 빼앗기는 경우가 있다. 후자가 무명이고, 전자는 알고는 있지만 기존의 습(習)의 영향력으로 인해서 막아낼 수 있는 힘이 부족한 경우라고 할 수 있다.

탐진을 일으키는 주체는 나, 즉 오취온(五取蘊)이다. 오온을 알아차리지 못하므로 오취온으로 나아간다. 오취온이 발생하는 것 자체를 알지 못하고 있는 것을 치(癡)라고 말할 수 있다. 견만의(見慢疑)는 이렇게 만들어진 '나'의 본격적인 활동을 말한다. 탐진의 경우도 나를 중심으로 에너지의 흐름을 당기고 밀고 하는 활동이다. 견만의도 마찬가지이다. 견(diṭṭhi, 見)은 '나'를 중심으로 견해를 만들어내는 것을 말한다. 다섯 가지 유해한 견해[五見], 즉 유신견(有身見), 변집견(邊執見), 사견(邪見), 견취(見取), 계금취(戒禁取)를 만들어내는 것이다. 6수면 가운데 견이 5가지로 분화하면서 10수면을 이루게 되고, 이것이 98번뇌, 128번뇌로 확장된다. 이때 5견은 10수면으로 나아가는 결정적인 계기가 된다. 유신견(sakkāya diṭṭhi)은 오온의 화합체인 신(身), 즉 나, 나의 것이 있다고 집착하는 견해를 말한다. 변집견(邊執見)은 변, 즉 극단에 집착하는 것으로 상견(常見)과 단견(斷見)에 집착하는 것을 말한다. 사견(邪見)은 잘못된 견해 전반을 말한다. 특히 연기와 사성제를 부정하는 것을 말한다. 붓다의 대표적인 가르침을 부정하는 것을 사견이라고 한다. 견취(見取)는 견해, 특히 잘못된 견해에 집착하는 것을 말한다. 계금취(戒禁取)는 당위[should, must, ought to], 금기[should not]에 집착하는 것을 말한다. 이러한 견해는 아는 것으로 인해서 끊어지는 특징을 가지고 있다. 제대로 모르기 때문에 이러한 견해를 가지게 되고, 이러한 견해에 집착한다는 것이다. 5견은 잘못된 견해와 그 견해에 대한 집착을 말한다.

유해한 견해를 만들어내는 것이 견(見)이라면, 유익한 견해에 대해서는 의심하고 주저하는 것이 의(疑)이다. 연기와 사성제에 대한 관점을 의심하고 행으로 옮기지 않는 것이다. 의심을 할 경우에는 행위로 나아가지 않는다. 그리고 무턱대고 반대하고 듣지 않으려는 것도 의심에 해당한다고 볼 수 있다. 여기서 의심의 대상은 유익한 견해에 대한 의심이다. 유익한 견해를 의심함으로 인해서 유익한 견해를 의도할 기회를 놓치게 된다. 의심은 유익한 견해를 대하는 오취온의 태도라고 할 수 있다. 만(māna, 慢)도 또한 '나'의 활동이다. 나는 나 이외의 것과 관계를 맺는다. 나 중심이 아니라 마음중심의 경우라면 연기에 의한 연결성을 통해서 동일한 마음이라고 파악할 것이다. 반면 나 중심일 경우에는 나[我]와 나 아닌 것[非我]을 구분하고 이들의 관계가 형성된다. 이때의 관계를 만(慢)이라고 한다. 나와 나 아닌 것을 비교하고, 이들의 우등, 동등, 열등과 같은 순위를 정하게 된다. 이러한 분별과 차별의 활동 전반을 만(慢)이라고 한다. 이러한 근원적인 번뇌, 즉 6수면에 의해서 세부적인 번뇌의 활동이 드러나게 된다. 근본번뇌(mūlakleśa), 즉 수면을 중심으로 수번뇌(upakleśā)를 분류하여 살펴보게 될 것이다.

(3) 지말번뇌 또는 수번뇌

유식불교에서는 20가지 수번뇌를 제시한다. 이들은 소수번뇌(小隨煩惱), 중수번뇌(中隨煩惱), 대수번뇌(大隨煩惱)로 구분된다. 소수번뇌의 범주에 속하는 번뇌는 모두 개별적으로 일어나는 수번뇌를 말한다. 중수번뇌는 모든 불선심과 함께 일어나는 수번뇌를 말한다. 대수번뇌는 모든 염오심, 즉 번뇌에 물든 모든 마음과 언제나 함께 일어나는 수번뇌를 말한다. 염오심은 불선심과 유부무기를 합한 범위를 말한다. 그러므로 대중소(大中小)는 심소가 미치는 범위에 따라서 구분한 것이다. 이를 상좌부불교에서는 해로운 마음부수, 즉 불선심소 가운데 해로운 마음부수에 반드시 포함되는 부수, 해로운 마음에 때때로 포함되는 부수로 구분한다. 반드시 포함되는 부수는 대중(大中)에 가깝고, 때때로 포함되는 부수는 소(小)에 가깝다.

소수번뇌는 특수하지만 심한[小] 2차적 번뇌, 중수번뇌는 특수하지도 일반적이지 않은[中] 2차적 번뇌, 대수번뇌는 일반적인[大] 2차적 번뇌라고 할 수 있다. 예를 들자면 서구심리학에서 정서 가운데 일반적인 부정정서가 있는 반면, 장애가 되는 정서, 이상정서가 있듯이 정서의 부정성의 강도에 따라서 대중소로 구분할 수 있다. 소수번뇌는 이상정서처럼 범위는 좁지만, 강력한 것으로 특징지을 수 있다.

먼저 대수번뇌에는 8가지가 있다. 불신(āśraddhya, 不信)은 마음을 청정하지 못하게 하는 마음작용이고, 해태(kausīdya, 懈怠)는 노력하지 않게 하는 마음작용이다. 방일(pramāda, 放逸)은 선법을 행하지 않게 하는 마음작용이고, 혼침(styāna, thīna, 惛沈)은 마음을 무겁고 침울하게 하여 가라앉고 무기력하게 하는 마음작용이다. 도거(auddhatya, 掉擧)는 마음을 안정되지 않고 들뜨고, 산란하게 하여 마음이 다른 곳으로 달아나게 하는 마음작용이다. 실념(muṣitasmṛtitā, 失念)은 알아차림을 놓치게 하는 마음작용이고, 부정지(asaṃprajanya, 不正知)는 잘못 알게 하는 마음작용이다. 산란(vikṣepa, 散亂)은 앎의 대상을 바꾸게 하는 마음작용이다. 대수번뇌를 보면 개인의 수행의 차원에서 불선법으로 작용할 만한 것들이다. 이들로 인해서 사회적 비난 또는 정서치료를 받지는 않지만 수행의 목표를 추구하는 데 있어서는 불선법으로 작용할 수 있다. 다음으로 등장하는 중수번뇌에는 무참(ahirika, 無慚), 무괴(anottappa, 無愧) 둘이 있다. 무괴는 죄나 꾸짖음에 대해서 부끄럽게 여기지 않고, 두렵게 여기지 않게 하는 마음작용을 말한다. 무참과 무괴는 자신과 사회의 비난을 받을 수 있을 정도의 강도를 가진다.

10가지 소수번뇌가 있다. 분(krodha, 忿)은 마음으로 하여금 모든 생물과 무생물에 대해서 또는 자신의 몸과 마음에 맞지 않는 것에 대해서 분노하게 하는 마음작용이다. 분해서 마음이 찢어지는 것을 말한다. 한(upanāha, 恨)은 분노의 대상을 자꾸 생각나게 함으로써 그 대상에 대해서 원한을 품게 하고 품은 원한을 버리지 않게 하는 마음작용이다. 마음이 갇혀 있는 것, 즉 갇힌 마음을 말한다. 분한 마음이 표출되지 못한 상태를 말한다. 부(mrakśa, 覆)는 자신의 잘못을 덮으려고 하는 마음작용이다. 뇌(pradāśa, 惱)는 다른 이에게 거칠고 비꼬인 행동을 하게 하고, 다른 이를 괴롭게 만드는 행위를 하게 하는 마음작용이다. 마음을 괴롭히는 것이다. 질(īrṣyā, 嫉)은 미워하고 시새움하는 시기와 질투로, 다른 이가 잘되고 좋아지는 것을 기뻐하지 않게 하는 마음작용이다. 간(mātsarya, 慳)은 비루하게 인색하는 마음작용이다. 마음이 딴딴해져 바늘구멍조차 나지 않는 상태를 말한다. 광(誑)은 다른 이를 속여 미혹하게 하는 마음작용이다. 말이 경계를 벗어나는 것을 말한다. 첨(māyā, 諂)은 다른 이를 속이기 위해서 스스로를 은폐하고 왜곡하는 마음작용이다. 사람을 말로 구덩이와 함정에 빠뜨리는 것을 말한다. 해(vihiṃsā, 害)는 다른 이를 핍박하게 하는 마음작용이다. 칼로 사람을 해하는 것이다. 교(mada, 憍)는 오만방자하게 하는 마음작용이다. 마음이 높아진 상태를 말한다.[37]

분한은 성냄을 말하고, 뇌해는 타인을 괴롭히는 것을 말하고, 질은 시기 질투를 말한다. 분한부뇌, 질간, 광첨해교의 순서로 마음이 이러하다. 찢어지는 분한 마음을 표현하지 못하고 덮어놓고 남을 괴롭히고, 질투하고 마음이 딴딴해지고, 말이 부품해지고 말로 함정에 빠트리고 칼로 해치고 마음이 높아진다. 분, 한, 뇌, 질, 해는 진(瞋)을 근본번뇌로 하고, 부, 광, 첨은 탐(貪)과 치(癡)를 근본번뇌로 하고, 교, 간은 탐(貪)을 근본번뇌로 한다. 그리고 이들 10가지 소수번뇌는 견혹(見惑)이면서 수혹(修惑)이다. 견

---

37 『구사론』을 중심으로 한 오위칠십오법에 나오는 번뇌와 유식불교의 오위백법에 등장하는 번뇌에 대해서는 다음을 참조할 수 있다. 齊藤 明 等(2011), 『『倶舎論』を中心とした五位七十五法の正義的用例集』, Tokyo: The Sankibo Press; 齊藤 明 等(2014), 『瑜伽行派の五位百法』, Tokyo: The Sankibo Press.

혹 또는 미리혹(迷理惑)은 견해에 미혹되어 있는 번뇌로, 이지적 번뇌 또는 인지적 번뇌라고 할 수 있다. 수혹 또는 미사혹(迷事惑)은 정의적 번뇌 또는 정서적 번뇌라고 할 수 있다. 그러므로 이들 10가지는 인지적 번뇌인 동시에 정서적 번뇌라고 할 수 있다. 인지적 번뇌와 정서적 번뇌가 합쳐질 때 더욱 강력한 번뇌가 될 수 있기 때문이다. 또한 인지, 정서가 융합되어 있다는 것을 다시 한번 확인할 수 있다.

서구심리학의 근본정서는 전형적 정서라고 할 수 있는 반면, 불교심리학의 근본번뇌는 수번뇌가 발생하게 되는 토대이지만 약한 형태를 띠고 있다. 모든 수번뇌가 근본번뇌로부터 발생하는 것을 보듯이, 원인과 결과의 관점에서 원인에 해당한다는 의미에서 근본이라고 할 수 있다. 근본번뇌는 다양한 번뇌로 파생될 수 있는 줄기세포와 같은 역할을 한다. 수번뇌는 전형적인 형태로 파생된 것을 말한다.[38]

---

38 수번뇌에 대한 논의는 서구심리학 가운데 이상심리학에 대응할 수 있는 분야이기도 하다. 이에 대한 논의는 다른 논의에서 다루고자 한다.

불교심리학은 괴로움의 원인인 번뇌의 제거를 성취하는 것을 목표로 한다. 이를 위해서 번뇌에 대한 정확한 이해는 핵심적인 요소라고 할 수 있다. 번뇌가 위치하는 영역을 찾아보기 위해서 인지, 정서, 동기, 성격을 살펴보고, 이들 가운데 유해한 것들이 번뇌와 연관되는 것을 볼 수 있다. 번뇌의 다른 이름을 통해서 번뇌의 특징을 볼 수 있다. 나아가서 번뇌의 본래적 정의가 '비여리작의로 인한 괴롭힘'이라는 것을 볼 수 있었다. 괴롭힘은 유개념에 속하고, 비여리작의는 종차에 해당한다. 이를 통해서 번뇌가 일어나는 지점, 번뇌의 결과를 볼 수 있다.

번뇌의 포괄적 정의를 통해서 번뇌의 발생과 소멸을 통한 시간적인 과정과 근본번뇌와 수번뇌의 분류를 볼 수 있다. 번뇌가 잠재적인 성향으로 머무는 것에서부터 드러나고, 파생되는 과정을 볼 수 있다. 수번뇌를 통해서 번뇌의 전형적인 모습을 볼 수 있다. 번뇌의 발생은 육근이라는 감각기관의 감각기능에서 이루어지는 것을 볼 때 심신연기론적 관점을 볼 수 있다.

번뇌의 심리학에 대한 현대적인 이해는 인지, 정서, 동기, 성격과의 관계, 이상심리와의 관계, 불교심리치료와의 관계에 대한 이해로 나아간다. 불교심리학의 핵심적인 주제인 번뇌를 현대심리학적 용어로 이해함으로 인해서 번뇌를 다루는 불교의 고유한 방법론이 현대인의 괴로움을 다루는 데 다양하게 접목될 수 있다.

참고문헌

『대승백법명문론(大乘百法明門論)』

『대승아비달마집론(大乘阿毗達磨集論)』

『대승의장(大乘義章)』

『유가사지론(瑜伽師地論)』

Paul R. Kleinginna, Jr., Anne M. Kleinginna(1981), “A Categorized List of Emotion Definitions, with Suggestions for a Consensual Definition”, *Motivation and Emotion* Vol.5, No.4, pp.345-379.

PED＝*The Pali Text Society's Pali-English Dictionary*, ed. by T. W. Rhys Davids and William Stede, London: The Pali Text Society, 1921-5/1986.

Whitney, W. D.(1983), *The Roots, Verb-Forms and Primary Derivatives of Sanskrit Language*, Delhi: Montilal Banarsidass.

Anuruddha 지음, 대림 스님, 각묵 스님 옮김(2002), 『아비담마 길라잡이』, 서울: 초기불전연구원.

Charles S. Carver, Michael F. Scheier 공저, 김교헌, 심미영, 원두리 공역(2005), 『성격심리학－성격에 대한 관점들』, 서울: 학지사.

E, Bruce Goldstein 지음, 도경수, 박태진, 조양석 옮김(2017), 『인지심리학』, 서울: Cengage Learning.

John Marshall Reeve 원저, 정봉교, 현성용, 윤병수 공역(2003), 『동기와 정서의 이해』, 서울: 박학사.

Rhonda N. Goldman, Leslie S. Greenberg 공저, 김현진, 에스더 박, 양명희, 소피아 박, 김은지 공역(2018), 『정서중심치료 사례개념화』, 서울: 학지사.

榎本文雄,(1983), 「初期仏典におけるāsava(漏)」, 『南都佛教』 50, pp.17-28.

榎本文雄(2017), 「22 루」, 『불교심리학사전』, 서울: 씨아이알, pp.108-109.
권오민 역주(2002), 『아비달마구사론 3』, 서울: 동국역경원.
권오민(2003), 『아비달마불교』, 서울: 민족사.
대림 스님 옮김(2012), 『맛지마니까야 1』, 울산: 초기불전연구원.
민경환(2002), 『성격심리학』, 서울: 법문사.
박창환(2012), 「구사론주(kośakāra) 세친(Vasubandhu)의 번뇌론: 『구사론』 5장 「수면품」 k.5-1의 경량부 번뇌 종자설을 중심으로」, 『불교사상과 문화』 제4호, pp.79-157.
붓다고사 스님 지음, 대림 스님 옮김(2004), 『청정도론 제1권』, 서울: 초기불전연구원.
水野弘元 著(2005), 『增補改訂パーリ語辞典』, 東京: 春秋社.
윤희조(2012), 『불교의 언어관』, 서울: 씨아이알.
윤희조(2015), 「성냄을 원인으로 하는 마음에서 보는 아비담마의 정서심리학」, 『동서철학연구』 제75호, pp.231-256.
윤희조(2017), 「마음의 기능을 중심으로 한 불교심리학의 정의와 분류에 대한 일고찰」, 『동서철학연구』 제85호, pp.209-236.
이정모 외(1999), 『인지심리학』, 서울: 학지사.
齊藤 明 等(2011), 『『俱舍論』を中心とした五位七十五法の正義的用例集』, Tokyo: The Sankibo Press.
齊藤 明 等(2014), 『瑜伽行派の五位百法』, Tokyo: The Sankibo Press.
하코다 유지, 츠즈키 타카시, 가와바타 히데아키, 하기와라 시게루 공저, 강윤봉 옮김(2014), 『인지심리학』, 서울: 교육을 바꾸는 책.

5 자성의 의미변화

불교에서 다르마(dharma, 法)는 가장 중요한 개념 가운데 하나이다. 법은 비단 불교뿐만 아니라 인도 사상 전반에 걸친 키워드이기도 하다. 어원적으로 법은 '유지하다(hold)'라는 의미를 가진다. 이때 유지하는 것이 '자성(自性)'이다. 그래서 법의 특징을 '임지자성(任持自性)'이라고 한다. 이러한 자성은 불교의 법만큼이나 중요한 개념이다. 자성은 초기불교에서는 잘 보이지 않지만, 부파불교에서 초기불교의 법을 설명하는 핵심 개념이 된다.

부파불교에서는 이러한 법을 구별하는 것이 교학의 핵심적 위치를 차지한다. 이때 법을 구분하는 근거로서 자성은 중요한 개념으로 사용된다. 대승불교로 나아가면 이러한 자성을 부정하는 개념인 '무자성(無自性)'이 핵심 개념으로 떠오르게 된다. 그러나 나가르주나에서 부정적으로 사용되는 자성은 짠드라끼르띠에 이르면 무자성으로서의 자성의 개념이 사용되게 된다. 부파불교에서 긍정적으로 사용되던 자성은 중관불교에서는 긍정적인 의미와 부정적인 의미를 동시에 가지게 된다. 선불교로 오면 자성은 부정적인 의미 없이 긍정적인 의미로 사용된다. 선불교 특히 『단경』은 전체적인 맥락이 자성을 밝히는 데 사용되고 있다.

동일한 자성이 긍정과 부정의 맥락을 오고 가고 있는 것을 어떻게 이해해야 할 것인가? 여기에 대한 하나의 해답을 제시하고자 하는 것이 본장의 목표이다. 이러한 목표를 위해서 먼저 부파불교의 자성, 대승불교의 자성, 선불교의 자성을 순차적으로 살펴보고, 이를 통해서 자성의 개념이 어떻게 변화하는지를 보게 될 것이다. 각각의 불교는 자성이라는 동일한 용어를 사용하지만 다른 의미로 사용하는 것을 밝히고자 한다. 하나의 개념이 의미를 가질 때는 그 의미가 가지는 맥락에 의해서 그 의미가 결정된다고 할 수 있다. 긍정적 의미와 부정적 의미를 가지는 것도 일정한 맥락하에서 가능한 것이다. 이러한 맥락을 살펴봄으로써 자성의 긍정적 의미와 부정적 의미를 살펴보고자 한다. 이로 인해서 자성이 하나가 아니라, 다양한 맥락 속에서 사용될 수 있고, 그 맥락을 이해함으로써 자성에 대한 애매한 이해를 분명하게 하고자 한다.

1. 초기불교와 부파불교의 자성

1) 인식론적 구분근거로서 자성

초기불교의 빨리경전 가운데 '자성(sabhāva)'이라는 용어는 『밀린다팡하』와 같은 비교적 후기의 텍스트를 제외하고는 그 용례를 정확히 찾아볼 수 없다. 자성이라는 용어가 사용될 때 '정체', '본성'이 일반적인 의미이다. 『율장』에서 모양을 바꾼 뱀은 잠잘 때에 그 정체(sabhāva)를 드러낸다는 의미 정도로 사용되고 있다.[1] '자성'이라는 용어는 초기불교문헌에서는 거의 사용되지 않고 이후의 부파불교문헌에서 교학적인 술어로서 사용된다.[2] 빨리 후기 주석문헌은 유부의 다르마에 대한 정의의 영향을 받아서 자성에 대하여 유부와 동일한 정의를 한다. "그 자신의 자성을 가지므로 담마이다."라고 정의한다.[3]

까루나다사(Y. Karunadasa)에 의하면 자성과 담마는 모두 동일한 실재를 가리킨다. 자성과 담마는 별도로 구별되지 않고, 자성이라는 용어는 단지 담마를 가리킨다고 한다. 담마가 자성을 가진다는 것은 다른 본성(parabhāva, 他性)이 없다는 것이다.[4] 담마는 더 이상 환원가능하지 않은 궁극적인 것으로, 궁극적인 것의 자성(paramattha sabhāva)으로 정의된다. 그러나 이러한 궁극적인 것은 어떠한 실체론적 함의도 가지지 않고, 단지 담마를 분석할 수 있는 최고의 한계를 의미한다.[5] 이때의 자성은 담마와 마찬가지로 찰라 생멸하는 자성이고, 오직 담마만이 자성을 가질 수 있고, 담마와 반대되는 빤냐띠(paññatti)는 자성을 가지지 않는다. 자성은 실체론적 함의 없이 단지 담마의 인식론적인 구분 근거로 사용된다.

유부에서 자성이 발전된 교학의 술어로서 사용되는 것은 『대비바사론』

---

1 Vin. V. 87. dve' me bhikkhave paccayā nāgassa sabhavapātukammāya.

2 宮下晴輝(1997) p.2.

3 윤희조(2012) p.75; DhsA. 126. attano sabhāvaṃ dhārentī ti dhammā: Sumanapala, G.(1998, 89-91)에서는 이것 이외에도 담마에 관한 16가지의 정의가 제시되고 있다.

4 Karunadasa, Y.(1996) pp.8-15.

5 Karunadasa, Y.(1996) pp.19-21: 윤희조(2012) pp.76-77.

이후라고 할 수 있다.[6] 『대비바사론』은 제법에는 각자 이미 확정된 자성이 있다고 주장한다. '일체법각주자성(一切法各住自性)', '항주자성불사자성(恒住自性不捨自性)', '자상결정(自相決定)', '제법성상결정(諸法性相決定)'이라는 표현이 등장한다.[7] 『대비바사론』은 "모든 다르마는 이미 자성을 가지고 있다. 왜냐하면 처음부터 다르마는 그 자신의 자체적인 자상에 머물기 때문이다"라고 한다.[8]

『대비바사론』은 자체적인 자성을 통해서 제법을 분류하고 포섭한다. 자성이라는 개념을 사용해서 다양한 사태의 본질을 통합하고 체계화하는 것이 진행된다. 이러한 통합과 체계화는 자성에 의한 것이지, 타성에 의한 것은 아니다.[9] 다르마 자신과 그 본질은 항상한다는 항상성을 드러내고, 다르마의 동일성을 보여주는 것이다. 여기서 자성은 각각의 고유한 성질로서 다른 것과 구별되는 원리를 말한다.

상좌부와 유부의 『대비바사론』은 다르마의 인식론적 구분근거로서 자성을 기준으로 다르마를 체계적으로 구분하는 작업을 통해서 자신의 교학체계를 성립시켜간다. 인식론적 구분근거로서의 자성은 다르마와 마찬가지로 찰나생멸하면서도 자신의 고유성과 항상성을 가지고, 이를 근거로 타성과 구분된다. 이러한 인식론적 구분의 근거로서의 자성은 『구사론』

---

6 加藤純章(1985) p.506: 宮下晴輝(1997) pp.4-7.

7 T.27.n.1545.426b1. 一切法各住自性: T.27.n.1545.171b1. 恒住自性不捨自性: T.27.n.1545.394b23-24. 謂一切法已有自性本來各住自體相故: T.27.n.1545.116c19-20. 五蘊等自相決定: T.27.n.1545.171b4-5. 諸法性相決定無有雜難.

8 T.27.n.1545.394b23-24. 謂一切法已有自性本來各住自體相故.

9 宮下晴輝(1997) pp.8-10: 윤희조(2012) pp.107-108.

이후부터는 존재론적 함의를 가지게 된다.

2) 『구사론』에 나타난 자성의 용례

키무라(木村)는 『구사론』에서 사용되고 있는 자성(svabhāva)을 세 가지 용법으로 구분한다. 이 구분은 『구사론』에만 해당되는 것이 아니라 자성의 어법 전반과 관련된다고 할 수 있다. 북경판 티베트어 번역본은 자성을 용법에 따라서 번역어를 달리 사용한다는 점에 기초해서 키무라는 그 용법을 구분하고 있다. 자성은 '랑진(rang bzhin)', '오보니(ngo bo nyid, GN)', '랑기오보(rang gi ngo bo)'로 번역된다.[10]

먼저 자성이 '랑진'으로 번역될 때 복합어로 사용되는 경우가 가장 많다. 이때 자성은 '으로부터 구성되다'는 의미로 '구성의 용법'이라고 부를 수 있다.[11] '오보니'로 번역되는 경우는 자성을 분류의 관점에서 본 것으로 '분류의 용법'이라고 할 수 있다. '오보니'는 그 다르마가 다르마이기 위한 근거이고, 다르마가 다르마인 한에서 반드시 '오보니'로서의 자성을 가져야 한다.[12] 이러한 근거를 바탕으로 분류가 가능하게 되는 것이다.

마지막으로 자성이 '랑기오보'로 번역되는 경우는 시간적, 공간적으로 완전히 다른 것과 구별되는 자기 자신으로 '단독성의 용법'이라고 할 수

---

10 木村誠司(2002) pp.2-3; 木村誠司(2003) p.41. 이에 대한 자세한 분석은 木村誠司(2003, 14-88)에서 볼 수 있다. 8개의 번역본을 이용하여 196곳을 모두 분석하고 있다. 자세한 내용은 윤희조(2012, 110-115)를 참조할 수 있다.

11 櫻木裕(1975) p.275: 木村誠司(2003) p.41.

12 木村誠司(2003) pp.40-43: 現銀谷史明(2002) pp.152-153.

있다. 이 용법은 합성어를 만들지 않고 '자기 자신(sva, svātman)'으로 바꾸어 사용할 수 있다. '랑기오보'는 다르마 그 자신을 재귀적으로 지시하는 역할을 한다.[13] 예를 들어 '색의 자성'이라는 것은 '색이라는 다르마가 가지는 자성'의 의미가 된다. 이 용법은 '다른 것과 구별'되는 측면이 강조된다. 삼세실유설에서 문제가 되는 자성의 용법도 이 '단독성의 용법'이고, 자성이 실체(dravya)와 동일시되는 경우의 자성도 이 '단독성의 용법'을 말한다.[14]

고유의 성질, 인식론적 구분의 근거, 다르마의 분류와 관련된 구성의 용법과 분류의 용법은 상좌부와 『대비바사론』에서 주로 사용되고 있는 자성의 용법이라고 할 수 있다. 구성의 용법은 주어에 대해서 어떠어떠하다고 말할 수 있는 술어의 역할을 담당하는 반면, 분류의 용법은 자성이 가지는 인식적인 동일성을 바탕으로 다르마를 분류하는 근거의 역할을 담당한다. 그러나 단독성의 용법에서 자성은 『구사론』 이후 존재론적 함축을 가진 것으로 사용된다. 『구사론』에서 자성의 강조점은 분류체계 자체로부터 개별적인 다르마의 성격으로 마침내는 존재론적 지위로 옮겨가는 것을 볼 수 있다. 이러한 존재론적 지위를 표현하는 새로운 용어, 즉 실체(dravya)가 두드러지게 사용된다. 그러나 이것은 유부가 공격당하는 주요 논점이 된다. 나가르주나가 공격하는 자성의 의미도 단독성의 용법에 초점이 맞추어져 있다고 할 수 있다.

---

13 梶木裕(1975) p.277: 現銀谷史明(2002) pp.152-153.

14 木村誠司(2002) p.6; 木村誠司(2003) pp.40-3: 現銀谷史明(2002) p.492: 梶木裕(1975) pp.277-278.

2. 『중론』의 자성

1) 나가르주나의 자성비판

자성은 글자 그대로 보면 스스로 가지고 있는 성질을 말한다. 부파불교에서 자성은 다르마의 근거가 된다. 다르마는 유지(√dhṛ)하고 있으므로 구별되는 것이다. 그러므로 자성은 구별되는 근거가 된다. 이러한 구별되는 자성을 근거로 다르마는 분류된다. 자성과 다르마의 구분 위에 부파불교의 교학체계가 성립하게 된다. 중관불교는 이러한 구분이 가능하지 않다는 것을 전제한다. 생멸하는 다르마는 유지되는 것이 아니라 변화 자체이므로 구분되는 특징을 가지는 것이 불가능하다는 것이 전제가 된다. 이러한 대승불교의 전제를 가장 충실히 이어받고 있는 것이 중관불교라고 할 수 있다.

중관불교의 창시자인 나가르주나(Nāgārjuna, c.150-250)와 유부의 가장 큰 차이는 자성에 대한 견해의 차이일 것이다. 이는 실재를 어떻게 보는가와 연관되어 있다. 이 차이로 인해서 다르마에 대한 이해의 차이가 생기고 전반적인 교학체계의 차이가 발생하게 된다. 『중론(中論)』에서 다양한 이론비판은 각각의 이론의 중심원리로 인정되는 '자성'으로 향한다. 다양한 이론을 비판하는 나가르주나의 기본적인 자세는 각각의 이론이 정립하고 있는 근본원리가 자성으로 존재한다면, 그 자성 때문에 오히려 이론 자체가 내적 모순에 빠지는 것을 보여주는 것이다.[15] 『중론』의 제15장 관유무품(觀有無品)은 자성(svabhāva)을 고찰하는 11가지 게송으로 이루

---

15 伊藤浄厳(1970) p.22.

어져 있다. 15.1게송과 15.2게송은 자성에 대한 정의를 하고 있다.

> 자성이 여러 인과 연에 의해서 생긴다는 것은 타당하지 않다. 인과 연이 모여서 생기는 자성은 만들어진 것이 된다. 더욱이 어째서 그야말로 자성이 만들어진 것이겠는가? 왜냐하면 자성은 만들어진 것이 아니며 또 다른 것에 의존하는 것이 아니기 때문이다.[16]

자성은 만들어지지 않고(akṛtrimaḥ), 다른 것에 의존하지 않는다(paratra nirapekṣaḥ). 그러므로 자성은 인과 연에 의해서 생기는 것, 즉 연기하는 것이 아니다. 만들어지지 않고, 다른 것에 의존하지 않는다는 자성의 두 가지 큰 특징은 시간적으로 영원하고, 공간적으로 독립적이라는 것이다. 자성에 대한 이러한 정의는 서양철학의 실체의 정의와 매우 유사한 것으로 나가르주나는 유부의 자성을 실체로서의 자성으로 파악한다. 실체로서의 자성은 불교의 무상과 연기의 원리에 어긋난다. 즉 영원하면 무상이 아니고, 독립적이면 다른 것에 의존하지 않으므로 연기의 원리가 성립하지 않는다.[17] 이 때문에 반야부경전과 중관학 전반에 걸쳐서 자성을 부정하는 것은 중요한 문제가 된다.

15장 이외에도 자성으로 존재하는 것은 '항상하는 것이고',[18] 자성으로

---

16 MMK.15.1. na saṃbhavaḥ svabhāvasya yuktaḥ pratyayahetubhiḥ hetupratyayasaṃbhūtaḥ svabhāvaḥ kṛtako bhavet. MMK.15.2. svabhāvaḥ kṛtako nāma bhaviṣyati punaḥ katham akṛtrimaḥ svabhāvo hi nirapekṣaḥ paratra ca.

17 末木文美士(1996) p.155.

18 MMK.17.22: MMK.21.17: MMK.24.22.

존재한다면 '생기하는 것은 없고', '무인연인 것이다'[19]고 한다. 자성으로 존재하는 것은 생멸을 떠나서 항상하는 것이고, 원인과 조건에 의해서 만들어지는 것이 아니며 항상 불변하는 것이다. 그러나 나가르주나는 이러한 자성의 존재를 결코 인정하지 않는다.[20]

나가르주나가 자성을 정의하는 것을 보면 분류의 근거로서 자성을 정의하는 것을 찾아볼 수 없다. 나가르주나는 자성을 거의 단독성의 용법으로 이해하고 있다. 자성을 항상하고, 독립적인 것으로 파악할 경우에는 당연히 연기의 법칙을 벗어나게 된다. 자성을 법의 분류기준으로 삼고, 법을 생멸하면서도 유지되는 것으로 보는 초기유부의 경우 이러한 자성의 정의는 해당되지 않는다고 할 수 있다. 그러나 중후기의 유부에서 실체(dravya)와 동일시되는 자성에 대해서는 이러한 비판이 적용될 수 있다. 이처럼 유부에서 자성의 개념의 변화에 맞추어 이를 비판하는 것이 적절할 것으로 생각된다. 나가르주나의 자성비판은 중기와 후기의 유부에서 실체로서 자성을 정의하는 것, 즉 단독성의 용법에 대한 비판이라고 할 수 있다.

2) 짠드라끼르띠의 세속자성과 승의자성

짠드라끼르띠(Candrakīrti, c.530-600)는 나가르주나의 정의에 기반을 두어서 자성을 해석한다. 짠드라끼르띠에게 자성은 만들어지지 않는 것, 다

---

19 MMK.24.23: MMK.24.16.

20 立川武蔵(1986) p.118: 윤희조(2012) pp.164-165.

른 것에 의존하지 않는 것이라는 두 가지 조건을 충족시키는 것이다.[21] 이는 나가르주나의 자성에 대한 정의와 동일하다. 그러나 문제는 '만들어지지 않는 것'을 어떻게 파악할 것인지에 관한 것이다. 『쁘라산나빠다(Prasannapadā)』 15장에서 짠드라끼르띠는 세간에서 일반적으로 자성이라고 인정하는 것에 대하여 다음과 같이 서술한다. "여기 어떤 사물의 불변하는 속성은 그것의 자성이라고 불린다. 왜냐하면 그 속성은 다른 것에 의존하지 않기 때문이다. 일반적으로 열은 불의 자성이라고 불린다. 왜냐하면 그 속성은 불에서 불변이기 때문이다. 동일한 불이 물에서 일어난다면, 그것은 자성이 아니다. 왜냐하면 그것은 우연적이기 때문이다. 왜냐하면 그것은 다른 인과적 관계에서 일어나기 때문이다."[22]

그러나 이때의 자성은 세간의 자성으로, 세간에서는 자성이지만 진짜 자성은 아니다. 자성은 비우연적이고 다른 것에 의존하지 않는다고 정의되지만, 연기법칙하에 존재하는 모든 사물은 우연적이고, 원인과 조건에 의존하기 때문에 어떤 사물도 자성을 가질 수 없다. 즉 모든 것은 연기의 법칙하에 존재하기 때문에 의존하지 않는다는 의미에서의 자성은 존재할 수 없다. 유부에서 말하는 실체로서의 자성, 단독성의 용법으로서의 자성은 연기의 세계에서는 존재할 수 없다는 것이다.

---

21 末木文美士(1996) p.403.

22 Pras. p.241, ll.7-9. iha yo dharmo yaṃ padārthaṃ na vyabhicarati sa tasya svabhāva iti vyapadiśyate aparapratibaddhatvāt agner auṣñaṃ hi loke tad avyabhicāritvāt svabhāva ity ucyate tadevauṣñam apsūpalabhyamānaṃ parapratyayasaṃbhūtatvāt kṛtrimatvān na svabhāva iti yadā caivam avyabhicāriṇā svabhāvena bhavitavyaṃ tad asyāvyabhicāritvād anyathābhāvaḥ syād abhāvaḥ.

짠드라끼르띠의 자성 해석의 특징 가운데 하나는 세간에서 자성이라고 인정되는 열 등의 성질은 범부의 자성으로 부정적으로 해석된다는 점이다. 세간에서는 인위적으로 만들어진 것이 아닌, 불의 열처럼 '본래 그 자체에 구비되어 있는 성질'을 자성이라고 부른다. 그러나 이것은 범부의 입장에서 해석한 것으로, 짠드라끼르띠는 그 해석의 타당성을 인정하지 않는다. 세간에서 말하는 불의 열은 '인과 연에 의해서 생기는 것'이고, '만들어진 것'이므로, 성자의 입장에서는 자성이 아니다. 즉 불의 열은 범부에게는 자성이지만 성자에게는 자성이 아니다. 짠드라끼르띠에 의하면 어떤 특징, 어떤 구분도 자성이 될 수 없다. 고유하다고 생각하는 것이 실제로는 연기에 의해서 만들어진 것이고, 우연한 것이기 때문이다.

그렇다면 짠드라끼르띠는 어떤 것을 자성으로 인정하는가? 짠드라끼르띠는 자성을 법성, 공성으로 본다. 이는 기존의 해석과는 다른, 자성에 대한 새로운 해석이다. 초기불교와 부파불교에 의하면 자성과 상반되는 모든 사물이 공통적으로 가지고 있는 현상, 즉 공상(共相)을 자성으로 파악하기 때문이다. 나가르주나가 단독성의 자성, 실체로서의 자성을 부정하는 데 총력을 기울였다면, 짠드라끼르띠는 자성에 대한 새로운 해석을 내놓고 있다.

> 제법의 법성(dharmatā)은 그 자상(svarūpa)이다. 제법의 법성이란 무엇인가? 제법의 자성(svabhāva)이다. 자성이란 무엇인가? 본성(prakṛti)이다. 본성이란 무엇인가? 공성(śūnyatā)이다. 공성이란 무엇인가? 무자성(naiḥsvābhāvya)이다. 무자성은 무엇인가? 진여(tathatā)이다. 진여란 무엇인가? 그와 같이 존재하고(tathābhāva), 변화하지 않고(avikāritva), 항상 지속하고 있는 것(sadaiva sthāyitā)이다.[23]

'자상(svarūpa)=법성(dharmatā)=자성(svabhāva)=본성(prakṛti)=공성(śūnyatā)=무자성(naiḥsvābhāvya)=진여(tathatā)'라는 등식이 성립한다. 여기서 주목해야 할 것은 이 등식 가운데 '자성(svabhāva)'은 '무자성(naiḥsvābhāvya), 즉 자성을 가지지 않는 것'과 동일한 의미를 가진다는 것이다. 일견 이것은 모순처럼 보이지만, 여기서 부정되는 자성은 세간적 자성이다.

짠드라끼르띠는 자성에 관해서 두 가지 차원을 상정하고 있다고 할 수 있다. '세간자성'이라고 할 경우의 자성개념과 진짜 자성이라는 의미의 '승의자성'이라는 자성 개념을 구별할 필요가 있다.[24] 짠드라끼르띠가 부정적으로 사용하는 자성은 그것을 '세간적'이라고 한정하고, 범부의 인식에 의해서 자성이 아닌 것을 자성으로 파악하는 것에 불과하고, 범부의 인식을 떠난 경우 자성으로 파악되지 않는다. 그러나 범부의 인식에 의해서 파악된 자성은 부정되지만 세간에서 인정되고 있다는 사실까지를 부정하는 것은 아니다. 이것은 자성을 두 가지로 언급하게 된 동기의 하나라고 볼 수 있다.[25] 그렇다면 세 번째 항의 '자성'은 긍정적인 자성 또는 성자의 입장에서의 자성 또는 승의적인 자성이고, 여섯 번째 항의 '자성'은 부정해야 할 자성 또는 범부가 파악한 세간적인 자성이다. 이처럼 나가르주나의 자성은 짠드라끼르띠에 의해서 두 가지 차원으로 구분된다고

---

23 末木文美士(1996) pp.264-265: Pras. p.264, l.11-p.265, l.1. yā sā dharmāṇāṃ dharmatā nāma saiva tat svarūpaṃ atha keyaṃ dharmāṇāṃ dharmatā dharmāṇāṃ svabhāvaḥ ko'yaṃ svabhāvaḥ prakṛtiḥ kā ceyaṃ prakṛtiḥ yeyaṃ śūnyatā keyaṃ śūnyatā naiḥsvābhāvyaṃ kim idaṃ naiḥsvābhāvyam tathatā keyaṃ tathatā tathābhāvo 'vikāritvaṃ sadaiva sthāyitā.

24 末木文美士(1996) p.156: 那須眞裕美(2006) p.1056.

25 岸根敏幸(1991) pp.402-403.

할 수 있다. 긍정적이고 승의적인 자성은 공성과 동일시되는 것으로 찰라 생멸하는 불가설의 현상으로서의 자성이고, 부정적이고 세간적인 자성은 실체로서의 자성으로 세간에서 희론이라는 형태로 널리 사용된다.[26]

위 인용문에서 또 하나 유의해서 보아야 할 개념이 '진여(tathatā)'이다. 무자성에 대한 설명으로 짠드라끼르띠는 진여를 제시하고 있다. 이 진여는 『단경』과 관련해서도 중요하게 사용된다. 『단경』에서 사용되는 자성은 두 가지 의미, 즉 반야자성과 청정자성으로 나눌 수 있다. 그 가운데 청정자성을 특징짓는 단어로 진여가 등장한다. 그리고 반야자성의 특징으로 등장하는 단어로 무자성이 등장한다. 『단경』에서 청정자성과 반야자성은 구분되는 측면과 공유하는 측면을 동시에 가진다. 이는 선불교가 이어받고 있는 반야사상과 불성사상이 『단경』에서 융합되기 때문이다. 한편으로는 반야사상 안에서도 진여의 측면이 있기 때문에 이러한 융합이 가능한 것이다. 전혀 다르다면 융합의 여지가 없기 때문이다. 융합되는 측면을 짠드라끼르띠의 자성 해석에서 볼 수 있다. '무자성은 진여이다.' 그리고 '진여는 그와 같이 존재하고, 변화하지 않고, 항상 지속되는 것이다.'고 한다. 기존의 자성해석과는 반대로 무자성을 자성으로 해석하면서, 동시에 고유성을 가진 자성과는 반대로 변화하지 않고 항상 지속하는 진여를 자성으로 파악한다. 이는 독립적이고, 실체적인 것은 존재하지 않는 다는 연기적 사고에 기반을 둔 논리적 전개라고 할 수 있다.

이처럼 『중론』에 대한 짠드라끼르띠의 해석에서 자성은 긍정적인 의

---

26 희론에 대한 자세한 논의는 윤희조(2012, 172-198)를 참조할 수 있다.

미와 부정적인 의미를 가진다. 이는 자성이 가지는 모순적인 지위 때문이다.[27] 자성은 언어적 표현과 비언어적 표현의 가운데 놓여 있기 때문이다. 언어적 발화의 순간에 비언어적 표현으로서의 자성, 즉 찰나생멸하는 자성과는 모순되게 된다. 찰나생멸하는 자성과 언어적 표현 가능성은 양립할 수 없기 때문에 서로 모순적인 지위를 가지게 된다. 이러한 모순적인 지위로 인해서 자성은 긍정적인 의미와 부정적인 의미가 동시에 존재하게 된다. 짠드라끼르띠는 이러한 자성의 이중성으로 인해서 자성을 긍정적 의미와 부정적 의미 둘 다로 사용하고 있다.

자성을 이중적으로 사용하는 것은 유부에서부터 시작된다고 할 수 있다. 초기와 상좌부불교 그리고 『대비바사론』에서 자성은 인식론적 의미로, 『구사론』 이후의 중후기유부에서 자성은 존재론적 함의를 가지는 것으로 사용되고 있다. 나가르주나에서 전면적으로 부정되던 자성을 짠드라끼르띠는 존재론적 의미의 자성을 '세간적 자성'으로 비판하면서 '승의적 자성'을 '무자성의 자성'으로 긍정한다. 유부와 중관에서는 자성을 부정적 의미와 긍정적 의미 둘 다로 사용하고 있다. 승의적 자성을 설명하는 두 단어인 무자성과 진여는 『단경』에서 자성의 두 가지 의미인 청정자성과 반야자성의 특징을 보여주는 것이기도 하다. 『단경』에서는 자성의 두 특징이 구분되면서 융합되는 모습을 보여준다. 『단경』에서 자성은 두 가지 경우 모두 긍정적 의미로 사용되고, 이 자성을 기반으로 혜능은 기존의 교학체계를 새롭게 건립한다.

---

27 윤희조(2008) pp.180-183.

3. 『단경』의 자성

자성을 '자신의 고유한 성질'이라고 해석하는 것은 초기불교에서부터 중관불교까지 가능하다. 이는 선불교에서도 이어진다. 문제는 '자신의 고유한 성질'이 무엇인가 하는 것이다. 부파불교의 택법(dhammavicaya, 擇法)의 관점에서 볼 때 다르마는 자성, 즉 고유한 성질을 가진다. 부파불교에서는 구별되는 특징을 고유한 성질이라고 하고, 대승불교와 선불교에서는 구별되는 성질이 없다는 것을 고유한 성질이라고 한다. 부파불교와 대승불교에서는 자성을 독특한 성질로 보든 무자성으로 보든, 인식론적 관점에 기반을 두어 존재론으로 발전하거나, 성자의 인식으로 나간다. 이들은 인식론이라는 동일한 지평에 놓여 있다고 할 수 있다. 무자성의 자성도 자성의 인식론적인 측면이라고 할 수 있다. 즉 반야의 관점에서 바라볼 때 자성은 무자성이게 된다는 것이다. 이처럼 자성과 무자성을 동일시하는 도식은 짠드라끼르띠에 의해서 성립하고, 무자성이 진여로 해석되는 지점은 『단경』에서 청정자성의 실마리가 된다.

부파불교는 자성에 기반을 두고서 다르마의 체계를 세우듯이, 혜능(慧能, 638-713)은 『단경』에서 자성에 기반을 두고서 자신의 사상을 세우고 기존의 교학체계를 새롭게 해석하고 있다. 그러므로 『단경』의 구성도 자성을 중심으로 이해해볼 수 있을 것이다. 이는 "오직 견성법만 논하였고",[28]

---

28 元 宗寶編, 『六祖大師法寶壇經』, CBETA電子佛典集成(CBETA Chinese Electronic Tripitaka Collection eBPub), 電子佛典協會. (http://tripitaka.cbeta.org/T48)(이하 『단경』) T.48.n.2008 349c18; 惟論見性.不論禪定解脫.

"내가 설하는 법은 자성을 떠나지 않는다."[29]라는 언급에서도 볼 수 있다.

『단경』에서 자성이 등장하는 장면은 크게 세 단계로 나누어서 볼 수 있다. 『단경』의 1장과 2장은 자성의 정의가 드러나는 부분으로 혜능이 의미하는 자성이 드러나고 있다. 4장과 5장은 정혜와 좌선을 설명하는 부분으로 자성의 두 측면과 자성에 기반을 둔 새로운 수행법을 보여주고 있다. 3장, 6장의 공덕, 정토, 재가수행, 오분법신향, 무상참회, 사홍서원, 무상삼귀의계, 일체삼신자성불, 삼신불에 대한 기존의 교의를 자성을 기반으로 재구축하고 있는 것을 볼 수 있다. 홍인(弘忍, 601-674)에게 자신의 깨달음에 대해서 설명하는 부분과 혜능 최초의 설법이라고 할 수 있는 대유령에서 혜명에게 이르는 '본래면목' 설법에서 자성의 기본적인 의미가 드러나고 있다. 즉 혜능이 깨달은 이후에 하는 첫 번째와 두 번째 설법 안에서 자성의 전체적인 면모가 내재되어 있다고 할 수 있다.

자성은 혜능이 홍인의 『금강경』에 관한 설법을 듣고 깨달은 내용의 주요 주제이다. 붓다의 깨달음의 내용이 연기 또는 사성제라고 한다면, 혜능의 깨달음의 내용은 자성이라고 할 수 있다. 혜능이 깨달음을 얻고 홍인에게 하는 이야기를 통해서 혜능이 사용하는 자성의 의미를 살펴볼 수 있다.

> 혜능은 ①만법이 자성을 떠나 있지 않음을 언하에 대오하였다. 그러고는 마침내 조사에게 말씀드렸다. "②자성은 본래부터 청정한줄 어찌 짐작이나 했겠습니까. ③자성은 본래 불생불멸인 줄을

---

29 T.48.n.2008.358c09. 吾所說法. 不離自性.

어찌 짐작이나 했겠습니까. ④자성은 본래부터 구족되어 있는 줄을 어찌 짐작이나 했겠습니까. ⑤자성은 본래 동요가 없는 줄을 어찌 짐작이나 했겠습니까. ⑥자성이 만법을 발생한다는 것을 어찌 짐작이나 했겠습니까?"[30]

여기서 혜능이 깨달은 자성은 만법과 함께하고, 청정하고, 불생불멸이고, 본래 구족되어 있고, 동요가 없고, 만법을 발생시킨다. 이는 혜능이 깨달은 자성의 특징이라고 할 수 있다. 혜능은 자성에 대한 새로운 구분을 제시한다. 여기서 제시되고 있는 자성의 특징은 청정으로서의 자성과 반야로서의 자성 두 가지로 나누어볼 수 있다. 자성을 청정한 상태로 볼 수도 있고, 반야의 기능으로 볼 수도 있다. 청정한 상태는 ②, ④, ①과 연관되어 있다. 청정한 상태는 본래부터 구족되어 있다. 반야의 기능은 ③, ⑤, ①과 연관되어 있다. 반야의 기능에 의해서 만법을 바라보면 불생불멸이고, 부동이다. ⑥은 혜능이 자성으로부터 만법을 건립하는 모습을 보여준다.

이 가운데 ①은 겹친다. 청정한 상태로서의 자성이든, 반야의 기능으로서의 자성이든 만법과 함께 하는 점에서는 겹친다. 그리고 청정자성과 반야자성은 원래부터 가지고 있던 것이다. 자성은 원래 청정한 상태이고, 반야의 기능을 원래 하는 것이다. 또 하나 겹치는 부분은 위 인용문에는

---

30 T.48.n.2008.349a17-21. 惠能言下大悟. 一切萬法不離自性.遂啓祖言. 何期自性本自淸淨. 何期自性本不生滅. 何期自性本自具足. 何期自性本無動搖. 何期自性能生萬法. 김호귀 역 (2010) p.36.

없지만 청정자성과 반야자성은 다만 번뇌에 의해서 덮여 있을 뿐이라는 것이다. 이는 불성(佛性)이 불(佛)이 될 수 있는 능력을 잠재적으로 가지고 있는 것과 마찬가지이다. 원래의 모습인 청정과 원래의 기능인 반야를 번뇌를 걷고서 드러내기만 하면 되는 것이다. 중생심(衆生心), 인심(人心)이라는 자심(自心)도 자성이 번뇌에 덮여 있는 것이다. 반야자성보다 청정자성에서 '번뇌가 덮여 있는 청정심(淸淨心)'[31]을 더 많이 논의하고 있지만 반야자성에 대해서도 번뇌가 덮여 있다고 하는 논의를 하므로, 번뇌에 덮여 있는 자성을 단지 청정자성으로만 부여할 수는 없다. 이것에서 보면 청정자성과 반야자성은 원래 가지고 있는 상태 또는 기능이고, 번뇌에 의해서 덮여 있는 것이라고 할 수 있다.

두 가지 겹치는 부분 이외에 청정자성과 반야자성의 고유한 특징을 단어로 열거해보면, 청정자성은 청정(淸淨), 진여(眞如), 본래(本來)와 같은 용어를 사용할 수 있고, 반야자성은 불생불멸(不生不滅), 불이(不二), 공(空), 부동(不動), 무소득(無所得), 불명(不名)과 같은 용어를 사용할 수 있다.

동군(董群)은 자심(自心) 또는 본심(本心)이 청정(淸淨)과 공적(空寂)이라는 두 가지 특징을 가지듯이 자성(自性)도 두 가지 특징을 가진다고 지적한다. 마음은 본체와 작용의 두 방면으로 나눌 수 있는데, 둘은 모두 마음의 다른 표현에 불과하다고 한다.[32] 이러한 구분은 김영욱에서도 찾아볼

---

31 동군 지음, 김진무·노선환 옮김(2000) p.145.

32 동군 지음, 김진무·노선환 옮김(2000) pp.145-147. 동군은 청정본성이 망상으로 덮여 드러날 수 없음을 청정의 특징으로 부여한다. 그리고 이것을 여래장사상으로 이야기한다. 그러나 실제로 『단경』에서는 번뇌에 의해서 반야가 발현되지 못하는

수 있다. “『단경』에서 밝히는 자성의 두 가지 뜻은 정혜(定慧)이다. 이 둘은 불이(不二)이면서 일체(一體)인 관계이다. 혜와 용은 이 자성의 두 가지 뜻 중 하나이다.”라고 한다.[33]

이러한 구분이 현대에서 이루어지기 시작한 것은 아니다. 하택신회(荷澤神會, 685-760)와 영가현각(永嘉玄覺, 665-713)은 적(寂), 지(知)라는 용어를 사용한다. 적은 정체(定體)에, 지는 혜용(慧用)에 각각 상응하며 함축한 뜻은 동일하다. 지(知)는 적(寂)에 의하여 조명되어야 자신의 본래 의미가 진실 그대로 드러나며, 적(寂)도 지(知)에 의하여 비로소 그 의미가 완성된다. 두 가지 중 어느 하나가 없어도 자성은 그 본질을 상실하고 견성은 이루어지지 않는다.[34] 여기에서 적(寂)은 청정자성, 지(知)는 반야자성을

것에 대한 언급이 있으므로 이는 청정의 특징으로만 보기는 어렵다. 청정과 대비되는 특징으로 동군은 ‘공적(空寂)’이라는 용어를 제시하고 있다. ‘적’에 고요, 청정의 의미가 함의되어 있어서 청정과 혼돈될 우려가 있으므로, 동군이 공적으로 표현하려고 한 자성의 기능을 보다 직접적으로 드러내고 있는 용어가 ‘반야’라고 할 수 있다. 동군(2000, 148)은 공적의 특징을 설명하면서 ‘마음이 광대하여 마치 허공과 같다’는 부분은 필자의 구분에 의하면 자성의 반야적 특징이라기보다는 자성의 청정적 특징이라고 할 수 있다. 필자처럼 청정이라는 상태와 반야라는 기능이라는 측면에서 구분하면 허공과 광대는 청정이라는 상태로 포함할 수 있을 것이다.

33 金榮郁(2012) p.11, p.157; 자성에는 두 가지 뜻이 있으며 이것이 자성의 이치이자 본질이다. 정혜(定·慧)와 체용(體·用)은 모두 자기 마음[自心, 自性]이 가지는 본래적인 두 가지 이치이다. 그리고 혜와 용의 관계에 대해서도 혜와 용은 어디까지나 정과 체를 근거로 한다. 혜용을 강조하는 선법은 정체로 지나치게 기울어진 좌선 중심의 선법이 지니는 폐단을 비판하는 방향에서 이해되어야 한다.

34 金榮郁(2012) p.166, p.170; 신회는 자성을 체용(體用)으로 풀면서 체와 용을 각각 공적(空寂)과 지(知)에 짝지은다. 영가선사의 경우 적적(寂寂), 영지(靈知)라는 말로 자성의 적지(寂知)를 표현하고 있다. 적적은 정체(定體)에, 영지는 혜용(慧用)에 대응한다고 할 수 있다.

배대시킬 수 있다. 그러나 지(知)를 단순히 지라고 하면, 분별로 오해받을 소지가 있으므로 필자는 청정과 반야라는 용어로 둘을 구분하고자 한다.

자성을 청정과 반야로 구분함으로써 기존의 구분을 더 명확하게 하는 이점이 있다. 정혜로 구분할 경우에는 이미 정혜일체(定慧一體)라고 선언해버린 개념으로 자성을 구분한다는 것이 그 유사성을 드러내는 데에는 일조할지라도 그 차이점을 드러내는 데에는 부족하다고 생각된다. 공적과 청정으로 구분할 경우에는 공적에 포함되는 일부 특징이 청정으로 분류되어야 함에도 불구하고 공적이라는 용어로 인해서 청정의 일부가 공적으로 분류되는 사례가 있다. 이러한 일을 방지하기 위해서 청정과 반야를 사용한 것이다.

두 번째 이점은 청정과 반야는 선불교에 영향을 준 대표적인 두 사상인 반야사상과 불성사상을 대표하는 용어라는 점이다. 혜능의 『단경』에서 이 두 사상이 융합되고 있는데, 그 융합된 용어로 등장하는 것이 자성이다. 그렇다면 자성의 두 가지 의미, 두 가지 특징을 구분할 때 반야사상과 불성사상이 드러날 수 있는 용어를 사용하는 것이 선불교의 전체적인 이해에 도움이 될 것으로 생각된다.

세 번째로 반야와 청정은 『금강경』적 의미와 『열반경』적 의미로도 살펴볼 수 있다. 이는 『단경』의 첫 번째 장인 「행유품」에 등장하는 두 가지 경전으로, 선불교가 영향을 받은 반야사상과 불성사상을 대표하는 경전이라고 할 수 있다. 반야자성에는 무자성과 관련된 용어들이 사용되고, 청정자성에는 불성과 관련된 용어들이 사용된다. 선불교가 반야사상과 불성사상의 융합을 지향하기 때문에 반야사상 가운데 불성사상이 없을 수 없고, 불성사상 가운데 반야사상이 없을 수는 없지만, 둘 가운데 어느 쪽에 가까운 용어인지는 구분할 수 있다. 반야와 청정을 자성의 두 경향성을 대표하는 용어로 선택한 것이다.

위 인용문 ⑥에서 혜능은 자성으로부터 만법을 건립하는 모습을 보여준다. 혜능은 성(性)에서 심(心)으로, 심(心)에서 법(法)으로 만법이 건립되는 모습을 보여준다. 성(性)과 심(心)의 관계, 자성(自性)과 자심(自心)의 관계, 나아가서는 인심(人心), 중생심(衆生心), 본심(本心), 만법(萬法), 진여(眞如), 불성((佛性), 불(佛)의 관계를 살펴볼 것이다. 이러한 건립이 기존의 짠드라끼르띠의 견해와 가지는 차이점에 대해서도 살펴보고자 한다.

1) 자심(自心), 인심(人心) 그리고 본심(本心)

혜능은 성(性)을 본질적인 뜻으로, 자성(自性)을 사람 마음[人心]의 본질적인 성(性)으로 간주한다. 여기서 "자(自)"는 배타적이며 독자적 의미가 있으므로 자성(自性)은 구체적인 인성(人性)을 가리키고, 자심(自心)은 구체적인 인심(人心)을 가리키는 것이다. 성(性)은 자성(自性), 심(心)은 자심(自心)을 말한다.[35] 혜능은 성(性)과 심(心)의 관계를 왕과 왕이 다스리는 영토의 비유를 들어 설명한다. "심(心)은 땅이고, 성(性)은 왕이다. 왕은 심(心)의 땅 위에 머물고, 성(性)이 있어 왕이 있고, 성(性)이 가면 왕도 없으며, 성(性)이 있어 심신(心身)이 있고, 성(性)이 가면 몸도 무너진다."[36]

---

35 동군 지음, 김진무·노선환 옮김(2000) pp.146-147.

36 T.48.n.2008.352b07-09. 心是地. 性是王. 王居心地上. 性在王在. 性去王無. 性在身心存. 性去身壞

이 설명에서 자성은 부파불교나 중관불교와는 달리 사물과의 관계가 아니라, 마음과의 관계에서 다루어지고 있다는 것을 볼 수 있다. 자성이 논의되는 영역이 현상으로서의 다르마의 영역이 아니라, 마음의 영역으로 옮겨오고 있다. 자성은 개인의 구체적인 마음으로 들어오게 된다. 구체적인 중생의 마음을 강조하는 자성은 기존의 자성이해와는 상반된다고 할 수 있다. 부파불교의 고유한 자성, 중관불교의 승의자성은 중생의 마음과는 정반대된다. 혜능의 자성과 자심은 짠드라끼르띠의 입장에서 보면 세간자성이고, 범부의 마음이다. 부파불교에서 보면 빤냐띠에 해당한다. 세간자성은 승의자성과는 반대되는 것으로, 짠드라끼르띠에 의해서 부정되고 있는 자성이다. 혜능에게서는 이러한 세간의 범부의 구체적인 마음이 자성(自性)으로 긍정되고 있다. 개인의 구체적인 마음인 자심(自心)을 통해서 마음의 개체성을 강조하고 있다.

자심은 일체중생에게 있는 것으로 자심에는 미혹과 깨달음이 있다. 자심이 미혹(迷惑)하면 자성을 깨치지 못하기도 하고, 자심이 개오(開悟)하면 번뇌와 망상에 물들지 않고 정견을 일으킨다.

> 반야지혜의 경우도 대소의 차별이 없건만 일체중생에게 자심(自心)의 미오가 같지 않을 뿐이다. 미혹한 마음은 밖을 보고 수행하므로 부처를 찾아도 자성을 깨치지 못하는데, 이것이 소근인이다. 만약 돈교를 개오하면 밖으로 닦지 않고 무릇 자심(自心)에 늘 정견을 일으켜서 번뇌와 망상에 언제나 물들지 않는데, 이것이 곧 견성이다.[37]

---

37 T.48.n.2008.350c26-351a01. 般若之智亦無大小. 爲一切衆生自心迷悟不同. 迷心外見. 修行覓

더 나아가서는 자심을 가진 중생이라는 자심중생(自心衆生)이라는 용어까지도 사용한다. 그리고 사미심(邪迷心), 광망심(誑妄心), 불선심(不善心), 질투심(嫉妒心), 악독심(惡毒心)이라는 마음을 중생이라고 한다.[38] 여기서 혜능은 자성중생이라는 이름으로 짠드라끼르띠가 부정했던 세간자성까지도 긍정적인 의미로 인정하는 것을 볼 수 있다. 다른 한편으로 만법(萬法)은 모두 자심에 있는 줄을 알아야 한다.[39] 그리고 만법이 본래 사람을 말미암아 일어난 것이다.[40] 그러므로 자심은 일체중생에게 있고, 개개인의 자심에 만법이 있고, 만법은 자심에서 일어나는 것이다. 그러므로 자성, 자심, 만법의 순서로 건립된다. 자성에 따라서 자심의 미오(迷悟)가 달라진다.

혜능은 이 자심(自心)을 인심과 중생심의 측면에서 보는 반면, 본성적인 측면에서도 바라보고 있다. 혜능은 본성적인 측면의 자심(自心)을 본심(本心)이라고 부른다. 본심은 마음의 본래 상태, 본래적 의미의 마음, 원래부터 가지고 있는 마음을 가리킨다. 이른바 본래면목(本來面目)이 바로 이러한 마음을 말하는 것이다.[41] 본심(本心)을 알지 못하면 법을 배워도 무익하고,[42] 깨달은 사람은 돈수하여 스스로 본심(本心)을 안다.[43] 본심(本心)을 알

佛. 未悟自性. 卽是小根. 若開悟頓教. 不能外修. 但於自心常起正見. 煩惱塵勞. 常不能染. 卽是見性.

38 T.48.n.2008.354a14-16. 心中衆生. 所謂邪迷心·誑妄心·不善心·嫉妒心·惡毒心. 如是等心. 盡是衆生.

39 T.48.n.2008.351a10. 故知萬法盡在自心.

40 T.48.n.2008.351a05-06. 故知萬法 本自人興.

41 T.48.n.2008.349b24-25. 惠能云. 不思善. 不思惡. 正與麼時. 那箇是明上座本來面目.

42 T.48.n.2008.349a21-22. 不識本心. 學法無益.

43 T.48.n.2008.353a09. 悟人頓契. 自識本心.

면 곧 해탈이다.[44] 그리고 "어째서 자심 속에서 진여의 본성을 돈견하지 못하는가?"[45]라는 언급에서 자심(自心)을 진여의 본성을 갖추고 있는 것으로 보고 있다. 그리고 이러한 본성적인 측면을 보살계경(菩薩戒經)을 인용하면서 '우리의 본성은 원래부터 청정하다'고 말한다.[46] 짠드라끼르띠에게 진여는 무자성을 설명하는 용어로서 변화하지 않고 항상 지속하는 것으로 사용된다. 혜능은 진여를 자심에 배대시키고 있다. 짠드라끼르띠의 입장에서 보면 이는 세간자성에 진여를 부여하는 것으로 성립하지 않지만, 혜능은 진여의 의미를 새롭게 부여하고 있다.

더 나아가서 혜능은 중생을 부처와 연관시킨다. "부처를 보고자 한다면 무릇 중생을 알아야 한다. 단지 중생이 부처에 대해서 미혹할 뿐이지 부처가 중생에 대하여 미혹한 것은 아니다."[47]라고 한다. "부처는 깨달음일 뿐이고"[48] "한순간 깨달으면 중생이 곧 부처"[49]가 된다. 혜능은 "불성에는 남북이 없고",[50] "내 마음에 스스로 부처가 있으니, 자불(自佛)이야말로 진짜 부처이고",[51] "진여의 자성이야말로 진불(眞佛)이다."[52]라고 한다. 혜능

---

44 T.48.n.2008.351a26-27. 若識本心. 卽本解脫.

45 T.48.n.2008.351a10-11. 何不從自心中. 頓見眞如本性.

46 T.48.n.2008.351a11-12. 菩薩戒經云. 我本元自性淸淨.

47 T.48.n.2008.361c27-28. 欲求見佛. 但識衆生. 只爲衆生迷佛. 非是佛迷衆生.

48 T.48.n.2008.355c05. 佛.猶覺也.

49 T.48.n.2008.351a9-10. 一念悟時. 衆生是佛. T.48.n.2008.361c28-29; 自性若悟. 衆生是佛. 自性若迷. 佛是衆生. 自性平等. 衆生是佛.

50 T.48.n.2008.348a18. 人雖有南北. 佛性本無南北.

51 T.48.n.2008.362a02. 我心自有佛. 自佛是眞佛.

52 T.48.n.2008.362a08. 眞如自性是眞佛.

은 인심과 중생심이라는 구체적이고 세간적인 마음이 원래 가지고 있는 자성을 진여(眞如) 또는 불성(佛性) 또는 본심(本心)이라고 한다. 그리고 이들은 내 마음, 즉 자심(自心) 가운데 있는 것이다. 짠드라끼르띠의 입장에서 구분되었던 세간자성과 승의자성이 혜능에 이르러서는 융합되고 있다. 세간적인 인심이 승의적인 진여와 불성이라는 정의에 의해서, 이 둘은 자성 위에 건립되고 있는 것을 볼 수 있다.

2) 청정자성

'청정'은 초기경전에서부터 볼 수 있다. "이 마음은 청정하다(pabhassara). 그러나 이것은 본래적인 것이 아닌 번뇌에 의해 오염되어 있다."[53] 이는 우리의 마음은 본래 청정하지만 번뇌에 의해서 일시적으로 오염되어 있다는 것이다. 이는 청정자성을 '원래 그러하지만 번뇌에 덮여 있다'고 정의한 것도 동일한 것이다. 대승불교에서 청정의 시원은 『팔천송반야경』의 '마음은 마음이 아니다. 그 마음의 본성은 본래 청정하기 때문이다'라는 구절에서 볼 수 있다.[54] 자성청정(自性清淨)은 혜능의 『단경』에서 제일 먼저 등장하는 설법의 내용이다. "보리의 자성은 본래 청정하다. 그러므로 무릇 그 청정한 마음을 활용한다면 곧바로 성불할 수 있다."[55] 보리의 자성뿐만 아니라 인심의 자성도 청정하다는 것을 볼 수 있다.

---

53 AN. VI. 1-2.

54 김형준 옮김(2003) pp.2-3.

55 T.48.n.2008.347c28-29. 菩提自性. 本來清淨. 但用此心. 直了成佛.

사람의 자성은 본래 청정하다. 그런데 망념을 말미암은 까닭에 진여를 뒤덮는 것이다. 그러므로 무릇 망상이 없으면 자성은 저절로 청정하다.[56]

이는 『단경』의 청정자성을 보여주는 대표적인 구절이라고 할 수 있다. 망념과 망상이 진여를 덮고 있어서 지금은 번뇌의 상태이지만, 이러한 망념과 망상을 걷어내면 마음의 본래의 청정한 모습, 즉 청정자성이 드러난다는 것이다. “세인의 성(性)은 본래 청정하고”,[57] “자성이 물들지 않으므로 중중존이라 한다.”[58] 그리고 그 마음은 본래 청정하여 취하거나 버리거나 할 수도 없다.[59] 이러한 청정자성은 망상으로 덮여 있어 드러날 수 없을 뿐이지 항상 청정하다. 마치 구름이 태양을 가리는 것과 같다.[60] 청정이라고 하면 이미 청정이라는 망념이 발생하게 된다. 그러나 청정은 형상이 없다.[61] 청정을 비청정과 구분하게 되면, 그것은 이미 청정이 아니게 된다. 그러므로 여기서 이야기하는 청정은 이원적 대립을 떠난 청정인 것이다.

혜능은 ‘진여(眞如)’를 자심에 있는 것으로 보고 있고, ‘본심(本心)’을 중생심 가운데 본래적인 것, 선천적으로 가지고 있는 본질이라고 한다.[62]

---

56 T.48.n.2008.353b10-11. 人性本淨. 由妄念故. 蓋覆眞如. 但無妄想. 性自淸淨.

57 T.48.n.2008.354b22. 世人性本淸淨.

58 T.48.n.2008.354b06. 自性皆不染著. 名衆中尊.

59 T.48.n.2008.361b11-12. 此心本淨. 無可取捨.

60 T.48.n.2008.350c25-26. 猶如大雲覆蓋於日.

61 T.48.n.2008.353b12. 淨無形相. T.48.n.2008.354b27-28. 智如日. 慧如月. 智慧常明. 於外著境. 被妄念浮雲蓋覆自性. 不得明朗. 智는 해와 같고 慧는 달과 같아서 지혜는 늘상 밝게 빛나지만 밖으로 경계에 집착하면 망념의 뜬구름 때문에 자성이 가려 밝게 비추지 못한다.

62 동군 지음, 김진무·노선환 옮김(2000) p.147.

이러한 진여의 자성이 없다면 눈으로 보는 색과 귀로 듣는 소리는 당장 없어지고 만다.[63] 진여의 자성이 념(念)을 일으키고, 육근(六根)이 비록 보고 듣고 느끼고 아는 작용을 할지라도, 그 온갖 경계에 물들지 않은 채 진성은 그대로 늘 자재하다.[64] 그러므로 일체시에 자성은 본래 여여하다.[65] 그리고 "불성(佛性)"은 선도 아니고 불선도 아니다.[66] 이 무이(無二)의 성품이야말로 곧 불성이다.[67] 청정자성은 본래 청정하지만 번뇌에 덮여 있고, 본심, 진여, 불성과 연관되어 있다는 것을 알 수 있다.

짠드라끼르띠는 범부의 인식과 성인의 인식을 구분하면서 세간자성과 승의자성을 구분하지만, 혜능은 범부의 마음, 즉 인심과 중생심 가운데 성인의 인식, 즉 본심과 불심과 진여가 내재하고 있다고 본다. 이렇게 되면 세간자성 안에 승의자성이 있게 된다. 혜능의 이러한 자성을 청정자성이라고 할 수 있다. 이러한 청정자성은 반야자성의 기능을 한다. 반야자성의 기능은 청정자성의 상태에서 드러나는 것이고 할 수 있다.

3) 반야자성

초기불교에서 마음의 원래의 기능은 '아는 것'이다. 혜능의 경우 마음은 정적으로 파악하면 고요한 것이고, 동적으로 파악하면 아는 것이다. 초기

---

63 T.48.n.2008.353b03-4. 眞如若無. 眼耳色聲當時卽壞.

64 T.48.n.2008.353b04-5. 眞如自性起念. 六根雖有見聞覺知. 不染萬境. 而眞性常自在.

65 T.48.n.2008.356c24. 一切時中. 自性自如.

66 T.48.n.2008.349c26. 佛性非善非不善. 是名不二.

67 T.48.n.2008.349c27-28. 無二之性卽是佛性.

불교의 대표적인 두 가지 수행인 사마타(samatha, 止)와 위빠사나(vipassanā, 觀)의 경우 전자는 고요를 계발하는 수행이고, 후자는 앎을 계발하는 수행이다. 이 둘은 모두 집중이라는 방법을 통해서 계발된다. 계발을 의미하는 수행(bhāvanā, 修行)이라는 용어는 원래 있는 것이기에 계발이 가능한 것이다. 두 가지 모두 마음이 원래 가지고 있는 상태와 기능이라는데, 혜능과 초기불교는 일치한다. 그리고 원래 가지고 있는 모습을 드러내는 데 중점을 두는 것이 혜능의 견성(見性) 수행법이라고 할 수 있다. 그러나 사마타와 위빠사나를 분리해서 수행하는 것은 마음의 원래의 모습을 잘못 파악하고 있거나, 잘못된 방법으로 계발 또는 수행하는 것이므로 정혜일체(定慧一體)[68]를 주장한다.

청정과 마찬가지로 반야에도 형상이 없다. 지혜로운 마음이 반야이다.[69] 번뇌가 없으면 지혜가 늘 현전하여 자성을 벗어나지 않는다.[70]

> 보리와 반야의 지혜는 세상 사람들이 본래부터 지니고 있다. … 세상 사람들은 종일토록 입으로는 반야를 읊으면서도 자성이 반야인 줄은 모른다.[71]

---

68 T.48.n.2008.352c14. 定慧一體. 不是二.

69 T.48.n.2008.350b20. 般若無形相. 智慧心卽是.

70 T.48.n.2008.350c06. 若無塵勞. 智慧常現. 不離自性.

71 T.48.n.2008.350a11-17. <u>菩提般若之智. 世人本自有之</u>. 只緣心迷. 不能自悟. 須假大善知識. 示導見性. 當知愚人智人. 佛性本無差別. 只緣迷悟不同. 所以有愚有智. 吾今爲說摩訶般若波羅蜜法. 使汝等各得智慧. 志心諦聽. 吾爲汝說. 善知識. <u>世人終日口念般若. 不識自性般若.</u>

여기서 혜능은 자성이 반야이고 이를 모든 사람들이 본래부터 지니고 있다고 한다. 청정뿐만 아니라 반야도 본래부터 가지고 있는 것이다. 일체의 반야지혜는 모두 자성으로부터 발생하므로,[72] 자성으로부터 반야라는 기능이 나온다. 그러므로 반야자성은 마음이 원래, 스스로, 본래 가지고 있는 것이다. "단지 마음이 미혹함으로 말미암아 스스로 깨치지 못할 뿐이다."라고 한다.[73]

여기서의 마음은 수상행식(受想行識)을 모두 포함한다. 아는 기능에 더해서 느끼는 기능, 생각하는 기능, 의도하는 기능이 추가된다. 그러나 마음의 원래의 기능은 '아는 기능'이다. 이러한 기능이 자성이다. 마음이 미혹하다고 할 때 마음은 미혹되어 있는 수상행(受想行)을 말한다. 이러한 수상행(受想行)은 선악 등의 이분법하에 놓이게 된다. 수상행에 번뇌가 없으면 식의 지혜가 드러나게 된다. 이러한 결과를 성취하기 위해서는 반야에 대한 의심만 없애주면 자성이 드러난다고 한다.[74] 즉 반야에 대한 의혹만 걷어내면 자성은 드러난다. 무엇인가를 추가하는 것이 아니라, 내가 기존에 가지고 있던 것을 걷어내면 되는 것이다. 이를 한마디로 혜능은 자성에 미혹하면 곧 중생이지만, 자성을 깨치면 곧 부처이다[75]로 이야기하고 있다.

이러한 반야는 일체법과 함께 있고, 이미 구족되어 있고, 일체법을 발생

---

72 T.48.n.2008.350b11-12. 一切般若智. 皆從自性而生.

73 T.48.n.2008.350a12-13. 只緣心迷. 不能自悟.

74 T.48.n.2008.351c08. 勿令破有疑 卽是自性現

75 T.48.n.2008.352b10. 自性迷卽是衆生. 自性覺卽是佛.

시킨다는 것도 이미 반야는 마음과 함께 생한다. 반야의 가능성은 미혹으로 말미암아서 가려져 있을 뿐이지 원래부터 있었다. 일체법과 함께 발생할 뿐만 아니라 나아가서는 혜능은 자성이 만법을 포함한다고까지 말한다.[76]

"이에 부동(不動)을 닦는다는 것은 무릇 모든 사람을 만날 때에 그 사람의 시비, 선악, 오호, 과환을 보지 않는 것이야말로 그것이 곧 자성의 부동이다."라고 말한다.[77] 여기서 부동은 단순히 굳건하다는 의미보다는 이원론적 구분을 더 이상 하지 않는 것 자체를 말한다. 구분을 하는 것은 움직임(動)이지만, 이러한 움직임이 없는 상태를 이야기하는 것을 말한다. 이원론적 구분을 하지 않는 부동은 무자성의 특징을 가진다. 그리고 자성은 본래 공(空)과 같다.[78] 이러한 공과 무자성은 반야자성의 특징이다. 공 내지는 무자성이라는 자성의 특징을 반야라는 기능으로 보는 것이다. 그렇다고 해서 공과 무자성은 객관적 대상이고, 반야는 인식적 주관을 의미하는 것은 아니다. 공, 무자성, 반야는 모두 자성을 의미하고, 자성은 대상이면서 기능이라고 할 수 있다. 반야의 기능 또한 무자성과 공의 특징을 가지기 때문이다. 이러한 자성을 반야자성이라고 할 수 있지만, 이러한 이름을 붙이는 것 또한 공, 무자성의 특징에 어긋난다. 이름을 붙이려 해도 이름을 붙일 수 없는 것이 자성이기 때문이다.[79] 무자성으로서의 자성의 특징은 반야로서의 자성의 특징을 말한다. 불생불멸(不生不滅), 불래불

---

76 T.48.n.2008.360b04-5. 自性能含萬法.

77 T.48.n.2008.353b14-15. 若修不動者. 但見一切人時. 不見人之是非善惡過患. 即是自性不動.

78 T.48.n.2008.354c15. 性本如空.

79 T.48.n.2008.359c08-9. 無名可名. 名於自性.

거(不來不去)도 반야자성의 특징이라고 할 수 있다. 짠드라끼르띠에 의해서 성립된 자성=공=무자성의 등식은 혜능에서도 여전히 성립한다.

이러한 자성을 통해서 무엇을 하려는가? 혜능은 "자성으로 안을 살펴 삼독심을 제거하고 지옥 등 삼악도의 죄를 일시에 소멸한다."라고 한다.[80] 자성의 비추는(照) 기능을 통해서 탐진치라는 삼독심은 계정혜로 변화한다.[81] 자성의 비추는 기능은 자성 자신에게도 해당한다. 자성을 철견해야 하고,[82] 관조해야 한다.[83] 이처럼 자성은 보는 기능과 연관되어 있다. 보는 것도 아는 것의 하나의 형태이다. 보는 것은 아직 번뇌가 끼어들기 이전의 앎이다. 그러므로 살핀다, 본다, 비추다는 표현을 사용하고 있는 것이다. 그리고 자성을 깨쳐 수행하는 자는 다투지 않는다.[84] 자성은 이분법을 떠나 있기 때문에 다툼이 성립하지 않는다. 자성은 보는 기능만을 할 뿐이다.

이러한 자성으로 인해서 혜능은 "자성을 알아서 대번에 깨치면 곧 불지에 도달한다."[85]라고 말한다. "보리는 자성을 근본으로 한다."[86]라는 것은 반야라는 자성의 기능에 의해서 성취될 수 있는 것이다. 그러나 불지에 도달한다고 해서 무엇인가를 성취하는 것은 아니다. 자성은 본래 어떤 법도 얻을 것이 없기 때문이다.[87]

---

80 T.48.n.2008.352b18-19. 自性內照. 三毒卽除. 地獄等罪. 一時銷滅.
81 T.48.n.2008.350c04. 變三毒爲戒定慧.
82 T.48.n.2008.352c08. 見取自性.
83 T.48.n.2008.353c09. 觀照自性.
84 T.48.n.2008.352c19-20. 自悟修行. 不在於諍.
85 T.48.n.2008.351a25. 若識自性. 一悟卽至佛地.
86 T.48.n.2008.351b22. 菩提本自性.
87 T.48.n.2008.353a26-27. 自性本無一法可得.

반야자성은 초기불교의 마음의 기능인 아는 기능으로부터 시작한다. 반야자성은 청정자성과 마찬가지로 모든 사람들이 본래부터 가지고 있지만 미혹되어 있을 뿐이다. 반야자성은 이원적 구분을 하지 않기 때문에 부동, 공, 무자성이라는 특징을 가진다. 이러한 특징은 짠드라끼르띠에서도 성립한다. 반야자성은 짠드라끼르띠의 인식론적 지평을 이어받고 있다. 반야자성의 비추는 기능을 통해서 혜능은 삼독심을 제거하고, 불지에 도달하지만 어떤 것도 얻는 것이 없다고 한다. 반야자성은 본래 얻을 것이 없고, 형상이 없는 기능으로 작용한다.

자성은 스스로 가지고 있는 성질을 말한다. 부파불교에서 자성은 다르마의 구별의 근거가 된다. 이렇게 인식론적으로 구별되는 자성에 의해서 다르마는 분류된다. 상좌부와 유부의 『대비바사론』은 다르마의 인식론적 구분근거로서 자성을 기준으로 다르마를 체계적으로 구분하는 작업을 통해서 자신의 교학체계를 성립시켜간다. 인식론적 구분근거로서 자성은 다르마와 마찬가지로 찰나생멸하면서도 자신의 고유성과 항상성을 가지고, 이를 근거로 타성과 구분된다. 이러한 인식론적 구분의 근거로서 자성은 『구사론』 이후부터는 존재론적 함의를 가지게 된다.

나가르주나는 자성을 만들어지지 않고, 다른 것에 의존하지 않는 것으로 파악한다. 이러한 파악은 자성을 단독성의 용법, 실체적 용법으로 이해하고 있는 것이다. 나가르주나에 의해서 전적으로 부인되던 자성을 짠드라끼르띠는 부정적인 세간자성과 긍정적인 승의자성으로 구분한다. '만들어진 것'에 대해서 연기법에 기초해서 새로운 의미를 부여함으로써 이러한 구분이 가능하게 된다. 승의자성에서 자성=무자성=공=진여의 등식이 성립한다. 초기, 부파, 중관에 이르기까지 자성은 인식론적 지평 위에서 논의되지만, 『단경』에서 자성은 상태와 기능의 측면에서 새롭게 정립되면서, 항상 긍정적인 개념으로 사용된다. 그리고 자성은 대상에 대해서 사용되는 것이 아니라 개개인의 마음인 자심에 대해서 사용된다.

『단경』에서 자성은 청정한 상태로서의 자성과 반야의 기능으로서의 자성으로 구분해볼 수 있다. 청정자성과 반야자성은 개개인의 자심 가운데 원래부터 있었지만, 다만 번뇌에 의해서 덮여 있을 뿐이다. 혜능은 짠드라끼르띠가 부정했던 세간자성을 진여자성을 덮고 있는 것으로, 긍정적으로 인정한다. 그리고 만법이 개개인의 자심에 건립되므로 자심도 또한 긍정적으로 인정한다. 단지 문제는 자심이 자성에 대하여 번뇌에 미혹하는지, 개오하는지 여부이다. 청정자성은 자심의 본래 청정한 상태이지만 형상이 없고 이는 진여, 본심과 연관되어 있다. 이러한 청정자성의 상태에서 반야자성이 기능하게 된다. 반야자성은 이원적 구분을 하지 않기 때문에 부동,

공, 무자성이라는 특징을 가진다. 반야자성은 본래 얻을 것이 없고, 형상이 없는 기능으로 작용한다.

자성은 기본적으로 인식론적 지평 위에서 구별의 근거, 존재론적 함축, 성인의 인식, 번뇌에 덮여 있는 반야의 기능과 같은 다양한 스펙트럼을 가지고 긍정적으로 또는 부정적으로 사용되고 있다. 이들은 초기부파, 『구사론』, 짠드라끼르띠, 『단경』에 나타난 자성의 특징이지만, 이들은 인식론적 지평 위에서 이루어지고 있다는 점에서는 공통적이라고 할 수 있다. 이러한 인식론적 지평 위에서 각자가 주장하는 강조점에 따라서 독자적인 특징이 추가되고 있다. 이에 따라서 자성이 긍정적으로도, 부정적으로도 해석된다. 그러므로 자성은 인식론적 지평하에서 각자의 구체적인 맥락에 따라서 살펴보아야 할 것이다.

참고문헌

加藤純章(1985),「自性と自相－三世実有説の展開」,『佛教思想の諸問題』, 東京: 春秋社, pp.487-509.

宮下晴輝(1997),「有部の論書における自性の用例」,『仏教学セミナー』65, pp.1-16(L).

槻木裕(1975),「「自性」と説一切有部の存在論」,『橋本博士退官記念: 仏教研究論集』, 大阪: 清文堂, pp.273-290.

金榮郁(2012),『『壇經』禪思想의 研究』, 서울: 은정불교문화진흥원.

김형준 옮김(2003),『팔천송 반야바라밀다경』, 서울: 담마아카데미.

김호귀 역(2010),『육조대사법보단경』, 경기도: 한국학술정보(주).

那須眞裕美(2006),「中期中觀派における自性(svabhava)解釋」,『印度學佛教學研究』108, pp.56-60.

동군 지음, 김진무·노선환 옮김(2000),『祖師禪』, 서울: 운주사.

末木文美士(1996),『仏教－言葉の思想史』, 東京: 岩波書店.

木村誠司(2002),「『俱舎論』におけるsvabhāvaについて」,『駒沢短期大学仏教論集』8, pp.1-88(L).

木村誠司(2003),「『中論』におけるsvabhāvaについて」,『駒沢短期大学仏教論集』9, pp.39-75(L).

岸根敏幸(1991),「Candrakīrtiの二諦説－自性との関連で」,『印度学仏教学研究』79, pp.401-403(L).

윤희조(2008),「『중론』에서 언어의 문제－그 모순 위의 진실의 세계」,『회당학보』Vol.13, pp.152-183.

윤희조(2012),『불교의 언어관』, 서울: 씨아이알.

伊藤浄厳(1970),「中観哲学の基本的立場－ナーガールジュナの批判哲学序説」,『仏教学会報』 3, pp.17-38.
立川武蔵(1986), 『空の構造－『中論』の論理』, 東京: 第三文明社.
現銀谷史明(2002), 「二諦と自性－チベットにおける『倶舎論』解釈の一断面」, 『東洋学研究』 39, pp.143-156(L).
AN＝*Aṅguttara Nikāya*, ed. by R. Morris and E. Hardy, London: PTS, 1985-1990.
DhsA＝*Dhammasaṅgaṇi Aṭṭhakathā(Atthasālinī)*, ed. by E. Műller, London: PTS, 1979/1897.
MMK＝*Nāgārjuna Mūlamadhyamakakārikāḥ*, ed. by J. W. de Jong, Madras: The Adyar Livrary and Research Centre, 1977.
Pras＝*Mūlamadhyamakakārikās de Nāgārjuna avec la Prasannapadā commentaire de Candrakīrti*, ed. by Louis de la Vallée Poussin, Bibliotheca Buddhika 4, St.-Pétersburg, 1903-1913.
T.27.n.1545＝五百大阿羅漢等造 唐 玄奘譯, 『阿毘達磨大毘婆沙論』, CBETA電子佛典集成(CBETA Chinese Electronic Tripitaka Collection eBPub), 電子佛典協會 (http://tripitaka.cbeta.org/T27n1545)
T.48.n.2008＝元 宗寶編, 『六祖大師法寶壇經』, CBETA電子佛典集成(CBETA Chinese Electronic Tripitaka Collection eBPub), 電子佛典協會 (http://tripitaka.cbeta.org/T48)
Vin＝*Vinaya Piṭaka*, ed. by H. Oldenberg, London: PTS, 1997.
Cox, C.(2004), "From Category to Ontology: The Changing Role of Dharma in Sarvāstivāda Abhidharma", *Journal of Indian Philosophy* Vol.32, Netherland: Kluwer Academic Publishers, pp.543-597.
Karunadasa, Y.(1996), *The Dhamma Theory - Philosophical Cornerstone of the Abhidhamma*, The Wheel Publication No.412/413, Kandy: Buddhist Publication Society.
Sumanapala, G.(1998), *An Introduction to Theravāda Abhidhamma*, Singapore: Buddhist Research Society.

6 자성의 심리학

불교심리학은 불교에서 마음을 주제로 연구하는 학문을 말한다. 이는 불교의 심리학적 측면을 다루는 연구를 말한다. 불교심리학은 심리학적 주제 가운데 가장 중요한 주제를 마음으로 본다.[1] 불교심리학은 마음을 일원적 경향성과 다원적 경향성을 중심으로 정의하고 분류한다. 이때 정의하는 마음의 두 가지 경향성은 불교사에 등장하는 학파의 주장을 대별한 것이라고 할 수 있다. 초기불교, 부파불교, 유식불교로 이어

---

1 서구심리학은 마음을 중심으로 심리학을 분류하지 않는다. 서구심리학은 오히려 마음의 기능에 중점을 두고 분과를 분류한다. 마이어스의 심리학개론 11판에서는 「마음의 생물학」이라는 한 챕터가 추가되어 있지만, 나머지 챕터는 모두 마음의 기능을 중심으로 다루고 있다. 심리학의 분류에서 볼 때도 기초심리학이 감각·지각·인지, 기억, 정서, 동기, 발달, 학습·사고, 성격, 사회의 분야 등 마음의 기능을 중심으로 나누는 것을 볼 수 있다. 데이비드 G. 마이어스, 네이선 드월 지음, 신현정·김비아 옮김(2016), 『마이어스의 심리학 개론－제11판』, 서울: 시그마프레스; 加藤博己(2017), 「75 심리학의 분야」, 『불교심리학사전』, 서울: 씨아이알, p.405.

지는 다원적 경향성과 초기불교, 중관불교, 선불교로 이어지는 일원적 경향성이 있다. 불교심리학에서는 불교사에 기초하여 초기불교심리학, 아비담마심리학, 유식심리학, 중관심리학, 선심리학 등의 분과가 가능하다.

본 장에서는 이 가운데 선심리학을 살펴보고자 한다. 그리고 선심리학을 선불교심리학의 준말로 사용한다.[2] 이는 일원적 경향성을 대표하는 선불교를 심리학적 차원에서 바라고자 하는 작업이다. 이를 위해서 불교심리학의 관점에서 선심리학을 조명하고자 한다. 먼저 『단경』을 중심으로 선심리학에서 보는 마음을 자성의 관점에서 논의하고자 한다.[3] 『단경』은 선불교의 경전으로 초기선불교를 집대성하는 동시에 이후 선불교의 지향점을 함축하고 있다고 할 수 있다. 자성을 본래적 의미와 포괄적 의미로 다룸으로써 자성의 의미를 밝히는 동시에[4] 본래적 자성과 포괄적 자성의

---

2 선심리학에 대한 국내 연구로 다음이 있다. 이들 연구는 선불교의 마음에 관한 연구이지만 불교심리학의 관점에서 주제적으로 선불교를 다루지 못하고 있다. 본 장은 불교심리학의 체계에 따라서 선심리학을 학문화하고자 한다. 김진무(2013), 「중국 초기선종에서 '심론(心論)'의 형성과 전개」, 『마음의 인문학-동서양의 마음 이해』, 경기도: 공동체, pp.271-304; 김말환(2006), 『선수행과 심리치료』, 서울: 민족사; 김태완(2001), 『조사선의 실천과 사상』, 서울: 장경각; 이남경(2011), 「불교수행의 심리치료적 적용에 관한 연구」, 서울: 동국대학교 박사학위논문. 선불교를 심리학적 관점에서 연구하는 선심리학 이외에 선(禪)의 상태에 대한 연구가 있다. 이러한 관점에서 선심리학의 연구사에 대한 연구로 다음을 참조할 수 있다. 加藤博己(2017), 「선심리학: 연구의 역사」, 『불교심리학사전』, 서울: 씨아이알, pp.495-503; 加藤博己(2002), 「20世紀以前の禅心理学文献集 (日本版)」, 『駒澤大学心理学論集』, 4, pp.23-43. http://ci.nii.ac.jp/naid/110007481160 아키시게 요시하루(秋重義治), 김진무 역(1996), 「제4장 선의 심리학」, 『인간론·심리학-불교학세미나 3』, 서울: 불교시대사, pp.306-379.

3 『단경』은 『대정신수대장경(大正新脩大藏經)』 48권 2008번째 경전으로 수록된 『육조대사법보단경(六祖大師法寶壇經)』을 말한다.

4 본래적 의미의 자성은 '본래적 자성'으로, 포괄적 의미의 자성은 '포괄적 자성'으

역동성으로 인해서 자성의 심리학이 전개되는 것을 보고자 한다. 다음으로 마음을 토대로 법론, 인간론, 연기론, 세계론에 대한 논의를 하고, 마음의 기능을 선심소학의 차원에서 논의하고자 한다. 특히 법론과 인간론의 괴리, 즉 인간의 근기의 예둔과 법의 평등성의 차이로 인해서 목적론과 방법론이 발생하게 된다. 이는 선심리치료에서 살펴보고자 한다. 이를 통해서 불교심리학적 차원에서 선불교의 가능성을 제시하고자 한다.

1. 선심리학의 분류

선심리학은 불교심리학의 한 분야라고 할 수 있다. 불교심리학은 불교사에 등장하는 다양한 가르침을 심리학적 관점에서 연구하는 학문분야이다. 그러므로 선심리학은 불교심리학의 한 분야이면서, 불교심리학을 구성하는 한 요소라고 할 수 있다. 어느 일방의 이론을 따르는 것이 아니라 둘의 상호관계 속에서 불교심리학과 선심리학이 형성하는 피드백시스템적 구조를 가지고 있다고 할 수 있다.[5] 선심리학의 구체적인 내용이 불교심리학의

로 줄여서 사용하고자 한다. '본래적'과 '포괄적'이라는 용어는 정의(definition)의 방법과 연관되어 있다. 포괄적 정의(definition by inclusion)는 정의하고자 하는 대상 또는 개념이 포괄하고 있는 전체 범위를 기술함으로써 정의를 하는 방법이다. 본래적 정의(definition by essence)는 정의하고자 하는 대상 또는 개념을 가장 잘 표현하는 것을 기술함으로써 정의하는 방법이다.

5 이러한 관계는 불교심리학과 선심리학의 관계뿐만 아니라 다른 세부적인 불교심리학, 즉 초기불교심리학, 아비담마심리학, 유식심리학, 중관심리학에 대해서도 성립한다.

내용과 체계를 조정할 수 있고, 불교심리학의 기조는 선심리학 연구의 구체적인 지침을 제시할 수 있다. 선심리학의 다양한 요소를 불교심리학의 연구주제와 일관되게 제시함으로 인해서 연구의 지속성을 확보할 수 있게 된다.

불교심리학은 불교마음학, 불교심소학, 불교심리치료로 구분하여볼 수 있다.[6] 먼저 불교마음학은 마음 자체에 대한 탐구로서, 불교사의 관점과 불교철학의 관점에서 볼 수 있다. 불교사의 관점에서 본 장은 선심리학 가운데 『단경』에 나타난 심리학을 다루고자 한다. 불교철학의 관점에서 먼저 선심리학의 마음과 자성을 다룬다. 마음이 무엇인지를 자성을 통해서 밝히고, 다음으로 선심리학의 법론, 인간론, 연기론, 세계론을 다루고자 한다. 법은 마음을 포함하는 상위 범주이고, 연기는 마음의 운동성이고, 인간은 마음의 담지자이고, 세계는 인간이 활동하는 공간이다. 이러한 항목에 대해서 선심리학은 어떤 답을 제시할 수 있을지가 연구주제가 될 것이다. 이러한 연구주제는 불교마음학에 대비해서 선심학(禪心學)이라고 부를 수 있을 것이다.

두 번째로 불교심소학은 인지, 정서, 동기, 성격 등 마음의 다양한 기능에 대한 탐구이다. 선심리학에서 이러한 영역은 선심소학(禪心所學)이라고 부를 수 있다. 선심소학에서는 자성의 기능인 반야와 이를 가리고 있는 중생심을 다루고자 한다. 유무(有無), 범성(凡聖), 이법(二法)과 같은 인지적 중생심은 반야의 기능에 의해서 본래적 자성으로 나아가고, 정서적

---

6 불교심리학의 정의와 분류, 세부적인 항목에 대해서 다음의 논문을 참조할 수 있다. 윤희조(2017), 「마음의 기능을 중심으로 한 불교심리학의 정의와 분류에 대한 일고찰」, 『동서철학연구』 제85호, pp.209-236.

중생심은 참회와 서원의 방법으로 본래적 자성으로 나아간다. 중생심이라는 포괄적 자성에서 본래적 자성으로 나아가는 것을 볼 수 있다.

세 번째로 불교심리치료는 마음의 변화에 대한 탐구라고 할 수 있다. 불교심리치료에 대비해서 이 분야를 선심리치료(禪心理治療)라고 부를 수 있을 것이다. 사성제는 붓다의 가장 포괄적인 이론일 뿐만 아니라 사성제 자체의 틀은 다른 유파의 이론에 대해서도 적용이 가능하다. 그러므로 불교이론을 분석할 때 이 틀에 맞추어 분석하면 이론 간의 비교가 용이할 수 있다.[7] 그러므로 사성제의 관점에서 선심리치료를 현상론, 원인론, 목적론, 방법론에서 볼 수 있다. 특히 선심리치료의 목적론과 방법론이 중요하다. 본래적 자성을 드러내는 것이 목적론이 되고, 방법론에서는 기존의 계정혜의 방법론에 대해서 자성에 기반을 둔 새로운 계정혜의 방법론과 자신의 고유한 방법론을 제시한다.

선심리학은 선심학, 선심소학, 선심리치료라는 세 분야를 중심으로 기술할 수 있을 것이다. 이들 연구 분야의 분류와 연구내용은 불교심리학의 분류와 연구 내용을 바탕으로 하고 있다. 이처럼 연구 분야와 연구 내용을 분류하는 것 자체가 본 장의 특징이라고 할 수 있다. 본 장의 목차와

---

7 이러한 접근방법은 서구의 상담심리학의 교과서인 『현대심리치료』가 유력한 상담심리학의 이론을 일정한 항목으로 채우는 방식으로 구성하고 있는 것에서도 볼 수 있다. 이는 불교심리학의 주요 이론을 일정한 항목을 중심으로 살펴봄으로써 서로의 차이점과 공통점을 확인할 수 있는 방법론이 될 것이다. 불교심리학과 관련해서 제시된 항목을 선심리학의 관점에서 채우는 것이 본 장의 목적이라고 할 수 있을 것이다. Raymond J. Corsini, Danny Wedding 편저, 김정희 역(2017), 『현대심리치료－제10판』, 서울: 박학사.

구성은 이러한 분류작업의 성과를 반영하고 있는 것이다. 이를 바탕으로 세 분야 각각을 기술하고자 한다. 각각의 분야를 기술하면서 선심리학은 자성을 바탕으로 이루어지고 있고, 특히 본래적 자성과 포괄적 자성의 역동성으로 인해서 선심리학이 전개되는 것을 볼 수 있을 것이다.

2. 선심학

선심학은 마음 자체를 주제적으로 탐구한다. 『단경』은 마음을 자심(自心), 본심(本心), 인심(人心)의 세 가지로 본다. 자심(自心)은 스스로의 마음, 자신의 마음을 말한다. 자심은 『단경』의 심리학의 키워드라고 할 수 있는 자성(自性)을 가지고 있는 마음이다. 자심 안에는 중생심이 있을 수도 있고, 부처심이 있을 수도 있다.[8] 자심은 중생심과 부처심을 모두 포함하는 포괄적인 면을 지칭할 수도 있고, 부처심이라는 본래적인 면을 지칭할 수도 있다. 자신의 마음이라고 할 때 자신이 중생인지, 부처인지에 따라서 포괄적인 면이 드러날 수도 있고, 본래적인 면이 드러날 수도 있다. 중생인 경우는 포괄적인 면이 드러나고 부처인 경우는 본래적인 면이 드러난다. 포괄적인 면을 가리키는 자성을 포괄적 자성이라고 할 수 있고, 본래적인 면을 가리키는 자성을 본래적 자성이라고 할 수 있다. 포괄적 자성은 본래적 자성을 가려진 형태로 포함하고 있다는 것이 특징이다. 포괄적 자성이 본래적 자성을 배제하는 것이 아니라, 본래적 자성을 가린 형태로

---

8 T.48.No.2008.361c26. 識自心衆生. 見自心佛性.

포함하고 있는 것이다. 그러므로 포괄적 자성 안의 본래적 자성이 드러나면 본래적 자성이 되고, 반대로 본래적 자성이 가려지면 포괄적 자성이 된다. 포괄적 자성과 본래적 자성은 서로 배제하는 관계, 유무의 관계, 모순의 관계가 아니라 은현의 관계이다. 본래적 자성과 포괄적 자성의 은현과 역동성이 선심리학의 전반에 깔려 있다. 중생의 자심은 포괄적 자성의 기반 위에서 성립하고 이때의 자심은 인심(人心)이라고 한다. 부처의 자심은 본래적 자성의 기반 위에서 성립하고 이때의 자심은 본심(本心)이라고 한다. 즉 인심은 포괄적 자성을 바탕으로 한 자심을 말하고, 본심은 본래적 자성을 바탕으로 한 자심을 말한다. 자심(自心), 본심(本心), 인심(人心)은 본래적 자성과 포괄적 자성의 역동성에 의해서 구분된다고 할 수 있다. 그렇다면 마음은 자성의 특징을 통해서 밝혀지게 된다.

1) 마음의 원래 모습－자성의 특징

먼저 자성은 만법의 토대가 된다. 자성을 토대로 만법, 즉 모든 법이 건립된다. 그러므로 모든 존재는 자성을 가지고 있다. 이는 『단경』 안에서 여러 차례 강조되고 있다. "만법은 자성에서 발생한다."[9] 즉 "제법은 자성 속에 있다."[10] 그러므로 "자성 속에 만법이 모두 드러난다."[11] "자성은 만법을 포함한다. 만법은 모든 사람들의 자성에 있다."[12] 이처럼 자성은 이후의

---

9 T.48.No.2008.354b22. 萬法從自性生.

10 T.48.No.2008.354b24. 如是諸法在自性中.

11 T.48.No.2008.354b29-c01. 於自性中萬法皆現.

12 T.48.No.2008.350b03-4. 自性能含萬法是大. 萬法在諸人性中.

만법의 토대가 된다. 자성의 우선성은 혜능 선심리학의 가장 큰 특징이라고 할 수 있다. 가장 큰 특징에 착목하여 혜능의 선심리학을 '자성의 심리학'이라고 부를 수 있게 된다.[13] 마음이 자성을 토대로 건립되고 있고, 자성을 기준으로 마음을 분류하고 있다는 점에서 '자성의 심리학'이라고 할 수 있다. 예를 들어 인지 또는 정서라는 측면에서 마음을 볼 경우에 인지심리학, 정서심리학이라고 부르는 것처럼 자성이라는 측면에서 마음을 바라보므로 '자성의 심리학'이라고 할 수 있다. 『단경』에서는 마음이 자성의 본래적인 측면을 드러내고 있는지 여부가 마음의 토대와 분류에 있어서 가장 중요한 기준점이 된다는 것이다.

두 번째로 "자성은 본래 어떤 법도 얻을 것이 없다."[14] 그러면서도 "자성은 갖가지로 변화한다."[15]라고 한다. 자성은 만법의 토대이면서 어떤 법도 가질 수 없다는 언급은 일견 모순되어 보인다. 그러나 무득(無得)이므로 변화가 가능하고, 만법의 토대가 될 수 있는 것이다. 자성의 특징은 소유가 아니고 집착에서 벗어나는 것이다. 세 번째로 "이름을 붙이려고 해도 이름을 붙일 수가 없는 것을 자성이라 말한다."[16] 자성은 이름 붙일 수 없다. 이름 붙일 수 없다는 것은 분별할 수 없다는 것으로 연결된다. 그러

---

13 라이용하이 저, 법지 역(2017) pp.444-445. "이러한 교체는 실제로 혜능이 외재적인 종교를 내재적인 종교로 변화시킨 것이며, 부처님을 숭배하는 데서 자심(自心)을 숭배하는 것으로 바뀌었다. 한마디로 말해 석가모니의 불교를 혜능은 '마음의 종교'로 변화시킨 것이었다." 여기에서 한 걸음 더 나아가서 마음의 핵심을 자성으로 본다면, '자성의 심리학'이라는 용어가 성립할 수 있다.

14 T.48.No.2008.353a26-7. 自性本無一法可得.

15 T.48.No.2008.354c18. 自性變化甚多.

16 T.48.No.2008.359c08-9. 無名可名. 名於自性. 無二之性. 是名實性.

므로 분별이 성립하지 않는다. 그러므로 마음의 원래의 모습이 무득(無得), 무명(無名)이라는 것이다. 네 번째로 자성은 청정하다. "사람의 자성은 본래 청정하다.",[17] "세인의 자성은 본래 청정하다.",[18] "보리자성은 본래 청정하다."[19]라는 구절도 강조하고 있다. 세인의 자성과 깨달음의 자성 모두 본래 청정하다. 즉 자성의 청정성을 볼 수 있다. 다섯 번째로 자성의 평등성을 볼 수 있다. "자성은 평등하다."[20] 자성은 모든 인심에 구족되어 있으므로 자성을 보는 것, 자성을 깨닫는 것이 가능하다. 이러한 가능성은 자성의 평등성에서부터 도출될 수 있다.

마지막으로 자성과 불성은 차이가 있다. 혜능은 외부에서 찾고자 할 때는 그것이 불성이라고 할지라도 가차 없이 비판한다. "아까 전에 내가 그대한테 명(名)도 없고 자(字)도 없다고 말했는데도 불구하고 그대는 곧 본원이니 불성이니 하고 들먹이는구나."[21] 여기에서 불성과 자성이 차이가 난다. 불성이 자기화된 자불성(自佛性)은 외재하는 불성과 구분된다.[22] 불성을 붓다의 것으로 볼 때는 불성사상은 될 수 있지만, 자성사상은 될

---

17 T.48.No.2008.353b10. 人性本淨.

18 T.48.No.2008.354b22. 世人性本清淨.

19 T.48.No.2008.347c28-9. 菩提自性. 本來清淨.

20 T.48.No.2008.361c29. 自性平等.

21 T.48.No.2008.359c03-4. 向汝道.無名無字. 汝便喚作本源佛性.

22 라이용하이 저, 법지 역(2017) pp.363-367. 라이용하이의 경우도 혜능사상의 독특한 점을 자성에 대한 그의 구체적인 논설이라고 지적한다. 단순히 불성 자체에 대한 논의는 축도생(竺道生) 이래 전개되어온 것으로서 혜능의 독특성이라고 보기 어렵다고 한다. 자성의 의미 변화와 관련해서 다음의 논문을 참조할 수 있다. 윤희조(2016), 「자성(自性)의 의미변화에 관한 일고찰-『구사론』, 『중론』, 『단경』을 중심으로」, 『동서철학연구』 제81호, pp.153-180.

수 없다. 불성이 나의 것일 때 자성이 되는 것이다. 그러므로 혜능은 불성사상을 단순히 이어받은 것이 아니라, 한 걸음 더 나아가서 불성의 자기화를 실현하고 있다. 이러한 의미에서 혜능의 불성사상은 기존의 불성사상과 차별화된다고 할 수 있다. 그러므로 혜능은 다음과 같이 말한다. "자기의 부처야말로 곧 진짜 부처이다."[23] 그렇기 때문에 혜능은 외부의 불성이 아니라 자심의 불성을 보라고 한다. 이러한 의미에서 혜능의 불성은 자불성(自佛性)이라고 할 수 있다.

요약하면 자성은 만법건립성, 불가득성, 불가명성, 청정성, 평등성, 자불성이라는 특징을 가진다고 할 수 있다. 이때의 자성은 본래적 자성을 말한다. 본래적 자성의 이러한 특징은 본래적인 마음의 특징이기도 하다. 나아가서는 만법이 이러한 특징을 가진다고 할 수 있다. 원래의 마음과 법의 특징이 이와 같다는 것이다.

2) 선심학에서 보는 존재의 특징 – 법론

법은 크게 두 가지 특징을 가진다. 첫 번째로 자성으로부터 건립된다. 이는 자성의 첫 번째 특징이기도 하다. 자성에서 만법이 건립된다. 자성, 자심, 만법의 순서대로 건립된다. 법은 사물의 특징이 아니라 마음을 중심으로 건립되고 있다.[24] 즉 모든 법은 마음에 의거하고, 이 마음은 자성에 의거하게 된다. 만법에 대한 자성의 우선성이 드러난다. 이때의 자성은

23 T.48.No.2008.362a02. 自佛是眞佛.

24 윤희조(2016) p.168.

본래적 자성을 말한다. 본래적 자성은 만법을 새로운 관점에서 드러낸다.

두 번째로 자성으로부터 건립된 만법은 불이(不二)의 특징을 가진다. '법에는 본래부터 돈점이 없지만 미와 오에 더디고 빠름이 있을 뿐이다.'[25] 또한 '사람에게는 두 부류가 있지만 법에는 두 부류가 없다. 미혹과 깨침이 있는 것은 견해에 더디고 빠름이 있기 때문이다.'[26] '법은 곧 동일한 종류이지만 사람들의 견해에 더디고 빠름이 있다. 그러면 무엇으로 돈점을 말하는가. 법에는 돈점이 없지만 사람에게 이근과 둔근이 있다. 때문에 돈점이라 말한다.'[27] 근기의 예둔과 대비해서 법은 두 부류가 없고, 돈점이 없다. 이는 자성의 특징 가운데 평등성과 연관된 특징이다. 자성에서 건립되는 법은 평등한 것이다. 이러한 평등성은 '불이(不二)'로 연결된다. 근기의 예둔과 달리 법의 불이성이 강조되고 있다. 법과 인간 사이의 괴리로 인해서 본래의 상태를 벗어나게 되고, 법과 인간의 괴리가 회복됨으로써 예둔이 불이로 나아가게 된다.

세 번째로 법뿐만 아니라 불법(佛法)에 대해서도 이러한 불이는 성립한다. 혜능은 불이를 불법의 핵심으로 파악한다. 불법, 즉 붓다가 파악한 법의 핵심이 불이이다. "불법은 불이법이다."[28] "그 무이(無二)의 성품이야말로 곧 불성(佛性)이다."[29] "본래의 근본적인 가르침에는 돈점이 없다. 다

---

25 T.48.No.2008.351b16. 法卽無頓漸 迷悟有遲疾.

26 T.48.No.2008.352a18-19. 人有兩種. 法無兩般. 迷悟有殊. 見有遲疾.

27 T.48.No.2008.358b08-9. 法卽一種. 見有遲疾. 何名頓漸. 法無頓漸. 人有利鈍. 故名頓漸.

28 T.48.No.2008.349c19-20. 佛法是不二之法.

29 T.48.No.2008.349c28. 無二之性卽是佛性.

만 사람에 따라 그 성품에 영리함과 아둔함이 있을 뿐이다."[30] 법의 원래의 모습, 즉 불이와 평등을 볼 수 있는 근거는 "단지 사람의 마음이 차등을 낼 뿐이기 때문이다."[31] 법 자체에 차등이 있으면 법의 평등성을 보는 것은 불가능하다. 단지 인간의 마음이 차별을 만들기 때문에 이러한 법의 불이성을 보는 것이 가능하게 된다. 밑줄에서 보는 것처럼 법에는 돈점이 없고 불이라는 법의 평등성은 본래적 자성에 기반을 둔 특징이라고 할 수 있다.

3) 인간론

본래적 자성의 은현여부에 따라서 두 종류의 사람으로 나누어볼 수 있다. 모든 사람이 가지고 있는 자심 안의 본래적 자성이 드러난 경우 자심은 본심이 되고, 이러한 마음을 가진 사람을 지혜로운 사람이라고 한다. 자심 안의 본래적 자성이 드러나지 못한 사람은 중생, 범부라고 한다. 본래적 자성의 출현 여부는 근기의 예둔(銳鈍)에서 볼 수 있다. 근기의 예둔은 붓다의 『초전법륜경』에서부터 등장하는 용어이다. 사함빠띠의 권유로 설법을 할 마음을 먹었을 때 붓다가 본 것은 중생의 근기의 예둔이었다. 번뇌가 가벼워 말을 알아들을 수 있는 자가 있다는 것을 알고서 붓다는 설법을 할 마음을 내게 된다.[32] 혜능에게도 근기의 예둔은 범부와 부처, 어리석은 자와 지혜로운 자, 미혹한 사람과 깨친 사람, 하근기와 상근기를 구분하는 기준이 된다. 예둔의 근거는 본래적 자성이다. 마음과 인간 둘

---

30 T.48.No.2008.353a08-9. 本來正教. 無有頓漸. 人性自有利鈍.

31 T.48.No.2008.356c19-20. 汝觀自本心. 莫著外法相. 法無四乘. 人心自有等差.

32 전재성 역주(2014), 『마하박가-율장대품』, 서울: 한국빠알리성전협회, p.96.

다에서 본래적 자성은 본심과 인심, 범부와 부처를 나누는 기준이 된다. 이때도 나누는 것은 본래적 자성의 유무가 아니라, 본래적 자성의 은현이다. 본래적 자성의 유무가 아니라 은현이므로 '은(隱)'이 '현(顯)'으로 바뀌면 중생과 부처의 구분은 사라지게 된다. '자성에 미혹하면 곧 중생이지만 자성을 깨치면 곧 부처이다.'[33] 법 자체에는 어떤 구분이 없다. 오로지 인간에게 예둔의 구분이 있을 뿐이다. 유무의 구분이 아니라 예둔의 구분이 있는 것이다.

선심학의 인간론에서는 근기의 유무가 아니라 근기의 예둔이라는 기준에 따라서 인간을 구분한다. 여기서 예(銳)는 본래적 자성을 말하고, 둔(鈍)은 포괄적 자성을 말한다. 예는 본래적 자성이 드러나고 있는 상태이고, 둔은 포괄적이므로 본래적 자성을 드러내지 못하고 있다. 근기의 예둔성은 인간론과 연결되는 반면, 본래적 자성의 편재성은 법론과 연결된다.

4) 선심학에서 보는 마음의 운동성 – 연기론

연기는 마음의 운동성을 말한다. 십이연기는 범부의 마음의 운동성, 성인의 마음의 운동성을 보여주고, 공의 연기는 인과적으로 연기된 모습, 즉 운동성 자체를 보여준다. 선심리학에서 연기, 즉 마음의 운동성은 자성과 연관되어 있다. 자성을 가리는 방향성과 드러내는 방향성, 즉 은과 현의 방향성이 가능하다. 이 방향성은 깨달음으로 나아가는 방향성과 미혹으로 나아가는 방향성이다. '자성을 깨달으면 보리열반도 내세울 것이 없

33 T.48.No.2008.352b10. 自性迷卽是衆生. 自性覺卽是佛.

고 또 해탈지견도 내세울 것이 없다. 그래서 어떤 법도 터득할 것이 없지만 바야흐로 만법을 건립한다. 만약 이 뜻을 터득하면 또한 불신이라고도 말하고, 또한 보리열반이라고도 말하며, 또한 해탈지견이라고도 말한다.'[34] 깨달음으로 나아가는 방향성은 깨달음, 열반, 해탈, 붓다의 경지로 나아간다. 이는 본래적 자성으로 나아가는 방향성을 말한다. 자성을 드러내는 방향성, 현(顯)의 방향성, 깨달음으로 나아가는 방향성, 본래적 자성으로 나아가는 방향성은 모두 같은 방향성이다. 이와는 반대되는 방향성이 자성을 가리는 방향성, 은(隱)의 방향성, 미혹으로 나아가는 방향성, 포괄적 자성으로 나아가는 방향성이다.

인간의 차원에서도 운동성은 범부에서 부처로 나아가는 방향성, 부처에서 범부로 나아가는 방향성이 가능하다. 그러므로 '만약 자성을 깨치면 중생이 곧 부처이지만 만약 자성에 미혹하면 부처도 곧 중생이다.'[35] 범부와 부처의 차이도 깨달음과 미혹의 방향성, 은과 현의 방향성, 본래적 자성으로 나아가는 방향성과 포괄적 자성으로 나아가는 방향성에 있고, 그 근원에는 여전히 자성이 놓여 있다.

5) 선심학의 역동적 세계 - 세계론

연기, 즉 마음의 운동성에 의해서 세계는 전개된다. 이때 전개되는 세계는 혜능에 의하면 자심과 자성에 의해서 전개되는 세계이다. '만법이 모두

---

34 T.48.No.2008.358c19-22. 若悟自性. 亦不立菩提涅槃. 亦不立解脫知見. 無一法可得. 方能建立萬法. 若解此意. 亦名佛身. 亦名菩提涅槃. 亦名解脫知見.

35 T.48.No.2008.361c28-29. 自性若悟. 衆生是佛. 自性若迷. 佛是衆生.

자심에 있는 줄 알아야 한다.'[36] 또한 '모름지기 일체만법은 모두 자성으로부터 일어나는 작용임을 알아야 한다.'[37] 만법의 모든 현상은 자성의 작용에 의한 현상이라고 할 수 있다. 그렇다면 모든 현상과 세계는 자성의 작용이라고 할 수 있다. 자성에 두 가지 의미와 두 가지 운동성이 있듯이, 자성에 의해서 건립된 현상과 세계도 두 가지가 가능하다. 자성이 드러난 세계, 현의 세계, 깨달음의 세계, 본래적 자성의 세계가 가능하고, 자성이 가려진 세계, 은의 세계, 미혹의 세계, 포괄적 자성의 세계가 가능하다. 각각의 자성에 의해서 새롭게 만법이 구성되고 드러난다. 본래적 자성에 기반할 때 세계는 새롭게 역동적으로 펼쳐지게 되고, 중생심의 지견과는 다르게 계(界)가 드러나게 된다. 포괄적 자성에 기반할 때도 중생심의 지견에 따라서 계가 펼쳐지고 드러나게 된다. 이는 중생심이 기능하는 세계라고 할 수 있다. 마음의 생멸에 따라서 처계(處界)가 역동적인 공간으로 변하는 것과 마찬가지로, 외부의 대상은 마음의 작용이라는 선심리학의 세계관은 현상과 세계에 대한 자성의 우선성을 유지하고 있다고 할 수 있다. 이때 세계를 바라보는 새로운 관점이 생기게 된다. 각각의 법의 개별적 은현이 아니라 자성의 은현에 의해서 나머지 법이 새롭게 드러나게 된다는 것이다.

선심학에서는 마음을 다루기 위해서 자성론, 법론, 인간론, 연기론, 세계론을 다루고 있다. 이들은 모두 본래적 자성과 포괄적 자성의 구분하에

---

36 T.48.No.2008.351a10. 故知萬法盡在自心.

37 T.48.No.2008.358c10-11. 須知一切萬法. 皆從自性起用.

서 이루어지고 있다. 자성론은 본래적 자성의 특징을 다루고 있고, 법론은 본래적 자성의 특징과 연관된 법을 다루고 있다. 인간론과 연기론과 세계론에서는 두 가지 자성을 함께 다루고 있다. 본래적 자성의 부처와 포괄적 자성의 범부, 본래적 자성으로 나아가는 방향성과 포괄적 자성으로 나아가는 방향성, 본래적 자성에 기반을 둔 세계와 포괄적 자성에 기반을 둔 세계를 다루고 있다. 선심학 전반에 걸쳐서 본래적 자성과 포괄적 자성의 역동성으로 인해서 자성론, 법론, 인간론, 연기론, 세계론이 성립하고 있는 것을 볼 수 있다.

3. 선심소학－마음의 기능

불교심소학은 마음의 다양한 기능 가운데 인지, 정서, 동기, 성격을 일차적으로 다룬다.[38] 선심리학에서 전개되는 마음의 다양한 기능을 다루는 연구 분야를 선심소학(禪心所學)이라고 부를 수 있다. 선심소학에서 다루는 마음의 기능 가운데 반야와 중생심은 대비된다. 반야는 마음의 가장 중요한 기능이므로 마음의 본래의 모습이면서 기능이기도 하다. 이러한 의미에서 반야는 본래적 자성과 연결되어 있고, 중생심은 포괄적 자성과 연결되어 있다고 할 수 있다. 반야와 중생심을 통해서 두 가지 의미의 자성을 기능적 측면에서 볼 수 있을 것이다. 중생심은 인지적 측면의 중

38 윤희조(2017) pp.221-226.

생심과 정서적 측면의 중생심으로 나누어볼 수 있다. 인지적 측면의 중생심, 즉 인지적 중생심은 이법(二法)으로 구분하여보는 것이 대표적이다. 이에 대한 치유방법은 자성과 반야가 된다. 즉 반야를 통해서 자성을 드러내는 것이다. 정서적 측면의 중생심, 즉 정서적 중생심은 다양한 불선심으로 이에 대한 치유방법으로 혜능은 참회와 서원을 제시한다. 이분법에 대한 대처방안과 참회와 서원은 선심리치료에 해당하는 분야이지만 선심소학과 연관하여 설명하도록 하겠다.

1) 반야

반야는 본래적 자성의 특징이면서 기능이라고 할 수 있다. '무엇을 반야라고 하는가. 한자로 말하면 지혜이다. 어느 곳이나 어느 때나 염념에 어리석음이 없이 늘 지혜를 실천하는 것이 곧 반야행이다.'[39] 이는 반야에 대한 혜능의 정의이다. 첫 번째로 반야는 생각 생각에 어리석음이 없는 것이다. 또한 반야를 다음과 같이 설명한다. "일체가 하나에 즉하고 하나가 일체에 즉하고 오고감이 자유롭고 심체에 걸림이 없으니 이것이 곧 반야이다."[40] 일체와 하나가 즉하는 것을 아는 것이 반야이다. 두 번째로 반야는 전체와 하나에 대해서 동시에 아는 것이다. 세 번째로 이러한 반야는 세상 사람들이 모두 원래부터 가지고 있는 것이다. '보리와 반야의 지혜는 세상 사람들이 본래부터 지니고 있다. 단지 마음이 미혹함으로

---

39 T.48.No.2008.350b15-7. 何名般若. 般若者. 唐言智慧也.一切處所. 一切時中. 念念不愚. 常行智慧. 卽是般若行.

40 T.48.No.2008.350b10-11. 一切卽一. 一卽一切. 去來自由. 心體無滯. 卽是般若.

말미암아 스스로 깨치지 못할 뿐이다.'[41] 네 번째로 반야는 외부로부터 들어오는 것이 아니다. 자성이 외부에서 들어오는 것이 아닌 것과 마찬가지이다. '일체의 반야지혜는 모두 자성으로부터 발생하는 것이지 밖에서 들어오는 것이 아니다.'[42] 자성이 얻을 것도 이름붙일 것도 없는 것과 마찬가지로, 다섯 번째로 반야도 또한 형상이 없다. '반야에는 형상이 없다. 지혜로운 마음이 곧 반야이다.'[43] 또한 자성으로 인해서 만법이 건립되듯이, 여섯 번째로 반야로 인해서 수많은 번뇌가 지혜가 된다. '하나의 반야로부터 팔만 사천 가지의 지혜가 발생한다. 왜냐하면 세상 사람들에게 팔만 사천 가지의 번뇌가 있기 때문이다. 이에 번뇌가 없으면 지혜가 늘 현전하여 자성을 벗어나지 않는다.'[44]

반야의 특징을 다시 한번 열거해보면 반야는 지혜이고, 전체와 하나를 동시에 아는 것이고, 모든 사람이 원래부터 가지고 있는 것이고, 자성으로부터 발생하는 것이고, 형상이 없고, 수많은 번뇌를 지혜로 바뀌게 한다. 반야는 크게 다음의 두 가지 문장으로 표현할 수 있다. ① 반야는 자성으로부터 발생하고 모든 사람이 가지고 있는 것이다. ② 형상이 없는 지혜인 반야는 전체와 하나를 동시에 아는 것이고, 수많은 번뇌를 지혜로 바꾼다. 전자는 반야의 발생을 보여주고, 후자는 반야의 기능을 보여준다.

---

41 T.48.No.2008.350a11-13. 菩提般若之智. 世人本自有之. 只緣心迷. 不能自悟.

42 T.48.No.2008.350b11-2. 一切般若智. 皆從自性而生. 不從外入.

43 T.48.No.2008.350b20. 般若無形相. 智慧心卽是.

44 T.48.No.2008.350c04-6. 從一般若生八萬四千智慧. 何以故. 爲世人有八萬四千塵勞. 若無塵勞. 智慧常現. 不離自性.

반야의 고유한 특징은 기능에서 성립한다고 할 수 있다.

2) 중생심

유무(有無) 가운데 하나를 묻거나 범성(凡聖) 가운데 하나를 묻는 것, 이법(二法) 가운데 일법(一法)을 묻는 것은 중생심의 발로이다. 이는 인지와 관련된 인지적 중생심이라고 할 수 있다. 이에 대해서 혜능은 '누가 그대한테 교법을 물으면 언제나 대법(對法)을 내세워 모든 경우에 이법(二法)에서 답변해야 한다. 그러면 오고 감이 서로 인유하여 구경에 상대적인 두 가지 법이 모두 사라져서 더 이상 나아갈 것이 없다.'[45]고 이야기한다. 또한 '만약 누가 그대들한테 교의에 대하여 질문할 경우 곧 유(有)에 대하여 물으면 무(無)를 가지고 응대하고, 무에 대하여 물으면 유를 가지고 응대하며, 범(凡)에 대하여 물으면 성(聖)을 가지고 응대하고, 성에 대하여 물으면 범을 가지고 응대하라. 그러면 그 두 가지가 서로 인유하여 중도의 뜻이 드러난다.'[46]

유무, 범성이 남아 있는 경우 양자를 대면시킴으로 둘에서 벗어나게 해야 한다. 이는 언어적 방법에 의해서 포괄적 자성에서 본래적 자성으로 나아가는 방법론을 제시하고 있다. '삼과법문, 동용의 삼십육대, 출몰과 즉리의 양변 등을 들어서 일체법을 설하는 경우에 결코 자성을 벗어나지

---

45 T.48.No.2008.360a28-b01. 忽有人問汝法. 出語盡雙. 皆取對法. 來去相因. 究竟二法盡除. 更無去處.

46 T.48.No.2008.360c05-7. 若有人問汝義. 問有將無對. 問無將有對. 問凡以聖對. 問聖以凡對. 二道相因. 生中道義.

말라.'[47] 본래적 자성은 반야로 인해서 드러난다. 즉 자성을 벗어나지 않고 자성을 드러낼 수 있으면 된다. 반야는 전체와 하나를 동시에 아는 것이므로, 일법을 벗어나게 되고 이법을 넘어서게 된다. 이 방법론은 혜능이 처음부터 사용했던 방법론이라고 할 수 있다. 혜능은 첫 법문부터 마지막 유언까지 이 방법론을 유지하고 있고, 그 내용은 본래면목(本來面目)과 자성이다. 혜명에게 처음 설한 법문에서 본래면목을 이야기한 것이라면, 마지막 법문에서는 불이자성(不離自性)을 설하고 있다. 혜능은 본래면목과 본래적 자성을 보여주기 위한 방법론으로 상대, 양변, 이법을 벗어나라고 주문한다.

『단경』에서 다양한 마음은 중생으로 불린다. 중생은 외부적인 중생이 아니라 중생심을 말한다. '마음속의 중생이란 소위 사미심(邪迷心), 광망심(誑妄心), 불선심(不善心), 질투심(嫉妒心), 악독심(惡毒心)을 가리킨다. 이와 같은 마음이 모두 중생이다.'[48] '자성 속의 불선심(不善心), 질투심(嫉妒心), 첨곡심(諂曲心), 오아심(吾我心), 광망심(誑妄心), 경인심(輕人心), 만타심(慢他心), 사견심(邪見心), 공고심(貢高心)과 일체의 불선행을 없애고 늘 자기의 허물을 보고 타인의 오호를 말하지 않는 것이 곧 자성에 귀의하는 것이다.'[49] 이러한 종류의 마음을 중생심의 다양한 마음작용으로 들 수 있다. 이러한 가려진 상태에 있는 중생의 마음이 곧 중생심이다. 이때의 중생심은 정서적 측면을 다루므로 정서적 중생심이라고 할 수 있다. 인심이 본

---

47 T.48.No.2008.360a27-28. 先須舉三科法門. 動用三十六對. 出沒即離兩邊. 說一切法. 莫離自性.
48 T.48.No.2008.354a14-6. 心中衆生.所謂邪迷心·誑妄心·不善心·嫉妒心·惡毒心.如是等心.盡是衆生.
49 T.48.No.2008.354c03-6. 除卻自性中不善心·嫉妒心·諂曲心·吾我心·誑妄心·輕人心·慢他心·邪見心·貢高心.及一切時中不善之行.常自見己過.不說他人好惡.是自歸依.

심에 있지 않을 때, 수많은 중생심이 발생한다. 이러한 중생심은 포괄적 자성과 연관되어 있다고 할 수 있다. 즉 포괄적 자성이 본래적 자성을 가리고 있는 마음의 상태라고 할 수 있다.

이러한 중생심에 대하여 혜능은 참회와 서원의 방법론을 제시한다. '참이란 그 이전의 허물을 뉘우치는 것이다. 종전의 모든 악업과 우미와 교광과 질시 등의 죄업을 모두 뉘우쳐서 다시는 영원히 일어나지 않게 하는 것이 참(懺)이다.'[50] '회란 그 이후의 허물을 뉘우치는 것이다. 지금 이후의 모든 악업과 우미와 교광과 질시 등의 죄업을 지금 각오하여 모두 영원히 단제하여 곧 다시는 짓지 않겠다는 그것이 회(悔)이다.'[51] 이전에 지은 허물에 대해서 뉘우치는 동시에 이후의 허물에 대해서 짓지 않겠다는 마음을 먹는 것이다. 과거, 현재, 미래의 유루법에 대해서 모두 참회하는 것을 말한다. 이는 팔정도의 정정진[52]과 궤를 같이 한다. 또한 오장애 가운데 후회(kukkucca, 惡作)는 잘못한 것에 대한 현재의 마음상태를 말한다. 죄책감, 자책감, 근심걱정, 안절부절, 가책, 상심, 후회, 회환, 슬픔, 비탄 등 폭넓은 정서가 여기에 포함된다.[53] 이러한 악작뿐만 아니라 정서적 중생심

---

50 T.48.No.2008.354a02-4. 懺者. 懺其前愆. 從前所有惡業. 愚迷憍誑嫉妒等罪. 悉皆盡懺. 永不復起. 是名爲懺.

51 T.48.No.2008.354a04-7. 悔者. 悔其後過. 從今以後. 所有惡業. 愚迷憍誑嫉妒等罪. 今已覺悟. 悉皆永斷. 更不復作. 是名爲悔.

52 각묵 스님 옮김(2004), 『네 가지 마음챙기는 공부』, 울산: 초기불전연구원, p.69. '이미 일어난 사악하고 해로운 법들을 제거하기 위하여 의욕을 생기게 하고 정진하고 힘을 내고 마음을 다잡고 애쓴다.', '아직 일어나지 않은 사악하고 해로운 법들을 일어나지 못하게 하기 위해서 의욕을 생기게 하고 정진하고 힘을 내고 마음을 다잡고 애를 쓴다.'

53 윤희조(2017) p.252.

일반에 대해서 참회의 방법론이 사용가능하다. 이미 낸 마음에 대한 결과로써 받는 마음이 일어난 이후에 또 다시 새로운 마음을 낼 때, 참회의 마음을 일으킬 것을 혜능은 주문하고 있다.

또한 사홍서원을 통한 서원의 방법론과 제도, 단제, 학습, 성취의 네 가지 방향성을 제시하고 있다. 사홍서원에 대해서도 혜능은 자성을 중심에 두고 있다. 자심에 있는 중생이고, 자심에 있는 번뇌이고, 자성의 법문이고, 자성의 불도를 말한다. 사홍서원의 형태를 빌린 자성에 관한 논의라고 할 수 있다. 참회와 서원의 마음가짐과 행동지침을 이야기할 때에도 여전히 본래적 자성이 토대가 되고 있다. 중생심에 대해서도 포괄적 자성에서 본래적 자성으로 나아가도록 하고 있는 것이다.

4. 선심리치료

불교심리치료는 목표로 나아가도록 마음의 변화를 이끄는 것을 다룬다. 선심리치료는 선심리학이 제시하는 목적론으로 나아가기 위한 방법론을 말한다. 이는 선심리학이 제시하는 마음의 변화를 말한다. 선심리치료에서는 사성제의 관점에서 현상론, 원인론, 목적론, 방법론 가운데 목적론과 방법론을 살펴보고자 한다. 본래적 자성이 가려져 있기 때문에 중생이고, 이러한 중생의 상태는 가려짐을 원인으로 하고, 이러한 가려짐이 드러난 상태가 멸의 상태이고, 이러한 가려짐을 드러내는 다양한 방법이 도라고 할 수 있다. 먼저 중생심으로 인해서 가려진 본래적 자성이 드러나는 것이 목적론이 될 것이다. 그리고 방법론으로는 기존의 방법론에 대한 혜능 자신의 자성적 해석을 덧붙인 방법론과 자신의 고유한 방법론을 함께 제시한다. 두 가지 방법론 모두 포괄적 자성에서 본래적 자성으로 나아가는 방법론이라고 할 수 있다.

1) 목적론

번뇌와 보리, 범부와 부처가 다르지 않은 것이 법의 불이성, 평등성을 보는 것이다. 법의 평등성이 전부가 된다. '범부가 곧 부처이고 번뇌가 곧 보리이다. 그래서 찰나에 미혹하면 곧 범부이고 찰나에 깨치면 곧 부처이다. 찰나라도 경계에 집착하면 번뇌이고 찰나라도 경계를 벗어나면 곧 보리이다.'[54] '번뇌가 곧 보리이다. 그래서 다름도 없고 차별도 없다.'[55] 이는 혜능이 처음 하는 법문, 즉 혜명에게 하는 법문 '선도 생각하지 말고, 악도 생각하지 말라. 바로 그러한 경지에서 혜명상좌의 본래 면목은 무엇인가'에서도 볼 수 있다.[56] 선악을 생각하지 말라는 것은 선악의 분별을 떠난 상태, 즉 불이(不二)의 상태를 이야기하는 것이다. 선악이라는 인간의 예둔을 떠난 평등한 법을 보라는 것이다. 인간의 예둔을 넘어서 이러한 법의 평등성을 보는 것이 목적이 된다. 이는 본래적 자성을 드러내는 것을 말한다. 법의 평등성, 불이성은 모두 본래적 자성의 특징을 말한다. 그러므로 선심리치료의 목적은 본래적 자성의 현현이라고 할 수 있다.

---

54 T.48.No.2008.350b27-9. 凡夫卽佛. 煩惱卽菩提. 前念迷卽凡夫. 後念悟卽佛. 前念著境卽煩惱. 後念離境卽菩提.

55 T.48.No.2008.360a02. 煩惱卽是菩提. 無二無別.

56 T.48.No.2008.349b24-5. 惠能云. 不思善. 不思惡. 正與麼時. 那箇是明上座本來面目.

이는 깨달음으로 나아가는 방향성이고, 견성의 방향성이다.

혜능은 '특별한 가르침은 없습니다. 오직 견성법만 논하였지 선정과 해탈은 논하지 않았습니다.'[57]라고 이야기한다. 법의 특징을 보는 것, 즉 견성(見性)이 목적이 된다. 그러므로 견성은 자심이 본래 불성을 갖추고 있으며 자성이 본래 부처임을 발견하는 것이고, 견성한 자는 바로 자심이 본래 부처임을 밝게 깨달은 자를 가리킨다고 한다.[58] 이렇게 '견성한 사람은 만법을 긍정하기도 하고 만법을 부정하기도 하며, 가고 옴에 자유롭고 막힘도 없고 걸림도 없다. 따라서 작용에 따라서 마음대로 활동하고 질문에 따라서 마음대로 답변하며, 널리 화신을 드러내지만 자성을 떠나지 않는다.'[59] '나의 이 가르침을 깨친 자는 곧 망념이 없고 분별이 없으며 집착이 없어서 기만과 거짓을 일으키지 않고 진여의 자성을 활용하고 지혜로써 관조하며 일체법에 취사분별이 없는데, 이것이 곧 견성성불의 도이다.'[60] 라이용하이가 '『단경』이 수많은 말을 했지만 그 귀착점을 결국 '돈오견성, 즉심즉불'의 여덟 자를 벗어나지 않는다'고 할 때의 이 여덟 자는 목적론에 해당한다.[61] 부처가 되는 것은 혜능이 홍인과 첫 문답에서 밝힌 자신의 목표이다.[62] 혜능은 처음부터 성불(成佛) 또는 즉불(卽佛)을

---

57 T.48.No.2008.349c17-18. 惠能曰. 指授卽無. 惟論見性. 不論禪定解脫.

58 라이용하이 저, 법지 역(2017) p.382.

59 T.48.No.2008.358c22-24. 見性之人. 立亦得. 不立亦得. 去來自由. 無滯無礙. 應用隨作. 應語隨答. 普見化身. 不離自性.

60 T.48.No.2008.350c06-9. 悟此法者. 卽是無念. 無憶無著. 不起誑妄. 用自眞如性. 以智慧觀照. 於一切法. 不取不捨. 卽是見性成佛道.

61 라이용하이 저, 법지 역(2017) p.477.

62 T.48.No.2008.348a16. 惟求作佛. 不求餘物.

목표로 삼고 있다. 견성도, 돈오도, 성불도 여전히 자성을 떠나지 않는다. 목적론에서도 자성 가운데 본래적 자성은 여전히 핵심적인 역할을 한다.

2) 방법론

인간의 예둔과 법의 평등에서 오는 괴리로 인해서 목적론과 방법론이 나온다. 인간과 법의 차이를 회복하는 것이 목적이고, 회복하는 방법이 방법론이 된다. 인간론과 법론은 동전의 양면처럼 대비되면서도 목적론과 방법론으로 연결된다. 사성제의 관점에서 보면 본래적 자성이 가려진 상태, 본래적 자성을 가리고 있는 중생심, 본래적 자성이 드러난 상태, 본래적 자성을 드러내는 방법이 순서대로 고집멸도에 해당된다. 초기불교의 사성제에서 고(苦)가 키워드의 역할을 하는 반면, 선심리학에서는 자성이 키워드의 역할을 한다. 주어가 고에서 자성으로 바뀌는 것을 볼 수 있다. 혜능은 기존의 개념을 재정립하면서 새로운 방법론을 제시한다. 이러한 방법론에도 여전히 자성이 핵심을 이룬다.

(1) 계정혜

혜능은 자성을 기반으로 사성제의 방법론인 팔정도의 계정혜를 제시한다. 혜능은 사성제의 계정혜를 자성을 중심으로 바꾼다. '마음에 그릇됨이 없는 것은 자성계이고, 마음에 어리석음이 없는 것은 자성혜이며, 마음에 어지러움이 없는 것은 자성정이네.'[63] 계정혜는 계를 지키고, 마음을 고요

---

63 T.48.No.2008.358c12-13. 心地無非自性戒 心地無癡自性慧 心地無亂自性定.

히 하고, 지혜를 밝혀라, 즉 그릇되지 말고, 어지럽지 않고, 어리석지 말라는 방법론이다. 혜능은 계정혜의 주어를 자성으로 명확히 하고 있다. '그대 스승의 계정혜는 소근지인에게 권장하는 가르침이고, 나의 계정혜는 대근지인에게 권장하는 가르침이다.'[64] 자성을 중심으로 하는 계정혜는 대근지인을 위한 것이다. 본래적 자성이 바탕이 되는 계정혜일 때 진정한 계정혜가 될 수 있다는 것이다.

정혜(定慧)라는 불교의 두 가지 대표적인 방법론에 대해서도 혜능은 '선정과 지혜가 다르다고 말하지 말라. 선정과 지혜는 일체로서 둘이 아니다. 선정은 곧 지혜의 본체이고 지혜는 곧 선정의 작용이다. 다만 지혜 자체를 따를 때는 선정이 지혜에 있고 선정 자체를 따를 때는 지혜가 선정에 있다.'[65]라고 한다. 선정과 지혜는 어디에 중점을 두는가의 문제이다. 지혜가 중심이면 지혜 안에 선정이 있고, 선정이 중심이면 선정 안에 지혜가 있게 된다. 즉 '지혜와 선정이 평정하다.'[66] '정혜를 골고루 닦아야 한다.'[67] 여전히 혜능은 법의 평등성을 견지하고 있다. 기존의 정혜의 구분에 대해서 혜능이 제시한 답은 둘은 평등하다는 것이다. 혜능에게는 정혜의 구분이 중요한 것이 아니라, 정혜가 본래적 자성의 바탕 위에 있는지가 중요한 것이다. 전통적인 계정혜의 방법론에 대해서 혜능은 자신의 해답을 제시한 이후 자신의 고유한 방법론인 삼무(三無)를 제시한다.

---

64 T.48.No.2008.358c18-19. 汝師戒定慧. 勸小根智人. 吾戒定慧. 勸大根智人.

65 T.48.No.2008.352c14-6. 勿迷. 言定慧別. 定慧一體. 不是二.定是慧體. 慧是定用. 即慧之時定在慧. 即定之時慧在定.

66 T.48.No.2008.352c19. 定慧即等.

67 T.48.No.2008.355b04. 雙修是正.

(2) 무념, 무상, 무주

혜능은 무념, 무상, 무주의 삼무(三無)의 방법론을 자신의 종지이자, 본체이자 근본으로 제시한다. '나의 이 법문은 무념(無念)을 종지로 삼고 무상(無相)을 본체로 삼으며 무주(無住)를 근본으로 삼는다. 무상(無相)은 일체상에 대하여 차별상을 벗어나는 것이다.'[68] '밖으로 일체 경계의 차별상으로부터 벗어난 것을 무상(無相)이라 말한다. 경계의 차별상을 벗어나면 곧 법체가 청정하다. 이런 까닭에 무상을 본체로 삼는다.'[69] 무상은 상을 없애는 것, 상이 없는 상태가 아니라 차별상을 벗어나는 상의 평등성을 말하는 것, 분별이 없는 것이다.

무념은 염오, 염착이 없는 것을 말한다. '안으로 일체의 의식경계에 대하여 마음이 염오가 없으면 무념(無念)이라 말한다.'[70] '무엇을 무념이라 하는가. 만약 일체법을 보아도 마음에 염착이 없으면 그것이 곧 무념이다. 무념의 작용은 곧 일체처에 편만하고 또한 일체처에 집착이 없다.'[71] 즉 무념이란 모든 법을 취하지도 않고 버리지도 않으며, 물들거나 집착하지 않아 억지와 조작이 없이 자연스러우며 자재해탈함을 가리킨다.[72] 무념은 물들고 집착하는 것이 없는 것이다.

무주는 머물지 않는 것이다. '무주(無住)는 사람의 본성이 세간의 선악,

---

68 T.48.No.2008.353a11-2. 我此法門. 從上以來.先立無念爲宗. 無相爲體. 無住爲本. 無相者. 於相而離相.

69 T.48.No.2008.353a18-9. 外離一切相. 名爲無相. 能離於相. 卽法體淸淨. 此是以無相爲體.

70 T.48.No.2008.353a19-20. 於諸境上. 心不染. 曰無念.

71 T.48.No.2008.351a27-9. 何名無念. 若見一切法. 心不染著. 是爲無念. 用卽遍一切處. 亦不著一切處.

72 라이용하이 저, 법지 역(2017) p.385.

호추, 원친 등으로 인하여 말로 속이거나 몸싸움으로 다툴 경우에도 모두 공으로 간주하여 보복이나 해치려는 생각을 하지 않고 언제나 지나간 경계에 대하여 집착하지 않는 것이다.'[73] 무주는 집착하지 않는 것이다.

무상, 무념, 무주의 반대를 순서대로 보면 분별[相]로 인해서 물들고[念] 집착하게[住] 된다. 이러한 분별, 염오, 집착으로부터 자유로워지는 것이 삼무의 방법론이다. 무상이 상을 떠나 있는 것으로 '밖'에 해당한다면, 무념은 번뇌 없이 염하는 것으로 '안'에 해당한다고 할 수 있다. 무주는 머물지 않는 것으로 안팎 모두에 해당한다고 할 수 있다. 외물에 대해서는 평등하게 대하는 것이 무상이고, 안으로는 번뇌 없이 염착하지 않는 것이 무념이다. 이 둘 다 집착하지 않는 것을 기본으로 한다. 머물지 않음이 근본이 되고, 무념과 무상이 양 바퀴로 종지와 본체를 담당한다. 혜능이 제시하는 무념·무상·무주의 방법론은 머물지 않음을 근본으로 안팎으로 염착하지 않고, 평등하게 일체를 대하라는 것이다. 머물지 않음은 무주, 내외 평등함은 무상·무념에서 볼 수 있다. 집착 없음과 평등함이 함께 가고 있다. 머물지 않기에 평등하고 평등하기에 머무는 바가 생기지 않는다는 것이다. 집착 없음은 본래적 자성의 두 번째 특징인 무득(無得)과 동일하고, 평등은 본래적 자성의 다섯 번째 특징과 동일하다. 무분별은 본래적 자성의 기능인 반야의 '전체와 하나를 동시에 아는 것'이라는 특징과 동일하다. 이와는 반대되는 '분별로 인해서 물들고 집착하게 되는

73 T.48.No.2008.353a13-5. 無住者. 人之本性. 於世間善惡好醜. 乃至冤之與親. 言語觸刺欺爭之時. 並將爲空. 不思酬害. 念念之中. 不思前境.

것'은 포괄적 자성의 특징이다. 그러므로 삼무의 방법론은 포괄적 자성에서 본래적 자성으로 나아가고자 하는 것이라고 할 수 있다.

본 장은 혜능의 『단경』을 중심으로 불교심리학적 관점에서 선심리학을 살펴보고 있다. 불교심리학의 범주에 따라서 선심리학을 선심학, 선심소학, 선심리치료로 분류하여 기술하고 있다. 혜능의 선심리학은 자성의 심리학이라고 할 수 있을 정도로 모든 이론의 토대에 자성이 위치하고 있다. 또한 본래적 자성과 포괄적 자성의 역동성하에서 선심리학이 전개되는 것을 볼 수 있다. 선심학에서 다루는 자성, 법, 인간, 연기, 세계에서도 두 가지 자성의 역동성을 볼 수 있고, 선심소학에서도 둘의 구분이 반야와 중생심의 구분의 중심에 놓인다. 선심리치료에서도 본래적 자성은 목적이 되고, 이로 나아가는 것이 방법론이 된다. 선심리학을 범주화한 것, 선심리학을 자성이라는 하나의 토대 위에 정초한 것, 두 가지 자성을 구분함으로써 선심리학의 논의를 분명하게 한 것, 두 가지 자성의 역동성으로 선심리학의 세부적인 분과학문을 전개한 것을 본 장에서 볼 수 있다.

참고문헌

Raymond J. Corsini, Danny Wedding 편저, 김정희 역(2017), 『현대 심리치료－제10판』, 서울: 박학사.

T.48.No.2008. 『六祖大師法寶壇經』

加藤博己(2002), 「20世紀以前の禅心理学文献集 (日本版)」, 『駒澤大学心理学論集』 4, pp.23-43. http://ci.nii.ac.jp/naid/110007481160

加藤博己(2017), 「75 심리학의 분야」, 『불교심리학사전』, 서울: 씨아이알, pp.403-406.

加藤博己(2017), 「브릿지 28 선심리학: 연구의 역사」, 『불교심리학사전』, 서울: 씨아이알, pp.495-503.

각묵 스님 옮김(2004), 『네 가지 마음챙기는 공부』, 울산: 초기불전연구원.

김말환(2006), 『선수행과 심리치료』, 서울: 민족사.

김진무(2013), 「중국 초기선종에서 '심론(心論)'의 형성과 전개」, 『마음의 인문학－동서양의 마음 이해』, 경기도: 공동체, pp.271-304.

김진무(2015), 『중국불교사상사』, 서울: 운주사.

김태완(2001), 『조사선의 실천과 사상』, 서울: 장경각.

김호귀 역(2010), 『육조대사법보단경』, 경기도: 한국학술정보.

데이비드 G. 마이어스·네이선 드월 지음, 신현정·김비아 옮김(2016), 『마이어스의 심리학 개론－제11판』, 서울: 시그마프레스.

라이용하이 저, 법지 역(2017), 『중국 불성론』, 서울: 운주사.

아키시게 요시하루(秋重義治), 김진무 역(1996), 「제4장 선의 심리학」, 『인간론·심리학－불교학세미나 3』, 서울: 불교시대사, pp.306-379.

윤희조(2016), 「자성(自性)의 의미변화에 관한 일고찰－『구사론』, 『중론』, 『단경』을 중심으로」, 『동서철학연구』 제81호, pp.153-180.

윤희조(2017), 「마음의 기능을 중심으로 한 불교심리학의 정의와 분류에 대한 일고찰」, 『동서철학연구』 제85호, pp.209-236.
이남경(2011), 「불교수행의 심리치료적 적용에 관한 연구」, 서울: 동국대학교 박사학위논문.
전재성 역주(2014), 『마하박가－율장대품』, 서울: 한국빠알리성전협회.

7 무아의 심리학

괴로움에서 벗어나고자 하는 이들이 자신이 벗어나고자 하는 괴로움의 원인인 번뇌에 대해서 정확히 알아야 한다. 또한 자신이 도달하고자 하는 목표에 대해서 정확히 알 필요가 있다. 목표에 대한 정확한 인식이 없이는 방향성을 찾을 수 없기 때문이다. 연구자는 번뇌의 심리학과 대비되는 '청정의 심리학'이라는 표현을 사용하고 있다.[1] 번뇌가 불선법(不善法)과 유부무기(有覆無記)를 포함하는 것으로 영역을 삼고, 청정은 선법(善法)과 무부무기(無覆無記)를 포함하는 것으로 영역을 삼기 때문에 번뇌의 심리학에 대응하는 용어로 청정의 심리학을 표명하게 되었다.

청정은 마음의 본래적 정의에 등장하는 특징의 하나이다. 마음의 본래적 정의에 의하면 마음은 '공, 무아, 불성, 불이, 청정을 특징으로 가지는

1 윤희조(2018), 「영역과 정의의 관점에서 보는 번뇌의 심리학」, 『동서철학연구』 제89집, p.225.

반야'로 정의할 수 있다.[2] 본래적 정의에서 마음의 특징들은 병렬적으로 기술되어 있지만, 관계를 유기적으로 기술하고 있지는 않다. 본 장은 이들의 유기적 관계를 기술하기 위해서 그 가운데 '무아'를 중심으로 나머지 특징들을 보고자 한다.

무아는 초기불교에서부터 선불교에 이르기까지 적용될 수 있고, 본래적 정의의 유개념에 해당하는 반야의 대상이기도 하다. 그러므로 무아는 마음의 본래적 정의를 밝히는 플랫폼 역할을 할 수 있을 것이다. 무아를 불교심리학적 관점에서 우선 살펴보고자 한다. 무아의 정의를 살펴보고, 이를 통해서 다른 특징과의 관계를 살펴보고자 한다.

다음으로 심리학적 관점에서 무아를 살펴보고자 한다. 이는 기초심리학인 인지, 정서, 동기, 성격의 관점에서 무아를 살펴보는 것이 될 것이다. 서구심리학에서는 자기심리학 또는 자아심리학이라는 제목으로 무아와 대응하는 자아를 중심으로 심리학이론을 전개하고 있다. 자아를 중심으로 심리학을 전개하고 있다는 것은 무아를 중심으로 불교심리학을 전개할 수 있는 가능성의 근거를 보여준다고 할 수 있다. 본 장에서는 무아를 중심에 두고 불교심리학 이론이 전개될 수 있음을 보고자 한다. 그리고 무아가 가지는 심리치료적 함의를 처계(處界)의 역동성, 무아와 자아, 무아와 자성의 비교를 통해서 살펴보고, 나아가서는 무아상담과 자성상담의 가능성을 보고자 한다.

---

2 윤희조(2017), 「불교상담의 정의와 이론에 관한 일고찰」, 『보조사상』 49집, p.494.

1. 불교에서 보는 무아

불교심리학은 불교에서 마음을 주제로 하는 학문을 말한다. 주제가 되는 마음 자체에 대한 탐구를 불교마음학이라고 할 수 있다.[3] 마음을 다룰 때, 역사적 관점에서 다룰 수 있고, 불교철학적 관점에서 다룰 수 있다. 마음을 바라보는 관점은 역사적으로 변화한다. 이에 따라서 마음은 일원적 관점에서 볼 수 있고, 다원적 관점에서 볼 수 있다. 일원적 관점에 근거하여 마음의 본래적인 기능인 아는 기능에 초점을 맞추어 '본래적 정의'를 내릴 수 있게 된다. 여기에서 마음의 본래적인 특징으로 무아가 등장하고, 무아를 중심으로 불교심리학을 살펴보는 것이 본 절의 목표라고 할 수 있다. 불교철학적 관점에서 마음을 본다는 것은 마음이 가지고 있는 특징을 포괄하는 넓은 외연을 가진 법, 인간, 세계, 연기라는 철학적 주제를 다룬다는 것이다.

본래적 정의에 등장하는 다양한 특징 가운데 무아는 불교사적으로 가장 먼저 등장한다고 할 수 있고, 붓다의 문제의식이 함장되어 있는 용어라고 할 수 있다. 무아는 불교사적으로 볼 때 '아트만이 없음'을 말한다. 붓다의 생존 시기에 브라흐만(Brahman, 梵)과 아트만(Atman, 我)이 하나라는 것[梵我一如]을 중심으로 우빠니샤드의 교의가 형성된다. 이러한 교의에 대해서 사문전통의 붓다는 아트만을 인간 안에서 찾을 수 없다는 것을 보여준다. 수행을 통한 고도로 발달된 인지능력을 통해서 살펴볼 때에도

---

3 윤희조(2017), 「마음의 기능을 중심으로 한 불교심리학의 정의와 분류에 대한 일고찰」, 『동서철학연구』 85집, pp.210-215.

아트만과 같은 것은 없다는 것이다. 브라흐만과 동일한 것으로 아트만과 같은 것을 인간 안에서 찾을 수 없다는 것이 역사적 무아[historical anatta, 梵我無我]의 개념이라고 할 수 있다.[4] 범아무아는 범과 아에서 아를 찾을 수 없다는 의미이다. 그러므로 역사적 무아의 아는 아트만의 '아'를 의미한다. 서구심리학에서 형성된 자아와는 다른 개념이라고 할 수 있다. 그러므로 서구심리학의 자아는 역사적 무아와는 다른 의미라고 할 수 있다.

좀 더 보편적인 관점에서 살펴보면 아트만의 고정불변의 실체성(substantiality)을 볼 수 있을 것이다. 브라흐만이 신의 개념으로 존재하기 때문에 신의 속성인 실체성을 아트만이 가지고 있는 것으로 볼 수 있다. 이러한 실체성을 붓다는 인간 안에서 찾을 수 없었다고 말한다. 인간의 모든 것이 변화하는 것일 뿐, 어떤 것도 고정불변의 실체로서 존재하지 않는다는 것이다. 이러한 고정불변의 실체를 발견할 수 없는 인간은 단지

---

4 무아에 대한 불교학적 논의로 다음과 같은 연구가 있다. 무아를 바라보는 철학적 관점, 심리학적 관점, 역사적 관점 등 다양한 관점이 드러나고 있다. 임승택(2017), 「무아에 대한 형이상학적 해석의 양상들 니까야(Nikāya)에 나타나는 '실천적 무아'와 비교를 위한 시론」, 『인도철학』 Vol.51, pp.101-138; 허우성(1991), 「무아설 : 자아 해체와 세계 지멸의 윤리설-자아에 대한 불교적 이해와 특성-」, 『철학연구』 Vol.29, pp.193-237; 임일환(2002), 「원시불교에서의 자아동일성 - 분석철학적 관점에서-」, 『철학적 분석』 제6호, pp.89-107; 김성철(2015), 「불교와 뇌과학으로 조명한 자아와 무아」, 『불교학보』 제71집, pp.9-34; 이은정, 임승택(2015), 「무아의 치료적 가능성에 대한 고찰」, 『동아시아불교문화』 Vol.23, pp.451-482; 김성철(2013), 「여래장사상에서 자아와 무아」, 『인도철학』 Vol.37, pp.115-140; 이태승(1999), 「無我에 관한 中觀派의 解釋 : 淸弁·月稱·吉藏의 『中論』 제18장 해석」, 『밀교학보』 Vol.1, pp.85-118; 김정근(2010), 「無我와 아트만(atman)에 관한 硏究 : 初期佛典과 Upanisad를 중심으로」, 동국대학교 박사학위논문; 정승석(1999), 『윤회의 자아와 무아』, 서울: 장경각.

오온일 뿐이다. 다섯 가지가 기능하는 존재일 뿐이다. 이러한 기능적 오온 가운데 어떤 곳에도 아트만은 존재하지 않는다. 오온의 비실체성, 즉 오온무아(humanistic anatta, 五蘊無我)가 드러난다. 오온무아는 무아에 대한 첫 번째 관점이라고 할 수 있다. 오온 각각에 대해서 '어떠한 색·수·상·행·식이든, 과거에 속하든 미래에 속하든 현재에 속하든, 내적이건 외적이건, 거칠건 미세하건, 저열하건 탁월하건, 멀리 있건 가까이 있건, 그 모든 색·수·상·행·식은 이와 같이 이것은 나의 것이 아니고, 이것이야말로 내가 아니고, 이것이 나의 자아가 아니다.'[5]

무아는 인간뿐만 아니라 모든 존재에 대해서도 실체성을 찾을 수 없다는 것으로 확대된다. 모든 존재의 특징을 나타내는 삼법인 가운데 제법무아(phenomenal anatta, 諸法無我)는 모든 현상에 대해서 적용될 수 있다. 모든 물질적, 정신적 현상을 말한다. 제법무아는 무아에 대한 두 번째 관점이라고 할 수 있다. 이때의 법은 '유지하다'는 의미와 '생멸하다'는 의미를 동시에 가진다.[6] 유지하면서 생멸한다는 특징을 가지는 법은 바로 무아의 특징을 가진다. 이는 인간의 기능에 대해서만 비실체성이 드러나는 것이 아니라 모든 존재의 비실체성이 드러나는 것이다.

삼법인(三法印)의 첫 번째인 제행무상(諸行無常)에서 행은 유위법(有爲

---

5 「무아상경」 SN22: 59.

6 Brereton, P. J.(2004), "Dhārman in the Ṛgveda", *Journal of Indian Philosophy* Vol.32, Netherland: Kluwer Academic Publishers, pp.449-489; Gethin, R.(2004), "He who sees Dhamma sees Dhammas: Dhamma in Early Buddhism", *Journal of Indian Philosophy* Vol.32, Netherland: Kluwer Academic Publishers, pp.513-542.

法)에 해당한다. 법은 유위법과 무위법으로 구분할 수 있다. 유위법은 만들어진 것을 말한다. 만들어진 모든 것은 파괴될 수 있고, 변역할 수 있다는 특징을 보여준다. 이러한 변역은 항상 핍박, 즉 괴로움을 동반한다. 일체개고라고 불리는 삼법인의 두 번째는 실제로는 제행개고(諸行皆苦)이다. 즉 모든 유위법은 핍박이라는 특징을 가진다는 것이다. 유위법은 항상 무상하고, 괴로운 것이다. 삼법인 가운데 앞의 둘은 유위법의 특징을 나타낸 것이고, 제법무아는 유위법을 포함한 모든 법의 특징을 나타내고 있다. 모든 법의 특징이 무아이다.

모든 현상의 특징이 무아라는 것은 무아의 심리학으로 나아가게 되는 결정적인 계기가 된다. 모든 존재의 특징을 지칭하는 용어를 통해서 심리학을 정의하는 것이다. 즉 모든 존재는 무아의 상태이다. 그럼에도 불구하고 현실적으로는 무아의 상태가 아닌 것이 있다. 유위법과 무위법 가운데 무위법인 열반은 적정하므로, 유위법의 상태에서 무위법의 상태로 나아가는 것이 이후의 심리치료에서 다루게 될 하나의 치유적 방법론이다. 나머지 하나는 유위법과 무위법 모두 동일한 법의 특징을 가진다는 것이 또 하나의 방법론이 될 수 있다. 법에 대해서 어떤 방향성과 관점을 가질 것인지가 이후의 나아갈 바를 결정한다고 할 수 있다.

무아에 대한 세 번째 관점이 있다. 연기무아(relational anatta, 緣起無我)가 가능하다. 이는 연기의 연(緣)에 의해서 발생하는 것은 비실체적이라는 것이다. 연은 상호의존적이고, 비실체적이다. 비실체적이므로 연기가 가능하다는 것이다. 연기는 법의 운동성을 보여준다. 연기는 고정불변의 존재에 대해서는 성립하지 않는다. 고정불변은 불변이므로, 운동성이 없다.

운동성이 없기에 연기가 가능하지 않다. 연기는 법의 생멸성 때문에 가능한 것이다. 법에 대한 이론, 즉 법론과 연기론은 한 쌍이라고 할 수 있다. 제법무아가 가능하므로, 연기무아가 가능하게 된다. 변화의 두 요소가 모두 무아이다. 나아가서는 무아이기 때문에 변화 자체가 성립한다고 할 수 있다. 12지 연기의 각지가 드러나는 운동성으로 기술할 수도 있고, '이것이 생하므로 저것이 생하고 저것이 멸하므로 이것이 멸한다'는 2지 연기로 기술할 수도 있다. 나아가서는 연기한 상태를 기술할 수도 있다. 연이생법(緣已生法), 즉 연기한 이후의 존재들의 모습은 상호의존적이고 비실체적이라고 할 수 있다. 연기의 결과로 드러나는 모습은 무아와 유관한 개념인 공(空)과 연결될 수 있다.

연기는 무아로 나아가는 것과 무아로 나아가지 않는 것으로 구분할 수 있다. 전자는 12연기의 역관(paṭiloma, 逆觀)의 방향이고, 후자는 연기의 순관(anuloma, 順觀)의 방향이다.[7] 12연기에 대한 순관의 방향은 실체화의 방향으로 나아가는 것이고, 역관의 방향은 비실체화의 방향으로 나아가는 것을 보여준다. 연기를 통해서 실체화의 과정과 비실체화의 과정을 동시에 볼 수 있다. 연기를 통해서 무아의 두 가지 운동성을 볼 수 있다. 운동성의 방향에 따라서 실체화로 나아갈 수도 있고, 비실체화로 나아갈 수도 있다. 실체화, 비실체화와 상관없이 연기과정 자체는 존재한다. 이 가운데 어떤 과정을 선택할 것인지가 문제가 되는 것이다.

이제까지 연기를 크게 두 가지 차원, 즉 역사적 관점과 철학적 관점에

7　PED p.42, p.398.

서 살펴보았다. 철학적 관점에서 무아를 다시 세 가지, 즉 오온무아, 제법무아, 연기무아로 볼 수 있었다. 붓다는 우빠니샤드의 역사적인 맥락에서 처음으로 무아를 제시한다. 이를 통해서 아트만의 존재를 부정하게 된다. 이는 오온무아로 이어진다. 그리고 이러한 아트만의 부재는 브라흐만의 부재로 이어진다. 이는 제법무아로 이어진다. 오온무아는 인간의 기능이 비실체적이라는 것이고, 제법무아는 제법, 즉 모든 존재가 비실체적이라는 것이다. 모든 존재에 대해서 고정불변의 존재를 찾을 수 없다는 것이다. 인간을 비롯한 모든 존재에 대해서 아트만과 브라흐만과 같은 고정불변의 존재를 찾을 수 없다는 것이다. 이는 역사적으로는 범아(梵我)에 대한 반론인 동시에 인간과 존재에 대한 붓다의 적극적인 주장이다. 그렇다면 붓다에게 남아 있는 것은 변화하는 법, 즉 변역법(變易法)이 전부이다. 운동하는 제법이 전부이다. 그러므로 법에 대한 논의는 연기로 나아가게 된다. 변역법과 연기법이 존재하는 전체이다. 이것에 대한 함의가 있다. 변역법과 연기법이 아닌 상태는 변역법과 연기법으로 나아가게 된다는 것이다. 또는 변역법과 연기법 아닌 것이 없게 된다는 것이다.

인간에 대해서 실체성을 찾을 수 없다는 것을 아공(我空)이라고 하고, 모든 존재에 대해서 실체성을 찾을 수 없다는 것을 법공(法空)이라고 한다. 불교적 관점에서 무아를 구분하는 대표적인 관점이 인무아(人無我)와 법무아(法無我)의 이무아(二無我)이다. 사람과 현상에 대해서 무아라는 것이다. 이는 인·법 둘 다를 비실체적으로 바라보는 것이다. 이렇게 볼 때 오온무아, 제법무아, 연기무아의 세 가지 관점과 인무아, 법무아의 두 가지 관점이 상통할 수 있다. 인무아는 오온무아라고 해서 오온 안에서 아트만을 발견할 수 없다는 것으로 형이상학적 아트만을 발견할 수 없다는 것이고, 법무아는 제법무아라고 해서 제법, 즉 모든 존재에 대해서 브라흐만이라는 형이상학적 존재를 찾을 수 없다는 의미이다.

심리학적으로 나아가서는 인·법을 비실체적으로 보면 인지적 무아가 되고, 인·법을 비집착적으로 보면 정서적 무아가 된다. 인·법의 관계를 불이적으로 보면 관계적 무아가 된다. 이렇게 되면 인·법 이무아는 무아를 세 가지 관점에서 보는 것과 상통할 수 있다.

2. 심리학에서 보는 무아

무아를 불교의 철학적 관점에서 오온무아, 제법무아, 연기무아로 나누어보았다. 본 장에서는 이를 심리학적 관점에서 보고자 한다. 특히 기초심리학적 관점에서 인지, 정서, 행동, 성격의 차원으로 무아를 볼 것이다. 이를 통해서 불교의 철학적 관점에서 본 무아가 심리학적으로 어떻게 연관되는지를 보고자 한다. 나아가서는 이들의 심리치료적 가능성을 타진해보고자 한다.

1) 인지적 무아

무아를 인지적 관점과 정서적 관점으로 정의함으로써 무아의 심리학을 전개할 수 있는 토대가 마련된다고 할 수 있다. 인지적 관점에서 비실체적 사고를 하는 것을 무아라고 한다면, 비실체적 사고는 무아에 기반을 둔 인지심리학으로 나아가게 된다. 비실체적 인지와 비실체적 사고는 무아에 기반을 둔 인지와 사고가 될 것이고, 이와는 달리 실체적 인지와 실체적 사고는 무아에 기반을 두지 않은 인지와 사고가 될 것이다.

무아에 기반을 두지 않은 인지와 사고를 불교에서는 '망상과 희론의 과정을 거친 견해'라고 한다.[8] 망상 또는 희론은 원어에서 보면 '펼쳐짐(proliferation)'이라는 의미를 가진다. 넓은 의미에서는 우주가 전개되는 것을 말하고, 언어와 관련해서는 말이 확산되는 것을 의미한다.[9] 희론은 사물이 원래 가지고 있는 무아적 성격을 넘어서 확산되는 것을 말한다. 확산되는 것은 사물이 원래 가지고 있는 무아적 성격을 넘어서 나아가는 것을 말한다. 무아를 넘어서 실체시하는 것까지 나아갈 수 있다는 말이다. 이때 이러한 작용에 주도적 역할을 언어가 한다.

실체적 사고는 고정점(rigid point)을 만드는 사고이다. 이러한 고정점이 만들어진 이후에는 고정점을 기준으로 하는 분리적 사고, 이분법적 사고가 발생하게 된다. 이러한 이분법적 사고는 분별적 사고 일반으로 나아가게 된다. 이러한 분별적 사고로의 확산은 희론적 사고로 나아간다. 희론적 사고는 있는 그대로를 사고하지 못한다. 또한 실체적인 사고로 인한 고정점을 만들기 때문에 고정점을 만드는 사고가 발생하게 된다. 실체를 대하는 태도에 있어서 당위적 사고를 발생하게 된다. 당위와 의무도 실체를 전제함으로 인해서 가능해진다. 당위와 의무는 사고의 비유연성으로 인한 것이라고 할 수 있는데, 이는 고정성과 실체성에서 비롯된다고 할 수

---

8 「마두삔디까경(Madhupiṇḍika Sutta, 蜜丸經)」 MN. 1권. pp.111-112.

9 PED p.413.

있다. 또한 나 중심 사고도 실체적 사고의 한 형태라고 할 수 있다. 나를 고정화함으로 인해서 나 중심의 사고가 발생하게 된다. 이러한 실체적인 사고, 이분법적 사고, 분별적 사고, 희론적 사고, 당위적 사고, 나 중심 사고는 인지에서 무아에 반대되는 사고라고 할 수 있다. 여섯 가지 사고방식의 가장 핵심에는 실체가 있고, 이러한 여섯 가지 사고방식의 반대에는 무아적 사고가 있다.

언어와 사고는 인지심리학의 전통적인 범주 가운데 고차원적 인지심리학의 범주에 해당한다고 할 수 있다.[10] 언어는 태생적으로 고정화시키는 작용을 한다. 고정화 내지는 실체화하는 작용 없이는 언어에 의해 사물이 파악되지 않는다. 비실체적인 사물의 특징과 언어의 실체화 작용의 불협화음은 사물과 언어의 근원적인 모습이라고 할 수 있다. 이러한 근원적인 불협화음에 대한 자각 없이는 항상 언어의 고정화 작용에 의해서 사물은 실체화된다. 실체적인 사고가 언어에 의해서 가능해지는 것이다.

언어의 실체화시키는 작용에 의해서 만들어진 명제가 견해[diṭṭhi, 見]라고 할 수 있다. 견해는 일반적으로 잘못된 견해, 즉 사견(邪見)을 말한다. 모든 사견은 실체화에 기초하고 있다. 이 가운데 유신견(sakkāya diṭṭhi, 有身見)이라는 실체를 인정하는 사고가 가장 근본이라고 할 수 있다. 이를 바탕으로 이러한 실체가 존재하지 않는다는 견해[斷見], 이러한 실체가 지속적으로 존재한다는 견해[常見]가 등장하게 된다. 두 가지 견해는 반대되는

---

10 하코다 유지, 츠즈키 타카시, 가와바타 히데아키, 하기와라 시게루 공저, 강윤봉 옮김(2014), 『인지심리학』, 서울: 교육을 바꾸는 책, p.15.

견해로 보이지만, 단견과 상견 모두 실체가 주어로 등장한다. 실체의 유무에 대해서 논의한다고 할지라도 실체가 주제가 되고 있는 한에서는 실체를 벗어나지 못하고 있는 견해의 양극단이라고 할 수 있다. 이는 실체에 대한 잘못된 두 가지 견해라고 할 수 있다.[11] 나머지 사견은 이 두 견해의 사이에 위치하게 된다.

사구부정(四句否定)과 사구백비(四句百非)에서 사구는 상견과 단견, 이 양극단 사이에 위치하는 다른 두 견해를 부정하는 형태를 취한다.[12] 다양하게 제시되는 견해에 대한 부정은 사물의 무아적 특징을 지속적으로 상기하고자 하는 시도이다. 이는 언어의 실체성을 사용하면서도 언어의 실체성에 함몰되지 않기 위한 노력이다. 이러한 언어를 사용함으로써 언어의 실체성을 지속적으로 환기시킨다. 이는 사물의 존재를 부정하는 것이 아니라 언어로 인한 실체화를 부정하는 것이다. 언어를 통해서 사물과 접촉할 경우 사물의 실체화를 항상 경계하고자 한다. 사물의 실체화 경향을 경계하는 것이 어렵기 때문에 아공(我空) 다음에 법공(法空)이 오는 것이라고 할 수 있다. 아공의 경우는 신수심(身受心)에 대한 알아차림을 통해서 무아에서 실체화로 넘어가는 것을 매순간 방지하고자 한다. 이는

---

11 S12:15「깟짜나곳따 경(Kaccānagotta-sutta)」'모든 것은 있다'는 이것이 하나의 극단이고 '모든 것은 없다'는 이것이 두 번째 극단이다. 붓다는 이와 같이 기존의 형이상학적 견해를 상견과 단견 둘로 정리한다. 이 양극단에 의지하지 않고 중도에 의해서 법을 설한다고 한다.

12 사구부정에 대해서는 다음을 참조할 수 있다. 金龍煥(1990),「무기설(Avyakata)에 대하여」,『人文論叢』第37輯, pp.1-52; 윤희조(2012),『불교의 언어관』, 서울: 씨아이알, pp.204-219.

자신에게서 경험되는 것을 기반으로 하는 반면, 법공은 미세하기 때문에 더욱 어렵다고 할 수 있다.

이러한 실체성 없음은 붓다가 본 것이고, 안 것이다. 이는 인지의 차원이라고 할 수 있다. 붓다의 관점[佛眼]에서 볼 때 나 자신을 포함한 모든 존재에 실체성이 없다는 것이다. 실체성 없음을 철저하게 본 것이라고 할 수 있다. 그렇다면 실체성 없음, 즉 비실체적인 사고를 하는 것이 무아라고 할 수 있다. 역사적 관점에서 무아는 '아트만 없음'이고, 철학적 관점에서는 '실체 없음'이고, 인지적 관점에서는 '비실체적 사고'라고 할 수 있다. 이렇게 되면 인지와 관련해서 비실체적 사고를 '인지적 무아(cognitive anatta)'라고 할 수 있다.

2) 정서적 무아

심리학에서 인지와 함께 다루는 것이 정서이다. 인지와 정서는 배타적인 개념이면서 포섭적인 개념이다. 그러므로 인지적 개념에 상응하는 정서적 개념을 찾아볼 수 있을 것이다. 인지에서 실체성은 실체적인 사고, 이분법적 사고, 분별적 사고, 희론적 사고, 당위적 사고, 나 중심 사고와 연결된다. 실체성을 가지므로 그 실체성을 가지는 대상들은 분명하게 구분된다. 하나의 단일한 실체를 인정하면 고정불변적 사고로 나아갈 것이다. 다양한 실체를 인정하면 이분법적 사고, 분별적 사고로 나아가고, 이는 나 중심의 당위적 사고로 확산된다.

정서 자체에는 좋고 나쁨이 없지만 정서의 실체화를 볼 수 있다. 무아의 관점에서 보면 정서를 실체화하지 않고, 고정화하지 않는 것은 무아에 기반을 둔 정서심리학이 된다. 정서를 실체화하는 것, 고정화하는 것은 무아에 기반을 둔 정서심리학이 아니게 된다. 고정불변적 정서는 정서가 변화하지 않는 것을 말한다. 정서가 고정되어 있고 변화하지 않는 것을 말한다. 정서를 비롯한 모든 존재는 비실체성으로 인하여 변화하는 것을 특징으로 가진다. 정서가 변화하지 않는 것은 변화를 거부하고 있는 것이다. 거부는 집착의 한 형태라고 할 수 있다. 거부도 또한 고정화의 한 형태라고 할 수 있다. 이러한 거부는 모든 정서에 대해서 나타날 수 있다. 분노를 실체화시키고 변화하지 않도록 하는 것이고, 슬픔을 실체화시키고 변화하지 않도록 하는 것이고, 기쁨을 실체화시키고 변화하지 않도록 하는 것이다. 인지에 대해서 실체적 사고가 가능하듯이, 정서를 실체시하는 것이 가능하다. 정서에 대해서도 실체화하는 작업은 지속될 수 있다. 정서를 고정불변의 것으로 잡고 있는 것이다. 인지에서는 실체적으로 파악하는 것이고, 정서에서는 실체적으로 잡고[執] 있는 것이다.

이렇게 인지와 정서 둘 다에 대해서 실체화 작용이 가능하다. 인지에서 무아를 비실체적 사고라고 한다면, 정서에서 무아는 비실체적 정서, 비집착적 정서라고 할 수 있다. 이러한 비실체성을 발견함으로써 붓다는 괴로움에서 벗어난다고 한다. 실체성으로 인해서 괴로움이 만들어진다. 붓다는 이러한 괴로움의 원인으로서 실체성을 제시한다.

사성제의 틀에서 볼 때 이러한 실체성은 괴로움의 원인이 된다. 이러한 실체화 작용을 하는 것을 불교적 관점에서 집(samudaya, 集)이라고 할 수 있다. 괴로움에서 벗어나는 것은 정서적 관점에서는 정서를 비집적(非集積)하는 것이라고 할 수 있다. 즉 정서를 실체화하지 않는 것 또는 고정화하지 않는 것을 말한다. 이는 정서 자체를 거부하는 것이 아니라 집(集)하는, 즉 실체화하고 고정화하는 작용을 거부하는 것이라고 할 수 있다.

정서의 경우에 실체성에 기반을 둔 정서로는 번뇌의 범주에 포함되는 정서를 볼 수 있다. 탐진치(貪瞋癡) 3가지 근본번뇌, 탐진치견만의(貪瞋癡見慢疑) 6가지 근본수면, 분(忿), 한(恨), 부(覆), 뇌(惱), 질(嫉), 간(慳), 광(誑), 첨(諂), 해(害), 교(憍) 10가지 소수번뇌를 대표적으로 볼 수 있다.[13] 탐진치의 작용이 일어나는 것은 실체화 작용으로 인해서 발생하게 되는 것이다. 탐(貪)은 나를 중심으로 끌어들이는 것이고, 진(瞋)은 나를 중심으로 배척하는 것이다. 이들 둘 다에 '나'가 중심이 된다. 나를 실체화함으로써 끌어당기고 밀치는 작용이 발생하게 된다. 치(癡)는 이러한 구심력과 원심력을 알지 못한 채 지속적으로 구심력과 원심력에 당하는 것을 말한다. 치는 탐진의 구심력과 원심력의 '심'이 '나'라는 것을 알지 못하는 것이다. '나'에 대한 무지로 인해서 '나'가 안팎으로 활동하는 것을 탐진치라고 할 수 있다.

6가지 근본수면은 탐진치에 견만의가 포함된다. 이 가운데 견(見)은 나를 중심으로 견해를 만드는 것이고, 만(慢)은 나를 중심으로 대상을 비교하는 모든 작용을 말한다. 비교하는 작용이기에 분별하는 인지에 포함된다고 할 수 있다. 의(疑)는 의심하는 것을 말한다. 신뢰라는 구심력의 작용은 맹신으로 나아갈 수도 있고, 원심력의 작용에 의해서 의심으로 나아갈

---

13 10가지 소수번뇌에 대해서는 다음을 참조할 수 있다. 齊藤 明 等(2014), 『瑜伽行派の五位百法』, Tokyo: The Sankibo Press; 윤희조(2018), 「영역과 정의의 관점에서 보는 번뇌의 심리학」, 『동서철학연구』 제89호, pp.215-243.

수도 있다. 그리고 10가지 소수번뇌는 이러한 단상(斷常)의 결정판이라고 할 수 있다. 이는 서구심리학에서 이상심리학과 연결될 수 있다.

정서에 대해서 실체화 작용과 비실체화 작용에 따라서 무아에 기반을 둔 정서심리학과 무아에 기반을 두지 않은 정서심리학을 구분할 수 있다. 인지 자체를 거부하는 것이 아니라 실체적 인지를 거부하는 것처럼, 정서 자체를 거부하는 것이 아니라 실체적 정서를 거부하는 것처럼, 실체적 인지와 집적적 정서를 거부하는 것이 무아라고 할 수 있다. 인지적 관점에서 무아는 '비실체적 사고를 하는 것'을 말하고, 정서적 관점에서 무아는 '정서를 비실체화하고, 비집착하는 것'을 말한다. 인지와 정서 자체를 거부하는 것이 아니라, 실체적인 인지와 실체적인 정서를 거부하는 것이다. 이러한 정서의 무아를 정서적 무아(emotional anatta)라고 할 수 있다.

3) 행동적 무아

행동에 있어서 실체적 행동의 대표는 계금취(戒禁取)라고 할 수 있다. 반드시 지켜야 한다는 것, 반드시 해야 한다는 것, 해서는 안 될 것을 정하고서 행동하는 것이다. 이는 이미 실체적인 사고를 전제로 하고 있는 행동이라고 할 수 있다. 사견 가운데 계금취견(戒禁取見)은 이처럼 행동과 연관되어 있다고 할 수 있다. 이렇게 되면 불교에서 지키는 계의 경우도 실체화될 수 있다. 이러한 실체화를 반대하는 것을 바라밀에서 볼 수 있다.[14] 육바라밀 가운데 지계바라밀은 계금취의 반대라고 할 수 있다. 지계

---

14 바라밀(pāramitā)은 '최고'라는 의미와 '넘어서'라는 의미를 동시에 가진다. 예를

바라밀은 계를 지키면서, 계를 지킨다는 실체적인 사고를 하지 않는 것을 말한다. 보시바라밀의 경우도 보시라는 행위를 할 때 그것을 한다는 생각 없이 하는 것을 말한다. 이처럼 행동에서 비실체적인 사고를 일으키지 않는 것을 중시한다. 시계(施戒)에 대해서 이를 행하는 태도를 바라밀로 다시금 드러내고 있는 것이다. 나머지 바라밀에 대해서도 마찬가지이다.

『금강경』의 즉비(卽非)의 논리에 따른 사고와 행위를 말한다.[15] 'A'를 'A'라고 하면, 'A'가 아니게 된다. 여기에 'A'에는 사고, 정서, 행위 모두가 대입될 수 있다. 'A'를 'A'라고 행동하면, 'A'가 아니게 된다. 'A'를 'A'라고 하는 것은 동일률을 지키는 것이 아니라, 실체적 사고로 나아가는 것이다. 이를 방지하고자 하는 것이 즉비의 논리이다. 이를 통해서 모든 행위가 이루어지게 되면 이는 비실체적 행위가 된다.

또한 즉비의 논리를 바탕으로 비실체성은 불이적 사고로 나아간다. 상호작용적 사고로 나아가므로 나 중심 사고를 벗어나게 된다. 나 중심의 행위는 모든 실체적 행위의 근간이 된다. 나 중심의 행위는 번뇌적 행위의 바탕이 된다. 나 중심으로 인해서 원래의 무아적 상태로 나아갈 수 없게 된다. 원래의 존재의 모습이 무아적이므로, 나 중심은 이러한 무아를

들어 보시의 양이 아무리 많다고 할지라도 결국에는 이를 넘어서야 한다는 것이다. 넘어서는 방법으로 제시되고 있는 것이 보시를 하더라도 보시를 한다는 상이 없는 것, 즉 무주상보시(無住相布施)로 나아가는 것이다. 이는 양의 문제가 아니라, 차원을 달리하는 질적인 변화를 말한다. 이는 나머지 바라밀에 대해서도 마찬가지이다.

15 즉비의 논리에 대해서는 다음을 참조할 수 있다. 末木文美士(1999), 「<卽非の論理>再考」, 『金剛般若經の思想的研究』, 東京: 春秋社, pp.113-138; 定方晟(1999), 「『金剛般若經』のパラドックス」, 『金剛般若經の思想的研究』, 東京: 春秋社, pp.95-105.

막는 근원이 된다. 나 중심의 행위는 탐진이라는 번뇌의 근원이 된다.

나 중심 사고를 벗어나는 경우에 자비희(慈悲喜)의 행위를 하게 된다. 모든 존재에 대한 관심, 모든 존재의 괴로움과 즐거움을 공감하는 행위로 나아가게 된다. 이른바 자비희행(慈悲喜行)이 가능하게 된다. 자비희행을 통해서 불이적 사고, 비실체적 사고로 나아간다. 인지나 정서에 의해서 행동이 유발되지만 반대로 행동에 의해서 인지와 정서에 변화를 줄 수 있다. 행동은 인지나 정서보다 거친 부분이면서, 영향력이 크다고 할 수 있다. 그러므로 행동의 변화를 통해서 미세한 인지나 정서에 영향을 미칠 수 있다. 이것이 행동치료의 함의일 것이다. 단순히 행동만 바뀌는 것이 아니라 행동을 통해서 인지와 정서의 변화로 나아감으로써, 이후의 다른 행동에도 변화를 가져오는 것이다.

무아가 행위의 영역에서 작동할 때는 즉비적 행위, 자비희의 행위로 나아가게 된다. 이러한 행위의 근원에도 무아가 작동한다. 무아로 인해서 행위는 더 이상 실체화되지 않고, 나 중심이라는 고정점이 없게 된다. 고정점과 실체를 가진 행위의 경우는 행위의 유연함을 획득하지 못한다. 이로 인해서 행동적 무아(behavioral anatta)로 나아간다.

4) 성격적 무아

성격은 그 사람됨(personality)을 말한다. 사람은 불교적으로는 오온의 다섯 가지 기능으로 표현된다. 성격은 인지, 정서, 행동의 총합으로 나타난다. 그렇다고 해서 성격이 인지, 정서, 행동의 합만은 아니다. 인지, 정서, 행동 가운데 그 개인이 가지는 고유성을 성격이라고 부를 수 있을 것이다. 이러한 차원의 성격과 함께 마음의 네 가지 차원에서 볼 수 있는 성(性)의 격(格)이 있을 수 있다. 마음의 심의식성(心意識性)이라는 네 가지 차원에서 보는 것이다.[16] 이때 성(性)은 마음의 원래의 상태를 말한다. 이때 성격은 이러한 마음의 원래 상태의 차이를 말한다. 모든 인간에게 성(性)은 동일하다. 마음의 원래의 모습은 동일하다고 할 수 있다. 마음은 모든 존재, 즉 법의 특징을 가지고 있으므로, 모든 인간도 또한 동일한 성(性)을 가지고 있다고 할 수 있다. 그러나 이러한 성은 다른 격을 가질 수 있다.

붓다가 근기(根機)에 따라서 인간을 보았듯이 모든 존재가 성을 가지고 있지만, 그 성의 격에 차이가 존재할 수 있다. 이러한 격을 가르는 가장 기본은 성인(聖人)과 범부(凡夫)의 구분이다. 성인은 마음의 원래의 상태를 자각하기 시작하면서부터이다. 마음의 비본래적 상태인 유신견(有身見)을 끊는 것에서부터 성인의 단계가 시작된다고 볼 수 있다. 이러한 유신견의 반대는 무신견(無身見)이라고 할 수 있다. 무신견을 확립하면서 성인의 격을 가지게 된다. 이와는 반대로 유신견과 유아견(有我見)을 가지고 있는 상태는 범부라고 할 수 있다. 유신견에 따른 인지, 정서, 행동을 하고 있는 상태가 범부라고 할 수 있다. 이러한 범부에게 다양한 기능이 있을 수 있다. 인지적 유신견이 강한 경우, 정서적 유신견이 강한 경우, 행동적 유신견이 강한 경우가 있을 수 있다. 유신견, 즉 실체적 사고가 실체적

---

16 윤희조(2017), 「불교심리학의 관점에서 보는 네 가지 차원의 마음」, 『동서철학연구』 제86집, pp.127-151.

행동과 결합할 수도 있고, 실체적 사고가 실체적 정서와 결합하는 경우도 있다. 실체적 정서가 실체적 행동과 결합할 수도 있다. 이러한 다양한 형태의 결합에 의한 성격이 가능하다. 이때의 성격은 범부의 성격 안에 존재하는 하위분류라고 할 수 있다.

성인과 범부의 구분하에, 더 세부적으로 기능의 구분에 따른 성격의 구분이 가능하다. 이러한 방식으로 실체도와 비실체도의 정도에 따라서 성격을 구분할 수 있다. 무아와 유신(有身)의 정도에 따라서 무아적 성격과 유신적 성격으로 크게 구분할 수 있다. 유신적 성격 안에는 인지중심-유신적 성격, 정서중심-유신적 성격, 행위중심-유신적 성격, 복합적 성격 등이 존재할 수 있다. 행위에서도 무아적 성격과 유신적 성격의 구분이 중요하다. 특히 무아적 성격은 일의적일 수 있는 반면, 유신적 성격은 다양하게 분류될 수 있다. 이는 무아와 유신의 특징 자체에 따른 것이다. 무아적 성격은 불이적이므로 구분되지 않고 하나의 성격을 지향하는 반면, 유신적 성격은 실체화하고 구분하는 경향성이 증가하므로 더욱더 세밀하게 구분된다고 할 수 있다. 성격 가운데 무아적 성격은 성격에 있어서 무아라고 할 수 있다. 이러한 성격적 무아(personality anatta)가 가능하다.

3. 무아의 심리치료

1) 불교적 무아의 심리치료적 함의

심리학적 차원에서 인지, 정서, 행동, 성격의 무아적 특징을 볼 수 있었다. 즉 인지적 무아, 정서적 무아, 행동적 무아, 성격적 무아를 볼 수 있다.

이러한 심리학적 특징은 불교철학적으로는 오온무아, 제법무아, 연기무아라는 세 가지 무아 가운데 특히 오온무아에서 볼 수 있다. 오온무아는 오온은 모두 무아이다는 것이다. 무아는 오온에 대해서 동일하게 성립한다. 이는 큰 함의를 가진다. 오온이 인지, 정서, 동기, 성격을 대표하고 있지만, 이들을 다루는 방법은 무아로서 하나라는 것이다.

제법의 특징이 그러하듯이, 오온도 그러하다는 것이다. 오온이 무아이다는 것을 인정하지 않고 버티면 핍박이 생기고, 괴로움이 생긴다는 것이다. 오온에 대해서 무상하고, 변화한다는 것을 인정해야 한다. 이를 인정하지 못할 때, 괴로움이 온다. 변화에 대한 수용이다. 항상할 것이라는 착각에 대한 무아적 인지가 필요하다. 그리고 괴로움이 정상이라는 것이다. 무상하므로 괴로운 것이다. 이것에 대한 인정으로부터 무아의 심리치료가 시작된다. 무아의 심리치료는 삼법인(三法印)에 대한 인정에서부터 시작한다.

삼법인 가운데 무상하다는 것, 괴롭다는 것에 대한 인정으로부터 무아의 심리치료가 시작된다는 것이다. 다음으로 무아에 대한 인정이 중요하다. 인지의 무실체성으로 인해서, 실체적인 사고가 가지고 오는 괴로움을 알 수 있다. 실체적인 사고는 인지하기가 어렵다. 왜냐하면 무상은 눈에 보이고 느껴지는 반면 실체성은 보기 어렵기 때문이다. 그리고 이것이 더 근원적이다. 무상과 무아는 다르다. 무아는 제법무아로 모든 법에 대해서 성립하는 반면, 무상은 제행무상이라고 해서 행, 즉 유위법에 대해서 성립한다. 법에는 유위법과 무위법이 있으므로, 법이 행보다 범위가 넓다고 할 수 있다. 그러므로 법의 무아성이 더 근원적이라고 할 수 있다. 법에 대한 무실체성이 더 근원적이라고 할 수 있다.

연기는 상호의존적으로 발생하는 것이고, 연이생법은 상호의존적으로 발생된 모습을 말한다. 전자가 연기라고 한다면, 뒤의 연기된 모습은 공, 불이성이라고 할 수 있다. 상호의존되어 있는 모습 자체는 불이의 모습이고, 공의 모습이라고 할 수 있다. 이는 연기무아의 모습이다. 연기무아는 관계성에 대한 인식이다. 관계성에 대한 무아의 인식은 상호의존성으로 나아간다. 상호의존성은 대승불교에서는 불이성으로 나아가고, 연결성과 공성으로 나아간다.

무아의 원래의 모습인 삼법인에 대해서 이를 수순하지 않을 때 연기적인 괴로움이 발생하게 된다. 이러한 연기적 괴로움은 무아를 통해서 '고'를 인지하고 수순함으로 인해서 연기적 괴로움은 더 이상 고가 아니게 된다. 연기에 대한 순관, 역관은 둘 다 관(觀)이다. 무엇을 바꾸는 것이 아니라, 단지 관(觀)이다. 어떤 관을 취하느냐에 따라서 괴로움이 발생하기도 하고, 괴로움이 소멸하기도 한다. 이러한 관의 중요성은 지속적으로 요구되며 어떤 관인지에 따라서 달라진다. 관이 밝은 것은 명(明)이고, 명에 의해서 12연기의 역관이 시작되고, 관이 밝지 않은 것이 무명(無明)이고, 무명에 의해서 12연기의 순관이 시작된다.

괴로움이 괴로움으로 보이지 않기 위해서는 역관에 의해서 보는 방식이 필요하다. 괴로움이 사라지는 방식으로 바라보는 관점에 의해서 괴로움이 소멸하게 된다. 이는 무명이 명으로 바뀌는 것을 말한다. 동일한 것을 무명에서 보는가, 명에서 보는가에 따라서 생로병사가 괴로움이 되는가 하면, 생로병사의 괴로움이 사라지기도 한다. 순관인지, 역관인지에 따른 것이다. 무아이므로, 관(觀)만이 있다. 무아는 비실체성이므로, 이를 다루는 방법은 관만이 가능하다. 제법의 무아를 본다면 관은 반야가 된다.

함의를 정리해보면 먼저 각각의 오온에 대해서 일의적으로 무아가 적용될 수 있다는 것이고, 두 번째로 삼법인을 인정하고 수순하는 것이 심리치료의 시작일 수 있다는 것이고, 세 번째는 관계성, 상호의존성에 대한 인식이고, 네 번째는 관과 명의 중요성에 대한 인식이라고 할 수 있다.

2) 처계의 비실체성과 역동적 공간

이러한 무아를 중심으로 심리치료의 장면을 볼 수 있다. 먼저 제법무아에 의하면 모든 사물은 비실체적이다. 연기무아에 의해서 이들은 상호의존적이다. 이러한 특징은 공간에서도 드러난다. 계(界)는 이러한 무아적 특징이 드러나고 있는 공간이고, 이러한 계가 만나는 처(處)도 비실체적으로 만난다. 이러한 공간은 역동적인 공간이고, 역동성에 의한 공간이다. 이러한 공간 가운데 내담자와 상담자가 있는 것이고, 또한 이 둘에 의해서 공간의 역동성이 만들어진다. 이 둘은 이미 역동적인 공간 안에 놓여 있고, 이 둘 자신도 역동적인 존재이다. 이들의 감각기능도 또한 역동적이다. 감각기능, 즉 처(處)의 원래의 모습은 청정하다. 이때의 청정은 비실체적으로 작동하는 것이다. 좋은 대상만 감각하는 것이 아니라 어떤 감각에 대해서도 실체적인 집착을 하지 않는 기능상태를 말한다. 이러한 역동적인 계(界)와 청정한 처(處)에 의해서 오온이 작동하게 된다. 이때의 온처계는 모두 무아적이다. 그러나 이러한 역동적인 공간과 존재임에도 불구하고 역동적이지 못하고, 실체적이고, 고정적인 오온의 상태가 있다. 그러나 오온의 상태가 무엇이든, 이들이 역동적으로 나아갈 수 있도록 하는 것이 무아상담이다. 무아의 지향이 무아상담이 된다.

이를 위해서 역동성이 활동한다. 정신역동이라는 과거의 인지가 아니라, 현재의 공간의 역동성, 내담자와 상담자 둘의 역동성이 드러나도록 하는 것이다. 역동적인 공간 속에 역동적인 두 마음이 함께 하는 것이다. 이러한 전제 속에서 상담이 이루어지고 있다. 이미 상담의 장면에서 치유적인 개입이 포함되어 있다. 즉 역동성으로 인해서 치유적 변화가 시작되고 있는 것이다. 역동적 공간(dynamic space)과 마음역동(minddynamic) 상태이므로,[17] 이러한 무아가 드러나지 않는 것에 대해서 무아가 드러나도록 하는 것이 무아상담의 과정이다.

무아는 계에 살고 있는 한 벗어날 수 없다. 원래가 무아의 모습이다. 그것이 주체이든, 객체이든 무아이다. 무아는 나의 삶의 환경에 대한 철저한 인식이다. 무아는 원래 그러한 모습이고, 이러한 원래의 모습을 벗어나 있는 것이 비기능적으로 작용하는 것이다. 그러나 실제로는 벗어나는 것이 불가능하다. 이러한 불가능한 것을 가능한 것처럼 생각할 뿐이다. 이러한 착오적 인식을 명확히 하는 것일 뿐이다. 바꿀 수 있는 것이 아니라, 원래 이미 무아이기 때문이다. 내가 할 수 있는 것은 원래의 모습을 인식

---

17 마음역동은 심층심리학의 정신역동(psychodynamic)에 대비되는 용어라고 할 수 있다. 심층심리학에서는 무의식에 대해서 역동이라는 용어를 사용하지만, 마음역동은 의식, 무의식에 상관없이 마음 자체가 가지고 있는 운동성을 표현한 용어라고 할 수 있다. 공간의 역동성은 다음을 참조할 수 있다. 윤희조(2018), 「불교상담의 과정과 기법을 중심으로 하는 불교상담방법론」, 『철학논총』 제93집, pp.207-209.

하는 것뿐이다. 마음의 원래 기능이 아는 것뿐이므로, 인식만 할 수 있을 뿐이다. 그러므로 원래의 무아를 인지하는 것이 전부이다. 변화를 시도할지라도 이러한 근원적인 틀 안에서 이루어지는 것이다. 무아라는 전제가 있을 때, 변화의 가능성이 열리기 때문이다. 그러므로 무아를 보는 것과 변화를 시도하는 것 둘 다 무아를 전제하므로, 무아의 심리치료라고 부를 수 있게 된다. 이러한 것을 추구하는 상담을 무아상담이라고 할 수 있다.

3) 불교적 무아와 심리학적 자아

무아와 자아의 문제는 불교와 심리학의 대립처럼 여겨진다. 불교가 현대심리학의 자아를 바라보는 중요한 지점은 자아는 만들어진 것이라는 점이다. 불교는 현대심리학의 자아를 '만들어진 것'으로 본다는 것이 중요하다. 자아는 없는 것이 아니라 만들어진 것이다. 즉 유위법(有爲法)이다.[18] '자아'를 이렇게 만들어진 것으로 볼 수 있으면 된다. 무아는 고정불변의 실체가 없다는 것인데, 이를 달리 해석하면 고정불변의 실체는 원래 없는 것이지만 인간의 인지와 정서와 행동에 의해서 만들어진 것을 인정한다는 것이 된다. 유위법도 법이고, 존재하는 것이다. 자아의 존재를 부정하는 것이 아니라, 자아는 만들어진 것이라는 것이다. 이로부터 다양한 함의가 나올 수 있다.

가장 중요한 함의는 만들어진 것이기 때문에 항상 해체될 수 있다는

---

18 유위법과 행에 대해서는 다음을 참조할 수 있다. 행(行)에 대한 다양한 용례를 소개하고 있다. 村上眞完(1989), 「諸行考: 原始佛教の身心観 原始佛教の身心觀3」『佛教研究』 18號, pp.43-70.

것이다. 해체 가능성은 변화의 가능성이고, 부정적으로는 질병의 가능성이면서 긍정적으로는 치유의 가능성이다. 자아에 대한 치유의 가능성을 제시할 수 있는 근거가 무아라고 할 수 있다. 이는 자아가 만들어진 것이기 때문이다. 원래부터 고정불변의 자아가 있다면, 자아의 변화 가능성은 불가능하게 된다. 무아는 변화 가능성에 대한 선언이라고 할 수 있다. 즉 자아가 없다는 것이 아니라 '자아는 만들어진 것이다'라는 선언이다.

유위법으로서 자아는 만들어진 것이고, 변화하는 것이다. 이러한 자아를 고정화시키고, 실체화함으로써 문제가 생긴다. 인지, 정서, 행동, 성격의 차원에서 자아를 고정적이고 고유한 어떤 것으로 표현하게 된다. 이러한 자아가 고정화되고 실체화된 어떤 것이라고 인정하게 된다. 이른바 유신견이라는 견해를 '자아'라고 할 수 있다. 이때의 '신'은 '나'를 의미하므로 유신견은 나가 있다는 유아견(有我見)으로 나아간다. 이러한 유아견이 소멸된 상태가 무아로 나아간다. 여기서 유아와 무아의 차이를 살펴볼 수 있다. 무아는 항상 그러한 모습이다. 고정화시키거나 실체화시킬 수 없다. 원래의 있는 그대로의 모습일 뿐이다. 유아에 가해지는 증익과 손감이 무아에는 해당되지 않는다. 그러므로 유아에 대한 유위적 행위가 무아에 대해서는 가능하지 않다. 유아를 지멸시킴으로써 무아가 되는 것이 아니다. 무아는 만들어진 것이 아니라는 것이다. 무아는 유아의 지멸로 인해서 드러날 뿐이다.

자아와 무아는 동일한 차원이 아니라고 할 수 있다. 따라서 무아가 되기 위해서는 유아가 있어야 된다는 논의는 성립하지 않는다. 단지 유아를 만드는 것이지, 유무의 대립 가운데 성립하는 것이 아니다. 무아가 된다는 것은 이미 유아와 동일한 지평상에서 반대편에 존재하는 것으로 무아를 두고 있는 것이다. 유아의 지평상에서 양쪽 끝에 있는 것은 둘 다 유아일 뿐이다. 좀 더 복잡한 유아인지, 간단한 유아인지의 차이일 뿐이다. 이 지평 상에는 무아가 존재하지 않는다. 이처럼 유아와 무아의 대립은 성립하지 않는다. 유아의 반대는 유아일 뿐이다. 그럼에도 불구하고 '유'와 '무'의 용어가 가지고 있는 대립적인 표현으로 인해서 오해를 불러일으키고 있다.

자아와 무아에 대해서 정리하면, 자아는 없는 것이 아니라 만들어진 것이다. 유신견의 형태로 존재한다. 그러므로 변화의 가능성이 항상 열려 있다. 이러한 변화의 가능성을 고정화시키고 실체화시킬 때 문제가 발생한다. 그리고 자아와 무아는 동일한 지평에 존재하는 것이 아니다. 그러므로 자아와 무아는 반대개념이 아니다.

4) 무아상담과 자성상담

무아의 '무'가 가지고 있는 유무의 대립적인 표현과 부정적인 의미로 인해서, 새로운 표현을 논의할 수 있다. 자아는 만들어진 것이라는 설명으로부터 만들어지기 이전의 상태 또는 원래의 상태를 설명하는 용어로 들 수 있는 것이 '그러그러한 것[如]'이라는 용어를 들 수 있다.[19] 그러그러하게 오고[如來] 또는 그러그러하게 가는[如去] 법의 특징이다. 이는 존재의 유위법적인 특징과 무위법적인 특징을 동시에 표현하고 있는 용어라고

---

19 PED p.296.

할 수 있다. 자아가 유위법적인 특징을 대변한다면, 그러그러한 상태[如]는 무위법적인 특징을 대변하는 용어라고 할 수 있다. 여는 붓다의 특징을 대표하는 용어이므로, 붓다의 특징, 즉 불성(佛性)이라고 할 수 있다.

불성은 혜능에게 오면 자불성(自佛性)으로 발전하게 된다. 불성을 외부에서 찾을 때는 그것이 불성이라고 할지라도 혜능은 비판을 아끼지 않는다.[20] 자신의 불성, 즉 자불성을 찾을 것을 끊임없이 주문한다.[21] 불성의 개별화, 개성화라고 할 수 있는 자성의 추구는 무아의 긍정적 표현이라고 할 수 있다. 자성은 또한 무아와 연결되어 있다. 무아는 대승불교에서 공(空)과 동일한 의미로 사용된다. 대승불교의 핵심 교의로 놓이는 것이 공이다. 혜능은 공을 중심으로 반야와 불성을 통합하고 있는 것이다. 이를 무아에 비추어보면 무아를 중심으로 반야와 불성을 통합하고 있다. 무아를 보는 것이고, 무아를 드러내는 것이다. 무아를 보는 것이 반야이고, 무아를 드러내는 것이 자성이다.

『단경』에서 혜능은 자신의 고유한 방법론으로 삼무(三無)를 제시한다. 무념(無念), 무상(無相), 무주(無住)를 제창한다.[22] 무념은 집착이 없는 것을 말한다. 이는 비집착성과 상통할 수 있다. 무상은 상을 짓지 않는 것으로 이는 비실체성과 상통한다. 무주는 머물지 않는 것으로 연결성과 상통한다고 할 수 있다. 삼무(三無)는 본 장에서 무아를 세 가지로 구분한 것과

20 T.48.No.2008.359c03-4. 向汝道. 無名無字. 汝便喚作本源佛性.

21 T.48.No.2008.362a02. 自佛是眞佛.

22 T.48.No.2008.353a11-2. 我此法門. 從上以來. 先立無念爲宗. 無相爲體. 無住爲本. 無相者. 於相而離相.

연관될 수 있음을 볼 수 있다. 이러한 무아의 이념은 혜능에게도 바로 연결되고 있다. 혜능의 교학은 반야와 불성의 집대성으로 드러난다. 반야는 모든 존재의 무아를 보는 것이다. 이러한 반야의 특징이 가장 잘 드러난 것이면서 혜능 자신의 방법론이라고 할 수 있는 삼무에도 무아가 바로 연결되고 있다. 붓다의 무아가 혜능의 삼무와 연결되고 있는 것을 볼 수 있다. 이러한 혜능의 삼무(三無)에서도 무아를 세 가지로 구분한 정당성을 확보할 수 있다.

모든 존재가 이미 가지고 있는 불성으로 나아가면, 모든 존재 각각이 가진 불성이라는 의미에서 자불성(自佛性)으로 나아가게 된다. 자불성은 모든 존재가 가지고 있는 불성을 말한다. 자불성을 줄여서 자성(自性)이라고 하고, 자성은 무아와 상통하게 된다. 자성은 무위법적인 여여를 나타내고, 무아를 나타낸다. 무아라고 할 때의 '무'가 가지는 부정적인 뉘앙스를 제외하면서도 동일한 의미를 가지는 것으로 '자성'이라는 용어를 발견할 수 있다.

자아가 유위법적인 특징을 가진다면, 자성은 무위법적 특징을 가진다. 서구심리학에서 자아를 주장한다면 불교에서는 자성을 주장한다고 할 수 있다. 서구심리학에서 건강한 자아, 자아존중감을 키워야 한다면, 불교에서는 자성이 드러날 수 있으면 된다. 자성은 원래 그러그러하기 때문에 단지 아는 것이 전부가 된다. 유위를 가할 수 있는 것이 아니게 된다. 유위를 가하면 이미 자아가 된다. 원래 그러그러한 것이 그러그러하게 있으면 되는 것이다. 심리학적으로 보면 원래 건강한 자아는 건강하게 있으면 되는 것이다. 건강하다는 말도 따로 붙일 필요조차 없다. 원래 존중받을 만한 자아는 존중받게 있으면 되는 것이다. 존중받을 만하다는 말도 따로 붙일 필요조차 없다.

그러나 현실의 자아의 모습은 건강하지 않고, 존중받지 못할 수 있을 것이다. 여기에서 치유를 바라보는 관점이 나온다. 불건강한 자아를 건강한 자아로 변화시키는 것이 가능하고, 원래 건강하고 존중받는 자성은 드러나면 되는 것이다. '건강하고 존중받는'이라는 수식어조차 자성과 어울리지 않는다. 수식어는 유위법인 반면, 자성은 무위법이다. 단지 그러그러하면 된다. 자성이 현현하고 자성이 현래하면 된다.

이러한 무아의 심리치료, 무아상담에서 무아가 가지는 모습은 원래의 모습이다. 모든 인간, 제법의 원래의 모습이다. 그러므로 원래의 모습이라는 측면을 강조할 때 원래의 모습, 자성(自性)이 된다. 이러한 자성은 무아와는 달리 긍정적인 표현이 된다. 자성이 무엇인가라고 물으면, 무아(無我)라고 할 수 있다. 둘은 동일한 의미로 사용될 수 있지만, 긍정적 표현과 부정적 표현의 차이가 있다. 두 표현은 무아라는 의미를 가지고 있지만, 각각의 단어가 함축하는 의미는 달라진다. 심의식이 동일한 의미라고 할지라도 용례에 따라서 함의가 달라지는 것처럼, 각각의 단어는 무아라는 동일한 의미를 가지고 있지만, 다른 함의로 나아갈 수 있다. 무아는 무자성, 공, 연기로 나아갈 수 있는 반면, 자성은 불성, 청정의 의미로 나아갈 수 있다. 이 둘은 공통분모로 무아를 가지지만, 다양한 의미로 나아갈 수 있다.

무아상담과 자성상담을 동일한 의미로 사용할 때는 무아가 원래의 모습, 즉 자성이라는 것에 기초해서 둘을 동일한 의미로 사용하고 있다. 둘은 이미 부정적 표현, 긍정적 표현이라는 뉘앙스의 차이가 있다. 또한 초기불교적 용어, 선불교적 용어라는 차이도 있다. 둘 다 각자 내담자의 근기에 맞추어서 사용할 수 있다.

번뇌의 제거도 무아의 기초 위에서 이루어진다. 이러한 무아적인 전제가 없으면 번뇌의 해결도 가능하지 않기 때문에 번뇌상담의 기본에도 무아상담이 존재한다. 그러므로 무아상담은 불교상담에서 가장 넓은 범위를 가지고 있다고 할 수 있다. 가장 심층에 있는 알라야식의 전변에서부터 공간에 이르기까지 주체와 연관된 모든 것에서 무아가 적용된다. 제법에 대해서 무아가 성립된다. 그러므로 무아를 지향하는 상담이 가장 넓은 의미의 지향점을 가지고 있다고 할 수 있다.

무아에 기반을 둔 인지, 정서, 행동, 성격 등으로 인간을 볼 수 있다. 이는 심리학의 중요한 분야를 무아에 기반을 두어 설명하는 것이다. 무아는 불교심리학에서 모든 분야의 기준으로 역할을 하기 때문에 무아를 기준으로 심리학을 재정립할 수 있게 된다. 마음의 가장 큰 특징으로 보는 것 가운데 하나가 무아이기 때문에 무아를 중심으로 불교심리학을 재편할 수 있게 된다.

나아가서 본 장은 무아를 중심으로 심리치료가 가능하다는 것을 보이고자 한다. 오온무아, 제법무아, 연기무아가 모두 심리치료적 함의를 가지고 있다는 것을 볼 수 있다. 그리고 인지적 무아, 정서적 무아, 행동적 무아, 성격적 무아를 통해서 무아의 심리학적 의미를 볼 수 있다. 이를 통해서 무아와 자아의 문제를 다루고, 무아상담 또는 자성상담의 가능성을 볼 수 있다.

이는 서구심리학이 자아를 중심으로 심리학을 전개하는 것과 마찬가지로, 무아를 새롭게 정의함으로써 불교심리학과 심리치료를 무아의 관점에서 볼 수 있게 된다. 이렇게 함으로써 불교심리학에서 핵심을 이루는 무아의 교의를 중심으로 심리학을 재편할 수 있는 가능성이 열리게 된다고 할 수 있다. 이러한 작업은 단순히 무아의 교의를 설명하는 것이 아니라 무아의 관점에서 심리학을 새롭게 볼 수 있는 관점을 제시하는 근원적인 작업이라고 할 수 있다. 이는 이후 다양한 관점에서 무아의 심리학을 볼 수 있는 계기가 될 수 있다.

참고문헌

Brereton, P.J.(2004), "Dhārman in the Ṛgveda". *Journal of Indian Philosophy* Vol.32, Netherland: Kluwer Academic Publishers, pp.449-489.

Gethin, R.(2004), "He who sees Dhamma sees Dhammas: Dhamma in Early Buddhism", *Journal of Indian Philosophy* Vol.32, Netherland: Kluwer Academic Publishers, pp.513-542.

MN = *Majjhima Nikāya*, ed. by V. Trenckner and R. Chalmers, London: PTS, 1977-1979.

PED = *The Pali Text Society's Pali-English Dictionary*, ed. by T. W. Rhys Davids and William Stede, London: The Pali Text Society, 1921-5/1986.

SN = *Saṃyutta-Nikāya*, ed. M.L. Feer, London: PTS, 1884-1904.

T.48.No.2008.『六祖大師法寶壇經』

金龍煥(1990), 「무기설(Avyakata)에 대하여」, 『人文論叢』 第37輯, pp.1-52.

김성철(2013), 「여래장사상에서 자아와 무아」, 『인도철학』 Vol.37, pp.115-140.

김성철(2015), 「불교와 뇌과학으로 조명한 자아와 무아」, 『불교학보』 제71집, pp.9-34.

김정근(2010), 「無我와 아트만(atman)에 관한 硏究: 初期佛典과 Upanisad를 중심으로」, 동국대학교 박사학위논문.

末木文美士(1999), 「<卽非の論理>再考」, 『金剛般若經の思想的硏究』, 東京: 春秋社, pp.113-138.

윤희조(2012), 『불교의 언어관』, 서울: 씨아이알.

윤희조(2017), 「마음의 기능을 중심으로 한 불교심리학의 정의와 분류에 대한 일고찰」, 『동서철학연구』 85집, pp.209-236.

윤희조(2017), 「불교상담의 정의와 이론에 관한 일고찰」, 『보조사상』 49집, pp.485-515.
윤희조(2017), 「불교심리학의 관점에서 보는 네 가지 차원의 마음」, 『동서철학연구』 제86집, pp.127-151.
윤희조(2018), 「불교상담의 과정과 기법을 중심으로 하는 불교상담방법론」, 『철학논총』 제93집, pp.203-230.
윤희조(2018), 「영역과 정의의 관점에서 보는 번뇌의 심리학」, 『동서철학연구』 제89집, pp.215-243.
이은정·임승택(2015), 「무아의 치료적 가능성에 대한 고찰」, 『동아시아불교문화』 Vol.23, pp.451-482.
이태승(1999), 「無我에 관한 中觀派의 解釋 : 淸弁·月稱·吉藏의 『中論』 제18장 해석」, 『밀교학보』 Vol.1, pp.85-118.
임승택(2017), 「무아에 대한 형이상학적 해석의 양상들 니까야(Nikāya)에 나타나는 '실천적 무아'와 비교를 위한 시론」, 『인도철학』 Vol.51, pp.101-138.
임일환(2002), 「원시불교에서의 자아동일성－분석철학적 관점에서－」, 『철학적 분석』 제6호, pp.89-107.
定方晟(1999), 「『金剛般若經』のパラドックス」, 『金剛般若經の思想的研究』, 東京: 春秋社, pp.95-105.
정승석(1999), 『윤회의 자아와 무아』, 서울: 장경각.
齊藤 明 等(2014), 『瑜伽行派の五位百法』, Tokyo: The Sankibo Press.
村上眞完(1989), 「諸行考: 原始佛教の身心觀 原始佛教の身心觀3」, 『佛教研究』 18號, pp.43-70.
하코다 유지, 츠즈키 타카시, 가와바타 히데아키, 하기와라 시게루 공저, 강윤봉 옮김(2014), 『인지심리학』, 서울: 교육을 바꾸는 책.
허우성(1991), 「무아설: 자아 해체와 세계 지멸의 윤리설－자아에 대한 불교적 이해와 특성－」, 『철학연구』 Vol.29, pp.193-237.

제2부

불교 상담학

STUDIES ON BUDDHIST PSYCHOLOGY

8 불교상담의 학문적 정체성

먼저 본 연구자가 불교상담을 연구하는 과정에 대해서 잠깐 기술하고자 한다. 이는 단순히 개인적인 사건을 기술하는 문제가 아니라 이는 어떤 맥락하에서 본 연구자가 불교상담의 학문적 정체성을 마련하고자 했는지와 연관되어 있기 때문에 본 장을 이해하는 데 도움이 될 것이다. 불교상담을 접하기 이전에 본교의 상담심리학과를 통해서 상담 자체를 일찍부터 접할 수 있었다. 불교를 공부하면서 상담과 관련해서 크게 두 가지 의문이 있었다. 불교에서 이야기하는 무아와 상담학에서 이야기하는 자아의 문제, 유식불교에서 이야기하는 육식·칠식·팔식과 상담심리학에서 이야기하는 무의식의 문제가 그것이다. 불교상담학을 본격적으로 시작하면서 이 문제를 해결하지 않고서는 불교상담학을 시작할 수 없을 것 같았다.

두 편의 논문을 쓰면서 불교상담학에 대한 연구를 시작하게 되었다.[1]

1 윤희조(2014), 「영역과 기능의 관점에서 본 프로이드의 자아와 아비담마의 마음작

그 이후의 연구는 불교와 상담에 등장하는 비슷한 개념을 연구하는 데 초점을 맞추게 되었다.[2] 그런데 어느 날 졸업을 앞둔 원생으로부터 이러한 피드백을 듣게 되었다. "교수님 불교도 배우고, 상담도 배운 것 같습니다. 그런데 정작 불교상담이 무엇인지는 잘 모르겠습니다." 이때부터 불교상담이 무엇인지에 대한 고민이 시작되었다. 불교상담학을 전공하고 있다면 으레 불교상담이 무엇인지를 묻는 질문을 받을 것이고, 아마도 원생은 이에 대해서 대답을 제대로 못하고 머뭇거렸을 것이다. 졸업을 앞두고도 불교상담이 무엇인지에 대한 개념 정립이 안 되어 있는 것에 대한 원망이면서, 본 연구자의 고민이기도 했다.

이후에 나는 누군가가 '불교상담이 무엇이냐'고 묻거든 '불교심리학에 기반을 둔 상담'이라고 대답하라고 이야기한다. 자동적으로 이러한 답이 나올 수 있도록 했다. '그럼 불교심리학이 무엇이냐'고 묻거든 '불교에서 마음과 관련된 학문'이라고 대답하라고 한다. '마음은 아는 기능을 하고, 우리가 생각하고, 느끼고, 의도하는 대표적인 기능들이 모인 것이다'라고 답하라고 한다. 이런 식으로 원생들에게 이야기하면서 불교상담의 학문적 정체성을 세울 필요성을 절감하게 되었다.

이를 위해서 『불교심리학사전』과 『불교상담학개론』이라는 책을 번역

용」, 『동서철학연구』 제72호, pp.191-217; 윤희조(2014), 「연속과 불연속의 관점에서 본 아비담마의 마음과 프로이드의 무의식」, 『동서철학연구』 제71호, pp.223-248.

2 윤희조(2015), 「불교와 수용전념치료에 대한 재고찰」, 『동서철학연구』 제78호, pp.331-354; 윤희조(2015), 「성냄을 원인으로 하는 마음에서 보는 아비담마의 정서심리학」, 『동서철학연구』 제75호, pp.231-256.

하게 되었다. 둘 다 원생들을 위한 교재 용도로 번역한 책이다.[3] 이 책을 번역하면서도 여전히 불교상담에 대해서 명확하지가 않았다. 『불교심리학사전』에서조차 불교상담에 대한 정의가 없다. 아니 불교심리학에 대한 정의도 없다. 불교심리학의 항목이 될 수 있는 것을 편자들이 통찰력 있게 잘 분류하고 있기는 하지만, 정의는 빠져 있다. 『불교상담학개론』도 마찬가지였다. 불교상담에서 다룰 수 있는 항목을 기술하지만 불교상담에 대한 이론적 접근에는 한계가 있었다.

결국 이러한 작업은 본 연구자의 몫으로 남게 되었다. 이러한 정체성과 관련해서 최근 들어 발표한 논문과 준비하고 있는 논문이 5편이 있다. 불교심리학의 정의와 분류에 관한 논문, 불교상담의 정의와 이론에 관한 논문, 불교상담방법론에 관한 논문, 불교심리학과 불교상담의 주제가 되는 마음에 관한 논문, 불교상담에서 사용하는 언어에 관한 논문이다. 이들 논문을 토대로 불교상담의 학문적 정체성에 대해서 살펴보고자 한다. 학문적 글쓰기보다는 좀 더 편안한 글쓰기를 채택하고자 한다. 그리고 학문적인 논쟁보다는 본 연구자의 연구결과를 중심으로 살펴보고자 한다.

---

3 이노우에 위마라·카사이 켄타·카토 히로키 편, 윤희조 역(2017), 『불교심리학사전』, 서울: 씨아이알; Padmasiri de Silva 저, 윤희조 역(2017), 『불교상담학개론』, 서울: 학지사.

1. 불교상담의 정의 - 불교에 기반을 둔 상담

불교상담은 '불교에 기반을 둔 상담' 좀 더 정확하게는 '불교심리학에 기반을 둔 상담(Buddhist psychology based counseling, BBC)'이라고 할 수 있다. 이 정의에서 보면 불교상담의 학문적 정체성은 불교심리학에 있는 것을 볼 수 있다. 그리고 불교에 기반을 둔 상담(Buddhism based counseling)과 불교를 적용한 상담(Counseling with Buddhism)을 구분한다. 불교적 요소를 가미한 상담과 불교의 가르침 자체를 기반으로 하는 상담은 구분되어야 할 것이다. 이 둘을 구분하는 기준은 무엇인가? 불교에 기반을 둔 상담은 불교적인 목표와 불교의 가르침을 사용하는 것을 말한다. 괴로움을 없애고, 번뇌를 제거하고, 공의 연결성을 인지하는 것을 목표로 하며 연기와 무아의 가르침이 녹아 있으면 된다.

원생들이 하는 질문 가운데 이런 질문이 있다. "교수님 불교상담을 하려면 불교용어를 사용해야 하나요?" 이런 질문에 대해서 오히려 사용하지 말라고 답한다. 불교용어가 체화되지 않은 상태에서 사용하게 되면 오히려 역효과를 낼 수 있기 때문이다. 불교의 가르침을 원생 자신의 용어로 풀어내기를 권유한다. 나아가서는 불교상담이라고 내세우지 않아도 된다고 이야기한다. 그 가르침만 이해하고 있으면 어떤 용어를 사용하든, 어떤 기법을 사용하든 좋다고 이야기한다. 오히려 불교용어를 사용하면서도 불교의 가르침과는 미세하게 차이가 나는 것보다는 자신의 어눌한 용어이지만 붓다의 가르침이 녹아 있는 것이 훨씬 좋다고 이야기한다.

그러므로 불교에 기반을 둔 상담은 불교의 목표와 붓다의 가르침에 위배되지 않는다면, 용어와 방법에 있어서는 다양하게 사용할 수 있다. 붓다는 제자들에게 자신의 모국어, 즉 방언을 사용하도록 하였다.[4] 그러나 불교를 적용한 상담은 반대이다. 정신분석이든 인간중심이든 행동주의든 자신들의 가르침이 있고, 그것을 펴는데 불교를 방법론으로 사용하는 것이다. 불교에 기반을 둔 상담은 반대로 불교의 가르침을 기반으로 해서 정신분석이든, 인간중심이든, 행동주의든 그들의 방법론을 사용하는 것이다. 언뜻 보기에 비슷한 방법론을 사용하고 있는 것처럼 보이지만, 둘은 다른 방향성을 가지고 있다.

불교상담을 공부하는 원생들 가운데 상당수가 이미 서구상담을 접하고 있다. 불교를 공부하고 불교상담을 접하거나, 불교상담을 바로 접하는 경우는 소수이다. 서구상담을 이미 접한 원생들에게는 정신분석적인 불교상담, 인간중심적인 불교상담, 인지행동적인 불교상담을 하라고 조언한다. 기존의 상담이 불교상담의 중요한 방법론이 될 수 있다고 이야기한다. 불교적인 목표와 불교의 가르침에 대한 이해를 기반으로 한다면 방법론은 다양하게 사용할 수 있다. 특히 목표가 올바르지 않으면 더 열심히 할수록 더 빨리 다른 목표로 나아간다. 서울에서 부산을 가야 하는데, 기차가 신의주로 향하고 있으면 빨리 가면 갈수록 부산과 멀어진다. 원생들의 상담을 슈퍼바이징할 때도 목표가 어떠한지, 자세가 어떠한지를 점검하는 것이 첫 번째이고 가장 중요하다고 할 수 있다.

4 윤희조(2012), 『불교의 언어관』, 서울: 씨아이알, pp.39-41.

2. 불교심리학-마음을 주제로

불교상담의 학문적 계통이 불교심리학에서부터 나왔다면 불교심리학에서 불교상담이 어떤 위치를 차지하고 있는지를 알아보아야 한다. 이런 질문도 종종 받는다. "불교가 모두 마음에 관한 학문인데, 불교심리학을 따로 세울 필요가 있는가?" "불교에서 마음 아닌 것이 어디 있는가?" 또는 서구상담을 보면서 "저건 모두 불교상담인데?"라는 질문이다.

먼저 불교에는 마음 아닌 것이 많다. 왜냐하면 그만큼 불교의 범위가 매우 광범위하기 때문이다. 학문적 연구대상 또는 일반 대상을 어떤 관점으로 보느냐에 따라서 다양한 학문이 성립한다. 물질적인 메커니즘을 볼 때는 물리학, 화학반응을 볼 때는 화학, 그 대상이 생물이면 생물학이 될 것이다. 생물학 안에서도 세부적으로 다양하게 나누어질 것이다. 인간을 대상으로 할 때도 인간학 전반으로부터 시작해서 몸의 차원으로 볼 것인지, 마음의 차원으로 볼 것인지, 역사적 차원으로 볼 것인지, 사회적 차원으로 볼 것인지에 따라서 수많은 차원이 가능하다. 불교도 마찬가지이다. 붓다의 가르침을 어떤 관점에서 볼 것인가에 따라서 다양한 불교가 가능하다. 2500년 역사적 관점에서 볼 것인지, 교리 자체를 연구할 것인지, 이것도 철학적 관점, 사회학적 관점, 정치적 관점, 경제적 관점, 문화유적의 관점, 인류학적 관점 등 수많은 관점이 있다. 그 가운데 마음을 대상으로 하는 것이 불교심리학이다. 마음도 역사적으로, 철학적으로, 수행적으로 다양하게 다룰 수 있다. 불교철학에서 마음을 다룰 수 있고, 불교사에서 마음을 다룰 수 있고, 불교수행에서 마음을 다룰 수 있다. 불교심리학에서 역사적인 문제, 철학적인 문제를 다룰 수도 있다. 중요한 것은 어디에 중점을 두는가에 달려 있다. 불교에서 마음을 주제로 하는 학문이 불교심리학이고, 불교심리학을 비롯한 분과학문은 불교 자체를 더욱 풍성하게 하고, 논의를 풍부하게 한다.

'저건 모두 불교상담인데'라는 지적은 앞으로 불교상담연구가들이 이론화와 실제를 통해서 만들어가야 할 과제라고 생각된다. 서구에서는 불교를 적용한 상담을 많이 만들어가고 있다. 자신의 이론을 기반으로 불교적 기법을 이용하고 있다. '마음챙김에 기반을 둔(mindfulness based)'이라는 수식어가 붙는 프로그램의 경우도 불교의 대표적인 치유기법을 사용하고 있다. 이들로 인해서 불교가 치유에 적합하다는 것이 널리 알려지게 되었다. 그러나 아쉬운 점은 기법만을 가져다쓰다보니 불교 자체가 가지고 있는 치유효과는 훨씬 더 큰데 비해서, 그 효과가 완전히 발현되지 못하고 있다는 것이다. 이 때문에 불교상담은 불교이론에 기반을 두면서 불교적인 치유기법뿐만 아니라 다른 치유기법도 동시에 사용함으로써 치유효과를 더욱 높이려는 것이다.

3. 마음의 정의

본 연구자는 불교심리학을 불교마음학(Buddhist mindology), 불교심소학(Buddhist cetasikalogy), 불교심리치료(Buddhist psychotherapy)로 나누고자 한다. 불교마음학은 마음자체를 다루는 것으로 불교사에서 마음을 다루는 것을 염두에 두고 있다. 선불교심리학 또는 선심리학, 유식불교심리학 또는 유식심리학, 아비담마심리학, 초기불교심리학, 중관불교심리학과 같은 영역이 가능하다. 이들 각각의 유파에서 마음을 보는 것을 연구하는 것이 가능하다. 본 연구자는 이들 각 유파들이 마음을 보는 관점에 따라서 다음과 같이 크게 둘로 나누었다. 초기불교, 부파불교, 유식불교로 이어지는 마음을 다원적으로 보는 흐름과 초기불교, 중관불교, 선불교로 이어지는 마음을 일원적으로 보는 흐름을 구분하였다. 이들 안에서 하나의 흐름만이 있는 것은 물론 아니다. 큰 흐름의 차원에서 이렇게 둘로 구분해볼 수 있다는 것이다.

이러한 두 가지 흐름을 기초로 해서 마음에 대한 정의를 내리는 것을 시도해볼 수 있었다. 마음을 정의하는 것이 무모한 작업일 수 있지만, 하나의 관점에서 마음을 정의하는 것은 시도해볼 수 있다. 본 연구자는 불교심리학의 관점에서 마음에 대한 정의를 내리는 것이다. 다원적 관점에서는 마음의 다양한 기능에 중점을 두고 있고, 일원적 관점에서는 마음의 본래 기능인 아는 것에 중점을 두고 있다. 각각의 관점이 중점을 두고 있는 것을 최대한 살려서 마음에 대한 정의를 시도한다. 이들 정의는 마음과 유의어를 중심으로 정의를 내리고 있다.

다원적 관점에서 마음은 '의(意)라는 감각기관을 통해서 아는 기능[識]을 하고, 이 기능을 중심으로 나머지 기능(느끼고, 생각하고, 의도하는)이 집적되어 있는[心] 기능복합체'라고 정의할 수 있다. 이는 마음의 기능을 오온의 차원에서 포괄하고 있기 때문에 '마음에 대한 포괄적 정의'라고 이름붙일 수 있을 것이다. 심의식(心意識)이라고 할 때, 초기불교에서는 이들이 동의어로 사용된다고 하지만, 이들의 사용례를 보면 차이가 난다. 포괄적 정의는 이 차이에 주목해서 내린 정의이다. 초기불교에 기반을 둔 정의이지만, 이 정의는 부파불교와 유식불교에서도 유효하게 사용될 수 있다. 부파불교에서 내는 마음과 받는 마음의 구분, 유식불교에서 이숙식, 염오식, 육식의 구분도 포괄적 정의와 궤를 같이 할 수 있다.

일원적 관점에서 마음은 '공(空), 무아(無我), 불성(佛性), 불이(不二), 청정(淸淨)을 특징으로 가지는 반야(般若)'라고 정의할 수 있다. 이는 마음의 본래적 기능에 초점을 맞추고 있으므로 '마음에 대한 본래적 정의'라고 할 수 있다. 여기에는 초기불교의 무아, 중관불교의 공, 초기대승경전의 불이, 여래장의 불성, 선불교의 청정이라는 용어가 동원되고 있다. 이들은 세부적으로는 차이가 나지만, 마음이라고 할 때 가장 전형적인 마음인 붓다의 마음의 특징을 각각의 유파에 따라서 파악한 것이다. 이러한 붓다의 마음이 인간의 본래적인 마음이고, 이것이야말로 마음이라는 것이다.

4. 생멸하고 유지하는 법으로서 마음

마음을 중심으로 불교사를 두 가지 흐름으로 나누고 마음에 대한 두 가지 정의를 이끌어낸 것이다. 이것이 불교사와 연관된 불교심리학의 측면이라면, 불교철학과 연관된 불교심리학의 측면도 있다. 불교의 존재론, 인간론, 세계론이 마음과 연관되어 있다. 불교심리학에서 마음을 다룰 때 마음을 포함한 존재 일반, 마음의 담지자로서 인간, 마음이 활동하고 소통하는 세계에 대한 이론은 마음의 외연을 확장시켜준다. 불교심리학의 논의의 외연도 함께 확장된다.

법(dhamma)이라는 불교적 존재는 생멸하고 유지하는 것을 특징으로 한다. 마음 또한 법이므로 이러한 특징을 가진다. 그렇다면 마음의 원래 상태가 이러하므로 마음의 원래 상태를 회복하는 것이 치유가 될 수 있고, 이러한 길로 나아가도록 하는 것이 불교상담의 작업일 수 있다는 것이 자연스럽게 도출될 수 있다.

본 연구자는 서구의 상담이론을 분석하면서 종종 이런 말을 한다. "상담에서 핵심이 뭘까?"라고 물으면 원생들은 '방법', '기법', '기제' 등으로 대답한다. 본 연구자는 '이론'이라고 반론한다. 정신분석적 방법론이 어디에서 나오는가? 프로이트가 제1지형학, 제2지형학과 같은 마음이론을 세우지 않았다면 그러한 방법론은 나오지 못했을 것이다. 로저스가 인간을 성장하는 존재로 보지 않았다면 인간중심적 모델이 나오지 못했을 것이다. 펄스가 게슈탈트심리학에서 전경과 배경을 중심으로 보지 않았다면 알아차림과 같은 기법이 나오지 못했을 것이다.

붓다의 경우도 마찬가지이다. 붓다의 문제의식에 따라서 마음에 대한 붓다의 이론이 도출된다. 괴로움이라는 인간의 보편적 문제를 다루고 있기 때문에 모든 인간에게 적용될 수 있는 마음이론이 도출된다. 괴로움이 없는 사람이라면 붓다의 마음이론은 적용되지 않는다. 괴로운 사람을 위한 마음이론이기에 사성제와 같은 모델이 나온 것이다. 그러므로 이론에 이미 방법론까지 모두 함축되어 있다고 할 것이다. 서구에서 400개가 넘는 상담이론이 존재하는 것도 그들이 대상으로 하는 사람의 부류가 그만큼 다양하다는 것이다. 반면 붓다는 괴로운 사람 하나를 대상으로 한다. 붓다의 고성제, 여기에서 모든 것이 시작되고 끝난다. 괴롭지 않은 사람이 없기에 모든 사람에게 적용될 수 있다. 그만큼 근원적인 문제를 다루고 있는 것이다. 그리고 이러한 괴로움은 일상에 널리 퍼져 있다. 그러므로 근원성과 보편성은 붓다의 가르침의 특징이면서 불교상담의 특징이라고 할 수 있다.

5. 연기－마음의 운동기제

법의 활동법칙은 연기(緣起)라고 할 수 있다. 법에는 마음도 포함되므로 마음의 운동법칙은 연기라고 할 수 있다. 마음의 운동기제라고도 할 수 있다. 마음에 두 가지 경향성이 있듯이, 연기를 바라보는 두 가지 관점이 있다. 원인과 결과에 따른 순차적인 연기, 모든 존재와 법과 마음이 연결되어 있는 모습으로서의 연기가 있다. 전자가 다원적 경향성이라면, 후자는 일원적 경향성이다. 본 연구자는 원생들에게 쉽게 이야기하기 위해서 연기에는 '연'에 중점을 두고 있는 연기, '기'에 중점을 두고 있는 연기가 있다고 한다. '연'은 연결되어 있는 모습을 말하는 것이고, '기'는 순차적으로 발생하는 것을 말한다.

이러한 연기에 의해서 드러난 마음의 모습에 대해서도 두 가지 관점에서 볼 수 있다. 순차적 연기에서는 순관과 역관에 의해서 고, 멸의 모습이 드러난다. 연결된 연기에서는 연결된 모습이 드러난다. 여기에서도 불교상담적인 함축이 들어가 있다. 순차적 연기에 따르면 고에서 멸로 나아가는 것이 불교상담의 과정이고, 목표이다. 연결된 연기에 따르면 연결되어 있는 모습을 보는 것밖에는 할 것이 없다. 이미 연결되어 있기 때문에 유위법을 사용할 수 없다. 단지 볼 뿐이다. 여기에서는 이러한 연기된 모습을 보는 것이 불교상담의 과정이고, 목표이다.

6. 마음에 따른 인간–기능적 존재와 가능적 존재

인간도 마찬가지이다. 마음의 두 가지 경향성에 따라서 두 가지 인간을 볼 수 있고 두 가지 불교상담의 목표를 볼 수 있다. 인간을 정의하는 다양한 관점이 있지만, 여기서는 불교심리학적 관점에서 보는 인간이다. 다원적 관점에서 보면 인간은 마음의 다양한 기능을 발휘한다. 인간의 측면에서 역기능적 기능이 순기능할 수 있도록 하는 것이 불교상담의 과정이고, 불교상담의 목표이다. 일원적 관점에서 보면 아는 기능을 극대화시키는 것이고 반야적 통찰지를 극대화시키는 것이다. 아는 기능을 극대화시키는 것은 불성을 현실화시키는 것을 말한다. 그렇다면 불교상담에서는 순기능하는 인간, 있는 그대로의 실재를 보는 인간이 불교상담의 목표가 된다. 그러한 인간이 되도록 돕는 과정이 불교상담의 과정이 되는 것이다.

7. 불교심소학

불교심소학(Buddhist cetasikalogy)은 마음의 다양한 기능에 초점을 맞춘다. 불교마음학이 마음 자체에 초점을 맞추기 때문에 불교사, 불교철학과 연관되어 있다고 할 수 있다. 마음 자체에 초점을 맞추므로 본래적 정의에서 다루는 마음의 기능과 유사하다고 할 수 있다. 반면 불교심소학은 마음의 다양한 기능을 불교사, 불교철학의 측면뿐만 아니라 서구의 기초심리학에 나오는 인지심리학, 정서심리학, 동기심리학, 성격심리학 등과 연관해서 다룰 수 있다. 마음의 기능으로는 오온의 느끼고, 생각하고, 의도하는 기능이 대표적이다. 오온에 의해서 인간의 대표적인 기능이 드러났다면, 심소에 의해서 세부적인 기능이 드러난다고 할 수 있다.

불교의 인지심리학은 앎이 발생하는 과정, 앎의 다양한 종류, 통찰의 다층성, 성인의 앎과 범부의 앎 등을 연구주제로 할 수 있다.[5] 인지의 발생에서는 마음과 함께 생멸하는 심소를 통해서 안다는 기능이 발생하는 과정을 볼 수 있고, 이렇게 발생한 인지는 유익한 심소와 결합하는지, 해로운 심소와 결합하는지에 따라서 희론적 흐름과 지혜적 흐름으로 나아간다. 이들 흐름에 대한 분류와 연구도 가능하다.

인지와 밀접하게 연결되어 있는 것으로 정서를 들 수 있다. 인지와 정서는 심소라는 하나의 용어로 제시되기 때문에 불교는 인지심리학과 정서심리학을 따로 구분하지 않았다.[6] 세부적으로는 인지 중심, 정서 중심으로 구분할 수 있지만 심소라는 차원에서 보아야 전체적인 모습이 드러

---

5 윤희조(2017), 「마음의 기능을 중심으로 한 불교심리학의 정의와 분류에 대한 일고찰」, 『동서철학연구』 제85호, pp.209-236.

6 빨리어, 산스끄리트어, 티벳어와 같은 불교 고전어에는 '정서'와 같은 단어가 없다. 정서라는 단어가 없다는 사실은 과학자들이 뇌해부학에서 배우는 것과 매우 일관적이다. 정서와 동일시될 수 있는 뇌의 모든 영역은 또한 인지의 측면과 동일시될 수 있다. 정서의 회로와 인지의 회로가 완벽하게 밀접히 관련되어 있다. 이러한 과정은 분리될 수 없다는 불교의 견해와 일관된 해부학적인 주장이다. Paul Ekman, Richard J. Davidson, Matthieu Ricard, and B. Alan Wallace(2005), "Buddhist and Psychological Perspectives on Emotions and Well-Being", *Current Directions in Psychological Science* Vol.14, No.2, p.59.

날 수 있다. 정서와 관련해서 중요한 사항이 느낌과 정서가 구분된다는 사실이다. 느낌은 정서의 중요한 구성요소이지만, 느낌이 정서는 아니다. 정서에는 느낌뿐만 아니라 몸의 반응, 인지적 요소가 포함되어 있다. 정서에는 글자 그대로 보면 행동을 일으키는 것이면서 정(情), 즉 몸이 실마리가 된다. 몸, 인지, 느낌이 정서에 모두 포함되어 있다. 특히 정서는 몸에 기반을 두기 때문에 불교상담에서 마음과 몸의 연결성을 찾고자 할 때 중요한 고리가 된다. 불교심리학에 기반을 두고서 정서를 중심으로 몸과 인지를 알아차리는 작업이 불교상담의 중요한 부분이 될 수 있다.

8. 성격이론

불교상담을 공부하면서 불교는 왜 주요 이론이 되지 못했을까 하는 의문을 품게 되었다. 『현대심리치료』라는 세계적인 교과서를 보면 약 15개 내외의 주요 상담이론을 챕터별로 항목을 설정하고 거기에 알맞게 내용을 서술하는 방식을 취하고 있다. 그 항목에 준해서 불교상담을 기술하는 것이 불교상담을 주요 이론으로 나아가게 하는 토대가 되지 않을까 싶어서 시작한 것이 불교심리학의 정의, 불교상담의 정의와 관련된 논문들이다.

이때 힘들었던 부분이 성격과 관련된 부분이었다. 인지, 정서, 동기와 관련되는 부분은 불교에서 기술할 수 있을 것 같은데, 성격이 어려웠다. 성격을 원어에 충실해서 사람됨(personality)으로 볼 때 불교에서 범부의 사람됨과 성인의 사람됨을 구분하고, 이들의 차이를 오취온(五取蘊)과 오법온(五法蘊)으로 구분한다. 취(取)의 유무가 이들의 성격을 구분한다고 할 수 있다. 취는 탐진치로 구분할 수 있는데, 이에는 인지, 정서, 동기가 포함되어 있다. 이는 성격심리학의 정의에도 부합한다고 할 수 있다. 왜냐하면 성격심리학은 종종 심리학을 대표하는 영역으로 간주되고, 심리학의 다양한 영역에서 발견되는 지식을 성격의 틀 안에서 종합하기 때문이다.[7] 인지, 정서, 동기, 성격의 차원에서 마음의 기능을 크게 정리하고 나머지 세부적인 사항은 앞으로의 과제가 될 것이다.[8] 또한 습(習)의 문제, 고정화의 문제가 여기에 포함될 수 있다.

9. 불교심리치료

불교심소학이 기초심리학으로 마음의 기능에 대한 연구라고 한다면, 불교심리치료는 이들 기능의 변화와 관련된 것으로 응용심리학의 분야라고 할 수 있다. 불교심리치료(Buddhist psychotherapy)는 불교심리학에 기반을 둔 몸과 마음의 변화를 의미한다. 먼저 심리치료에 대해서 살펴보자. 서구에서는 심리치료와 상담이 동일시되고 있다. 그런데 동양적 관점에서는 심리치료를 일으키는 또 다른 방식이 있다. 수행 또는 명상이 그것이다. 그리고 불교의 심신상관론, 심신불이론, 심신연기론적 전제에 의하면 몸과 마음은 연결되어 있으므로 몸의 변화가 곧 마음의 변화로 연결된다. 그러

---

7 민경환(2002) pp.7-8.

8 성냄을 중심으로 아비담마의 정서에 대해서 정리하고 있는 본 연구자의 논문이 있다. 윤희조(2015), 「성냄을 원인으로 하는 마음에서 보는 아비담마의 정서심리학」, 『동서철학연구』 제75호, pp.231-256.

므로 불교심리치료는 마음의 변화를 다루는 학문으로 수행, 몸, 상담이라는 세 측면에서 볼 수 있을 것이다. 수행 또는 명상 모두 어원적으로는 변화를 이끌어내는 것을 말한다. 수행심리학으로 이름 붙인 수행과 관련된 마음의 변화는 이미 많은 논의가 이루어지고 있다. 그런데 불교에서 몸과 마음에 대한 논의는 그렇지 못하다. '마음에 달려 있다', '일체유심조'라는 테제 때문에 몸을 등한시하는 분위기가 있다. 또한 불교 안에는 몸에 대한 상반되는 경향성이 있다. 예를 들어 부정관은 몸을 통한 수행으로 몸을 수행의 중요한 도구로 보는 반면, 동시에 몸을 부정한 것으로 평가하고 있다.

현대에서는 몸과 마음의 연관성에 기반을 둔 심신의학적 탐구가 프로이트 이후부터 이루어지고 있다. 몸에 대한 탐구가 불교에서도 신수심법(身受心法) 이래 이루어지고 있지만, 무상성의 강조로 인해서 그렇지 못한 측면이 있다. 서구의 심신의학의 철학적 토대가 될 수 있는 불교심신의학에 대한 탐구가 이루어져야 할 것으로 생각된다.[9] 특히 심신의학의 주제는 스트레스이다. 불교심리학의 주제가 마음이듯이, 심신의학은 스트레스를 주제로 발전되어왔다고 해도 과언이 아니다. 불교적 관점에서 보면 스트레스는 사성제의 고집멸도 가운데 고(苦)에 해당된다. 스트레스의 원인으로 집착이 있고, 이를 해결하기 위해서 명상과 상담 같은 방법론이 사용된다는 차원에서 보면 스트레스를 중심으로 하는 심신의학의 모델은 사성제의 모델로도 볼 수 있다.

---

9 최근 이런 관점에서 기술한 본 연구자의 논문으로 다음이 있다. 윤희조, 신경희(2016), 「불교와 정신신경면역학: 생명과학의 새로운 패러다임의 가능성에 대한 일고찰」, 『동서철학연구』 제82호, pp.197-230.

10. 원인론과 방법론

이제 불교상담을 이야기할 때가 되었다. 불교상담은 상담이라는 과정을 통해서 내담자와 상담자가 함께 변화하는 과정이다. 이 과정은 불교심리학에 기반을 둔 상담의 과정이다. 하나의 상담이론이 되기 위해서 무엇이 필요할까? 불교상담이 하나의 변화과정이라면 현재의 상태, 이 상태의 원인, 치유된 상태, 치유의 방법이 필요하다. 불교와 불교심리학이 제시하는 사성제의 틀에서 볼 때, 고집멸도를 현상론, 원인론, 목적론, 방법론으로 볼 수 있다.

현상론적으로 내담자와 상담자를 포함한 모든 인간은 괴로움이라는 현상을 겪고 있다. 성인(聖人)이 아닌 이상 괴로움은 보편적이고, 일상적이고, 정상적이다. 괴로움으로부터 벗어나는 것이 비정상이고, 특별한 경우이다. 위에서 이야기한 것처럼 이들 괴로움을 스트레스로 보면 이해가 쉬울 수 있다.

원인론으로는 집(集)이 있다. 집에 대해서 두 가지 방법론이 가능하다. 이는 마음의 두 가지 경향성과 궤를 같이한다. 다원적 경향성에 의하면 집을 없애는 방법이 가능하다. 집에서 멸(滅)로 나아가는 것이 가능하다. '탐진치가 제거된 것'을 멸로 볼 때 이때의 멸은 다원적 경향성에 근거한 것이다. 마음을 일원적으로 볼 때는 집과 멸은 연결되어 있는 상태이다. 그러므로 이들의 연결성으로 인해서 없애는 것은 가능하지 않고, '집에 걸리지 않는 것'을 제안한다. 『반야심경』의 심무가애, 백장선사의 불매연기, 『중론』의 윤회와 열반이 구분되지 않는다는 것이 여기에 해당된다고 할 수 있다. 당연히 목적도 두 가지로 구분된다. 탐진치가 없어진 상태, 탐진치로부터 끄달리지 않는 상태로 구분된다.

11. 불교상담의 언어 – 이해(理解)와 이해(異解)

앞에서 이야기했듯이, 불교상담을 불교상담답게 만드는 것은 그의 목표와 가르침에 있다. 그렇지 못할 때는 불교를 적용한 상담이 되는 것이다. 그럼에도 불구하고 방법론을 논의하자면 사성제에서는 팔정도를 방법론으로 제시한다. 불교상담적으로는 이를 어떻게 제시할 수 있을까? 팔정도를 계정혜로 볼 수 있다. 이는 탐진치의 대치로 사용된다. 그리고 이는 신구의(身口意)의 영역에서 일어난다. 그러므로 불교상담에서는 폭넓게 신구의의 차원에서 방법론을 제시할 수 있을 것이다.

몸과 관련해서는 행동주의 상담기법이 여기에 해당될 수 있다. 몸과 관련된 다양한 습관, 업에 대한 이해로 인해서 몸에 대한 탐진치를 없애거나 끄달리지 않게 되는 것으로 나아갈 수 있다. 예를 들어 중독의 경우 마음과는 달리 몸의 생리학적 기전의 변화로 인해서 심신이 분리되어 있는 상태라고 할 수 있다. 이러한 경우에 불교에서 몸을 다루는 기법이 도움이 될 것이다.

말은 마음의 표현[意味]이기에, 말에 끄달리지 않고 마음을 직접적으로 볼 수 있는 경우를 제외하고, 이로 인해서 상처를 가장 많이 받는다. 말은 자신의 선이해를 바탕으로 의미가[10] 해석되고 왜곡될 수 있다. 여기에서 전제처럼 사용할 수 있는 것이 있다. 이해(理解)와 이해(異解)이다. 우리는 상대방을 이해(理解)한다고 하지만, 항상 이해(異解)하고 있다는 전제가 필

---

10 의미(意味)라는 말 자체는 마음의 감각기관이 가지고 있는 풍미를 이야기한다. 즉 마음의 뉘앙스를 말한다.

요하다. 최대한 이해(理解)하려고 노력할 뿐이다. 이는 말이 가지고 있는 태생적 한계라고도 할 수 있다. 말은 고정하는 기능을 하는데, 마음이나 실재는 항상 생멸하고 변화한다. 그러므로 말은 마음의 변화를 따라가지 못한다. 이러한 전제가 있다면, 상대방의 말을 명료화하는 작업은 중요할 수 있고, 말이 마음은 아니지만 마음을 가리키려고 한다고 할 때 그 마음을 보고자 하는 노력이 중요하다. 그 작업을 상담자가 하는 것이다.

이렇게 언어라는 방법을 통해서 내담자의 마음과 만날 때 마음은 흐르게 된다. 마음과 만나기 위한 노력이 경청이고, 수용이다. 불교상담의 입장에서 이러한 경청과 수용은 좀 더 깊은 차원에서 이루어져야 한다. 언어를 통해서 내담자의 마음과 만나려는 시도와 함께 마음을 직접적으로 만나려는 시도가 함께 이루어져야 한다. 여기에서 상담자가 자신의 마음을 보는 훈련, 느낌과 의도에 민감해지는 훈련, 내담자의 마음을 보는데 나의 느낌과 의도가 방해가 되지 않도록 떨어내는 작업 등을 해야 한다. 이는 내담자를 위한 불교상담가의 의무라고도 할 수 있을 것이다.

말을 통해서 어떻든 나아가려고 하는 것이 마음이다. 이 마음에 대해서도 두 가지 방식으로 볼 수 있다. 우선 마음의 다양한 기능이 잘 기능하도록 하는 것이다. 거의 대부분의 내담자가 어딘가 뭉쳐 있다고 할 수 있다. 집(集)되어 있는 부분이 있다. 세속적 의미에서 업 또는 까르마를 의미한다. 이러한 집으로 인해서 이런 기능이 순조롭지 못한 것이다. 심한 경우 마음의 기능뿐만 아니라 몸의 기능까지도 순조롭지 못하게 된다.

이러한 기능성의 회복이 하나이고, 다른 하나는 가장 대표적인 마음의 기능을 회복하는 것이다. 즉 아는 기능을 강화함으로 인해서 직접적으로는 집을 녹일 수 있고, 앞으로의 집의 발생을 막는 역할을 할 수 있다. 햇빛을 비추듯이 집을 지속적으로 관찰함으로 인해서 집을 녹일 수 있다. 생할 때 빛을 비추면 생할 수 없고, 멸할 때 빛을 비추면 더 빨리 멸한다. 이러한 집이 지속적으로 유지되는 것이라는 생각에서 벗어나는 것도 중요하다. 집은 매순간 생멸한다. 생멸의 존재론이 치유에 있어서 최적의 존재론이라고 할 수 있다. 아트만의 존재론에서는 치유가 될 수가 없다. 자신이 아트만임을 확인하는 것이 전부이다. 그러나 그 아트만이 존재하지 않는다는 것이 문제가 된다.

12. 불교상담의 기제

여기에서 불교상담의 기제가 도출될 수 있다. 마음의 기능을 순기능적으로 회복하기 위해서 마음의 집을 떨어내는 기제가 있다. 집을 풀어내는 기제이고, 뭉친 것을 풀어내는 기제이다. 해집(解集), 멸집(滅集)의 과정이다. 이는 불교학의 관점에서 보면 해탈, 열반과 연관되어 있다. 집을 소멸시키는 작업이고 풀어내는 작업이다.

일원적 경향성에서 보면 마음의 아는 기능을 극대화시키는 작업이 가능하다. 이는 보는 기제를 말한다. 이렇게 보는 것은 궁극적으로 있는 그대로의 실재의 모습을 보는 것이다. 이는 연결성을 보는 것이 된다. 이때 보는 것은 사물을 있는 그대로 보는 과정이고, 좁아진 것을 다양한 관점에서 보도록 유도하는 과정이고, 좁아진 관점을 넓히는 것이다. 이는 어쨌든 보게 하는 것에서 출발한다. 이러한 봄은 좁아진 것을 여는 과정[開集],

넓히는 과정[廣集]이라고 할 수 있다.

이 두 가지 기제 모두 집(集)에 대한 대응방식이다. 집을 풀어내거나, 집을 여는 과정이다. 이때 '봄'이라는 과정은 두 과정 모두에 사용된다. 다양한 기능 가운데 하나가 봄이고, 대표적인 기능인 아는 기능을 다른 말로 봄이라고 할 수 있기 때문에 두 과정 모두에 사용될 수 있다. 쌓인 것을 풀어내는 것과 여는 것은 상호증장적이라고 할 수 있다. 논리적으로 풀어내고 소멸시키는 것은 열지 않고서도 가능하고, 여는 것은 풀거나 소멸시키지 않고도 가능하다. 그러나 실제적으로는 둘이 함께 사용된다고 할 수 있다. 풀어내는 것만으로는 언제까지 풀어내는 작업을 해야 할지 기약이 없다. 반면 여는 작업만 하면 집이 여는 기능을 방해하게 된다. 그러므로 풀어내는 기제와 여는 기제를 함께 다룰 때 불교상담이 더 잘 이루어질 수 있다.

13. 불교상담기법

또 원생들로부터 많이 듣는 질문이 있다. "이론은 알겠어요. 그런데 구체적으로 어떻게 하라는 말씀인가요? 이러한 이론이 기법으로 어떻게 연결되는지요. 불교상담의 기법을 알려주세요." 이론을 구체적인 기법으로 연계시키는 작업이 필요하다. 이를 위해서는 현대적인 용어로 쉽게 풀어서 설명하는 것과 서구상담에 대한 이해와 더불어 불교상담과의 차이점에 대한 이해가 필요하다. 차이점을 통해서 불교상담이 한걸음 더 나아갈 수 있는 지점을 기술해야 한다. 신구의(身口意)의 차원에서 기법을 살펴보도록 하자.

1) 마음과 관련된 기법으로는 지금의 마음이 어떠한 마음인지 알아가는 마음기법, 마음을 거울로 사용하는 거울기법, 나중(나 중심)이 아니라 마중(마음중심)을 연습하는 마음중심기법, 마음을 열어가는 마음열기기법이 있다.
2) 자신에게 가장 걸리는 부분, 즉 까르마를 찾아가는 걸림기법, 까르마를 풀어가는 풀기기법, 풀기 위해서 상(相)에 걸리지 않도록 하는 무상기법, 연기법의 원인과 결과를 넘어서는 기대를 갖지 않도록 하는 무원기법이 있다.
3) 마음의 운동과 관련해서 지금의 결과에 대한 원인이 있다는 것을 아는 연기기법, 연기적 관계하에서 분화하는 연분기법이 있다.
4) 생각과 관련된 사유기법, 말과 관련된 정어기법, 행위와 관련된 정행기법, 이들에 내재하고 있는 습관과 관련된 정습기법이 있다.
5) 모든 것에 사용될 수 있는 수관법, 보는 기법, 알아차림 기법이 있다.

중요한 점은 이러한 기법은 맥락하에서 사용되므로 법칙적인 성공을 보장하는 것이 아니다. 항상 성공을 보장한다면 기법이라는 용어를 사용하지 않고, 법칙이라는 용어를 사용하였을 것이다. 기법은 사용자의 태도에 따라서 정반대의 효과를 낼 수 있다. 열린 마음으로 이런 기법을 사용할 때와 닫힌 마음으로 이런 기법을 사용할 때는 정반대의 효과를 낼 수 있다. 그렇다면 상담자의 자세가 더욱 중요해진다.

14. 불교상담가의 자세 또는 태도

이러한 기제와 기법이 사용된다면 불교상담가는 어떤 자세와 태도를 가져야 할 것인가? 이것도 또한 마음의 두 가지 경향성에서 볼 수 있다. 먼저 열린 마음과 열린 태도를 가져야 한다. 상담자가 열려 있지 않은데 어떻게 내담자가 열리기를 기대할 수 있겠는가? 이는 마음의 본래 모습과 움직임을 따라가는 태도이다. 마음은 원래 열려 있다. 마음의 열림을 최대한 따라가려는 태도를 가지는 것이다. 즉 억지로 열려는 것이 아니라, 마음의 본래 상태의 회복을 말한다. 상담자의 본래 마음이 이러하다는 것이다.

다음으로 마음에 있어서 자신이 걸려 있는 것을 떨어내어야 한다. 아니 떨어내려고 노력해야 한다는 것이다. 자신이 걸린 부분을 알고 있으면 내담자를 대할 때 역전이의 발생을 막을 수 있다. 이 두 가지 마음 자세를 가지고 있는 것은 마음의 원래 상태의 회복을 상담자 자신도 지향하는 것이고, 내담자로 하여금 이에 동참하도록 하는 것이다. 이런 의미에서 상담자는 단순히 베이스캠프에서 방향을 지시하는 가이드맨이 아니라 산을 함께 올라가는 셀파라고 할 수 있다.

15. 불교상담이 이루어지는 공간

이러한 상담자와 내담자가 만나는 공간이 상담공간이다. 상담공간도 공간이므로, 불교철학에서 이야기하는 처계(處界)라고 할 수 있다. 감각기관과 감각대상 또는 상담자와 내담자가 만나는 공간이 처(處)이다. 마음이 매순간 생멸하므로 감각기관도 생멸하고, 그 대상인 감각대상도 생멸한다. 여기서는 마음의 감각기관인 의(意)와 그 대상인 법(法)도 생멸한다. 마음의 생멸로 인해서 인간과 세계가 만나는 공간도 생멸한다. 그리고 십팔계(十八界)로 나누어지는 계, 즉 세계(世界)도 생멸한다. 매순간 생멸을 거듭하면서 새롭게 열려가는 역동적 공간이 세계이다. 이것이 또한 불교상담의 공간이다. 열린 마음을 강조하는 것이 여기에도 이유가 있다. 세계가 매순간 열려가기 때문에 마음도 매순간 열려갈 수 있어야 한다. 이러한 공간의 특성을 앎으로 인해서 상담자와 내담자의 열림이 가속화될 수 있을 것이다.

16. 불교상담이론

이제까지의 논의를 토대로 불교상담이론을 제시할 수 있다. 불교상담의 목표는 이전에 제시하였다. 여기에서는 진단과 처방이론을 제시할 수 있다. 진단과 처방이 토대가 되어야 나머지 이론이 성립할 수 있다. 진단에는 우선 척도계발이 가능하다. 척도에 의해서 진단이 이루어질 때 이른바 과학적이라는 평가를 받는다. 각각의 상담이론이 척도를 계발한 것은 사실이지만, 실제로 사용되는 척도는 MMPI를 중심으로 하는 일군의 척도이다. 거의 대부분의 상담에서 이 정도의 상담척도가 사용되고 있다. 나머지 척도들은 진단이라기보다는 효과검정의 차원에서 사용되는 경우가 많다. 불교상담에서도 진단과 효과검정의 차원에서 탐진치척도, 무아척도가 가능하다. 이와는 달리 진단과 처방 자체에 대해서 설명하자면, 먼저 사성제 차원에서 진단이 가능하고, 다음으로 불이(不二) 차원에서 진단이 가능하다. 사성제는 괴로움의 상태와 괴로움의 소멸의 상태를 구분하고, 전자에서 후자로 나아가고자 하는 것이 처방이라면, 불이는 두 상태가 서로 연결되어 있다는 것을 아는 것이 처방이 될 수 있다. 물론 각각은 마음의 두 가지 경향성에 근거하고 있다.

두 번째 불교상담이론으로는 성격이론이 있을 수 있다. 성격이론은 불교심리학에서 성격심리학으로 다루고 있지만, 불교상담에서도 중요하게 다루어진다. 서구상담에서도 성격심리학이 있지만, 성격이론을 상담심리학 안에서 따로 다루고 있다. 불교상담의 성격이론은 오취온과 오법온으로 이야기할 수 있다. 오취온의 성격, 즉 인간됨과 오법온의 성격, 즉 인간됨이 있을 수 있다. 이러한 성격은 기능이 잘 발현되는가, 역기능적으로 발현되는가의 차이이다. 또한 아는 기능은 원래의 기능을 회복하는가, 그렇지 못한가의 차이이다.

이러한 성격이론에서 한 걸음 더 발전한 것이 세 번째 정체성 이론이다. 오취온을 자신의 정체성으로 이해하는 범부와 오법온을 자신의 정체성으로 이해하는 성인이 가능하다. 전자의 정체성에서는 기능이 역기능적으로 발현하고 있는 것을 자아 또는 자기라고 집착[取]하는 것이다. 후자의 정체성은 이러한 역기능이 순기능적으로 발현한 것으로 이들이 자아 또는 자기라고 하는 것은 집착할 것이 없는[無我] 마음의 모습이다. 즉 범부의 자아는 자아이고, 성인의 자아는 무아이다. 그럼에도 불구하고 범부와 성자 모두 불성(佛性)이라는 정체성을 기본적으로 가진다. 이러한 불성이라는 정체성으로 인해서 불교상담과 불교심리치료가 가능해진다. 불성이 잠재태로 남아 있는가, 현실태로 발현되는가의 차이가 둘의 정체성의 차이이기도 하다.

네 번째 이론으로는 식의 중층성 이론이다. 세 번째 정체성 이론이 자아와 무아에 관련된 논의라면 식의 중층성 이론은 의식과 무의식에 관련된 이론이다. 프로이트의 의식과 무의식이 의식과의 거리에 의해서 정해진다면, 중층성은 번뇌의 여부에 의해서 정해진다. 중층성은 유식불교의 삼식(三識)과 밀접히 연관되어 있다. 칠식이 번뇌에 의한 염오식이라면, 팔식은 좋다 나쁘다가 없는 무기(無記)의 식이다. 상좌부불교의 관점에서 보면 팔식은 결과의 마음이고 칠식은 감각기관인데, 둘이 겹치는 부분이 있다. 둘 다 과거의 마음이기는 하지만 번뇌에 의해서 물든 마음으로 보는 염오식과 이미 결과를 받은 이숙식으로 구분한다. 그러므로 모든 팔식 또는 이숙식이 칠식을 거쳐서 육식으로 현현한다면 칠식은 정화의 대상이 된다. 전식득지(轉識得智)를 해야 한다. 이는 다원적 경향성과 연관이 있다. 그러나 만약 염오식이 객진, 즉 외부에서 유입된 것이라면 팔식은 그 자체로 청정한 것이 된다. 이렇게 되면 식의 중층성은 번뇌를 일으키는 마음인가, 무기의 결과의 마음인가의 차이가 된다. 여기서 불교상담을 위한 중요한 함의를 볼 수 있다. 결과로서의 마음 다음에 내는 마음을 낼 때 어떤 마음을 낼지는 우리의 선택이다. 결과로서의 마음은 무기이기 때문에 지금 현재 마음을 낼 때는 나의 선택에 의해서 내는 마음이 중요하다. 내가 현재 내는 마음은 나의 선택이다.

다섯 번째 이론은 정서와 몸이론이다. 정서는 몸에서 출발하는 운동이다. 정서와 인지가 서로 상호적으로 증장하거나 소멸할 수 있다. 정서와 몸도 상호증장적으로 증장하거나 소멸할 수 있다. 정서는 인지와 몸을 잇는 중요한 고리가 된다. 명색(名色)이 함께 다루어져야 전일적인 치유가 가능해진다. 이 이론은 정서와 몸과 인지의 연결성에 중점을 두는 이론이다.

여섯 번째 이론은 봄의 이론이다. 이는 기법적 차원에서 불교상담의 모든 기법에 전제로 깔려 있는 기법이기도 하다. 봄이 전형적으로 드러나고 있는 것이 위빠사나와 견성이다. 전자가 다원적 경향성이라면, 후자는 일원적 경향성이다. 위빠사나는 신수심법을 하나하나 살펴보는 것이고, 견성은 마음의 원래 모습을 보는 것이다. 이러한 구분 이외에도 봄은 제거하고, 풀어내고, 여는 효과가 있다. 제거하고 풀어내고 여는 것이 불교상담의 기제라면, 이 기제에 모두 사용되는 것이 봄이라고 할 수 있다.

일곱 번째 이론은 말과 실재의 이론이다. 이는 불교상담이 진행되는 과정에서 사용되는 말에 대한 이론이다. 우선 말에는 현실을 왜곡하는 방향으로 나아갈 수 있는 희론적(戱論的) 기능이 있다. 이러한 기능에 대해서 알아차리고 이를 통해서 내담자가 얻고자 하는 것을 파악하는 것이 중요하다. 말은 실재와의 관계에서 마음을 가리키는 역할을 한다. 달 또는 마음을 가리키는 지월적(指月的) 기능을 한다. 이는 말이 가지고 있는 태생적 한계로 인한 것이다. 이러한 태생적 한계를 넘어서고자 하는 시도가 있다. 언어의 논리를 넘어서고자 할 때 모순이 발생하게 되고, 논리는 막다른 길에 이른다. 이러한 방식을 통해서 말의 한계를 보여주고, 말에서 마음으로 나아가게 하는 기능이 무상적(無相的) 기능이다. 무상적 기능은 생각, 사고작용을 하는 언어의 가장 큰 특징인 상을 만드는 작용을 못하게 하는 것이다. 이 이론은 내담자의 언어를 파악하고, 상담자가 어떤 언어를 선택할지 파악하는 데 도움이 된다.

17. 불교상담의 특징

이러한 불교상담의 특징을 어떻게 파악할 수 있을까? 불교상담의 가장 큰 특징은 마음을 주제로 한다는 것이다. 이제까지의 기술에서도 알 수 있듯이 불교사에서 나타나는 마음의 두 가지 경향성에 기반을 두고 나머지 불교상담의 이론과 방법론과 기제들이 도출되고 있다. 본 연구자는 위에서 이론에서 모든 것이 끝난다고 했다. 불교상담도 마찬가지이다. 마음의 두 가지 경향성에서 나머지 것들이 도출되고 있다. 이러한 특징이 불교상담의 가장 큰 특징이라고 할 수 있다. 다음으로 불교상담은 보편적이고 근원적이라고 할 수 있다. 마음이라는 주제를 모든 인간이 가지고 있으므로 보편적이고, 인간의 나머지 모든 행위들의 근본에 마음이 있기 때문에 근원적이라고 할 수 있다. 또 하나 붓다의 문제의식에서 보편성과 근원성을 찾을 수 있다. 생사, 괴로움이라는 문제는 인간이 인간인 이상 누구나 가지고 있는 문제이고, 이러한 생사의 문제와 괴로움의 문제로부터 나머지 문제들이 도출될 수 있으므로 근원적이라고 할 수 있다. 불교상담은 붓다의 문제의식에서 출발하므로, 붓다는 문제를 해결하고자 하였다. 붓다의 수행은 문제해결을 위한 것이었다. 세 번째로 이러한 의미에서 불교상담은 목적지향적이고, 발견적이라고 할 수 있다. 괴로움의 소멸이라는 목표를 지향하고 있다. 이러한 목표에 도움이 되는지, 도움이 되지 않는지가 인지, 정서, 행동의 구분 기준이 된다. 그리고 불교상담은 문제해결법을 발견하고자 한다. 붓다가 발견한 문제의식과 문제해결법은 사성제모델로 제시되고 있지만, 내담자의 문제는 이러한 근원적인 문제제시와 해결책을 구체적으로 적용해야 한다. 이러한 구체적인 해결책을 발견한다는 의미에서 발견적이라고 할 수 있다.

18. 불교상담의 패러다임

불교상담의 패러다임이라고 할 때 패러다임은 전형적인 예를 의미한다. 이는 불교상담의 전형적인 예를 볼 수 있는 곳이 어디인가 하는 질문이다. 이는 불교상담의 전범으로서 이후의 불교상담이론과 방법론을 평가할 때 항상 기준이 될 수 있는 것을 의미한다. 상담은 상담자와 내담자 사이의 대화에 의해서 이루어진다. 이러한 대화의 장면이 가장 잘 남아 있는 것이 두 가지가 있다. 초기불교에서 붓다와 제자의 대화, 선불교에서 선사와 제자의 대화가 대표적이다. 붓다는 제자, 재가자, 외도들과 다양한 대화를 나눈다. 이러한 대화는 불교상담에서 하나의 패러다임이 될 수 있다. 선불교에서 선사와 제자의 대화도 또한 제자의 지견을 열어주는 대화이다. 이러한 두 가지 예에 비추어 불교상담이 전개되어야 할 것이다. 두 가지 전형적인 예는 또한 마음의 두 가지 경향성을 대표하는 것이기도 하다.

19. 불교상담의 모토

"불교상담을 하나로 이야기할 수 있는 것이 없을까요?"라는 질문도 받는다. 하나의 캐치프레이즈 같은 것을 말한다. 불교심리학에 기반을 둔 상담이 불교상담의 정의라면, 불교상담이 내걸고 있는 모토는 다음과 같이 볼 수 있을 것이다.

1) 원인과 결과가 있다.
2) 마음은 연결되어 있다.
3) 고정적 실체는 없다.
4) 마음은 흘러야 한다.

원인과 결과가 있다는 것과 마음은 연결되어 있다는 것은 연기론의 두 가지 표현이다. 고정적인 실체가 없다는 것은 불교의 무아론을 말한다. 불교상담에서는 연기와 무아를 가장 근원적인 가르침으로 본 것이다. 불교의 목표와 가르침을 지키고 있다면 불교상담이라고 할 수 있다고 했을 때 가르침의 근본이 연기론과 무아론이다. 이러한 가르침을 근거로 해서 마음은 흘러야 한다는 처방이 가능하다. 이는 마음을 풀고 열고 난 결과이고, 마음의 원래의 상태이고, 풀고 열려고 한 까닭이기도 하다. 마음은 원래의 모습이 운동성이고, 연결성이기 때문에 이것이 회복될 때 마음은 흘러가게 된다. 마음의 기능성이 순기능적으로 작동할 때 마음은 흘러간다.

이들 모토의 주어이자 주제는 마음이다. 각 문장의 주어는 마음이다. 나 중심에서 마음중심으로 나아가고자 하는 것이 불교상담이 지향하는 바가 된다. 무아라고 했을 때도 나라는 것이 없는 것이 아니라 고정되어 있는 나가 아니라, 운동하는 마음이 중요하다는 것이다.

본 장은 불교상담의 학문적 정체성을 마련하는 과정을 기술하고 있다. 문제의식에 따른 불교상담의 연구주제를 제시하고 있다. 불교심리학의 정의를 바탕으로 불교상담의 정의를 불교에 기반을 둔 상담으로 제시하고 있다. 또한 불교심리학은 마음을 주제로 하므로 마음에 대한 정의가 제시되고 있다. 또한 마음의 운동성을 존재의 특징이기도 한 연기로 제시하고 있고, 마음의 정의에 따라서 인간을 기능적 존재와 가능적 존재로 제시하고 있다. 불교심소학에서는 인지, 정서, 동기, 성격에 관한 이론을 제시하고 있다. 불교심리치료를 원인론과 방법론의 관점에서 제시하고 있다. 불교의 언어의 특징을 바탕으로 불교상담에서 사용되는 언어를 이해(理解)와 이해(異解)의 관점에서 보고 있다.

이를 바탕으로 불교상담의 학문적 정체성의 틀과 체계를 마련해볼 수 있다. 먼저 불교상담의 기제를 마음의 특징에 기반을 두고서 제시할 수 있고, 이를 바탕으로 불교상담기법을 제시하고 있다. 불교상담을 실제로 행하는 불교상담가의 자세와 태도를 볼 수 있다. 이러한 불교상담이 실제로 이루어지고 있는 공간의 특징을 볼 수 있다. 최종적으로 불교상담이론과 불교상담의 특징을 제시한다. 본 장은 불교상담을 연구함에 있어서 제기될 수 있는 다양한 연구주제를 제시하는 동시에 불교상담의 이론적 틀을 보여준다고 할 것이다.

참고문헌

Padmasiri de Silva 저, 윤희조 역(2017), 『불교상담학개론』, 서울: 학지사.

Paul Ekman, Richard J. Davidson, Matthieu Ricard, and B. Alan Wallace(2005), "Buddhist and Psychological Perspectives on Emotions and Well-Being", *Current Directions in Psychological Science* Vol.14, No.2, pp.59-63.

윤희조(2012), 『불교의 언어관』, 서울: 씨아이알.

윤희조(2014), 「연속과 불연속의 관점에서 본 아비담마의 마음과 프로이드의 무의식」, 『동서철학연구』 제71호, pp.223-248.

윤희조(2014), 「영역과 기능의 관점에서 본 프로이드의 자아와 아비담마의 마음작용」, 『동서철학연구』 제72호, pp.191-217.

윤희조(2015), 「불교와 수용전념치료에 대한 재고찰」, 『동서철학연구』 제78호, pp.331-354.

윤희조(2015), 「성냄을 원인으로 하는 마음에서 보는 아비담마의 정서심리학」, 『동서철학연구』 제75호, pp.231-256.

윤희조(2017), 「마음의 기능을 중심으로 한 불교심리학의 정의와 분류에 대한 일고찰」, 『동서철학연구』 제85호, pp.209-236.

윤희조, 신경희(2016), 「불교와 정신신경면역학: 생명과학의 새로운 패러다임의 가능성에 대한 일고찰」, 『동서철학연구』 제82호, pp.197-230.

이노우에 위마라, 카사이 켄타, 카토 히로키 편, 윤희조 역(2017), 『불교심리학사전』, 서울: 씨아이알.

9 불교상담의 정의와 이론

현재 상담심리학계에는 400개에 달하는 상담이론이 존재한다.[1] 세계적으로 가장 널리 사용되고 있는 상담교과서 가운데 하나인 『현대심리치료(Current Psychotherapies)』는 이들 가운데 체계적인 이론과 구체적인 기법을 갖추고 있는 주요한 상담이론 15가지 내외를 선택하여 동일한 목차로 각각의 상담이론을 설명하고 있다.[2] 각각의 이론을 개요, 역사,

---

1 권석만(2012), 『현대 심리치료와 상담 이론』, 서울: 학지사, p.4.

2 『현대심리치료』는 심리치료를 대표할 수 있는 가장 중요한 치료체계를 선택하여, 가장 유능한 저자를 영입하여, 매우 엄격한 체계를 갖추고 주의 깊게 편집되었다. 각 장은 하나의 이론을 가능한 한 간결하면서도 완결된 체계로 다루고 있다. 이러한 작업을 초판이 나온 1973년부터 2013년 10판이 나올 때까지 40년간 지속하고 있다. 제10판은 정신분석 심리치료, 아들러 심리치료, 내담자 중심 치료, 합리적 정서적 행동치료, 행동치료, 인지치료, 실존 심리치료, 게슈탈트 치료, 관계 중심 심리치료, 가족치료, 묵상치료, 긍정심리치료, 통합적 심리치료, 심리치료의 다문화적 이론을 다루고 있다. 제6판과 비교해보면 분석적 심리치료, 다중양식 치료, 동양의 심리치료가 빠지고 관계중심심리치료, 묵상치료, 긍정심리치료, 통합적 심리치료, 심리치료의 다문화적 이론이 추가되어 있다. 본 장은 이

성격, 심리치료, 적용, 사례, 요약이라는 동일한 순서로 설명하고 있다. 이 가운데 개요에 나오는 기본개념, 성격에 나오는 성격이론, 심리치료에 나오는 심리치료이론, 심리치료과정, 심리치료기제는 각각의 이론의 특징을 볼 수 있는 중요한 내용을 포함하고 있다.

로저 월쉬(Roger Walsh)가 '동양의 심리치료'라는 제목으로 작성한 장은 성격이론과 심리치료기제를 달리하는 동양의 다양한 사상을 하나의 제목 하에서 다루고 있다. 서로 가르침을 달리하는, 나아가서는 반대가 될 수 있는 사상을 공통점을 중심으로 묶는 것에 초점을 맞추고 있어서, 각각의 사상에 대해서 깊이 있는 논의가 이루어지지 못한 아쉬움이 있다. 서양의 15가지 다양한 심리치료를 '서양의 심리치료'라는 제목으로 하나의 장에서 다루는 것과 마찬가지이다. 특히 그는 동양의 심리치료에 대한 정의를 단지 지역에 근거하여 내리고 있고, 명상과 요가라는 심리치료적 수행법으로 정의하고 있다. 월쉬의 기술 가운데 가장 아쉬운 점은 지역과 방법에 따라 동양의 심리치료를 정의하고 있다는 점이다.[3] 불교심리치료 이론

가운데 제6판에서 로저 월쉬가 집필한 '동양의 심리치료'를 중심으로 다루고자 한다. 10판에서는 '묵상치료'라는 제목으로 방법론에 더욱 초점을 맞추어 기술하고 있다. Raymond J. Corsini, Danny Wedding 편저, 김정희 역(2004), 『현대 심리치료－제6판』, 서울: 학지사; Raymond J. Corsini, Danny Wedding 편저, 김정희 역(2017), 『현대 심리치료－제10판』, 서울: 박학사.

3 지역에 근거한 정의, 방법에 근거한 정의 이후 월쉬의 서술은 방법론 위주로 전개되어간다. 예를 들어 프로이트의 정신분석을 '오스트리아 빈에서 발생한 자유연상법을 사용하는 심리치료'라고 정의한다면 얼마나 우스운 정의가 될 것인가? 월쉬는 동양의 심리치료로 도교, 유교, 요가, 불교를 들고 있다. 물론 동양의 심리치료 기법이 다양하기 때문에 정의에 어려움이 있었을 것이다. 월쉬는 명상과 수행이라는 방법론을 중심으로 동양의 심리치료를 설명하므로 한계를 드러낸다

이 현대의 주요한 상담이론의 반열에 오를 수 있음에도 불구하고 이러한 이론화 작업의 부족으로 인해서 배제되는 것으로 생각된다.[4] 본 장은 이론화 작업의 토대를 마련하기 위해서 주요 항목으로 여겨지는 불교상담의 정의, 불교상담의 주제로서 마음, 불교상담 이론을 살펴보고자 한다. 불교상담 이론에서는 일곱 가지 불교상담 이론을 다루고자 한다.[5]

1. 불교상담의 정의

심리치료와 상담은 서구심리학에서는 동일한 용어로 사용된다.[6] 이는 상담을 통해서 심리치료가 일어나기 때문이다. 그러나 동양권에서는 굳이 상담을 거치지 않고, 월쉬가 이야기하듯이 수행의 차원에서 심리치료가 일어날 수 있다.[7] 월쉬는 동양의 심리치료를 정의하면서 요가와 명상

고 할 수 있다. 이는 철학과 종교를 배제하고자 하는 것이지만, 심리이론의 차원에서 접근할 수 있었다면 동양의 심리치료의 면모를 더 잘 드러낼 수 있었을 것이다. 불교의 예를 들자면, 이를 위해서 불교심리학에 대한 이론이 선행되어야 하는데, 불교심리학을 불교철학과 종교로서의 불교와 반대되는 개념으로만 여긴다면, 불교심리학의 이론이 풍부해지지 못할 것이다.

4 백경임(2016)은 최근까지 국내에서 발표된 불교상담과 관련된 논문을 거의 모두 정리하고 있다. 이 논문들은 불교상담의 이론적 토대에 대한 연구보다는 불교상담과 관련된 개별적인 주제들이 주를 이루고 있다. 미산 스님의 연구를 주목할 수 있다. 백경임(2016), 「한국 불교상담의 현황 및 과제」, 『불교상담학연구』 제8호, pp.141-160; 미산(2010), 「초기불교와 상담심리」, 『대학원 연구논집』 제3집, pp.59-127.

5 지면관계상 불교상담방법론은 다른 논문에서 다루고자 한다.

6 Raymond J. Corsini, Danny Wedding 편저, 김정희 역(2004) p.16.

7 수행을 한자로 풀이하면 행을 가지런히 하는 것이다. 수(修)는 칼로 털을 가지런히 자르는 것을 말한다. 행(行)을 불교의 오온의 하나로 본다면, 수행(修行)은 불교

에 초점을 맞춘 것도 이러한 이유 때문일 것이다. 심리치료는 축어적으로 마음을 치료하는 작업으로, 그 가운데 하나로 상담이 포함된다고 할 수 있다. 상담으로 인해서 심리치료가 일어난다고 할 수 있다. 그러므로 동양의 심리치료영역으로 수행과 상담을 들 수 있을 것이다.[8] 언어를 주로 사용하는 심리치료를 상담으로, 비언어적 방법까지 포함하는 심리치료를 수행 또는 명상이라고 할 수 있을 것이다. 같은 심리치료의 범주에 포함되므로, 불교상담의 영역에 수행과 명상의 기법이 포함될 수 있다. 본 절은 불교의 영역에서 언어적 방법에 기반을 둔 심리치료인 불교상담을 주로 다루고자 한다. 또한 불교심리치료라는 용어는 불교상담을 포함하는 넓은 의미로 사용하고자 한다.

불교심리치료와 불교상담은 불교심리학(Buddhist psychology)에 근거하고 있다고 할 수 있다. 서구심리학과 마찬가지로 불교의 경우도 불교심리학의 응용분야로 불교상담과 불교심리치료가 위치한다. 그러므로 불교심리치료는 '불교심리학에 기반을 둔 심리치료'라고 정의할 수 있고, 불교상

적 용어로 볼 수 있을 것이다. 그러므로 불교를 붙이지 않아도 수행은 불교수행을 의미하는 용어로 사용할 수 있을 것이다. 명상은 그 원어에서 보면 반성, 성찰, 다시 회복되는 것을 의미한다. 'meditation'은 우선 데까르트의 『성찰』이란 책이름으로 알려져 있다. 어원적으로 'med'는 '적절한 조치를 취하다'는 의미이고 여기서 나온 'meditari'는 'meditate', 'think over', 'reflect', 'consider'의 의미를 가진다. 이것의 과거분사형의 명사가 현재의 'meditation'이다. 현재 명상이라는 용어가 사용되는 범위를 보면 다양한 종교전통에서 중립적으로 사용되고 있음을 알 수 있다. http://www.etymonline.com/index.php?allowed_in_frame=0&search=meditation

8 이는 불교수행학과 불교상담학을 불교심리학의 한 분야로 볼 수 있는 이유이다. 불교수행과 불교상담은 불교심리치료와 관련된 대표적인 분야라고 할 수 있다.

담은 '불교심리학에 기반을 둔 상담'으로 정의할 수 있을 것이다. 불교상담을 한다는 것은 '불교심리학이 제시하는 마음이론에 기반을 두어 상담하는 것'을 말한다. 그렇다면 불교상담의 출발점은 '불교심리학이 제시하는 마음'을 아는 것이 될 것이다.

이 정의들은 지역과 방법이 아니라, 불교심리치료와 불교상담의 영역과 주제를 보여주는 정의이다. 불교라는 영역과 심리, 즉 마음이라는 주제를 보여주는 정의이고, '불교심리학에 기반한'은 학문의 정체성과 계통을 밝히고 있다. 동양치료에 대한 반대자의 우려처럼[9] 종교와 철학에 기반을 두지 않고 심리학에 기반을 둔 심리치료이론이 될 수 있는 것이다. 불교심리학 또는 불교의 마음이론에 기반을 둔 심리치료이론과 상담이론을 밝히는 것이다. 이는 붓다의 마음에 대한 이론을 중심으로 심리치료와 상담을 하는 것을 말한다. 예를 들어 프로이트의 마음이론이라고 할 수 있는 제1지형학과 제2지형학을 바탕으로 프로이트의 심리치료이론이 도출되는 것과 마찬가지이다.

붓다의 마음이론을 바탕으로 불교의 심리치료이론과 상담이론을 도출할 수 있다. 여기서 볼 수 있듯이 마음에 관한 이론에 근거하여 심리치료가 가능하다. 마음을 어떤 관점에서 보는지에 따라서 심리치료이론이 연역적으로 도출된다. 각각의 심리치료 이론가들이 보는 마음의 원래 모습이 있고, 마음이 원래 모습대로 작동하는 것은 정신건강이다. 그러나 마음이 제대로 작동하지 못하는 것은 정신병리이다. 그리고 마음의 역기능적

---

9 Raymond J. Corsini, Danny Wedding 편저, 김정희 역(2004) pp.602-603.

기능을 순기능적으로 돌아가게 하는 것 또는 마음의 원래의 모습을 회복하는 과정은 심리치료의 과정 또는 상담의 과정이 된다. 그러므로 심리치료 이론가들은 자신의 마음이론, 마음에 대한 자신의 통찰을 바탕으로 심리치료 방법론을 제시하고자 한다. 그리고 각자의 문제의식에 따라서 심리치료의 목표가 정해지는 것이다.

2. 불교상담의 주제로서 마음

불교상담은 '불교심리학에 기반을 둔 상담'이고, 불교심리학은 '불교에서 마음을 주제로 하는 학문'을 말한다. 결국 불교상담은 마음을 주제로 행해지는 상담이라고 할 수 있다. 마음은 다양한 관점에서 다룰 수 있다. 본 절에서는 불교상담의 주제로서 마음을 다루고자 한다. 불교심리학과 불교상담의 입장에서 마음에 대한 정의, 마음의 운동법칙, 현실의 마음상태와 불교상담이 추구하는 마음의 상태에 대해서 다루고자 한다. 마음에 대한 정의는 불교적 입장에서 다루기 때문에 불교사적으로 마음을 바라보는 두 가지 관점에 기반을 두어 정의를 내릴 것이다. 마음에 대한 두 가지 정의를 기반으로 마음의 운동법칙인 연기도 두 가지 형태로 드러나게 된다. 현실의 마음상태와 불교상담이 추구하는 마음상태도 두 가지로 볼 수 있다. 이렇게 두 가지 차원에서 불교상담의 주제인 마음을 논의하고자 한다.

1) 마음에 관한 두 가지 정의

붓다라는 선구자 이후에 2500년의 역사를 거치면서 불교의 마음에 대한 이해는 다양해진다. 마음의 유의어인 심의식(心意識)을 중심으로 마음을 '의(意)라는 감각기관을 통해서 아는 기능[識]을 하고, 이 기능을 중심으로 나머지 기능(느끼고, 생각하고, 의도하는)이 집적되어 있는[心] 기능 복합체'로 정의할 수 있을 것이다.[10] 이 정의는 마음을 포괄적으로 정의하는 반면, 마음의 원래의 모습과 특징을 드러내는 본래적 정의가 있을 수 있다. 이는 선불교에서 마음과 유의어로 사용되는 성(性)을 중심으로 볼 수 있다. 이때 마음은 '공(空), 무아(無我), 불성(佛性), 불이(不二), 청정(淸淨)을 특징으로 가지는 반야(般若)'로 정의할 수 있을 것이다. 이는 마음의 원래의 모습을 보여주는 정의라고 할 수 있다. 이처럼 마음에 대한 포괄적 정의와 본래적 정의가 있을 수 있다.

이러한 두 가지 정의는 역사적 관점에서도 볼 수 있다. 역사적으로 두 가지 경향성, 즉 마음을 일원적으로 보는 경향성과 다원적으로 보는 경향성이 있다. 마음과 함께 일어나는 다양한 현상을 분석하는 것에 중점을 맞추는 다원적 경향성과 마음의 원래 기능인 아는 기능에 초점을 맞추는 일원적 경향성이 있다. 마음을 일원적으로 바라보는 초기불교, 중관불교, 선불교의 전개가 있고, 마음을 다원적으로 바라보는 초기불교, 부파불교, 유식불교의 전개가 있다.[11] 어디에 초점에 맞추는가에 따라서 중요시하는

---

10 윤희조(2017), 「마음의 기능을 중심으로 한 불교심리학의 정의와 분류에 대한 일고찰」, 『동서철학연구』 제85호, p.216.

11 초기불교는 두 가지 관점의 모체가 되기 때문에 양쪽에 모두 포함시키고 있다.

용어가 달라진다. 일원적 경향성에서는 마음의 공성(空性), 불이성(不二性), 무자성(無自性), 반야(般若), 불성(佛性)을 강조하는 반면, 다원적 경향성에서는 마음과 심소(心所)를 구분하고 세분화하는 것을 강조한다. 다원적 경향성은 포괄적 정의와 연관되고, 일원적 경향성은 본래적 정의와 연관된다고 할 수 있다.

마음이 다양한 기능을 하지만 그 원래의 기능은 아는 것이다. 두 가지 경향성 모두에서 마음은 아는 기능을 한다. 다원적 경향성에서 아는 기능 이외의 다양한 기능을 맡고 있는 것은 심소인 반면, 일원적 경향성에서는 마음의 아는 기능이 본래적 기능이므로 아는 기능이 극대화된 형태인 반야(般若)를 강조한다. 후자의 경우 아는 기능은 모든 사물의 본성을 꿰뚫어 아는 기능에 중점을 두고 있는 반면, 전자의 경우 아는 기능은 사물을 세부적으로 구분하는 기능에 중점을 두고 있다. 후자는 무분별적으로 아는 기능, 전자는 분별적으로 아는 기능이라고 볼 수 있다.[12]

초기불교에서 마음을 대표하는 용어인 심의식이 동일하면서도, 각각 다른 용례를 가지고 있는 것은 일원적인 경향성과 다원적인 경향성을 동시에 가지고 있는 것을 보여준다. 이후의 전개에서도 일원적, 다원적 경향성을 구분하고 있지만, 어떠한 경향성이 우세한가에 따른 것인지 하나의 경향성만 있다는 것은 아니다. 예를 들어 사성제를 다원적으로 볼 수 있지만, 무아라는 관점에서 보면 고집멸도 네 가지 모두 하나이다.

12 선불교가 '보는' 기능 하나만 주장하는 것은 아니다. 일원적 경향성에는 이를 보완하기 위한 보완재적 성격의 개념이 있다. 중관불교에서는 이제, 선불교에서는 근기, 불성에 대한 업식성이 그러한 성격을 띠고 있다. 마찬가지로 다원적 경향성에도 일원적 경향성의 보완재적 개념이 있다. 부파불교에서 마음을 89/121가지로 분류할지라도 마음의 기능은 하나이고, 궁극적인 실재의 차원에서도 마음은 하나의 실재이다. 유식불교에서도 오위백법으로 법을 분류할지라도 법의 공성이라는 일원적 전제 위에서 이러한 구분이 이루어지고 있다.

일원적 경향성에서는 아는 기능[識]을 극대화하는 방향으로 나아간다. 이러한 극대화를 통해서 마음의 원래의 모습을 아는 것, 즉 견성(見性)이 목표가 된다. 반면 다원적 경향에서는 심소의 다양한 기능이 잘 기능하도록 하는 방향으로 나아간다. 이를 위해서 유익하지 않은 심소를 제거하는 것, 즉 열반이[13] 목표가 된다. 다른 용어로 표현하면 마음의 원래 기능을 회복하는 것이 일원적 경향성의 목표라면, 마음의 기능이 순기능하도록 하는 것은 다원적 경향성의 목표라고 할 수 있다. 부정적인 심소, 즉 번뇌와 마음과의 관계로 표현하면 다원적 경향성에서 번뇌는 제거하고 털어내어야 할 것이다. 반면 일원적 경향성에서 마음의 원래 모습은 밖에서 들어온 번뇌의 여부와 상관없이 청정한 것이 된다. 또 다른 용어로 표현하면 다원적 경향성에서 마음과 심소는 항상 함께 생멸한다. 일원적 경향성에서 마음과 심소는 발생하는 곳이 다르다. 마음은 원래 청정한 것이고, 번뇌는 밖에서 들어오는 것이다.

이처럼 유의어를 중심으로 마음을 포괄적으로 정의할 수도 있고, 본래적으로 정의할 수도 있다. 역사적 관점을 중심으로 다원적 경향성의 관점에서 볼 수도 있고, 일원적 경향성의 관점에서 볼 수도 있다. 기능의 관점을 중심으로 다양한 기능을 중시할 수도 있고, 하나의 기능을 중시할 수도 있다. 그러나 마음 자체는 아는 기능을 한다는 점에서는 동일하다. 마음의 분별적으로 아는 기능을 중시할 수도 있고, 마음의 무분별적으로 아는 기능을 중시할 수도 있다. 번뇌, 즉 심소가 마음과 함께 생멸할 수도

13 이때의 열반은 '탐진치를 제거하는 것'이라는 의미로 사용한다.

있고, 밖에서 들어온 것일 수도 있다. 마음의 다양한 기능이 잘 기능하도록 하는 것이 목표일 수도 있고, 마음의 원래 기능을 회복하는 것이 목표일 수도 있다.

2) 마음의 운동법칙으로서 연기

이러한 마음의 운동법칙은 연기(paṭiccasamuppāda, 緣起)에서 볼 수 있다. 모든 것은 운동, 즉 생멸한다. 연기는 마음, 인간, 사물의 모든 운동이 적용받는 기제이다. 운동의 메커니즘은 연기의 메커니즘이다. 연기는 모든 사물의 운동과 연관되어 있지만 불교심리학에서 연기는 마음의 활동과정을 보여준다. 연기는 무명에서 시작되는 초기불교의 십이지연기의 업감연기, 부파불교의 삼세양중인과의 연기, 중관불교의 공가중(空假中)의 연기, 유식불교의 알라야식의 연기, 화엄불교의 중중무진연기, 선불교의 불매연기 등 역사적으로 전개되고 있다.

업감(業感) 연기는 행이라는 업이 무명으로 인해서 식과 명색을 통해서 상호증장적으로 이후의 각지를 발생시키는 연기를 말한다.[14] 업에 의해서 연기의 나머지 각지가 발생한다. 삼세양중인과(三世兩重因果)는 삼세, 즉 과거, 현재, 미래에 걸쳐서 과거는 현재의 원인, 현재는 미래의 원인이 되는 삼세에 걸친 두 가지 인과가 성립하는 연기이다. 알라야식 연기는 이러한 연기과정이 알라야식 안에서 이루어진다는 것이다. 이들 연기는

---

14 12연기 가운데 식－명색은 상호작용하는 관계를 가지지만 나머지 각지는 순차적으로 발생한다.

원인과 결과, 다원적 경향성을 나타내는 연기라고 할 수 있다.

공가중 연기는 실재가 무실체적으로 연결되어 있는 모습을 말한다. 이러한 연결된 모습은 중중무진(重重無盡) 연기에서 더욱 확장되고 있다. 불매(不昧) 연기는 백장(白丈) 선사의 말처럼 연기에 어둡지 않는 것을 말한다.[15] 이들 연기는 연기된 있는 그대로의 실재의 모습을 말한다. 무실체, 무자성인 하나의 실재의 모습은 일원적 경향성을 나타내는 연기라고 할 수 있다.

이처럼 연기에서도 마음의 경향성에 따라서 두 가지 연기방식을 볼 수 있다. 업이 원인이 되어 시간순으로 발생하는 원인과 결과의 연기, 동시간적으로 상호 연결되어 있는 연기가 마음의 두 가지 경향성을 대표하는 연기이다. 전자는 연기의 각지(各支)가 원인과 결과의 시간적 순서에 의해서 배열되어 있으므로 다원적 경향성과 연관되어 있고, 후자는 일원적 경향성과 연관되어 있다고 할 수 있다. 십이지연기를 비롯한 삼세양중인과, 알라야식연기는 마음의 다원적 경향성과 연관된 연기로서 다원적 연기로 부를 수 있는 반면, 공가중연기, 중중무진연기, 불매연기는 마음의 일원적 경향성과 연관된 연기이므로 일원적 연기라고 부를 수 있을 것이다.

연기에서 마음의 모습과 운동을 볼 수 있다. 마음이 생멸하는 모습은 다원적 연기처럼 원인과 결과에 의해서 일어나고 소멸한다면, 마음의 모습 자체는 일원적 연기처럼 비실체적으로 연결되어 있는 모습을 말한다. 이러한 두 가지 연기적 운동성을 마음은 함께 가지고 있다고 할 수 있다.

---

15 T.48.No.2005. 禪宗無門關 293a15. 百丈野狐.

3) 연기에 의해서 드러나는 마음의 모습

연기에 의해서 드러난 현실에는 두 가지 모습이 있다. 이는 두 가지 연기에 의해서 드러나는 모습이다. 다원적 연기에는 순관(順觀)과 역관(逆觀)이 있고, 순관에 의해서 마음과 세계가 생한다. 이때 생하는 세계는 생로병사로 연결되는 범부의 세계이고, 이러한 생로병사의 세계를 끝내는 역관의 연기는 성인(聖人)의 세계로 나아간다고 할 수 있다.

십이연기뿐만 아니라 삼법인, 사성제에 공통적으로 등장하는 괴로움은 편재한다. 신체적인 괴로움에서 관계적인 괴로움을 거쳐서[16] 인간 자체가 괴로움이라는 괴로움의 편재성(ubiquity of suffering)으로 나아간다. 인간의 모든 삶이 괴로움이고, 모든 경험이 불만족스럽다는 것이다. 십이연기에서도 마지막 각지 생노사(生老死) 수비우뇌(愁悲憂惱)가 나온다.[17] 이는 범부의 삶의 과정의 마지막 종착지이면서 보편적인 결과이다. 또한 사성제에서도 고성제는 모든 인간의 보편적 현상으로 괴로움이라는 진리를 들고 있다. 고성제는 인간현상을 괴로움으로 기술하고 있는 진리(descriptive truth)이다. 그리고 범부에게는 이러한 괴로움이 정상적인 상태라고 할 수 있다. 범부에게 괴로움의 부재는 비정상이고, 괴로움의 상재(常在)가 정상이다.

---

16 생로병사, 애별리고(愛別離苦), 원증회고(怨憎會苦), 구부득고(求不得苦), 오음성고(五陰盛苦) 가운데 생로병사는 신체적인 것과 연관된다면, 다음의 세 가지는 인간과 인간, 인간과 사물과의 관계에서 일어나는 것으로 볼 수 있다.

17 생(jāti, 生), 노사(jarāmaraṇa, 老死), 슬픔(soka, 愁), 울부짖음(parideva, 悲), 고뇌(dukkha domanassa, 憂), 비탄(upāyāsa, 惱)은 몸과 마음으로 이루어진 존재로서 탄생하고, '나'라는 자아의식을 가진 까닭에 체험해야 하는 실존적인 괴로움의 집합체이다. 井上ウィマラ(2017), 「2 연기」, 『불교심리학사전』, 서울: 씨아이알, p.13.

괴로움의 정상성(normality of suffering), 괴로움의 일상성(routineness of suffering)의 테제는 범부에게는 타당하다고 할 수 있다.[18] 괴로움의 편재성으로 인해서 붓다의 문제의식이 시작되었고, 상담장면에서도 심리치료가 시작될 것이다.[19]

역관에 의해서는 이러한 괴로움의 원인이 소멸하는 과정을 거친다. 괴로움의 원인은 탐진치로 대표되고, 이러한 탐진치가 소멸된 상태는 다원적 연기가 지향하는 모습이라고 할 수 있다. 괴로움을 해결하기 위해서 괴로움의 원인을 찾고, 원인을 제거하는 방법을 동원하여, 괴로움이 소멸된 상태로 나아가게 된다. 이렇게 될 때 괴로움이 해결된다고 한다.

일원적 연기는 상호 연결되어 있는 세계의 모습을 보여준다. 연결되어 있으므로 임시로 구분하여 이름 붙여져 있는 모습, 연기의 고리가 중첩적으로 끝없이 연결되어 있는 모습을 보여준다. 이러한 연기 자체는 어떻게 할 수 없지만 이에 얽매이는가, 얽매이지 않는가에 따라서 생사에 메일 수도 있고, 벗어날 수도 있다.

일원적 경향성의 마음의 차원에서 보면 정신병리와 정신건강은 구분되지 않는다. 불이(不二), 즉 둘은 구분되지 않는다고 할 수 있다. 다원적 차

18 괴로움의 편재성, 정상성은 불교와 마찬가지로 수용전념치료(Acceptance and Commitment Therapy, ACT)에서도 테제의 하나로 채택하고 있다. 윤희조(2015), 「불교와 수용전념치료에 대한 재고찰」, 『동서철학연구』 제78호, pp.331-354.

19 심리치료의 출발점은 괴로움의 편재성과 정상성을 받아들이는 것에서 시작할 수 있다. 괴로움을 나만의 특별한 문제로 보는 시각에서 보면 새로운 관점이 생기지 않는다. 괴로움의 편재성, 정상성, 일상성 테제는 자신의 문제를 새로운 관점에서 보게 하는 출발점이다.

원에서 보면 범부의 모든 일상이 괴로움이다. 이를 일원적 차원에서 보면 범부의 모든 일상은 보리가 된다. 범부와 성인의 차원이 구분되지 않기 때문이다. 원래 이러한 차이가 없는데, 범부 스스로를 범부라고 칭하면서 정신병리의 차원에서 괴로워하고 있을 뿐이라는 것이다. 이러한 일원적 경향성은 가능적 존재로서 인간이 원래 가지고 있는 불성(佛性)을 드러내는 것에 기초한다. 객진번뇌에 의해서 더렵혀진 마음의 비실체성을 아는 것만으로도 원래 청정한 마음을 회복할 수 있다는 것이고, 이러한 가능성은 모든 인간이 가지고 있다는 것이다. 이러한 맥락에서 번뇌즉보리(煩惱卽菩提)가 성립한다. 원래 번뇌와 보리가 구분되어 있지 않으므로 번뇌를 닦는 것이 가능하지 않다. 단지 둘이 하나인 것을 아는 것만이 가능하다. 이는 『유마경』의 불이사상과 상통한다.[20] 『중론』에서 '윤회와 열반이 구분되는 점은 그 어떤 것도 없다'는 구절도 같은 맥락이라고 할 수 있다.[21]

이처럼 두 가지 연기에 의해서 마음이 드러내는 모습도 두 가지이다. 괴로움의 현실과 괴로움의 원인이 소멸된 세계는 다원적 연기에 의해서 드러나는 마음의 모습이고, 괴로움의 원인인 번뇌와 괴로움의 원인이 소멸된 상태인 보리가 다르지 않은 마음의 모습이 일원적 연기에 의한 모습이다. 이러한 두 가지 마음의 모습이 가능하다.

---

20 http://tripitaka.cbeta.org/T14n0475 維摩詰所說經 入不二法門品 第九 p.17.

21 MMK.25.19. 龍樹菩薩 著 青目 釋 鳩摩羅什 漢譯, 김성철 역주(2001), 『中論』, 서울: 경서원, p.445.

3. 불교상담이론

어떤 이론이 하나의 심리치료이론이 되려면 현상과 현상의 진단, 치료된 상태와 치료의 방법이 드러날 수 있어야 한다.[22] 이러한 것을 포함하는 이론에 기반을 두고서 정의가 이루어질 때 올바른 정의가 될 수 있다.[23] 모든 상담은 상담이 가능한 이론적 배경과 근거, 상담이 진행되는 과정이 드러나야 한다. 프로이트의 경우에는 프로이트가 바라보는 마음에 대한 이론적 근거가 있고, 실제로 상담이 진행되는 과정이 드러나고 있다. 전자는 상담이론, 후자는 상담방법론이라고 할 수 있다. 불교상담의 경우도 불교상담이 진행될 수 있는 이론적 근거와 실제로 상담이 진행되는 과정이 드러나야 한다. 전자는 불교상담이론, 후자는 불교상담방법론이라고 할 수 있다. 불교상담이론에는 마음이론과 이를 기반으로 하는 병리의 진단과 처방이 있어야 한다.

---

22 월쉬는 심리치료이론으로 팔정도를 제시한다. 심리치료이론으로 윤리, 정서적 변환, 동기의 방향전환, 주의훈련, 자각을 정련하기, 지혜, 이타주의와 봉사를 들고 있다. 이는 심리치료이론이라기 보다는 심리치료의 구체적인 방법론이라고 할 수 있을 것이다. 이는 상담이나 심리치료의 틀 안에서 사용되는 방법론이고, 상담의 기제에서 사용할 수 있는 방법이라고 할 수 있다. 심리치료이론은 심리치료의 창시자가 바라보는 인간관, 세계관, 마음관에 기초해야 할 것이다. Raymond J. Corsini, Danny Wedding 편저, 김정희 역(2004) pp.625-629.

23 여기서 이론은 붓다가 제시한 가르침을 의미한다. 붓다가 제시한 가르침을 이후에 이론화하는 작업을 거친 것을 말한다. 이러한 이론화작업은 이미 붓다 말년부터 이루어지고 있다. 『디가니까야』「합송경」, 「십상경」에 이르면 이러한 경향성이 농후하게 드러나고 있다.

1) 진단과 처방이론－사성제와 불이

마음에 관한 두 가지 관점과 마음의 활동기제와 모습으로서 연기가 불교심리학의 마음이론이라면, 진단과 처방도 두 가지 관점을 중심으로 살펴볼 수 있다. 연기에 의해서 드러난 마음의 모습은 사성제에서 고성제와 멸성제에 해당한다. 사성제의 나머지 두 가지 진리, 즉 집성제와 도성제는 진단과 처방에 해당한다고 할 수 있다.[24] 마음과 연기를 두 가지 관점에서 볼 수 있었듯이, 진단과 처방도 두 가지 관점에서 볼 수 있다. 사성제와 공이 각각의 관점을 대표한다고 할 수 있다. 사성제와 공 또한 마음의 두 가지 경향성과 연관되어 있다. 사성제는 현실세계와 궁극적인 세계가 구분되는 것으로 보는 다원적인 경향성이라면, 공은 둘이 구분되지 않는 것으로 보는 일원적 경향성이라고 할 수 있다. 사성제가 포괄적인 심리치료이론으로 불건강에서 건강으로 나아가는 것이라면, 공은 나아가는 단계가 필요 없게 된다. 열반과 생사가 불이(不二)이므로 원인론과 방법론이 필요 없게 되고, 단지 두 상태가 하나라는 것을 아는 것으로 치료가 이루어지는 것이라고 할 수 있다.

불교학뿐만 아니라 불교심리학에서 가장 포괄적인 이론은 사성제이다. 왜냐하면 사성제는 인간의 괴로움, 특히 마음의 괴로움을 다루고 있으므로 불교심리학의 영역에 포함될 수 있기 때문이다. 현실파악, 원인진단, 목표설정, 방법제시 이들을 모두 가지고 있는 것이 사성제이다. 그러므로

---

24 사성제와 연기가 겹치는 부분이 있다. 고성제, 집성제, 멸성제는 연기에서도 도출할 수 있다. 도성제는 사성제에서 고유하게 가지고 있는 진리이다. 그러므로 사성제가 붓다의 가르침 가운데 가장 큰 가르침이라고 불린다.

사성제는 가장 폭넓은 이론이 된다. 불교심리치료이론으로 가장 먼저 제시되는 것이 사성제이다. 왜냐하면 사성제는 유일하게 의학적인 치유모델을 가지고 있는 이론이기 때문이다. 온처계, 연기, 법 등 다양한 이론이 있지만 처방(prescription)을 제시하는 것은 사성제가 유일하다. 연기는 역관을 통해서 연기가 소멸된 상태를 보여주고 있지만, 방법론을 구체적으로 제시하지 못하고 있다. 사성제의 틀 안에서는 나머지 이론이 세부적인 이론으로 자리할 수 있다. 붓다의 가장 포괄적인 이론이 의학모델이므로 사성제는 심리치유에 최적화된 이론이라고 할 수 있다. 즉 이론 자체에서 현상진단, 정신병리, 치료목표, 치료방법이 모두 나오고 있다. 사성제의 모델은 현상세계와 방법론을 통해서 나아가는 이상세계가 구분되어 있다.

이와는 달리 두 세계가 구분되지 않는다(不二)는 주장이 있다. 사성제에서 궁극적 목표인 열반과 현실세계가 다르지 않다는 주장이다. 이는 마음의 일원적 경향성과 밀접히 연관되어 있다. 비이원론적이고, 비실체적이기 때문에 열반과 생사는 구분되지 않는다. 연결되어 있는 하나의 현상일 뿐이다. 둘은 구분되지 않는 불이(不二)의 현상이다. 이러한 경향성은 공, 무아, 비실체성과 연결된다. 생사즉열반의 열반과 사성제의 목표인 열반은 열반이라는 목표를 성취하는 두 가지 대표적인 방법을 보여준다고 할 수 있다. 사성제와 불이는 심리치료의 궁극적 목표인 열반에 대한 두 가지 다른 견해라고 할 수 있다.[25]

사성제모델이 다원적 경향성을 반영하는 가장 포괄적인 심리치료모델

---

25 열반이라는 궁극적 목표와 상담에서의 현실적 목표는 구분해야 한다.

이라면, 불이모델은 일원적 경향성의 마음에 대해서 성립할 수 있는 심리치료모델이라고 할 수 있다. 마음은 비실체적이므로 사성제모델에서 볼 수 있는 것처럼 수행에 의한 변화가 가능한 것이고, 또한 불이모델처럼 정반대되는 현상처럼 보일지라도 하나의 현상으로 파악할 수 있다. 반대의 이원적 대립이 성립하지 않는 것이 가능하게 된다. 이는 마음의 비실체성, 즉 무아성에 의해서 가능하게 된다. 이처럼 마음이 가지고 있는 두 가지 경향성을 바탕으로, 마음의 운동, 마음의 상태, 진단과 처방에 대한 이해가 달라지는 것을 볼 수 있다. 나아가서 인간에 대한 이해도 마음에 대한 두 가지 이해를 바탕으로 이루어지고 있는 것을 볼 수 있다.

2) 성격이론 – 성격 또는 인성

성격의 원어는 '퍼스널리티(personality)'이다. 사람됨을 말한다. 이때의 사람됨은 마음의 두 가지 경향성을 근거로 마음의 다양한 기능을 하는 사람, 마음의 대표적인 기능을 하는 사람 두 가지로 볼 수 있다. 마음의 다양한 기능을 하는 사람은 오온의 다양한 기능에서 볼 수 있다.

색수상행식(色受想行識)의 기능으로 존재하는 인간이 잘 기능할 경우에는 성인으로서의 삶 또는 오법온(五法蘊)의 삶을 살지만, 범부의 경우에는 오온의 기능이 역기능적으로 작동하는 오취온(五取蘊)의 삶을 산다. 이러한 역기능으로 인해서 괴로움이 시작된다고 할 수 있다. 범부의 정체성은 '오취온'에 있다. 정체성을 나타내는 용어로 자아를 사용할 때, 범부의 자아는 오취온에 해당한다고 할 수 있다. 이때의 오취온은 집착에 의해서 형성된 것이다. 그러나 성인의 정체성은 '오법온'에 있다. 있는 그대로의 오온이 생멸하면서 원래의 기능을 순기능적으로 행하는 것을 말한다. 범부의 자아는 자아이고, 성인의 자아는 무아라고 할 수 있다. 범부의 자아는 오취온이라면, 성인의 자아는 오법온이라고 할 수 있다. 오취온 자체가 괴로움이라면 이러한 괴로움으로부터 벗어나는 것은 범부의 정체성을 벗어나는 것이다. 자아인 오취온에서 무아인 오법온으로 나아가면 되는 것이다. 다시 말하면 취(取)를 없애면 된다. 이때의 취는 탐진치로 나누어볼 수 있다. 취를 없애는 방법이 치유의 과정이 되는 것이다. 기능적 존재로서 인간은 취를 없애가는 과정을 밟게 된다. 오취온에서 오법온으로 나아가는 것, 사성제 가운데 집에서 멸로 나아가는 것, 괴로움의 편재성과 정상성과 일상성의 테제는 다원적 경향과 연결되어 있다고 할 수 있다. 둘은 구분되고 전자에서 후자로 나아가는 것이 괴로움의 제거이고, 목표의 성취라고 할 수 있다. 이러한 상황은 정신병리에서 정신건강으로 나아가는 것이다. 반면 번뇌즉보리, 열반즉생사의 관점은 일원적 경향성과 연결되어 있다. 병리와 건강이 분리되지 않는 것이므로 단지 둘이 분리되어 있지 않다는 것을 아는 것이 곧 치유이다.

또한 인간을 마음의 일원적 경향성에 따라서 파악하는 것이 가능하다. 인간을 인간이게끔 하는 요인인 하나의 마음의 기능에 중점을 맞추고 인간을 파악하는 것이 가능하다. 인간의 대표적인 특징으로 인간을 파악하는 방법이라고 할 수 있다. 마음의 아는 기능[識]이 극대화될 수 있는 가능성을 인간은 가지고 있는 것이다. 불성(佛性), 즉 붓다가 될 수 있는 가능성을 가진 존재로 인간을 파악할 경우에는 지금 범부일지라도 심리치료를 통해서 붓다 또는 성인이 될 수 있는 가능성이 존재한다는 것이다. 현실적으로는 범부의 상태이지만, 잠재태로서 붓다의 가능성을 함장하고 있고, 이를 발현할 수 있는 가능성이 열려 있다는 측면에서 심리치료의 가능근거를 찾을 수 있다. 불성은 인간을 가능적 존재로 파악하는 것이다. 가능적 존재로서 인간에 대한 심리치료는 가능성이라는 잠재태를 현실태로 실현하는 것이라고 할 수 있다.

이러한 불성은 모든 인간이 가지고 있다는 측면에서 인성(人性)이라고 부를 수 있다. 또한 선불교에서는 인간 자신의 고유한 특징이라는 의미에서 자성(自性)이라고 부른다.[26] 고유한 특징은 인간이 원래부터 가지고 있는 특징이라는 의미이다. 원래 가지고 있는 특징이기에 모든 사람이 이러한 특징을 가지고 있는 것이다. 그리고 이러한 특징을 아는 것이 우선이 된다. 성격(性格)은 글자 그대로 하면 성에 격이 있는 것, 성에 차별이 있는 것을 이야기한다. 성에 차별이 있는 것은 기능의 다양성을 이야기하는 것으로 볼 수 있다. 그렇다면 마음의 다원적 경향성과 연관이 될 수 있다. 성격과 인성은 인간을 바라보는 마음의 다원적 경향성과 일원적 경향성이라고 할 수 있다.

3) 정체성 이론 – 자아와 무아

자아와 무아의 문제는 서구의 심리치료와 불교상담이 첨예하게 대립하는 접점이다. 이는 마음을 바라보는 관점에 따라서 범주화할 수 있다. 자

---

26 자성(自性)의 의미가 불교사를 통해서 변천하는 과정은 다음의 논문을 참조할 수 있다. 윤희조(2016), 「자성(自性)의 의미변화에 관한 일고찰 – 『구사론』, 『중론』, 『단경』을 중심으로」, 『동서철학연구』 제81호, pp.153-180.

아는 범부의 정체성이고, 무아는 성인의 정체성이다. 무아는 '나가 없음'이 아니라 '고정불변의 나가 없음'을 말한다. 고정불변하지 않는 나는 있다. 고정불변의 나는 아트만의 '아'를 이야기한다. 이러한 아트만의 '아'는 존재하지 않는다는 것이다. 고정불변하는 것으로 생각되는 나는 단지 만들어진 것일 뿐이지, 있는 그대로의 모습에서는 그러한 나는 없다. 고정불변하는 것으로 생각되는 나는 탐진치에 의해서 만들어진다. 반대로 이때 만들어진 나는 탐진치를 더욱 증장시킨다. 탐진치와 나는 순환적으로 증장하면서 고정불변의 나를 만들어간다. 이러한 탐진치에 의해서 만들어진 나에 정체성을 부여하고, 집착하는 것이 범부의 자아, 범부의 정체성이다.

성인의 경우는 이러한 고정불변의 나는 없다는 것을 알고, 탐진치를 제거함으로써 무아, 즉 나라고 할 만한 것이 없다는 것으로 나아간다. 이러한 과정 속에서 고정불변의 나는 해체되어가지만, 탐진치가 제거된 인간의 기능은 순기능적으로 작용한다. 탐진치가 제거된 상태에서 작용하는 인간의 기능은 기능 자체가 정체성이 된다. 이러한 정체성은 무아, 즉 집착하지 않는 기능성을 말한다. 무아를 '나가 없다'는 것으로 해석해서 인간존재를 부정하는 것으로 나아가는 것이 아니다. '유아가 되어야 무아가 된다'는 논의도 이미 고정적인 아를 설정하고 하는 논의이다. 이와는 반대로 인간은 이미 기능하는 마음을 가지고 있는데, 단지 이것이 탐진치에 의해서 집착적, 고착적으로 기능하는 것을 반대한다. 이미 가지고 있는 기능이 단지 원래의 기능대로 순기능적으로 기능하면 된다. 이것이 무아의 정체성이다.

다원적 경향성에서는 탐진치에 의해서 역기능을 하고, 탐진치가 제거되면서 순기능을 한다. 일원적 경향성에서는 선불교의 불매연기에서와 마찬가지로 탐진치에 걸리지 않는 것을 목표로 한다. 탐진치의 제거는 개인을 넘어서 전체적인 차원에서 이루어지기 때문에 전체적인 차원에서 탐진치를 제거하기 이전에는 이들에게 걸리지 않는 것이 우선이다. 걸리지 않음은 마음의 전체성, 즉 마음을 일원적 경향성에서 보기 때문에 가능한 논의이다. 나아가서는 탐진치와 불탐·부진·불치의 구분은 없어지고, 단지 걸리는가 걸리지 않는가의 유무만 있을 뿐이다.

4) 식의 중층성 이론

자아와 무아의 문제만큼 의식과 무의식의 문제는 서구심리학과 불교심리학이 대립하는 지점이다. 서구에서 의식과 무의식은 의식적 자각과의 거리에 의해서 정해진다. 무의식은 자체적인 영역을 확보하면서 의식과 소통한다.[27] 이러한 무의식이 의식의 영역으로 나오면서 신체적인 병리를 일으킨다는 것을 집중적으로 연구한 사람이 프로이트(S. Freud)이다.

칠식(七識)과 팔식(八識)의 관계도 마음의 두 가지 경향성에 따라서 두 가지로 볼 수 있다. 유식불교에서 칠식은 견만애치(見慢愛痴)에 의해서 물들어 있는 염오식을 말한다. 이숙식으로 불리는 알라야식은 무기(無記), 즉 좋고 나쁜 것으로 평가할 수 없는 결과의 마음으로 저장된 것을 말한다. 팔식은 육식으로 현현할 때마다 칠식을 통해서 항상 번뇌에 물들게

---

27 의식과 무의식의 관계를 연속과 불연속의 관점에서 다룬 논문으로 다음의 논문이 있다. 윤희조(2014), 「연속과 불연속의 관점에서 본 아비담마의 마음과 프로이드의 무의식」, 『동서철학연구』 제71호, pp.223-248.

되어 있다. 이러한 상태에서 육식, 칠식, 팔식은 모두 전식득지(轉識得智)가 되어야 된다. 이러한 관점에서 식(識)과 지(智)는 이원적으로 나누어져 있다고 할 수 있다. 이는 다원적 경향성을 나타낸다고 할 수 있다.

좋지도 않고 나쁘지도 않은, 즉 나에 의해서 평가되기 이전의 상태 그대로를 말하는 팔식은 원래의 상태를 말한다. 자성청정이라고 할 때 청정은 좋다는 의미가 아니라, 이러한 평가를 벗어나 있다는 의미이다. 이에 대해서 번뇌로 불리는 칠식은 자성청정에 대해서 객진번뇌의 역할을 한다. 자성청정과 객진번뇌는 선불교 개념으로 일원적 경향성을 나타낸다고 할 수 있다.

식은 중층적으로 발생하는데, 이들을 일원적으로 이해할 수도 있고, 다원적으로 이해할 수도 있다. 칠식과 팔식의 구분은 번뇌에 물든 식인가, 번뇌에 물들지 않은 식인가의 차이이다. 즉 의식과 무의식의 구분처럼 의식과의 거리에 따라서 분류하는 의식중심적 분류가 아니다. 오히려 번뇌중심적 분류라고 할 수 있다.[28] 그리고 이러한 번뇌를 보는 방법에는 두 가지가 있다는 것이다. 번뇌는 식과 항상 함께하는 것으로 식은 지혜로 바뀌어야 하는 것이다. 식과 지라는 다원적 경향성의 마음이다. 반면

---

28 번뇌중심적 분류는 불교의 전형적인 분류법인 목적중심적 분류를 반영한다고 할 수 있다. 불교의 궁극목적에 유익한가, 유해한가를 중심으로 분류한 것이라고 할 수 있다. 내는 마음과 받는 마음으로 분류할 때, 받는 마음은 팔식에 해당한다고 할 수 있다. 그리고 결과로서 받는 마음 자체는 좋고 나쁨에서 벗어나 있다. 즉 좋은 것도 아니고 나쁜 것도 아니다. 그러나 이 마음이 원인이 되어 마음을 내게 될 때, 즉 내는 마음은 범부의 번뇌에 따라서 항상 물들게 된다. 왜냐하면 범부는 번뇌로부터 자유로울 수 없기 때문이다. 칠식이라는 의(意)라는 감각기관에서 육식을 내게 되는데, 칠식은 번뇌에 물들어 있다고 할 수 있다.

팔식에 대해서 칠식은 외부적인 번뇌일 뿐이다. 우연한 번뇌로 연결되어 있으므로 일원적 경향성을 떠나지는 않는다. 이는 마음의 일원적 경향성을 나타낸다고 할 수 있다.

5) 정서와 몸이론

정서(emotion, 情緖)는 몸을 뜻하는 정(情)을 실마리(緖)로 밖으로(e) 드러나는(motion) 것이다. 이처럼 몸과 정서는 밀접한 관련이 있다. 색은 지수화풍 사대(四大)로 이루어지는데, 딱딱한 성질, 흐르는 성질, 뜨거운 성질, 움직이는 성질에 의해서 좋고, 나쁘고, 좋지도 나쁘지도 않은 느낌이 생겨난다. 이러한 느낌과 함께 다양한 정서가 발생한다. 아주 근원적 정서인 희로애락과 두려움 같은 일차적 정서와 이들이 다른 정서, 인지와 연합되어서 발생하는 이차적 정서가 발생한다. 이러한 정서는 역으로 인지에 영향을 미치게 된다. 정서와 인지는 상호증장적으로 발생하게 된다.

반대로 정서와 인지는 상호손감적으로 소멸될 수도 있다. 인지에 의해서 정서를 소멸시키고, 정서에 의해서 다시 인지를 소멸시키는 방향으로 나아갈 수 있다. 이때 인지 가운데 모든 인지적 기능에 포함되어 있는 보는 기능은 가장 토대가 되는 역할을 한다. 정서를 중심으로 몸과 마음의 기능이 연결될 수 있다. 이러한 정서와 인지 가운데 역기능적 정서와 인지는 번뇌라는 형태로 존재한다. 이러한 정서적, 인지적 번뇌를 제거하는 것은 몸과 마음 두 차원을 동시에 두고서 하는 작업이라고 할 수 있다. 그러므로 불교상담의 경우도 이 두 차원을 동시에 조망하고 다룰 수 있어야 한다. 정서를 중심으로 몸과 마음이 연결되어 있는 모습으로 보는 것은 마음의 일원적 경향성이 몸으로까지 확대된 것이라고 할 수 있다. 마음과 몸을 구분되는 실재로 보는 것은 다원적 경향성이라고 할 수 있다. 그러나 실재라는 차원에서 마음과 몸은 모두 실재라고 할 수 있다.

6) 봄의 이론－위빠사나와 견성

마음의 대표적인 기능은 아는 기능이다. 아는 기능은 생각하는 기능과 다른 기능이다. 생각은 이미 상(相)을 통한 앎이지만, 아는 기능은 단지 구분하는 앎이다.[29] 이는 선불교에서 이야기하는 분별과는 다르다. 분별은 상을 통해서 아는 앎이다. 단지 구분하여 아는 것은 직관적인 앎을 말한다. 이때의 앎은 보는 앎이라고 할 수 있다. 위빠사나라고 할 때 빠사나(passanā)가 보는 것이고, 견성이라고 할 때 견(見)이 보는 것이다.

마음의 일원적 경향성에서는 단지 보는 것만이 할 수 있는 유일한 것이다. 왜냐하면 구분되어 있지 않기 때문이다. 있는 그대로의 실재의 모습에 대해서 뭐하나 더할 것도 뺄 것도 없다.[30] 이러한 상태를 보는 것 말고는 달리 할 것이 없다. 상을 만드는 것도 이미 있는 그대로의 모습 이외에 무언가를 만드는 것이므로 일원적 경향성과 맞지 않다. 오로지 보는가, 보지 못하는가의 이 차이만 있을 뿐이다.

반면 다원적 경향성에서 보는 것은 탐진치를 없애는 가장 중요한 방법

---

29 윈냐냐(viññāṇa)는 구분하여 아는 것을 말한다. 또는 위(vi)를 '뛰어난'으로 해석하면 뛰어나게 아는 앎이다. 이때의 위(vi)는 위빠사나의 위(vi)이다.

30 『반야심경』의 공의 실재모습을 묘사하는 장면 가운데 하나인 부증불감(不增不減)을 의미한다.

이다. 제거의 방법으로 보는 것을 사용한다. 무상·고·무아라는 있는 그대로의 모습으로 나아가기 위해서 탐진치를 보는 것을 통해서 탐진치를 제거하는 것이다. 위빠사나라는 뛰어난 봄을 통해서 탐진치를 제거하는 것이다. '뛰어난'이라는 용어는 탐진치 제거에 능숙한 것을 말한다. 즉 차이가 있는 다원적 경향성을 대표한다고 할 수 있다. 반면 견성이라고 할 때 견은 있는 그대로의 모습, 즉 성을 보는 것이다. 단지 보는 것일 뿐이다. 이는 일원적 경향성을 대표한다고 할 수 있다.

7) 말과 실재의 이론－지월과 무상

불교상담에서 언어는 불교적 맥락에서 이해되어야 한다. 언어를 이해하는 데도 마음의 두 가지 관점이 적용될 수 있다. 언어는 실재와의 관계 속에서 이해되어야 한다. 언어는 고정성(rigidness)을 담지하려는 특징을 가지고 있다. 언어에 의해서 하나의 단어, 문장이 완결될 때 실재자체는 이미 변화하고 있다. 항상 언어는 실재와 차이를 가질 수밖에 없다. 이것은 언어가 가질 수밖에 없는 태생적 한계라고 할 수 있다.

이러한 한계 속에서 실재를 가리키는 역할을 하는 것이 언어가 할 수 있는 최선이다. 이를 언어의 지월적(指月的) 기능이라고 할 수 있다. 언어가 달 자체는 될 수 없지만, 달 또는 실재를 가리키는 역할을 할 수 있다. 언어를 통해서 마음이라는 실재를 명료화하고, 지시하고, 드러내고, 직면하고, 소통하게 하는 기능을 할 수 있다. 물론 반대로 언어가 실재를 왜곡하고, 은폐하고, 숨기고, 불통하게 하는 기능도 가능하다. 불교상담에서는 언어의 지월적 기능을 지향하고자 한다.

언어가 실재를 드러내는 방향성이 있는 반면, 언어는 실재가 될 수 없다는 것을 일깨우는 방향성이 있다. 선문답에서 언어의 이치, 즉 논리적으로 더 이상 나아갈 수 없는 길(aporia, 言語道斷)로 나아감으로 인해서 언어에 의한 상(相)의 세계를 만들지 못하도록 한다. 만들어진 상의 세계는 결코 실재가 아니라는 것을 보여주고자 한다. 혜능도 『단경』에서 대치법을 통해서 이러한 상의 세계를 타파하려고 한다.[31] 불립문자, 개구즉착의 선구(禪句)도 실재로 나아가게 하는 모습이다. 『중론』의 사구분별의 타파도, 『유마경』의 유마거사의 침묵도 이러한 실재를 드러내고자 하는 노력이다.

이처럼 언어를 지월적 기능으로 사용하는 경우와 언어의 한계를 지적하는 무상적(無相的) 기능이 있다. 지월적 기능은 한계를 가지고 있지만 언어의 기능을 인정한다. 이는 마음의 다원적 경향성과 연결되어 있다. 무상적 기능은 언어의 태생적 한계를 지적함으로써 실재를 드러내고자 한다. 이는 마음의 일원적 경향성과 연결되어 있다.

31 김호귀 역(2010), 『육조대사법보단경』, 경기도: 한국학술정보(주), pp.185-191.

본 장은 불교상담학이 가지고 있는 심리치유적 가치를 학문적으로 정립하고자 하는 시도이다. 그러한 관점에서 불교상담학을 불교상담이론과 불교상담방법론으로 나누어 본 장에서는 불교상담이론을 중심으로 고찰하고 있다. 먼저 불교상담의 주제가 되는 마음을 중심으로 불교상담을 정의하고 난 이후에 마음에 관한 두 가지 정의를 시도하고 있다. 마음에 관한 일원적 경향성과 다원적 경향성을 바탕으로 이후의 불교상담이론이 전개되고 있다. 본 장에서는 마음에 관한 위의 두 가지 관점을 중심으로 나머지 불교상담이론을 일관적으로 기술하고 있다.
마음의 활동기제를 나타내는 연기, 연기에 의해서 드러나는 모습, 불교상담에서 진단과 처방이론, 성격이론, 정체성 이론을 마음의 두 가지 경향성에 기반을 두고 밝히고 있다. 불교상담의 주요 주제가 될 수 있는 봄, 말과 실재, 식의 중층성, 정서와 몸에 관해서 마음을 보는 두 가지 관점이 일관적으로 적용되고 있다. 이처럼 본 장은 마음을 주제로 불교상담의 주요 주제를 일관적으로 기술하고 있으며, 불교상담의 주요이론으로 일곱 가지를 선택하고 있다. 이러한 시도 또한 본 장에서 처음으로 이루어지고 있는 작업이다. 이를 통해서 불교상담학이 주요상담이론으로서 틀과 체계를 갖추어나갈 수 있을 것이다.

참고문헌

Anuruddha 지음, 대림 스님, 각묵 스님 옮김(2002), 『아비담마 길라잡이』, 서울: 초기불전연구원.

Padmasiri de Silva 저, 윤희조 역(2017), 『불교상담학개론』, 서울: 학지사.

Raymond J. Corsini, Danny Wedding 편저, 김정희 역(2004), 『현대 심리치료 – 제6판』, 서울: 학지사.

Raymond J. Corsini, Danny Wedding 편저, 김정희 역(2017), 『현대 심리치료 – 제10판』, 서울: 박학사.

권석만(2012), 『현대 심리치료와 상담 이론』, 서울: 학지사.

김호귀 역(2010), 『육조대사법보단경』, 경기도: 한국학술정보(주).

미산(2010), 「초기불교와 상담심리」, 『대학원 연구논집』 제3집, pp.59-127.

백경임(2016), 「한국 불교상담의 현황 및 과제」, 『불교상담학연구』 제8호, pp.141-160.

龍樹菩薩 著 青目 釋 鳩摩羅什 漢譯, 김성철 역주(2001), 『中論』, 서울: 경서원.

윤희조(2014), 「연속과 불연속의 관점에서 본 아비담마의 마음과 프로이드의 무의식」, 『동서철학연구』 제71호, pp.223-248.

윤희조(2015), 「불교와 수용전념치료에 대한 재고찰」, 『동서철학연구』 제78호, pp.331-354.

윤희조(2016), 「자성(自性)의 의미변화에 관한 일고찰 – 『구사론』, 『중론』, 『단경』을 중심으로」, 『동서철학연구』 제81호, pp.153-180.

윤희조(2017), 「마음의 기능을 중심으로 한 불교심리학의 정의와 분류에 대한 일고찰 」, 『동서철학연구』 제85호, pp.209-236.

井上ウィマラ(2017), 「2 연기」, 『불교심리학사전』, 서울: 씨아이알.

MMK＝*Nāgārjuna Mūlamadhyamakakārikāḥ*, ed. by J. W. de Jong, Madras: The Adyar Livrary and Research Centre, 1977.

http://tripitaka.cbeta.org/T14n0475 維摩詰所說經.

http://www.etymonline.com/index.php?allowed_in_frame＝0&search＝meditation

T.48.No.2005. 禪宗無門關.

10 과정과 기법으로 보는 불교상담방법론

"상담은 기법이 아니라 이론에서 승패가 결정된다."라는 말이 있다. 이러한 언급은 서구상담에서 다양한 방법론과 기법이 등장하는 현실에서 의외일 수 있다. 프로이트는 자신의 임상경험을 통해서 마음의 빙산모델을 제시한다. 마음을 빙산모델로 설명하므로 물밑에 있는 보이지 않는 빙산을 드러내는 것이 심리치료의 목표가 된다. 만약 프로이트가 빙산모델이 아닌 다른 모델을 제시하였다면, 자유연상과 같은 방법론은 아마도 다른 방법론으로 대체되었을 것이다. 이처럼 마음을 어떻게 보는가에 따라서 이후의 심리치료와 상담모델이 결정된다고 할 수 있다. 즉 상담이론을 전제로 상담방법론이 도출될 수 있다는 이야기이다.

이러한 논의는 불교상담에 대해서도 동일하게 적용할 수 있다. 불교상담이론으로부터 불교상담방법론이 도출될 수 있다. 또한 불교상담이론은 불교심리학으로부터 도출될 수 있다. 불교상담이론은 불교심리학에서 마음을 바라보는 관점을 기반으로 기술할 수 있다. 불교심리학은 마음의 원래의 모습에 중점을 두는 일원적 모델, 마음의 다양한 기능에 중점을 두는 다원적 모델을 제시한다. 마음을 바라보는 두 가지 관점을 바탕으로 불교상담이론은 불교상담의 주제가 되는 마음에 대한 관점, 마음의 활동기제인 연기에 대한 관점, 목표를 바라보는 관점, 현실을 바라보는 관점, 성격을 바라보는 관점, 정체성 이론 등을 조명하고 있다.[1] 이는 불교심리학에서 마음을 바라보는 두 가지 관점, 즉 일원적 관점과 다원적 관점을 일관되게 유지하고 있다고 할 수 있다.

이를 통해서 불교 안에서 불교심리학의 위치를 정립하고, 불교심리학의 주제인 마음을 두 가지 관점에서 정립한다. 불교심리학을 분류하면서 불교심리학의 한 분야로서 불교상담을 위치시키게 된다.[2] 불교상담은 불교상담이론과 불교상담방법론이라는 두 가지 분야를 중심으로 살펴볼 수 있다. 본 장은 불교상담방법론에 대해서 마음을 바라보는 두 가지 관점을 유지하면서 이를 논의하고자 한다. 이를 통해서 불교상담이론과 불교상담방법론을 불교심리학에서 바라보는 마음에 대한 두 가지 관점에 기초하여 기술할 수 있음을 보이고자 한다. 불교상담방법론을 불교상담의 특징, 불교상담가의 자세, 상담자와 내담자가 만나는 상담공간, 불교상담이 이루어지는 과정, 불교상담의 기제, 불교상담의 기법의 차원에서 밝히고자 한다. 이 가운데서도 불교상담의 과정과 기법을 중심으로 다루고자

---

1 윤희조(2017b), 「불교상담의 정의와 이론에 관한 일고찰」, 『보조사상』 49집, pp.487-515.

2 순서대로 다음의 논문을 참조할 수 있다. 윤희조(2017a), 「마음의 기능을 중심으로 한 불교심리학의 정의와 분류에 대한 일고찰」, 『동서철학연구』 제85집, pp.209-236; 윤희조(2017c), 「불교심리학의 관점에서 보는 네 가지 차원의 마음」, 『동서철학연구』 제86집, pp.127-151.

한다. 실제 상담이 진행되는 과정과 실제 상담에서 활용되는 기법에서도 마음의 두 가지 관점이 잘 드러나기 때문이다.

불교상담가를 중심으로 놓고 볼 때, 불교상담가는 불교심리학과 불교상담이론을 접하고, 불교상담의 특징을 숙지하고, 불교상담가의 자세를 갖추고서, 불교상담의 공간에서 내담자를 만난다. 이처럼 불교상담이 실제로 이루어지는 과정 속에서 불교상담가가 지향해야 하는 것은 무엇이며, 불교상담이 치유효과를 내는 기제는 어떤 것이며, 불교상담에서는 구체적으로 어떤 기법이 사용되는지를 본 장에서 살펴보게 될 것이다.

1. 불교상담의 특징

불교상담은 불교심리학에 기반을 둔 상담이며, 불교심리학의 주제인 마음을 주제로 하는 상담이며, 마음의 원래 모습을 알아가는 상담이고, 마음의 기능을 회복하고 원활하게 하는 상담이라고 할 수 있다. 이러한 불교상담은 불교상담의 특징을 통해서 좀 더 자세하게 드러날 수 있다.

서구상담에서는 상담을 전통적으로 지시적 상담, 비지시적 상담으로 구분한다. '지시적', '비지시적'은 상담방법론의 일종이다. 불교상담에서 이러한 구분법을 적용하기에는 어려움이 따른다. 왜냐하면 방법론 자체만으로 상담을 분류하기에는 어려움이 있기 때문이다. 이러한 방법론은 목표와 연관해서 볼 경우에 정확한 이해가 가능하다.[3] 붓다의 대화의 경

---

3 윤희조(2017d), 「불교의 언어, 불교상담의 언어」, 『대동철학』 81집, pp.239-261.

우도 지시적 방법과 비지시적 방법을 동시에 사용하고 있다. 구체적으로 하나하나 설명하는 경우가 있는 반면, 침묵하는 경우도 있다. 불교상담의 두 가지 모델이라고 할 수 있는 사성제모델과 불이모델에서도 지시적인 방법과 비지시적인 방법이 동시에 사용될 수 있다. 이처럼 불교상담은 지시적·비지시적이라는 구분보다는 목표지향적(goal oriented)이라고 할 수 있다. 목표에 따라서 방법론을 다양하게 사용할 수 있는 것이지 방법론이 목표에 우선한다고 할 수는 없다. 또한 목표를 '지향'하는 것이지 목표의 성취는 아니므로, 현실적 목표를 내담자의 능력과 상태에 맞추어 구체적으로 설정하여야 한다는 것은 여전히 남는 과제라고 할 수 있다.

또한 불교상담의 특징은 마음의 두 가지 경향성, 즉 일원적 경향성과 다원적 경향성에 따라서 볼 수 있다. 일원적 경향성은 마음의 원래의 모습을 아는 것에 중점을 두므로, 불교상담은 내담자의 이해와 견해[知見]를 열고 넓혀간다고 할 수 있다. 지견을 열고 넓히는 것은 마음의 일원적 경향성에 따른 마음의 연결성, 상호의존성, 무아성, 공성 등을 아는 것을 의미한다. 이제까지 구별되고 나누어져 있는 다양한 이해를 하나의 관점에서 이해할 수 있는 지견을 넓혀가는 것을 말한다. 이는 연결성을 중시하는 관점이고, 통찰지와 반야지로 나아가는 과정이라고 할 수 있다. 불교상담은 구별과 나눔으로 인해서 좁아진 관점을 열고 넓히는(open and broaden) 특징을 가진다.

이처럼 열고 넓히는 것이 일원적 경향성의 특징이라면, 제거하고 푸는(eliminate and liberate) 것은 다원적 경향성의 특징이라고 할 수 있다. 마음의 유해한 심소를 제거하고 유해한 심소의 멍에와 족쇄를 푸는 것이다.

다원적 경향성에 의하면 마음의 느끼고 생각하고 의도하는 기능은 심소(心所)와 결합되어야만 활동할 수 있다. 유해한 마음을 낸다는 것은 유해한 심소와 결합하는 것이다. 이러한 특징으로 인해서 불교상담은 상담과정을 통해서 지속적으로 유해한 심소를 제거하고 풀어낼 수 있다. 일원적 경향성과 다원적 경향성은 상호보완적으로 작용할 수 있다. 연결성에 대한 인지는 유해한 심소의 제거를 통해서 더 확장되고, 더 확장된 인지는 유해한 심소의 더 근원적 제거로 이어진다. 마음의 중층성으로 인해서 연결과 제거는 단선적으로 이루어지는 것이 아니라, 복합적이고 중층적으로 이루어지기 때문에 연결과 제거는 상호보완적으로 작용할 수 있는 것이다. 마음의 일원적 경향성과 다원적 경향성이 가지는 두 가지, 즉 '열고 넓히고', '제거하고 푸는' 특징은 마음의 원래의 상태와 기능을 회복한다(recover)는 점에서는 동일하다고 할 수 있다.

또한 불교상담은 넓이에 있어서 보편적이고(universal), 깊이에 있어서 근원적이라는(fundamental) 특징을 가진다고 할 수 있다. 보편성은 불교상담이 다루는 문제의식의 보편성에서 찾을 수 있다. 불교상담은 모든 인간이 가지고 있는 괴로움[苦]을 문제로 삼고 있으므로 인간의 모든 문제를 다룰 수 있게 된다.[4] 불교상담은 하나의 증상에 대해서만 효과를 내는 대

---

4 괴로움[苦]은 단순히 통증(pain)을 의미하지 않고, 겪는 것(suffering)을 의미하고, 더 나아가서는 불만족(unsatisfactoriness)으로 번역된다. 최근에는 스트레스(stress)라는 번역어도 등장하고 있다. 외부로부터 받는 자극에 대한 반응(response), 긴장(strain)이라는 의미로 스트레스를 이해하면, 괴로움은 모든 유기체와 연관되는 문제라고 할 수 있을 것이다. 이에 대해서는 다음의 논문을 참조할 수 있다. Boyd W. James(1986), "Suffering in Theravāda Buddhism", Tiwari N. Kapil (Ed.), *Suffering:*

증적인 것이 아니라 하나의 문제를 해결함으로써 보편적인 문제해결로 나아가고자 한다. 이는 마음의 연결성으로 인해서 가능하다고 할 수 있다. 또한 불교상담이 근원적이라는 것은 이러한 문제에 대한 근원적인 해결책을 제시한다는 측면에서 볼 수 있다. 궁극적인 목표와 현실적인 목표 사이에 차이는 있지만, 궁극적인 목표를 지향한다는 점에서 불교상담은 근원적인 해결책을 제시한다고 할 수 있다. 불교상담의 궁극적인 목표가 비현실적이라고 평가받고, 실현가능성에 대해서 의심받는 것은 그만큼 해결책이 근원적이기 때문이다. 그러나 불교상담은 근원적인 마음까지 다루고 있기 때문에 심리적인 문제해결만을 목표로 하지 않고, 근원적인 문제를 다룰 수 있는 가능성이 열리게 된다. 이러한 근원성은 불교상담의 현실적 목표를 다양하게 수립할 수 있도록 돕는다. 심리적인 문제의 해결에서부터 고차의 성취까지 이룰 수 있는 목표를 설정하는 것이 가능해진다. 이렇게 되면 심리적인 문제로 인한 재발의 위험성을 방지할 수 있는 방법이 제시될 수 있다.

이처럼 불교상담은 목표지향적이고, 열고 넓히고, 제거하고 풀고, 보편적이고, 근원적이라는 특징을 가진다. 그러므로 불교상담은 불교의 궁극적 목표를 지향하는 상담이고, 내담자의 지견을 열어가는 상담이고, 유익하지 않은 심소를 제거하고 푸는 상담이고, 보편적인 주제를 근원적인 차원에서 다루는 상담이라고 할 수 있다.

Indian Perspectives, Delhi: Motilal Banarsidass, pp.154-158; 윤희조(2015), 「불교와 수용전념치료에 대한 재고찰」, 『동서철학연구』 78호, pp.345-349.

2. 불교상담가의 자세와 역동적 상담공간

불교상담에서는 불교상담가가 어떤 인식과 자세를 가지고 있는지에 따라서 이후의 상담이 좌우된다고 할 수 있다. 그러므로 불교상담가의 자세는 보통 불교상담의 과정과 기제보다 먼저 서술되어야 할 것이다.[5] 상담장면에서 가장 먼저 상담자가 있고, 상담가와 내담자가 함께 상담공간에서 만나고, 이후에 내담자의 변화가 드러난다. 불교상담방법론도 이러한 순서에 따라서 전개할 수 있을 것이다. 그러므로 상담자가 어떤 선이해(preunderstanding)와 태도(attitude)를 가지고 상담 장면에 임하는지가 이후의 상담과정에 중요한 영향을 미친다고 볼 수 있다.

불교상담가의 자세도 또한 마음의 두 가지 경향성을 기반으로 살펴볼 수 있다. 일원적 경향성에 따라서 마음의 원래 상태에 대한 이해가 있어야 한다. 마음을 무아성, 공성, 연결성으로 이해할 수 있어야 한다. 불교상담의 열림의 특징에 따라서 불교상담가는 열린 태도(attitude of openness)를 가져야 한다. 이는 단순히 열린 마음뿐만 아니라 불교의 무아이론, 공이

---

5 이는 서구상담에서도 유사하게 다루고 있는 것으로 보인다. 상담가의 자세를 다루는 챕터가 우선적으로 기술되고 있는 것을 볼 수 있다. '인간 그리고 전문가로서의 상담가', '효율적인 상담가에게 필요한 역량과 자질', '효과적인 카운슬러되기', '상담가의 자질', '유능한 심리상담/치료자의 특성'이라는 소제목으로 다음의 저서 전반부에 위치하고 있는 것을 볼 수 있다. 제럴드 코리 지음, 천성문 외 옮김(2017), 『심리상담과 치료의 이론과 실제』, 서울: Cengage Learning; 신경진 저(2010), 『상담의 과정과 대화 기법』, 서울: 학지사; Les Parrott III 지음, 신우철 옮김(2011), 『카운슬링과 심리치료』, 서울: 창지사; 김춘경(2016), 『상담의 이론과 실제』, 서울: 학지사; Christiane Brems 지음, 조현춘, 이근배 옮김(2005), 『심리상담과 치료의 기본 기술』, 서울: 아카데미프레스.

론, 연기이론에 따른 태도라고 할 수 있다. 또한 개시오입(開示悟入)이라는 수행체계에서 제일 먼저 등장하는 것이 열린 자세이다.[6] 그리고 마음을 감각기관으로 볼 때에도 감각기관의 열린 상태가 우선이라고 할 수 있다. 견성(見性)의 경우도 '보다'라는 감각을 사용하고, 위빠사나(vipassanā)의 경우도 '보다'라는 감각을 사용한다. 마음을 열린 모델로 대할 때 내담자와의 경청, 공감, 수용 등이 이루어진다고 할 수 있다. 이처럼 열린 마음, 개안(開眼)된 상태, 점안(點眼)된 상태는 불교상담가의 첫 번째 덕목이라고 할 수 있다.

마음의 다원적 경향성과 관련해서 불교상담가의 마음의 다양한 기능은 순기능(eufunctional)할 수 있어야 한다. 왜냐하면 상담가 자신의 마음이 역기능적으로 작용할 경우에는 내담자에 대해서도 역기능적으로 작용할 수 있기 때문이다. 번뇌가 제거된 만큼 내담자의 마음의 움직임을 걸림 없이 볼 수 있게 된다. 상담자 자신의 번뇌를 제거하는 것은 상담자 자신을 위한 것일 뿐만 아니라 내담자에 대한 상담자의 의무라고도 할 수 있다. 이는 불교상담가의 두 번째 덕목이라고 할 수 있을 것이다. 첫 번째 덕목과 두 번째 덕목은 상호보완적으로 함께 나아가게 된다.

이러한 덕목을 갖춘 불교상담가는 상담공간에서 내담자를 만나게 된다. 공간에 대한 불교적 이해는 상담공간에 대한 이해를 돕는다. 불교의 인간관이 오온(五蘊)이라는 기능적 존재, 불성(佛性) 또는 자성(自性)이라

---

6 『妙法蓮華經』「方便品第二」 T.9.No.262.07a23-27. 諸佛世尊.欲令衆生開佛知見使得清淨故出現於世.欲示衆生佛之知見故出現於世.欲令衆生悟佛知見故出現於世.欲令衆生入佛知見道故出現於世.

는 가능적 존재라면,[7] 불교의 세계관과 공간관은 처계(處界)라고 할 수 있다. 감각기관과 감각대상이 만나는 영역으로서 처(處)는 인간과 세계가 만나는 장소를 의미한다. 감각기관 가운데 마음의 감각기관인 의(意)와 감각대상인 법(法)이 만나는 처는 불교상담 장면에서 중요한 의미를 가진다.[8] 마음이 매순간 생멸하므로 이때 의와 법도 함께 생멸한다. 그러므로 마음의 생멸로 인해서 인간과 세계가 만나는 공간도 생멸과 은현을 반복한다. 그리고 십팔계(十八界)로 나누어지는 계, 즉 세계(世界)도 생멸과 은현을 지속한다. 매순간 생멸과 은현을 거듭하면서 새롭게 열려가는 역동적 공간(dynamic space)이 세계이다.[9] 상담의 공간도 이러한 역동적 공간의 하나이다. 인간과 세계의 모습은 매순간 생멸하는데 마음이 생멸하지 않는다면, 있는 그대로의 모습을 반영할 수 없다. 역동적 공간은 생멸하는 마음의 또 다른 이름이라고 할 수 있다.

---

7 기능적 존재는 다원적 경향성에 기반을 둔 인간관이라고 할 수 있고, 가능적 존재는 일원적 경향성에 기반을 둔 인간관이라고 할 수 있다. 그리고 혜능(慧能)으로 가면 불성(佛性)을 자신이 가지고 있는 것으로써 자불성(自佛性), 자성(自性)으로 본다. 자신이 아닌 외부에서 찾는 불성을, 그것이 불성이라고 할지라도 비판한다. 그러므로 불성과 함께 자성을 추가하고 있는 것이다. 윤희조(2017a) p.221.

8 나머지 안이비설신(眼耳鼻舌身)이라는 감각기관과 색성향미촉(色聲香味觸)이라는 감각대상이 만나는 처(處)도 있다. 이들은 외부대상에 대한 외부감각이라고 한다면, 의(意)와 법(法)은 내부대상에 대한 내부감각이라고 할 수 있다.

9 여기에서도 열린 마음을 강조하는 이유를 볼 수 있다. 세계가 매순간 열려감에 따라서 마음도 매순간 열려갈 수 있어야 한다. 마음과 세계의 열려감은 있는 그대로의 실재(reality)를 반영하는 것이라고 할 수 있다. 실재의 생멸을 반영할 경우 마음과 세계는 생멸을 거듭하게 된다. 처계에 대해서는 다음을 참조할 수 있다. 이중표(2002), 『근본불교』, 서울: 민족사, pp.124-167; 각묵 스님(2010), 『초기불교이해』, 울산: 초기불전연구원, pp.184-208.

이러한 역동적 공간과 역동적 마음 안에서 상담자와 내담자가 만나게 된다. 상담자의 마음이 매순간 역동적으로 생멸하면서,[10] 내담자의 마음을 원래의 생멸의 상태로 돌아가게 하는 것이다. 묶이고, 걸려서 제대로 생멸할 수 없는 내담자의 마음을 생멸하게 하는 것이다. 이를 통해서 마음은 열리고 넓어지게 되고, 유해한 심소는 제거되고 풀리게 된다. 그러나 제대로 생멸할 수 없기 때문에 왜곡되고, 사라지지 않게 된다. 이는 항상 생이 강조되거나, 항상 멸이 강조되거나, 왜곡되게 생멸하거나, 생멸하지 못하는 경우이다. 내담자의 마음을 오온으로 보면, 걸리고 묶여 있는 상태인 오취온(五取蘊)의 상태에 머물면서 집착하고 이로 인해서 괴로운 것이 대부분의 상담 장면이다. 그렇다면 이후의 상담의 전개과정은 내담자의 오취온의 상태를 원래의 기능하는 오법온(五法蘊)으로 돌아오도록, 회복하도록 하는 과정이 될 것이다. 오법온을 회복하는 것이 상담의 목표가 되고, 오취온에서 오법온으로 나아가는 것이 상담의 과정이 된다.

3. 불교상담의 과정

불교심리학과 불교상담이론에 대한 이해와 불교상담자의 태도를 갖춘 불교상담자는 상담공간에서 내담자를 만나게 된다. 불교상담이 진행되는

---

10 상담자가 열린 마음, 생멸하는 마음을 유지하는 것은 내담자와 상담자 자신에 대한 의무라고 할 수 있다. 정신역동(psychodynamics)이라는 용어와 대비해서 불교상담의 이러한 측면을 마음역동(minddynamics)이라고 할 수 있을 것이다.

과정 속에서 이후에 다루게 될 다양한 기제와 기법이 사용된다. 서구상담에서도 상담이 진행되는 과정에 따라서 각 단계별로 이루어지는 과제를 분류하고 있다.[11] 불교상담의 과정은 초기, 중기, 후기과정으로 나누어볼 수 있다.

1) 초기과정

불교상담의 초기과정에서 내담자와 함께 목표를 정하는 것은, 궁극적인 목표가 있다고 할지라도, 이를 지향하는 구체적이고 현실적인 목표를 정하는 것을 말한다. 궁극적인 목표가 실현되지 않는다고 할지라도 상담자가 이러한 목표를 알고 있는 것은 중요하다. 방향성으로서의 목표가 없다면, 상담은 목표와는 다른 방향으로 나아가게 될 것이다. 그러므로 상담자가 목표에 대해서 정확하게 이해하는 것은 상담의 전체적인 방향성을 잡아주는 역할을 하게 된다. 이러한 방향성이 설정되면 상담자는 내담자의 호소 문제를 보편적이면서도 근원적인 차원에서 바라보는 시각을 가지고 접근해야 한다. 내담자의 문제 가운데 사소한 문제는 없다. 왜냐하면 사소하다고 생각되는 문제가 보편적이고 근원적인 문제의식과 연

---

11 상담과정을 탐색 단계, 통찰 단계, 실행 단계로 구분하는 경우, 상담의 시작 단계, 발전 단계, 행동변화 단계, 종결 단계로 구분하는 경우, 초기 단계, 중기 단계, 종결 단계로 구분하는 경우 등을 볼 수 있다. 본 장에서는 시간에 따른 구분을 따른다. 각각의 단계에 시간적 순서 이외의 이름을 붙이는 경우에는 그 이름에 따른 것만이 발생하는 것으로 생각할 수 있기 때문이다. 실제로는 다양한 변화가 동시에 가능할 수 있다. Clara E. Hill 지음, 주은선 옮김(2012), 『상담의 기술』, 서울: 학지사; 송현종, 노안영(2006), 『상담의 원리와 기술』, 서울: 학지사; 천성문 외 지음(2015), 『상담심리학의 이론과 실제』, 서울: 학지사.

결되어 있기 때문이다. 증상에 대한 대증적 요법뿐만 아니라 근원적인 연결성을 볼 수 있어야 한다.

불교상담의 시작점은 내담자의 괴로움이다. 사성제모델 가운데 고(苦)로부터 나머지 집멸도(集滅道)가 가능한 것이다. 괴로움에 대한 올바른 인식이 불교상담의 출발점이다. 이는 괴로움을 발견하는 것인 동시에 괴로움에 대한 올바른 견해가 생길 수 있도록 하는 것이다. 삼법인과 사성제 모두에 고(苦)가 들어 있는 것에서 볼 수 있듯이, 고에 대한 올바른 인식이 불교상담의 출발점이라고 할 수 있다면 고를 해결하는 것은 불교상담의 종착점이라고 할 수 있다. 팔고(八苦)의 마지막인 오음성고(五陰盛苦)가 인간존재 자체의 괴로움이라고 한다면 누구도 피할 수 없는 괴로움을 이야기하고 있는 것이다. 피할 수 없는 이러한 괴로움에 대해서 어떠한 견해를 가질 것인지가 나머지 문제해결의 실마리가 된다. 괴로움이 나만의 문제가 아니라 편재하는 문제이고, 비정상적인 상태가 아니라 정상적인 상태라는 의미이기도 하다. 이렇게 되면 자신의 괴로움을 새로운 관점에서 바라보게 된다. 자신만의 괴로움으로 집착하고 있던 것을 편재하는, 보편적인, 누구나 겪을 수 있는 괴로움으로 보게 된다. 이처럼 내담자의 괴로움은 보편적인 문제의식과 연결되어 있고, 삼법인에서 볼 수 있듯이 모든 존재의 특징과 연결되어 있다. 내담자 자신의 문제를 보편적이고 근원적인 관점에서 바라보게 되는 인식이 새롭게 열리게 되고, 그 안에서 자신의 문제를 바라보게 되는 새로운 인식의 지평이 전개된다고 할 수 있다. 상담가의 열린 자세는 경청, 공감, 수용을 가능하게 하면서도 인식의 지평을 열어주는 역할을 지속적으로 하게 된다.

2) 중기과정

불교상담의 중기과정에서는 내담자의 관점 또는 인식의 지평을 열어가는 작업과 유익하지 않은 심소를 제거하는 작업을 병행한다. 내담자의 관점이 열리면 열리는 만큼 이제까지 잠재해 있던 자신의 유해한 심소가 드러나게 되고, 드러난 유해한 심소를 제거하는 작업을 하게 된다. 유해한 심소를 제거하는 만큼 또한 견해가 열리게 된다. 열림과 제거는 상호보완적으로 이루어지게 된다. 열림과 제거는 함께 이루어져야 한다. 열림의 관점에서 제거가 이루어져야 하고, 제거는 또한 열림으로 나아가야 한다. 이러한 상호보완성은 연기적 관점에서 보면 당연한 과정이라고 할 수 있다. 이 작업을 중기상담에서 지속적으로 해나가야 한다. 그렇다면 불교상담의 중기과정에서는 언어적 표현을 중심으로 내담자로 하여금 마음의 원래 모습을 보게 하는 일원적 방향성으로 가는 것과 대치의 방법을 사용하여 계정혜로 나아가게 하는 다원적 방향성 두 가지가 가능하다.

열림에는 두 가지 방법이 있다. 마음과 심소 등 실재를 꾸준히 봄으로 인해서 이러한 실재가 가지고 있는 특징, 즉 생멸을 파악하는 방법이 있다.[12] 각각의 대상에 대해서 존재의 전체적인 특징을 파악하는 방법이 가능하다. 특히 신수심법(身受心法)이라는 대상을 중심으로 이들의 특징을

---

12 이는 수행적 차원에서 보면 위빠사나적인 방법이라고 할 수 있다. 사물의 있는 그대로의 모습을 바라보는 것, 사물의 무상, 고, 무아를 파악하는 것을 위빠사나라고 할 수 있다. 변화를 추구한다는 관점에서 보면 불교상담과 불교수행은 동일한 목표를 가지고 있다고 할 수 있다. 이러한 관점은 윤희조(2017a, 226-231)에서 볼 수 있다.

무상·고·무아로 보는 것이다. 이렇게 각각에 대하여 보는 것과는 달리 전체 실재의 특징을 한번에 보는 방법이 있다. 이 방법에서 파악되는 실재의 모습은 공(空), 불이(不二)이므로 한번에 통째로 보아야 한다. 전자가 마음의 다원적 경향성에 기인한다면, 후자는 마음의 일원적 경향성에 기인한다.

또한 제거의 방법도 마음의 경향성에 따라서 두 가지 방법으로 나누어진다. 다원적 경향성에서는 해로운 심소를 유익한 심소로 대치하는 대치법이 사용되는 반면, 일원적 경향성에서는 유익과 유해의 구분 자체가 실재의 모습에 맞지 않으므로 유익과 유해라는 반대를 동시에 봄으로 인해서 둘의 구분이 사라지게 하는 변증법이 사용된다. 전자가 부분적인 제거의 방법이라면, 후자는 전체적인 제거의 방법이라고 할 수 있다. 전자의 방법으로 팔정도와 오정심관이 대표적이라면,[13] 후자의 방법은 『육조단경』에서 혜능이 제시하는 변증법이 대표적이라고 할 수 있다.[14]

편재하는 괴로움의 원인인 집(集)을 세분화하면 탐진치(貪瞋痴)가 된다. 오정심관의 관점에서 보면 탐진치 가운데 탐에 대해서는 부정관의 방법, 진에 대해서는 자애를 계발하는 방법, 치에 대해서는 연기적 사고를 계발

---

13 오정심관에 대해서는 김재성, 강명희의 논문을 참조할 수 있다. 김재성(2006), 「초기불교에서 오정심관(五停心觀)의 위치」, 『불교학연구』 Vol.14, pp.183-224; 강명희(2013), 「오정심관 수행법을 통한 심리치료: 한역 『유가사지론』 중심으로」, 『보조사상』 39집, pp.298-332.

14 김호귀 역(2010), 『육조대사법보단경』, 경기도: 한국학술정보, pp.185-186. T.48. No.2008.360a26-b01. 吾今教汝說法. 不失本宗. 先須擧三科法門. 動用三十六對. 出沒卽離兩邊. 說一切法. 莫離自性. 忽有人問汝法. 出語盡雙. 皆取對法. 來去相因. 究竟二法盡除. 更無去處.

하는 방법을 통해서 불교상담이 이루어질 수 있다. 진(瞋)을 중요시하는 현대의 상담과는 달리 불교상담은 탐진(貪瞋)을 동전의 양면처럼 생각하므로 탐(貪)에 대한 문제를 중요시하는 것이 불교상담의 특징 가운데 하나라고 할 것이다.[15] 탐진치에 대한 대치법으로 팔정도의 계정혜(戒定慧)가 가능하다. 탐에 대해서는 계의 절제, 진에 대해서는 마음을 고요히 하는 정(定), 치에 대해서는 올바른 관점을 가지는 혜(慧)로 대치할 수 있다.

올바른 견해[正見]와 올바른 사유패턴[正思]은 상담자와 내담자의 생각과 연관된다. 사고의 패턴에 따라서 정견(正見)으로 나아갈 수도 있고, 사견(邪見)으로 나아갈 수도 있다. 거짓으로 하는 말, 욕설, 이간질하는 말은 단지 올바른 언어생활을 위한 것이 아니다. 어떤 용어를 사용하는가에 따라서 내담자의 사고방향과 사고패턴이 달라질 수 있기 때문이다. 그럴듯한 말은 없는 것을 있는 것처럼, 있는 것을 없는 것처럼 이야기한다. 이는 단순히 거짓말을 하는 것이 아니라, 사고패턴에 중요한 작용을 한다. 말과 행위에 의한 업(業)과 습(習)의 변화는 사고와 정서에 많은 영향을 미친다.

마음을 고요히 하는 정(定)은 불교상담에서 정서를 다루는 문제가 될 수 있다. 우울, 불안, 분노와 같은 현대인의 대표적인 정서적 병리를 다루

---

15 자본주의사회에서는 탐심에 대해서 관대한 측면이 있다. 오히려 탐심을 조장하기도 한다. 자본주의사회는 탐심의 극대화와 궤를 같이 하기 때문이다. 그러므로 탐심에 대해서 정확하게 알 필요가 있다. 탐심은 진심과 치심의 선두에 있는 마음이다. 탐심에 대한 제어는 이후의 진심과 치심을 다스리는 근본이 된다. 분노에 대한 치유를 분노 자체를 다루는 것이 아니라 먼저 탐심을 제어하는 것에서부터 시작하여야 한다고 할 수 있다.

는 방법이 될 수 있다. 여기에서 제시되는 것이 알아차림[念]의 방법론이다. 알아차림에 의해서 의식되지 않은 상태의 정서가 병리적 정서로 나아가는 것을 막아준다. 이때의 알아차림은 마음의 앎의 현재형이라고 할 수 있다. 완전한 앎으로 나아가기 위한 지금 여기에서의 아는 기능을 말한다. 이러한 알아차림의 기능으로 인해서 의식되지 않은 정서를 인지하게 되고, 부정적으로 나아가는 사고와 언어패턴을 바로잡게 된다. 사고의 패턴과 언어의 패턴이 병리적으로 나아가는 것을 막아준다. 이러한 알아차림의 힘이 점점 더 강화됨으로 인해서 마음의 원래의 상태를 확고부동하게 알게 되는 지혜[慧]로 나아가게 된다. 계와 정과 혜의 방법론에 의해서 탐진치가 감소하고 소멸로 나아가게 된다. 대치법과 차제에 의한 단계적인 접근법은 마음의 다원적 경향성과 연관이 되어 있다.

반면 마음의 원래 아는 기능을 극대화하는 접근법은 일원적 경향성과 연관되어 있다고 할 수 있다. 『육조단경』에서는 부정적인 것과 긍정적인 것의 본질을 파악하게 되고, 둘은 실체적으로 구분되는 어떤 것이 아니라는 것을 알게 되고, 더 이상 문제가 되지 않음을 알게 된다. 혜능은 36가지 대법(對法)을 제시하면서[16] 상에 집착하지도 말고 공에 집착하지도 말기를 주문한다. 일원적 경향성에서는 대치가 성립하지 않는다. 왜냐하면 이미 하나이기 때문이다. 여기에서는 하나임을 아는 것밖에는 다른 것이 없다. 아는 마음 자체도 이미 하나, 즉 불이(不二)임을 아는 것밖에는 달리 할

---

16 김호귀 역(2010) pp.187-188. T.48.No.2008.360b09-15. 無情五對… 法相語言十二對… 自性起用十九對.

것이 없게 된다. 마음의 일원적 경향성을 아는 것은 마음의 원래의 상태를 아는 것이다. 원래의 상태를 아는 것이 치유적인 작업이라는 것이다. 마음의 원래의 성질, 즉 무상, 고, 무아, 공, 불이를 안다는 것이 곧 치유적이라는 것이다.

이것이 치유적일 수 있는 과정을 살펴보면 예를 들어 마음의 무상성(無常性)을 안다는 것은 마음은 항상 변화하는 것을 아는 것이므로 나의 마음은 물론이고, 상대방의 마음도 변화하는 것을 당연하게 생각하게 된다. 지금의 괴로움이 실체적으로 지속되는 것이 아니라, 생멸을 거듭하면서 지속되는 것을 알게 되면 괴로움의 강도가 덜해지게 된다. 무상성으로 인해서 마음은 다음 순간에 일어나게 될 마음에 대해서 새로운 선택이 가능하게 된다. 마음의 고성(苦性)을 앎으로 인해서 괴로움은 도처에 깔려 있고, 괴로운 것이 정상적이고, 괴로운 것이 일상적이라는 것을 알게 된다. 이렇게 될 때 괴로움은 나만의 특별한 것이 아니게 되고, 자신의 괴로움의 정도가 경감되고, 상대방의 괴로움도 이해하게 된다. 괴로움이 경감되는 것은 타인에게도 이러한 괴로움이 있을 것이라는 가정하에서 괴로움의 무게가 한 개인에게만 집중되는 것을 막기 때문이다. 그리고 마음의 무아성(無我性)을 알게 되면, 마음의 모든 일이 실체성을 가지지 않기 때문에 그림자이고, 환이고, 물거품으로 생각함으로써 무게를 덜게 된다. 마음을 있는 그대로 보고, 알게 됨으로 인해서 괴로움의 무게가 경감될 수 있다. 이러한 무게의 경감은 번뇌즉보리, 열반즉생사라는 테제로 나아가게 된다. 이러한 테제는 마음의 아는 기능이 극대화되는 경우에 발현될 수 있는 것이다. 괴로움의 무게가 경감되는 것은 마음의 아는 기능, 아는 힘을 키우는 것에서 가능하게 된다.

3) 후기과정

불교상담의 후기과정에서는 궁극적 목표로 나아가는 길을 보여주고, 혼자서도 이러한 과정을 지속하는 방법을 알려주는 것이라고 할 수 있다. 궁극적 목표는 괴로움의 소멸[nirodha, 滅]을 말한다. 열림과 제거의 작업이 내담자에게 익숙해지고, 지속적으로 유지될 수 있도록 돕는다. 이 작업이 익숙해지고, 유지될 수 있고, 괴로움이 경감될 때 상담회기는 마무리되지만, 이후에도 내담자는 이 작업을 지속하여야 한다. 이는 불교상담이 제기하는 문제의식이 보편적이고 근원적이기 때문이다. 이 문제의 해결을 통해서 내담자에게 일어날 수 있는 이후의 문제에 대해서도 해법을 제시하기 때문이다. 그러므로 이러한 작업을 지속하는 것은 상담 이후에 발생할 수 있는 내담자의 문제에 대해서 미리 써주는 처방전(prescription) 역할을 할 수 있다.

4. 불교상담의 기제

불교상담의 과정은 초기, 중기, 후기과정으로 이루어지고, 각각의 단계마다 과업이 존재한다. 불교상담의 기제는 마음의 두 가지 경향성에 기반을 두고 있다. 기제는 치유가 일어나는 과정을 말한다. 불교상담이 진행되는 과정 중에서 치유적인 효과가 발생하는 기제를 열림(openness)과 제거(elimination)라는 두 가지 기제를 중심으로 살펴볼 수 있다. 이 두 가지 기제는 불교상담의 중기과정에서 지속적으로, 상호보완적으로 작용하고 있다.

열림은 내담자의 견해와 이해가 열려가고 넓어지는 과정을 말한다. 열림의 기제에 의해서 내담자는 닫히고 좁혀진 마음을 원래의 상태로 회복하게 된다. 열림의 기제는 내담자의 이해의 정도에 따라서 깊이와 넓이가 달라진다. 그러므로 열림의 과정은 상담이 진행되면서 지속적으로 진행된다. 제거는 해로운 심소를 풀어내는 과정을 말한다. 해로운 심소가 뭉쳐져 있기 때문에, 즉 집착되어 있기 때문에 해로운 작용을 하게 된다. 이러한 해로운 심소의 집착을 해체하고 풀어내는 작업은 또 다른 치유의 기제가 된다. 제거를 통해서 열림은 지속되고, 열림은 제거의 과정에 의해서 진행된다. 제거와 열림은 마음의 원래의 상태를 지향한다. 이러한 상태로 나아가는 방법론으로 제거와 열림이 상호보완적으로 제시되는 것이다. 또한 열기가 인지적인 방향성에 중점을 두고 있다면, 제거는 정서적인 방향성에 중점을 두고 있다고 할 수 있다. 집착되어 있는 정서를 풀어냄으로써 인지가 열려가게 되는 것이고, 인지가 열려감으로 인해서 기존의 집착되어 있던 정서가 풀려나게 된다. 둘은 상호보완적으로 마음의 원래 상태로 나아가게 된다.

제거가 다원적 경향성에 기반을 두고 있다면, 열기는 일원적 경향성에 기반하고 있다고 할 수 있다. 열기가 마음의 공성, 무아성, 연결성에 대한 인지라고 한다면, 이는 마음의 일원성을 보는 것이 된다. 제거는 마음의 다양한 유해한 심소의 집착을 풀어내는 것이므로 마음의 다원적 경향성에 기반을 두고 있다고 할 수 있다. 이로 인해서 마음의 다양한 기능이 역기능에서 순기능으로 나아가게 하는 작업이다. 기능 자체를 없애는 것이 아니라, 순기능하게 하는 것이다. 둘이 상호보완적으로 기능하면서 마음의 치유기제가 작동하게 된다.

불교상담의 기제를 오취온의 차원에서 보면 첫 번째로 내담자가 스스로 오취온인 줄 알게 하는 것이다. 이는 열림의 기제라고 할 수 있다. 괴로움을 없애고 싶어서 온 내담자라고 할지라도 어떤 것이 괴로움인지, 괴로움의 이유가 무엇인지를 명확히 알지 못하는 경우가 대부분이다. 상담의 과정에서 내담자 스스로 취(upādāna, 取), 즉 집착하고 있는 측면을 볼 수 있도록 해준다.[17] 집착하고 있는 측면을 동일시를 통한 동조에 의해서 증폭시켜 보여주거나, 탈동일시를 통한 거리두기에 의해서 보게 된다. 너무 작아서 못 보거나, 너무 가까워서 못 보는 경우라고 할 수 있다. 내가 이것 때문에 괴로웠구나 하는 것을 통찰하는 것만으로도 괴로움은 덜어진다. 이러한 인식은 이러한 취가 실체가 없다는 인식으로 나아가게 된다. 내가 집착하는 것에 대한 새로운 인식을 가지게 되는 것이다. 이러한 취를 보고 나면 두 번째로 취를 편하게 대하거나, 취를 이해하거나, 취의 실체없음을 알거나, 취를 바꾸거나, 취를 없애는 방법을 통해서 취에 변화를 가한다. 이 가운데 취를 바꾸거나 없애는 방법을 통해서 변화를 가하는 방법이 제거의 기제라고 할 수 있다. 실체 없음을 알거나 이해하는 것은 열림의 기제라고 할 수 있다. 열림의 기제가 바탕이 될 때 제거가 유의미

17 오취온의 취(upādāna, 取), 즉 취착에는 4가지가 있다. 감각적 욕망에 대한 취착(kāmupādāna), 사견에 대한 취착(diṭṭhupādāna), 계율과 의식에 대한 취착(sīlabbatupādāna), 자아의 교리에 대한 취착(attavādupādāna)이 있다. 이 네 가지는 모두 탐욕의 형태이다.

하게 지속될 수 있고, 제거가 될 때 열림의 기제가 작동할 수 있다.[18] 열림과 제거는 상호순환적, 증장적으로 진행된다.

5. 불교상담의 기법

불교상담은 마음을 주제적으로 다루는 상담이므로 마음과 관련된 상담기법이 중심이 된다고 할 수 있다. 불교상담의 목표는 마음의 원래 상태를 알고, 마음이 잘 기능하도록 하는 것이다. 이를 위해서 마음의 원래 상태를 아는 기법과 마음이 잘 기능하도록 하는 기법이 등장한다. 이들은 모두 마음의 원래 상태와 기능을 회복하는 것이라고 할 수 있다. 불교상담의 기법도 또한 마음의 두 가지 경향성에 따라서 각각 개발될 수 있다. 이는 불교상담의 기제가 열림의 기제와 제거의 기제로 제시되는 것과 동일한 맥락이다. 이러한 기제하에서 불교상담의 기법을 마음으로 주의를 돌리는 마음중심[中心], 마음을 열어가는 마음열기[開心], 마음을 풀어가는 마음풀기[解心]의 차원에서 볼 수 있다. 마음중심에는 알아차림 기법, 반

---

18 인지와 정서의 경우도 마찬가지이다. 인지치료의 영향으로 인지가 먼저이고 정서가 다음인 것으로 기술되고 있지만, 실제로는 정서적 번뇌가 제거되면서 새로운 인식이 생기고, 인식이 새롭게 생김으로써 정서적 번뇌가 제거된다. 둘은 상호 증장적으로 또는 상호손감적으로 작용한다. 불교에서 정서라는 용어를 따로 사용하지 않는다는 것도 의미심장한 언급이라고 할 수 있다. Paul Ekman, Richard J. Davidson, Matthieu Ricard, and B. Alan Wallace(2005), "Buddhist and Psychological Perspectives on Emotions and Well-Being", *Current Directions in Psychological Science* Vol.14, No.2, p.59.

조 기법이 있고, 마음열기에는 정견 기법, 연기 기법이 있고, 마음풀기에는 정행 기법, 정사유 기법, 정어 기법, 대치 기법, 발심 기법이 있다. 중심, 개심, 해심은 서로 밀접히 연관되어 있다. 중심이 개심과 해심의 전제가 된다면, 개심은 관점을 중심으로 하는 반면, 해심은 정서와 행동과 동기를 중심으로 한다고 할 수 있다.

1) 마음중심[中心]

마음중심은 마음에 주의를 기울이게 하는 것을 말한다. 대부분의 내담자는 '나 중심'으로 생각하고 말하고 행동한다. 언어와 생각의 대부분에서 '나'를 주어로 사용하고 있다. 집착적인 좁은 견해에서 나를 중심으로, 나를 주어로 사용한다. 이러한 상황에서 나가 아닌 마음이 중심이 되도록 바꾸는 것이다. 이러한 나 중심의 견해에서 마음중심의 견해로 나아가도록 하는 것을 말한다. 결국 마음중심은 나 중심, 즉 '유아(有我)'에서 마음중심, 즉 '무아(無我)'로 나아가는 것을 말한다. 불교에서 '무아(無我)'를 '나라고 할 만한 것이 없다'라는 의미로 이해할 때, 그렇다면 도대체 무엇이 있는지에 대한 물음에 불교상담은 마음이 있다[有心]는 답을 제시한다.

이때 '무아'는 '없다'는 것을 강조하는 것이 아니라, 마음중심으로 관점을 돌리는 것을 의미한다. 외부로 나아가는 시선, 나로 향하는 시선을 마음으로 돌려놓는다. 이를 위해서 상담자는 거울처럼 밖으로 나가는 시선을 반조해준다. 알아차림 기법, 반조 기법은 결국 마음중심으로 나아가기 위한 기법이라고 할 수 있다.

(1) 알아차림 기법

마음을 중심으로 한다고 할 때 우선 마음을 알아차리는 것[念, awareness]이 우선이다. 알아차림은 앎[知, knowing]으로 나아가게 되고 앎은 생각[思, thinking]으로 나아가게 된다. 앎은 생각이라는 개념화로 나아가게 되고 이는 더 이상 있는 그대로의 모습은 아니게 된다. 있는 그대로의 모습을 보고자 하는 알아차림은 아는 것으로 넘어가지 않고, 계속해서 알아차리고, 알아차리는 것을 말한다. 알아차림은 마음이 원래 있는 그대로의 모습을 보게 한다.

알아차림의 대상은 마음이다. 마음을 바로 알아차리기 힘들 경우에는 몸, 느낌, 생각을 알아차리게 한다. 내담자에게 어떤 마음이 드는지를 물을 때, 느낌을 이야기할 수도 있고, 생각을 이야기할 수도 있다. 또는 몸의 상태를 이야기할 수도 있다. 마음을 즉각적으로 알아차리기 어려울 때는 어떤 느낌이 일어나는지를 살피게 한다. 좋은 느낌인지, 나쁜 느낌인지를 알아차린다. 또한 다양한 생각을 알아차리게 한다. 원인을 정확하게 알지 못한 채 수많은 생각들이 떠오르는 것을 보게 한다. 이는 생각이 무상하게 생멸하는 것을 보게 하는 것이다. 하나의 생각에 집중이 안 되는 것은 당연한 것이고, 생각이 왜곡되는 것, 즉 인지적 왜곡도 당연한 것이다. 생각이 이러한 특징을 가지고 있다는 것을 내담자가 알아차리게 한다. 또한 몸을 알아차리게 한다. 몸은 거친 것이므로 비교적 잘 드러난다. 몸, 느낌, 마음, 생각을 알아차리는 것은 무상·고·무아라는 존재의 특징을 알아차리는 방법이 된다. 이러한 사처(四處, 身受心法)에서 무상하고, 괴롭고, 실체 없음을 보게 한다. 이렇게 될 때, 나를 중심으로 사물을 보는 것에서 벗어나 마음과 그 기능을 중심으로 보게 된다. 어떤 느낌, 마음, 생각이 일어나고 사라지는지를 알아차리는 것, 이러한 느낌, 마음, 생각 자체가 일어나고 사라지는 것을 알아차리는 것이 중요하다.

마음의 경우 나의 마음이 어떤지를 알아차리는 것이다. 나의 마음이 욕심이 있는지, 성냄이 있는지, 어리석음이 있는지를 살피는 것이다. 「대념처경」에서는 탐욕이 있는 마음, 탐욕을 여읜 마음, 성냄이 있는 마음, 성냄을 여읜 마음, 미혹이 있는 마음, 미혹을 여읜 마음, 위축된 마음, 산란한 마음, 고귀한 마음, 고귀하지 않은 마음, 위가 남아 있는 마음, 위없는 마음, 삼매에 든 마음, 삼매에 들지 않은 마음, 해탈한 마음, 해탈하지 않은 마음과 같이 16가지 마음을 제시한다.[19] 이밖에도 다양한 마음을 알아차릴 수 있다. 결국 마음이 어떤 상태인지를 알아차리는 것이다. 마음을 알아차림으로 인해서 마음의 근저에 탐진치가 있는 것을 알아차리게 되고, 나아가서는 탐진치의 근원에 결국 '나'가 있는 것을 알아차리게 된다. 그러므로 '나'는 탐진치의 근본이 된다고 할 수 있다. 이처럼 '나'는 탐진치를 근원으로 만들어진 유위법(有爲法)이라는 것을 알아차릴 때 나 중심에서 마음중심으로 다시 한번 나아가게 된다. 마음을 염두에 두고, 생각하고 느끼고 행동할 때 탐진치와 거리를 두게 된다. 탐진치가 일어난다고 할지라도 이를 마음의 현상으로 보게 되고, 탐진치의 생멸로 나아가게 된다.

---

19 각묵 스님 옮김(2004), 『네 가지 마음챙기는 공부』, 울산: 초기불전연구원, p.54.

(2) 반조 기법

반조는 외부로 향하는 마음의 방향을 내부로 돌리는 것을 말한다. 붓다가 라훌라에게 설한 가르침 가운데 거울의 비유가 있다. 거울을 통해서 행동, 말, 마음[身口意]을 반조하도록 한다. 붓다가 라훌라에게 거울의 쓰임새에 대해서 묻는 질문에 라훌라는 거울은 '비춤'이라는 쓰임새를 가지고 있는 것으로 대답한다. 이에 대해서 붓다는 "그렇다. 라훌라여, 비추고 또 비춘 뒤에 신체적으로 행동하고, 비추고 또 비춘 뒤에 언어적으로 말하고, 비추고 또 비춘 뒤에 정신적으로 생각해야 한다."[20]라고 말한다. 붓다는 라훌라가 지속적으로 거울을 봄으로써 반조하게 하는 것이다. 이러한 반조 기법을 통해서 행동, 말, 마음을 돌아보게 한다. 이와 같은 거울의 역할을 하는 것이 상담자이다. 상담자는 반조 기법을 통해서 기존에 외부대상이 주제가 되었던 것을 내부대상으로 방향을 돌리게 한다. 거울의 비유는 붓다가 도구를 활용하는 대표적인 비유라고 할 수 있다. 서구상담에서 프로이트에게 카우치가 있고, 펄스에게 빈 의자가 있다면, 붓다에게는 거울이 있다고 할 수 있을 것이다.

『반야심경』에서 '조견(照見)'은 대표적인 비춤이라고 할 수 있다. '오온이 모두 공하다고 비추어보고서 일체의 괴로움과 멍에를 벗어난다'[照見五蘊皆空 度一切苦厄] 괴로움과 멍에를 벗어나는 방법으로 조견이 제시되고 있다. 대상은 오온이다. 나 중심이 아니라 사처와 마찬가지로 오온이라

---

20 MN.61. 「암발랏티까에서 라훌라를 가르친 경(Ambalatthikārāhulovādasutta)」; 대림스님 옮김(2012), 『맛지마니까야 2』, 울산: 초기불전연구원, p.581.

는 기능으로 비추어보는 것이다. 또 하나의 예로 혜능(慧能)의 명경대 비유가 있다. 신수(神秀)는 마음이 거울을 걸어두는 대라고 하면서 먼지를 부지런히 떨어내고 닦도록 권책한다. 이에 대해서 혜능은 거울을 걸쳐둘 대도 없고, 본래부터 집착할 것도 없고, 티끌과 먼지도 없다는 것이다.[21] 혜능의 예는 마음의 원래의 모습에 접근하는 것이다. 비춤으로 인해서 계속 떨어내는 작업을 함과 동시에, 떨어낸다는 것 자체가 없다는 것으로 나아간다. 거울의 비유를 통해서 불교상담에서 사용할 수 있는 다양한 도구와 비유 전반에 대해서 언급할 수 있을 것이다. 반조 기법을 통해서 경전에 등장하는 다양한 비유가 불교상담의 장면에서 기술적으로(narrative) 사용될 수 있는 근거가 마련될 수 있을 것이다.

2) 마음열기[開心]

마음열기, 즉 개심은 마음을 열어가는 과정을 말한다. 마음의 원래의 모습은 닫힌 상태가 아니라 열린 상태이고, 묶인 상태가 아니라 풀린 상태라고 할 수 있다. 원래의 상태인 열린 마음으로 나아가는 과정이 마음열기, 즉 개심의 과정이라고 할 수 있다. 열린 마음으로 나아가는 데 있어서 가장 먼저 오는 것이 관점이 열리는 것이다. 즉 닫힌 마음의 관점이 아니라 열린 마음의 관점이 생기는 순간부터 마음은 열려가기 시작한다. 관점은 미세한 변화, 마음의 기능의 변화이지만 이러한 미세한 변화로

---

21 김호귀 역(2010) pp.29-34. T.48.No.2008.348b24-5. 身是菩提樹 心如明鏡臺 時時勤拂拭 勿使惹塵埃; T.48.No.2008.349a07-8. 菩提本無樹 明鏡亦非臺 本來無一物 何處惹塵埃.

인해서 마음의 변화는 시작되고, 미세한 변화를 통해서 거친 변화가 시작된다.

마음열기는 불교상담의 두 번째 특징인 '관점을 열어가는 상담'과 연관되어 있다. 이는 나 중심의 좁은 관점에서 마음중심의 넓은 관점으로 열어가고 확장하는 것이다. 자기중심의 관점이 아니라, 마음중심의 관점으로 나아간다. 나 중심에서 마음중심으로 옮겨감으로써 마음은 원래 모습처럼 열려가고, 확장되고, 풀려가고, 유연하게 된다. 관점이 열리는 것은 올바른 견해와 연관된다. 즉 정견 기법과 연관된다. 관점이 점점 더 넓어질 수 있는 것은 그것들이 연결되어 있기 때문이다. 연결성에 대한 인식이 마음을 열게 하는 토대가 된다. 이렇게 되면 이미 열려 있는 마음의 상태를 '나'가 막고 있다는 것을 알게 된다. 열기모델은 마음을 고고학적으로 발굴하는 발굴모델과는 달리,[22] 점점 더 많은 대상에 대해서 적용하게 되고, 자신에게 가장 닫혀 있는 존재에 대해서도 적용하게 된다. 이러한 연결성에 대한 인식으로 나아가는 기법은 연기 기법과 연관된다.

(1) 정견 기법

정견(正見)은 마음을 포함한 모든 사물과 현상을 어떠한 관점에서 바라볼 것인가라는 관점(darśana, view)에 관한 것이다. 관점에 따라서 사물과 현상은 다르게 보이게 된다. 우리는 모든 사물과 현상을 있는 그대로 받아들이는 것이 아니라 관찰의 이론적재성(theory ladenness of observation)이

22 윤희조(2017e), 『불교상담학개론』, 서울: 학지사, pp.104-105.

라는 용어처럼 이론을 전제로, 즉 이론적재적으로 관찰된 사물과 현상을 받아들인다. 관찰은 이론의 전제하에서 다르게 된다. 그러므로 견해의 차이에 따라서 사물과 현상을 다르게 볼 수밖에 없다. 어떤 관점에서 바라보는가에 따라서 모든 사물들은 다르게 보이게 된다.

이는 마음에 대해서도 적용된다. 마음의 모습을 어떤 관점에서 보는지에 따라서 전혀 다른 모습의 마음의 형태가 가능하다. 마음을 닫힌 마음으로 보는 관점을 가진 채 마음을 열 수 없고, 묶인 마음으로 보면서 마음을 풀 수 없다. 마음과 사물과 현상을 어떤 관점에서 바라보는가에 따라서 이후의 행위를 결정하게 된다. 그러므로 관점의 정립은 다른 것에 우선하게 된다. 즉 관점이 확립된 이후에 정행 기법, 정사유 기법, 정어 기법이 가능하게 된다.

붓다가 바라보는 관점을 따르고자 하는 이유는 그의 방식에 따를 경우에 괴로움이 없앨 수 있기 때문이다. 이는 붓다 자신의 경험과 붓다의 가르침을 따라서 실천한 제자의 경험에 기반을 둔다. 이러한 목표에 동의하지 않을 경우에는 다른 방식으로 마음을 보는 것이 가능하다. 하지만 어떠한 경우라고 할지라도 관점의 정립은 우선시 된다. 관점의 정립이 이루어진 이후에 이를 위한 노력이 의미가 있게 된다. 관점의 정립이라는 방향설정이 원래의 의도와 다른 방향으로 될 경우에는 이후의 모든 노력은 다른 방향으로 나아갈 수 있다. 예를 들어 서울에서 부산으로 가려는 의도를 가지고 있음에도 불구하고 신의주행 기차를 타면, 기차가 빠르면 빠를수록 부산과 더 빨리 멀어지게 된다.

불교상담에서 정견은 삼법인의 관점, 연기의 관점, 사성제의 관점에서 사물과 현상과 마음을 보는 것을 말한다. 이는 모든 존재를 바라보는 관점이다. 먼저 삼법인에서 무아는 불교의 가장 핵심적 교리이면서 불교심리학에서도 마음의 가장 큰 특징이라고 할 수 있다. 무아는 비실체성이므로 원인과 결과에 의해서 움직임, 즉 무상을 말한다. 마음도 무아, 즉 원인과 결과에 따라서 비실체적으로 운동한다. 이러한 운동의 법칙이 연기이다. 마음을 원인과 결과에 따라서 연기하는 운동으로 바라는 보는 관점이다. 그리고 이 운동은 지향성에 따라서 순관과 역관으로 볼 수 있다. 순관과 역관의 지향성에 의해서 사성제가 드러나게 된다. 순관에 의해서 사성제의 집성제로부터 고성제가 드러나고, 역관에 의해서 사성제의 도성제를 통해서 멸성제로 나아가게 된다. 지향성은 연기에서 드러나지만, 구체적인 방법론은 사성제 가운데 도성제, 즉 팔정도에서 드러난다.

(2) 연기 기법

연기는 원인과 결과의 인과법칙과 이를 통해서 모든 사물이 연결되어 있는 연결성을 동시에 보여준다. 인과법칙을 강조할 경우에는 십이연기와 같이 시간적 순서에 따른 원인과 결과가 중요시된다. 이를 통해서는 모든 사물과 사건을 원인과 결과라는 차원에서 바라보게 된다. 이는 내담자 자신의 현재의 상태에 대한 원인을 알아보게 사고하고 행동하게 한다. 그리고 원인에 자신이 참여하고 있음을 알아차림으로 인해서 결과에 대해서 책임과 수순이 가능하게 되고, 결과를 변화시킬 수 있는 것도 자신에게 달려 있다는 것을 알게 될 것이다. 이러한 관점하에서는 우연적 관점도, 필연적 관점도 아닌 연기적 관점으로 나아가게 된다. 연기 기법은 연기를 앎으로 인해서 연기의 결과를 수용하고 따르게 하는 것을 말한다. 이러한 의미에서 수순(受順)은 받고 따르는 것, 즉 연기의 법칙에 따른 수용을 말한다. 받는 것이 연기를 아는 것이라면, 따르는 것은 책임지는 자세라고 할 수 있다. 삶과 사물에 대한 일반적인 두 가지 태도라고 할 수 있는 단상(斷常)에 대해서 새로운 태도인 연기적 태도를 내담자에게 제시할 수 있다.

연결성은 원인과 결과가 연결되어 있는 전체 모습을 말한다. 연기의 법칙에 따라서 움직이는 전체 사물과 현상의 특징이 연결성이다. 이러한 연결성은 내담자에게 연기적 관점을 보여주는 데 유용하다. 한편으로 연결은 융합과 구분되어야 한다. 너무 밀착되어 있으면 연기를 보기가 쉽지 않다. 이때는 분화해서 보는 것이 필요하다. 인과적인 관계를 볼 수 없을 정도로 융합되어 있는 경우에는 분화를 통해서 연기를 볼 수 있도록 해야 한다. 즉 융합되어 있는 경우에는 분화를 통해서 연기적 관점을 보여주어야 하고, 분리되어 있는 경우 또는 실체적으로 사물을 파악하는 경우는 연기적 관점을 보여주어야 한다. 연기와 분화가 보여주고자 하는 연결성이라는 실재의 모습은 동일하다고 할 수 있지만, 내담자의 상황에 따라서 두 가지 다른 접근법이 가능할 수 있다.

3) 마음풀기[解心]

해심은 마음을 푸는 것을 말한다. '풀다'는 벗어나는 것, 자유롭게 되는 것, 해탈(解脫)을 말한다. 마음의 원래 상태는 풀려 있는 상태이므로, 마음을 푼다는 것은 마음을 묶고 있는 번뇌를 푸는 것을 말한다. 그러므로 마음풀기는 심소 가운데 유해한 심소를 제거하는 것과 연관되므로 불교 심소학과 연관된다. 마음풀기는 번뇌의 심리학을 중심으로, 번뇌를 다루는 번뇌상담이라고 할 수 있다. 이는 불교상담의 세 번째 특징인 '유해한 심소를 제거하고 푸는 상담'과 연관되어 있다. 해탈의 관점에서 보면 해탈로 나아가는 방법으로는 무상(無相), 공(空), 무원(無願)의 세 가지 방법이 있다. 이들을 통해서 궁극적으로는 괴로움의 원인인 집(集)에서 풀려나게 된다.

번뇌를 지칭하는 용어 가운데 풀어야 할 번뇌로는 속박[yoga, 軛], 매듭[gantha, 繫], 족쇄[saṁyojana, 結], 덩굴[paryavasthāna, 纏]이 있다. 이들은 유해한 심소를 분류하는 범주이면서 동시에 유해한 심소의 특징을 보여주기도 한다. 즉 번뇌는 오염원의 특징이 있고, 속박은 멍에를 메고 있는 특징이 있고, 매듭은 매어 있는 특징이 있고, 족쇄는 도망가지 못하도록 묶어 놓는 특징이 있고, 넝쿨은 나무를 휘감아 얽어매듯이 마음을 휘감아 얽어매는 특징이 있다. 그렇다면 마음풀기 기법은 오염원을 제거하고, 메어 있는 멍에를 내리고, 매어 있는 매듭을 풀고, 묶여 있는 족쇄를 벗고, 감고 있는 넝쿨을 끊어버리는 것을 말한다. 구체적인 기법으로는 정행 기법, 정사유 기법, 정어 기법, 대치 기법을 들 수 있다.

(1) 정행 기법

행(行)은 가장 포괄적인 범위로 유위법 전반을 말한다. 행은 표현된 행위만을 이야기하는 것이 아니라 유위법 전반을 포함한다. 만들어진 것, 즉 유위법을 행이라고 한다. 행은 마음을 내는 모든 것, 하는 것(doing)

전반을 말한다. 행 가운데 생각과 말을 따로 분류해서 정사유 기법과 정어 기법으로 다룬다. 정행 기법을 내는 마음과 받는 마음에 대한 정행 기법, 수면에 대한 정행 기법, 습에 대한 정행 기법의 차원에서 살펴보고자 한다. 정행 기법은 유위법 전반을 포괄적으로 다루고, 수면이라는 미세하고 근원적인 번뇌까지 다룬다는 측면에서 불교상담의 네 번째 특징인 '보편적인 주제를 근원적인 차원에서 다루는 상담'과 연관되어 있다고 할 수 있다.

마음은 내는 마음과 받는 마음으로 크게 구분할 수 있다. 결과로서 받는 마음과 원인으로서 내는 마음이 있다. 또한 내는 마음에 대해서는 마음을 내는 것의 중요성을 아는 것이 '내는 마음에 대한 정행 기법'이다. 내 마음은 내 자유라고 생각해서 마음을 함부로 내지 않도록 한다. 행이 원인이 되어 연기의 순환구조에 다시금 빠지게 되기 때문이다. 그러므로 내는 마음을 선택하는 것이 중요하게 된다. 내는 마음의 중요성은 발심(發心), 서원(誓願)을 통해서도 알 수 있다.

현재의 받는 마음은 이전의 내는 마음의 결과이다. 이러한 결과로서 받는 마음을 수순(受順)하는 것이 '받는 마음에 대한 정행 기법'이라고 할 수 있다. 결과로 마음을 어떤 관점에서 받는가에 따라서 마음의 연기법칙의 방향성이 달라지기 때문이다. 받는 마음 자체를 받지 않을 수는 없다. 앙굴리말라의 경우는 아라한이 되었음에도 불구하고 업의 결과를 받는다. 다만 결과로서 받는 마음의 강약은 조절될 수 있다.

생각과 말과 행동은 표현되는 것인 반면, 생각과 말과 행동으로 표현되기 이전의 드러나지 않은 번뇌, 즉 수면(隨眠)도 정행 기법에서 다룬다고 할 수 있다. 수면은 다른 유위법을 '따라서 누워(anusaya, 隨眠)'있다가 언제든지 기회와 조건이 주어지면 활동을 한다. 기회와 조건을 반연으로 덩굴처럼 감아 오르게 된다. 이들은 미세하고 드러나지 않았기 때문에 연기의 과정이 인식되지 않은 채 영향을 미친다. 인식되는 번뇌는 드러난 번뇌가 된다. 이미 넝쿨처럼 반연하고 있다. 이미 드러난 번뇌는 결과이므로 이를 수순하면서, 내는 마음을 낼 때 수면을 심지 않아야 한다. 수면을 인식하고 이에 대한 대책을 마련하는 것을 '수면에 대한 정행 기법'이라고 할 수 있다. 미세한 수면의 움직임을 아는 것이 중요하다. 미세하기 때문에 몰랐다는 것은 책임을 회피할 수 있는 요인이 되지 못한다. 미세할지라도 알아차려야 하는 것이 요점이 된다.

또한 이미 나에게 굳어져 있는 사유와 언어와 행동 패턴이 존재한다. 이를 습(vasana, 習)이라고 할 수 있다. 지속적인 훈습과정을 통해서 고착화된 습 또는 습관이 존재한다. 이러한 습은 신속성을 보장하는 측면과 역기능적 측면을 동시에 가질 수 있다. '습에 대한 정행 기법'은 나에게 익숙한 것, 당연한 것, 습관을 새롭게 보는 기법이다. 당연시 하였던 것에 대해 새롭게 자각함으로써 나에게 익숙한 습에서 벗어나는 것을 말한다. 가족과 사회 안에서 당연하게 생각되는 관계와 이름과 위치에 대해서 새롭게 생각하게 한다. 이를 통해서 습관으로부터 벗어나는 연습을 하는 것이다. 이는 마음중심의 새로운 습관을 익히는 것이다.

(2) 정사유 기법

정사유는 생각의 패턴을 보는 것이다. 생각은 매우 개인적이고 미세하지만, 언어와 행동 모두에 영향을 미친다. 이러한 생각이 대상에 따라서 유연하여야 함에도 불구하고, 생각 자체에 집착되어 있는 경우가 많다. 집착[upādāna, 取]의 번뇌 네 가지 가운데 세 가지가 생각에 대한 집착이다. 사물과 대상에 대한 집착 또는 중독만큼이나 보이지 않는 사고와 생각의 패턴에 대한 집착이 강하다고 할 수 있다. 이러한 집착으로 인해서 유연한 사고패턴이 경직되면서 역기능이 발생하게 된다. 사고패턴의 유연성 확보는 정사유 기법의 한 측면이라고 할 수 있다.

현대적 의미의 정사유는 역기능적으로 작용하는 고정적 가치관, 사고방식, 신념을 순기능적으로 작용하도록 하는 것이다. 악순환적 사고구조가 아니라 선순환적 사고구조로 나아가는 것이다. 인지치료와 같은 치료법도 이와 같은 사고의 집착적 특징과 유연성의 회복에 기반을 둔 것이라고 할 수 있다. 잘못된 사고패턴의 문제점을 일찍이 지적한 인지치료도 여전히 재발로 인한 난점을 안고 있다. 다행히 마음챙김에 기반을 둠으로 인해서 재발률이 현격히 낮아지고 있다. 이는 사고패턴의 경우도 수면에 의해서 영향을 받기 때문이다. 부정적 사고패턴이 결과로 드러나기 이전 단계에서 마음챙김을 통해 수면 상태의 인지를 알아차리기 때문이다. 그러므로 정사유 기법의 경우도 정행(正行) 기법과 연관해서 사용되어야 할 것이다.

불교에서 제시하는 정사유는 괴로움에서 벗어나고자 하는[出離] 사유, 나쁜 의도가 없는[無惡意] 사유, 해치지 않고자 하는[無害] 사유를 말한다.[23]

---

23 각묵 스님 옮김(2004) p.68.

이는 남과 자신을 해롭게 하고자 하는 쪽으로 사고하지 않는 사고패턴, 탐진치에서 벗어나고자 하는 사고패턴을 말한다. 이러한 사고패턴으로 나아가는 것이 정사유 기법이라는 것이다. 자신과 타인에게 도움이 되고자 하는 사유패턴, 탐진치에서 벗어나고자 하는 사유패턴이 올바른 사유방식이라는 것이다. 불교상담기법에서 등장하는 관점, 사유, 언어 등은 모두 개인적인 것이라고 할 수 있다. 남들이 함부로 침범할 수 없는 개인의 고유한 영역이다. 그럼에도 불구하고 이러한 영역에 대해서 언급하는 것은 개인적인 만큼 자유로울 수 있지만, 그 자유만큼 괴로움으로 나아가는 방향을 선택할 수 있는 가능성도 존재한다. 그러므로 괴로움에서 벗어나고자 하는 목표가 정해지면 자발적으로든 상담자에 의해서든, 개인적인 영역을 다시 반조하게 된다.

(3) 정어 기법

정어(正語) 기법은 마음중심의 언어를 사용하는 것이다. 신구의(身口意) 삼업을 열 가지[十不善業]로 분류할 때 그 가운데 네 가지가 말에 해당할 만큼 말은 많은 비중을 차지한다. 단순히 욕을 하지 않고, 거짓말을 하지 않고, 이간질하지 않고, 사기치는 말을 하지 않는 것이 정어가 아니다. 나 중심의 언어일 때 악구(惡口), 망어(妄語), 양설(兩舌), 기어(綺語)가 된다. 욕, 거짓말, 상처를 주는 말, 투쟁을 불러일으키는 말이 나 중심의 언어일 때 악구, 망어, 양설, 기어가 된다. 반면 정어는 내담자가 목표로 나아갈 수 있도록 돕는 언어이다. 동일한 말이라고 할지라도 발화자의 마음의 상태에 따라서 정어의 여부가 달라질 수 있다. 여기서도 언어 이전의 행

(行), 즉 마음의 상태가 중요하다는 것을 볼 수 있다. 사유와 언어 모두 행의 연관하에서 살펴야 한다.

말의 의미는 항상 다르게 이해(異解)가 된다.[24] 왜냐하면 각각의 경우에 있어서 선이해가 다르기 때문이다. 동일한 의미로 이해하는 것은 불가능하다. 동일한 한 사람의 경우도 시간과 기억에 따라서 다르게 이해가 되는데, 하물며 타인의 경우에 이해[異解]는 당연하다고 할 수 있다. 이러한 이해[異解]를 당연하게 받아들임으로써 기대와 상처로부터 자유로울 수 있다. 이해받고자 하는 욕구로부터 자유로울 수 있고, 상대방의 상처 주는 말 한마디를 나의 선이해의 맥락에서 이해[異解]하고 있다는 것을 인정할 경우에 상처는 경감된다. 이는 모두 언어의 본성에 따른 것이다. 붓다의 경우 '선물도 받지 않는데, 하물며 나쁜 말이야'라는 언급도 마찬가지이다.

붓다는 제자와의 대화에서 다양한 비유를 사용한다. 실재를 바로 가리키는 직지(direct pointing, 直指)와 비유(metaphor)가 적절하게 안배될 때 더욱 효과를 발휘할 수 있다. 불교상담에서도 붓다의 비유의 기법과 직지의 기법을 적절하게 사용할 때 효과가 증대할 것이다. 또한 언어만큼이나 강력한 표현법으로 침묵이 있다. 즉 언어와 침묵 모두 표현의 한 형태라고 할 수 있다. 언어의 반대로서 침묵과 묵언이 아니라, 언어가 표현인 만큼 침묵도 표현이다.[25] 침묵은 어느 한순간 실재로 나아갈 때 언어라는 방법보다 더 강력한 방법으로 작용할 수 있다. 유마의 침묵은 단순한 침

---

24 이해(理解)와 이해(異解)에 대해서는 윤희조(2017d, 250-252)를 참조할 수 있다.
25 에미 반 두르젠 저, 윤희조, 윤영선 역(2017), 『심리치료와 행복추구－상담과 철학의 만남』, 서울: 씨아이알, pp.269-271.

묵이 아니라 실재의 모습을 보여주고 있는 것이고, 붓다의 무기는 외도와의 치열한 논쟁의 한가운데 있는 것이다. 이처럼 침묵 가운데서 정보가 교환되고 있다. 이는 상담자와 내담자 사이에서도 마찬가지이다. 비언어적 소통, 공간의 역동성으로 인한 에너지의 교류도 침묵의 형태라고 할 수 있다. 이러한 침묵의 언어에 대해서도 열려 있어야 하고 풀어낼 수 있어야 한다.

(4) 대치 기법

대치(對治)는 유해한 심소의 반대되는 유익한 심소를 증장시킴으로써 유해한 심소를 제거하도록 하는 기법이다. 감각적 욕망에 대해서는 부정관을 수행하고 감각기능을 잘 단속하는 것이 대치 기법이 되고, 분노에 대해서는 자관(慈觀)을 닦고 업에 대해서 생각하는 것이 대치 기법이 된다. 탐진치라는 근본적인 유해한 심소에 대해서도 대치 기법이 적용될 수 있다. 유해한 심소에 반대되는 유익한 심소를 증장시키는 방법이라고 할 수 있다.

대치 기법은 초기불교에서도 사용되지만, 선불교에서도 사용된다. 마음에 대한 두 가지 경향성을 대표하는 불교에서 모두 사용되고 있다. 또한 대치 기법은 신구의(身口意) 세 가지 차원에서 모두 사용가능하다. 대치 기법은 이미 일어난 불선한 심소에 대해서 유용한 치유법이라고 할 수 있다. 대치 기법과 함께 사용할 수 있는 기법으로 단속 기법이 가능하다. 아직 일어나지 않은 불선한 심소에 대한 대치 기법으로 단속(saṁvara)이 가능하다. 이는 불선한 심소가 일어날 수 있는 가능성을 차단하는 것이다. 이는 잠재하는 유해한 심소인 수면(隨眠)에 대한 강력한 대치 기법이라고 할 수 있다. 대치 기법과 단속 기법은 이미 일어난 유해한 심소와 아직 일어나지 않은 유해한 심소를 다스리는 기법이라고 할 수 있다. 대치 기법과 단속 기법은 팔정도의 정정진(正精進)에 해당한다고 할 수 있다. 이미 일어난 유해한 심소와 아직 일어나지 않은 유해한 심소에 대해서 대치 기법과 단속 기법을 사용하는 것이다.

불교상담기법은 나 중심에서 마음중심으로 중심을 이동한 것을 바탕으로 마음을 열고, 푸는 기법으로 나아간다. 불교상담기법에서도 마음이 주제가 되고, 마음의 두 가지 경향성이 기법에 녹아 있음을 볼 수 있다. 또한 이러한 기법을 활용하여 불교상담이 초기, 중기, 후기과정으로 진행되는 것을 볼 수 있다. 기존에는 불교상담을 불교심리학에 기반을 둔 상담으로 정의하고 있는 반면, 불교상담의 특징을 중심으로 보면 불교상담은 불교의 궁극적 목표를 지향하고, 내담자의 관점을 열어가고, 유해한 심소를 제거하고, 보편적인 주제를 근원적인 차원에서 다루는 상담이라고 할 수 있게 된다. 본 장은 불교상담의 특징, 과정, 기제, 기법 등의 범주를 계발하고 이를 불교심리학, 불교상담이론과 일관성을 유지하면서 기술하고자 한다. 이를 통해서 불교상담학이 주요 상담이론으로서 틀과 체계를 갖추어나갈 수 있기를 기대한다.

참고문헌

Christiane Brems 지음, 조현춘, 이근배 옮김(2005), 『심리상담과 치료의 기본 기술』, 서울: 아카데미프레스.
Clara E. Hill 지음, 주은선 옮김(2012), 『상담의 기술』, 서울: 학지사.
Les Parrott III 지음, 신우철 옮김(2011), 『카운슬링과 심리치료』, 서울: 창지사.
Padmasiri de Silva 저, 윤희조 역(2017), 『불교상담학개론』, 서울: 학지사.
각묵 스님 옮김(2004), 『네 가지 마음챙기는 공부』, 울산: 초기불전연구원.
각묵 스님 옮김(2009), 『상윳따니까야 5』, 울산: 초기불전연구원.
각묵 스님(2010), 『초기불교이해』, 울산: 초기불전연구원.
강명희(2013), 「오정심관 수행법을 통한 심리치료: 한역 『유가사지론』 중심으로」, 『보조사상』 39집, pp.298-332.
김재성(2006), 「초기불교에서 오정심관(五停心觀)의 위치」, 『불교학연구』 Vol.14, pp.183-224.
김춘경(2016), 『상담의 이론과 실제』, 서울: 학지사.
김호귀 옮김(2010), 『육조대사법보단경』, 경기도: 한국학술정보.
대림 스님 옮김(2012), 『맛지마니까야 2』, 울산: 초기불전연구원.
송현종, 노안영(2006), 『상담의 원리와 기술』, 서울: 학지사.
신경진 저(2010), 『상담의 과정과 대화 기법』, 서울: 학지사.
에미 반 두르젠 저, 윤희조, 윤영선 역(2017), 『심리치료와 행복추구－상담과 철학의 만남』, 서울: 씨아이알.
윤희조(2015), 「불교와 수용전념치료에 대한 재고찰」, 『동서철학연구』 78호, pp.331-354.
윤희조(2017a), 「마음의 기능을 중심으로 한 불교심리학의 정의와 분류에 대한 일고찰」,『동서철학연구』 제85집, pp.209-236.
윤희조(2017b),「불교상담의 정의와 이론에 관한 일고찰」,『보조사상』 49집, pp.485-515.
윤희조(2017c),「불교심리학의 관점에서 보는 네 가지 차원의 마음」,『동서철학연구』 제86집, pp.127-151.
윤희조(2017d),「불교의 언어, 불교상담의 언어」,『대동철학』 81집, pp.239-261.
윤희조(2017e),『불교상담학개론』, 서울: 학지사.
이중표(2002),『근본불교』, 서울: 민족사.
제럴드 코리 지음, 천성문 외 옮김(2017),『심리상담과 치료의 이론과 실제』, 서울: Cengage Learning.
천성문 외 지음(2015),『상담심리학의 이론과 실제』, 서울: 학지사.
MN＝*Majjhima Nikāya*, ed. by V. Trenckner and R. Chalmers, London: PTS, 1977-1979.
T.48.No.2008.『六祖大師法寶壇經』
T.9.No.262.『妙法蓮華經』
Boyd W. James(1986), “Suffering in Theravāda Buddhism”, Tiwari N. Kapil (Ed.), *Suffering: Indian Perspectives*, Delhi: Motilal Banarsidass.
Paul Ekman, Richard J. Davidson, Matthieu Ricard, and B. Alan Wallace(2005), “Buddhist and Psychological Perspectives on Emotions and Well-Being”, *Current Directions in Psychological Science* Vol.14, No.2, pp.59-63.

11 불교상담의 두 모델, 사성제모델과 불이모델

상담은 인간과 마음을 바라보는 관점에 따라서 다양하게 전개될 수 있다. 이는 불교상담의 경우에도 성립한다. 불교상담의 토대가 되는 불교심리학에서 마음을 어떻게 보는가에 따라서 불교상담의 모델은 다르게 전개될 수 있다. 불교심리학은 마음을 일원적 경향성과 다원적 경향성의 두 가지 관점으로 바라본다.[1] 이에 따라서 불교상담의 모델도 마음의 각각의 경향성을 반영하는 형태로 나아간다. 이러한 의미에서 불교상담은 불교심리학에 기반을 둔 상담이라고 할 수 있고, 보편적인 주제에 대해서 근원적인 차원을 지향하는 상담이라는 특징을 가진다.

불교상담의 첫 번째 이론으로 불교상담의 모델이 제시되고 있다. 진단과 처방에 관련해서 사성제모델과 불이모델이 제시되고 있다. '사성제모

---

1 윤희조(2017a), 「마음의 기능을 중심으로 한 불교심리학의 정의와 분류에 대한 일고찰」, 『동서철학연구』 제85호, pp.209-236.

델이 다원적 경향성을 반영하는 가장 포괄적인 심리치료모델이라면, 불이모델은 일원적 경향성의 마음에 대해서 성립할 수 있는 심리치료모델이라고 할 수 있다.[2] 불교상담이론을 정립하는 것에 초점을 맞추고 있는 기존 논문에는 각각의 모델에 대한 구체적인 논의가 부족하다는 한계가 있었다. 본 장에서는 이 두 모델에 대한 문헌적 근거를 제시하면서 논의를 구체화하고자 한다. 특히 『초전법륜경』과 『유마경』을 두 가지 모델의 경전적 근거로 살펴보고자 한다.

상담에서 모델을 내담자의 문제를 형식화하고 상담이 전개되는 과정을 제시하는 하나의 범례로 볼 수 있다면, 이 모델은 문제를 형식화하는 방법, 문제가 풀린 상태, 문제풀이의 방법론, 문제의 원인을 제시하여야 할 것이다. 이러한 관점에서 두 가지 모델을 검토하고자 한다. 이 작업을 통해서 불교상담이 제시하는 문제풀이 방식을 드러내고자 한다. 현상론, 원인론, 목적론, 방법론이라는 항목으로 두 모델을 비교하면서 두 모델의 유사점과 차이점을 드러내고자 한다.

1. 괴로움 또는 병의 현상론

무아론은 불교의 핵심적인 교리로, 이는 연기론과 사성제론으로 확장된다. 특히 사성제는 코끼리 발자국에 비유될 정도로 불교에서 가장 포괄

2 윤희조(2017b), 「불교상담의 정의와 이론에 관한 일고찰」, 『보조사상』 49집, p.502.

적인 이론이라고 할 수 있다. 사성제이론은 무아론과 연기론의 교의를 포함하면서 구체적인 방법론을 제시하고 있다는 것, 이론의 구성 자체가 치유모델로 되어 있다는 것이 장점이라고 할 수 있다. 또한 초기불교에서 가장 중요한 세 가지 경전으로 꼽을 수 있는 『초전법륜경』, 『대념처경』, 『대반열반경』 모두 사성제를 설하고 있다. 『대념처경』은 수행의 맥락에서 사성제를 설하고, 『대반열반경』은 붓다의 마지막 여정의 맥락에서 사성제를 설하고 있는 반면, 『초전법륜경』은 깨달음의 관점에서 사성제 자체를 주제로 다루고 있는 경전이라고 할 수 있다. 따라서 본 장에서는 『초전법륜경』을 중심으로 사성제모델의 이론적 근거를 보고자 한다. 대승불교를 대표하는 경전 가운데 『유마경』은 유마힐거사라는 재가자가 자신의 방에서 병을 주제로 나누는 대화를 중심으로 전개된다. 대승불교의 핵심교리인 공사상을 병의 관점에서 다루고 있으므로 사성제모델과 비교할 수 있는 여지가 생긴다. 대승불교의 대표적인 경전이면서 사성제모델과 같은 문제의식, 즉 괴로움의 해결을 다루므로 불이모델의 경전적 근거로 『유마경』을 다루고자 한다. 『초전법륜경』과 『유마경』은 마음의 두 가지 경향성을 대표하는 경전이면서 괴로움과 병이라는 공통의 문제에 대한 해답을 제시하고 있는 구조로 이루어져 있으므로, 불교상담의 두 가지 모델에 대한 경전적 근거로 적합할 것으로 생각된다.

『초전법륜경』에서 '태어남도 괴로움이고, 늙음도 괴로움이고, 죽음도 괴로움이다. 슬픔, 비탄, 고뇌, 번민도 괴로움이다. 좋아하지 않는 것과 만나는 것도 괴로움[怨憎會苦]이고, 사랑하는 것과 헤어지는 것도 괴로움[愛別離苦]이고, 원하는 것을 얻지 못하는 것도 괴로움[求不得苦]이다. 요약하면 다섯 가지 집착의 무더기[五取蘊]가 바로 괴로움이다.'[3] 우선 일곱 가지 괴로움과 이를 요약한 한 가지 괴로움, 즉 여덟 가지 괴로움을 제시하고 있다. 생노사(生老死)는 몸과 관련된 괴로움으로 몸을 가지고 있는 한 누구나 겪게 되는 괴로움이다. 슬픔, 비탄, 고뇌, 번민[愁悲憂惱]은 정신적 괴로움이라고 할 수 있고, 그 다음 세 가지[怨憎會苦, 愛別離苦, 求不得苦]는 사람과 사람 또는 사람과 사물 사이의 관계 속에서 오는 괴로움이다. 이들은 순차적으로 몸, 마음, 관계의 괴로움을 말한다. 이는 한마디로 취착[取, upādāna]이 괴로움이라고 표현한 것이다. 몸, 마음, 관계의 괴로움은 사성제모델에서 괴로움과 병을 바라보는 현상론이라고 할 수 있다. 몸, 마음, 관계의 차원에서 괴로움을 이야기하고 있고 이를 취(取)라는 하나의 차원에서 보지만 이들의 연관성에 대해서는 『유마경』에서 볼 수 있다.

『유마경』「문질품」의 문수사리가 문병하는 장면에서 유마힐의 병의 모습, 즉 병의 현상론이 등장한다. "이 병은 몸과 상응하지 않기도 하면서 상응하기도 한다. 마음과 상응하지 않기도 하면서 상응하기도 한다."[4] 즉

---

3 SN 56:11; 전재성 역주(2014), 「가르침의 바퀴를 굴림에 대한 이야기(Dhammacakkappavattanakathā)」, 『마하박가－율장대품』, 서울: 한국빠알리성전협회, p.105; 마하시 아가 마하 빤디따 지음, 김한상 옮김(2011), 『초전법륜경』, 서울: 행복한 숲, p.18.

4 김윤수 역주(2008), 『설무구칭경·유마경』, 경기도: 한산암, p.210(이하 『설무구칭경·유마경』으로 표기). 我病非身相應,…亦身相應,…非心相應,…亦心相應 http://tripitaka.cbeta.org/T14 p.14. 『유마경』 한문텍스트는 中華電子佛典協會의 CBETA電子佛典集成 T14n0476 『說無垢稱經』 唐 玄奘의 번역본(이하 『說無垢稱經』으로 표기)을 사용할 것이다. 몸에 대하여 문수사리는 다음과 같은 언급을 한다. "몸이 무상함을 보여주면서도, 몸을 싫어하여 버리도록 권하지 마십시오. 몸이 고(苦)임을 보여주면서도, 열반을 좋아하도록 권하지 마십시오. 몸이 무아임을 보여 주면서도, 유정을 성숙시키도록 권하십시오. 몸이 공적함을 보여 주면서도, 마지막 적멸을 닦도록 권하지 마십시오." 이는 몸과 마음을 함께 다루어야

이 병의 모습은 몸과 마음에 해당하기도 하고 해당하지 않기도 한다. 이는 몸과 마음이 어떤 관계에 있는지를 보여주는 동시에 병이 발생하는 장소를 보여준다. 병의 관점에서 보면 병은 몸과 마음 가운데 어느 한 곳에서만 일어나는 것이 아니라는 것을 알 수 있다. 몸만의 병, 마음만의 병이 아니라, 몸과 마음에서 함께 병이 발생한다는 것이다. 그리고 몸과 마음의 관계는 '상응하기도 하고 상응하지 않기도 한다'는 표현에서 알 수 있듯이, 심신일원론도 심신이원론도 아닌 심신불이론(心身不二論)이라고 할 수 있다. 심신은 서로 연관되어 있는 것이다. 불이(不二)는 일원론을 확증하는 것도 아니고, 이원론을 확증하는 것도 아니고, 연기성과 연결성을 내포하고 있는 것이다. 불이가 모든 법에 대하여 적용될 수 있다면, 심신에 대해서도 불이의 관계가 당연히 적용될 수 있다. 몸과 마음도 법에 포함되기 때문이다.

이는 마음의 괴로움은 몸으로 드러나고, 몸의 괴로움은 마음과 연관된다는 관점이다.[5] 이러한 관점에서 마음은 마음의 문제만이 아니고 몸은 몸의 문제만이 아니고 둘의 연결성하에 놓여 있게 된다. 괴로움과 병은

한다는 것으로 유마힐과 문수사리가 공유하는 전제라고 할 수 있다. 현장본을 저본으로 사용하고 있는 국내 번역서로는 김윤수 역주(2008) 이외에 다음이 있다. 현장 한역, 김태완 번역 및 주석(2014), 『유마경』, 경기도: 침묵의 향기; 현장 역, 장순용 역(2017), 『설무구칭경』, 경기도: 학고방. 또한 『유마경』 산스끄리트본에 대해서는 다음이 있다. 大正大学綜合佛教研究所 梵語佛典研究会(2006), 『梵文維摩經 : ポタラ宮所蔵写本に基づく校訂』, 東京: 大正大学出版会; 大正大学綜合佛教研究所 梵語佛典研究会(2004), 『梵藏漢對照 維摩經 Vimalakīrtinirdeśa』, 東京: 大正大学出版会; 植木 雅俊 訳(2011), 『梵漢和對照·現代語訳 維摩經』, 東京: 巖波書店; 高橋 尚夫, 西野 翠 訳(2011), 『梵文和訳 維摩經』, 東京; 春秋社.

5 이는 불교심신의학의 특징이기도 하다. 윤희조(2017a) pp.228-230.

몸과 마음의 차원에서 함께 있다고 할 수 있다. 여기서 불교상담이 다루는 문제의식의 근원성을 볼 수 있다.[6] 둘 가운데 하나만으로는 근원적인 문제해결이 될 수 없고, 둘을 함께 다루는 관점만이 문제를 근원적 차원에서 해결할 수 있다는 것이다. 병의 현상이 몸과 마음에서 함께 드러난다는 점, 몸과 마음의 관계를 불이적 관계로 파악한다는 점은 『유마경』에서 전개되는 개념이라고 할 수 있을 것이다.

『유마경』은 보살의 병이라는 현상을 추가적으로 보여준다. 『유마경』이 설해지는 계기가 되는 유마힐거사의 병은 보살의 병이다. 보살의 병의 현상은 '텅 비어 있음'이다. 문수사리가 병문안을 온다는 것을 알고서 유마힐은 방안을 비워서 오직 침상 하나만을 둔 채로 병든 모습으로 누워 있다.[7] 이는 유마힐의 병이 공하다는 것을 보여준다. 병 자체가 공하다는 것을 이미 보여주고 있는 것이다. "병 있는 보살은 나의 이 병이 진실도 아니고[非眞] 있지도 않듯이[非有], 일체의 유정에게 있는 모든 병 또한 진실도 아니고 있지도 않다고 스스로 관찰해야 한다."[8] 이렇기 때문에 "몸 안에는 도무지 단 하나의 법도 진실한 것이 없는데, 누가 얻을 수 있어서 이 병을 받겠는가?"[9]라고 생각한다. 즉 병을 얻는다는 것이 가능하지 않다

---

6 불교상담은 불교에 기반을 둔 상담으로, 목표지향적이고 마음을 열고 넓히고, 제거적이고, 보편적이고, 근원적이라는 특징을 가진다. 불교상담에서 다루는 문제가 보편적이고, 그 해결책이 근원적이라는 특징을 말한다.

7 『설무구칭경·유마경』 p.200. 『說無垢稱經』 p.13. 時無垢稱 作是念已 應時卽以 大神通力 令其室空 除諸所有, 唯置一床 現疾而臥

8 『설무구칭경·유마경』 p.223. 『說無垢稱經』 p.14. 有疾菩薩應自觀察:如我此病, 非眞, 非有; 一切有情所有諸病亦非眞, 非有.

9 『설무구칭경·유마경』 p.215. 『說無垢稱經』 p.14. 身中都無一法眞實, 是誰可得而受此病?

는 것이다. 주인이든, 나든 주체가 없으므로 병을 얻을 수가 없다는 것이다. 또한 몸은 가합(假合)이므로, 병을 얻는 것이 불가능하다. 궁극적인 관점에서 얻음[得]은 불가능하다는 것이다. 병의 현상 자체를 '텅 비어 있음'으로 보는 보살의 견해는 병에 대한 새로운 관점을 보여준다. 불이모델에서 병은 심신불이적으로 연결되어 있으며 병이라는 현상 자체가 진실도 아니고, 있지도 않다는 관점, 즉 공(空)이라는 것을 볼 수 있다.

요약하자면 불이모델은 병이 심신과 연관되어 있고, 궁극적으로 병이라는 현상은 비어 있으므로 병을 얻는 것이 불가능하다는 것을 보여준다. 불이모델에서는 병을 얻는 것이 불가능하므로 병을 치유하는 것도 불가능하다는 방향으로 나아가게 된다. 반면 사성제모델은 괴로움의 현상을 몸, 마음, 관계의 차원에서 구체적으로 나열하고 있다. 이들의 관계가 세 가지 차원으로 구분되었다고 할지라도, 모두 취(取)라는 하나의 차원에서 파악하는 점에서 서로 연결되어 있을 가능성을 보여주고 있다고 할 수 있다. 사성제모델에서는 병의 현상을 취로 표현함으로써, 취를 해결하는 방향으로 나아가게 된다. 병과 괴로움의 현상론에서 이후의 원인론, 목적론, 방법론이 전개되는 실마리를 볼 수 있다.

2. 괴로움 또는 병의 원인론

『초전법륜경』에서 '괴로움의 일어남의 성스러운 진리는 갈애이니, 다시 태어남을 가져오고, 즐거움과 탐욕이 함께하며, 여기저기서 즐기는 것이다. 즉 감각적 욕망에 대한 갈애[欲愛], 존재에 대한 갈애[有愛], 존재하지 않는 것에 대한 갈애[無有愛]가 그것이다.'[10] 십이연기에서 애(愛)는 취(取)와 유(有)를 거쳐 괴로움의 현상인 생노사(生老死)로 나아간다. 병의 현상론에서 병의 현상을 한마디로 취(取)로 이야기하므로, 그 원인은 십이연기의 순서에 따라서 애(愛)가 된다. 세 종류의 애[三愛] 가운데 감각적 욕망[欲愛]은 우리가 여섯 가지 감각기관을 가지고 있는 한 가지게 되는 욕망이다. 이는 우리가 존재하는 한 생노사라는 괴로움을 겪는 것과 마찬가지이다. 그리고 유애(有愛)는 있었으면 하는 갈애이고, 무유애(無有愛)는 없었으면 하는 갈애이다. 이는 각각 괴로움의 현상 가운데 있었으면 하는 것이 없는 괴로움[求不得苦, 愛別離苦], 없었으면 하는 것이 있는 괴로움[怨憎會苦]의 원인이 된다. 집착[取]으로 드러난 병의 현상에 대한 원인을 애(愛)로 파악하는 것이 사성제모델의 원인론이다. 집착을 몸, 마음, 관계의 차원에서 파악했듯이, 원인도 삼애(三愛)의 차원에서 파악하고 있다.

문수사리의 병문안에 대해서 유마힐은 "모든 유정의 무명(無明)과 존재에 대한 갈애[有愛]가 생긴 지 이미 오래된 것처럼, 나의 지금 이 병이 생긴 것도 또한 그러합니다."[11]라고 이야기한다. 이 병의 원인은 십이연기에서 무명과 애로 드러난다. 또한 이는 잘못된 분별이 일으킨 번뇌로 인한 업에 의해서 생긴 병이다. "지금 나의 이 병은 모두 과거의 허망하게 전도되어 분별하는 번뇌(虛妄顚倒分別煩惱)가 일으킨 업에서 생긴 것이다."[12] 또

---

10 SN 56:11; 전재성 역주(2014) p.105; 마하시 아가 마하 빤디따 지음, 김한상 옮김(2011) p.19.

11 『설무구칭경 · 유마경』 p.204. 『說無垢稱經』 p.13. 如諸有情無明有愛生來旣久, 我今此病生亦復爾.

12 『설무구칭경 · 유마경』 p.214. 『說無垢稱經』 p.14. 無垢稱言:「有疾菩薩應作是念: 『今我

한 「문질품」에서 범부의 병의 원인으로 연려(緣慮)를 제시하고 있다. "어떠한 것을 병의 인연이라고 이름하는 것인가? 연려가 있는 것을 말한다. 모든 연려는 모두가 병의 원인이니, 연려가 있는 자는 모두 병이 있기 때문이다. 무엇을 연려하는가? 삼계를 반연하는 것을 말한다."[13] 연려(緣慮)는 '생각[慮]에 반연하는[緣] 것'을 말한다. 반연(攀緣)은 넝쿨이 나무를 잡고 번져나가듯이, 삼계를 잡고 생각이 번져나가는 것을 말한다. 이렇게 무명과 갈애, 허망전도분별번뇌, 연려를 병의 원인으로 볼 수 있다. 무명과 갈애는 사성제모델의 삼애와 유사한 병의 원인이다. 분별번뇌와 연려는 『유마경』에서 제시하는 병의 원인이라고 할 수 있다.

『유마경』은 무명과 갈애, 허망전도분별번뇌, 연려를 중생의 병의 원인으로 보는 반면, 보살의 병의 원인은 다르게 보고 있다. "보살이 병이 든 이유는 이러한 중생에 대한 연민 때문이다. 보살에게 있어서 이 병은 대비(大悲)에서 일어난 것이다."[14] 중생과 나의 불이적 관계로 인해서 연결된 관점에서 파악하기 때문에 대비인 것이다. 중생을 나 따로, 중생 따로 보는 분별적 관점에서 대상적으로 파악하여 대비의 마음을 내는 것이 아니다. 그렇게 내는 마음은 소비(小悲)라고 할 수 있다. 보살의 병의 원인에 대해서는 불이(不二)의 관점이 성립한다. 중생과 보살이 불이적이므로, 중생의 병으로 인해서 보살이 병이 들었다는 불이의 관점에서 병의 원인이 성립한다.

此病皆從前際虛妄, 顚倒, 分別煩惱所起業生.

13 『설무구칭경·유마경』 p.221. 『說無垢稱經』 p.14. 何等名為疾之因緣?謂有緣慮.諸有緣慮皆是疾因, 有緣慮者皆有疾故.何所緣慮?謂緣三界.

14 『설무구칭경·유마경』 p.205. 『說無垢稱經』 p.13. 又言:「是病何所因起?」「菩薩疾者從大悲起」

이러한 대비(大悲)는 병의 원인이면서 치유의 토대가 된다. "병이 있는 보살은 오직 객진의 번뇌를 끊기 위해서만 모든 유정에 대해 대비를 일으켜야 한다. 만약 객진의 번뇌를 끊어버리기 위하여 모든 유정에 대해 대비를 일으킨다면, 곧 생사에 있어서도 피로해 싫어함이 없을 것이기 때문이다."[15] 여기서 괴로움은 번뇌인데, 중요한 것은 이것이 객진(客塵)이라는 것이다. 번뇌는 실체적 존재가 아니라 밖으로부터 유입된 번뇌, 즉 인연적 존재이다. 일체가 불이에 의해서 연결되어 있으므로 그 자체적으로 존재하는 것이 아니라 연결된 번뇌이면서 객진번뇌이므로 끊는 것이 가능하다. "이 병은 오래된 것이고, 이 병은 유정이 낫는다면 나도 역시 따라 나을 것이라는"[16] 말처럼 병이 끝나는 시점도 나와 있다. 병의 원인도 대비이고, 이러한 병의 원인이 제거된 상태도 대비(大悲)의 관점이 드러나고 있다. 중생의 병이 치유될 때 보살의 병도 치유되는 것을 볼 수 있다. 이렇듯 대비도 불이적 관점에서 표현되고 있다.

요약하자면, 사성제모델의 병의 원인론으로 제시되는 삼애(三愛)는 병의 현상론과 연결되어 있다는 것을 볼 수 있다. 『유마경』에 나타난 불이모델은 원인론으로 무명과 갈애, 허망전도분별번뇌, 연려를 제시하고 있다. 무명과 갈애는 사성제모델에서 제시되고 있는 삼애와 유사하다고 할 수 있다. 십이연기의 도식에서 이전의 각지(各支)는 이후에 포함되어 있으

---

15 『설무구칭경 · 유마경』 p.224. 『說無垢稱經』 p.14. 如是觀時, 不應以此愛見纏心於諸有情發起大悲, 唯應為斷客塵煩惱於諸有情發起大悲.

16 『설무구칭경 · 유마경』 pp.204-205. 『說無垢稱經』 p.13. 有情若病, 菩薩亦病; 有情病愈, 菩薩亦愈.

므로, 삼애 안에 무명이 포함되어 있다고 할 수 있다. 그러나 허망전도분별번뇌, 연려는 『유마경』에서 제시하는 병의 원인이라고 할 수 있다. 이와 함께 불이모델의 특이성은 대비를 원인론으로 본다는 것이다. 이러한 대비는 붓다에게서 그 근원을 찾을 수 있다. 초기불교에서 붓다는 깨달음을 얻은 이후에 중생의 근기의 예둔(銳鈍)을 보고서 설법할 마음을 낸다. 이때 붓다가 내는 마음이 대비(大悲)이다. 삼계(三界) 안에서 부분적으로 유익을 주는 것이 아니라 근원적이고 보편적인 차원에서 삼계 자체를 벗어나는 방법을 보여주기 때문이다. 이러한 붓다의 대비의 마음은 중생들의 괴로움을 치유하는 근원적인 토대가 된다. 보살의 대비도 이러한 붓다의 대비의 마음을 지향하는 것이라고 할 수 있다.[17] 붓다의 경우 치유의 근원적 토대로 대비가 제시되지만, 괴로움의 근거이면서 치유의 토대로 대비가 제시되는 것은 『유마경』의 특이성이라고 할 수 있다.

3. 치유의 목적론

『초전법륜경』은 멸로 나아가는 과정을 "중도에 의지하여 현등각하였다. 그래서 법안(法眼)이 생기고 지혜[慧]가 생기게 하여 적정·증지·등각·열

17 이는 『금강경』에서도 모든 중생을 무여열반에 들게 하지만, 들게 한다는 상을 일으키지 않는 마음을 내는 것과 동일한 취지라고 할 수 있다. 각묵 스님 역해(2001), 『금강경 역해』, 서울: 불광출판부, pp.64-65. 『금강경』에서는 모든 중생을 무여열반으로 이끌고, 이끌었다는 상이 없는 상태를 병이 치유된 상태라고 한다. 이러한 『금강경』의 발심을 『유마경』에서는 대비로 표현하고 있다.

반에 이르도록 돕는다."라고 표현하고 있다.[18] 중도(中道)는 '애욕에 탐착을 일삼는 것'과 '자아에 고행을 일삼는 것'의 양극단을 버리는 것이다. 중도는 가운데 길이 아니라 이 둘을 하지 않는 것을 말한다. 법안(法眼)이 생기는 것은 진리의 관점, 실재에 대한 인식이 생기는 것을 말한다.[19] 지혜[慧]는 법안에 의해서 개안(開眼)된 것을 뛰어나게 아는 것이다. 즉 지혜는 법안보다 뛰어난 앎이다. 법안과 지혜를 통해서 적정, 즉 고요함이 생기고, 이를 통해서 증지(證知), 즉 확실한 앎이 생긴다. 개안된 앎, 뛰어난 앎, 확실한 앎으로 순차적으로 나아간다. 법안에서 실재에 대해서 눈뜨기 시작하고 지혜와 증지로 나아가면서 확고하게 되는 과정을 거친다. 이 과정은 법안, 지혜, 적정, 증지, 등각, 열반을 거친다.

『초전법륜경』은 괴로움이 소멸된 상태를 "그것은 바로 그러한 갈애가 남김없이 사라져 소멸함, 떠남, 버림, 놓아버림, 벗어남, 해탈, 집착 없음"으로 표현한다.[20] 이는 괴로움의 원인이 제거된 상태를 말한다. 멸의 상태는 탐진치(貪瞋痴)가 제거된 상태이다. 탐을 괴로움의 원인과 연관해서 보면 있었으면 하는 것[有愛]이 있는 상태, 없었으면 하는 것[無有愛]이 없는 상태를 말한다. 진은 반대로 있었으면 하는 것이 없고, 없었으면 하는 것이 있는 상태를 말한다. 탐(貪)은 욕애, 유애, 무유애를 성취한 상태를 말하

18 SN 56:11; 전재성 역주(2014) p.104; 마하시 아가 마하 빤디따 지음, 김한상 옮김(2011) p.18.

19 법(dharma, 法)은 크게 두 가지로 해석할 수 있다. 물질적인 차원에서 법은 모든 현상들의 실제 모습을 의미하고, 정신적 차원에서 법은 진리, 법문을 의미한다.

20 SN 56:11; 전재성 역주(2014) p.105; 마하시 아가 마하 빤디따 지음, 김한상 옮김(2011) p.19.

고, 진(瞋)은 욕애, 유애, 무유애가 좌절된 상태를 말한다. 치(痴)는 탐진의 생멸에 대해서 무지한 상태, 즉 무명에 해당한다고 할 수 있다. 멸(滅)은 탐진치라는 원인이 제거된 상태를 말한다. 이는 사성제모델에서 목적론으로 제시하고 있는 상태를 말한다. 그리고 이러한 상태로 나아가는 과정은 순차적으로 이루어진다. 이러한 목적론의 상태를 갈애의 소멸, 떠남, 버림, 놓아버림, 벗어남, 해탈, 집착 없음과 같은 단어로 표현하고 있다.

『유마경』은 궁극적인 지향점을 아뇩다라삼먁삼보리심(anuttarāyaṃ samyaksaṃbodhau cittāny,[21] 阿耨多羅三藐三菩提心, 無上正等覺)으로 설정하고 있다.[22] 아뇩다라삼먁삼보리심에서 '아뇩다라'는 '위없음'을 말한다. '위없음[無上]'은 최상이라는 의미와 동시에 끝이 없음이라는 의미를 가진다. 끝이 없기 때문에 끝없이 계속 나아간다는 의미가 된다. '삼먁'은 '올바른'의 의미이다. 이는 팔정도에서 '정(正)'과 동일한 용어이다. '삼'은 '평등함'을 의미하고 '보리'는 깨달음을 의미한다. 깨달음을 수식하는 항목에서 깨달음의 특징을 볼 수 있듯이, 평등하고, 올바르고, 끝이 없는 깨달음이다.

먼저 '삼'은 등(等)의 의미로, 법의 평등성을 안다는 것이다. 초기불교든 대승불교든 법의 비실체성과 무아성을 말한다.[23] 그러나 초기불교는 택법

---

21 大正大学綜合佛教研究所 梵語佛典研究会(2006) p.19.

22 『설무구칭경·유마경』 p.90. 『說無垢稱經』 p.7. 汝等欲得如是之身, 息除一切有情病者, 當發阿耨多羅三藐三菩提心.

23 소승불교는 인무아(人無我)만 알았지 법무아(法無我)를 알지 못했고, 대승불교는 인법이무아(人法二無我)를 모두 알았다는 것은 잘못된 견해라고 할 수 있다. 초기·부파불교와 대승불교 모두 인법이무아를 제시하고 있다. 후기유부의 견해 가운데 법무아를 벗어난 것으로 해석할 수 있는 개념들이 등장한다는 것은 인정할 수 있다. 이를 특히 나가르주나가 부각하고, 이를 격파하는 것으로 자신의 주장을

(擇法)에 중점을 두고 있다면, 대승불교는 분별없음, 즉 무분별(無分別)에 중심을 두고 있다. 무분별은 분별하지 않는 것이 아니라 구분된 법의 평등성을 보는 것이다. 그러므로 분별과 무분별은 반대개념이 아니다. 분별된 법의 평등성을 아는 것이 무분별이라면, 분별과 무분별은 둘 다 마음의 필요한 기능이라고 할 수 있다. 다만 초기불교가 법의 구분을 중요시한다면, 대승불교는 구분된 법의 평등성을 중요시하는 것이다. 선법이든 악법이든, 유익한 법이든 유해한 법이든 법이라는 측면에서는 동등하다는 것이다. 선악, 유익·유해의 판단은 이미 만들어진 존재인 아(我)에 의한 것이므로 법의 평등성은 이러한 판단 이전의 무분별, 무판단적인 상태를 말한다.

초기불교에서 '올바름[正]'은 유익과 유해 가운데 유익한 것을 말한다. 법 가운데 유해한 법을 소멸하고, 유익한 법을 증장하는 과정을 말한다. 이는 멸이 탐진치라는 유해한 법을 소멸하는 것을 목표로 하기 때문이다. 대승불교는 유익, 유해를 반대개념의 틀 안에서 양립불가능한 것으로 보는 것이 아니라, 반대개념을 양립가능한 것으로 본다. 이는 반대개념조차 연결되어 있고, 불이이기 때문이다. 이것이 불이의 관점에서 보는 올바름[正]이라고 할 수 있다. 초기불교에서는 유익과 유해가 연결되어 있지 않고, 두 법이 평등하지 않다. 초기불교에서는 멸을 목표로 하기 때문에 유

개진하고 있는 것이다. 윤희조(2016), 「자성(自性)의 의미변화에 관한 일고찰–『구사론』, 『중론』, 『단경』을 중심으로」, 『동서철학연구』 제81호, p.159. 이 부분에서는 『초전법륜경』과 『유마경』에 한해서 논의를 제한하지 않고, 두 경전을 포함하는 초기불교와 대승불교로 논의의 범위를 확대하여 전개하고자 한다. 멸과 아뇩다라삼먁삼보리심은 두 경전뿐만 아니라 초기불교 전반과 대승불교 전반의 목표이기 때문이다.

익이 올바름이 되지만, 대승불교에서는 평등을 목표로 하기 때문에 평등이 올바름이 된다. 올바름에 대한 초기불교와 대승불교의 해석의 차이는 목적론과 방법론의 차이로 나타난다고 할 수 있다. 『초전법륜경』 첫머리에서 중도(中道)를 양극단을 따르지 않는 것 또는 팔정도로 설명한다. 중도를 팔정도로 해석할 경우는 초기불교의 올바름에 가깝다고 할 수 있고, 중도를 양극단마저도 평등하게 보는 것으로 해석할 경우는 대승불교의 올바름에 가깝다고 할 수 있다. 이는 새로운 방편으로 나아가는 것이다. 중도(中道)와 정(正)에 대한 이러한 해석의 차이는 두 모델의 목적론과 방법론의 차이를 가져온다.

'아뇩다라'는 더 이상 위가 없으므로 '최고'라는 의미와 '끝없이 나아간다'는 의미가 있을 수 있다. 전자는 탐진치를 소멸했기 때문에 더 이상 할 일이 없는 최고의 상태이다. 이는 멸의 의미에 가깝다고 할 수 있는 반면, 후자는 방편의 무한함이라고 할 수 있다. 무분별로 인해서 법의 평등성과 불이의 올바름을 안 이후에는 방법의 다양성으로 나아간다. 이렇게 되면 팔정도의 여덟 가지 올바른 방법은 팔만 가지 방편으로 증장하게 된다. 수많은 방편으로 범부가 보살로 나아갈 수 있도록 돕는다.

요약하자면, 사성제모델에서 목적론은 탐진치가 소멸된 멸의 상태를 목표로 앎과 고요함이 순차적으로 확고해지는 과정이라고 할 수 있다. 불이모델에서 목적론은 아뇩다라삼먁삼보리심으로, 이는 등(等), 정(正), 무상(無上)의 관점에서 볼 수 있다. 사성제모델에서 유익한 법과 유해한 법을 구분하여 유해한 법을 소멸한 상태를 목적론으로 보는 반면, 불이모델에서는 이들의 평등성을 아는 것이 목적론이다. 사성제모델에서는 유해한 법을 손감시키고 유익한 법을 증장시키는 것이 올바름인 반면, 불이 모델에서는 둘 다 불이임을 앎으로 인해서 평등하게 대하는 것이 올바름이다. 정(正)에 대한 해석의 차이에서 사성제모델과 불이모델의 방법론의 차이를 가져온다. 또한 무상(無上)을 궁극적 경지의 성취라는 관점에서 보면 사성제모델의 멸(滅)의 상태에 가깝다고 할 수 있고, 끝없이 나아감이라는 관점에서 보면 방편의 적극적인 제시에 가깝다고 할 수 있다.

4. 방법론

『초전법륜경』에서 제시하는 팔정도는 계정혜(戒定慧)로 구분할 수 있다. 이를 팔정도의 순서에 맞추어보면 혜계정(慧戒定)이 된다. 혜가 가장 먼저 오는 것에서 지혜의 중요성을 볼 수 있고, 지혜도 하나의 방법론이라는 것을 알 수 있다. 팔정도에서 정견(正見)은 올바른 관점을 이야기한다. 올바른 관점이 갖추어질 때 올바른 생각[思], 언어[語], 행위[業], 직업[命]이 이루어진다. 이러한 생각, 언어, 행위, 관계는 신구의(身口意) 삼업으로, 모두 올바른 관점을 바탕으로 이루어지는 것이다. 이러한 것을 토대로 정진[勤], 염[念], 정[定]이 이루어진다. 정진은 네 가지 노력해야 할 것[四勤]으로 마음을 바로잡고, 염은 네 가지 대상[四處]에 대해서 마음을 모으고 집중하는 것을 말하고, 정은 네 가지[四定]로 마음을 가라앉히고 고요히 하는 것을 말한다. 생각, 언어, 행동, 관계는 이미 활동하고 있는 것을 올바르게 하는 것이고, 정진, 염, 정은 앞으로 계발해야 할 것을 말한다. 이미 활동하고 있는 것, 앞으로 계발해야 할 것을 올바른 견해에 따라서 행해야 한다는 것이다. 이것이 사성제모델의 방법론이다. 유익한 법을 증장시키고 유해한 법을 손감시키는 방향으로 방법론이 제시되고 있다. 사성제모델에서 방법론인 팔정도는 관점을 올바르게 하고, 이미 활동하고 있는 것을 올바르게 행하고, 앞으로 계발해야 할 것을 올바르게 계발하는 것을 말한다.

『유마경』에서 문수사리는 병이 있는 보살은 어떻게 그 마음을 조복하는지[調伏其心]에 대해서 묻는다. 이는 실제적인 치유법을 묻는 질문으로 병을 마음과 관련해서 질문하고 있다. 유마힐 거사는 먼저 범부의 마음을 조복하는 법을 제시한다. "사대가 화합한 것을 임시로 일러 몸이라고 하므로 사대(四大) 속에는 주인이 없고 몸에도 나라는 것이 없다."[24] 또한 이렇게 생각해야 한다. "여러 가지 법이 화합하여 함께 이 몸을 이루어 생멸하면서 유전하니, 생길 때에는 오직 법이 생기고, 사라질 때에는 오직 법이 사라진다. 이와 같이 법이 전전 상속하니 서로 알지를 못하고 끝내 생각함도 없다. 생겨날 때는 내가 생긴다고 말하지 않고, 멸할 때에도 내가 멸한다고 말하지 않는다."[25] 나에 대한 집착을 먼저 몸을 사대의 관점에서, 다음으로 법의 관점에서 다룬다. 나 중심이 아니라 법 중심으로 사고하는 방식을 말한다. 사대의 화합, 법의 화합에 의해서 이루어진 것이 몸이다. 사대에도, 법에도 나라고 할 만한 것이 없다. 이처럼 나에 대한 집착은 몸이 사대와 법이라는 것을 철저히 아는 것에 의해서 제거된다.

나아가서 "나의 이 법이라는 생각도 곧 전도(顚倒)이다. 대저 법이라는

---

24 『설무구칭경·유마경』 p.215. 『說無垢稱經』 p.14. 四大和合假名為身, 大中無主, 身亦無我.

25 『설무구칭경·유마경』 p.216. 『說無垢稱經』 p.14. 『眾法和合共成此身生滅流轉, 生唯法生, 滅唯法滅.』 如是, 諸法展轉相續互不相知, 竟無思念, 生時不言我生, 滅時不言我滅.

생각은 곧 큰 병[大患]이므로 제거해 없애야 하고, 일체 유정의 이와 같은 큰 병도 역시 제거해 없애야 하는 것이다."[26] 법이라는 생각마저도 전도이고, 큰 병이므로 제거하고 없애야 할 것으로 생각해야 한다. 즉 무법(無法)으로 나아간다. 이는 철저하게 제거의 방법을 사용하는 것이다. 불이모델에서 나를 사대로, 법으로 바라보는 관점은 사성제모델과 유사하다. 나라는 집착을 법의 관점을 통해서 해체하는 것이다. 법이라는 것마저도 전도된 생각으로 보는 것, 즉 무법(無法)은 불이모델의 독특성이라고 할 수 있다. 법의 제거를 통해서 해체와 제거가 더 철저해지는 것을 볼 수 있다. 이는 법마저도 해체해야 한다는 관점으로 철저한 해체라고 할 수 있다.

나아가서 조복기심이라는 질문에 대해서 유마힐은 조복이라는 질문 자체를 문제삼는다. 유마힐거사는 "조복된 마음[調伏心]이나 조복되지 않은 마음[不調伏心]에 안주하여서는 안 된다."[27]라고 한다. 조복(調伏)·불복(不伏)이 둘이 아니고 불이이므로, 조복과 불복이라는 두 가지 극단에 안주해서는 안 된다는 것이다. 『유마경』에서 31명의 보살은 자신의 입장에서 불이(不二) 법문을 제시한다. 생기고 사라지는 것, 나와 나의 것, 취함과 취함 없음, 더럽게 물듦과 깨끗함, 산만하게 움직임과 고요하게 사유함, 하나의 모습과 모습 없음, 보살의 마음과 성문의 마음, 선함과 선하지 않

---

26 『설무구칭경·유마경』 p.217. 『說無垢稱經』 p.14. 『我此法想即是顛倒』 夫法想者即是大患, 我應除滅, 亦當除滅一切有情如是大患.

27 『설무구칭경·유마경』 p.230. 『說無垢稱經』 p.14. 有疾菩薩應如是調{伏其心, 不應安住調伏不調心. 『금강경』에서 조복기심에 대한 질문에 답하고 있다면, 『유마경』은 조복기심에 대한 답과 조복과 불복을 넘어선 답을 제시하고 있다.

음, 죄 있음과 죄 없음, 유루와 무루, 유위와 무위, 세간과 출세간, 생사와 열반, 다 함 있음과 다 함 없음, 유아와 무아, 명과 무명, 오온과 공, 사계와 공, 육식과 육경, 보시와 깨달음, 공·무상·무원, 불법승, 몸이 있음과 소멸, 신구의, 죄와 복, 밝음과 어둠, 열반과 생사윤회, 바른 길과 삿된 길, 허망함과 진실함의 이분을 떠나야 한다. 이 29가지는 반대되는 두 가지 개념을 이야기한다. 이러한 이법(二法)이 각각의 분야별로 설한 것이라면, 문수사리는 모든 법에 대해서 "말도 없고 설명도 없고 드러냄도 없고 보여줌도 없어서 모든 희론을 벗어나고 분별을 끊었다면, 이것이 곧 불이법문이다."라고 한다.[28] 불이에 대한 문수사리의 질문에 유마힐은 묵연한다[默然無說]. 묵연은 언어를 넘어선 언어로 불이를 보여주는 것이다. 문수보살이 모든 법[一切法]에 대한 불이를 보여준 것이라면, 유마힐 거사는 모든 법을 떠난 불이를 보여주고 있다. 문수보살과 유마힐 거사 각자는 일체 법(法)의 불이와 무법(無法)의 불이를 보여주고 있다.

불이의 근거에는 무분별이 있다. "꽃에는 분별이 없고 허망한 생각이 없습니다. 다만 존자들 스스로에게 분별이 있고 허망한 생각이 있을 뿐입니다."[29] 사물 자체, 기억 자체에는 분별이 없다. 다만 이를 받아들이고, 떠올릴 때 분별과 허망한 생각을 일으키는 것이다. 이때 허망한 생각과

---

28 『설무구칭경·유마경』 p.363. 『說無垢稱經』 p.25. 時妙吉祥告諸菩薩:「汝等所言雖皆是善, 如我意者, 汝等此說猶名為二. 若諸菩薩於一切法無言, 無說, 無表, 無示, 離諸戲論, 絕於分別, 是為悟入不二法門.」

29 『설무구칭경·유마경』 p.287. 『說無垢稱經』 p.19. 華無分別, 無異分別, 惟尊者等自有分別, 有異分別.

분별을 일으키는 것은 자신의 선택에 의한 것이다. 범부인 이상 번뇌에 물들어 있기 때문에 자신이 선택하는지도 모른 채 선택을 한다. 어떤 사물 또는 사람을 보면 어떤 특정 정서가 항상 함께 올라오는 것을 당연하게 여긴다. 다른 정서와의 연결 가능성이 항상 열려 있음에도 불구하고 그러한 가능성을 사용하지 않고, 우리에게 편안하고 익숙한 정서를 사용한다. 습에 의해서 습관화되고[30] 길들여진 정서패턴과 인지패턴으로 느끼고 생각한다. 그렇다면 새로운 패턴의 가능성을 열어두는 것이 무분별이라고 할 수 있다. 범부는 법을 보고 이러한 법을 제거하려고 하지만, 무분별은 법을 제거하고 무법으로 나아가는 것이 아니라 이러한 법의 평등성을 보고자 하는 것이다.

문수사리는 보살은 모든 중생을 어떻게 보아야 하는지 유마힐 거사에게 묻는다. 문수사리는 '환술사가 환술로 만들어진 것을 보듯이 하여야 한다.'고 한다.[31] 물속의 달을 보듯이, 거울 속의 모습을 보듯이, 아지랑이 속의 물을 보듯이, 메아리 소리를 보듯이, 허공 속에 구름으로 만들어진 성곽을 보듯이, 물위의 물거품이 나타나고 사라지는 모습을 보듯이 보아야 한다[32]고 한다. 이는 『금강경』에서 사물을 '몽환포영(夢幻泡影)'으로 보

---

30 『설무구칭경·유마경』 p.288. 『說無垢稱經』 p.19. 若煩惱習已永斷者, 華不著也. "만약 번뇌의 습기가 아직 완전히 끊어지지 않았다면, 꽃이 그 몸에 붙어 있을 것입니다."

31 『설무구칭경·유마경』 p.272. 『說無垢稱經』 p.18. 無垢稱言: 譬如幻師觀所幻事. 如是, 菩薩應正觀察一切有情.

32 『설무구칭경·유마경』 pp.272-273. 『說無垢稱經』 p.18. 又, 妙吉祥! 如有智人觀水中月, 觀鏡中像, 觀陽焰水, 觀呼聲響, 觀虛空中雲城臺閣, 觀水聚沫所有前際, 觀水浮泡或起或滅, 33가지의 예가 등장한다. 그리고 마지막에는 "이와 같이 보살은 일체의 유정을 바르게 관찰하여야 합니다. 까닭이 무엇인가 하면 모든 법은 본래 공이어서 진실로 '나'도 없고 '유정'도 없기 때문입니다."라고 한다.

는 것과 동일한 의미라고 할 수 있다.[33] 이러한 관점은 『유마경』에서도 이어지고 있다. 이렇게 관찰하는 까닭을 유마힐 거사는 '모든 법은 본래 공하여서, 진실로 나도 없고 중생도 없다'고 제시한다.[34]

『유마경』은 이처럼 무법, 불이, 무분별, 환(幻)의 관점을 제시한다. 이는 사성제모델에서도 관점을 먼저 제시하는 것과 유사하다. 이러한 관점을 바탕으로 행위로 나아간다. 이때의 행위는 보살행이 되고, 방편행이 된다. 방편(方便), 즉 '우빠야(upaya)'라는 말 자체가 '가까이 가다(upa-√i)'는 의미를 담고 있다.[35] 개개인의 근기에 따라서 각자에게 알맞은 방식으로 다가가는 것을 말한다. 지혜가 거리를 두고 관조하는 것이라면, 우빠야는 가까이 다가가는 것을 말한다. 방편(方便)은 지혜[方]없이 자기 식의 편리함[便] 만이 있는 것도 아니고, 근기[便]에 맞지 않는 경직된 지혜[方] 만이 있는 것도 아니다. 방과 편이 함께 갖추어진 것을 말한다. 보살행에서 행을 '하다(do)'라는 의미로 해석하면 행의 범위는 무한대로 나아간다. 이처럼 지혜는 단순히 아는 작용인 반면, 방편은 무한한 행위를 포함한다. 그리고 지혜는 사물의 실제 모습을 아는 행위[所知]이지만, 방편은 그러한 모습을 하는 행위[所行]이다.

모든 보살행은 지혜와 함께 방편을 갖추고 있는 것을 말한다. 성문의 행위가 지혜를 갖추고 있고, 여기에 방편을 더하는 것이 보살의 행위가

---

33 각묵 스님 역해(2001) p.420. 이러한 언급은 초기경전에도 등장한다. SN.22:95.

34 『설무구칭경 · 유마경』 p.274. 『說無垢稱經』 p.18. 如是, 菩薩應正觀察一切有情.所以者何?諸法本空, 真實無我, 無有情故.

35 https://www.wisdomlib.org/definition/upaya

아니라 지혜와 방편으로 인해서 새로운 행을 하는 것이다. 두 가지 극단을 떠난 중도라고 할 때 단순히 둘의 가운데를 이야기하는 것이 아니듯, 지혜와 방편을 갖춘다는 것이 둘을 산술적으로 합한 것이 아니라 다른 행위라는 의미이다. 지혜라고 할 때는 지혜의 측면을 보는 것이라면, 방편은 지혜와 지혜 없음의 전체를 보는 것이다. 단순히 한쪽 방향의 앎만이 아니라 전체에 대한 앎을 추구하는 것이다. 이는 불이(不二)의 전제로부터 귀결되는 결과라고 할 수 있다. 불이는 하나로 연결되어 있기 때문에 전체에 대한 앎이다. 반대에 대해서 한쪽만 알고 나머지는 모르는 것이 아니라, 둘은 연결되어 있기 때문에 양쪽을 모두 알 수밖에 없는 구조로 연결되어 있다. 그러므로 방편은 이러한 앎을 추구하는 것이다. 또한 이러한 앎은 구체적인 방법에 대한 앎까지도 포함한다.

요약하자면, 사성제모델의 방법론과 마찬가지로 불이모델의 방법론에서도 관점이 우선적으로 제시된다. 불이모델에서는 법마저도 해체한다. 해체의 관점 다음으로 불이, 무분별, 여환의 관점이 제시되고 있다. 무분별은 있는 그대로의 차원에서는 분별이 없다는 관점이다. 또한 환의 관점을 제시한다. '있는 그대로'라는 것도 또한 우리 자신의 분별에 의해서 만들어진 것이 아닌가하는 궁극적인 의문을 제시한다. 무분별이라고 제시하고 있는 관점도 또한 분별일 수 있지 않은가 하는 궁극적인 의문에 대해서 환의 관점을 제시한다. 이렇게 되면 관점 이후에 남는 것은 방편뿐이다. 이러한 관점에서는 방편이라는 용어밖에 붙일 수 없다. 이러한 관점으로 나아가도록 하는 다양한 방법으로서의 행위만이 가능하다.

불이모델과 사성제모델에서 방법론은 관점과 행위로 구분하여볼 수 있다. 각각의 모델이 생각하는 올바른 관점과 이를 위한 행위가 있다. 사성제모델에서 올바른 관점과 행위는 팔정도로 구성되어 있고, 불이모델에서 올바른 관점과 행위는 무법, 불이, 무분별, 환의 관점과 방편이라는 행위로 구성되어 있다. 이러한 차이점에도 불구하고 불이모델의 방법론과 사성제모델의 방법론은 두 가지 공통점을 가진다고 할 수 있다. 방법론은 관점과 행위로 구성되어 있다는 것이 첫 번째이고, 올바름[正]의 해석, 즉 관점에서 행위가 나온다는 것이 두 번째이다.

5. 두 모델의 비교

표 1에서 사성제모델과 불이모델을 살펴볼 수 있다. 불이모델은 둘로 구분되고 있다. 왼쪽은 사성제모델과 유사점을 볼 수 있는 것이고, 오른쪽은 불이모델의 독특성에 중점을 두고 있다고 할 수 있다. 이를 통해서 두 모델의 유사점과 차이점을 발견할 수 있다. ① 현상론에서 사성제모델의 생노사, 수비우뇌, 원증회고, 애별리고, 구부득고는 몸, 마음, 관계의 차원으로 드러난다. 취의 차원에서 이들이 하나임을 보여준다. 불이모델은 몸과 마음이 불이이고, 병의 현상이 비어 있음을 보여준다. 이는 병의 현상과 치유가 둘이 아니라는 것, 병이 실체적으로 존재하지 않는 것을 보여주고 있다. 나아가서 비어 있음, 즉 공은 병의 현상뿐만 아니라 모든 현상의 특징이기도 하다. ② 원인론에서 사성제모델은 욕애, 유애, 무유애의 삼애를 원인으로 가진다. 불이모델은 무명과 갈애, 허망전도분별번뇌, 연려를 원인으로 하지만, 대비를 가장 큰 원인으로 하고 있다. 무명과 갈애

는 사성제모델의 원인과 유사하지만 허망전도분별번뇌, 연려, 대비는 불이모델의 특징이라고 할 수 있다. 특히 사성제모델 자체를 설하게 되는 배경에 붓다의 대비가 있는 반면, 불이모델에서 대비는 병의 원인 자체를 대비로 보고 있다. 대승불교의 핵심개념이라고 할 수 있는 공과 대비가 ①②에서 드러나고 있다. 그리고 허망전도분별번뇌, 연려는 무명과 분별의 범주에 해당된다고 할 수 있다. ③ 목적론에서 사성제모델은 궁극에는 열반을 설하지만 열반으로 나아가는 과정에서 법안이 열리고 지혜가 확고해지는 차제적 과정을 거친다. 사성제모델에서는 유익한 것을 증익하고 유해한 것을 손감하는 것이 올바름[正]인 반면, 불이모델에서는 법의 평등성을 아는 것이 올바름[正]이다. ④ 방법론에서 사성제모델은 올바름에 대한 해석을 통해서 유익한 법을 증익하고 유해한 법을 손감시키는 팔정도가 등장하는 반면, 불이모델에서는 무법, 불이, 무분별, 환의 관점을 바탕으로 방편이 제시되는 형태로 방법론이 제시된다. 두 모델에서 방법론은 관점이 우선하고, 관점과 행위로 이루어져 있다는 것 자체는 공통적이라고 할 수 있다.

표 1 사성제모델과 불이모델의 비교

	사성제모델	불이모델	
	초전법륜경	유마경	
현상론	생노사, 수비우뇌, 원증회고, 애별리고, 구부득고, 오취온	몸과 마음	비어 있음
원인론	욕애, 유애, 무유애(삼애)	무명, 갈애	허망전도분별번뇌, 연려, 대비
목적론	멸		아뇩다라삼막삼보리심
방법론	팔정도	사대, 법	무법, 무분별, 여환, 불이, 방편

그렇다면 이제 두 모델을 어떻게 적용할 것인가 하는 문제가 남는다. 붓다의 경우도 중생의 근기의 예둔에 따라서 설법을 하고 있고, 방편이라는 용어 자체에 상대방에 대한 배려가 포함되어 있다. 또한 두 모델은 상호증장적이며, 상호보완적으로 나아간다. 예를 들어 유해한 법을 제거할수록 법을 평등하게 볼 수 있고, 법을 평등하게 볼수록 유해한 법을 제거하기가 용이해진다. 분별과 무분별이 반대개념처럼 보이지만 소통가능성이 있는 것처럼, 올바름의 해석으로 인해서 목표가 차이난다고 할지라도 두 모델의 유사성으로 인해서 상호증장적 보완이 가능하다.

본 장은 두 모델을 통해서 불교에서 괴로움과 병을 바라보는 관점을 조명한다. 사성제모델은 유익과 유해를 구분하고 유해를 없애는 방향으로 나아간다. 구분하고 없애는 것은 사성제모델의 불교상담 기제로 자리 잡을 수 있고, 이를 위한 방법론으로 제시되는 팔정도는 사성제모델의 상담기법으로 위치할 수 있다. 반면 불이모델은 유익과 유해의 무분별성을 함께 보는 것이 목표이고 이를 위한 방법론이 방편으로 제시된다. 무분별성을 보는 것이 불이모델의 불교상담 기제가 되고, 이를 위한 방편은 불이모델의 상담기법으로 연결된다.[36]

두 가지 불교상담모델은 불교상담의 장면에서 서로가 상호보완적이고 상호증장적으로 사용될 수 있음을 볼 수 있다. 이를 통해서 두 모델의 유사성과 차별성이 드러나는 동시에 이들이 함께 작용하는 것을 볼 수 있다. 유사성으로 인해서 불교상담의 전제가 마련되고, 차별성으로 인해서 내담자의 근기의 예둔에 따른 현실적인 적응력이 증대하게 된다. 그러므로 이 두 모델을 제시하는 것은 불교상담의 가능성을 풍성하게 할 것이다. 또한 실제 불교상담의 장면에서 다양한 적용 가능성에 대한 이론적, 실천적 토대가 될 것으로 생각한다.

36 기제와 기법에 대해서 이후의 다른 글에서 다루고자 한다.

참고문헌

『說無垢稱經』＝中華電子佛典協會 CBETA電子佛典集成 T.14.No.0476『說無垢稱經』 唐 玄奘 譯, http://tripitaka.cbeta.org/T14

김윤수 역주(2008),『설무구칭경·유마경』, 경기도: 한산암.

MMK＝Nāgārjuna Mūlamadhyamakakārikāḥ, ed. by J. W. de Jong, Madras: The Adyar Livrary and Research Centre, 1977.

SN＝*Saṃyutta Nikāya*, ed. by M. L. Feer, London: PTS, 1884-1904.

T＝『大正新修大藏經』

T.48.No.2008.『六祖大師法寶壇經』

https://www.wisdomlib.org/definition/upaya

각묵 스님 역해(2001),『금강경 역해』, 서울: 불광출판부.

高橋 尙夫, 西野 翠 訳(2011),『梵文和訳 維摩經』, 東京; 春秋社.

김태완 번역 및 주석(2014),『유마경』, 경기도: 침묵의 향기.

大正大学綜合佛教研究所 梵語佛典研究会(2006),『梵文維摩經 : ポタラ宮所蔵写本に基づく校訂』, 東京: 大正大学出版会.

大正大学綜合佛教研究所 梵語佛典研究会(2004),『梵藏漢對照 維摩經 Vimalakīrtinirdeśa』, 東京: 大正大学出版会.

마하시 아가 마하 빤디따 지음, 김한상 옮김(2011),『초전법륜경』, 서울: 행복한 숲.

植木 雅俊 訳(2011),『梵漢和對照·現代語訳 維摩經』, 東京: 巖波書店.

윤희조(2017a),「마음의 기능을 중심으로 한 불교심리학의 정의와 분류에 대한 일고찰」,『동서철학연구』 제85호, pp.209-236.

윤희조(2017b),「불교상담의 정의와 이론에 관한 일고찰」,『보조사상』 49집,

pp.485-515.
윤희조(2016), 「자성(自性)의 의미변화에 관한 일고찰-『구사론』, 『중론』, 『단경』을 중심으로」, 『동서철학연구』 제81호, pp.153-180.
전재성 역주(2014), 「가르침의 바퀴를 굴림에 대한 이야기(Dhammacakkappavattanakathā)」, 『마하박가-율장대품』, 서울: 한국빠알리성전협회.
제라드 이건 지음, 서미진 옮김(2015), 『유능한 상담사 워크북』, 서울: 학지사.
현장 저, 장순용 역(2017), 『설무구칭경』, 경기도: 학고방.

12 불교의 언어, 불교상담의 언어

붓다는 사성제를 기반으로 가르침을 설하고 제자들의 수행을 독려한다. 또한 외도와의 대론에서도 자신의 주장을 적극적으로 개진하고 있다. 붓다와 제자 사이의 대화를 불교상담의 하나의 전범으로 볼 수 있다면, 대화가 지시적으로 이루어지는 경우가 많이 있다. 붓다의 대화에서 상당 부분은 지시적인 형태로 대화가 이루어지고 있다. 반면 현대의 상담에서 로저스가 비지시적 상담을 주창한 이후 비지시적 상담은 상담의 주요 방법론으로 자리를 잡게 된다. 이후 지시적 상담의 지위는 점점 줄어들고 있는 추세이다.

이러한 상황에서 지시적 상담, 비지시적 상담이라는 구분틀이 아닌 새로운 프레임으로 상담을 볼 수 없을까 하는 것이 본 장의 출발점이라고 할 수 있다. 이를 위해서 먼저 불교의 언어를 전반적으로 살펴보고자 한다. 여기에서 도출되는 불교의 언어의 특징을 중심으로 불교상담의 언어를 탐색하고자 한다. 이러한 과정에서 불교상담의 언어를 새로운 관점에서 바라볼 수 있는 방법을 모색하고자 한다. 불교에서 제시하는 언어철학적 전제를 기반으로 불교상담의 언어의 지향성을 살펴보고자 한다.

1. 불교의 언어

불교의 언어를 살펴보기 위해서 먼저 언어가 어떻게 발생하는지 불교적 관점에서 살펴보고자 한다. 초기불교와 유식불교를 중심으로 언어 발생과정의 몇 가지 특징을 살펴보고자 한다. 그리고 불교의 궁극목표에 유익한 언어와 유해한 언어를 중심으로 불교의 언어를 볼 수 있다. 또한 언어가 가지는 고정성을 중심으로 하는 존재의 언어, 고정성에서 벗어나고자 하는 생성의 언어도 볼 수 있다. 그리고 언어는 결국 실재를 지향하는 것이지 실재 자체가 되지는 못한다는 언어의 실재지향성을 지월의 언어를 통해서 살펴보고자 한다. 불교의 언어가 가지는 세 가지 특징은 이후 불교상담의 언어와 밀접하게 연관되는 것을 보게 될 것이다.

1) 언어의 발생

「마두뻰디까경(Madhupiṇḍika Sutta, 蜜丸經)」에서 마하깟짜나(Mahākaccāna)는 인식의 기원과 발생 과정에 대하여 설명한다. "안이비설신의(眼耳鼻舌身意)와 색성향미촉법(色聲香味觸法)을 조건으로 안식(眼識), 이식(耳識), 비식(鼻識), 설식(舌識), 신식(身識), 의식(意識)이 생겨나고, 각각 세 가지가 모인 것이 접촉[phassa, 觸]이고, 접촉을 조건으로 느낌[vedanā, 受]이 있다. 그가 느낀 것에 대해서 관념을 만들고[sañjanati, 想], 관념을 만든 것에 대해서 사유하고[vitakketi, 尋], 사유하는 것에 대해서 희론한다[papañceti, 戱]. 이것을 원인으로 해서 희론에 의한 관념과 헤아림(papañcasaññāsaṅkhā)은 그 사람에게 과거, 미래, 현재의 시각, 청각, 후각, 미각, 촉각, 생각의 대상인 색성향미촉법에 대해서 생겨난다."[1]

인용문의 첫 번째 문장은 근경식(根境識)의 만남, 즉 삼사화합(三事和合)으로 인해서 느낌이 생겨나는 과정을 말한다. 두 번째 문장은 느낌이 수상심희(受想尋戱)로 나아가는 과정을 보여준다. 첫 번째 문장이 연기법에 따르고 있다면, 두 번째 문장의 주어는 '그'가 되어서 관념을 만들어내고, 사유하고, 희론하는 유위적 행위를 한다. 세 번째 문장은 반대로 그러한 유위적 행위가 '그'에게 영향을 미치는 과정을 보여준다.[2] 이러한 인식의 과정을 통해서 형성된 수상심희(受想尋戱)가 밖으로 표현되는 것을 언어라고 할 수 있다.

수상심희로 표현되기 이전의 인식은 단지 언어화될 수 있는 경향성에 머문다. 이러한 언어적 경향성[vacīsaṅkhāra, 口行]은 행(行), 즉 유위법에 속한다. 「쭐라웨달라경(Cūḷavedalla Sutta, 法樂比丘尼經)」에서 행(saṅkhāra, 行)

---

1 MN. 1권. pp.111-112. Cakkhuñcāvuso paṭicca rūpe ca uppajjati cakkhuviññāṇaṃ, tiṇṇaṃ saṅgati phasso, phassapaccayā vedanā, yaṃ vedeti, taṃ sañjānāti, yaṃ sañjānāti taṃ vitakketi, yaṃ vitakketi taṃ papañceti, yaṃ papañceti tatonidānaṃ purisaṃ papañcasaññāsaṅkhā samudācaranti atītānāgatapaccuppannesu cakkhuviññeyyesu rūpesu. MN=*Majjhima Nikāya*, ed. by V. Trenckner and R. Chalmers, London: PTS, 1977-1979. 전재성 역주(2002), 『맛지마 니까야』 서울: 한국빠알리성전협회.

2 문장 단위의 분석은 냐냐난다 스님의 저술을 참조할 수 있다; Ñāṇananda(1971), *Concept and Reality in Early Buddhist Thought: An Essay on Papañca and Papañca-Saññā-Sankhā*, Kandy: Buddhist Publication Society, pp.5-6.

은 무엇을 말하는지에 대한 질문에 담마딘나(Dhammadinnā)는 세 가지 행, 즉 신체의 행(kāyasaṅkhāra, 身行), 언어의 행(vacīsaṅkhāra, 口行), 마음의 행(cittasaṅkhāra, 意行)이 있다고 한다. 이 가운데 언어의 행을 '사유와 숙고(vitakkavicāra, 尋伺)'라고 한다.[3] 이때 언어의 행은 아직 언어화되지는 않았지만, 언어화될 수 있는 가능성을 가진 언어적 경향성을 말한다. 그러므로 언어는 만들어진 것, 즉 유위법(有爲法)에 속한다. 그리고 이러한 경향성은 수(vedanā, 受)에서 시작해서 상(saññā, 想)과 심(vitakka, 尋)으로 나아가고, 여기에서 언어로 발화된다.

어원적으로 따까(takka)는 '꼬인다'는 의미이다.[4] 물레에 실이 점점 더 감기는 것을 의미한다. 상이 결합하는 능력을 가지고 있다면,[5] 따까는 결합한 것을 더 감는 역할을 하는 것이다. 희론은 주먹을 쥐고 있는 다섯 손가락을 쫙 펼치는 모습, 즉 확산(proliferation)을 의미한다. 그러므로 사유의 상태에서 희론으로 나아가면 무엇을 결합하는지, 무엇을 감는지도 모른 채 결합하고 감는 것이 확 펼쳐지게 된다. 이제 원래의 의미는 사라지고 결합하고 감는 행위만 남는다. 이렇게 되면 감각기관과 감각대상에 기반을 둔 인식은 사라지고 희론이 희론을 낳게 되는 상황이 된다. 냐냐

---

3 MN. 1권. p.301. Pubbe kho āvuso visākha vitakketvā vicāretvā pacchā vācaṃ bhindati. Tasmā vitakkavicārā vacīsaṅkhāro.

4 어근 '√tark'는 문자적으로는 '돌리다(turning)', '꼬다(twisting)', '비틀다(drehen)'라는 의미를 가지고 있다; PED p.292b.

5 산스끄리트어 'saṁ+√jñā'에서 상(saṁ)은 '함께'라는 의미를 가진다. 그러므로 '함께 알다'는 의미를 가진다. 즉 내가 기존에 가지고 있는 것과 현재의 감각지각을 '함께' 결합할 때 상(想)이 생긴다는 의미이다.

난다 스님의 비유를 들자면[6] 종이로 만든 호랑이가 생명력을 얻어 그 종이호랑이를 만든 주인을 잡아먹는 상황에 이르게 된다.

요코야마 고이치는 언어를 사용하는 개념적 지각 내지 사고가 성립하기 위해서는 적어도 다음의 4가지 요소의 존재가 불가결하다고 한다. 파악되는 사물[artha, viṣaya, vastu, 境], 사물의 형상[nimitta, 相], 형상을 지시하는 명칭[nāma, 名], 이 세 가지를 통일하는 정신작용, 즉 상(saṃjñā, 想), 식(vijñāna, 識), 분별(vikalpa, 分別) 등이 필요하다. 상(saṃjñā)의 활동은 사물의 상(nimitta)을 파악해서 언어를 일으키는 것이지만, 그것을 좀 더 상세히 설명하면 명칭(nāma)에 통해서 그 형상(nimitta)을 말하는 것이다. 이 네 가지 요소 가운데 외계에 속하는 파악되는 사물(artha)을 제외한 나머지 세 가지는 인식주관 내에 속하는 요소이다.[7] 요코야마 고이치는 유식불교의 관점에서 네 가지 요소가 필요하다고 한다. 초기불교에서는 파악되는 사물과 사물의 형상의 구분 없이 대상이 있는 반면, 유식에서는 둘을 구분한다. 초기불교의 식의 작용이 유식에서는 식, 분별로 구분되고 있다. 그리고 언어화된 용어는 명칭으로 표현되고 있다.

요약하면 초기불교에서 언어는 행(行) 또는 유위법(有爲法)에 포함되고, 근경식 삼사화합과 수상심희의 연기과정을 통해서 형성된다. 유식불교에서는 초기불교의 근경식 중 경을 파악되는 사물과 형상으로 구분하고 있고, 식을 식과 분별로 구분하고, 형상을 지시하는 명칭을 추가하고 있다.

---

6 Ñāṇananda(1971) p.6.

7 横山紘一(1976), 「nimitta(相)について」, 『仏教学』1, pp.94-95.

이러한 연기의 과정 또는 구성요소로 인해서 언어는 발생하게 된다.

2) 유해한 언어, 유익한 언어

이렇게 발생한 언어는 기능에 따라서 구분할 수 있다. 기능에 따른 구분은 불교에서 인간을 오온으로 구분하는 것에서 그 예를 볼 수 있다. 오온은 인간을 물질적 기능을 하는 색(色), 마음의 기능을 하는 수상행식(受想行識)으로 구분할 수 있다. 마음의 대표적인 기능으로 느끼는 기능[受], 생각하는 기능[想], 의도하는 기능[行]이 있고, 마음의 원래 기능인 아는 기능[識]이 있다. 이러한 기능에 따른 구분 가운데 의도하는 기능은 신구의(身口意)의 차원에서 구분할 수 있다. 몸으로 의도하는 행위, 말로 의도하는 행위, 마음으로 의도하는 행위가 있다. '의도하는'은 경향성을 나타내므로 언어적 경향성은 말로 의도하는 행위를 말한다.

언어는 마음으로 의도하는 행위, 즉 마음의 경향성을 증폭하는(amplify) 또는 표현하는(express) 기능을 한다. 증폭은 마음의 미세한 생멸의 흐름을 크게 하는 것이다. 이 과정은 마음의 경향성을 표현하는 것이기도 하다. 마음의 경향성은 미세하기 때문에 아직 불명확한 것을 명료화하는(clarify) 것이기도 한 반면, 아직 미세하고 불명확하기 때문에 언어를 통해서 왜곡하는(distort) 것도 가능하다. 왜곡은 언어의 발생과정에서 보면 확산하는(proliferate) 것이고, 꼬는(twist) 것이다. 즉 언어는 마음의 경향성을 증폭하여 표현하는 것이지만 그 과정에서 마음의 경향성을 있는 그대로 명료화하는 것이 가능한 반면, 그 과정을 왜곡하는 것도 가능하다.

이러한 언어의 기능성은 언어가 가지고 있는 한계로부터 도출된다고 할 수 있다. 언어는 발생과정에서 상(想, 相)을 통해서 만들어진다. 이때의 상은 사물의 있는 그대로의 모습을 고정화시키는 역할을 한다. 또는 하나의 측면을 부각시키는 역할을 한다. 이처럼 고정화된 측면을 파악하는 정신작용과 이에 대해서 이름을 붙인 명칭에 의해서 언어가 이루어지게 된다. 그러므로 언어는 생멸하는 실재의 모습을 전면적으로 파악할 수 없다. 매순간 생멸하므로 파악하는 것, 즉 잡는 것이 불가능하다.[8] 이러한 한계로 인해서 불명확한 것을 명료화할 때도 있는 그대로의 모습을 전부 드러낸다는 의미는 아니다. 불명료한 어떤 측면을 명료하게 한다는 것이다. 이는 단지 어떤 측면을 명료하게 한다는 것이다. 왜곡의 가능성은 언어가 가지는 고정화로 인해서 언제든지 가능하다.

언어가 가지는 고정성이라는 한계로 인해서 언어는 우선 긍정적 언어와 부정적 언어로 구분할 수 있다. 즉 실재의 모습을 명료화하는 기능을 하는 언어와 실재의 모습을 왜곡하는 기능을 하는 언어가 있다. 이러한 분류는 오온의 나머지 기능에서도 볼 수 있다. 인지[想], 정서[受], 동기[行]의 분류에서도 목표에 유익한 것, 목표에 해로운 것으로 구분할 수 있다. 언어도 불교의 궁극목표에 유익한 것과 유해한 것으로 구분할 수 있다. 즉 정어(正語)와 사어(邪語)의 구분이 가능하다. 십선업(十善業)과 십불선업

---

8 이러한 생멸하는 실재의 모습은 파악하는 것이 아니라, 단지 볼 수 있을 뿐이다. 불교에서 사용되는 '본다'는 용어는 이러한 토대 위에서 등장한다. 위빠사나(vipassanā)에서 '빠사나(passanā)'도 본다는 의미이고, 견성(見性)에서 '견(見)'도 본다는 의미이다. 이는 실재의 모습에 대한 통찰에 기반을 둔 용어선택이라고 할 수 있다.

(十不善業)은 신구의(身口意) 삼업으로 분류할 수 있다. 신업과 의업은 열 가지 가운데 각각 세 가지인 반면, 남은 네 가지는 구업(口業)과 관련되어 있다. 구업 각각에 대해서도 정구업(正口業)과 사구업(邪口業)이 있다.

그것이 명료화이든 왜곡이든, 이러한 증폭과 표현을 통해서 언어는 소통과 교류를 하고자 한다. 상대방과 소통하고자 하는 것이 언어가 가지고 있는 특징 중 하나이다. 소통을 위한 언어에 대한 올바른 태도를 붓다는 무쟁법(araṇo dhamma, 無諍法)과 유쟁법(saraṇo dhamma, 有諍法)의 차이로 설명한다. 무쟁법과 유쟁법은 일반적으로 언어를 사용하는 방식과 언어를 대하는 태도에 달려 있다. 붓다는 「다툼 없음의 분석에 관한 경(Araṇavibhanga sutta)」에서 다툼이 없음에 관한 분석의 대강을 설명하면서 언어와 관련해서 네 가지를 언급한다. 먼저 칭찬해야 할 것을 알아야 하고 비난해야 할 것을 알아야 한다. 칭찬해야 할 것을 알고 비난해야 할 것을 알고는 칭찬도 비난도 하지 말고 오직 법을 설해야 한다. 둘째 비밀스러운 이야기를 해서도 안 되고 공개적 비판을 해서도 안 된다. 셋째 침착하게 말해야 하고 다급하게 말해서는 안 된다. 넷째 지방어를 고집해서도 안 되고 표준어를 무시해서도 안 된다.[9]

---

9 윤희조(2012), 『불교의 언어관』, 서울: 씨아이알, p.51; MN. 3권. p.230. 이밖에도 다음을 주장한다. ① 저급하고 저속하고 범속하고 비열하고 이익 없는 감각적 쾌락을 추구해서는 안 된다. 고통스럽고 비열하고 이익 없는, 자기를 학대하는 데 몰두해서도 안 된다. ② 이 양 극단을 떠나 여래는 중도를 철저하고 바르게 깨달았나니, 그것은 안목을 만들고 지혜를 만들며, 고요함과 최상의 지혜와 바른 깨달음과 열반으로 인도한다. ③ 즐거움을 판별할 줄 알아야 한다. 즐거움을 판별할 줄 알아서 안으로 즐거움을 추구해야 한다. ①②③은 무쟁(無諍)으로 나아가는 길이다. 특히 양극단을 떠나 중도를 철저하고 바르게 깨닫는 것이 무쟁과 연관되

긍정적인 측면에서 언어는 사회적 조화를 가져오는 도구이지만, 부정적인 측면에서 언어는 사회적 불협화음을 야기하는 도구이기도 하다.[10] 일상적 차원에서 언어는 '도구'이다. 칭찬과 비난, 공개와 비밀은 타인과 연관된 언어소통을 말한다. 칭찬도 비난도 떠난 상태에서 법에 대해서 이야기할 것을 주문한다. 비밀스러운 이야기는 분리를 가져오고, 공개적인 비판은 적을 만든다. 이러한 것을 떠날 것을 주문한다. 또한 언어를 사용할 때는 다급하지 말고, 침착하게 사용하기를 권한다. 또한 붓다는 소통을 위하여 각자의 지방언어를 사용하라고 한다. 이는 단순히 지방언어뿐만 아니라 언어의 가변성, 근기성을 표현한 것이라고 할 수 있다. 이는 자신의 수준과 근기에 맞게 언어를 사용할 수밖에 없다는 선언이기도 하다. 자신의 선이해(pre understanding)에 따라서 언어를 다양하게 이해할 수밖에 없다는 수용이기도 하다.

3) 존재의 언어, 생성의 언어

언어의 이러한 한계성을 알고 있는 붓다에게 기존의 언어는 자신이 바라본 실재의 모습을 담기에는 고정적이었다. 아트만적 사고를 표현하는 언어로는 더 이상 연기의 존재론을 담기에 한계가 있었다. 이를 위해서 붓다는 자신의 언어를 고안하게 된다. 기존의 존재의 언어와는 달리 생멸

는 것은 대승불교에서 해공(解空) 제일의 수보리(Subhūti, 須菩提)가 초기불교에서는 무쟁(無諍) 제일로 불리는 것과 연관되어 있다고 할 수 있다.

10 윤희조(2012) p.52; 片山一良(1991), 「仏教における「話」の聖性」, 『前田恵学博士頌寿記念: 仏教文化学論集』, 東京: 山喜房佛書林, pp.381-394.

하는 실재의 모습을 담고자 하는 생멸의 언어, 연기의 언어를 사용하고자 한다.[11] 붓다는 생멸하는 실재를 언어를 통해서 표현하고자 하지만, 언어 자체는 존재의 언어이므로 실재를 표현하는 데 있어서 항상 어려움에 봉착한다. 이러한 때 생멸의 연기론을 표현할 수 있는 언어를 제시한다. 이러한 것은 언어가 실재에 맞게 다양하게 만들어질 수 있고, 맞지 않는 언어는 폐기될 수 있다는 것을 보여준다.

또한 붓다는 기존의 존재의 언어를 사용하여 자신의 생멸의 의미를 부여하여 새롭게 살리기도 한다. 삼명(三明)의 예를 들면 존재의 언어에서는 베다를 의미하는 삼명이, 붓다에게는 수행을 의미하게 된다.[12] 붓다는 언어의 관습적 표현을 존중하면서도 관습적 표현을 넘어서고자 한다. 관습적 표현은 이미 존재의 언어에 물들어 있기 때문이다. 언어의 고착성을 항상 경계하고 있고, 본인 스스로 이러한 한계에 매몰되지 않고 극복하고자 부단히 노력하고 있다.

이러한 생멸의 언어의 전통은 대승불교에도 이어지고 있다. 『금강반야바라밀경(Vajracchedikā Prajñāpāramitā Sūtra, 金剛般若波羅密經)』에 등장하는 즉비(卽非)의 논리는 언어의 고정성을 극도로 비판한다. ‘A를 A라고 하면 A가 아니다’는 명제를 통해서 언어의 고정화, 실체화를 거부한다.[13] 이는

---

11 David J. Kalupahana(1999), *The Buddha's Philosophy of Language*, Sri Lanka: A Sarvodaya Vishava Lekha Publication, pp.ii-iii.

12 DN.13, 「三明經(Tevijja Sutta)」

13 즉비(卽非)의 논리에 대해서는 다음을 참조할 수 있다. 末木文美士(1999), 「<卽非の論理>再考」. 『金剛般若經の思想的研究』, 東京: 春秋社, pp.113-138.

A=A라는 논리학의 동일률을 거부하는 것이 아니다. A와 언표된 'A'를 구분하는 것은 불교언어철학의 전제이다. '상에 머물지 않는다(無相)'는 것은 언어의 실체성과 고정성에 대한 적극적인 반론이라고 할 수 있다. 실재의 모습과 언어에 의해서 표현된 모습은 동일하지 않다는 것을 아는 것은 궁극의 지혜, 즉 반야바라밀로 나아가는 핵심적인 방법이다. 이러한 언어의 고정성에 대한 반론은 선불교에서도 이어지고 있다. 선불교의 네 가지 대표적인 명제 가운데 하나인 '불립문자(不立文字)'도 이러한 고정성을 거부하고 있다. 언어화된 문자로는 더 이상 실재를 표현할 수 없다는 것이 선불교의 테제라고 할 수 있다. 즉비의 논리, 불립문자는 실재의 생멸성을 언어적으로 구현하고자 하는 시도이다. 언어 자체의 고정성 가운데서 실재의 생멸성을 드러내고자 하는 시도라고 할 수 있다.

4) 지월(指月)의 언어

불교언어철학적 전제하에서 언어를 보는 관점은 언어를 기능적으로 파악하는 것이라고 할 수 있다. 마음 자체를 볼 수 있으면 왜곡과 오류의 가능성이 없지만, 그러한 미세한 감각을 가지고 있지 못하므로 언어를 통해서 마음을 보게 된다. 언어는 실재의 모습을 있는 그대로 표현하는 것이 아니라 실재의 한 측면만을 가리키고, 실재의 모습으로 다가가려는 것이 할 수 있는 전부라고 할 수 있다. 그래서 불교에서 언어는 있는 그대로는 되지 못하고, 있는 그대로를 가리키는 기능을 한다고 말한다. 이러한 언어의 기능은 실재를 가리키는 지시적 기능을 이야기한다. 실재를 지시하는 이러한 언어의 기능은 서양철학에서 지시론적 언어이론(referential theory of language)의 기능과 혼돈될 우려가 있으므로 지월적(指月的) 기능이라는 용어를 사용한다. 여기에서 언어는 단지 달을 가리키는 손의 역할을 할 뿐이지 결코 달 자체가 아니라는 것이다.

『중론』에서 인시설(prajñaptir upādāya, 因施設)은 가설(假說), 가명(假名), 가(假)로 번역된다.[14] 현대에서는 '비유적 표현', '은유적 표현'으로 번역된다. 말 자체는 실재에 대한 비유적 표현이고, 은유적 표현이라는 것이다. 즉 실재를 '연기', '공성', '중'이라는 말로 아무리 표현해도 그것은 단지 은유적 표현일 뿐이라는 것이다. 그러한 용어는 단지 실재를 가리키는 언어적 표현일 뿐이라는 것이다. 『금강반야바라밀경』은 실재의 모습을 몽환포영(夢幻泡影)으로 보는데,[15] 이들에 대해서 붙이는 명칭과 언어에 대해서는 더 말할 나위가 없다.

화두(話頭)의 경우도, 선사와 제자 사이에 이루어지는 선문답은 항상 제자를 깨달음으로 인도하고자 한다. 이러한 대화는 항상 깨달음을 보여주고 있지만 제자가 그것을 보지 못할 따름이다. 후대로 갈수록 선사와 제자 사이의 문답은 실재에 대한 깨달음으로 인도하지 못하게 된다. 대신 이전의 선문답에 참여하여 연구함으로써 그 당시의 선사가 보여주고자 했던 실재의 모습을 보고자 한다. 그 대화의 상황을 한마디로 표현한 용

---

14 MMK.24.18. yaḥ pratītyasamutpādaḥ śūnyatāṃ tāṃ pracakṣmahe sā prajñaptir upādāya pratipat saiva madhyamā. MMK=*Nāgārjuna Mūlamadhyamakakārikāḥ*. ed. by J. W. de Jong, Madras: The Adyar Livrary and Research Centre, 1977.

15 각묵 스님 역(2001), 『금강경 역해-금강경 산스끄리트 원전 분석 및 주해』, 서울: 불광출판부, p.420

어가 화두(話頭)인 것이다. 화두를 통해서 그 대화에서 보여주고 있는 실재의 모습을 보고자하는 것이다. 이때 사용되는 화두도 언어의 지월적 기능을 보여준다. 화두 자체를 보지 말고 화두가 보여주고자 하는 실재의 모습을 보라는 것이다. 선문답에서 화두의 기능은 언어의 지월적 기능의 전형을 보여준다고 할 수 있다.

생성의 언어와 지월의 언어는 실재의 생멸성과 언어의 고정성의 모순성에 기반을 두고 있는 언어이다. 언어는 고정성이라는 특징을 가짐에도 불구하고, 실재의 생멸로 인해서 생성의 언어를 지향한다. 실재 자체는 될 수 없지만 지월의 기능을 하는 언어가 된다. 다른 한편으로 생성의 언어가 모두 지월의 기능을 하는 것은 아니다. 생성의 언어 가운데 한 부분이 지월의 언어가 된다고 할 수 있다. 불교상담의 언어의 특징에서 볼 수 있듯이, 목표 가운데 하나가 실재이듯이, 생성 가운데 하나가 지월이라고 할 수 있다. 목표지향적 언어가 실재지향적 언어보다 외연이 넓은 것처럼 생성의 언어가 지월의 언어보다 외연이 넓다고 할 수 있다.

2. 불교상담의 언어

불교상담은 그 학문적 정체성을 불교심리학에 두고 있다. 불교심리학은 불교 가운데 마음을 주제적으로 연구하는 학문을 말한다.[16] 그러므로

16 윤희조(2017), 「불교상담의 정의와 이론에 관한 일고찰」, 『보조사상』 49집, p.493.

불교상담에서의 언어는 불교심리학과 나아가서는 불교에서 다루는 언어를 기반으로 한다고 할 수 있다. 위에서 살펴본 불교의 언어를 중심으로 불교상담에서 사용되는 언어의 특징을 살펴보고자 한다. 먼저 언어와 의미의 관계를 살펴보고자 한다. 말, 문자, 언어, 의미의 관계를 살펴봄으로써 불교상담에서 언어사용의 정당성을 확보하고자 한다. 다음으로 불교상담에서 목표지향적 언어를 살펴볼 것이다. 이는 불교에서 유익한 언어, 유해한 언어와 연관이 있다. 또한 불교상담의 언어는 근기, 차제, 침묵의 언어이다. 이는 다양한 방법론을 제시하는 언어라고 할 수 있다. 이는 불교에서 생성의 언어와 관련이 있다. 궁극적으로 불교상담의 언어는 실재지향적 언어이다. 이는 불교에서 지월의 언어와 관련이 있다.

1) 언어와 의미

인간의 발성기관을 통해서 발화되는 것은 언어 또는 말이다.[17] 이러한 언어가 글로 써진 것은 문자이다. 언어에는 진동이 있고, 생멸이 있고, 흐름이 있다. 그러나 문자에는 이러한 것이 없다. 이렇듯 언어(言語)와 문자(文字)는 구분된다. 문자가 인간에 의해서 발화될 때 언어 또는 말로써 활동한다. 이때 진동, 생멸, 흐름이 생기게 된다. 선불교에서 '불립문자(不立文字)'라고 할 때 문자는 언어와 문자를 동시에 포함한 것으로 보통은 이해한다. 언어는 실재인 마음과 심소에 영향을 미친다. 그러나 문자는

---

17 목을 통한 발화는 말이고, 언어(言語) 가운데 언(言)에 해당한다. 말[言]로 된 어(語)가 있고, 글[文]로 된 어(語)가 있다. 언어(言語)와 문어(文語)는 구분할 수 있다. 문자(文字)는 문장으로 된 글과 글자를 이야기하므로 문어에 포함된다.

이러한 역할을 하지 못한다. 문자 자체로는 영향력을 미치지 못한다. 문자가 읽혀지거나 들려질 때 언어로서 역할을 하게 된다. 그러므로 문자를 실재(reality)로 여기지 않는 선불교의 태도는 올바르다고 할 수 있다. 불립문자에서 문자와 언어가 구분된다면, 언어의 기능은 여전히 유효한 것이 된다. 불립문자의 경우 언어의 수행적 기능은 살아남을 수 있다. 이처럼 언어와 문자는 구분되어야 한다.

일상적 차원의 언어는 그 의미적 기능에 중점을 둔다. 의미는 부여되는(imposed) 것이다. 또는 그 스스로 드러나는(revealed) 것이다.[18] 단어의 의미 또는 문장의 의미는 선이해(preunderstanding, 先理解)에 따라서 다양하게 드러난다. 결합하는 기능인 상(想)에 의해서 의미가 드러나는데, 그 사람이 이미 가지고 있는 것에 따라서 새롭게 주어지는 것의 의미는 다양하게 부여된다. 이렇게 되면 각각의 사람마다 다양한 의미가 부여될 수 있다. 나아가서는 한 사람 안에서도 시공간에 따라서 부여되는 의미가 달라질 수 있다. 시간과 공간의 변화에 따라서 선이해가 달라지기 때문이다. 각각의 언어의 의미는 처음부터 다양하게 드러나는 것이 당연한 것이다.

이러한 특징은 마음의 생멸성에 의해서도 드러난다. 마음이 생멸하는 것과 마찬가지로 의미도 생멸하게 된다. 의미의 토대가 되는 선이해도 생멸하게 된다. 그러므로 매순간 의미는 생멸하게 된다. 언어에 의해서

---

18 의미는 스스로 드러나는 것이라고 주장하는 대표적인 이가 프랭클(Viktor Frankl, 1905-1997)이다. 로고테라피(logotherapy)에서 로고(logo)가 언어 또는 의미로 번역될 수 있다. 이때 드러나는 것은 삶의 의미라고 할 수 있다. 여기서의 의미는 언어의 의미를 이야기한다.

지시된 것, 즉 상(想)은 고정화시키는 역할을 할지라도, 언어가 담고 있는 의미는 매순간 생멸한다. 언어는 어떤 하나의 사물 또는 사건을 지칭하고 고정화시키는 역할을 하므로 고정되어 있다고 할 수 있는 반면, 언어가 담지하고 있는 의미는 매순간 생멸한다. 이때 언어가 담지하고 있다고 언급했지만, 실제로는 마음이 담지하고 있다는 의미이다. 마음이 담고 있는 것이 의미(意味)이다. 의미를 한자로 보면 의(意)의 미(味)이다. 의는 심의식(心意識)이라고 할 때 '과거의 마음' 또는 '직전의 마음'을 말한다. 이때 직전의 마음이 현재의 마음의 토대가 된다. 직전의 마음이 가지는 뉘앙스가 의미이다. 이는 다양할 수밖에 없다. 맛이 맛을 보는 사람에게 있는 것처럼 의미도 각자의 몫인 것이다. 이렇게 되면 의미는 부여된 것인 동시에 스스로 드러나는 것이 된다. 둘이 크게 다르지 않다. 스스로 드러나는 것이 부여한 의미가 된다. 의미가 스스로 드러나는 것은 내가 부여한 의미이다. 내가 부여하였다고 해서 의미의 질이 떨어지는 것이 아니다. 신이 부여한 의미는 숭고하고, 내가 부여한 의미는 차원이 낮은 것이 아니다. 내가 부여한 의미는 나의 선택에 따른 것이고 의미 없음도 또한 하나의 선택이다.[19]

상담에서 의미도 내담자 또는 상담자의 선이해에 기반을 둔다. 그리고 둘의 선이해가 동일할 수 없으므로 의미는 다양하게 드러난다. 다양성에 대한 수용만이 가능한 것이다. 다양한 선이해를 이해하는 것 자체는 불가

19 의미를 잉여적으로 생각하는 의미잉여론(redundant theory of meaning)은 허무주의로 나아가는 것이 아니라 더욱 강력한 의미론이 될 수 있다. 즉 의미는 부여된 것일 수 있으므로, 나의 선택에 따라서 다양한 의미가 부여될 수 있다.

능하다. 이해(理解)는 단지 이해(異解)일 뿐이기 때문이다. 단지 다르게 이해하는 것이 가능할 뿐이다. 이해(異解)에 대한 가능성을 열어놓으면 수용이 가능하게 된다. 수용으로 인한 경험과 경험으로 인한 이해(理解)로 나아가려는 추구가 있을 뿐이다. 또한 언어화되지 못한 의미도 많다. 언어에 의해서 명료화되기를 바라지만, 아직 의미가 드러나지 못한 것의 의미는 드러날 수 있도록 해주어야 한다. 결합되기 이전의 원래 의미가 드러날 수 있도록 해주어야 한다. 결합됨으로 인해서 의미는 더욱 복잡하게 전개되고 희론으로 나아가기 때문이다.

의미도 우리가 부여하는 것이고, 언어도 우리가 부여하는 것이다. 둘 다 인간에 의해서 만들어진 것이다. 자체로서 있는 것은 아니다. 개인적, 문화적, 사회적 특성이 반영된 유위적인 것이다. 마음과 비교해보면 언어는 고정적인 측면이 있지만, 의미는 마음과 동일하게 매순간 생멸한다. 그러므로 의미는 언어에 가깝기보다는 마음에 가까운 것이다.[20] 언어는 의미를 담고 있는 것이 아니라, 언어를 통해서 의미로 나아가는 것이다. 언어가 마음을 가리키는 역할밖에 못하듯이, 언어가 의미를 담으려고 하지만 절대로 전부를 담지 못한다. 의미는 언어의 그물을 벗어난다. 언어를 의미의 담지자(bearer of meaning)라고 이야기하지만 거친 담지자일 뿐이다. 구멍이 나 있거나, 너무 작거나, 너무 큰 그러한 옷이다. 딱 맞는 옷이라고 할지라도 옷은 또한 옷일 뿐이다.

---

20 마음은 의미를 머금고 있다. 의미와 마음의 유사성으로 인해서 로고테라피(logothrapy)가 언어치료가 아니고, 의미치료라고 불린다.

의미를 담는 것이 원천적으로 불가능하다면 의미를 흘러가게 하면 된다. 의미도 마음도 생멸한다면, 생멸하게 하면 된다. 즉 흘러가고 생멸하면 된다. 의미는 고정적이지 않고 생멸하므로, 의미를 파악하고 잡으려고 하기보다 흘러가게 하는 것이다.[21] 어떤 의미를 완전하게 파악해서 이해하는 것이 불가능하다면, 이해(異解)해서 흘러가게 하면 된다. 이는 의미의 기능적 역할, 즉 의미의 기능성에 초점을 맞춘 것이다. 불교에서 인간을 이해할 때 기능적으로 이해하는 것과 마찬가지로, 의미도 기능적으로 이해할 수 있다. 의미의 기능성에 초점을 맞추어서 볼 수 있을 것이다.

2) 목표지향적 언어

상담이라는 용어는 직업지도(guidance)의 한 방법으로 퍼슨즈(Frank Parsons, 1854-1908)에 의해 널리 알려졌다고 말할 수 있다. 그 이후 윌리엄슨(Edmund G. Williamson, 1900-1979)은 지시적인 임상적 상담을 제창하였다. 이에 대하여 프로이트의 제자이지만 프로이트와 결별한 랑크(Otto Rank, 1884-1939)의 영향을 받은 심리학자 로저스(Carl R. Rogers, 1902-1987)는 내담자 안에 성장을 향한 지향이 있으며, 치료자는 그것을 지원한다는 비지시적 상담을 제창하여 주목을 받는다. 그리고 이것에 대하여 1940년에 상담에서 지시적, 비지시적 치료를 함께 사용하는 절충적 입장과 양자의 병용은 곤란하며 비지시적 치료를 이해하지 못해서 오는 것이라는 입장 사이에서 논쟁이 있었다.[22]

---

21 의미를 잡으려고 하면 '즉착(卽錯)'이 된다. '개구즉착'의 즉착(卽錯)이 된다.

22 加藤博己(2017), 「90 임상심리학」, 『불교심리학사전』, 서울: 씨아이알, p.506. 로저스는 이러한 논쟁을 유발한 지시적, 비지시적이라는 용어가 가지는 오해를 피하기

이후 로저스는 내담자중심접근법, 인간중심접근법이라는 이름으로 치료자와 내담자의 대등한 관계를 한층 더 발전시킨다. 로저스의 이러한 방법론은 급속하게 퍼져서 이후 등장할 다양한 심리치료에서 치료자의 기본적인 태도를 나타내는 것으로 자리를 잡게 된다. 지금의 상담은 상당 부분 비지시적인 접근법을 사용하는 것으로 보인다. 이로 인해서 지시적 상담은 더 이상 설자리가 없는 것처럼 되었다.

붓다와 제자의 대화에서 붓다는 사성제(四聖諦)를 바탕으로 한 수많은 가르침을 베푼다. 그리고 재가자들에게는 시계생천(施戒生天)을 바탕으로 하는 가르침을 베푼다. 붓다가 제자 또는 재가자와 나눈 대화가 불교상담의 하나의 전범이 된다고 한다면, 이러한 붓다의 상담은 오히려 지시적으로 보일 수 있다. 가르침을 듣고 아란야에서 수행하는 것은 제자의 몫이지만, 가르침 자체는 붓다와 제자간의 문답과 붓다의 내레이션으로 이루어지고 있다고 할 수 있다.

이러한 상황하에서 붓다의 상담법은 지시적, 비지시적의 구분보다는 목표지향적이라고 할 수 있다. 지시적, 비지시적의 구분도 이를 주장하는 사람들이 가지고 있는 상담의 목표와 연관되어 있다. 퍼슨스와 윌리엄슨은 상담을 가이드라인으로 보기 때문에 여기에 적합한 방법이 지시적 방법이었고, 로저스는 치료자와 내담자를 대등한 관계로 발전시킴으로 인해서 이에 적합한 방법으로 비지시적이고 내담자의 잠재력을 끌어내는

위해서 1951년에 지시를 하지 않는 것에 주안점을 두기보다는 내담자가 '스스로 성장하려는 지향'에 초점을 맞추어, 내담자를 중심으로 생각하는 태도를 중시하는 내담자중심접근법(client centered approach)을 발표한다.

형태의 상담을 추구한다. 붓다의 경우는 제자와 재가자들이 괴로움에서 벗어나는 것을 목표로 한다. 이러한 목표를 위해서 재가자에게는 현재 실천할 수 있는 방법으로 보시와 지계를 가르쳤고, 제자들에게는 사성제를 통한 무아의 가르침을 가르쳤다. 이러한 가르침에 있어서 제자의 상태에 따라서 지시적 방법, 비지시적 방법의 구분 없이 목표지향적인 상담이 이루어지고 있다. 불교에서 유익한 언어와 유해한 언어의 구분도 목표를 기준으로 한다. 불교상담의 언어 또한 궁극적으로는 내담자의 괴로움의 제거라는 목표 또는 현실적인 실천 가능한 목표의 성취를 위한 목표지향적 언어라고 할 수 있다.

3) 근기와 차제의 언어, 침묵의 언어

불교상담은 근기에 맞추어서 차제적으로 진행된다. 근기가 먼저이고 그 근기를 기준으로 상향적 방향으로 차제적으로 나아간다. 붓다가 깨달음을 얻은 이후 천신 사함빠띠의 권유로 법을 설하고자 할 때 중생 가운데 번뇌가 가벼워 말을 알아들을 가능성이 있음을 본다. 즉 근기의 예둔(銳鈍)을 본다.[23] 『단경』에서도 혜능은 "불법은 곧 동일한 종류이지만 사람들의 견해에 더디고 빠름이 있다. 그러면 무엇으로 돈점을 말하는가. 불법에는 돈점이 없지만 사람에게 이근과 둔근이 있다."라고 한다.[24] 느림과 빠름[遲速], 예리함과 둔함[利鈍]은 각각의 개인에게 있는 것이다. 이러한

---

23 SN.6:1 「Brahma-saṁyutta」, 「Āyācana-sutta」

24 김호귀 역(2010), 『육조대사법보단경』, 경기도: 한국학술정보(주), pp.154-155. 法卽一種 見有遲速 何名頓漸 法無頓漸 人有利鈍.

개인의 능력 정도에 맞추어 불교상담의 언어가 시작되어야 한다. 불교적 용어를 사용한다고 해서 불교상담의 언어가 되는 것이 아니다. 불교적 목표에 대한 지향성이 있다면 어떠한 용어를 사용하더라고 불교상담적 언어가 될 수 있다. 이때 사용하는 용어를 내담자의 능력에 맞게 순차적으로 구사하는 것이 불교상담의 언어사용법이라고 할 수 있다. 그러나 이러한 차제성은 어느 순간 더 이상 성립하지 않는 것을 목표로 한다. 차제는 비차제를 목표로 한다. 수행에서 예를 들자면 점수는 돈오를 전제할 때에만 점수일 수 있는 것이다. 점수로서의 그 틀 안에서 지속적으로 닦는 것이 목표가 아니다. 점수를 1점, 10점, 90점 이렇게 올리는 것이 100점을 맞는 것이 목표가 아니라, 더 이상 그러한 시험이 필요 없는 것을 목표로 한다.

이러한 차제와 근기를 대승불교에서는 방편(upaya, 方便)으로 이야기한다. 방편은 궁극의 목표를 위해서 사용되는 다양한 방법을 이야기한다. 언어도 그 가운데 하나이다. 언어적 표현뿐만 아니라 행위적 표현, 심적 표현까지도 모두 포함된다. 이러한 방편도 궁극의 목표를 지향할 때만 방편으로 사용될 수 있고, 방편이 될 수 있다. 이러한 목표가 없으면 어떤 언어, 행위, 마음도 방법론으로 등장할 수 없다. 단순히 희론과 퇴락의 산물일 뿐이다. 그러므로 기능적 언어는 언어의 기능성이 더 이상 작동하지 않는 것을 목표로 한다. 기능의 비기능성으로 나아갈 때 언어는 그 역할을 다하는 것이다. 언어의 모순성이 여기서 다시 한번 드러난다. 자신의 소멸을 목표로 하는 것이고, 이를 위해서 잘 기능하는 것이 언어인 것이다. 잘(eu, skillful)과 잘못(mal, unskillful) 모두 기능하는 것이다. 잘하든 못하든 기능을 한다는 점에서는 한가지이다. 언어가 더 이상 기능하지 못하는 것으로 나아가는 것이 방편의 역할이고, 그 궁극에는 실재가 존재한다.

언어가 방편이라면, 침묵은 또 다른 방편이라고 할 수 있다. 언어가 침묵의 반대이므로 방편과 방편 아님으로 둘을 구분할 수 있는 것이 아니다. 침묵도 언어와 마찬가지로 하나의 표현이므로, 침묵은 또 다른 방편이 된다. 침묵은 초기불교에서는 무기(無記)로 등장한다. 언어의 한계를 인지하였기에 무기가 등장한 것이다. 외도의 질문에 대해서 어떠한 대답을 할지라도 그 자신의 단견(斷見) 또는 상견(常見)을 더욱 강화할 경우에 붓다는 침묵한다.[25] 이러한 침묵 이후에 붓다는 아난에게 열반에 도움이 되지 않기 때문이라는 무기의 이유를 설명한다. 붓다에게 침묵도 목표지향적 언어의 한 방편이라고 할 수 있다. 언어와 침묵은 반대의 위치에 있지만, 목표지향이라는 차원에서 보면 둘 다 동일한 무게를 가지는 방편의 기능을 한다.

『유마경힐소설경』에서도 언어의 한계로 인해서 유마힐의 침묵이 등장한다. 이때의 유마힐도 불이(不二)의 실재를 보여주는 가장 강력한 방법론으로 침묵을 선택하고 있는 것이다.[26] 선불교의 개구즉착(開口卽錯)도 이러한 계보를 잇고 있다. 언어로 표현할 수 없는 것을 보여주고자 한 것이

---

25 무기에 대해서는 다음의 논문을 참조할 수 있다. 金龍煥(1990), 「무기설(Avyakata)에 대하여」, 『人文論叢』 第37輯, pp.1-52; 金龍煥(1996), 「佛陀と形而上学－無記說における諸解釋を中心に」, 『パーリ學仏教文化学』 9, pp.71-90.

26 http://tripitaka.cbeta.org/T14n0475 『維摩詰所說經』 「入不二法門品」, p.17.

다. 침묵으로 실재가 드러난 것이다. 침묵을 통해서 언어와는 다른 차원을 보여주고자 한 것이다. 침묵으로 드러내고자 한 것이 실재이다. 침묵도 방편이라면 침묵으로 드러내고자 한 것이 실재이고, 언어가 방편이라면 언어가 드러내고자 한 것이 실재이다. 언어의 한계로 인해서 언어와는 다른 방편을 사용하고 있는 것이다. 방(棒), 할(喝) 등도 이러한 방편이라고 할 수 있다. 목표의 전제하에 다양한 것이 방편이 될 수 있다. 그러므로 내담자와의 만남에서 언어만큼이나 많은 말을 하는 것이 침묵이라는 것도 이러한 의미이다.

4) 실재지향적 언어

언어와 침묵의 방편이 드러내고자 하는 것이 실재라면 불교상담의 언어는 실재지향적 언어라고 할 수 있다. 차제, 근기, 침묵을 통해서 결국 드러내고자 한 것이 실재이다. 불교에서 실재는 담마(dhamma, 法)의 특징을 가지고 있는 것을 말한다. 무상·고·무아라는 특징을 가지고 있는 것으로 대표적인 것이 마음이다. 이러한 실재를 지향하는 것이 불교상담의 목표가 될 수도 있고, 아닐 수도 있다. 보다 현실적인 목표를 지향할 수 있다는 것이다. 그러나 궁극적으로는 실재를 지향하는 것으로 나아간다. 목표 가운데 하나로 실재가 존재한다. 차제, 근기, 언어, 침묵의 방법론을 통해서 다양한 목표로 나아가는데, 그 가운데 하나가 실재라고 할 수 있다. 그러므로 목표지향적 언어가 실재지향적 언어보다 외연이 크다고 할 수 있다.

내담자는 언어적 표현과 비언어적 표현을 사용한다. 한편으로는 '내담자가 사용하는 언어가 그 사람의 전부이다'라는 표현처럼 언어에 의해서 내담자의 고유성이 드러난다. 내담자의 고유성 내지는 내적 참조틀이 언어로 표현될 경우 상담자는 이 단서를 가지고 참조틀로 나아가게 된다. 이러한 틀은 언어로 구조화되어 있는 경우가 많다.[27] 언어에 깨어 있기, 즉 경청의 언어, 질문하는 언어, 재진술하는 언어, 요약하는 언어, 반영하는 언어들이 사용된다. 이후에는 해석의 언어와 직면의 언어가 사용된다. 상담에서 언어의 사용은 경청과 질문을 첫 번째 단계, 재진술과 요약과 반영을 두 번째 단계, 해석과 직면을 세 번째 단계로 나누어볼 수 있다.

불교상담의 경우는 이러한 과정이 모두 마음을 지향하는 과정에서 이루어지는 것으로 볼 수 있다. 어떠한 단계의 방법을 사용하더라고 지속적으로 자신의 마음을 보게 하는 것이다. 오온의 기능성을 회복하는 것이 불교의 목표라면 이러한 기능성을 회복하기 위한 언어는 목표지향적 언어가 될 것이다. 이러한 목표를 지향하기 위해서는 이러한 목표의 주제가 되는 마음을 향하는 것이 우선이 된다. 불교상담의 주제는 마음이고, 불교상담의 언어는 마음을 주제로 하고, 이러한 주제 안에서 불교상담의 목표를 지향하게 된다. 서구상담에서 구체적으로 제시하고 있는 언어의 다양한 기능이 하나의 기능으로 나아가는 것을 볼 수 있다. 질문과 재진술의 언어도 내담자에게로 되돌려주는 역할을 하고, 이러한 작업을 통해서 내

---

27 참조틀이 언어로 구조화되어 있기 때문에 언어에 대한 한계를 아는 것이 의의를 가지게 된다. 현대에서 무의식이 언어로 구조화되어 있다는 주장은 유식불교의 알라야식을 일체종자식(一切種子識)으로 파악하고, 이러한 종자는 명언종자(名言種子)라고 하는 것에서부터 찾을 수 있다.

면이 드러나게 된다. 또한 해석과 직면의 언어를 통해서 내면이 드러나는 것의 도움을 받는다.

라훌라에게 주는 가르침에서 붓다는 거울의 비추어보는 작용, 즉 반조를 통해서 통찰로 나아가도록 한다. "라훌라여, 이를 어떻게 생각하는가? 거울의 용도는 무엇인가? 세존이시여, 비추어보는 것입니다. 라훌라여, 그와 같이 지속적으로 살피고 되돌아보면서 몸의 행위를 해야 하고, 지속적으로 살피고 되돌아보면서 말의 행위를 해야 하고, 지속적으로 살피고 되돌아보면서 마음의 행위를 해야 한다."[28] 붓다는 라훌라로 하여금 지속적으로 신구의(身口意)의 행위를 반조하도록 한다. 이는 질문과 재진술의 언어, 요약과 반영의 언어를 통해서 내담자가 자신의 안을 돌이켜보는 것이라고 할 수 있다. 거울이 밖으로 향하고자 하는 것을 다시 자신에게로 되돌려주는 역할을 하듯이, 상담자의 언어는 라훌라에게 거울과 같은 역할을 한다. 이러한 언어는 결국 마음의 주제로 돌아가게 된다.

마음을 지향하는 언어는 마음의 특징인 생성을 반영할 수 있는 언어이고, 실재의 언어라는 특징을 가진다. 또한 실재를 지향하는 언어는 지월의 언어에 가깝다고 할 수 있다. 불교상담의 언어는 불교상담의 목표와 주제를 가리키는 언어이다. 지속적으로 내담자의 마음이라는 실재를 비추어줌으로써 이를 보게 하고, 이것으로 나아가게 하는 실재지향적, 마음지향적 언어는 불교상담에서 사용되는 언어의 기능이라고 할 수 있다.

---

28 MN.61, 「암발랏티까에서 라훌라를 교계한 경(Ambalaṭṭhikarāhulovāda sutta)」

본 장은 현대의 상담을 구분하는 기준인 지시적 상담과 비지시적 상담의 구분과는 다른 관점에서 불교상담을 바라보고자 하는 시도이다. 이를 위해서 불교의 언어를 먼저 살펴본다. 언어의 발생과정을 통해서 언어의 고정성을 볼 수 있고, 불교적 목표를 중심으로 유익한 언어와 유해한 언어로 구분하여볼 수 있다. 그리고 언어의 고정성이 담겨 있는 존재의 언어와 실재의 모습을 표현하고자 하는 생성의 언어를 구분함으로써 언어의 고정성을 벗어나 실재로 나아가고자 하는 노력을 볼 수 있다. 이러한 노력을 위한 언어를 지월의 언어라는 용어로 표현할 수 있다.

이러한 불교의 언어의 특징은 불교상담의 언어로 연결된다. 언어의 의미를 문자로 담기에는 부족하다는 인식은 언어의 고정성을 다시 한번 인식시킨다. 오히려 의미와 마음이 밀접한 관계를 가지는 것을 볼 수 있었다. 또한 불교상담의 언어는 목표지향적 언어이다. 지시·비지시가 중요한 것이 아니라 목표지향적 기능성을 가지는지가 핵심이다. 목표지향을 위하여 불교상담의 언어는 근기와 차제의 방법론을 사용하고, 언어의 방편만큼이나 침묵의 방편을 중요시한다. 침묵은 언어의 부재가 아니라 적극적인 의미표현이라고 할 수 있다. 마지막으로 불교상담의 언어는 실재지향적, 마음지향적 언어라고 할 수 있다. 불교상담의 다양한 언어는 마음이라는 주제로 나아가는 언어이고, 이는 지월적 언어와 유사한 기능을 한다고 할 수 있다.

참고문헌

加藤博己(2017),「90 임상심리학」,『불교심리학사전』, 서울: 씨아이알, pp.504-520.

각묵 스님 역(2001),『금강경 역해－금강경 산스끄리트 원전 분석 및 주해』, 서울: 불광출판부.

金龍煥(1990),「무기설(Avyakata)에 대하여」,『人文論叢』 第37輯, pp.1-52.

金龍煥(1996),「佛陀と形而上学－無記說における諸解釋を中心に」,『パーリ學仏教文化学』 9, pp.71-90.

김호귀 역(2010),『육조대사법보단경』, 경기도: 한국학술정보(주).

末木文美士(1999),「<即非の論理>再考」,『金剛般若經の思想的研究』, 東京: 春秋社, pp.113-138.

윤희조(2012),『불교의 언어관』, 서울: 씨아이알.

윤희조(2017),「불교상담의 정의와 이론에 관한 일고찰」,『보조사상』 49집, pp.487-515.

전재성 역주(2002),『맛지마 니까야』, 서울: 한국빠알리성전협회.

片山一良(1991),「仏教における「話」の聖性」,『前田恵学博士頌寿記念: 仏教文化学論集』, 東京: 山喜房佛書林, pp.381-394.

横山紘一(1976),「nimitta(相)について」,『仏教学』1, pp.88-111.

David J. Kalupahana(1999), *The Buddha's Philosophy of Language*, Sri Lanka: A Sarvodaya Vishava Lekha Publication.

DN＝*Dīgha Nikāya*, ed. by T. W. Rhys Davids and J. E. Carpenter, London: PTS, 1890-1911.

http://tripitaka.cbeta.org/T14n0475『維摩詰所說經』「入不二法門品」

MMK＝*Nāgārjuna Mūlamadhyamakakārikāḥ*, ed. by J. W. de Jong, Madras: The Adyar

Livrary and Research Centre, 1977.

MN=*Majjhima Nikāya*, ed. by V. Trenckner and R. Chalmers, London: PTS, 1977-1979.

Ñāṇananda(1971), *Concept and Reality in Early Buddhist Thought: An Essay on Papañca and Papañca-Saññā-Sankhā*, Kandy: Buddhist Publication Society.

PED=*The Pali Text Society's Pali-English Dictionary*, ed. by T. W. Rhys Davids and William Stede, London: The Pali Text Society, 1921-5/1986.

SN=*Saṃyutta Nikāya*, ed. by M.L. Feer, London: PTS, 1884-1904.

제3부

불교 심리학과 서구 심리학

STUDIES ON BUDDHIST PSYCHOLOGY

13 아비담마의 마음과 프로이트의 무의식

무의식은 프로이트의 최고의 발견이라는 것에 대해서 서양심리학은 이의를 제기하지 않는다. 프로이트의 방대한 연구성과로 인해서 무의식의 존재는 서양심리학의 전제로 받아들여지고 있다. 그러나 서양심리학의 무의식을 불교심리학의 어디에 위치지을지에 대한 명확한 이해가 부족한 상태라고 할 수 있다. 불교에서는 서양심리학의 무의식과 그에 대응하는 불교적 개념, 특히 아뢰야식과의 공통점과 차이점을 드러내는 데 주력하고 있다고 할 수 있다.[1] 심리학이 마음의 문제를 주제적으로 다루는 학문이라고 한다면, 마음 특히 무의식에 대한 근본적인 이해에 있어서 불교심리학과 서양심리학은 상호 간에 합의를 보지 못하고 있는 실

1 김성철(2012), 「불교의 구사학으로 풀어 본 무의식과 명상」, 『불교와심리』 5호, pp.18-23. 특히 무의식과 알라야식의 공통점과 차이점을 국내연구를 중심으로 자세히 기술하고 있다.

정이다.

무의식의 존재증명보다 더 큰 프로이트의 공헌은 무의식과 의식은 두 개의 근본적으로 다른 종류의 정신과정이라는 주장에 있다고 한다.[2] 무의식에 관한 논의는 프로이트의 전 저작에 걸쳐서 논의되고 있다고 해도 과언이 아니다. 그 가운데서도 무의식의 존재증명과 의식과 무의식의 독특한 특징을 잘 보여주고 있는 저술이 1915년의 「무의식에 관하여」이다. 「무의식에 관하여」는 무의식의 문제를 다루기에 좋은 출발점을 제공한다고 할 수 있다. 또한 「무의식에 관하여」는 그의 초기 저작인 『꿈의 해석』, 중기 저작인 『자아와 이드』와 동일선상에서 무의식을 논의하고 있으므로[3] 프로이트의 무의식에 대한 근본적인 사고를 보여준다고 할 수 있다. 따라서 「무의식에 관하여」를 중심으로 프로이트의 무의식에 대해서 논의

---

2 박찬부(2013), 「무의식과 라깡의 실재 개념」, 『라깡과 현대정신분석』 Vol.15, No.1, 한국라깡과현대정신분석학회, p.100; 그러나 불교심리학에서는 이것에 대해서도 이의를 제기한다. "사람의 능력을 제어하고 있는 어떤 이유도 모르는 마음의 작용이 있다고 서양의 심리학에서도 생각했을 것이다. 그것을 무의식이라 명명했을 것이다. 그러고 나서 그 무의식이란 무엇인가를 발견하기 위한 연구를 수행하고 있는 것이다. 내가 이론을 제기하는 것은 무의식의 존재가 아니고 이중구조로 마음이 작용한다는 개념이다." アアルボムッレ・スマナ―ラ, 藤本晃 共著(2009), 『心の生滅の分析』, 東京: サンガ, p.58.

3 이는 독일어판 프로이트전집 편집자와 영문판 프로이트전집 편집자의 공통된 견해라고 할 수 있다. 배우순(2009), 「S. 프로이트의 인격이론」, 『哲學硏究』 제112집, 대한철학회, p.56. 영문판 프로이트전집 편집자인 스트레치(J. Strachey)는 『꿈의 해석』 7장, 「정신분석에서의 무의식에 관한 노트」, 「무의식에 관하여」 2장, 『자아와 이드』 1장, 『새로운 정신분석 강의』 31장에서 무의식에 대해서 조금 차이가 있더라도 같은 형태로 설명하고 있다고 한다. Freud Sigmund, Strachey, J. tr.(1914-1916), "The Unconscious", *The Standard Edition of the Complete Psychological Work of Sigmund Freud* Vol.XIV, p.164(이하 「The Unconscious」).

할 것이다.

불교에서도 마음에 관한 논의는 경전과 논서 전체에 걸쳐서 이야기되고 있다. 그 가운데 아비담마(abhidhamma)는 초기불교와 유식학의 교량적인 위치를 점하고 있다. 불교의 무의식이라고 이야기되는 알라야식에 관한 논의를 다루는 유식학에 선행되어야 하는 것이 아비담마이고, 유식학의 토대가 또한 아비담마에 있기 때문에 이에 대한 논의는 필수적이라고 할 수 있다.[4] 유식학의 마음은 아비담마의 마음에 대한 검토가 이루어지지 않으면 정확한 이해가 어렵기 때문에, 유식학의 마음을 이해하기 위해서라도 아비담마에 대한 이해는 선행되어야 한다고 할 수 있다. 아비담마에서 마음에 대한 이해는 후대 불교의 마음에 대한 이해의 토대가 될 것이다. 아비담마의 다양한 저술 가운데 12세기에 만들어진 『아비담맛타상가하(Abhidhammattha Sangaha)』는 아비담마의 모든 주제를 거론하고 있는 아비담마의 축약판이면서, 이 책 이후의 모든 아비담마 체계가 이 책의 주제를 따라서 편성될 정도로 체계적으로 편집된 저술이다.[5] 그러므로 본 논문은 『아비담맛타상가하』를 중심으로 불교의 마음에 대해서 논의할 것이다.

---

4 아비담마(abhidhamma) 또는 아비달마(abhidharma)는 '담마에 관하여', '뛰어난 법', '對法', '勝法'이라는 의미이다. 붓다의 가르침은 구체적인 상황 속에서 이루어진 가르침인 반면, 아비담마는 구체적인 상황을 제거한 가르침의 핵심만을 체계화해 놓은 체계를 말한다. 본 장은 빨리전통의 경전을 주로 사용하므로 빨리어인 '아비담마'라는 용어를 사용할 것이다. 이하의 불교용어도 빨리어를 중심으로 할 것이다.

5 붓다고사 스님 지음, 대림 스님 옮김(2004), 『청정도론』1, 서울: 초기불전연구원, pp.59-60(이하 『청정도론』1).

본 논문은 먼저 불교에서 마음을 지시하는 대표적인 용어인 심의식(心意識)을 살펴보겠다. 오온, 십이처, 십팔계, 89가지 마음분류에서 보이는 심의식에서 프로이트의 무의식과 연결되는 지점을 모색하고자 한다. 이는 의(意), 과보의 마음, 바왕가를 중심으로 다루어질 것이다. 다음으로 「무의식에 관하여」에서 무의식의 존재증명, 무의식의 의미와 특징, 의식과 무의식의 관계를 텍스트 중심으로 살펴보겠다. 이를 통해서 의식과 무의식을 연속과 불연속의 관점에서 아비담마의 세 가지 마음과 연결시켜 고찰하고자 한다.

1. 아비담마의 마음

심의식(心意識)은 불교에서 마음을 기술하는 대표적인 용어이다.[6] 초기불교에서 심의식은 모두 '대상을 안다'라는 측면에서 동의어이지만 사용되는 맥락이나 역할은 엄격히 구분된다.[7] 심의식을 구분하는 것은 부파불

---

6 심(心)은 'citta', 의(意)는 'mano', 식(識)은 'viññāṇa'로 불린다. 'citta'는 어근적으로 '다양한(citra)', '쌓다(cinoti)'와 연관되고, 'mano'는 어근적으로 '생각하다(man)'와 연관되고, 'viññāṇa'는 '구분하여(vi) 알다(jñā)'라는 의미이다. 어원적으로 볼 때 구분하여 아는 'viññāṇa'는 일단 외부적인 정보이든 내부적인 정보이든 현재 아는 것과 연관되고, 생각하는 'mano'는 내적인 정신적인 활동과 연관된다고 할 수 있다. T. W. Rhys Davids and William Stede ed., *The Pali Text Society's Pali-English Dictionary*, London: The Pali Text Society, 1921-5/1986. p.266, p.520, p.618; Whitney, W. D.(1983), *The Roots, Verb-Forms and Primary Derivatives of Sanskrit Language,* Delhi: Montilal Banarsidass, p.46-47, p.118.

7 각묵 스님(2010), 『초기불교이해』, 울산: 초기불전연구원, pp.130-131. 심의식(心意

교에 이르러서 본격적으로 진행된다. 심의식은 구별되는 것으로 보는 관점과 구별되지 않는 것으로 보는 관점이 함께 있다. 초기불교와 아비담마와 『구사론』에서는 셋을 구별하지 않는 것으로 보는 관점이 우세하다면, 설일체유부에서는 구별하는 관점과 구별하지 않는 관점을 함께 다루고 있다.[8] 결정적으로 유식학은 심의식을 구별되는 것으로 파악한다. 심(citta)은 다양한 문맥에서 마음을 뜻하는 가장 일반적인 의미로 사용된다. 아비담마는 심의식을 동의어라고 이야기하지만, 실제로 아비담마의 마음의 체계를 보면 심(心)은 의(意)와 식(識)을 포괄하고, 의(意)와 식(識)은 구별된다고 할 수 있다.

識)의 구분 문제는 강명희(1996), 「初期經典에 나타난 識에 관한 硏究」, 『회당학보』 Vol.4, 회당학회, pp.171-210; 최봉수(1991), 「原始佛敎에 있어서 心·意·識 三法의 관계성 고찰」, 『伽山學報』 創刊號, 서울: 가산불교문화진흥원, pp.265-286; Johansson(1965), "Citta, Mano, Vinnana－a Psychosemantic Investigation", *University of Ceylon Review* Vol.XXIIi, Nos.1 & 2, pp.165-215; 水野弘元(1978), 『パーリ佛教を中心とした佛教の心識論』, 東京: ピタカ 등의 연구가 있다. 특히 미즈노고겐(水野弘元)의 저서는 빨리불교의 심의식론을 망라하고 있다고 할 수 있다.

8 최봉수(1991) pp.267-271. 설일체유부의 대표적인 논서인 『대비바사론』은 무차별론과 유차별론을 극명하게 구별하여 설명하고 있다. 이름, 시간, 시설, 의미, 역할의 측면에서 심의식을 구분한다. 시간의 측면에서 '과거의 心法은 意이고 미래의 심법은 心이고 현재의 심법은 識이다.' 시설의 측면에서 '界 가운데 시설한 것이 心이고 處 가운데 시설한 것이 意이고 蘊 가운데 시설한 것이 識이다.' 의미의 측면에서 '心은 종족(gotra)의 뜻이고, 意는 生門(aya-dvara)의 뜻이고, 識은 積聚(rasi)의 뜻이다.' 역할의 측면에서 '心의 業으로서 遠行, 彩畵, 滋長을 들고, 意의 業으로서 前行, 歸趣, 思量을 들고, 識의 業으로서 續生, 了別, 分別을 들고 있다.' 『구사론』은 무차별론을 적극적으로 주장한다. "心意識은 동일한 의미를 지닌다. 積集하므로 心이고 생각하므로 意이고 了別하므로 識이다. 心은 여러 가지 淨, 不淨의 界에 의해 적집하므로 心이고, 이것이 所依止가 된 것이 意이며, 能依止하는 것이 識이다."라고 한다.

1) 아비담마의 의(意)

불교의 인간관과 세계관을 대표하는 용어인 오온(五蘊), 십이처(十二處), 십팔계(十八界)는 모두 식(識)을 사용하고 있다. 먼저 오온(五蘊)은 동시발생하고 찰나생멸하는 연속적인 다섯 무더기이다.[9] 오온에서 식(識)은 수상행(受想行)이라는 마음부수와 함께 인간의 정신활동을 대표한다. 오온에서 식(識)으로 대표되는 마음은 '구별하여 안다(vijānāti)'라는 의미로 단지 아는 것이고, 찰나생멸하면서 연속적이다. 십이처는 인간의 기본조건이라고 할 수 있는 감각기관과 감각대상을 기준으로 구분된다. 그 가운데 안처, 이처, 비처, 설처, 신처는 외부의 대상을 감각하는 감각장소인 반면, 의처(意處), 즉 의(意)라는 감각장소는 내부의 대상을 감각하는 감각장소이다. 그리고 십팔계는 십이처에 의해서 만들어지는 세계를 말한다. 십이처 가운데 의처(意處) 하나가 일곱 가지 계로 분화됨으로써 십팔계가 된다. 십이처의 의처는 십팔계 가운데 식(識)이라고 이름 붙은 계(界), 즉 안식계, 이식계, 비식계, 설식계, 신식계, 의식계, 의계를 포함한다. 즉 십팔계의 모든 식(識)은 십이처의 의처(意處)에서 일어난다. 의처(意處)라고 할 때 의(意)는 감각장소, 의계(意界)라고 할 때는 의(意)라는 감각의 세계를 말하고, 의근(意根)이라고 할 때는 감각기관 또는 감각기능을 말하고, 의문(意門)이라고 할 때는 감각통로라는 의미라고 할 수 있다.[10] 십이처, 십팔

---

9 각묵 스님(2010) pp.149-152.

10 계(dhātu, 界)는 '놓여진 것', '세계'를 의미한다. 의식계(意識界)는 의(意)에 의한 식(識)으로 이루어진 세계를 말한다. 의계(意界)는 식(識)을 위한 조건이 된다. 그러므로 식(識)은 현재의 인식과정이고, 의(意)는 현재의 인식이 의지하는 직전의 단

계에서 볼 때 의(意)는 안이비설신과 같은 감각장소, 감각기관, 감각기능으로 볼 수 있고, 식(識)은 의(意)를 토대로 발생하는 아는 것 특히 구별하여 아는 것을 가리킨다. 그리고 의식(意識)은 의(意)라는 감각기관에서 발생하는 식(識)을 말한다. 이처럼 의(意)와 식(識)은 구분된다.

의(意)와 식(識)의 구분은 아비담마에서 더욱 분명해진다. 아비담마에서 분류하는 89가지 마음 가운데 3가지는 의(意)에 속하고, 76가지는 의식(意識)에 속하고, 나머지 10가지는 한 쌍의 전오식(前五識)이다.[11] 3가지 이외에는 모두 식(識)에 속한다. 아비담마에서 89가지 마음은 3가지 의(意)와 86가지 식(識)으로 구성되어 있다. 즉 아비담마의 심(心)은 의(意)와 식(識)을 모두 포괄하는 개념이다. 의(意)는 유익한 과보의 마음에 속하는 '받아들이는 마음' 1가지, 해로운 과보의 마음에 속하는 '받아들이는 마음' 1가지, 작용만 하는 마음에 속하는 '오문전향(五門轉向)의 마음' 1가지이다. 의(意)는 받아들이는 마음 2가지와 오문전향의 마음 1가지, 즉 오직 이 3가지 역할만 한다.[12]

계를 말한다. 근(indriya, 根)은 '인드라(indra) 신에 속하는' 따라서 '힘이 있는'의 의미이다. 이는 단순히 감각기관뿐만 아니라 감각기관이 가지고 있는 감각할 수 있는 능력, 기능을 말한다. 문(dvāra, 門)은 마음이 대상과 교감하는 매개체를 나타내는 술어이다. 문을 통해서 마음과 마음부수들은 대상을 만나러 나가며, 대상은 마음과 마음부수의 영역으로 들어오게 된다. 감각기관에는 외부대상을 지각하는 안이비설신의 오문(五門)과 오문을 통해서 들어온 대상과 내부대상을 지각하는 의문(意門)이 있다. Anuruddha, 대림 스님, 각묵 스님 옮김(2002), 『아비담마 길라잡이』, 서울: 초기불전연구원, p.310(이하 『아비담마 길라잡이』).

11 한 쌍의 전오식은 해로운 과보의 마음 7가지 가운데 5가지 마음(眼識, 耳識, 鼻識, 舌識, 身識)과 유익한 과보의 마음 8가지 가운데 5가지 마음(眼識, 耳識, 鼻識, 舌識, 身識)을 말한다. 『아비담마 길라잡이』 pp.126-130.

다섯 가지 감각기관의 통로인 오문(五門)으로 전향하는 마음은 다섯 가지 감각기관 가운데 하나에서 어떤 대상이 나타나면 그것으로 향하는 역할을 한다. 이 오문전향의 마음은 대상을 보거나 듣거나 냄새 맡거나 맛보거나 감촉하지 못한다.[13] 이것은 단순히 대상으로 전환하는 마음이고, 바로 다음 찰나에 전오식(前五識)이라는 식(識)이 일어나고, 그 바로 다음 찰나에 전오식이 감각한 그 대상을 받아들이는 마음이 일어난다. 오문전향의 마음, 전오식, 받아들이는 마음의 순서로 발생한다.

이러한 오문인식과정에서 의(意)는 전오식(前五識)의 앞과 뒤의 바로 두 곳에서만 나타나므로, 의(意)를 '앞서가는 자와 뒤따라가는 자(purecara-anucara)'로 정의하기도 한다. 전오식(前五識)을 앞서갈 때에는 '전향하는 마음'의 역할을 하고, 전오식(前五識)을 뒤따라갈 때에는 '받아들이는 마음'의 역할을 한다.[14] 그러나 한 찰나의 오문인식과정만으로는 대상이 무엇인지 결코 알 수 없다. 이 오문인식과정 뒤에도 무수히 일어나는 의문인식과정들을 거쳐서 대상을 인식하고 파악하게 된다.[15]

이상에서 볼 때 식(識)은 찰나생멸하면서 연속적으로 현재 아는 마음을

---

12 『아비담마 길라잡이』 p.129.

13 『아비담마 길라잡이』 p.133, p.336. 그래서 의(意)는 능지(能知)할 수 없다고 한다. 이는 심의식은 동의어로서 '아는 것'을 특징으로 한다는 말과 한편으로 모순된다. 그래서 '세 가지 마음은 아주 미약하게 대상을 취하는 작용을 가진다'라는 정도로 이야기된다.

14 『청정도론 2』 p.524.

15 『아비담마 길라잡이』 p.320. 전오식에서 전(前)은 의식 이전에 나타나기 때문에 전(前)이라는 용어가 붙은 것이다. 오식만으로는 제대로 된 인식이 될 수 없고 의식과정을 거칠 때 제대로 된 인식이 될 수 있다.

의미하고, 의(意)는 감각장소, 감각기관, 감각기능을 의미한다. 특히 의(意)는 89가지 마음 가운데 3가지 역할, 즉 전오식(前五識) 앞뒤에서 전향하는 마음과 받아들이는 마음의 역할을 한다. 이 의(意)는 인식되지 않는 마음으로, 이후에 보게 될 프로이트의 무의식 가운데 서술적 의미의 무의식에 속한다고 할 수 있다. 전오식(前五識)과 관련해서 의(意)라는 무의식은 식(識)이라는 의식 앞뒤에 위치하게 된다.

2) 과보의 마음

아비담마의 마음을 발생의 관점에서 볼 때 과보의 마음과, 역할의 관점에서 볼 때 바왕가는 무의식의 문제와 관련지어볼 수 있다. 89가지 마음을 발생[jāti, 生]에 따라서 분류해보면 해로운[akusala, 不善] 마음, 유익한[kusala, 善] 마음, 과보의[vipāka, 異熟] 마음, 작용만 하는[kiriya, 作] 마음으로 분류할 수 있다. 이러한 분류는 업(kamma, 業)의 관점에서 볼 수 있다. 해로운 마음은 탐(貪), 진(瞋), 치(痴)라는 해로운 업을 원인으로 하는 마음이고, 유익한 마음은 불탐(不貪), 부진(不瞋), 불치(不痴)라는 유익한 업을 원인으로 하는 마음이다. 과보의 마음은 이러한 해로운 마음과 유익한 마음의 결과일 뿐 그 자체로 해롭거나 유익하다고 할 수 없는 마음이다. 작용만 하는 마음은 업도 아니고, 업의 결과도 아니다.[16] 작용만 하는 마음에

16 村上眞完(1989), 「諸行考: 原始佛教の身心觀 原始佛教の身心觀3」『佛教研究』18號, 國際佛教徒協會, p.45. 업(kamma)은 '만들어진 것(√kṛ)'을 말한다. 업은 ① 행위의 동기가 되는 의지, ② 실제 행위와 행동, ③ 행위 이후에 잔존하는 영향력의 세 단계가 있다. 업이 중요한 의미를 가지는 것은 세 번째 의미이다. 업이 윤회를 규정하는

앞에서 살펴본 세 가지 의(意)가 포함된다.

유익한 마음과 해로운 마음은 현재 일어나고 있는 업을 현재 아는 마음인 반면, 과보의 마음은 과거의 업의 결과를 현재 알고 경험하는 마음이다. 여기에서 과보의 마음은 이중적인 위치를 취한다. 과보의 마음은 업의 결과를 경험하는 식(識)이면서, 선업 또는 불선업이라고 이야기할 수 없는, 즉 업과는 관련이 없는 마음이다. 과보의 마음이 가지는 이중적인 지위로 인해서 89가지 마음은 발생에 따라서 크게 해로운·유익한 마음, 과보의 마음, 작용만 하는 마음의 셋으로 나눌 수 있다.

과보의 마음은 결과를 경험하기 전까지 얼마나 오랜 기간이 걸릴지라도 계속 생멸하면서 경험되기를 기다린다. 바로 지금 업을 낳는 해로운·유익한 마음과는 달리 시간적인 간격을 두고 경험할 수 있는 것이 과보의 마음이다. 과보의 마음도 오온의 구성요소이므로 오온과 마찬가지로 찰나생멸하면서 연속적인 운동성을 가진다. 이러한 운동성은 역동적 의미의 무의식과 비교될 수 있다. 과보의 마음은 현재 경험되기 이전까지 의식되지 않은 채 찰나생멸의 역동적 운동성을 가진다.[17]

힘이 된다고 하는 의미에서 중요한 의미를 가진다. 이는 과보의 마음과 관련이 되고, ①②는 해로운·유익한 마음과 연관이 되고, 작용만하는 마음은 이러한 업을 가지지 않는다.

17 이러한 역동성은 무의식의 독특성이라기보다는 오히려 의식과 무의식 전체의 특징이라고 할 수 있다.

3) 바왕가

마음은 아는 것이라는 점에서 하나의 작용만 하지만 아는 과정에는 일반적인 인식과정과 일반적인 인식과정을 벗어난 인식과정이 있다. 이러한 과정을 역할(kicca)에 따라서 세부적으로 분류해보면 14가지로 볼 수 있다. 마음은 재생연결, 바왕가, 전향, 안, 이, 비, 설, 신, 받아들임, 조사, 결정, 속행, 등록, 죽음의 마음의 역할을 한다.[18] 일반적인 인식과정을 벗어난 인식과정에는 새로운 존재로 생을 시작할 때 처음 생겨나는 마음인 재생연결의 마음, 한 존재의 마지막 마음인 죽음의 마음, 그 사이에서 그 존재를 지속하게 하는 바왕가의 마음이 있다. 이들 셋을 제외한 나머지 마음은 일반적인 인식과정과 관련된 마음으로 오문인식과정과 의문인식과정이 여기에 포함된다.

처음 생겨난 마음과 마지막 마음 사이에서 존재를 지속하는 마음인 바왕가(bhavaṇga)는 잠재의식 또는 생명연속체(life-continuum)로 번역된다.[19]

---

18 마음의 역할에 관한 자세한 내용은 『아비담마 길라잡이』 pp.289-309를 참조할 수 있다.

19 『아비담마 길라잡이』 pp.292-3; Bhikkhu Bodhi ed.(1999), *A comprehensive manual of abhidhamma: the abhidhammattha sangaha of acariya anuruddha*, Kandy, Sri Lanka: Buddhist Publication Society, p.122. 각묵 스님은 아주 미세하며 알기 어려운 마음이라는 의미에서 잠재의식이라고 하지만, 의식의 수면 아래에 잠복해 있는 잠재의식의 덩어리가 결코 아니라고 한다. 그러나 이는 잠재의식의 실체화를 경계하는 것이지 잠재의식을 부정하는 것은 아니다. 보디 스님(Bhikkhu Bodhi)의 생명연속체(life-continuum)라는 번역은 바왕가의 어근에 충실한 번역이라고 할 수 있다. 바왕가는 삶의 필수적인 조건으로 개인의 연속성이 유지되는 의식의 기능이라고 한다. 게틴(R. Gethin)은 바왕가를 정신적인 공백(mental blank)으로 보아서는 안 되고, 바왕가를 '무의식'이라고 부른다면, 정신적인 공백으로서의 무의식은 절대로 아니라고 한다. 바왕가는 마음(citta)의 다른 형태로 대부분의 측면에서

한역으로는 삶(bhava, 有)의 구성요소(aṇga, 分), 즉 유분심(有分心)으로 그 존재를 지속하는 마음, 즉 존재지속심을 의미한다. 바왕가는 재생을 받은 이후부터 죽음의 마음이 일어나기 전까지, 인식과정이 일어나지 않는 한 끊임없이 강의 흐름처럼 일어난다. 바왕가도 마음인 이상 대상을 가지므로 죽기 직전의 업과 이와 관련된 표상 등을 대상으로 가진다.[20] 그러나 레디 사야도(Ledi Sayadaw)에 의하면 비록 바왕가가 자기 자신의 대상을 갖고 있지만 "그것은 다른 대상으로 기우는 형태로 일어난다."라고 설명한다.[21] 즉 마음의 흐름[santati, 相續]은 끊임없이 인과관계의 영향에 자극받아 항상 바왕가의 흐름으로부터 나올 기회를 찾는다.[22] 일반적인 인식과정이 발생하기 전에 마음은 바왕가의 상태로 지속되다가, 어떤 대상에 의해서 동요가 생기면 일반적인 인식과정이 발생하고, 이 과정이 끝나면 다시 바왕가의 상태로 지속된다. 이러한 바왕가는 단지 작용만 하는 마음인 오문전향과 의문전향의 조건이다.[23] 즉 오문인식과정과 의문인식과정

마음과 동일한 속성을 가진다고 이해해야 한다고 한다. Gethin, R.(1994), "Bhavaṅga and Rebirth According to the Abhidhamma", *The Buddhist Forum* Vol.IIi, ed. by Tadeusz Skorupski and Ulrich Pagel, London: SOAS, p.13.

20 아비담마에서 마음은 항상 대상을 가진다는 것은 대전제이다. 그러므로 바왕가도 대상을 가져야 한다. 바왕가는 죽기 직전에 나타난 업, 업의 표상 또는 새로이 태어난 곳의 표상 가운데 하나를 대상으로 가진다. 바왕가도 업을 대상으로 하고 있다는 것은 업이 과보의 마음의 결과이면서 새로운 마음의 대상이 된다는 것을 보여주는 것이라고 할 수 있다.

21 『아비담마 길라잡이』 p.371.

22 이를 각묵 스님은 바왕가에 내재해 있는 영속적인 '경고음'의 활동이라고 표현한다. 이는 무의식에서 의식으로 나아가고자 하는 시도를 부단히 계속하는 것과 유사하다고 할 수 있다.

23 『청정도론 3』 p.202.

이 발생하는 전제조건이 된다. 그러므로 바왕가를 의문(manodvāra, 意門)이라고 부른다. 대상이 의문인식과정을 따라서 인식될 때, 이 과정에 관련된 마음들은 의문(意門)을 통해서만 대상에 접근할 뿐이다.[24]

외부대상과 관련된 오문인식과정에서 전향하는 마음과 받아들이는 마음은 식(識)의 전후에서 식(識)을 작용을 도와주는 역할을 하듯이, 바왕가는 일상적인 인식작용 전체의 전후에 위치하면서 일상적 인식과정이 가능하도록 하는 역할을 한다. 이러한 설명은 마치 의식이 무의식 위에 떠있는 것과 같고, 의식의 저변에는 엄청난 크기의 무의식의 빙산이 숨겨져 있는 것과 같다는 비유를 연상하게 한다. 식이라는 현재의 인식하는 마음이 존재하기 위해서는 바왕가라고 하는 엄청난 빙산의 도움이 필요하다고 할 수 있다.

2. 프로이트의 무의식

인식되지 않는 마음의 활동영역을 확보한 것은 프로이트가 「무의식에 관하여」에서 무의식의 존재를 증명하는 것에서 볼 수 있다. 먼저 의식에 대해서 프로이트는 무의식만큼 길게 서술하고 있지는 않지만 의식은 우리에게 직접 제시되는 유일한 정신과정이고, 의식 속에 있는 것이 항상 의식되는 것이 아니라 때로는 잠재해 있는 경우도 있다고 한다. 오히려

24 『아비담마 길라잡이』 p.310.

의식의 상당 부분이 의식화되지 않는다고 한다. 의식화된다는 것은 주의가 특정 방향으로 집중되는 것에 의해 제한받는다.[25] 직접 제시되는 정신과정이라는 측면의 의식과 현재 아는 것이라는 측면의 식(識)은 유사하다고 할 수 있다. 그런데 이 식(識)도 주의를 어디로 기울이느냐에 따라서, 어떤 대상으로 전향하느냐에 따라서 그 대상에 대한 식(識)이 발생하고, 나머지는 주의가 기울여질 때까지 잠재적인 상태로 남게 된다. 주의가 기울여질 때 의식화되고, 주의가 기울여지지 않을 때 잠재적으로 남게 된다.[26]

1) 무의식의 존재증명과 의미

무의식의 존재를 증명하는 과정에서 프로이트가 무의식을 어떻게 생각하고 있는지 엿볼 수 있다. 무의식의 존재증명 과정을 살펴보면 용어 사용에 차이가 나는 것을 확인할 수 있다. 이는 프로이트가 무의식을 두

---

25 지그문트 프로이트 지음, 윤희기, 박찬부 옮김(2003), 「무의식에 관하여」, 『정신분석학의 근본개념』, pp.197-198(이하 「무의식에 관하여」). 주의란 개체 내의 여러 자극 가운데서 특정한 것을 분명하게 인정하거나 그것에만 반응하는 정신의 집중적인 작용을 말한다. 「정신분석에서의 무의식에 관한 노트」에서 프로이트는 “우리의 의식 속에 존재하면서 우리가 인식할 수 있는 표상을 ‘의식적’이라고 부르고, 이것을 의식적이라는 용어의 유일한 의미로 간주하자.”라고 한다. 지그문트 프로이트 지음, 윤희기, 박찬부 옮김(2003), 「정신분석에서의 무의식에 관한 노트」, 『정신분석학의 근본개념』, p.28(이하 「정신분석에서의 무의식에 관한 노트」).

26 아비담마에서 마음이 활동할 때 반드시 함께 작용하는 마음부수가 7개가 있다. 그 가운데 하나가 주의(manasikāra, attention)이다. 즉 모든 마음에는 주의가 있다. 그러므로 마음이 발생할 때는 주의에 의해서 대상지향적인 방향성이 항상 있게 된다.

가지 관점에서 이해하고 있다는 것을 보여준다. 의식과 무의식을 불연속적으로 파악하는 관점과 연속적으로 파악하는 관점이 함께 있음을 알 수 있다.

> 의식의 자료에 단절되는 부분이 많다는 점에서 무의식이 존재한다는 가정은 필수적이다. 모두에게서 종종 의식에서 근거를 찾을 수 없는 어떤 작용을 전제해야만 설명이 가능한 정신적 활동이 종종 일어난다. 예를 들어 건강한 사람의 실수, 꿈, 병자의 정신적 증상, 강박이 모두 그런 정신적인 활동에 속한다. 또한 어떻게 해서 우리 머릿속에 들어온 것인지 알 수 없는 어떤 순간적인 생각들을 떠올리기도 하고, 또 어떤 식으로 그렇게 결론을 내리게 되었는지 알 수 없는 그런 지적인 결론을 내릴 때가 있다. … 이처럼 단절된 의식 활동이 무의식의 개입으로 어떤 의미를 획득할 수 있다는 사실이 바로 우리가 직접적인 경험의 경계 너머로 들어설 수 있음을 정당하게 뒷받침해주는 근거가 된다고 한다.[27]

무의식은 먼저 의식과 관련해서 '의식의 자료에 단절되는 부분', '의식에서 근거를 찾을 수 없는 어떤 작용', '단절된 의식 활동'과 연관되어 있고, 건강한 사람의 경우 실수, 꿈과 연관되어 있다고 한다. 여기서 무의식은 의식만으로는 설명되지 않는 것을 설명해 준다. 의식되지 않는 것을 가정해야만 의식이 설명될 때, 이러한 무의식은 '단절적인 상태' 또는 '불연속적인 상태'라고 할 수 있다. 이는 무의식과 의식은 불연속적인 상태에

---

27 「무의식에 관하여」 p.162; 「The Unconscious」 pp.166-167.

있다는 것을 말해준다.[28] 또한 프로이트는 무의식에 대해서 다음과 같이 이야기한다.

> 어느 순간이든 의식은 아주 적은 양의 내용만 담고 있으며, 따라서 우리가 의식을 통해 알고 있는 것의 대부분은 어떤 경우든 장시간 잠재적인 상태, 즉 정신적으로 무의식의 상태에 있다고 주장할 수 있다. … 드러나지 않고 잠재해 있는 우리의 모든 기억을 고려해 본다면 무의식의 존재를 부인할 수 없다. … 정신적 삶의 잠재적인 상태들이 의식의 정신 과정과는 많은 부분에서 서로 접촉된다. … 잠재적인 상태를 의식의 상태와 구분할 수 있는 것은 오로지 그 잠재적인 상태들이 의식에 부재한다는 사실 때문인 것이다.[29]

또한 무의식은 잠재적인 것과 연관되어 있다. '장시간 잠재적인 상태', '드러나지 않고 잠재해 있는 우리의 모든 기억', '정신적 삶의 잠재적인 상태들'은 무의식과 연관된다. 그리고 이러한 잠재적인 상태는 의식과의 단절과는 달리 '연속적'이라고 할 수 있다. 여기서 무의식은 의식이 없는 상태가 아니라, 의식되지 않은 상태를 말한다. 이러한 상태를 '잠재적인 상태' 또는 '연속적인 상태'라고 할 수 있다.

의식과 무의식을 연속적인 관점에서 파악할 것인지, 불연속적인 관점

---

28 프로이트는 '단절적'이라는 용어를 사용하고 있는데, 이를 연구자는 '불연속적'이라고 정의하고 있다. 단절적인 것은 불연속적이지만, 불연속적인 것이 단절적인 것은 아니다. 이는 이후의 의식과 무의식의 연속성과 불연속성을 논의하는 곳에서 보도록 하겠다.

29 「무의식에 관하여」 pp.163-165; 「The Unconscious」 pp.167-168.

에서 파악할 것인지의 문제는 프로이트의 무의식에서 근원적인 문제라고 할 수 있다. 무의식의 존재증명에서부터 두 가지 다른 관점이 대두된다는 것은 무의식과 의식의 연관이 불가피하다는 점을 보여줄 뿐만 아니라 다른 한편으로는 무의식에 관한 다양한 의미를 양산하게 되는 계기가 된다.

프로이트는 무의식을 세 가지 의미, 즉 서술적(descriptive), 역동적(dynamic), 체계적(systematic) 의미로 설명한다. 이러한 구분은 「무의식에 관하여」보다 3년 전에 쓴 「정신분석에서의 무의식에 관한 노트」에서 설명하고 있다. "잠재적인 표상에 대해서는, 만일 그 표상이 정신 속에 존재한다고 가정할 만한 충분한 근거－기억의 경우에서와 같이－가 있다면 그 잠재적 표상에 '무의식적'이란 표현을 사용하도록 하자."라고 한다.[30] 정신 속에 존재하지만 잠재적으로 존재하는 것을 말한다. 즉 '무의식적'이라는 형용사로 사용되는 서술적 의미의 무의식은 어떤 주어진 순간에 의식 영역에 존재하지 않는 정신내용 전체를 지시하기 위해서 사용되는 용어이다.[31] 그러므로 단순히 의식되지 않는다는 의미에서는 역동적, 체계적 의미의 무의식도 서술적 의미의 무의식에 속한다.

프로이트는 서술적 의미에서만 사용되던 무의식이란 용어의 의미가 히스테리 환자를 통해서 확대되는 것을 발견하게 된다. 무의식은 일반적으로 잠재적인 생각을 지칭하는 것일 뿐만 아니라 특히 어떤 역동적 성격

---

30 「정신분석에서의 무의식에 관한 노트」 p.28.

31 박찬부(2007), 『기호, 주체, 욕망－정신분석학과 텍스트의 문제』, 파주: 창비, p.20; 장 라플랑슈, 장 베르트랑 퐁탈리스 공저, 임진수 옮김(2005), 『정신분석사전』, 서울: 열린책들, p.140.

을 지닌 생각들, 즉 그 힘의 강도나 활동성에도 불구하고 의식에서 멀리 떨어져 있는 생각들을 가리키기도 하는 것을 알게 된다.[32] 역동적 의미의 무의식은 '활동적이면서 무의식적(active and unconscious)'이라고 표현된다.[33] 그리고 이 무의식활동을 지배하는 법칙은 의식활동을 지배하는 법칙과는 사뭇 다르다는 사실을 배울 수 있다고 한다.[34]

이러한 역동적 무의식은 서술적 의미의 무의식과 달리 존재론적 성격도 동시에 갖고 있다.[35] 존재론적 성격을 공간적으로 표현한 것이 체계적 의미의 무의식이다. 장소와 관련해서 이러한 체계적 의미의 무의식은 정신기구 모델에서 의식, 전의식, 무의식처럼 하나의 체계로 가정된 무의식을 말한다.[36] "무의식적인 개별 활동들이 하나의 체계를 구성할 때 그 체계에 우리는 '무의식'이라는 명칭을 부여하였다. 사실 그보다 더 나은, 더 명확한 이름도 없다. 나는 그 무의식의 조직을 무의식을 뜻하는 독일어인 'Unbewusst'를 줄여 'Ubw'라고 부르자고 제의하였다. 이것이 아마 '무의식'이라는 용어가 정신분석에서 획득한 가장 중요한 세 번째 의미가 될 것이다."[37]라고 한다.

---

32 「정신분석에서의 무의식에 관한 노트」 p.31.

33 「정신분석에서의 무의식에 관한 노트」 p.29.

34 「정신분석에서의 무의식에 관한 노트」 p.36.

35 배우순(2008), 「S. 프로이트의 심층 심리적 무의식에 대해서－E. 후설의 "현상학적 무의식"에 연관해서－」, 『철학논총』 제54집 · 제4권, 새한철학회, pp.318-319.

36 김석(2013), 「쾌락자아와 현실자아－역동적 무의식의 두 원천」, 『철학과 현상학 연구』 Vol.57, pp.36-37.

37 「정신분석에서의 무의식에 관한 노트」 pp.36-37.

2) 무의식의 내용과 특징

무의식의 의미 가운데 본격적인 의미의 무의식인 역동적 의미와 체계적 의미의 무의식의 내용과 특징을 프로이트는 「무의식에 관하여」에서 기술하고 있다.

> 무의식 체계의 핵심은 리비도를 집중 배출하려고 하는 욕동의 대표들로 이루어져 있다. … 무의식 체계에는 그 집중의 강도만 다를 뿐 아무튼 리비도가 집중된 내용들만이 존재할 뿐이다. … 무의식 조직의 내용은 비유하자면, 우리 정신 속에 거주하는 원주민이라 할 수 있다. 만일 인간에게 유전으로 물려받은 어떤 정신적인 형성체들—동물의 본능과 흡사한 그 무엇—이 존재한다면, 그것들이 바로 무의식 조직의 핵심을 구성하는 내용들이다. 차후에는 거기에 어린 시절 동안의 성장 과정에서 무용한 것으로 버려졌던 것이 덧붙여질 수 있을 것이다. 사실 어린 시절에 제거되었던 것이 유전된 것과 본질적으로 다른 것은 아니다.[38]

무의식은 리비도가 집중된 것으로 이루어져 있고, 이러한 집중된 리비도를 배출하려는 '욕동의 대표들'로 이루어져 있다.[39] 실제로 욕동은 신체와 정신의 경계에 있으며, 의식과 무의식의 대립 앞쪽에 있다. 그것은 한편으로는 의식의 대상이 결코 될 수 없으며, 다른 한편으로는 무의식 내

---

38 「무의식에 관하여」 p.189, p.202; 「The Unconscious」 p.186, p.195.

39 장 라플랑슈, 장 베르트랑 퐁탈리스 공저, 임진수 옮김(2005) p.122. 리비도(libido)는 대상과의 관계와, 목표와의 관계와, 성적 흥분의 원천과의 관계에 따라 변하는 성욕동의 기저에 있다고 가정된 에너지를 말한다.

에서 그것의 대표들을 통해서만 존재한다고 한다.[40] 그리고 이러한 무의식에는 억압된 것도 무의식의 일부를 이루고 있다. "억압된 모든 것은 무의식 속에 머물러 있어야 한다. 그러나 무의식이 전적으로 억압된 것들로만 채워져 있지 않다. 억압된 것들은 무의식의 일부에 지나지 않는다."[41] 이처럼 무의식의 내용을 이루는 것은 리비도가 집중된 것과 억압된 것이 대표적이라고 할 수 있다. 프로이트는 체계적 의미의 무의식의 내용을 '정신 속에 거주하는 원주민'으로 비유한다. 동물의 본능과 유사한, 인간에게 유전으로 물려받은 어떤 정신적인 형성체들이 있다면, 그것들이 무의식 체계를 구성하는 핵심적인 내용일 것이라고 프로이트는 조심스럽게 주장한다. 이러한 주장은 아비담마에서 바왕가를 떠올리게 한다. 인간이라는 존재를 지속시키는 식으로, 다양한 의식을 하나로 연결시키는 기능과 동시에 인간이 인간으로 태어날 수 있는 것도 이 바왕가 때문이다.

이러한 체계적 의미의 무의식이 가지는 특징을 보면 우선 리비도의 유동성을 들 수 있다. 전이과정을 통해서 자신의 리비도 전체를 다른 관념에게 넘길 수도 있으며, 압축과정을 통해서 여러 다른 표상들의 리비도 전체를 점유할 수도 있다. 이 두 과정이 1차 정신과정의 두드러진 특징이다.[42] 두 번째 특징으로 충동들은 서로가 아무런 영향을 미치지 않는 대등

---

40 장 라플랑슈, 장 베르트랑 퐁탈리스 공저, 임진수 옮김(2005) p.141.

41 「무의식에 관하여」 p.161.

42 「무의식에 관하여」 p.190. 1차 과정은 무의식계의 특징이고, 2차과정은 전의식-의식계의 특징이다. 1차 과정과 2차 과정의 대립은 심리적 에너지의 두 가지 순환방식-자유 에너지와 구속에너지-의 대립과 일치한다. 그것은 또한 쾌락원칙과 현실원칙의 대립과 상관관계가 있다. 장 라플랑슈, 장 베르트랑 퐁탈리스 공저,

한 관계를 유지하면서 병존하고 있으며, 또 서로 간에 아무런 갈등이나 충돌도 내보이지 않는다. 양립할 수 없는 듯이 보이는 두 개의 충동도 함께 협력하여 서로가 공유하는 공통목표를 찾아 타협하게 되는 것이다.[43] 세 번째 특징으로 무의식 체계에는 부정도 없고, 의심도 없고, 확신도 없다. 부정, 의심, 확신은 무의식 조직과 전의식 조직 사이에서 일어나는 검열작업 때문에 생겨나는 것들이다. 무의식 체계에서 이루어지는 과정들은 '무시간적'이다. 무의식 체계의 과정들은 시간과는 아무런 관계가 없다. 시간의 문제는 의식조직에서 이루어지는 작업과 관련이 있는 것이다.[44] 네 번째 특징으로 무의식 체계의 과정들은 '현실'과 거의 아무런 관련이 없다. 오히려 이 과정들은 쾌락원칙에 따라 움직인다.[45] 오로지 이 과정들이 얼마나 강한 힘을 가지고 있는지, 쾌·불쾌의 조절의 요구를 얼마나 충족시키는지 여부에 달려 있을 뿐이다.[46] 무의식 체계에 속하는 정신과정들에서 찾아 볼 수 있는 이러한 주요 특징을 프로이트는 4가지, 즉 '상호갈등과 충돌 가능성에서 벗어나 있음', '1차 과정(리비도 집중의

임진수 옮김(2005) pp.324-326.

43 「무의식에 관하여」 p.189.

44 「무의식에 관하여」 p.190.

45 쾌락원칙과 현실원칙은 정신기능을 지배하는 두 가지 원칙이다. 전 심리활동은 불쾌감을 피하고 쾌감을 얻는 것을 목표로 한다. 장 라플랑슈, 장 베르트랑 퐁탈리스 공저, 임진수 옮김(2005) p.171; 쾌락원칙은 쾌는 추구하고 불쾌는 피하는 원초적이고 본능적인 상태라고 할 수 있고 강력한 에너지와 막강한 활동력은 역동적 의미뿐만 아니라 경제적 의미까지도 포함한다고 할 수 있다. 박찬부(2007) p.24; 쾌락원칙과 무의식이 사실상 모든 인간 활동과 정신을 지배한다. 무의식이 이드뿐 아니라 자아와 초자아의 대부분을 지배한다. 김석(2013) p.30.

46 「무의식에 관하여」 p.190.

유동성)', '무시간성', '외부현실을 정신적 현실로 대체함'[47]으로 요약한다.

이러한 것들이 무의식이라는 어떤 하나에 대한 특징이라면, 그들 사이에 어떤 연관성이 존재할 것이다. 먼저 어떤 관계가 성립하려면 관계항이 실체적인 어떤 것으로 존재해야 하고, 시간성이 존재해야 한다. 구분가능한 어떤 것이 시간적으로 존재할 때 그 사이에서 관계가 성립한다. 실체적인 것이 둘 이상, 복수로 존재할 때 다양한 관계가 성립하게 된다. 그러나 체계적 의미의 무의식에서 움직임의 근원인 리비도와 충동은 유동적이다. 유동성에서는 실체적인 것을 고정하기 어려우므로 관계가 성립하기 어렵다. 이러한 유동성의 특징이 전이와 압축으로 표현된 것이고, 유동적이므로 갈등, 충돌, 부정이 존재할 수 없다. 갈등, 충돌, 부정은 어떤 사물이 복수로 존재할 때만 성립이 가능한 개념들이기 때문이다. 갈등, 충돌, 부정은 시간성 또한 의식에서 성립할 수 있지만 유동성하에서는 성립할 수 없는 것들이다. 이러한 유동성을 지배하는 단 하나의 원칙은 쾌락원칙이고, 이 원칙은 현실에서 적용되는 현실원칙과는 구별된다. 무의식을 이렇게 보면 무의식은 쾌락원칙에 의해서 움직이는 강력한 에너지라고 할 수 있다. 그리고 이 에너지는 자신의 원칙에 따라서, 의식과는 구분되는 법칙에 따라서 움직인다.[48] 이는 의식과의 불연속성을 잘 보여준다고 할 수 있다.

---

47 「무의식에 관하여」 p.191; 장 라플랑슈, 장 베르트랑 퐁탈리스 공저, 임진수 옮김(2005) p.142; 「The Unconscious」 p.187. "To sum up: *exemption from mutual contradiction, primary process*(mobility of cathexes), *timelessness*, and *replacement of external by psychical reality*-these are the characteristics which we may expect to find in processes belonging to the system *Ucs.*"

48 이러한 무의식의 유동성은 공(空)의 특징을 생각나게 한다. 공은 실체화되지 않

3. 의식과 무의식의 연속

프로이트의 본격적인 무의식론은 의식과 무의식의 근본적 이질성에 대한 고려에서 출발한다. 의식에 대해서 무의식이 갖는 근본적 타자성을 심각하게 받아들이지 않는 어떠한 논의도 프로이트적인 논의가 아니라고 한다.[49] 그렇다면 이러한 무의식을 어떻게 알 수 있을까? 무의식의 의식화는 무의식의 존재증명에서부터 시작되는 의식과 무의식의 연속과 불연속의 문제와 연관되어 있다. 먼저 프로이트의 언급을 살펴보면 다음과 같다.

> 무의식 체계는 외부 세계에 대한 지각 작용의 결과로 얻은 경험들에 의해 영향을 받기도 한다. 정상적으로는 지각에서 무의식 조직으로 이어지는 모든 통로들이 열려 있으나 무의식 체계에서 시작되어 다른 체계로 향하는 통로들은 억압에 의해 폐쇄되어 있다. … 무의식 과정 그 자체만 가지고는 우리가 그 과정을 인지한다는 것이 불가능하며, 또 사실 무의식 과정은 스스로가 그 존재를 드러내지도 못한다. … 그 무의식이 의식의 그 무엇으로 변화되거나 전이되고 난 뒤 의식화된 그 무엇으로서 무의식을 알게 될 뿐이다.[50]

은 유동적인 상태(flux or fluctuation)를 말한다. 사물을 실체화하게 되면 구별가능하고, 구별가능하면 분별에 의한 집착이 발생하게 된다. 개념화, 실체화 이전의 상태를 공(空)이라고 표현한다. 프로이트가 주장한 체계적 무의식의 특징은 개념화, 실체화를 기반으로 하는 의식의 특징을 거부한다는 측면에서 공(空)의 특징과 유사한 측면이 있다고 할 수 있을 것이다. 한편 박찬부는 프로이트가 제시한 특징을 가진 무의식은 쾌락원칙을 따르는 '강한 에너지와 막강한 활동성을 가진 무의식'으로 언제든지 의식층을 뚫고 표면으로 솟아오르려는 시도를 부단히 계속한다고 표현한다. 박찬부(2007) p.26.

49 박찬부(2007) p.45.

이와 같은 프로이트의 언급은 의식과 무의식의 소통과 대화가능성이 열려 있다는 것을 보여준다. 프로이트는 의식과 무의식이 근본적으로 다르다는 차별성의 선언에 그치지 않고, 이 이질집단 사이의 '대화'나 '의사소통'을 말하고 있다.[51]

의식과 무의식의 관계에 대해서 동질성(homogeneity)을 강조하는 리꾀르(P. Ricoeur)로부터 근본적 이질성(radical heterogeneity)을 강조하는 라쁠랑슈와 르끌레르까지 다양한 스페트럼이 존재한다. 특히 아차드(D. Archard)는 둘의 관계에서 무의식은 '인식 이전(pre-cognitive)과 인식 원형(proto-cognitive)이라는 두 가지 의미를 동시에 전달하는 것으로 생각된다'과 말하고, 가드너(S. Gardner)는 무의식을 전명제적(prepropositional)이라고 한다.[52] 아차드와 가드너는 인식(cognition)과 명제(proposition)라는 용어를 무의식에 대해서 초보적인 수준에서 조심스럽게 사용함으로써 의식과 무의식의 차이를 좁히고 있다. 무의식에 대해서 본격적인 의미의 명제나 인식이 아니라 선명제적이고, 원형적인 인식을 부여하고 있다. 박찬부도

---

50 「무의식에 관하여」 p.200, p.192, p.161; 「The Unconscious」 p.194, p.187, p.166.

51 박찬부(2007) p.35.

52 박찬부(2007) p.23, p.33, p.43; Gardner, S.(1991), "The Unconscious" in *The Cambridge Companion to Freud* ed. by Jerome Neu, New York: Cambridge University Press, p.153, pp.143-144. 특히 가드너는 무의식이라는 정신분석적인 다양한 개념들을 의식이라는 개념으로부터 독립성의 연속성 정도에 따라서 3가지로 설명한다. (a) 의식적이었으나 억압되어온 아이디어들로 전적으로 구성된 것으로서 무의식 (b) 원래는 의식적이지 않지만 의식적일 수 있는 어떤 아이디어로 전적으로 구성되거나, 최소한 포함하는 것으로서의 무의식 (c) 원래는 의식적이지 않지만 의식적일 수 없는 어떤 아이디어로 전적으로 구성되거나, 최소한 포함하는 것으로서의 무의식

의식과 무의식의 근원적 구별과 의사소통 가능성을 동시에 인정하고 있다. 그는 무의식에 본격적 의미에서의 전략적 사고나 명제론적 사유의 기능을 부여하려는 어떠한 시도도 비프로이트적이라고 하면서 동시에 무의식에 어떤 초보적이고 기초적인 단계의 합리성을 부여해도 정당화될 수 있다고 한다.[53] 이는 무의식 과정에 어느 정도의 인식적 기능을 부여할 수 있다는 의미이다.

아비담마적 관점에서 보면 무의식 과정에 대해서 또한 인식적 기능을 부여할 수 있다. 의식이든, 무의식이든 그것이 일단 마음인 이상, 아는 것이라는 점에서 하나라는 것은 아비담마의 전제이다. 그러나 이러한 아비담마의 전제가 의식과 무의식은 이질적이라는 프로이트의 전제와 모순되지 않는다고 할 수 있다. 이질적이면서 상호작용과 소통 가능성에 대한 프로이트의 언급은 아비담마의 마음의 흐름과 모순되지 않는다. 연속성은 고정불변의 실체성을 포함하고 있지 않으면서도 끊임없는 강의 흐름처럼 서로 이어지는(santati, 相續) 것을 말한다. 의식과 무의식이 논의되고 있는 동질성과 이질성이라는 지평은 연속성의 지평과 맞닿아 있다. 즉 연속성 안에서 동질성과 이질성이 가능하다는 것이다. 동질성과 이질성은 '질'이라는 하나의 연장선에서 반대의 위치에 놓여 있는 것이지, 모순적인 개념은 아니다. 즉 아비담마의 마음의 연속성 전제와 프로이트의 의식과 무의식의 동질성·이질성 논의는 모순적이지 않고, 양립가능하다고 할 수 있다.

---

53 박찬부(2007) p.43, p.28.

의식과 무의식, 거칠게 이야기하자면 식(識)과 의(意)는 심(心)이라는 개념에 포섭되기 때문에 기본적으로 연속성에 기반을 두고 있다고 할 수 있다. 이러한 연속성의 흐름에 다양한 내용물, 즉 마음과 마음작용 등이 함께 떠내려가면서 연기의 법칙에 따라서 인식되기도 하고, 인식되지 않기도 하는 과정을 지속한다. 이 가운데 인식되는 것은 소수이다. 주의가 가는 곳만이 인식되고 나머지는 인식되지 않은 채 인과의 법칙에 따라서 생멸을 지속한다. 이렇게 오온은 매순간 다른 존재이면서도 연속적인 존재로서 이질적이면서 동질적인 생멸과 연속을 동시에 한다.

이러한 무의식에 대해서 프로이트도 "만일 우리가 전의식 조직에 의해 모든 정신 작용이 이루어지는 동안 무의식 조직은 휴지(休止) 상태에 있다고 가정한다면 그건 잘못이다."라고 한다.[54] 의식과 무의식은 부단히 상호작용을 하고 있다고 할 수 있다. 무의식도 단순히 쉬고 있는 것이 아니라는 것은 의식과의 차별성이라기보다 유사성이라고 할 수 있다. 의식이 매순간 생멸을 거듭하듯이, 무의식도 휴지 상태 없이 계속적으로 활동하고 있는 것이다.

4. 의식과 무의식의 불연속

의식과 무의식의 연속성을 위와 같이 설명할 수 있다면, 근원적인 차별

---

54 「무의식에 관하여」 p.194.

성을 아비담마적으로 어떻게 설명할 수 있을까? 무의식을 아비담마에서는 어디에 위치지을 수 있을까? 앞에서 살펴본 아바담마의 의(意), 과보의 마음, 바왕가에서 무의식의 특징을 볼 수 있다. 의(意)는 서술적 의미의 무의식이라고 할 수 있을 것이다. 인식되지 않는다는 측면에서 의(意)는 아직 본격적 의미의 무의식이라고 할 수는 없다.

마음은 주의를 기울이면 바로 의식의 범주에 들어올 수 있는 것에서부터 의식의 범주에 쉽게 들어올 수 없는 것까지 다양하게 있을 수 있다. 먼저 식(識)은 주의를 기울이면 바로 의식의 범주에 들어올 수 있는 것들이다. 식(識)은 현재 업이 만들어지고 있는 해로운 마음 또는 유익한 마음이다. 과보의 마음은 바로 경험할 수도 있고 몇 생을 지나서 경험할 수도 있다. 경험되기 전까지 계속 찰나생멸을 거듭한다. 이 과정은 의식되지 않지만 역동적으로 활동하는(active and unconscious) 과정으로 역동적 무의식이라고 할 수 있을 것이다.

역동적 무의식은 '억압과 억압된 것은 반드시 돌아오고야 만다는 정신계의 보편적 법칙과 관련되어 있다'고 한다.[55] 이러한 정신계의 보편적 법칙은 불교적 관점에서 인과법칙, 연기법칙, 업의 법칙이라고 할 수 있다. 어떤 것이 현현할 수 있는 기회를 맞이하기 전까지 그것은 잠재적으로 드러나지 않은 채 머물고 있다. 해로운, 유익한 마음의 결과인 과보의 마음은 다시 현재의 마음의 대상이 될 수 있는 인(因)과 연(緣)을 기다린다.

그것이 과거의 기억이든, 감정이든, 어떤 것이든 의식화되지 않고 형성

---

55 박찬부(2007) p.21.

된 채로 찰나생멸을 계속하면서 인(因)과 연(緣)에 의해서 의식화되기를 기다린다. 인과 연에 의해서 의식화될 때 과보를 경험하게 되는 것이다. 과보를 경험하는 순간까지 업은 생멸을 거듭하지만 사라지지 않는다. 무의식에 대한 경제적 관점처럼 계속 에너지의 형태를 바꾸어간다.[56] 업을 경험하는 것은 무의식이 의식화되는 과정이라고 할 수 있고, 의식화되는 순간 업은 더 이상 업이 아니게 된다. 또 다시 현재의 마음, 즉 식(識)으로 나아간다.

이러한 식(識)은 의(意)의 도움에 의해서 가능한 것이다. 마치 빙산의 비유처럼, 식(識)이라고 하는 것이 드러나기 위해서는 그 밑에 의(意)가 있어야 한다. 이때 오문(五門)과 관련해서 앞뒤에서 돕는 작용만 하는 의(意)는 인식되지 않지만 식(識)을 돕는 작용을 한다. 오문과 함께 의문(意門)은 인식의 토대가 된다. 의문의 역할을 하는 바왕가는 오문인식과정과 의문인식과정이 발생하는 전제조건이다. 일반적인 인식과정이 생겨날 수 있는 조건으로서 일반적인 인식과정을 벗어난 인식과정이 요청된다. 이것도 또한 빙산의 비유처럼, 일반적인 인식과정이 드러나기 위해서는 그 밑에 일반적인 인식과정을 벗어난 인식과정인 바왕가가 있어야 한다. 이때 바왕가도 일반적인 인식과정 앞뒤에서 일반적인 인식과정이 발생하도록 돕는 작용을 한다.

프로이트는 유전으로 물려받은 어떤 정신적인 형성체를 무의식의 내용

56 경제적 관점은 자극(흥분)의 양이 어떻게 변화되는가를 추적하고, 그 양의 규모를 적어도 상대적으로나마 평가하려는 노력을 의미한다. 「무의식에 관하여」 p.183.

이라고 조심스럽게 이야기하는 것에 반해서, 아비담마는 바왕가를 통해서 인간의 조건 자체를 이야기한다. 인간이 아닌 다른 세계, 즉 악처, 욕계 선처, 색계, 무색계의 조건까지도 바왕가에 의해서 설명되고 있다. 그리고 업이 성숙하는 시간에 따라서 보면, 이는 시간적으로 현재 생의 어릴 때뿐만 아니라 그 이전의 시기까지도 다루고 있는 것을 볼 수 있다. 그러므로 프로이트의 조심스러운 주장은 서구의 의식중심주의로부터 해방을 선언하는 것이면서 불교적인 세계관과의 교량역할을 한다고 할 수 있다.

이를 정리해서 보면 아비담마에서 무의식의 특징은 의(意), 과보의 마음, 바왕가에서 볼 수 있다. 의(意)는 식(識)의 앞뒤에 있는 것으로 의식되지 않는다는 측면에서 무의식이라고 할 수 있지만, 본격적인 의미의 무의식이라고 할 수는 없을 것이다. 과보의 마음은 과보의 마음을 경험하는 순간은 식(識)에 해당되지만, 경험하기 전까지는 인과의 법칙에 따라서 찰나생멸을 지속한다. 이는 역동적 의미의 무의식의 역할을 한다고 할 수 있다. 바왕가는 일상적인 인식의 앞뒤에 있는 인식과정으로 일상적인 인식이 쉬고 있을 때도 활동한다는 점에서, 전생까지의 식을 포함한다는 점에서 무의식과 유사성을 보인다. 무의식의 위치를 아비담마에서 찾는다면, 가장 가까운 것이 바왕가라고 조심스럽게 이야기할 수 있을 것이다. 바왕가는 의문(意門)으로 의(意), 과보의 마음의 지형적 위치를 점하고 있다고 할 수 있다. 또한 셋 모두 식(識)의 전후에 위치한다는 점에서 무의식의 특징을 가진다. 의(意)는 전오식의 전후에, 과보의 마음은 식(識)의 전후에, 바왕가는 일반적인 인식과정의 전후에 위치한다.

그렇다고 이들이 무의식적인 특징만 가지고 있는 것은 아니다. 이들 셋은 모두 의식의 특징을 동시에 가진다. 즉 셋 모두 인식 가능하다. 의식과 연속성을 가지지만 그 정도에 있어서 차이가 난다. 의(意)는 미약하게나마 대상을 취하는 작용을 가지고, 과보의 마음은 몇 생이 걸릴지라도 반드시 인식되고, 바왕가도 미세한 인식과정이라 할지라도 인식될 수 있다.

아비담마에서 셋은 무의식적인 측면을 가지는 동시에 의식적인 측면을 가진다고 할 수 있다. 셋은 무의식의 세 가지 의미와 비교해볼 수 있고, 식(識)의 전후에 위치하면서 식(識)의 활동을 돕는다는 측면에서 무의식적인 측면을 가지고 있다고 할 수 있다. 또한 셋은 모두 그 정도의 차이는 있지만 인식 가능하다는 점에서 의식적인 측면을 동시에 가진다.

본 장은 아비담마의 의(意), 과보의 마음, 바왕가를 중심으로 프로이트의 의식과 무의식을 연속과 불연속의 관점에서 살펴본다. 의(意)는 감각장소, 감각기관, 감각기능의 의미를 가지는 것으로 아비담마체계에서는 세 가지 역할을 한다. 의(意)는 현재 아는 마음인 식(識)의 앞뒤에서 식을 도와주는 역할을 한다. 의(意)는 인식되지 않는다는 측면에서 서술적 의미의 무의식과 비교할 수 있다. 과보의 마음은 해로운·유익한 마음의 결과로서 그 자체로는 해롭지도 유익하지도 않은 마음이다. 과보의 마음은 경험되기까지 오온과 마찬가지로 찰나생멸하면서 연속적으로 운동한다. 과보의 마음의 역동성과 인과법칙은 역동적 의미의 무의식과 비교할 수 있다. 바왕가는 일반적인 인식과정의 선후에서 존재를 지속하는 마음의 역할을 하고, 일반적인 인식과정이 발생하는 전제조건의 역할을 한다. 아비담마에서 무의식의 위치는 의문(意門)의 역할을 하는 바왕가에서 찾을 수 있을 것이다.
프로이트는 무의식의 존재를 증명하는 과정에서 의식과 무의식이 연속적이면서 불연속적이라는 것을 보여준다. 연속과 불연속의 관점에서 무의식은 서술적, 역동적, 체계적 의미를 가진다. 의식과의 연속성의 정도에 따라서 서술적 의미는 단지 인식되지 않는다는 의미에서 의식과 가장 가깝다고 할 수 있고, 역동적 의미는 무의식 자체의 운동과 법칙을 가지는 것이고, 체계적 의미는 무의식이 자체적인 지위와 공간을 차지하는 것을 말한다. 리비도라는 에너지의 유동성, 갈등과 충돌을 벗어나는 것, 의식의 특징인 부정, 의심, 확신, 시간성이 없다는 것, 무의식 자신의 법칙을 가진다는 것이 체계적 무의식의 특징이다. 이는 의식과 가장 멀리 떨어져 있는 무의식의 불연속성을 보여준다. 이러한 불연속성에도 불구하고 의식과 무의식의 소통 가능성, 즉 연속성은 열려 있다. 의식의 특징인 초보적인 수준의 인식과 명제의 합리성을 무의식에게 허용할 수 있다. 이러한 합리성은 의식과의 연속성을 위한 단초를 제공한다. 무의식과 의식의 소통 가능성은 아비담마의 세 가지 마음이 의식화될 가능성을 가지는 것과도 유사하다. 다른 한편으로 의식과 무의식의 불연속성은 아비담마에서 식(識)과 의(意)가 구분되는 것과 유사하다. 의(意)는 식(識)의 전후에서 식을 돕는 역할을 하고, 과보의 마음은 식(識)의 결과이면서 새로운 식(識)의 원인이 되기도 한다. 즉 식(識)의 전후에 위치하면서 역동적인 찰나생멸과 인과법칙을 지속한다. 바왕가는 일반적인 인식과정의 전후에서 식(識)을 돕는 역할을 하고, 이전 생과 다음 생의 무의식의 연결을 맡고 있다.

이처럼 연속과 불연속의 관점에서 프로이트의 의식과 무의식은 아비담마의 의(意)와 식(識)과 연관시켜볼 수 있다. 의식과 무의식이 소통가능성으로서의 연속과 자신의 고유한 특징으로서의 불연속성을 가진다면, 의(意)와 식(識)은 둘 다 인식 가능성을 가진다는 측면, 즉 안다는 측면에서 연속적이면서 각자의 역할이 구분되어 있다는 점에서 불연속적이라고 할 수 있다.

참고문헌

アアルボムッレ・スマナーラ, 藤本晃 共著(2009), 『心の生滅の分析』, 東京: サンガ.

각묵 스님(2010), 『초기불교이해』, 울산: 초기불전연구원.

강명희(1996), 「初期經典에 나타난 識에 관한 研究」, 『회당학보』 Vol.4, pp.171-210.

김석(2013), 「쾌락자아와 현실자아 – 역동적 무의식의 두 원천」, 『철학과 현상학 연구』 Vol.57, pp.27-54.

김성철(2012), 「불교의 구사학으로 풀어 본 무의식과 명상」, 『불교와심리』 5호, pp.6-57.

박찬부(2007), 『기호, 주체, 욕망 – 정신분석학과 텍스트의 문제』, 파주: 창비.

박찬부(2013), 「무의식과 라깡의 실재 개념」, 『라깡과 현대정신분석』 Vol.15 No.1, pp.97-119.

배우순(2008), 「S. 프로이트의 심층 심리적 무의식에 대해서 – E. 후설의 "현상학적 무의식"에 연관해서 –」, 『철학논총』 제54집 · 제4권, pp.309-334.

배우순(2009), 「S. 프로이트의 인격이론」, 『哲學硏究』 제112집, pp.53-77.

붓다고사 스님 지음, 대림 스님 옮김(2004), 『청정도론』 1, 2, 3, 서울: 초기불전연구원.

水野弘元(1978), 『パーリ佛教を中心とした佛教の心識論』, 東京: ピタカ.

장 라플랑슈, 장 베르트랑 퐁탈리스 공저, 임진수 옮김(2005), 『정신분석사전』, 서울: 열린책들.

지그문트 프로이트 지음, 윤희기, 박찬부 옮김(2003), 「무의식에 관하여」, 『정신분석학의 근본개념』, pp.155-214.

지그문트 프로이트 지음, 윤희기, 박찬부 옮김(2003), 「정신분석에서의 무의식에 관한 노트」, 『정신분석학의 근본개념』, pp.23-37.

村上眞完(1989),「諸行考: 原始佛教の身心觀 原始佛教の身心觀3」『佛教研究』18號, pp.43-70.

최봉수(1991),「原始佛教에 있어서 心·意·識 三法의 관계성 고찰」,『伽山學報』 創刊號, pp.265-286.

Anuruddha, 대림 스님, 각묵 스님 옮김(2002),『아비담마 길라잡이』, 서울: 초기불전연구원.

Bhikkhu Bodhi ed.(1999), *A comprehensive manual of abhidhamma: the abhidhammattha sangaha of acariya anuruddha*, Kandy, Sri Lanka: Buddhist Publication Society.

Freud Sigmund, Strachey, J. tr.(1914-1916), "The Unconscious", *The Standard Edition of the Complete Psychological Work of Sigmund Freud* Vol.XIV, pp.159-215.

Gardner, S.(1991), "The Unconscious", *The Cambridge Companion to Freud*, ed. by Jerome Neu, New York: Cambridge University Press, pp.136-160.

Gethin, R.(1994), "Bhavaṅga and Rebirth According to the Abhidhamma", *The Buddhist Forum* Vol.III, ed. by Tadeusz Skorupski and Ulrich Pagel, London: SOAS, pp.11-35.

Johansson(1965), "Citta, Mano, Vinnana-a Psychosemantic Investigation", *University of Ceylon Review* Vol.XXIII, Nos.1 & 2, pp.165-215.

PED＝*The Pali Text Society's Pali-English Dictionary*, ed. by T. W. Rhys Davids and William Stede, London: The Pali Text Society, 1921-5/1986.

Whitney, W. D.(1983), *The Roots, Verb-Forms and Primary Derivatives of Sanskrit Language*, Delhi: Montilal Banarsidass.

14 프로이트의 자아와 아비담마의 마음작용

심리학의 다양한 분야, 예를 들어 인지, 임상, 성격, 발달, 정서, 행동, 심층, 상담 등에서 자아는 핵심개념으로 사용된다. 자아와 관련된 수많은 연구가 이루어지고 있다.[1] 상담심리학과 심리치료 분야에서 자아에 대한 연구는 프로이트를 필두로 한다. 심리기능에 대한 프로이트의 메타심리학적인 최초 연구에서 자아의 개념은 가장 중요한 역할을 한다.[2] 자아에 대해서 불교는 부정적인 생각, 심지어는 자아가 없다는 무아까지도

---

1 학술정보시스템(www.riss4u.net)에서 학술지에 발표된 논문을 중심으로 '자아'를 검색한 결과 사회과학에서 양적연구방법론으로 연구되고 있는 자아관련 주요 단어를 다음과 같이 찾아볼 수 있었다. 자아개념, 자아계발, 자아관, 자아반성, 자아발견, 자아발달, 자아방어기제, 자아분화, 자아상, 자아성장, 자아성찰, 자아성향, 자아실현, 자아안정성, 자아이미지, 자아인식, 자아의식, 자아일치도, 자아일치감, 자아일치성, 자아정체감, 자아조절, 자아존중감, 자아지각, 자아탄력성, 자아탐구, 자아탐색, 자아특성, 자아통제, 자아통제력, 자아통합감, 자아평가, 자아표현, 자아형성, 자아효능감, 자아확장력, 참자아발견.

2 장 라플랑슈, 장 베르트랑 퐁탈리스 공저, 임진수 옮김(2005), 『정신분석사전』, 서울: 열린책들, p.350.

주장한다. 불교의 근본적인 전제인 무아는 불교를 가장 불교적인 것으로 만드는 것 가운데 하나라고 할 수 있다. 불교의 역사는 무아에 대한 철저한 추구로 점철되어 있다고도 할 수 있다. 무아라는 불교의 전제는 자아라는 심리학의 전제와 일견 모순되어 보인다. 이로 인해서 둘의 상호 소통 가능성은 요원해 보인다. 오히려 자아와 무아의 상충이 둘의 소통을 가장 방해하는 요소라고 할 수 있을 것이다.

따라서 두 영역의 근본개념에 대한 해명은 둘을 연결하고 있는 불교심리학과 불교상담학의 토대가 될 것이다. 서로 모순된 개념 위에 불교심리학이 성립한다면 이는 학문의 존립 근거를 위협하는 것이 될 것이다. 따라서 무아와 자아에 대한 해명은 학문의 존립근거를 제시하는 근원적인 작업이라고 할 수 있을 것이다.

둘의 소통가능성을 위해서 프로이트의 자아에 대한 탐구를 1923년에 출간된 「자아와 이드」 중심으로 살펴볼 것이다. 이 저서는 프로이트의 자아에 대한 초기 견해부터 후기의 『새로운 정신분석강의』에 이르기까지 일관된 생각을 보여주고 있다. 초기와 후기의 중간시기에 위치하면서 초기의 이론을 섭렵하는 동시에 후기까지 연결되는 이론을 포함하고 있다. 「자아와 이드」에서 제2지형학이 본격적으로 등장한다. 자아가 등장하는 제2지형학은 마음의 영역과 그 영역별 기능에 초점을 맞추고 있다. 자아와 관련해서 「자아와 이드」가 핵심적인 저술이듯이, 아비담마도 또한 불교 교학의 핵심이라고 할 수 있다.[3] 아비담마는 초기불교의 견해를 이어

---

3 아비담마(abhidhamma)는 부파불교 가운데 상좌부(theravāda)의 교학체계를 의미한다. 설일체유부(sarvāstivāda)의 교학체계는 아비달마(abhidharma)라고 부른다.

받으면서 이후의 대승불교에도 지속적인 영향을 미치는 교학체계이다.

본 장은 먼저 제2지형학의 영역이 제1지형학과 어떻게 구별되는지를 살펴보고 마음의 영역, 즉 심역별 기능을 살펴보겠다. 이어서 프로이트의 이러한 구분이 아비담마에서도 가능한지, 마음작용은 어떻게 이루어지는지에 대해서 살펴보겠다. 프로이트와 아비담마에서 자아의 기원과 기능에 초점을 맞추어 이드와 초자아를 함께 탐구하고자 한다. 이를 통해서 프로이트의 마음의 영역 문제는 아비담마의 범주와 마음작용의 구분에서, 마음의 기능 문제는 아비담마의 마음작용의 구분에서 살펴볼 것이다. 이를 통해서 마지막으로 자아와 무아의 소통 가능성에 대해서 논의하겠다.

1. 프로이트의 심역과 기능

임상적 경험을 통해서 프로이트는 자아에 대한 개념을 근본적으로 바꾸게 된다. 1880년대 정신병리학에 대한 연구를 통해 그는 자아가 하나이고 영속적이라는 개념을 무너뜨린다.[4] 단일하고 영속적인 자아 개념이 무너진 상태에서 마음은 영역별로 구분된다. 이 각각의 영역은 자신의 기능

아비달마는 이후 대승불교 특히 중관학파에 의해서 자성의 실체성이 비판을 받는다. 북방의 다양한 인도철학유파와 대론하면서 그들의 실체적인 철학으로 인해서 유사한 경향을 띠지만 설일체유부 자신은 비실체성을 견지하려고 하였다. 반면 상좌부는 아비달마보다 철저하게 비실체성을 견지한다. 이러한 점 때문에 필자는 아비담마를 비교대상으로 채택하였다.

4 장 라플랑슈, 장 베르트랑 퐁탈리스 공저, 임진수 옮김(2005) p.347.

을 가지게 된다. 이제 더 이상 '자아는 개인의 총체로도, 심리적 장치의 총체로도 정의되지 않는다. 자아는 단지 심리 장치의 일부분일 뿐이다.'[5] 자아, 이드, 초자아를 「자아와 이드」에 등장하는 맥락 중심으로 살펴본 이후에 이들의 관계, 즉 자아와 이드의 관계, 이드와 초자아의 관계, 초자아와 자아의 관계를 살펴볼 것이다. 이러한 관계의 맥락하에서 자아의 발생 기원을 살펴본 이후 자아의 기능을 살펴볼 것이다.

1) 자아

프로이트는 정신분석을 통해서 억압을 만들고 유지시키는 힘인 저항을 제거하고, 그 억압된 관념을 의식화하는 방법을 발견한다. 억압이론을 통해서 무의식에는 두 종류, 즉 잠재되어 있으나 의식화될 수 있는 것, 그 자체로 순조롭게 의식화될 수 없는 억압되어 있는 것이 있다는 것을 알게 된다.[6] 그러나 정신분석학적 작업이 진전되면서 이러한 구분만으로는 부적합하고, 실천적 목적을 위해서도 불충분한 것으로 판명된다. 정신분석의 관점에서 신경증의 발생을 의식과 무의식의 대극구조가 아닌 다른 대

---

5 장 라플랑슈, 장 베르트랑 퐁탈리스 공저, 임진수 옮김(2005) p.350.

6 지그문트 프로이트 지음, 윤희기, 박찬부 옮김(2003), 「자아와 이드」, 『정신분석학의 근본개념』, pp.350-1(이하 「자아와 이드」). 이러한 구분은 제1지형학의 무의식의 구분을 말한다. 프로이트는 역동적인 것이 아니라 오직 서술적으로만 잠재적인 것을 '전의식'이라고 하고, '무의식'이라는 용어는 억압되어 역동적으로 무의식적인 것에 국한시킨다. 즉 서술적 의미로서는 두 종류의 무의식이 있지만, 역동적 의미로서는 오직 하나의 무의식밖에 없다. 「자아와 이드」의 부록에서 서술적 의미로는 전의식과 억압된 것 양쪽 모두가 무의식인 반면, 역동적 의미로는 억압된 것만 무의식이라고 다시 한번 강조한다. 「자아와 이드」 p.409.

극구조, 즉 일관성 있는 자아와 이것에서 떨어져 나온 억압된 것 사이에 존재하는 대극구조로 보아야 할 필요가 생긴다. 자아가 정확한 지형학적 의미로 등장하는 「자아와 이드」에서[7] 자아가 등장하는 맥락은 좀 길지만 인용해보도록 하겠다.

> 각 개인 속에는 정신 과정을 일관성 있게 조직화하는 것이 존재한다는 생각을 우리는 갖게 되었다. 이것을 그 사람의 '자아'라고 부른다. 바로 이 자아에 의식이 부착되는 것이다. 자아는 흥분을 외부세계로 방출하는 운동성의 접근을 통제한다. 자아는 자신의 모든 구성과정을 감독하는 정신기관이다. 그리고 밤에는 쉰다. 이 때도 꿈에 대한 검열 작용은 계속하지만 말이다. 이 자아로부터 억압이라는 것도 생기는데, 이 방법을 통해 마음속에 있는 어떤 성향을 의식에서 뿐만 아니라 다른 형태의 유효성과 행위로부터 제거하려는 시도가 이루어진다. 분석과정에서 밀려난 이 성향이 자아와 대치상태에 서게 된다. 따라서 분석은 자아가 억압된 것과 관련해서 보이는 저항을 제거하는 일에 직면하게 된다. … 그러나 이 저항이 그의 자아에서 나오고 또한 자아에 속한 것이라는 데는 의심의 여지가 없기 때문에 우리는 예기치 않은 상황에 처하게 된다. 우리는 자아 자체 속에 있는 것으로서 역시 무의식적이고 억압된 것과 똑같이 행동하는 어떤 것과 만난다. 이것은 그 자신은 의식적이지 않은 상태로 막강한 효과를 만들어내고 그것이 의식화될 수 있기 위해서는 특별한 작업을 요구한다. … 신경증의 발생을 의식과 무의식의 갈등에서 유래하는 것으로 보려고 한다면, 우리는 무

---

7 장 라플랑슈, 장 베르트랑 퐁탈리스 공저, 임진수 옮김(2005) p.126.

한히 불투명하고 어려운 처지에 빠지는 결과를 맞게 될 것이다. 우리는 이러한 대극구조 대신 다른 대극구조로 바꾸어야 할 것 같은데, 그것은 마음의 구조적 상황에 대한 통찰력으로부터 나온 것으로 일관성 있는 자아와 이것에서 떨어져 나온 억압된 것 사이에 존재하는 대극구조이다.[8]

인용문에서 보면 자아는 의식이 부착되는 것으로, 정신과정을 일관성 있게 조직하고, 흥분을 방출하는 것을 통제하고, 자아의 모든 구성과정을 감독하고, 꿈을 검열한다. 또한 자아로부터 억압이 생기고, 억압을 통해서 마음속의 어떤 성향은 의식에서 제거되어 자아와 대치하고, 자아로부터 저항이 나온다. 일관적이고 조직화된 자아 속에 무의식적이고 억압된 것이 존재한다는 것은 자아의 일관성에 위반되는 것이다.

그런데 이 저항은 무의식적이고 억압된 것이므로, 이것이 자아 속에 있다는 것을 어떻게 설명할 것인가 하는 난점을 해결하기 위해서 프로이트는 일관성 있는 자아와 억압된 것이라는 대극구조를 제안한다. 즉 프로이트는 임상에서 만난 환자의 저항을 통해서 자아의 두 가지 측면, 즉 일관성 있는 자아와 억압된 것을 발견하게 된다. '억압된 모든 것은 무의식이지만, 무의식적인 모든 것이 억압된 것은 아니다. 따라서 자아의 일부 역시 무의식일 수 있다. 의심할 바 없이 무의식이다. 그러나 자아에 속한 이 무의식은 전의식처럼 잠재적인 것이 아니고, 의식화되지 않고서는 활

---

8 「자아와 이드」 pp.353-354; Freud Sigmund, Strachey, J. tr.(1914-1916), "The Ego and the Id", *The Standard Edition of the Complete Psychological Work of Sigmund Freud* Vol.XIV, p.17(이하 「The Ego and the Id」).

성화되지 않는 무의식이다.'[9]

자아에는 언어표상(word-representations)과 관련된 것이 있다. 한때 지각의 내용이었던 기억의 잔재물(residues of memories)이 언어표상이다. 모든 기억의 잔재물이 그렇듯이 이것은 다시 의식화될 수 있다. 그러므로 기억의 잔재물은 '지각-의식' 조직에 인접한 조직 속에 포함되어 있다. 무의식과 전의식의 실질적인 차이는 언어표상과 관련된다.[10] 언어표상은 내부의 사고과정을 지각하는 역할을 한다. 즉 자아는 자아의 핵인 '지각'의 조직에서 출발하고 기억의 잔재물과 인접해 있는 '전의식'을 끌어안음으로써 시작된다.[11] 자아가 지각, 의식과 밀접한 연관을 맺고 있듯이, 언어표상, 기억과도 밀접한 연관을 맺고 있다. 또한 자아는 무엇보다도 육체적 자아이다. 사람의 육체, 특히 그 표면은 외부적 지각과 내부적 지각이 생기는 장소이다. 그러므로 자아는 궁극적으로 육체적 감각에서, 주로 육체의 표면에서 나오는 감각에서 유래된 것이다.[12]

제1지형학에서 제2지형학으로 이동하면서, 제1지형학에서 여러 체계로 분배되었던 기능과 과정은 자아의 심역에서 다시 결집된다. 이와 같은 자아의 개념 확대는 제2지형학에서 자아에 아주 다양한 기능을 부여한다는 것을 의미한다. 앞에서 살펴본 자아의 기능을 중심으로 라플랑슈와

---

9 「자아와 이드」 p.355; 「The Ego and the Id」 p.18.

10 「자아와 이드」 pp.356-357.

11 「자아와 이드」 p.361.

12 「자아와 이드」 p.365; 1923년의 자아는 신체를 가지고 기능적으로 신체를 전제한 현실적 인격으로서의 자아이다. 배우순(2009), 「S. 프로이트의 인격이론」, 『哲學硏究』 제112집, p.66.

퐁탈리스가 정의하는 자아의 기능을 살펴보면, 운동과 지각의 통제, 현실 검증, 예상, 정신적 과정의 시간적인 정리, 합리적 오인, 합리화, 욕동의 요구에 대한 강박적 방어가 포함된다. 그 기능들은 대립쌍, 즉 욕동과 욕동의 충족, 통찰과 합리화, 객관적 인식과 체계적인 왜곡, 저항과 저항 제거의 대립 등으로 다시 분류될 수 있다. 이것들은 다른 두 심역과 현실에 비해서 자아에게만 할당된 상황을 반영하고 있는 이율배반들이다.[13]

제2지형학이 자아를 하나의 체계 또는 심역으로 만들고 있는 것은 우선 그것이 제1지형학보다 좀 더 심리갈등의 양태들을 모델로 삼기 때문이다. 도식적으로 말하자면, 제1지형학은 정신적 기능의 서로 다른 형태들, 즉 1차과정과 2차과정을 주요한 참조 기준으로 삼고 있다. 그러나 이제 갈등의 당사자들, 즉 방어의 대리인으로서의 자아, 금지체계로서의 초자아, 욕동의 중심으로서의 이드는 심리장치의 심역으로 승격된다.[14]

제1지형학에서 프로이트는 히스테리 환자 분석을 통해서 무의식을 발견하였다면, 제2지형학에서는 신경증을 통해서 자아와 억압된 것을 발견한 것이라고 할 수 있다. 여기서 의식과 무의식의 대극구조로부터 자아와 억압된 것의 대극구조로 전환되는 것을 볼 수 있다. 제1지형학이 역동성에 대한 고려를 통해서 성립한 것이라면, 제2지형학은 마음의 구조에 대한 통찰을 통해서 성립된 것이라고 할 수 있다.

---

13 장 라플랑슈, 장 베르트랑 퐁탈리스 공저, 임진수 옮김(2005) pp.354-355.
14 장 라플랑슈, 장 베르트랑 퐁탈리스 공저, 임진수 옮김(2005) p.354.

2) 이드

앞의 인용문에서 자아의 첫 번째 특징인 '자아는 의식에 부착되는 것'으로부터 '그 무엇'이 등장하는 과정을 살펴보자. "우리가 외부와 내부로부터 받아들이는 모든 지각은 의식적이다. 이러한 의식적 지각이었던 것만이 의식화될 수 있다."[15] 특히 내부지각은 정신기관 중 가장 다양하고 또한 가장 깊은 층에서 발생하는 과정에 대한 감각들을 산출해낸다. 쾌·불쾌에 속하는 것들은 내부지각에 의해 발생한 감각에 대한 최상의 사례로서, 외부지각보다 더 원초적이고, 기본적이고, 의식이 가려질 때도 생길 수 있다.[16] 자아에서 의식으로, 의식에서 지각으로, 지각 가운데 내부지각에서 감각으로, 감각 가운데 쾌·불쾌에서 '그 무엇'으로 논의가 진행된다. 이 과정에서 '그 무엇'은 자아와 연관되는 것을 볼 수 있다.

> 이러한 쾌·불쾌로서 의식화되는 것을 정신과정에서의 양적, 질적 '그 무엇(something)'이라고 불러보자. '그 무엇'은 먼저 '지각'의 조직에 전달되어야 의식화될 수 있다는 것이 임상적으로 옳다. 이 생각은 이 '그 무엇'이 억압된 충동과 같이 행동한다는 사실을 보여준다. '그 무엇'은 추동력을 행사할 수 있는데, 자아는 그 강박성을 눈치 채지 못한다. 강박성에 대한 저항이나 방출 반작용에 대한 제지 행위가 발생할 때에야 비로소 '그 무엇'이 불쾌로서 갑자기 의식화된다.[17]

---

15 「자아와 이드」 pp.356-357; 「The Ego and the Id」 pp.19-20.

16 「자아와 이드」 p.359.

17 「자아와 이드」 p.360; 「The Ego and the Id」 p.22.

인용문에서도 볼 수 있듯이 쾌·불쾌는 의식화되는 것이고, 지각되는 것이다. '그 무엇'은 억압된 충동과 같이 행동하고 추동력을 행사한다. 충동과 추동은 아직 의식화되지 않은 것이지만, 의식화될 때는 쾌·불쾌로 의식화되고 지각된다. 내부지각 가운데 쾌·불쾌는 '그 무엇'이 의식화될 때 드러나는 것이다. 우리의 의식이나 지각 가운데 '그 무엇'에 가장 가까운 것이 쾌·불쾌라고 할 수 있을 것이다.

자아와 이드의 관계에 대해서 프로이트는 "자아는 이드로부터 칼로 자르듯이 분리되어 있지 않다. 자아의 하부는 이드와 병합된다. 그러나 억압된 것도 역시 이드와 합병되어 이드의 일부를 구성할 뿐이다. 단지 억압된 것은 억압의 저항에 의해서 자아로부터 완전히 단절되어 있는 것이다. 그러나 억압된 것은 이드를 통해서 자아와 의사소통할 수 있다."라고 한다.[18] 이 인용문에서 보면 자아와 억압된 것에 대해서 단절이라는 용어와 병합, 의사소통이라는 용어가 동시에 사용되고 있다. 자아와 이드의 관계에서도 의식과 무의식에 관련된 연속과 불연속의 관점이 여전히 존재한다.[19]

이 자아는 '그 무엇', 즉 이드의 표면에 자리 잡고 있다. 따라서 '그 무엇'은 지각까지 전달될 수 있다. 이 자아는 이드를 완전히 감싸지 않고 '지각'의 조직이 자아의 표면을 형성할 정도만 감싼다. 그러므로 자아는 '지각－

---

18 「자아와 이드」 p.362; 「The Ego and the Id」 p.24.

19 연속적 관점과 불연속적 관점은 제1지형학에서 사용된 용어이지만, 자아와 이드는 의식, 무의식과 연관되므로 이 관점이 적용될 수 있다. 윤희조(2014), 「연속과 불연속의 관점에서 본 아비담마의 마음과 프로이드의 무의식」, 『東西哲學硏究』 제71호, pp.239-244.

의식'의 매개를 통해 외부 세계의 직접적인 영향에 의해서 수정된 이드의 부분이라고 할 수 있다. 자아는 표면분화의 한 연장이라고 할 수 있다. 자아에게 이드는 제2의 외부세계로, 자아는 이드를 자신에게 복종시키려고 애쓴다. 자아는 본능을 지각하는 데서 통제하는 쪽으로, 그리고 본능에 복종하는 데서 억제하는 쪽으로 발전한다. 그리고 자아는 이드 속에서 무제한적으로 세력을 떨치고 있는 쾌락원칙을 현실원칙으로 대치시키려고 노력한다. 자아에게 지각이 하는 역할을 이드 속에서 추동이 한다.[20] 자아는 이드로부터 리비도를 끌어내고, 이드가 대상에 대해서 리비도를 집중하는 것을 자아구조로 변형시킨다. 이드의 내용이 자아 속으로 침투할 수 있는 두 가지 길이 있다. 하나는 직접적으로, 다른 하나는 자아이상(ego ideal)을 경유해서 이루어진다.[21]

3) 초자아

초자아라는 용어는 「자아와 이드」에서 처음 나타나는데, 초자아와 자아이상은 「자아와 이드」에서는 같은 의미로 사용된다.[22] 초자아는 자아에게 알려지지 않은 과정에 의해서 영향을 받는다는 사실이 마침내 분석을 통해서 밝혀진다.[23] 이 알려져 있지 않은 과정 때문에 다른 심역의 존재를

---

20 「자아와 이드」 pp.362-364.

21 「자아와 이드」 pp.401-402. 이런 성취과정에서 많은 몫을 자아이상이 취하는데, 이것은 부분적으로 본능적 과정에 대한 자아의 일종의 반동형성이다.

22 장 라플랑슈, 장 베르트랑 퐁탈리스 공저, 임진수 옮김(2005) p.371.

23 「자아와 이드」 p.396.

가정해야만 한다. 만약 자아가 단순히 외부세계에 의한 지각조직의 영향에 의해서 수정된 이드의 일부, 즉 실재하는 외부세계에 대한 마음의 대변체라면, 자아 내에서 분화된 어떤 것, 즉 '자아이상' 또는 '초자아'가 존재한다고 할 수 있을 것이다.[24]

> 자아가 근본적으로 외부세계나 현실의 대변체인 반면, 초자아는 그것과는 대조적으로 내부세계나 이드의 대변체로서 존재한다. 자아와 자아이상 사이의 갈등은 궁극적으로 현실적인 것과 정신적인 것, 외부 세계와 내부 세계 사이의 대조적 성격을 반영한다.[25]

그러므로 초자아는 항상 이드와 가까이 있고, 자아와 직면해서는 이드의 대변자로 행동할 수 있다. 초자아는 이드에 깊숙이 영향을 미치고 있다. 초자아는 의식적 자아로부터는 독립성을, 무의식적 이드와는 밀접한 관련성을 드러낸다. 이러한 밀접한 관련성은 초자아의 분화과정을 살펴봄으로써 알 수 있을 것이다. 초자아는 이드의 첫 번째 대상에 대한 리비도 집중 또는 오이디푸스 콤플렉스에서 유래한다고 한다.[26] 먼저 초자아는 첫 번째 동일시, 즉 아버지와의 동일시의 산물로, 이는 자아이상의 근원이 된다. 다음으로 초자아는 오이디푸스 콤플렉스의 후예로, 자아 속에 가장 중대한 대상을 도입하게 된다.[27]

---

24 「자아와 이드」 p.367.
25 「자아와 이드」 p.378; 「The Ego and the Id」 p.36.
26 「자아와 이드」 p.393, p.398.
27 「자아와 이드」 p.371, p.392.

그러나 초자아는 단순히 이드의 초기 대상 선택의 잔재물만은 아니고, 그러한 선택에 대한 강력한 반동을 형성한다. 자아이상의 선택과 반동이라는 이중성격으로 초자아가 존재할 수 있는 것은 오이디푸스 콤플렉스 때문이면서 동시에 자아이상이 오이디푸스 콤플렉스를 억압하는 임무를 띠고 있다는 사실에 기인한다. 오이디푸스 콤플렉스가 강렬하면 강렬할수록, 권위나 종교적 가르침, 학교교육, 독서의 영향을 받아 억압에 빨리 굴복하면 굴복할수록, 그 이후에 나타나는 자아에 대한 초자아의 지배는 양심이나 무의식적 죄의식의 형태로 더욱 엄격하게 될 것이다.[28]

본능의 통제라는 도덕적 관점에서 볼 때도 이중성격이 드러난다. 이드는 전혀 무도덕적이고, 자아는 도덕적이려고 노력하며, 초자아는 초도덕적인 동시에 이드만이 할 수 있을 정도의 잔인성을 발휘할 수 있다고 말할 수 있다. 어떤 사람이 그의 외부에 대한 공격성을 억제하고 통제할수록, 그의 자아이상의 공격적 경향은 그의 자아에 반해서 더욱 강렬해진다는 것이다.[29] 다른 한편 자아이상은 우리가 인간의 고차원적 성격에 대해서 걸 수 있는 모든 기대에 부응한다. 아버지에 대한 대리 표상으로서, 자아이상은 온갖 종교를 일으키는 씨앗을 품고 있다. 어린 아이가 자라면서 아버지의 역할은 선생님이나 다른 권위적 인물에게 계승된다. 그들의 명령과 금지는 자아이상에 막강한 상태로 남아 있고 양심의 형태로 도덕적 검열을 계속 수행한다. '양심'의 요구와 자아의 실제적 행동 사이의

---

28 「자아와 이드」 pp.365-366.

29 「자아와 이드」 p.400.

긴장은 '죄의식'으로 경험된다.[30]

4) 심역 간의 관계와 자아

자아를 중심으로 다른 심역과의 관계를 고찰하면서 자아의 기능을 살펴보도록 하겠다. 먼저 자아와 이드의 관계를 보면 자아는 이드의 표면에 위치하고, 자아의 하부는 이드와 병합되어 있다. 자아는 외부 세계의 영향에 의해서 수정된 이드이고, 표면분화의 연장이다. 자아 안에 있으면서 자아와 대극을 이루는 무의식적으로 억압된 것은 이드의 일부로 자아와 단절되어 있지만, 이드를 통해서 자아와 의사소통할 수 있다. 이드가 쾌락원칙과 본능에 의한다면, 자아는 현실원칙, 지각에 의지한다. 자아는 이드를 복종시키고, 본능을 통제하고, 억제하는 방향으로 나아간다.

다음으로 이드와 초자아의 관계를 살펴보면 초자아는 이드에서 발생하였지만, 이드와는 달리 이중적 성격을 지닌다. 초자아가 발생하는 근원인 아버지와의 동일시, 오이디푸스 콤플렉스는 이드와 연관되어 있다. 초자아는 오이디푸스 콤플렉스로부터 발생했으면서도 오이디푸스 콤플렉스를 억압하고 있다. 초자아는 이드의 초기대상에 대해서 선택과 반동을 동시에 하고 있다. 초자아는 초도덕적이면서도 이드처럼 잔인하다.

마지막으로 초자아와 자아의 관계를 살펴보면 초자아가 내부세계와 이드를 대변한다면, 자아는 외부세계와 현실을 대변한다. 초자아는 자아로부터 독립적이면서도, 자아에 대한 지배력은 양심이나 죄의식의 형태로

---

30 「자아와 이드」 pp.378-379.

드러난다. 초자아가 무도덕적이면서 초도덕적이라면, 자아는 도덕적이려고 노력한다.

이러한 관계하에서 자아의 발생을 살펴볼 수 있을 것이다. 라플랑슈와 퐁탈리스에 의하면 자아는 비교적 이질적인 두 차원에서 발생한다고 한다. 먼저 이드와 관련해서 자아는 이드가 외부현실과 접촉하면서 이드로부터 분화된 적응장치로 볼 수 있다. 이는 앞에서 보았듯이, 자아는 지각에서 출발하고, 전의식의 기억의 잔재물을 끌어안음으로써 시작되고, 주로 육체의 표면에서 나오는 감각에서 유래된다는 것에서 알 수 있다. 다음으로 자아는 이드에 의해서 투여된 사랑의 대상이 개인의 내부에 형성시키는 동일시의 산물로 정의한다.[31] 동일시는 초자아의 발생과도 연관되어 있다. 그러므로 프로이트에 의하면 분화와 동일시에 의해서 자아는 형성된다. 분화는 이드와 밀접히 연관되어 있고, 동일시는 초자아와 연관되어 있지만, 초자아가 이드와 밀접히 연관되어 있으므로 자아의 원천에는 이드가 있다는 것을 다시 한번 확인할 수 있다.[32]

프로이트에 의하면 정신현상을 세 가지 관점, 즉 역동적 관점, 지형학적 관점, 경제적 관점에서 설명할 때 완전하게 설명할 수 있다고 한다. 정신과정을 역동적으로 파악하는 정신분석적 태도 때문에 심리학과 차이를

---

31 장 라플랑슈, 장 베르트랑 퐁탈리스 공저, 임진수 옮김(2005) p.346.

32 자아의 방어작용이 대부분 무의식적이라는 점에서 전의식-의식계보다 광범위하다. 그리고 이드뿐만 아니라 자아와 초자아의 상당 부분이 무의식이다. 김석(2013), 「쾌락자아와 현실자아－역동적 무의식의 두 원천」, 『철학과 현상학 연구』 Vol.57, pp.37-41.

가질 수 있게 된다. 지형학을 고려하여 정신활동이 어느 조직에 속하는지, 그 활동이 어느 조직들 사이에서 이루어지는지를 나타내는 단계로까지 발전하게 됨으로써 심층심리학이란 명칭도 얻게 된다.[33] 그리고 경제적 관점은 자극의 양이 어떻게 변화되는가를 추적하고, 그 양의 규모를 적어도 상대적으로나마 평가하려는 노력을 의미한다.[34]

먼저 지형학적 관점에서 자아는 개인의 총체성의 이해관계를 책임지고 있는 중개자로서의 지위를 갖고 있으면서도, 이드의 요구와 의존 관계에 있는 만큼, 초자아의 명령과 현실의 요청에 대해서도 의존 관계에 있다. 자아, 이드, 초자아 셋은 상대적인 의존관계에 놓여 있다. 역동적 관점에서 자아는 인격의 방어축을 대표한다. 불쾌한 정동의 지각이 일련의 방어기제에 동기를 부여하면, 자아는 그 방어기제를 작동시킨다. 경제학적 관점에서 자아는 심리과정을 구속하는 요소로서 나타난다.[35] 이를 정리하면 역동적 관점에서 자아는 방어기제를 대표하고, 경제학적 관점에서 자아는 구속에너지의 역할을 하고, 지형학적 관점에서 자아는 이드, 초자아와 의존관계에 있는 중재자의 지위를 가진다. '자아는 본질적으로 서로 모순되는 요구를 고려하려고 애쓰는 중재자처럼 보인다.'[36] 더 나아가서는 '동일한 자아가 세 주인을 섬겨야 하고, 따라서 세 가지 위험, 즉 외부세계,

---

33 지그문트 프로이트 지음, 윤희기, 박찬부 옮김(2003), 「무의식에 관하여」, 『정신분석학의 근본개념』, pp.171-174(이하 「무의식에 관하여」).

34 「무의식에 관하여」 p.183.

35 장 라플랑슈, 장 베르트랑 퐁탈리스 공저, 임진수 옮김(2005) p.346.

36 장 라플랑슈, 장 베르트랑 퐁탈리스 공저, 임진수 옮김(2005) p.355.

이드의 리비도, 초자아의 가혹함에서 오는 위험으로부터 위협받고 있는 가련한 존재라는 사실을 알게 된다.'[37]

2. 심역과 아비담마의 마음작용

제1지형학에서는 마음을 연속과 불연속의 관점에서 의식, 전의식, 무의식으로 다루고 있다. 특히 무의식은 의식과의 연속성 정도에 따라서 서술적, 역동적, 체계적 의미로 구분될 수 있고, 각각은 아비담마의 의(意), 과보의 마음, 바왕가에 배대할 수 있다는 것을 볼 수 있다.[38] 이들 셋은 모두 마음이다. 제1지형학에서는 프로이트든 붓다든, 마음과 의식을 다루고 있다. 그러나 제2지형학에서 상황은 달라진다. 마음의 영역이 가지고 있는 기능에 초점이 맞추어진다. 자아의 기능의 경우 의식, 지각, 기억의 잔재물, 언어표상, 육체와 연관되어 있고, 합리화, 방어, 현실원칙, 복종, 통제, 감독, 검열, 억압, 저항, 억제의 기능을 하고, 외부세계와 현실의 대변체, 중재자로서의 역할을 한다.

프로이트가 마음과 마음의 영역을 구분한다면, 아비담마는 마음[心]과 마음작용[心所]을 구분한다.[39] 마음은 단지 '아는' 작용만 하고, 나머지 정

---

37 「자아와 이드」 pp.402-403.

38 윤희조(2014) pp.242-245.

39 마음작용은 '쩨따시까(cetasika)'의 번역어이다. 어원적으로는 '마음에 속하는' 이라는 의미이다. '심소(心所)', '마음부수', 'mental factor', '쩨따시까'로 번역한다. 앞의 셋은 모두 어원에 충실한 번역이지만, 의미를 드러내기에는 부족한 번역이라

신활동은 모두 마음작용과 관련되어 있다. 제2지형학에서 자아의 다양한 기능은 모두 아비담마의 마음작용과 연관되어 있다고 할 수 있다. 그러므로 제1지형학의 의식, 전의식, 무의식이 아비담마의 마음[心]을 다루고 있다면, 제2지형학의 자아, 이드, 초자아는 마음작용[心所]을 다루고 있다고 할 수 있을 것이다. 프로이트에서는 영역과 기능이 중심이 된 반면, 아비담마에서는 마음작용이 중심이 된다. 프로이트에서 자아는 마음의 지형학적 영역을 가지고 있지만, 아비담마에서 자아는 마음작용에 의해서 만들어진 것이다. 그러므로 자아는 자신의 고유한 영역을 가지지 못한다. 따라서 아비담마에서 자아는 마음작용과 연관해서 고찰할 수 있을 것이다.

아비담마는 마음작용을 몇 가지로 분류한다. 마음을 분류할 때 발생원인에 따라서 해로운 마음, 유익한 마음, 해롭지도 유익하지도 않은 마음으로 분류하듯이, 마음작용도 해로운 마음작용, 유익한 마음작용, 해롭지도 유익하지도 않은 마음작용으로 구분할 수 있다. 그리고 마음작용을 범주(samuccaya saṅgaha)에 따라 해로운 범주, 혼합된 범주, 보리분의 범주, 일체의 범주로 분류할 수 있다. 그 가운데 첫 번째 범주인 해로운 범주는 마음작용의 역할에 따라서 번뇌(āsava), 폭류(ogha), 속박(yoga), 매듭(gantha), 취착(upādāna), 장애(nīvaraṇa), 잠재성향(anusaya), 족쇄(saṃyojana), 오염원(kilesa)으로 구분된다.[40]

고 할 수 있다. 마음은 아는 기능만 하는 반면, 마음작용은 나머지 모든 정신활동을 담당하고 있는 것이다. 나머지 모든 정신활동을 담당하고 있다는 의미를 충분히 드러내기 위해서 '마음작용'이라는 번역어를 선택하였다. 마음작용이라는 번역어는 '마음에 속한 것'보다 그 역동성이 잘 드러난다고 할 수 있다.

40 Anuruddha, 대림 스님, 각묵 스님 옮김(2002), 『아비담마 길라잡이』, 서울: 초기불전연구원, pp.590-600(이하 『아비담마 길라잡이』).

1) 자아와 취착

취(取, upādāna), 즉 취착에는 4가지가 있다. 감각적 욕망에 대한 취착(kāmupādāna), 사견에 대한 취착(diṭṭhupādāna), 계율과 의식에 대한 취착(sīlabbatupādāna), 자아의 교리에 대한 취착(attavādupādāna)이다. 이 네 가지는 모두 탐욕의 형태이다. 감각적 욕망을 제외한 3가지 취착은 사견(邪見)과 관련되어 있다. 이 가운데 자아의 교리에 대한 취착은 유신견(有身見)을 가지는 것을 말한다. 이는 자아에 대하여 20가지 형태의 견해를 가지는 것을 말한다.

'물질을 자아라고 관찰하고, 물질을 가진 것이 자아라고 관찰하고, 물질이 자아 안에 있다고 관찰하고, 물질 안에 자아가 있다고 관찰한다.'[41] 이러한 형태가 나머지 오온에 대해서도 적용되면, 20가지 형태의 자아에 대한 견해, 즉 자아가 있다고 하는 유신견(有身見)이 발생하게 된다. 자아에 대해서 다른 방식으로 살펴보면, 물질을 '이것은 나의 것이다. 이것은 나다. 이것은 나의 자아다.'고 관찰한다.[42] 이것이 나머지 오온에도 적용된다. '나(I)', '나의(my)', '나의 것(mine)'은 각각 갈애(taṇhā), 자만(māna), 견해(diṭṭhi)에 대응한다. '나', '나의', '나의 것'으로 나아가면서 갈애로 발전하고, 타인과 비교함으로써 자만이 생기고, '나'라는 개념에 집착함으로써 견해가 생긴다. 갈애, 자만, 견해는 자아의식의 세 측면이라고 할 수 있다.[43] 여기서 갈애, 자만, 견해는 모두 탐욕과 관련된 마음작용이다.

---

41 각묵 스님 옮김(2009), 『상윳따 니까야』 3, 울산: 초기불전연구원, p.403.

42 각묵 스님 옮김(2009) p.405.

43 Ñāṇananda, Bhikkhu(1971), *Concept and Reality in Early Buddhist Thought: An Essay on*

사견(邪見)에는 크게 유신견(有身見)과 무업견(無業見)이라는 두 가지 유형이 있다. 유신견은 만들어진 자아가 실재로서 있다고 하는 견해이고, 무업견은 업이 실재하지 않는다고 하는 견해이다.[44] 전자는 상견(常見), 후자는 단견(斷見)에 해당한다고 할 수 있다. 이러한 상견과 단견은 실체라고 하는 하나의 전제 위에 있는 반대되는 견해이다. 실체로서의 어떤 것, 예를 들어 자아가 있다고 생각하면 상견이고, 그러한 것은 없다고 생각하면 단견이 된다. 상견과 단견은 양립 불가능한 견해처럼 보이지만, 하나의 전제에 기반을 두고 있는 반대되는 견해라고 할 수 있다.

이러한 견해가 생기면 그 기반이 되는 자아를 비교하게 된다. 자아를 우등하다고 하든 열등하다고 하든 동등하다고 하든 모두 자아를 전제로 하는 해로운 마음작용이라고 할 수 있다. 사견과 자만은 탐욕[貪, lobha]의 대표적인 마음작용이다. 사견과 자만 안에 이미 반대되는 마음작용이 이루어지고 있다. 이는 프로이트에서 대립되는 기능의 쌍이 자아에 배대되는 것과 비교해볼 수 있을 것이다. 나아가서 이러한 탐욕의 근원적인 전제인 '자아'에 문제의 원인이 있는 것이라고 할 수 있다. 또한 성냄[瞋

Papañca and Papañca-Saññā-Sankhā, Kandy: Buddhist Publication Society, p.12.

44 유신견은 기존의 용어이지만, 유신견과 짝을 이루는 무업견은 필자가 만든 용어이다. 없다고 해야 할 것을 있다고 하고, 있다고 해야 할 것을 없다고 하는 것이 사견이다. 그 대표적인 것이 身(자아), 業이다. 이때의 업은 무의식과 연결된다. 자아가 없다고 하는 것 내지는 윤회의 주체로서 자아를 부정하는 것은 일단 실체적인 존재라는 것이 하나의 이유이고, 의식이 윤회의 주체라고 할 경우에 포함되지 않는 많은 영역이 있다는 것이 또 다른 이유이다. 심리학적으로 보면 자아는 의식의 영역이다. 그러므로 자아가 윤회하는 것은 올바른 언급이 아니다. 의식 이외의 무의식까지 포함하는 것으로 업은 윤회의 주체가 될 수 있는 자격을 가지게 된다.

dosa]에 대해서도 마찬가지이다. 성냄과 관련된 대표적인 마음작용이 질투와 인색이다. 질투[issā, 嫉]는 상대방의 즐거움을 즐거움으로 보지 않고, 상대방의 괴로움을 괴로움으로 보지 않는 것이다. 인색[macchariya, 慳]은 나의 즐거움을 상대편과 함께 하지 않고, 나의 괴로움을 상대편과 함께 하지 않는 것이다. 질투와 인색도 반대되는 마음작용이지만 실제로는 자아와 타인을 분리함으로써 나의 즐거움과 괴로움이 펴져나가거나, 상대방의 즐거움과 괴로움이 들어오지 못하는 것이다. 여기서도 '나'의 분리가 근원적인 문제가 되고 있음을 지적한다.

그리고 해로운 마음작용의 근본원인이 되는 탐욕과 성냄 자체도 반대되는 마음작용이다. 자아에게 있어 탐욕은 근원적인 욕구이다. 이는 생존과 관련된 마음작용이다. 에너지를 나에게 끌어오지 않으면 자아는 생존할 수 없다. 프로이트의 용어를 빌리자면, 이드로부터 리비도를 끌어내어 이드의 대상에 대한 리비도 집중을 자아구조로 변형시켜야 한다.[45] 자아는 탐욕으로부터 리비도를 끌어올려야만 존재할 수 있다. 이 탐욕은 욕동이라고 할 수 있을 것이고, 쾌락의 원칙의 원천의 역할을 한다. 그러나 이러한 것이 좌절될 때 성냄이 발생하게 된다. 자아의 마음작용 가운데 가장 큰 범주에 포함시킬 수 있는 탐욕과 성냄에서도 반대되는 마음작용을 볼 수 있다. 여기에서도 탐욕과 성냄의 근원에는 자아가 전제되어 있다. 자아의 생존과 생존의 좌절이라는 근원적인 문제 위에 탐욕과 성냄이라는 근본원인이 되는 마음작용이 성립한다.

---

45 「자아와 이드」 p.402.

자아와 관련해서 살펴본 유신견과 무업견, 단견과 상견, 사견과 자만, 질투와 인색, 탐욕과 성냄은 자아의 마음작용인 동시에 서로 상반된 마음작용이다. 이처럼 자아의 마음작용은 서로 상반되면서도 함께 이루어지고 있다. 이는 프로이트에게 있어서 이율배반적이고 갈등적이며 모순된 요구를 중재하려는 자아의 상황과 유사하다고 할 수 있다. 프로이트가 자아의 최종적인 역할로 이야기하고 있는 중재자의 역할을 아비담마의 마음작용에서도 볼 수 있는 것이다. 프로이트는 자아의 상반된 기능을 통해서 자아의 상황을 기술하고 있다면, 아비담마에서는 이러한 상반된 마음작용의 근원에 '자아'가 있다는 것을 항상 강조한다.

이러한 자아는 또한 언어와 밀접히 연관되어 있다. 프로이트에게 있어 언어표상은 기억의 잔재물로서 무의식과 전의식을 구분하는 기준이면서, 내부의 사고과정이 지각되는 계기가 된다.[46] 그러나 아비담마에서 언어는 자아를 개념화함으로써 고정화시키는 역할을 한다. 언어적인 분별에 의해서 사물을 있는 그대로 드러내지 못하고 반대·모순의 형태로 드러낸다.[47] 실재는 반대의 모습이 아님에도 불구하고 언어화의 특성상 반대의 모습으로 표현된다. 마음작용도 실재이지만, 언어화함으로써, 즉 '자아'를 사용함으로써 반대되는 마음작용으로 드러나게 된다. 모든 문제의 근원으로 여겨지는 자아의 기반에는 자아를 자아이게끔 하는 언어가 놓여 있다고 할 수 있다.

---

46 「자아와 이드」 p.357, 361.

47 윤희조(2012), 『불교의 언어관』, 서울: 씨아이알, pp.34-36.

2) 이드와 잠재성향

프로이트에 의하면 이드가 의식화되는 것은 쾌·불쾌이다. 불교적 관점에서 쾌·불쾌는 느낌(受, vedanā)이다. 이는 세 가지 또는 다섯 가지 느낌 가운데 대표적인 느낌이다.[48] 쾌·불쾌로서 의식화되는 것을 '그 무엇'이라고 한다. 느낌(受, vedanā)을 어원적으로[√vid] 보면 아는 것과 밀접히 연관되어 있고, 느끼는 것(感)으로 번역하지 않고, 받아들이는 것(受)으로 번역한다. 이는 느낌은 받아들이는 것이라는 의미이다. 받아들이는 것은 쾌·불쾌, 둘 다 아닌 것으로 받아들이는 것이다. 충동, 감정, 욕동, 정동으로부터 전달되는 것을 쾌·불쾌로 의식해서 받아들이는 것이다. 아비담마에서 쾌·불쾌는 모든 마음에 항상 함께 하는 것이다. 아는 것은 단순히 아는 것뿐만 아니라 쾌·불쾌의 마음작용을 항상 동반한다. 이미 쾌·불쾌는 아는 것과 함께 하는 의식화된 것이라고 할 수 있다. 무의식으로부터의 의식화는 항상 의식과 함께 한다.

그렇다면 이드는 어떤 마음작용으로 보아야 할 것인가? 먼저 해로운 범주에 속하는 잠재성향에 주목할 수 있다. 보통 수면(隨眠)으로 번역되는 잠재성향(anusaya, underlying tendency, latent dispositions)은 '따라 누운'이라는 의미를 가진다. '이들은 자기가 속한 정신적인 흐름을 따라 누워 있다

---

48 초기불교에서 느낌에는 즐거운 느낌(sukha), 괴로운 느낌(dukkha), 괴롭지도 즐겁지도 않은 느낌(adukkhamasukha)이 있다. 아비담마는 즐거운 느낌을 육체적으로 즐거운 느낌(sukha)과 정신적으로 즐거운 느낌(somanassa), 괴로운 느낌을 육체적으로 괴로운 느낌(dukkha)과 정신적으로 괴로운 느낌(domanassa)으로 구분한다. 『아비담마 길라잡이』 p.198; 니나 판 고오콤 지음, 홍종옥 옮김(2001), 『마음은 이렇게 움직인다』, 서울: 경서원, p.36.

가 적당한 조건들을 만나면 표면으로 드러나서 오염원으로 작용한다'고 한다.[49] 이는 성인(聖人)의 경지에서 완전히 끊어내지 않는 이상, 언제든지 적당한 조건을 만나면 다시 의식화될 수 있다. 이러한 특성은 이드가 가지고 있는 무의식적인 측면과 비교해볼 수 있을 것이다. 이러한 잠재성향에는 감각적 욕망의 잠재성향(kāmarāgānusaya), 존재에 대한 욕망의 잠재성향(bhavarāgānusaya), 적의의 잠재성향(paṭighānusaya), 자만의 잠재성향(mānānusaya), 사견의 잠재성향(diṭṭhānusaya), 의심의 잠재성향(vicikicchānusaya), 무명의 잠재성향(avijjānusaya)의 7가지가 있다.[50] 감각적 욕망과 존재에 대한 잠재성향은 탐욕(lobha)의 형태이고, 자만과 사견의 잠재성향은 '자아'와 연관되어 있는 탐욕의 형태이므로, 4가지는 탐욕과 연관되어 있다.[51] 그리고 적의의 잠재성향은 성냄(dosa)과 연관되어 있고, 의심과 무명의 잠재성향은 어리석음(moha)과 연관되어 있다. 이처럼 7가지 잠재성향은

---

49 『아비담마 길라잡이』 p.598; '잠재'라고 해서 서술적 의미의 '잠재'라고 생각해서는 안 된다. 잠재성향은 뿌리가 깊기 때문에 타고난 것이라고도 한다. 또한 '미세'한 상태로 잠재되어 있다. 이러한 잠재성향은 해로운 마음작용 가운데서도 특별히 고치기 힘든 것을 말한다. 니나 판 고르콤 지음, 정명 스님 옮김(2011), 『쩨따시까』, 서울: 푸른향기, pp.343-344; 심리적인 차원에서 잠재성향은 지각과정과 관련된 다양한 까르마적 행위들과 인과적으로 관련이 되어 있으며, 심리존재론적 차원에서 잠재성향은 계속하여 윤회하는 존재를 발생시키고, 구원론적 차원에서 잠재성향을 점진적으로 제거하면 점차적으로 해탈로 나갈 수 있다. 잠재성향은 한 사람의 일생 안에서 지속적으로 유지될 뿐만 아니라 윤회를 영속하게 하는 까르마적 행위에도 중심적인 역할을 한다. Waldron, S. Williams(1994), "How innovative is the Ālayavijñāna?", *Journal of Indian Philosophy* Vol.22, pp.204-206.

50 대림 스님 역주(2007), 『앙굿따라 니까야』 4, 울산: 초기불전연구원, p.344; 『아비담마 길라잡이』 p.597.

51 탐욕을 구분하는 큰 분류 가운데 사견의 유무가 있다. 사견이 함께 하는 탐욕과 사견과 함께 하지 않는 탐욕이 있다.

탐·진·치라는 해로운 마음작용의 근본원인과 모두 연결되어 있다.[52] 잠재성향은 모두 해로운 마음작용과 연관되어 있다. 이는 프로이트의 언급처럼 성격상 즐거운 감각은 본유적으로 그 자체에 어떤 추동력을 갖고 있지 않으나 즐겁지 않은 감각은 강력한 추동력을 지니고 있다. 불쾌의 감각은 변화를 향해, 방출을 향해 몰아붙인다. 그래서 우리는 불쾌는 에너지의 리비도 집중을 고조시키고 쾌는 이를 저하시키는 것으로 해석할 수 있을 것이다.[53]

이러한 잠재성향이 조건을 만나면 오염원[煩惱, kilesa]으로 작용한다. '마음을 성가시게 하고, 들볶고, 범부들을 더럽히고 타락하게 하는 상태로 끌고 내려가기 때문에 오염원이라고 한다.'[54] 오염원에는 탐욕(lobha), 성냄(dosa), 어리석음(moha), 자만(māna), 사견(diṭṭhi), 의심(vicikicchā), 해태(thina), 들뜸(uddhacca), 양심 없음(ahirika), 수치심 없음(anottappa)의 10가지가 있다. 앞의 셋은 모든 해로운 마음작용의 근본원인으로, 7가지 잠재성향은 모두 이 셋과 연관되어 있다. 그 다음 셋인 자만, 사견, 의심은 잠재성향인 것이 그대로 오염원으로 작용한다. 해태와 들뜸은 나태하거나 들뜬 마음의 상태가 오염원의 역할을 하는 것이다. 양심 없음과 수치심 없음도 또한 오염원의 역할을 한다. 이 둘은 초자아적인 역할을 하는 동시에 이드적인 역할도 한다고 할 수 있다. 초자아는 이드 가까이 있다는

---

52 아비담마에서 근본원인으로 탐욕(lobha), 성냄(dosa), 어리석음(moha), 탐욕 없음(alobha), 성냄 없음(adosa), 어리석음 없음(amoha)의 6종류가 있다.『아비담마 길라잡이』 p.603.

53 지그문트 프로이트 지음, 윤희기, 박찬부 옮김(2003),「쾌락 원칙을 넘어서」,『정신분석학의 근본개념』, p.298.

54 『아비담마 길라잡이』 p.600.

것을 여기서도 볼 수 있다.

3) 초자아와 양심과 수치심

자아와 이드의 마음작용을 설명할 때 취착의 범주와 잠재성향의 범주가 사용되었지만, 초자아의 마음작용을 범주의 분류에서 발견하기는 어렵다. 이는 초자아가 가지는 이중성격 때문이라고 할 수 있다. 그러므로 초자아의 마음작용은 해로운 마음작용과 유익한 마음작용에 모두 관련된다고 할 수 있다. 유익한 마음작용 가운데 도덕적 관점에서 볼 수 있는 마음작용도 있지만, 이보다는 유익한 마음작용과 해로운 마음작용에 공통적인 마음작용이 초자아의 이중성격을 잘 드러낼 것으로 생각된다. 모든 해로운 마음작용과 반드시 함께 하는 마음작용 가운데 '양심없음'과 '수치심없음'이 있다. 또한 모든 유익한 마음작용과 반드시 함께 하는 마음작용 가운데 '양심'과 '수치심'이 있다. 양심과 수치심의 유무에 따라서 해로운 마음작용이 되기도 하고, 유익한 마음작용이 되기도 한다.

'양심(hirī, 慚, conscience, inner shame)'은 차마 못하는 마음작용을 말한다. 좋은 가문에다 학덕과 교양을 겸비한 착한 여인이 자신을 중히 여겨서 차마 나쁜 짓을 못하는 것과 같은 마음이라고 한다. '수치심(ottappa, 愧, fear of wrongdoing)'은 아름다운 궁녀가 평생을 모시는 임금에 대한 충성과 사랑을 중시 여겨 차마 나쁜 행실을 짓지 못하는 마음에 비유하기도 한다.[55] 양심이 나쁜 행위에 대한 내적인 방어기제라고 한다면, 수치심은 나

55 『아비담마 길라잡이』 p.213; 『心所(心の中身)の分析』에서는 참, 괴를 부끄러움과

쁜 행위에 대한 외적인 방어기제라고 할 수 있을 것이다. 그리고 '양심 없음(ahirika, 無慚)'과 '수치심 없음(anottappa, 無愧)'은 이와 반대되는 마음작용이다. 이들은 아비담마에서 초자아의 역할을 하는 마음작용이라고 이야기할 수 있을 것이다.

초자아는 초도덕적이고 고차원적이면서도 이드만큼의 잔인성을 동시에 가진다. 초자아의 기능에 해당하는 4가지 마음작용은 52가지 마음작용 가운데 유일하게 모든 해로운 마음작용과 모든 유익한 마음작용에 포함된다. 양심과 수치심의 유무에 따라서 초자아는 유익한 마음작용인 동시에 해로운 마음작용일 수도 있다. 그리고 양심과 수치심, 양심 없음과 수치심 없음은 모든 해로운 마음작용과 모든 유익한 마음작용에 공통으로 작용하므로, 이는 초자아가 자아와 이드의 기능과도 연관되어 있다고 할 수 있다.

3. 프로이트의 자아와 아비담마의 무아

불교의 자아와 무아에 대한 논의는 이원론적으로 구분되기보다는 스펙트럼을 가지는 것으로 보아야 한다. 자아에서 무아에 이르기까지 고정됨

두려움으로 번역한다. 나쁜 행위를 부끄러워하고, 두려워하는 것을 말한다. 이들 네 가지 마음작용을 성격이라는 현상을 결정하는 원인의 일부로 파악한다. 무참, 무괴는 기본적으로 죄를 범하려는 성격으로, 자기통제를 상실한 상태를 말한다. アアルボムッレ・スマナーラ, 藤本晃 共著(2010), 『心所(心の中身)の分析』, 東京: サンガ, pp.103-106, pp.145-148.

의 정도, 유연함의 정도에 따라서 일단 세 가지 차원, 즉 아트만(ātman), 오취온(pañcupādānakhandha, 五取蘊), 오온(pañcakhandha, 五蘊)으로 구분해 볼 수 있을 것이다. 붓다는 그 당시 우파니샤드의 형이상학적 실체인 아트만의 존재를 부정한다. 인간의 기능을 다섯으로 구분하면서 어디에도 아트만은 존재하지 않는다는 것을 경험적으로 보여준다. 오온은 인간을 기능적인 측면에서 색(色)·수(受)·상(想)·행(行)·식(識), 즉 육체적인 기능, 느끼는 기능, 지각하는 기능, 마음의 만드는 기능, 의식하는 기능으로 나눈다.[56] 육체적인 기능 이외의 기능은 모두 정신적인 기능에 속한다. 인간을 오온으로 구분한 붓다의 원래 의도는 우빠니샤드의 아트만과 같은 고정불변의 실체는 존재하지 않고 단지 찰나 생멸하는 기능과 기능의 연속만이 있을 뿐이라는 것을 보여주기 위해서이다. 초기불교 이후 마음의 기능을 75가지로 분류하든 100가지로 분류하든 원래의 의도는 실체적인 존재로서 '아(我)' 또는 아트만이 존재하지 않는다는 것을 설하기 위해서이다. 아무리 세부적으로 나누어 놓았다 하더라도 그 세부적인 것을 다시 고정적으로 집착하면, 붓다의 원래의 의도에 어긋나게 되는 것이다. 필자는 '고정적'이라는 용어를 '실체적'이라는 용어와 구분하고자 한다.

---

56 오온과 관련해서는 다음의 논저를 참조할 수 있다. Boisvert, M.(1997), *The Five Aggregates: Understanding Theravāda Psychology and Soteriology*, Delhi: Sri Satguru Publications; Vetter, T.(2000), *The 'Khandha Passages' in the Vinayapiṭaka and the four main Nikāyas*, Wien: Verlag der Österreichischen Akademie der Wissenschaften; Hamilton, S.(1996), *Identity and Experience: The Constitution of Human Being According to Early Buddhism*, London: Luzac Oriental; Gethin, Rupert(1986), "The Five Khandhas: Their Treatment in the Nikāyas and Early Abhidhamma", *Journal of Indian Philosophy* Vol.14 No.1, pp.35-53.

'실체적'이 아트만에 대해서 주로 사용할 수 있다면, '고정적'은 오취온에 대해서 사용할 수 있다. 고정적은 '개념적', '집착적', '고착적'이라는 용어와 같은 범주에 속하는 단어로 사용할 수 있다. 실체적인 것은 고정적인 것이지만, 고정적이라고 해서 반드시 실체적이지는 않다. 즉 아트만에 비해서 오취온은 유연하다고 할 수 있다. 스펙트럼의 차원에서 보면 아트만보다 오취온이 오온에 더 가깝다고 할 수 있다. 오취온은 기본적으로 '취'라고 하는 마음작용에 의해서 만들어진 집착을 포함하고 있고, '언어'에 의해서 개념화되는 측면이 있고, 유신견에 의해서 '아'라는 측면으로 고착화되는 세 가지 측면을 모두 가지고 있다. 오취온은 '취'라는 마음작용에 의해서 이러한 기능에 집착하는 것이라면, 오온은 찰나 생멸하는 기능의 연속이다. '취'가 개입되어 있는 오취온의 마음·마음작용의 기능과 찰나 생멸하는 오온의 마음·마음작용의 기능은 구분된다.

아트만, 오취온, 오온과 유비해서 스펙트럼의 차원에서 아(我), 자아(自我), 무아(無我)를 구분해보자. '아(我)'는 아트만과 같은 실체적 것을 말한다. '아(我)'는 크게 아트만과 같은 실체적 것과 오취온과 같은 고정적으로 집착하는 것으로 나누어볼 수 있다. '자아(自我)'는 '자(自)'와 '아(我)'로 이루어져 있다. 여기서 '아(我)'는 고정적으로 집착하는 것이고, '자(自)'는 기능적인 측면을 말한다. '자(自)'는 '스스로'라는 의미로서 모든 인식주체, 즉 범부든 성인이든 스스로, 즉 원래부터 가지고 있는 기능적인 측면이다. 이러한 기능적인 측면에 '아(我)'가 덧붙여지면 범부의 인식이 되는 것이고, '자(自)'의 측면만이 있으면 성인의 인식이 되는 것이다. 그렇다면 모든 '자아(自我)'는 두 측면을 모두 가지고 있지만, '자(自)'에 중점을 두느냐,

‘아(我)’에 중점에 두느냐에 따라서 인식의 차원이 달라진다. ‘자(自)’의 측면에 중점을 두어 ‘아(我)’가 활동하지 않는 인식의 기능을 ‘무아’, ‘오온’이라고 한다면, ‘아(我)’의 측면만 활동하는 인식기능을 ‘아’, ‘아트만’이라고 한다. 두 가지 기능이 함께 작용할 때 ‘오취온’이라고 할 수 있다. 무아라고 해서 인식이 없는 것이 아니다. 마음과 마음작용의 기능은 존재하지만, ‘아(我)’, ‘취(取)’와 연관된 인식주체는 실재로서 존재하지 않는다는 것이다. ‘아(我)’, ‘취(取)’가 없다는 의미에서 ‘무아(無我)’이지만 ‘자(自)’는 존재한다. 기능만이 작용한다는 의미에서 무아이다. 아트만, 오취온, 오온의 구분과 비교해보면 ‘아(我)’는 아트만, 자아는 오취온, 무아는 오온에 대응된다고 볼 수 있을 것이다.

이러한 스펙트럼을 가지고 아비담마와 프로이트를 비교해보자. 먼저 고정불변의 실체로서 ‘아(我)’는 아비담마와 프로이트 둘 다 거부한다. 붓다는 수행을 통해, 프로이트는 임상경험을 통해 이를 알게 된다. 단순히 실체성을 기준으로 현대심리학의 자아와 불교심리학의 무아를 구분하는 것은 허수아비공격이라고 할 수 있을 것이다.

그렇다면 문제는 아비담마의 오온, 오취온을 프로이트의 자아와 어떻게 연관지을 것인가 하는 것으로 좁혀진다. 아비담마는 자아와 무아를 오취온과 오온으로 구분하는 반면, 프로이트의 자아는 기능적 측면과 집착적 측면을 동시에 가진다고 할 수 있다. 오온의 색수상행식과 프로이트가 말하는 육체적인 자아, 쾌·불쾌, 지각, 욕동, 의식은 대응시킬 수 있을 것이다. 이외에 합리화, 방어, 현실원칙, 복종, 통제, 감독, 검열, 억압, 저항, 억제 등 이른바 자아의 방어기제는 오온의 집착적 측면, 즉 오취온이라고 볼 수 있을 것이다. 그러나 프로이트의 자아가 가지는 다양한 기능은 오온에도 포함되고, 오취온에도 포함되지만 오취온에 더 중점을 두고 있다고 할 수 있다. 또한 제2지형학에서 심역으로서 자아도 '아(我)'보다는 실체화의 정도가 약하지만, '무아(無我)'가 가지는 찰나생멸보다는 고착화되어 있다고 할 수 있다. 아비담마의 자아는 마음작용이 만들어낸 결과이지만, 프로이트의 자아는 이렇게 만들어진 자아가 다양한 마음작용을 행사하는 주체의 역할을 하는 것이다. 오온이 마음작용을 통해서 오취온을 만드는 과정과 오취온이 다시 마음작용을 행사하는 과정 가운데 아비담마는 전자에 초점을 두고 있다면, 프로이트는 후자의 과정에 초점을 맞추고 있다. 아비담마는 '자(自)'의 측면과 '아(我)'의 측면을 오온과 오취온으로 구분하여 밝히고 있다면, 프로이트의 자아는 '아(我)'의 측면에 중점을 두고 있다고 할 수 있다.

자아의 단일성, 영속성, 실체성을 부정한다는 점에서 프로이트와 아비담마는 일치한다. 프로이트는 심역을 구분하면서 자아의 실재를 인정하는 반면, 아비담마는 심역의 구분을 인정하지 않고 자아의 실재가 아니라 마음작용의 기능의 실재를 인정한다. 프로이트는 심리장치의 하나로서 나머지 심역과 의존관계에 있는 자아를 받아들인다. 반면 아비담마는 오온의 기능을 자아와 동일시하는 것을 거부한다. 아비담마에서 자아는 탐욕 가운데 유신견이라는 사견에 의해서 만들어진 것이고, 이는 취착의 범주와 연관된다. 아비담마에서 취착의 범주, 잠재성향의 범주, 양심·수치심은 자아, 이드, 초자아의 기능과 연관되고 이들은 서로 관계를 맺고 있다.
자아와 무아를 이분법적인 관점이 아니라 스펙트럼의 관점에서 보면 아트만, 오취온, 오온은 실체성, 고착성, 생멸성이라는 용어로 설명할 수 있고, 이는 순서대로 아, 자아, 무아에 대응시킬 수 있다. 아비담마와 프로이트 모두 실체성, 아트만, 아를 부정하지만 프로이트는 고착성, 오취온, 자아에 중점을 둔다면, 아비담마는 생멸성, 오온, 무아에 궁극적인 가치를 부여한다고 할 수 있다.

참고문헌

Anuruddha, 대림 스님, 각묵 스님 옮김(2002), 『아비담마 길라잡이』, 서울: 초기불전연구원.

アアルボムッレ・スマナーラ, 藤本晃 共著(2010), 『心所(心の中身)の分析』, 東京: サンガ.

각묵 스님 옮김(2009), 『상윳따 니까야』 3, 울산: 초기불전연구원.

각묵 스님(2010), 『초기불교이해』, 울산: 초기불전연구원.

김석(2013), 「쾌락자아와 현실자아－역동적 무의식의 두 원천」, 『철학과 현상학 연구』 Vol.57, pp.27-54.

니나 판 고르콤 지음, 정명 스님 옮김(2011), 『쩨따시까』, 서울: 푸른향기.

니나 판 고오콤 지음, 홍종옥 옮김(2001), 『마음은 이렇게 움직인다』, 서울: 경서원.

대림 스님 역주(2007), 『앙굿따라 니까야』 4, 울산: 초기불전연구원.

배우순(2009), 「S. 프로이트의 인격이론」, 『哲學硏究』 제112집, pp.53-77.

윤희조(2012), 『불교의 언어관』, 서울: 씨아이알.

윤희조(2014), 「연속과 불연속의 관점에서 본 아비담마의 마음과 프로이드의 무의식」, 『東西哲學硏究』 제71호, pp.223-248.

장 라플랑슈, 장 베르트랑 퐁탈리스 공저, 임진수 옮김(2005), 『정신분석사전』, 서울: 열린책들.

지그문트 프로이트 지음, 윤희기, 박찬부 옮김(2003), 「무의식에 관하여」, 『정신분석학의 근본개념』, pp.155-214.

지그문트 프로이트 지음, 윤희기, 박찬부 옮김(2003), 「자아와 이드」, 『정신분석학의 근본개념』, pp.345-414.

지그문트 프로이트 지음, 윤희기, 박찬부 옮김(2003), 「쾌락 원칙을 넘어서」, 『정신분석학의 근본개념』, pp.267-343.

Bhikkhu Bodhi ed.(1999), *A comprehensive manual of abhidhamma: the abhidhammattha sangaha of acariya anuruddha*, Kandy, Sri Lanka: Buddhist Publication Society.

Boisvert, M.(1997), *The Five Aggregates: Understanding Theravāda Psychology and Soteriology*, Delhi: Sri Satguru Publications.

Vetter, T.(2000), *The 'Khandha Passages' in the Vinayapiṭaka and the four main Nikāyas*, Wien: Verlag der Österreichischen Akademie der Wissenschaften.

Hamilton, S.(1996), *Identity and Experience: The Constitution of Human Being According to Early Buddhism*, London: Luzac Oriental.

Freud Sigmund, Strachey, J. tr.(1914-1916), "The Ego and the Id", *The Standard Edition of the Complete Psychological Work of Sigmund Freud* Vol.XIV, pp.3-66.

Gethin, Rupert(1986), "The Five Khandhas: Their Treatment in the Nikāyas and Early Abhidhamma", *Journal of Indian Philosophy* Vol.14 No.1, pp.35-53.

PED＝*The Pali Text Society's Pali-English Dictionary*, ed. by T. W. Rhys Davids and William Stede, London: The Pali Text Society, 1921-5/1986.

Ñāṇananda, Bhikkhu(1971), *Concept and Reality in Early Buddhist Thought: An Essay on Papañca and Papañca-Saññā-Sankhā*, Kandy: Buddhist Publication Society.

Waldron, S. Williams(1994), "How innovative is the Ālayavijñāna?", *Journal of Indian Philosophy* Vol.22, pp.199-258.

15 불교와 수용전념치료

심리학에서 제3동향이 대두되면서 심리학의 관심사는 기존의 심리학이 치중했던 병리치료로부터 고차원적인 심리의 계발로 옮겨가고 있다. 심리학의 영역은 병리적인 환자뿐만 아니라 일반인까지로 확장된다. 나아가서 매슬로우(A. Maslow)를 필두로 하는 자아초월심리학은 일상적인 의식을 넘어선 의식까지 다루고 있다. 제3동향을 대표하는 다양한 심리치료 가운데 수용전념치료(Acceptance and Commitment Therapy, ACT)는 불교의 기법만을 채용하는 것이 아니라 불교의 이론과 사상을 현대적인 언어로 공유하고 있다는 점에서 특징적이라고 할 수 있다.

수용전념치료의 창시자인 헤이즈(Steven C. Hayes)는 '불교와 수용전념치료'라는 논문에서 불교와 수용전념치료의 유사성과 차이점을 네 가지 주제로 논의하고 있다. 인간의 고통은 편재하고 그 원인은 집착이라는 것, 마음챙김, 가치 있는 행위, 자아라는 주제에서 불교와 수용전념치료를 비교할 수 있다고 한다.[1] 그는 이 주제를 선택하게 된 근거를 제시하지 않은 채 수용전념치료와 불교를 비교하고 있다.

기존의 심리치료가 불교의 기법, 특히 마음챙김을 도입함으로써 상당한 효과를 거두고 있음에도 불구하고 불교가 가지고 있는 세계관 자체에 대한 근원적인 이해의 미흡함 때문에 한계를 가지게 된다. 이러한 한계를 극복할 수 있는 방법으로 세계를 바라보는 관점을 기술하는 것 자체만으로도 의미가 있을 것이다. 그러한 측면에서 수용전념치료가 철학과 이론을 중시한다는 점은 불교와 비교할 수 있는 좋은 토대를 갖추고 있다고 할 수 있을 것이다. 철학과 이론 차원에서의 비교는 서구의 심리치료가 불교의 기법만을 도입하는 한계를 넘어설 수 있는 하나의 방법을 제시할 수 있을 것이다.

비교의 대상은 임의적으로 선정할 것이 아니라 수용전념치료의 철학적, 이론적 전제가 우선시되어야 할 것이다. 먼저 철학적 전제인 기능적 맥락주의와 이론적 전제인 관계틀이론을 비교하고자 한다. 그리고 수용전념치료의 치유모델과 병리모델에 등장하는 개념을 비교하고자 한다. 먼저 철학적 전제인 기능적 맥락주의를 통해서 수용전념치료가 어떤 이론적 계통을 가지는지를 살펴보고자 한다. 이를 통해서 기능적 맥락주의가 불교의 연기성의 철학과 상통한다는 것을 볼 수 있을 것이다. 수용전념치료의 이론적 근거가 되는 관계틀이론은 인간의 언어와 인지에 적용되는 이론이다. 관계틀이론을 통해서 인간의 언어가 고통을 증폭시키고,

---

1 Hayes, C. Steven(2002), "Buddhism and acceptance and commitment therapy", *Cognitive and Behavioral Practice* Volume 9 Issue 1, pp.58-66.

나아가서는 언어를 사용하는 한 인간에게 고통은 정상적일 수밖에 없고, 고통은 편재해 있다는 것을 불교적 관점에서 볼 수 있을 것이다. 그리고 수용전념치료의 치유모델과 병리모델은 이른바 육각형모델을 통해서 드러난다. 육각형의 꼭짓점 가운데 가장 밑에 놓여 있는 '자아'가 치유적일 때와 병리적일 때를 구분하여 불교적 관점에서 살펴보고자 한다. 헤이즈가 선택한 네 가지 비교대상도 실은 육각형모델에서 나오는 개념이라고 할 수 있다. 그러나 병리모델과 치유모델의 개념을 단순 비교하기보다는 기본 전제를 다룰 때 수용전념치료가 가지는 이론적, 철학적 가능성이 드러날 수 있을 것이다.

1. 수용전념치료

수용전념치료는 수많은 심리치료 기법 중 하나로 대부분 다른 곳에서 빌려온 것들이라고 하지만, 기법의 차원에서 수용전념치료에 접근한다면 수용전념치료의 가능성 가운데 많은 부분을 잃게 될 것이라고[2] 한다. 이처럼 수용전념치료는 단순한 기법이 아닌 이론과 철학을 제공하고자 하는 측면에서 보면, 불교가 제시하는 이론과 철학은 수용전념치료와 접목될 수 있을 것이다. 비록 수용전념치료를 창시한 헤이즈가 불교를 전문적으로 연구하지 않았다고 할지라도[3] 불교적 이해와 맞닿아 있다고 할 수

2 Hayes, C. Steven, Strosahl D. Kirk, Wilson G. Kelly(1999), *Acceptance and Commitment Therapy: An Experiential Approach to Behavior Change*, New York: The Guilford Press, p.3.

있다.

헤이즈에 의하면 철학과 이론을 강조하지 않고서는 어떤 결과도 나올 수 없다. 왜냐하면 겉으로 보기에 연결되지 않은 산더미 같은 정보를 소화하는 것은 어렵기 때문이다. 그리고 이론은 철학의 바탕 위에서 출발한다. 철학 없는 이론은 불가능하기 때문이다. 즉 이론만으로는 불충분하므로 철학적 전제 또는 가정 위에서 출발해야 한다는 것이다. 이러한 전제와 가정에 대해서는 우열을 가릴 수 없고, "이것이 나의 가정이고 기준이다. 너는 저것 대신 이것을 택할 때 일어날 수 있는 것이 이것이다." 정도의 이야기만 할 수 있다.[4] 수용전념치료의 계통을 통해서 수용전념치료의 철학과 이론을 밝힐 수 있을 것이다.

1) 기능적 맥락주의

기능적 맥락주의(functional contextualism)는 철학적으로 기계론과 대비되는 실용주의(pragmatism)에 기반을 두고 있다. 인식론에서 맥락주의는 아는 것과 모르는 것에 대한 하나의 입장이다. 좀 더 정확하게는 진리조건에 대한 입장이다. 이러한 맥락주의는 언어철학의 영역이다.[5] 웅거(P. Unger)의

---

3 Hayes, C. Steven(2002) p.58.

4 Hayes, C. Steven, Strosahl D. Kirk, Wilson G. Kelly(1999) pp.3-4.

5 Keith DeRose(1999), "Contextualism: An Explanation and Defense", J. Greco and E. Sosa, ed., *The Blackwell Guide to Epistemology*, Wiley-Blackwell; http://fitelson.org/epistemology/derose.pdf; Contextualism, so understood, then, is a position about knowledge attributions (sentences attributing knowledge to a subject) and denials of knowledge—precisely, a thesis about their truth-conditions.

1984년 『철학적 상대주의(philosophical relativity)』는 고정주의(invariantism)와의 비교를 통해서 맥락주의를 가장 잘 보여주고 있다. 수용전념치료의 관점에서 맥락은 관계적 맥락(relational context)과 기능적 맥락(functional context)으로 구분된다. 관계적 맥락은 '특수한 관계반응(relational responding)의 역사를 현재 상황에 영향을 주기 위해 끌어오는' 경우의 맥락적 자극들(contextual stimuli)을 말하고, 기능적 맥락은 '특정 상황에서 특별히 심리적으로 관련된, 비관계적 자극 기능들을 선택하는 맥락적 자극들'로 심리적 측면의 변형과 관련된다.[6] 관계적 맥락은 이미 주어진 관계를 말하는 것이고, 기능적 맥락은 기능과 관련해서 심리적으로 맥락을 선택하는 것이다.

기능적 맥락주의 이론이 인간의 언어와 인지과정에 적용된 것을 관계틀이론(Relational Frame Theory, RFT)이라고 할 수 있고, 관계틀이론을 적용한 하나의 사례가 수용전념치료라고 할 수 있다.[7] 수용전념치료의 계통을 밝혀보면 순차적으로 철학적으로는 실용주의, 인식론적으로는 맥락주의, 심리학적으로는 기능적 맥락주의, 마지막으로 언어, 인지와 관련해서는 관계틀이론이 적용된 모델이라고 할 수 있다. 여기에서 핵심이 되는 전제

---

6 Bach A. Patricia, Moran J. Daniel(2008), *ACT in Practice: Case Conceptualization in Acceptance and Commitment Therapy*, Oakland: New Harbinger Publications, pp.73-74; Hayes, C. Steven, Fox, Eric, Gifford, V. Elizabeth, Wilson, G. Kelly, Barnes-Holmes, Dermot, Healy, Olive(2001), "Derived relational responding as learned behavior, In Hayes C. Steven, Barnes-Holmes Dermot, Roche, Bryan (Eds.), *Relational Frame Theory: A post-Skinnerian account of human language and cognition*, New York: Plenum, pp.30-33.

7 Bach A. Patricia, Moran J. Daniel(2008) p.63.

는 기능적 맥락주의와 관계틀이론이다. 이들 각각을 헤이즈는 수용전념치료가 전제하고 있는 철학, 수용전념치료가 전제하고 있는 기본이론이라고 한다.[8] 나아가서 수용전념치료가 전제하고 있는 심리치료이론은 육각형모델이라고 할 수 있다.

헤이즈는 맥락주의를 첫째 전체 사건에 초점을 맞추는 것, 둘째 맥락은 사건의 본성과 기능을 이해하는 데 민감한 역할을 한다는 것, 셋째 실용주의적 진리기준, 넷째 목표가 무엇인지와 연관되는 것으로 본다.[9] 맥락주의는 먼저 '맥락 안에서 진행되는 행위(ongoing act in context)'가 핵심적인 단위이다.[10] 이때의 행위는 사건에 대한 탈맥락적인 기술이 아니라, 역사적이고 상황적인 맥락에서 행해지고 있는 행위이다. 그러므로 맥락주의는 사건을 '상호작용하는 전체(interactive whole)'로서 다룬다. 맥락으로부터 단절된 행위, 환경으로부터 분리된 행위를 거부하고 환원주의(reductionism), 확장주의(expansionism)를 거부한다.[11]

맥락주의의 진리기준은 성공적으로 작용하는가의 여부(successful working), 즉 기능성에 달려 있다. 맥락주의는 실용주의적 진리기준을 가지고 있

---

8 Hayes, C. Steven, Luoma, B. Jason, Bond, W. Frank, Masuda Akihiko, Lillis Jason(2006), "Acceptance and Commitment Therapy: Model, process and outcomes", *Behaviour Research and Therapy* 44, pp.4-6.

9 Hayes, C. Steven, Strosahl D. Kirk, Wilson G. Kelly(1999) p.4.

10 Hayes, C. Steven, Blackledge, T. John, Barnes-Holmes, Dermot(2001), "Language and cognition: Constructing an alternative approach within the behavioral tradition", In Hayes C. Steven, Barnes-Holmes Dermot, Roche, Bryan (Eds.), *Relational Frame Theory: A post-Skinnerian account of human language and cognition*, New York: Plenum, p.6.

11 Hayes, C. Steven, Strosahl D. Kirk, Wilson G. Kelly(1999) p.18.

다.[12] 특정한 목표를 성취할 경우에만 그것은 참이 된다. 그러므로 목표가 달라지면 진리도 또한 달라진다. 객관적인 의미의 진리가 아니라, 목표의 맥락에서 좀 더 진리에 접근할 수 있게 된다. 목표의 맥락하에서 성공적으로 작용할 때만 진리이게 된다. 맥락주의는 과학적 세계관이 전제하는 기계론의 목적 없는 메커니즘이 아니라, 목표를 가지고 목표로 나아가는 맥락 안에서 기능하는 것을 지향한다. 맥락주의가 맥락주의일 수 있는 것은 결국 목표가 있기 때문이다. 단순히 맥락이라고 할 때는 수많은 맥락이 가능하지만, 어떤 목표가 있을 때 무수한 연결고리의 가능성으로만 남아 있던 것이 맥락으로 기능하게 된다. 이처럼 맥락이 맥락으로 기능하게 되는 것은 목표의 여부에 달려 있는 것이다. 맥락주의가 목표를 가질 때, 이는 '단순한 맥락주의'가 아닌 '기능적 맥락주의'가 된다. 목표에 의해서 가능적으로 존재하던 맥락이 현실적으로 기능하게 된다. 목표에 의한 가능성(potentiality)으로서의 맥락주의가 기능성(workability)으로서의 맥락주의로 나아가게 된다.

결국 마지막으로 남는 것은 목표가 무엇인가 하는 문제이다. 성공적인 기능여부는 목표를 기준으로 평가할 수 있지만, 목표 자체는 평가되거나 정당화될 수 없다. 목표는 단지 말해질 뿐이다.[13] 수용전념치료에서 전제와 목표는 가정되는 것이고, 단지 선택될 뿐이다. 기능적 맥락주의에서 목표는 '통합적으로, 사건들을 예측하고, 사건들에 영향을 미치는 것

12 Hayes, C. Steven, Strosahl D. Kirk, Wilson G. Kelly(1999) p.19.

13 Hayes, C. Steven, Strosahl D. Kirk, Wilson G. Kelly(1999) p.7.

(prediction and influence of events as an integrated goal)'이라고 한다.[14] '통합된'은 모든 행위가 목표의 성취를 위해서 행해지는 것을 말한다. 예측은 지금의 어떤 행위가 목표를 예측하게 하는 것이고, 영향은 그 목표가 지금의 행위에 영향을 미치는 것을 말한다. 목표는 현재의 행위가 나아가야 할 지향점이면서 동시에 현재의 행위에 영향을 미치는 척도인 것이다.

2) 관계틀이론과 언어

언어적 관계를 추론하고 결합하는 능력은 행동의 영향을 평가하고, 경험되지 않은 미래를 예측하고, 과거로부터 배우고, 지식을 확립하고, 타인과 자신의 행동을 조절하는 인간의 능력을 비약적으로 증가시킨다. 그 결과 인간은 문화적 발달, 지식의 진보, 환경에 대한 적응능력을 가지게 된다. 이러한 인류의 진보는 언어적 진보와 직접적으로 관련되어 있다. 살아남을 가치가 있기 때문에 언어는 인간과 함께 진화해온 것이지만, 중요한 것은 언어행위 가운데 상당수가 쓸모없다는 것이다.

수용전념치료에서 언어는 관계틀이론에 의해서 설명된다. 관계틀이론은 언어와 인지를 설명하는 포괄적인 접근법이다.[15] 관계틀이론은 언어와 인지를 행동분석적으로 접근한다. 관계틀이론은 '관계에 반응하는 것(relational

---

14 Hayes, C. Steven, Strosahl D. Kirk, Wilson G. Kelly(1999) p.22.

15 Hayes, C. Steven, Barnes-Holmes, Dermot, Roche, Bryan(2001), "Relational Frame Theory: A Précis", In Hayes C. Steven, Barnes-Holmes Dermot, Roche, Bryan (Eds.), *Relational Frame Theory: A post-Skinnerian account of human language and cognition*, New York: Plenum, p.145, p.153.

responding)'을 분석의 기능단위로 다룬다. 관계에 반응하는 것이 인간에게만 고유한 것은 아니지만, 자의적으로 추론된 관계에 반응하는 것(arbitrarily applicable derived relational responding)은 인간에게만 있는 것처럼 보인다.[16] 추론된 관계에 반응하는 것은 사건에 대한 직접적인 접촉이라기보다 사건에 대한 언어적 설명, 즉 간접적인 경험에 근거한 것이다. 동물은 조건화된 차별화 반응을 보일 수 있지만 추론된 관계에 반응할 수는 없다. 동물은 비자의적인 물리적 특성에 의해서만 자극 간의 관계를 맺지만, 인간은 자의적인 특성에 근거해서 자극 간의 관계를 맺는다. 언어는 자의적으로 적용 가능하지만, 그렇다고 항상 자의적으로 적용되지는 않는다.[17] 이러한 자의성과 비자의성이 동시에 관계적으로 작용하는 것이 또한 언어이다. 관계틀이론은 자극과 관련해서 언어와 인지가 이와 같은 세 가지 속성[18]에 의해서 관계성이 작용한다는 것을 보여주는 것이다.

수용전념치료는 인식이라는 과정이 인간에게 성취와 재앙을 모두 가져

---

16 Bach A. Patricia, Moran J. Daniel(2008) p.65.

17 Bach A. Patricia, Moran J. Daniel(2008) pp.66-68.

18 Hayes, C. Steven, Fox, Eric, Gifford, V. Elizabeth, Wilson, G. Kelly, Barnes-Holmes, Dermot, Healy, Olive(2001) p.33; Hayes, C. Steven, Barnes-Holmes, Dermot, Roche, Bryan(2001) p.141; Bach A. Patricia, Moran J. Daniel(2008) pp.69-70; 관계에 반응하는 구체적인 유형인 관계틀(relational frame)은 상호함축(mutual entailment), 조합적 함축(combinational entailment), 자극의 기능변환(transformation of stimulus functions)이라는 세 가지 속성으로 정의된다. 이 셋이 맥락적으로 조절할 수 있는 특정한 부류의 반응을 말한다. 상호함축은 자극 A와 B가 관련되면 B는 A와 관련된다는 것이고, 조합적 함축은 자극 A와 B가 관계가 있고 B와 C가 관계가 있다면 A와 C가 상호적으로 관련되는 것이다. 기능변환은 주어진 자극이 특정한 심리적 기능을 갖고 있다면, 그 네트워크에서 다른 사건들의 기능은 기저에 깔린 추론된 관계에 따라 변형될 수 있다는 것이다.

다줄 수 있다는 생각에 기초하고 있다.[19] '인간이란 존재에 있어서 언어는 축복이자 저주이다. 수용전념치료의 모든 과정은 이러한 통찰과 이러한 통찰로 나아가는 기초연구에서 시작된다. 언어가 축복인 것은 의심할 여지가 없지만, 또한 언어와 인지는 정신병리와 인간불행의 근본원천이다.'[20] 그렇다면 인간은 언어를 사용하는 한 불행 가운데서 살게 된다. 이는 인간이 언어를 사용하는 한 고통은 편재적이라고 할 수 있는 것이다. 또한 언어를 일상적으로 사용하는 한 고통은 정상적이라고 할 수 있다.

언어가 가지고 있는 상징기능은 인간 불행의 가장 중요한 근원이다.[21] 인간에게 고통은 어쩔 수 없는 부분이지만, 문제는 언어로 자신의 고통을 엄청나게 증폭시킨다는 것이다. 언어적인 관계는 임의적으로 적용할 수 있으므로 모든 상황에서 모든 과거의 고통을 다시 현재의 마음으로 불러낼 수 있다. 수용전념치료는 언어가 가지고 있는 양방향성, 평가시스템, 경험회피기능, 전도된 지각, 주의감소, 도구적인 유효성 감소라는 측면에서 고통으로 나아간다고 보고 있다. 언어는 사건과의 관계에서 양방향성뿐만 아니라 무한대의 방향성을 가지고 있다고 할 수 있다.[22] 이러한 언어가 사실에 기반을 두지 않고 사실을 전도하는 것은 가치평가시스템, 미래와 연관해서 더욱 증폭되게 된다. 이러한 평가, 비교, 언어적으로 구성된

19 Hayes, C. Steven, Strosahl D. Kirk, Wilson G. Kelly(1999) p.3.

20 Lumoa J. B.·Hayes, C. S., Walser, R. D. 공저, 최영희·유은승·최지환 공역(2012), 『수용전념치료 배우기』, 서울: 학지사, p.27.

21 Hayes, C. Steven, Strosahl D. Kirk, Wilson G. Kelly(1999) p.3.

22 Hayes, C. Steven(2002) p.63.

결과에 의해서 인간의 고통은 더욱 증가된다. 언어로 인해서 구체적인 경험과의 조우를 회피할 수 있게 되고, 유용한 도구로써의 유용성이 감소하게 된다. 언어에 의해서 지배되는 미래는 현재와의 접촉을 최소화하게 만든다. 언어에 의한 평가와 비교는 현재를 있는 그대로 접촉하지 못하게 한다.[23]

3) 고통의 정상성, 병리모델, 치유모델

수용전념치료에서는 인간 괴로움의 딜레마를 '행복을 위해서 필요한 모든 조건을 갖춘 인간들조차 행복하지 않다'고 표현한다. 인간은 내재적으로 고통스러운 피조물이라는 전제를 깔고 있다. 인간의 고유한 특징으로서 괴로움을 발생시키는 심리적 과정이 분명히 존재한다는 것이다. 대부분의 인간이 정도의 차이가 있을 뿐 괴롭다고 할 수 있다.[24]

이러한 사실을 다루지 않는 주류심리학에서 건강은 자연스러운 정상적인 상태이고, 이러한 상태가 깨어지는 것이 심리적인 고통이고 괴로움이라고 한다. 이러한 '건강의 정상성(healthy normality)'이 깨어진 상태 즉 비정상적인 상태는 질병이 된다. 이러한 가정하에서 주류심리학은 고통이 인간 삶의 기본조건이라는 현실을 간과한 채, 심리적 어려움의 원인을 찾기 위해서 지나치게 많은 노력을 기울이고 있다고 지적한다.[25] 이에 반해서 수용전념치료는 심각한 정리병리가 존재한다는 것을 부정하지 않지만, 일상적인 심리적 과정들이 어려움을 증폭시킬 수 있다는 입장을 취한

---

23 Hayes, C. Steven, Strosahl D. Kirk, Wilson G. Kelly(1999) p.3.

24 Hayes, C. Steven, Strosahl D. Kirk, Wilson G. Kelly(1999) p.2.

25 Hayes, C. Steven, Strosahl D. Kirk, Wilson G. Kelly(1999) p.1.

다. 일상성 또는 정상성이 파괴적일 수 있다(destructive normality)는 가정을 하는 것이다. 파괴적인 상태가 오히려 정상적인 상태라는 것이다. 파괴적인 비정상적인 상태가 정상적인 상태라고 할 수 있다. 건강한 정상성과 파괴적 정상성을 비교해볼 때, 정상적인 상태를 보는 관점이 다르다는 것을 알 수 있다. 정상이라는 것, 즉 일상에 대한 인식에 따라서 그에 대한 대처방안이 다르게 나올 수 있다. 수용전념치료에서 정상 즉 일상이 파괴적일 수 있다는 것은 언제든지 고통과 괴로움이 일상에 잠재하고 있다는 것을 보여준다고 할 수 있다. 일상은 언제든지 파괴적일 수 있고, 파괴될 수 있다는 것이다. 수용전념치료의 이러한 현실인식은 분명 주류심리학과 구분되는 인식의 전환을 요구한다.

수용전념치료의 병리모델과 치유모델은 육각형모델로 표시된다.[26] 이 육각형(⬡)의 가운데 꼭대기를 중심으로 반시계방향으로 번호를 붙여보면, 1번과 4번을 중심축으로 나누어볼 수 있다. 육각형모델에 번호를 붙이는 것은 치유모델과 병리모델이 동일하다. 그러나 병리모델은 치유모델의 구성요소와 반대를 이룬다. 병리모델을 관장하는 전반적인 개념은 '심리적 경직성(psychological inflexibility)'이다. 치유모델에서 '심리적 유연성'은 치유모델을 관장하는 전반적인 개념인 동시에 목표라고 할 수 있는 반

---

26 육각형모델(hexaflex model)은 수용전념치료와 관련된 저술 전반에 나타나고 있다. Bach A. Patricia, Moran J. Daniel(2008) p.7; Lumoa J. B., Hayes, C. S., Walser, R. D. 공저, 최영희, 유은승, 최지환 공역(2012) p.31, p.42; Hayes, C. Steven, Luoma, B. Jason, Bond, W. Frank, Masuda Akihiko, Lillis Jason(2006) p.6; Hayes, C. Steven, Strosahl, D. Kirk 편저, 손정락, 이금단 공역(2015), 『수용전념치료 실무지침서』, 서울: 학지사, p.19.

면, '심리적 경직성'은 병리모델의 현실을 나타내주는 개념이라고 할 수 있다. 이러한 병리모델의 현실은 '고통의 정상성'에서 '고통'이라는 할 수 있을 것이다. 병리모델에서 1번과 4번은 중심축의 역할을 하고, 2, 3번은 불수용의 측면을 나타내고, 5, 6번은 전념의 결여의 측면을 나타낸다. 4번에서 '개념화된 자기에 대해서 집착하는 것(attachment to the conceptualized self)'은 1번에서 자기에 대한 앎이 약해지고, 과거, 현재, 미래에 사로잡히게 된다. 2번에서 경험을 회피하게(experiential avoidance) 되고, 3번에서 인지적으로 융합되게(cognitive fusion) 된다. 6번에서 가치를 분명하게 하지 못하게(lack of values clarity) 되면 5번에서 전념적인 행동이 나올 수 없게(inaction) 된다.

치유모델에서 2, 3번은 수용의 측면을, 5, 6번은 전념의 측면을 대표한다. 1, 4번은 두 측면에 모두 포함되는 것으로 육각형의 바닥에 있는 4번의 '맥락으로서 자아(self as context)'가 행하는 1번의 '현재 순간과 접촉하기(contact with the present moment)'는 수용의 측면과 전념의 측면 모두에 필수적인 요소이다. 수용의 측면에서 2번은 수용(acceptance) 자체를 나타내고, 3번은 수용의 핵심으로 탈융합(defusion)을 나타낸다. 그리고 전념의 측면에서 5번은 전념(committed action)을 나타내고, 6번은 전념의 핵심으로 가치(values)를 나타낸다. 이렇게 되면 육각형모델은 현재 순간과 접촉하는 맥락으로서의 자아는 탈융합을 통해서 수용하고, 가치에 전념하게 된다. 수용이라는 인풋(input)과 전념이라는 아웃풋(output) 과정을 거치게 된다.

치유모델에서 6가지 번호 전체를 관장하는 개념은 '심리적 유연성

(psychological flexibility)'이다. 심리적 유연성은 육각형모델이 치유모델로 작용할 때, 마음의 상태를 가리키는 말로 수용전념치료의 목표라고 할 수 있다. 내담자가 결정하는 가치는 육각형모델에서 6번에 위치하고 있지만, 목표로서의 심리적 유연성은 육각형모델 전체에 걸쳐 있다.

육각형모델에서는 수용전념치료의 두 가지 핵심개념인 수용과 전념이 주축을 이룬다. 수용과 전념이라는 두 측면이 기능적으로 작동하는지, 그렇지 못한지에 따라서 병리모델이 되기도 하고, 치유모델이 되기도 한다. 수용과 전념의 두 측면의 가운데서 중추적인 역할을 하는 것이 '자아'이다. 자아가 맥락적으로 기능하는지, 언어적 개념화에 집착하는지에 따라서 전체적으로 심리적인 유연성이라는 목표로 나아가기도 하고, 아니면 심리적인 경직성이라는 고통의 정상성이라는 현실에 머물기도 한다.

2. 불교적 이해

1) 맥락적 연기와 기능적 목표

기능적 맥락주의를 두 가지 차원에서 볼 수 있을 것이다. 맥락주의적 차원에서 불교의 연기적 세계관과 비교해볼 수 있고, 기능적 차원에서는 불교의 궁극목표와 비교해볼 수 있을 것이다. 그리고 기능적 맥락주의는 육각형모델 가운데 치유모델에 가까우므로, 맥락적 자아와 심리적 유연성을 함께 살펴볼 수 있을 것이다. 기능적 맥락주의든, 연기적 세계관이든 실체적이고 독립적인 것을 거부하고, 상호작용적이고 전체적인 것을 인정한다.

기능적 맥락주의에서는 사건을 '상호작용하는 전체'로서 다룬다. '상호작용하는 전체'로서 사물을 보려는 경향과 맥락 안에서 사물을 보려는 경향은 불교의 연기적 인식과 상통한다. 어떤 조건에 의해서 발생하는 연기(pratītyasamutpāda, 緣起)는 조건과 결과에 의해서 상호작용하는 전체를 이루고 있다. 연기는 어원적으로 '원인으로 하여 발생하다'는 의미이다. '이것이 있으므로 저것이 있고, 이것이 생하므로 저것이 생한다'는 것이 연기에 대한 보편적인 정의이다.[27] 맥락은 사건을 원인과 결과로 바라보는 연기적인 관점에서 사물에 대한 시각을 확보하는 것이다. 연기적인 맥락 속에서 사물을 볼 때, 사건의 본성과 기능을 이해할 수 있다는 것이다. 이는 분리 가능한 것으로 사건을 보기를 거부하는 맥락주의적 관점과 상통한다고 할 수 있다. 연기적 관점에서 전체를 보아야 함에도 불구하고 '분리'를 가능하게 하는 가장 큰 역할을 하는 것이 언어이다. 그리고 상호작용하는 전체를 분리가능하게 하는 언어로 인해서 괴로움이 시작된다.

단순한 가능적 맥락에서 기능적 맥락으로 나아가게 하는 것이 수용전념치료의 목표이다. 맥락의 기능이 발휘되는 것은 목표에 의해서 가능하다. 이러한 목표는 육각형모델에서 볼 때 심리적 유연성이라고 할 수 있다. 맥락주의가 성공적으로 작동하는지의 여부는 목표에 달려 있다고 할 수 있다. 불교적 관점에서 연기라는 맥락주의가 제대로 작동하는지의 여부 또한 불교적 목표에 달려 있다고 볼 수 있다. 이러한 목표는 탐진치(貪

---

27 SN.II. p.28: imasmiṃ sati idaṃ hoti imassuppadā idam uppajjati imasmim asati idaṃ na hoti imassa nirodhā idaṃ nirujjhati; 전재성(2002), 『初期佛教의 緣起思想』, 서울: 한국빠알리성전협회, pp.72-75, p.80.

瞋痴)의 소멸, 즉 열반이라는 목표와 연관되어 있다. 이러한 탐진치가 소멸될 때 자아에 대한 집착이 사라지게 된다. 이러한 탐진치에 의해서 좌우되는 자아가 소멸된 상태를 무아라고 할 수 있다. 무아는 육체적, 정신적 현상 전체가 사라진 것을 의미하는 것이 아니라, 탐진치라는 심리적인 요소가 사라짐으로 인해서 탐진치로 이루어진 자아가 사라지는 것을 말한다.

무아는 자아의 존재를 부정하는 것이고, 심리적 유연성은 자아의 존재를 인정하는 것이라는 측면에서 상호 모순적 개념이라고 반박할 수 있을 것이다. 무아는 고정불변의 실체로서의 아(我)가 없는 것이므로, 현상적 경험적 인식은 존재한다. 이러한 인식주체가 고정불변이 아니게(nonsubstantial) 되면, 유연성을 가지게 되고(flexible), 무상하게 되고(impermanent), 요동하게(fluctuating) 된다. 이러한 인식주체는 맥락으로서의 자아와 소통가능하게 된다.

수용전념치료에서 말하는 심리적 유연성이라는 목표는 탐진치의 소멸로까지 나아가지 않고, 개념화된 자아에 대한 집착을 맥락적 자아로 볼 수 있는 관점의 변화로도 성취가능하다. 탐진치가 소멸된 상태에서는 당연히 심리적 유연성이 성취되지만, 심리적 유연성이 성취된다고 해서 탐진치가 소멸된 것은 아니다. 심리적 유연성의 궁극으로 나아갈 때 맥락적 자아는 더 이상 맥락조차 필요 없는, 자아라는 말조차 필요 없는 상태, 즉 무아가 될 수 있을 것이다.[28] 이러한 의미에서 심리적 유연성은 열반과

---

28 자아와 무아의 양립가능성에 대해서는 윤희조(2014, 210-212)를 참조할 수 있다.

무아라는 불교적 목표와 비교할 때 무아적 지향성을 가진다고 할 수 있을 것이다.

맥락적 자아에 대한 추구는 수용전념치료가 추구하는 바이지만, 이러한 맥락적 자아의 추구가 실패할 때 개념화된 자아로 나아가게 되고, 이러한 개념화된 자아의 핵심에 언어가 놓이게 된다. 일반적인 심리상태는 이러한 경직성하에 놓여 있기 때문에 고통은 정상적인 것이 된다.

2) 괴로움의 원인으로서 언어와 긍정적 언어

괴로움의 원인으로 헤이즈도 불교도 집착(attachment, 集)을 들고 있다.[29] 이러한 괴로움은 언어에 의해서 표현되고, 언어에 의해서 강화된다. 유식불교에서는 모든 행위가 종자의 형태로 저장되는데, 이 종자를 통칭하여 명언(名言) 종자, 즉 언어라고 표현할 정도로 언어는 전면적이다. 이러한 측면에서 괴로움의 원인인 집(集)을 표현하고, 강화하는 언어의 차원에서 불교와 수용전념치료를 비교해볼 수 있을 것이다.

언어의 부정적인 측면에 초점을 맞추고 있는 용어로 망상(妄想) 또는 희론(戱論)이 있다. 산스끄리트어 쁘라빤짜(prapañca) 또는 빨리어로 빠빤짜(papañca)는 '확장(expansion)', '확산(proliferation)', '다양(manifoldness)'의 의미를 가진다. 망상은 질병의 근원이고, 망상을 모으는 것은 고통을 가져온다.[30] 이러한 망상의 근원에 대한 구체적인 예로 '나는 있다', '이것이

29 Hayes, C. Steven(2002) p.62.

30 Sn.51, 916.

나다', '나는 무엇이다', '나는 무엇이 아니다'라고 생각하는 것이 망상하는 것(papañcita)이다.[31] 이러한 망상은 '나는 있다(asmi)'라는 것에서부터 시작하는 것을 볼 수 있다. 그리고 모든 망상은 '나'로 시작하는 것을 알 수 있다. '있는 나'를 주체로 전제하는 것이다. '나는 있다'는 전제하에서 나머지 망상이 성립하게 된다.

이러한 망상이 발생하는 과정은 '눈과 형상을 조건으로 안식이 생겨나고, 세 가지가 모인 것이 접촉(phassa, 觸)으로 접촉을 조건으로 느낌(vedanā, 受)이 있다. 그가 느낀 것에 대해서 관념을 만들고(sañjanati, 想), 관념을 만든 것에 대해서 사유하고(vitakketi, 尋), 사유하는 것에 대해서 망상한다(papañceti, 妄想, 戱論). 이것을 원인으로 해서 망상에 의한 관념과 헤아림(papañcasaññāsaṅkhā)은 과거, 미래, 현재의 시각의 대상인 色에 대해서 그 사람에게 생겨난다.'[32] 이러한 과정은 육근(六根), 육경(六境), 육식(六識)에 대해서도 성립한다. 근경식(根境識)이라는 삼사(三事)가 화합하여 수상심희(受想尋戱)를 생기게 한다.

마지막 과정인 '망상에 의한 관념과 헤아림'은 '마음의 확산적인 개념화의 경향에 의해서 특징 지워진 개념, 헤아림, 지시 또는 언어적 관습'이 된다. '망상에 의한 관념과 헤아림'이라는 이 말 한마디에 이전 단계인 관념과 사유와 망상의 특징이 모두 포함되어 있다. '망상에 의한 관념과 헤아림'은 '나(我)'라는 개념과 밀접하게 연관되어 있다. '나'라는 자아개

---

31 SN. IV. p.203.

32 MN. I. pp.111-112.

념을 사실에 충실하지 않은 개념영역으로 확장하는 것이다. 일단 자아의식이 주어지면 끝없는 개념화의 확산과정은 시작된다. '나'라는 개념은 '나의', '나의 것'이라는 개념을 수반한 채로 '갈애'로 발전한다. '나'라는 개념과 함께 생겨나는 '나 아닌 것'이라는 개념으로 인해서 비교가 이루어지고, 이는 아만으로 발전한다. 결국 '나'라는 개념 또는 자아의식은 망상과 희론의 산물이라고 할 수 있다.[33] 그리고 개념화가 확산되는 것은 에고, 즉 자아의 본성이고, 개념을 조작하는 것은 인간들의 사변적인 본성이라고 할 수 있다.[34]

'망상에 의한 관념과 헤아림'은 사유와 망상을 거치면 거칠수록 결과로서 '망상에 의한 관념과 헤아림'은 더욱 실체화되고 더욱 확산적인 경향을 가지게 되고, 더욱 세속에 압도당하게 된다. 이처럼 사유와 망상 그리고 '망상에 의한 관념과 헤아림' 사이에는 상호의존적인 관계가 성립한다.[35] 상호의존적으로 악순환하면서 증장하는 구조는 열반에 도움이 되지 않고, 스스로 생명을 가지고 있는 실체로서 자신의 법칙에 의해서 증장하게 된다. 이러한 망상은 항상 언어의 부정적 측면을 가리키는 것으로 사용된다.

불교에서 자아는 '망상에 의한 관념과 헤아림'에 의해서 형성된 것이라

---

33 Ñāṇananda(1971), *Concept and Reality in Early Buddhist Thought: An Essay on Papañca and Papañca-Saññā-Sankhā*, Kandy: Buddhist Publication Society, pp.11-12.

34 Kariyawasam, A.G.S.(1979-89), "Concept", *Encyclopedia of Buddhism* Vols IV, Colombo: Goverment of Sri Lanka, p.211b.

35 Ñāṇananda(1971) p.25.

고 할 수 있다. 즉 유위와 개념화에 의해서 만들어진 것으로서, 불변적이고 실체적으로 보통은 기억에 의해서 구성된 것을 의미한다. 따라서 자아는 있는 그대로를 보고, 접촉하는 것을 방해하는 것이 된다. 종이로 만든 호랑이가 살아서 사람을 잡아먹는 것처럼, 이렇게 형성된 자아에 대해서 집착이라는 힘이 주어지면 살아 있는 실재를 죽은 개념으로 형해화시킬 수 있다.

수용전념치료에서도 인정하듯이, 언어는 성취와 재앙, 축복과 저주의 양측 면을 가지고 있다. 이는 불교에서 언어를 바라보는 시각과 동일하다고 할 수 있다. 언어가 가지는 망상과 희론의 측면은 실재와의 접촉을 불가능하게 하지만, 언어를 통해서 우리는 실재를 가리킬 수 있고 표현할 수 있다. 그러나 언어가 실재 자체일 수 없다는 것은 기본적으로 언어가 실체론적 세계관에 기반을 두기 때문에 가질 수밖에 없는 근원적인 한계라고 할 수 있다.

언어는 세계관과 밀접히 연관되어 있다. 실재를 어떻게 보느냐에 따라서 실체론적 언어관, 연기론적 언어관으로 나누어볼 수 있다. 언어는 기본적으로 실체론적 세계관과 부합한다.[36] 사물을 언어로 지시하거나 표현하고자 할 때, 고정된 어떤 것(rigid point)을 전제해야 한다. 고정된 어떤 것을 가정하지 않으면 언어적 표현이 불가능하게 된다. 그렇지 않으면 발화하는 순간 대상은 사라져버리고, 언어적 표현은 불가능하게 된다.

---

36 실재(reality, 實在)와 실체(substance, 實體)의 구분은 윤희조(2010, 296)를 참조할 수 있다.

불교의 생멸하는 실재는 실체론적 언어에 의해서 정확하게 반영되지 않는다. 언어로 표현하려는 순간 실재는 이미 다른 것으로 변화해버리기 때문이다. 언어는 실재를 대략적으로(proximately) 표현할 뿐인 것이다. 불교의 실재는 연기적 세계관을 바탕으로 하고, 연기적 세계를 표현하는 것으로 언어를 보는 관점을 '연기론적 언어관'이라고 할 수 있다. 연기적 세계관을 적절하게 표현하는 언어관은 언어를 실체적으로 다루지 않고, 생멸하는 실재를 대략적으로 표현한다. 언어가 연기적 사용법을 획득하지 못하면, 실체시되어 망상의 언어로 나아간다. 그러므로 언어의 긍정적 역할은 실재를 대략적으로 표현하거나, 가리키는 역할이라고 할 수 있다.

언어의 또 다른 긍정적인 측면은 불교의 수행적 언어에서 볼 수 있다. 팔정도에서 정어(sammāvācā, 正語)는 언어와 관련된 수행의 정언명법이라고 할 수 있다. 정어는 '거짓말을 삼가고, 이간질을 삼가고, 욕설을 삼가고, 꾸며대는 말을 삼가는 것'이다. 신구의(身口意)로 짓는 십악업(十惡業) 가운데 망어(妄語), 양설(兩舌), 악구(惡口), 기어(綺語)를 삼가는 것이다. 이 네 가지는 몸으로 짓는 세 가지 업, 마음으로 짓는 세 가지 업보다 숫자상으로 더 많다. 이처럼 언어를 바르게 사용하는 것은 수행에 필수적인 요소이다.

불교에서 언어는 망상과 같은 부정적 역할을 하는 동시에 연기적 언어를 통해서 실재를 표현하는 긍정적 역할과 궁극적 목표 성취에 도움이 되는 수행적 언어의 역할을 한다. 이와 같은 맥락에서 수용전념치료는 언어를 축복이자 저주이고, 성취이자 재앙이라고 파악한다. 수용전념치료와 불교 둘 다 언어를 양가적으로 파악하지만, 강조점에 있어서는 차이가 있다. 언어의 개념화와 상징화 작용으로 인해서 현재를 있는 그대로 접촉하지 못하도록 한다는 점, 언어가 고통의 원인이 된다는 점에 대해서 둘 다 동의하고 있다. 불교는 이에 대한 대안으로 세계를 있는 그대로 파악하려는 연기적 언어와 수행적 언어의 사용에 적극적이라고 할 수 있다.

3) 괴로움의 편재성

헤이즈는 불교와 수용전념치료의 공통점으로 '괴로움의 편재성(the ubiquity of human suffering)'을 가장 먼저 다루고 있다. 이에 대한 헤이즈의 설명은 사성제를 바탕으로 하고 있다. 고집멸도(苦集滅道)라는 네 가지 성스러운 진리는 불교의 현실인식과 이상인식 그리고 현실의 원인과 이상실현의 방법을 동시에 포함하고 있다. 즉 불교의 세계관, 인간관, 목표와 방법론까지를 사성제에서 모두 제시하고 있다고 할 수 있다. 사성제에 기반을 둔 붓다의 가르침은 붓다의 나머지 가르침을 모두 포함할 만큼 포괄적이고 핵심적인 가르침이다.

고성제, 즉 고(苦)에 관한 성스러운 진리는 사성제 가운데 첫 번째 진리에 위치한다. 고성제에 대한 이해를 통해서만 나머지 진리에 대한 정확한 이해가 가능하기 때문이다. 이는 나머지 세 가지 진리의 정확한 이름이 '苦의 원인(苦集聖諦)', '苦의 소멸(苦滅聖諦)', '苦의 소멸에 이르는 길(苦滅道聖諦)'이라는 것에서도 알 수 있다. 그러나 일반인들에게 고성제에 대한 이해는 쉽지 않다. 대부분의 사람들에게 세상은 즐거움과 괴로움이 혼재되어 있는 곳이지, 괴로움으로만 이루어져 있지 않기 때문이다. 즉 고통의 정상성을 정상성으로 인지하지 못한다.

고(苦)는 괴로움(suffering), 불만족(unsatisfactoriness), 스트레스(distress) 등으로 번역되지만, 단순한 통증(pain)과는 구분된다.[37] 고에 대한 전형적인 정의로는 “무엇이 괴로움인가? 태어남도 괴로움이다. 늙음도 괴로움이다. 병도 괴로움이다. 죽음도 괴로움이다. 근심, 탄식, 육체적 고통, 정신적 고통, 절망도 괴로움이다. 원하는 것을 얻지 못하는 것도 괴로움이다. 요컨대 오취온(五取蘊) 자체가 괴로움이다.”[38] 여기서 보면 다양한 고(苦)의 종류를 제시하고 난 이후에 이를 요약하여 오취온을 제시한다. 고를 여덟 종류로 분류하는 경우도 있다. 생고(生苦), 노고(老苦), 병고(病苦), 사고(死苦)의 사고(四苦)에 애별리고(愛別離苦), 원증회고(怨憎會苦), 구부득고(求不得苦), 오음성고(五陰盛苦)를 합한 팔고(八苦)를 고(苦)의 종류로 제시한다.[39] 7가지 고(苦)의 예를 제시한 이후에 마지막으로 제시하는 오음성고는 오취온과 동일한 것이라고 할 수 있다.

느낌(vedanā, 受)과 관련해서 고(苦)의 정의를 볼 수 있다. 느낌에는 괴로운 느낌(苦受), 즐거운 느낌(樂受), 괴롭지도 즐겁지도 않은 느낌(不苦不樂受)이 있다. 괴로운 느낌은 몸 또는 마음이 괴롭고 불쾌하게 느껴지는 것으로, 몸과 마음으로 나누어서 괴로운 느낌을 설명한다.[40] 육체적인 괴로

---

37 藤田宏達(1980), 『佛教思想. 5: 苦』, 佛教思想研究會 編, 京都: 平樂寺書店, p.314; 붓다고사 스님 지음, 대림 스님 옮김(2004), 『청정도론 2』, 서울: 초기불전연구원, p.537; 어원적으로 고(dukkha, 苦)는 ‘duh+kha’로 구성되어 있고 ‘du’는 혐오스러운 것을 의미하고, 락(sukha, 樂)의 ‘su’와 반대되는 말이다.

38 DN. II. pp.305-307; MN. IIi. pp.249-250.

39 T.26.480a.

40 MN. I. p.302.

움과 관련해서는 "어떤 것이 육체적 고통인가? 몸의 고통, 몸의 불편함, 몸에 맞닿아 생긴 고통스럽고 불편한 느낌, 이를 일러 육체적 고통이라 한다." 정신적 괴로움과 관련해서는 "어떤 것이 정신적 고통인가? 정신적인 불편함, 마음에 맞닿아 생긴 고통스럽고 불편한 느낌, 이를 일러 정신적 고통이라 한다."라고 한다.[41]

그리고 일체개고(一切皆苦)와 관련해서 고(苦)가 표현되고 있다. 무상·고·무아의 삼법인(tidhammalakhaṇa, 三法印)에서의 고(苦)를 일체개고라 한다. 일체개고를 정확하게 표현하자면 일체행고(sabbe saṅkhāra dukkha, 一切行苦), 즉 '모든 행은 고이다'라고 할 수 있다. 이때의 행(行)은 유위법을 말한다. 즉 무위법에 속하는 열반을 제외한 모든 법은 유위법(有爲法)이다.[42] 유위법은 무상(無常)하다는 특징을 가지므로 고(苦)이다. 즉 인간의 모든 상태가 고(苦)이다. 오법온(五法蘊)이 아닌 오취온으로서의 인간은 모두 고(苦)이다.

일체개고 또는 일체행고라고 할 때의 고(苦)와 세 가지 느낌(三受)에서

---

41 각묵 스님 옮김(2006), 『디가 니까야 제2권』, 울산: 초기불전연구원, p.528.

42 간단히 법의 분류를 살펴보면, 모든 법(현상, 사물)은 불생불멸하는 개념(paññatti)과 대비되는 것으로 찰라생멸하는 특징을 가진다. 법에는 유위법(有爲法)과 무위법(無爲法)이 있다. 조건화된 것, 형성된 것은 유위법에 속하고, 조건화되지 않은 것은 무위법에 속한다. 사성제와 관련해서 보면 유위법과 무위법의 구분에서 상좌부불교에서 무위법은 열반 하나이고, 나머지 고성제, 집성제, 멸성제는 모두 유위법이다. 삼법인과 관련해서 모든 법은 무아라는 특징을 가지고, 유위법은 형성된 것이므로 무상이라는 특징을 추가로 가진다. 무위법인 열반은 무아이기는 하지만, 무상하지는 않다. 또 다른 구분으로 유루법(有漏法)과 무루법(無漏法)이 있다. 번뇌를 가지고 있는 법은 유루법이고, 번뇌가 없는 법은 무루법이다. 무루법에는 멸성제인 열반과 도성제인 팔정도가 속하고, 유루법에는 고성제와 집성제가 속한다.

즐거운 느낌과의 양립가능성을 논의하기 위해서 새로운 고(苦)의 정의가 요청된다. 새로운 고(苦)의 정의는 앞에서 보았던 육체적인 괴로움, 정신적인 괴로움의 구분, 세 가지 느낌(三受)의 구분, 사고팔고(四苦八苦)와는 구분되어야 한다. 이를 위해서 제시되고 있는 것이 삼고성(三苦性)이다. 즉 세 종류의 고(苦)의 성질, 즉 고고성(苦苦性), 괴고성(壞苦性), 행고성(行苦性)을 제시한다. 삼고성은 고(苦)에 대한 세 가지 정의라고 할 수 있다. 고(苦)를 세 가지 성질로 구분함으로써 일체행고와 괴로움이라는 느낌의 양립가능성을 모색한다.

첫 번째 고고(dukkha-dukkha, 苦苦)는 육체적, 정신적 괴로움을 포함하는 괴로움의 고유한 성질 때문에 괴롭다. 괴로우므로 괴로운 것이다. 두 번째 괴고(vipariṇama-dukkha, 壞苦)는 모든 이러한 즐거움과 경험이 무상하기 때문에 괴로움이 생기는 것이다. 즐거운 느낌(樂受)은 고(苦)의 원인이 되기 때문에 고(苦)인 것이다. 변화하기 때문에 괴로운 것이다. 세 번째 행고(saṅkhāra-dukkha, 行苦)는 모든 삶이 고통이다 또는 모든 경험이 결국 불만족스럽다는 것이 아니고, 나의 전체 존재의 양태는 근원적으로 잘못 방향지워져 있고, 비진리라는 것이다. 따라서 오온이 괴로움이라는 것이다.[43]

이러한 삼고성(三苦性)은 즐거운 느낌(樂受), 괴로운 느낌(苦受), 괴롭지도 즐겁지도 않은 느낌(不苦不樂)이라는 세 가지 느낌(三受)을 고(苦)로 볼 수 있는 근거를 제시하고 있다. 불고불낙수(不苦不樂受)는 괴롭지도 즐겁

43 Boyd W. James(1986), "Suffering in Theravāda Buddhism", In Tiwari N. Kapil (Ed.), *Suffering: Indian Perspectives*, Delhi: Motilal Banarsidass, pp.154-158.

지도 않은, 감정이 일어나지 않은 상태를 이야기하면서도 감정을 수반하지 않는 유위법 일체를 지칭하는 것이기도 하다. 삼고성에 의하면 세 가지 느낌은 모두 고(苦)인 것이 분명하게 드러난다. 낙수와 불고불락수가 고(苦)라는 것은 표면적으로는 모순적이지만, 고의 의미를 확장함으로 인해서 이러한 모순을 정합적으로 해석할 수 있게 된다.

삼고성(三苦性)에서 각각의 고(苦)는 포괄하는 범위에 있어서 차이가 난다. 고고(苦苦)와 괴고(壞苦)는 하위개념이고, 행고(行苦)는 상위개념이라고 할 수 있다. 그리고 삼고성은 각각 즐거운 느낌, 괴로운 느낌, 괴롭지도 즐겁지도 않은 느낌에 대응한다. 행고성은 가장 포괄적이면서도 괴롭지도 즐겁지도 않은 느낌뿐만 아니라 즐거운 느낌과 괴로운 느낌에 대한 근거가 될 수 있다.[44] 이렇게 되면 고통이 편재적이라는 것에 대한 불교적 설명이 가능하게 된다. 일상에 존재하는 즐거운 느낌마저도 불교적 입장에서 보면 행고에 포함하게 된다.

수용전념치료에서는 고통의 정상성을, 불교에서는 고통의 편재성을 이야기한다. 고통의 정상성은 주류심리학에서 보는 심리치료의 목표에 대한 관점의 전환을 전제로 한다. 고통이 제거된 상태인 건강이 더 이상 심리치료의 목표가 되지 않고, 가치가 목표로 부상하게 된다. 불교에서는 일상적인 세계, 즉 욕계에서는 고통이 편재하고 고통이 정상적이다. 여기서 중요한 것은 이러한 고통의 편재성과 정상성은 일상적인 세계의 의식

---

44 이종철(1998), 「緣起와 苦－불교와 형이상학－」, 『形而上에 대한 동서양의 철학적 접근』, 성남: 한국정신문화연구원, pp.290-295.

을 벗어난 의식상태, 즉 성인(聖人)의 의식상태에서 확인할 수 있다는 것이다. 성인의 의식상태에서 볼 때, 편재하는 괴로움에서 벗어난 상태, 즉 열반이 존재하고 이를 성취하기 위한 방법을 제시한다. 일상적인 관점에서 보면 고통은 편재하지도 않고 정상적이지도 않다. 그러나 성인의 관점에서 보자면 고통은 편재하지만 정상적인 것은 아니다. 고통에서 벗어난 상태, 즉 목표를 성취한 것이 정상적인 상태이다.

수용전념치료의 정상성은 일상적인 삶 전반에 대한 인식이라기보다는 일상적인 삶에서 느끼는 고통에 대한 태도를 말하는 것이라고 할 수 있다. 즉 육각형모델에서 즐거움에 대한 수용은 누구에게나 가능하지만, 괴로움에 대한 수용은 어려운 것이다. 이는 괴로움에 대한 태도를 밝히는 것이라고 할 수 있다. 괴롭더라도 자신에게 가치 있는 목표를 위해서 전념해야 한다는 것이다. 반면 불교를 육각형모델에서 보자면 괴로움에 대한 수용은 괴로움 자체가 편재하므로 이것에 대한 철저한 인식과 이로 인한 인식적 수용인 것이다. 그러나 전념의 차원에서 보자면 괴로움에서 벗어나는 것, 괴로움의 원인으로서 탐진치의 소멸에 전념해야 한다는 것이다.

4) 수용전념치료의 전제에 대한 인식 가능성

수용전념치료는 기능적 맥락주의, 고통의 정상성과 같은 전제가 올바른지에 대한 인식방법을 제시하지 않고 있다. 단지 철학적 전제는 주어지는 것으로 파악한다. 이것이 철학적 전제라고 이야기만 할 수 있다고 한다.[45] '주어진 것(datum)', '놓여진 것(positum)'으로서 전제에 대한 검토방법이 제시되지 않고 있다. 불교에서 인식능력의 계발을 통해서 실재의 인식으로 나아가고자 하는 시도, 즉 실천론 또는 수행론의 영역이 수용전념치료에는 결여되어 있다. 이는 비단 수용전념치료뿐만 아니라 철학의 영역 일반에서 보인다. 수행을 통한 인식의 계발로 나아갈 때 그것은 더 이상 철학이 아니라 종교의 영역으로 나아가기 때문이다.

그럼에도 불구하고 인식과정에 있어서 인식의 부정적인 효과를 감소시키고자 하는 수용전념치료의 노력은 불교적 인식에서 추구하는 것과 상통한다고 할 수 있다. 포괄하는 영역과 방법에 있어서 차이가 있을지라도, 불교에서 있는 그대로의 실재(reality)를 보고자 하는 것을 지향하는 지혜(paññā)에 의한 인식과 상통한다고 할 수 있다. 어원적으로 지혜는 '꿰뚫어 알다'라는 의미이다. 개별적인 사물에 대한 지식이 아니라 모든 사물들의 성질을 꿰뚫어 특성을 아는 것이다. 그러한 특성으로 무상·고·무아가 제시된다. 이는 모든 사물의 있는 그대로의 특징이므로, '있는 그대로를 아는 것'으로도 표현된다. 지혜에 의해서 존재의 손감과 증익 없이 있는 그대로를 바라보는 것이다. 손감과 증익을 수용전념치료적인 용어로 보면 환원(reduction)과 확장(expansion)이라고 할 수 있을 것이다. 환원과 확장을 거부함으로써 사건의 본성과 기능을 맥락 안에서 이해하고자 하는 수용전념치료의 노력은 불교가 추구하는 인식과 상통한다고 할 수 있다.

위에서 살펴본 수용전념치료의 기능적 맥락주의를 불교적으로 볼 경우 상호작용하는 전체로서의 연기, 목표로서의 열반은 성인의 인식상태에 해당한다고 할 수 있다. 기능적 맥락주의는 어디까지나 일상적인 심리적

---

45 Hayes, C. Steven, Strosahl D. Kirk, Wilson G. Kelly(1999) p.17.

현상에 대한 이론인 반면, 연기와 열반은 출세간계에서 이루어지는, 일상적인 심리상태를 벗어난 인식상태에서 이루어진다는 점에서 차원을 달리한다. 하지만 이러한 인식상태를 지향하고 있다는 점에서 '상통한다'는 정도의 용어를 사용하는 것이다. 심리치료모델로서 수용전념치료만을 볼 경우에는 내담자의 맥락과 목표는 성인의 인식상태에 해당되지 않는다. 그리고 일상적으로 일어나는 고통을 정상적인 상태로 여기라는 것이다. 이때의 고통은 일체행고의 고통과는 달리 삼고 가운데 고고(苦苦)에 해당한다고 할 수 있을 것이다. 수용전념치료는 자신의 전제에 대해서 단순히 가정일 뿐이라고 하지만, 수행적 실천론을 통한 인식상태에서 볼 때 수용전념치료의 전제는 검토될 수 있고, 그 결과 불교의 철학, 이론과 상통한다는 것을 알 수 있다.

수용전념치료는 심리학 가운데서도 철학과는 거리가 있는 행동주의 전통에서 발생한 기법이지만, 이론과 철학의 중요성을 제기한다는 면에서 불교의 이론과 접목될 가능성이 있다. 헤이즈는 「불교와 수용전념치료」라는 논문에서 치유모델에 등장하는 개념을 중심으로 비교한다면, 본 장에서는 수용전념치료의 이론과 철학을 중심으로 불교와 비교한다.

수용전념치료는 실용주의, 맥락주의, 기능적 맥락주의, 관계틀이론이라는 계통을 밟고 있다. 수용전념치료는 기능적 맥락주의, 관계틀이론, 고통의 정상성을 기반으로 두고 있다. 맥락주의는 전체사건, 맥락, 실용주의적 진리, 목표를 중시한다. 사건을 상호작용하는 전체로 파악하는 관점, 심리적 유연성, 맥락적 자아는 불교의 연기적 관점과 불교의 목표와 상통한다고 할 수 있다.

수용전념치료의 고통의 정상성은 불교의 고통의 편재성과 비교할 수 있다. 불교는 고통이 편재하지만 이를 벗어나는 것을 목표로 한다. 이러한 고통의 원인으로 수용전념치료와 불교 모두 언어를 꼽는다. 그러나 언어가 긍정적인 측면과 부정적인 측면을 가지고 있는 것에 대해서도 둘 다 인정한다. 수용전념치료는 이제까지 검토한 전제 자체를 가정으로 인식하지만, 불교에서는 수행을 통한 인식의 계발을 통해서 수용전념치료의 전제 자체는 불교의 이론과 상통할 수 있다는 것을 보여준다.

참고문헌

Hayes, C. Steven, Strosahl, D. Kirk 편저, 손정락·이금단 공역(2015), 『수용전념치료 실무지침서』, 서울: 학지사.

Lumoa J. B., Hayes, S. C., Walser, R. D. 공저, 최영희·유은승·최지환 공역(2012), 『수용전념치료 배우기』, 서울: 학지사.

Ñāṇananda(1971), *Concept and Reality in Early Buddhist Thought: An Essay on Papañca and Papañca-Saññā-Sankhā*, Kandy: Buddhist Publication Society.

각묵 스님 옮김(2006), 『디가 니까야 제2권』, 울산: 초기불전연구원.

藤田宏達(1980), 『佛教思想. 5: 苦』, 佛教思想研究會 編, 京都: 平樂寺書店.

붓다고사 스님 지음, 대림 스님 옮김(2004), 『청정도론』, 서울: 초기불전연구원.

윤희조(2014), 「영역과 기능의 관점에서 본 프로이드의 자아와 아비담마의 마음작용」, 『동서철학연구』 Vol.72, pp.191-217.

윤희조(2010), 「짠드라끼르띠의 이제설과 언어관」, 『인도철학』 29권, pp.293-327.

이종철(1998), 「緣起와 苦－불교와 형이상학－」, 『形而上에 대한 동서양의 철학적 접근』, 성남: 한국정신문화연구원, pp.243-305.

전재성(2002), 『初期佛教의 緣起思想』, 서울: 한국빠알리성전협회.

MN＝*Majjhima-Nikāya*, ed. V. Trenckner and R. Chalmers, London: PTS, 1977-1979.

SN＝*Saṃyutta-Nikāya*, ed. M.L. Feer, London: PTS, 1884-1904.

Sn＝*Sutta Nipāta*, ed. D. Anderson and N. Smith, London: PTS, 1948/1965.

T＝『大正新修大藏經』

Bach A. Patricia, Moran J. Daniel(2008), *ACT in Practice: Case Conceptualization in Acceptance and Commitment Therapy*, Oakland: New Harbinger Publications.

Boyd W. James(1986), "Suffering in Theravāda Buddhism", In Tiwari N. Kapil (Ed.),

Suffering: Indian Perspectives, Delhi: Motilal Banarsidass, pp.145-162.

Hayes, C. Steven(2002), "Buddhism and acceptance and commitment therapy", *Cognitive and Behavioral Practice,* Volume 9 Issue 1, pp.58–66.

Hayes, C. Steven, Barnes-Holmes, Dermot, Roche, Bryan(2001), "Relational Frame Theory: A Précis", In Hayes C. Steven, Barnes-Holmes Dermot, Roche, Bryan (Eds.), *Relational Frame Theory: A post-Skinnerian account of human language and cognition*, New York: Plenum, pp.141-154.

Hayes, C. Steven, Blackledge, T. John, Barnes-Holmes, Dermot(2001), "Language and cognition: Constructing an alternative approach within the behavioral tradition", In Hayes C. Steven, Barnes-Holmes, Dermot, Roche, Bryan (Eds.), *Relational Frame Theory: A post-Skinnerian account of human language and cognition*, New York: Plenum, pp.3-20.

Hayes, C. Steven, Fox, Eric, Gifford, V. Elizabeth, Wilson, G. Kelly, Barnes-Holmes, Dermot, Healy, Olive(2001), "Derived relational responding as learned behavior", In Hayes C. Steven, Barnes-Holmes, Dermot, Roche, Bryan (Eds.), *Relational Frame Theory: A post-Skinnerian account of human language and cognition*, New York: Plenum, pp.21-50.

Hayes, C. Steven, Luoma, B. Jason, Bond, W. Frank, Masuda Akihiko, Lillis Jason(2006), "Acceptance and Commitment Therapy: Model, process and outcomes", *Behaviour Research and Therapy* 44, pp.1-25.

Hayes, C. Steven, Strosahl D. Kirk, Wilson G. Kelly(1999), *Acceptance and Commitment Therapy: An Experiential Approach to Behavior Change*, New York: The Guilford Press.

Kariyawasam, A. G. S.(1979-89), "Concept", *Encyclopedia of Buddhism* Vols IV, Colombo: Goverment of Sri Lanka, pp.208-218.

Keith DeRose(1999), "Contextualism: An Explanation and Defense", In J. Greco and E. Sosa, ed., *The Blackwell Guide to Epistemology*, Wiley-Blackwell, pp.187-206. http://fitelson.org/epistemology/derose.pdf

색 인

ㄱ

가명(假名) 423
가치(values) 523
가치평가시스템 520
가합(假合) 390
간(慳, mātsarya) 172
간탐(abhijjhā, 慳貪) 156
갈애(taṇhā) 495
감각(sensation) 107
감각기관 97
감각기능 97
감독 493
개구즉착(開口卽錯) 339, 433
개념적 505
개념화 529
개념화된 자아 526
개시오입(開示悟入) 350
개심 368
개안(開眼) 350
개오(開悟) 198
객진(客塵) 393
건강의 정상성(healthy normality) 521
검열 493
견(見, diṭṭhi) 168
견성 307, 338
견해(diṭṭhi) 495
견혹(見惑) 172
경제적 관점 491
경험회피기능 520
계(界) 51, 87
계금취(戒禁取) 169
계금취견(戒禁取見) 260
계정혜(戒定慧) 238, 399
고고(苦苦, dukkha-dukkha) 535
고성(苦性) 359
고정성(rigidness) 27, 338, 418
고정점(rigid point) 98, 254
고정주의(invariantism) 515
고차적인 인지 142
고착성 30
고착적 505
고통의 정상성 523, 536
고통의 편재성 536
공(空) 42, 94, 356, 390
공가중연기 323
공포 16, 128, 131
과보의 마음 451, 452, 473
관계성 267
관계틀이론(Relational Frame Theory, RFT) 31, 512, 515
관찰의 이론적재성 (theory ladenness of observation) 369
괴고(壞苦, vipariṇama-dukkha) 535
괴로움 174
괴로움의 딜레마 521
괴로움의 일상성(routineness of suffering) 325
괴로움의 편재성(the ubiquity of human suffering) 31, 324, 532
『구사론』 18, 166, 181, 182, 190, 209

근경식(根境識) 26, 528
근기(根機) 263, 431
근본번뇌 152
근본수면 259
근원성 308, 389
『금강경』 192, 196, 261
『금강반야바라밀경(金剛般若波羅密經, Vajracchedikā Prajñāpāramitā Sūtra)』 421
기능복합체 71
기능성(workability) 517
기능적 맥락(functional context) 515
기능적 맥락주의(functional contextualism) 512, 514, 524
기법 302
기본정서(basic emotion) 121, 124, 143
기억 75, 76
기억의 잔재물(residues of memories) 483, 498
기초심리학 246
기초적인 인지 142
까루나다사(Y. Karunadasa) 179
깨달음 226
『꿈의 해석』 444

ㄴ

나 중심 364
나가르주나(Nāgārjuna, c.150-250) 183, 184, 209
내는 마음 79, 374
내부지각 485
냐냐난다 스님 415
논리적 순서 3, 12
뇌(惱, pradāśa) 171
뉘앙스 427
느낌(feeling) 107, 108
느낌(受, vedanā) 499, 533

ㄷ

다면적(multiaspect) 정의 113
다원성 46
다원적 46
다원적 경향성 13, 213, 320, 321, 347
다원적 관점 288
「다툼 없음의 분석에 관한 경 (Araṇavibhanga sutta)」 419
단견(斷見) 496
『단경』 10, 19, 178, 190, 192, 202, 209, 214, 272, 431
단속(saṁvara) 379
단일성 508
담마(dhamma, 法) 434
대극구조 481, 482
『대념처경』 386
대립쌍 484
『대반열반경』 386
대법(對法) 231
대비(大悲) 25, 392, 394
『대비바사론』 18, 179, 180, 190, 209
대수번뇌(大隨煩惱) 170
대승불교 397, 432
대치(對治) 379
대치법 357, 358
덩굴(paryavasthāna, 纏) 373
도구정서(instrumental emotion) 123
돈점 224
동기(motive) 57, 144, 145, 146, 153
동기심리학 8
동기적(motivational) 정의 113
동양의 심리치료 314
동질성(homogeneity) 466, 467
등(等) 396

ㄹ

라이용하이 236
라플랑슈 483, 491
라훌라 436
랑크(Otto Rank, 1884-1939) 429
레디 사야도(Ledi Sayadaw) 454
로저 월쉬(Roger Walsh) 314
로저스(Carl R. Rogers, 1902-1987) 290, 412, 429
루(āsava, 漏) 155
리꾀르(P. Ricoeur) 466
리비도 461, 462, 473
리비도 집중 497

ㅁ

마노(mano) 81
「마두삔디까경(Madhupiṇḍika Sutta, 蜜丸經)」 413
마음 37, 38, 39, 42, 71, 74, 115, 288, 289, 299, 318, 435
마음역동(minddynamic) 268
마음열기[開心] 363, 368
마음을 지향하는 언어 436
마음의 지형학 4
마음의 흐름[相續, santati] 454
마음작용 120, 502
마음중심[中心] 363, 364
마음중심기법 302
마음풀기[解心] 363
만(慢, māna) 169
만법 222
말 299
망상 528
망상에 의한 관념과 헤아림 529
매듭[gantha, 繫] 156, 373
매슬로우(A. Maslow) 511
맥두걸(W. McDougall) 122
맥락으로서 자아(self as context) 523
맥락주의 31, 517
멍에[軛] 156
멸집(滅集) 300
명(明) 266
명색(名色) 163
명언(名言) 종자 527
명제(proposition) 466
모순 98
모순성 99
목표지향적(goal oriented) 308, 346
몸이론 306
몽환포영(夢幻泡影) 99, 403
무기(無記) 433
무념(無念) 239, 272
무득(無得) 221, 240
무명(無明) 50, 142, 266
무모순성 99
무법(無法) 401
무부무기(無覆無記) 161
무상(無上) 399
무상(無相) 272
무상성(無常性) 359
무상적(無相的) 기능 23, 307, 339
무시간적 463
무신견(無身見) 263
무아(無我) 12, 29, 42, 93, 246, 270, 271, 276, 333, 478, 503, 526
무아론 310
무아상담 268, 269, 274
무아의 심리치료 274
무아의 심리학 12
무업견(無業見) 496
무유애(無有愛) 391

무의식 28, 334, 443, 456, 457, 462, 468
무의식론 465
「무의식에 관하여」 28, 444, 455, 461
무자성 206
무쟁법(araṇo dhamma, 無諍法) 419
무주(無住) 239, 272
문수사리 402, 403
문제해결 354
미리혹(迷理惑) 173
미사혹(迷事惑) 173

ㅂ

바왕가 4, 29, 453, 455, 470, 471
반야(般若, paññā) 23, 42, 43, 60, 101, 228, 230
『반야심경』 367
반야자성 194, 206
반연(攀緣) 392
반조 367
받는 마음 79, 374
발견적 308
발굴모델 369
방어 493
방편(方便, upaya) 398, 404, 432
번뇌(kleśa, kilesa, defilement, 煩惱) 139, 149, 154, 159, 160, 245
번뇌심소(煩惱心所) 151
번뇌의 기능 154
번뇌의 발생 161
번뇌의 영역 140
번뇌의 원인 164
번뇌의 특징 155
번뇌의 포괄적 정의 17
번뇌중심적 분류 335
번뇌즉보리(煩惱卽菩提) 23, 326
범부(凡夫) 263
범주화 66
법(dhamma, 法) 49, 289
법공(法空) 252
법론 48
법무아(法無我) 252
법안(法眼) 394
변역법(變易法) 252
병리모델 513
보살 96
보살행 404
보완대체의학 62
보편성 308
복종 493
본능의 통제 489
본래면목(本來面目) 199, 232
본래적 자성 218, 228
본래적 정의 245, 319
본심(本心) 199, 201, 219
부러움(envy) 128
부적응적 정서(disruptive emotion) 123
부적응적(disruptive) 정의 113
부파불교 14
분(忿, krodha) 171
분노 16, 126, 127
분별(分別, vikalpa) 26, 416
분별적 사고 257
분트(W. Wundt) 109
불(佛) 52
불교 286
불교를 곁들인 상담 (counseling with Buddhism) 64
불교를 적용한 상담 (Counseling with Buddhism) 284
불교마음학(Buddhist mindology) 36, 43, 287
불교사 13, 36, 45, 47
불교상담 65, 281, 285, 301, 316, 318, 345,

347, 348
불교상담가 303
불교상담가의 자세 24
불교상담기법 381
불교상담방법론 11, 24, 327, 340, 343, 344
불교상담의 기제 362
불교상담의 언어 437
불교상담의 패러다임 309
불교상담이론 22, 304, 315, 327, 340, 344
불교상담학 39, 64
『불교상담학개론』 7
불교심리치료 이론 314
불교심리치료(Buddhist psychotherapy) 60, 234, 287, 316
불교심리학(Buddhist psychology) 36, 37, 66, 71, 282, 286
『불교심리학사전』 7
불교심소학(Buddhist cetasikalogy) 8, 53, 140, 150, 287
불교심신의학 39, 64
불교언어철학적 422
불교에 기반을 둔 상담(Buddhism based counseling) 65, 284
불교의 언어 413, 437
불립문자(不立文字) 339, 422
불매연기 323
불법(佛法) 223
불성(佛性) 15, 42, 96, 201, 203, 272, 331
불안(anxiety) 128
불연속 474
불연속성 464
불연속적인 관점 458
불이(不二) 42, 94, 223, 235, 328, 329, 356, 401, 402
불이모델 25, 330, 346, 384, 405, 406, 409
불이성 235
불이자성(不離自性) 232
붓다 436
비실체성 21
비실체적 정서 21
비어 있음(emptiness) 94
비여리작의(非如理作意, ayoniso manasikāra) 17, 158, 159
비유(metaphor) 378
비자의성 519
비지시적 430
비지시적 상담 412
비집착적 정서 21
비탄(grief) 129
빤냐(paññā) 93
빤냐띠(paññatti) 179
빠라빤짜(prapañca) 527
『쁘라산나빠다(Prasannapadā)』 186

ㅅ

사견(邪見) 255
사구백비(四句百非) 256
사구부정(四句否定) 256
사대(四大) 63, 400
사물(artha, viṣaya, vastu, 境) 416
사성제 65, 328
사성제모델 25, 346, 384, 406, 409
사식(四食) 89
사유패턴 377
사처(四處, 身受心法) 365
사홍서원 234
산스끄리트어 6
삼고성(三苦性) 31, 535
삼과법문 231
삼무(三無) 238, 272
삼법인(三法印) 249, 267
삼사화합(三事和合) 26, 414

삼애(三愛) 391, 393
상(saṃjñā, 想) 416
상견(常見) 496
상담이론 290, 317
상호의존성 266, 267
『새로운 정신분석강의』 478
색(色) 63
색수상행식(色受想行識) 86
색조(tint) 90
생성의 언어 424
서술적(descriptive) 459, 493
서원 233
선문답 423
선불교 27, 39, 309
선심리치료(禪心理治療) 217, 234
선심리학 214, 215, 217, 242
선심소학(禪心所學) 216, 228
선심학(禪心學) 216, 227
선이해(preunderstanding, 先理解) 349, 420, 426
성(性) 42, 92, 96
성격(性格) 58, 147, 148, 153, 276, 294
성격심리학 8, 59
성격이론 305
성격적 무아(personality anatta) 21, 264
성냄(dosa, hatred, 瞋) 15, 118, 120, 131, 132, 133
성인(聖人) 263, 500
세간자성 188, 200
세친(世親, Vasubandhu) 164
소비(小悲) 392
소수번뇌(小隨煩惱) 170
소통 가능성 29
속박(yoga, 軛) 373
수(水) 63
수면(anuśaya) 165
수면(隨眠) 374, 499
수번뇌(upakleśa) 165
수번뇌심소(隨煩惱心所) 151
수상심희(受想尋戲) 142, 145, 528
수상행(受想行) 152, 205
수순(受順) 372
수애취유(受愛取有) 142, 145
수용(acceptance) 523, 524
수용전념치료 5, 512, 519, 522, 536, 540
수치심(ottappa, 愧, fear of wrongdoing) 502
수행(修行, bhāvanā) 60, 204
수행심리학 39, 61, 296
수행적 언어 531
수혹(修惑) 172
순관(順觀, anuloma) 251, 324, 371
순기능(eufunctional) 350
순차적 연기 291
스트레스 297
스트레스(distress) 533
슬픔 16, 129
습(習, vasana) 357, 375
승의자성 188
시간적 순서 3
시계생천(施戒生天) 430
식(識, viññāṇa) 40, 85, 89
신경생리학적 15
신경증 480
신수(神秀) 368
신체 80
실용주의(pragmatism) 31, 514
실재(實在, reality) 92, 100, 426, 434, 538
실체(dravya) 182, 185
실체(實體, substance) 92
실체론적 세계관 530
실체론적 언어관 530
실체성(substantiality) 30, 248, 508

실체적 사고 21
심(citta, 心) 41, 73, 74, 80, 90
심리적 경직성(psychological inflexibility) 522
심리적 유연성 526
심리치료 295
심리치료기법 30
심리치료모델 385
심리치료이론 317
심소(心所, cetasika) 52, 53
심신불이론(心身不二論) 295, 388
심신상관론 295
심신의학 62, 296
심역 487
심의식(心意識) 43, 72, 288, 446
심의식성(心意識性) 14, 263
심장 83
십선업(十善業) 58
십이연기 50
십이처(十二處) 448
십팔계(十八界) 448

ㅇ

아공(我空) 252
아뇩다라 398
아뇩다라삼먁삼보리심 26, 398
아다나식(ādāna vijñāna) 164
아비담마 8, 105, 445, 471, 472
『아비담맛타상가하(Abhidhammattha Sangaha)』 445
아트만(ātman) 504, 508
악의(vyāpāda, 惡意) 156
알아차림 365, 366
애(愛) 391
양방향성 520
양심(hirī, 慚, conscience, inner shame) 489, 502
억압 482, 493
억압된 것 462
억압이론 480
억제 493
언어 75, 299, 417, 418, 420, 425, 426, 518, 520, 531, 540
언어의 양가적 특징 6
언어적 관계 518
언어표상(word-representations) 483, 498
업(業, kamma) 357, 451
업의 법칙 469
에너지 470
엑트 7
여리작의(如理作意) 150
역관(逆觀, paṭiloma) 251, 324, 371
역동성 21, 473
역동적 공간(dynamic space) 268, 351
역동적 관점 491, 492
역동적 무의식 460, 469
역동적(dynamic) 459, 493
역동적인 계(界) 267
역사적 관점 247
역사적 무아 248
역전이 303
연결되어 있음(connectedness) 94
연결된 연기 291
연기(paṭiccasamuppāda, pratītyasamutpāda, 緣起) 88, 225, 226, 291, 322, 323, 371, 525
연기론 50, 310
연기론적 언어관 530
연기무아(緣起無我, relational anatta) 12, 21, 250, 265
연기법칙 469
연기성 388
연기적 언어 531
연속성 467, 468, 473

연속적인 관점 458
연속적인 스펙트럼 130
연이생법(緣已生法) 251
열기 361
열기모델 369
열려 있음(openness) 94
열린 태도(attitude of openness) 349
열림(openness) 355, 360
열림의 기제 362
열반 226
『열반경』 196
염(sati, 念) 76
염오식(染污識) 84
영가현각(永嘉玄覺, 665-713) 195
영속성 508
예둔(銳鈍) 224, 237, 394, 431
5요인모델 148
5위 100법 166
오문(五門) 450
오문인식과정 450
오법온(五法蘊) 330, 352
오염원[煩惱, kilesa] 494, 501
오온(五蘊, pañcakhandha) 52, 86, 417, 448, 504, 506, 508
오온무아(五蘊無我, humanistic anatta) 12, 21, 249, 265
오음성고(五陰盛苦) 354
오이디푸스 콤플렉스 488, 490
오취온(五取蘊, pañcupādānakhandha) 168, 294, 330, 352, 504, 506, 508
요코야마 고이치 416
욕계의 마음(kāmāvacara- citta, 欲界心) 116
운동기제 22
원인론 297, 406
위빠사나 307, 337
윌리엄 제임스(William James) 104
윌리엄슨(Edmund G. Williamson, 1900-1979) 429
『유마경』 10, 339, 385, 389, 400
유마힐 402
유무(有無) 231
유부무기(有覆無記) 161
유식불교 14
유신견(有身見, sakkāya diṭṭhi) 168, 255, 263, 496
유아 271, 333
유아견(有我見) 263, 270
유연성 30
유위법(有爲法) 269, 366
유익한 마음 452
유익한 언어 26
유쟁법(saraṇo dhamma, 有諍法) 419
유지식(ādāna-vijñāna) 78
유해한 언어 26
6수면 166
육각형모델 513, 524
육입(六入) 51, 163
융(C. G. Jung) 91
의(意) 81, 82, 85, 90
의(疑) 169
의도(cetanā, 思) 57
의미 425, 427
의미의 담지자(bearer of meaning) 428
의사소통 486
의식 334, 457, 473
의식화 470
이드 29, 486, 490
이무아(二無我) 252
이법(二法) 231
이분법적 사고 257
이숙식(vipāka vijñāna, 異熟識) 77
이율배반 484

이율배반적 498
이중성격 489
이질성 467
이차 인지정서 125
이차적인 정서 56
이차정서(secondary emotion) 122
이해(異解) 298, 378, 428
이해(理解) 298, 428
인간 292
인과법칙 469
인무아(人無我) 252
인색(macchariya, avarice, stinginess) 134
인색[慳, macchariya] 497
인성(人性) 332
인시설(prajñaptir upādāya, 因施設) 423
인심(人心) 197, 219
인지(cognition) 55, 141, 153, 276, 336
인지심리학 8, 54, 255
인지적 무아(cognitive anatta)21, 257, 264
1차 과정 463
인지적(cognitive) 정의 111
일본불교심리학회 35
일원성 46
일원적 46
일원적 경향성 13, 213, 320, 321
일원적 관점 247, 289, 292
일차 인지정서 125
일차정서(primary emotion) 122
일체개고(一切皆苦) 534
일체지(一切智) 96

ㅈ

자만(māna) 495
자불성(自佛性) 221, 272
자성(自性, sabhāva) 9, 18, 177, 178, 190, 207, 210, 273, 332
자성상담 274
자성의 심리학 220
자성청정(自性淸淨) 201
자심(自心) 197, 198, 219
자아 12, 29, 270, 273, 276, 332, 477, 478, 485, 503
자아 개념 479
자아구조 487, 497
『자아와 이드』 444
자아의 기능 480
자아의식 529
자아이상 488
자의성 519
작의(作意) 151, 160
잠재성향[隨眠, anusaya] 157, 494, 499, 500
장애[蓋] 156
재생연결 453
저항 493
적응적 정서(adaptive emotion) 123
적응적(adaptive) 정의 112
전념(committed action) 523, 524
전도(顚倒) 400
전도된 지각 520
전식득지(轉識得智) 306, 335
전오식(前五識) 449, 450
점안(點眼) 350
정견 370
정동(情動) 106, 108
정동적(affective) 정의 111
정사유 375
정상성(normality of suffering) 325
정서(情緖, emotion) 56, 105, 110, 114, 115, 143, 153, 276, 294, 336
정서심리학 8, 260
정서의 생리학적 메커니즘 112
정서적 무아(emotional anatta) 21, 260, 264

정신과정 482
정신분석 480
정어(正語) 기법 377
정어(正語, sammāvācā) 531
정체성 이론 305
정행(正行) 기법 376
정혜(定慧) 238
정혜일체(定慧一體) 204
제1지형학 479, 483
제2지형학 479, 483
제3동향 511
제거(elimination) 360, 361
제거의 기제 362
제법무아(諸法無我, phenomenal anatta) 12, 21, 249, 265
조복(調伏) 401
족쇄[結, saṁyojana] 157, 373
주의감소 520
중관불교 39
중기과정 355
중도(中道) 395
『중론(中論)』 183, 189, 339, 423
중생심 228
중수번뇌(中隨煩惱) 170
중중무진연기 323
중층성 이론 306
즉비(卽非)의 논리 261, 421
증지(證知) 395
지(地) 63
지시론적 언어이론 422
지시적 430
지시적 상담 412
지월의 언어 424
지월적(指月的) 기능 23, 307, 338
지형학적 관점 491, 492
지혜(paññā) 538
지혜적 흐름 55, 293
직면의 언어 435
직지(直指, direct pointing) 378
진(瞋, dosa) 167
진동수 83, 84
진심(瞋心) 119
질(嫉, īrṣyā) 172
질투(issā, envy, 嫉) 133, 497
집(集) 301
집착[取, upādāna] 376
집착적 505
짠드라끼르띠(Candrakīrti, c.530-600) 18, 185, 187, 200, 203, 207, 208
「쭐라웨달라경(Cūḷavedalla Sutta, 法樂比丘尼經)」 414

ㅊ

차제 358
찰스 다윈(Charles Darwin) 104
참회 233
처(處, āyatana) 82, 87
처계(處界) 227, 303, 351
처방(prescription) 329
청정(淸淨) 42, 162, 201, 245
청정자성 194
청정한 처(處) 267
체계적(systematic) 459, 493
초기과정 353
초기불교 39, 397
초자아 487, 488, 490, 501, 503
『초전법륜경』 25, 224, 385, 386
촉작의수상사(觸作意受想思) 17
추동 487
취(取, upādāna) 495
취착[取, upādāna] 156, 387
치(癡, moha) 167

치심 117
치유가능성 311
치유모델 5, 513
칠식(七識) 84
침묵 433

ㅋ

켐퍼(T. D. Kemper) 122
쾌락원칙 464
키무라(木村) 181

ㅌ

탈융합(defusion) 523
탐(貪, lobha) 167
탐심 117
탐진치(貪瞋痴, 貪瞋癡) 88, 149, 259
태도(attitude) 349
통제 493
통증(pain) 533

ㅍ

팔식(八識) 77
『팔천송반야경』 201
퍼슨즈(Frank Parsons, 1854-1908) 429
펄스 290
펼쳐짐(proliferation) 254
평등 237
평등성 235
포괄적 자성 218, 228
포괄적 정의 319
풍(風) 63
프로이트 3, 28, 91, 290, 327, 334, 443, 456, 458, 462, 465, 468, 470, 477, 486, 498

ㅎ

하택신회(荷澤神會, 685-760) 195
학문적 정체성 22, 283
한(恨, upanāha) 171
한국불교상담학회 11
함장식 78
합리화 493
해로운 마음 452
해로운 정서 121
해석의 언어 435
해심 372
해집(解集) 300
해탈(解脫) 226, 372
행(行) 146
행고(行苦, saṅkhāra-dukkha) 535
행동 276
행동적 무아(behavioral anatta) 21, 262, 264
헤이즈(Steven C. Hayes) 511, 514, 540
현실원칙 493
혜능(慧能, 638-713) 18, 191, 193, 197, 202, 205, 207, 238
홍인(弘忍, 601-674) 192, 236
화(火) 63
화두(話頭) 424
확산(proliferation) 415
확장(expansion) 538
확장주의(expansionism) 516
환(幻) 99, 100
환원(reduction) 538
환원주의(reductionism) 516
후기과정 360
후회(kukkucca, 惡作) 233
희론(戱論, papañca) 143
희론적 흐름 55, 293
희론적(戱論的) 기능 307

상담가를 위한 새로운 심리학

불교심리학 연구

초판발행 2019년 6월 10일
초판 2쇄 2020년 8월 28일

저　　자 윤희조
펴 낸 이 김성배
펴 낸 곳 도서출판 씨아이알

책임편집 박영지, 최장미
디 자 인 김진희, 윤미경
제작책임 김문갑

등록번호 제2-3285호
등 록 일 2001년 3월 19일
주　　소 (04626) 서울특별시 중구 필동로8길 43(예장동 1-151)
전화번호 02-2275-8603(대표)
팩스번호 02-2265-9394
홈페이지 www.circom.co.kr

I S B N **979-11-5610-746-0 (93220)**
정　　가 **26,000원**